August Velhagen

# Velhagen & Klasings Monatshefte

August Velhagen

**Velhagen & Klasings Monatshefte**

ISBN/EAN: 9783741172694

Hergestellt in Europa, USA, Kanada, Australien, Japan

Cover: Foto ©Lupo / pixelio.de

Manufactured and distributed by brebook publishing software (www.brebook.com)

August Velhagen

# Velhagen & Klasings Monatshefte

# Velhagen & Klasings

# Monatshefte.

Jahrgang 1894/95.

II. Band.

Bielefeld und Leipzig.

Verlag von Velhagen & Klasing.

# Inhaltsverzeichnis.

IX. Jahrgang 1894/1895. — Zweiter Band.

= Die illustrierten Beiträge sind mit * bezeichnet. =


Seite

## Romane, Novellen und Verwandtes.

Behrend, Ernst: Feuergarben. Novelle . 96
Boy-Ed, Ida: Nichts. Roman 337, 450, 578
Eckardt, J. L. von: Addio 'gnà Mara! Eine Sizilianergeschichte aus Tunis . . 626
*Fuchs, Reinhold: Gesühnte Schuld. Novelle in Versen. Mit Kopf- und Schlußvignette von Albert Richter . . . . . 239
Hoffmann, Hans: Der Reisekamerad. Novellette . . . . . . . . . 315
Klinckowstroem, A. von: Schuldner. Roman . . . . . . . . 25, 171, 258
Lang, Paul: Wilder Urlaub. Erzählung 122
*Molberg, Anna: Inselfahrt. Mit Kopf- und Schlußvignette von Moritz Röbbecke 654
von Stokmans-(Germanis), G.: Gräfin Victoire. Erzählung . . . . . . 531
Villinger, Hermine: Die Bas. Novelle 406

## Gedichte, Sprüche.

*Falke, Gustav: Gral. Mit Vignette . 95
*— — Der Reiter. Mit Vignette . . . 514
— — Das Glas . . . . . . . . . 660
*Gaudy, Alice Freiin von: Die Spinnerin. Mit Vignette . . . . . . . . 170
*— — Interessante Unterhaltung. Mit Vignette . . . . . . . . . . . 405
*— — Die verdorbene Butter. Mit Vignette . . . . . . . . . . . . 679
Kretzmann, Karl: Traumbild . . . . 479
*Lenbach, Ernst: Ungleich Paar. Mit Vignette . . . . . . . . . . . 208
*Ompteda, Georg Freiherr von: Frühlingsfiebern. Mit Vignette von Moritz Röbbecke . . . . . . . . . . . 304
*Rittberg, Hedwig Gräfin: Ein Blütenhauch. Mit Vignette . . . . . . 530
Schanz, Frida: Drei Sprüche . . . . 104
*Schanz, Frida: Dorffrieden. Mit Illustration . . . . . . . . . . . 329
*— — Zwist. Mit einer Federzeichnung von H. Vogel . . . . . . . . . 441
Trojan, J.: Einsamkeit . . . . . . . 140
*— — Der Grünspecht. Mit Vignette von Fritz Reiß . . . . . . . . . 257
*— — Auf ein Viertelstündchen. Mit Vignette . . . . . . . . . . . 399
Vogel, Georg: An meine Sonne . . . 643
*„ * Abschied. Es war so hold. Am Waldesrand . . . . . . . . . . . 625

## Kunst und Litteratur.

*Doering-Berlin, Dr. Oskar: David Teniers der Jüngere. Mit vierzehn Illustrationen, zum Teil in Tondruck . 515
*Gurlitt, Cornelius: Norwegische Kunst und Künstler. Mit zwölf Illustrationen 382
*Knackfuß, H.: Velazquez. Mit sechsundzwanzig Illustrationen. I. und II. 1, 141
P., O.: Zu unseren Bildern . 111, 223, 335, 447, 559, 667
*Pantenius, Theodor Hermann: Gustav Freytag. Mit sieben Illustrationen und einem Faksimile . . . . . . . . . 466
*Rosenberg, Adolf: Englische Schönheiten. Mit siebzehn Illustrationen nach Kunstwerken zeitgenössischer Künstler. Zum Teil in Tondruck . . . . . . . . 561
*Schumacher, Tony: Erinnerungen eines Kindes an Justinus Kerner. Mit zwei Illustrationen . . . . . . . . . 430
Szczepanski, Paul von: Plattdeutscher Humor . . . . . . . . . . . . 79
*— — Aus den Berliner Theatern. II. Mit neun Porträts . . . . . . . 163
*— — Luise Begas-Parmentier. Mit einer Chromokunstbeilage, einem Einschalt-

Seite

bild und sechzehn Textbildern zum Teil in Buntdruck, nach Gemälden und Studien der Künstlerin, nebst Porträt und Atelieransicht . . . . . . . . . . . . . 225
— — Neues vom Büchertisch 106, 218, 330, 442, 554, 682

## Sonstige Aufsätze.

*Bohrdt, Hans: Vom Weltmeer. Text und acht Illustrationen in Buntdruck . 113
Bornhaupt, Chr. von: Gustav Adolf vor seinem Auftreten in Deutschland . . . 63
*Dombrowski, Ernst von: Die Donauauen bei Wien. Mit fünf Illustrationen von Carl von Dombrowski in Buntdruck 548
*Ehlers, Otto E.: Meine erste Reise nach Zanzibar. Mit dreizehn Illustrationen von R. Hellgrewe mit Tondruck . 81
*Gaßer, Otto: Künstliche Turmuhren. Mit sechs Illustrationen . . . . . . . 644
Hehl-Wiesbaden, Ferdinand: Belgrad, die Weißburg der Serben . . . . . . 672
*Meister, Friedrich: Die weiße Ziege. Mit drei Illustrationen . . . . . . . 59
*Müller, Adolf und Carl: Kunstvolle Nestbauten. Mit elf Illustrationen von Adolf Müller und Paul Neumann in Aquarelldruck . . . . . . . . . . . . 305
*Müller-Liebenwalde, Dr. J.: Die Affen. Mit Illustrationen von P. Neumann in Aquarelldruck . . . . . . . . . . . . 661
*Pantenius, Theodor Hermann: Auf dem Hohentwiel. Mit zwölf Illustrationen von Carl Agthe . . . . . . . 617
*Pietsch, Ludwig: Berliner Blumenkorso. Mit neun Illustrationen von Georg Koch in Aquarelldruck . . . . . . . . . . 249
*Spielberg, Hanns von: Japan in China. Eine strategische Betrachtung. Mit sieben farbigen japanischen Kriegsbildern in Faksimiledruck . . . . . . . . . . . . . 209
*Zobeltitz, Hanns von: Der Nordostseekanal. Mit vierzehn Illustrationen von Hans Bohrdt, neun Porträts und vier Kartenskizzen zum Teil in Buntdruck . 449
*— — Die Werdejahre Napoleons I. Mit vierzehn Illustrationen nach Kunstwerken zeitgenössischer Künstler, zum Teil in Buntdruck . . . . . . . . . . . . . . . 415
*** Der Hausherr von Friedrichsruh. Mit sieben Illustrationen nach Liebhaberaufnahmen . . . . . . . . . . . 400

## Kunstbeilagen.

Begas-Parmentier, Luise: Schwertlilien. Nach einem Aquarell in Chromolithographie . . . . . . . . zw. 224 u. 225
Blum, Robert: Kirschblüten. Faksimiledruck . . . . . . . . . . . zw. 448 u. 449
Ernst, Theo: Mohnblume. Nach einem Pastell. Faksimiledruck. Titelbild.
Magnussen, Harro: Fürst Bismarck. Nach einer farbigen Büste. Faksimiledruck . . . . . . . . . . . zw. 112 u. 113
Messerschmidt, P. F.: In Gedanken. Studie. Buntdruck . . . . zw. 592 u. 593
Reiß, Fritz: Emsig bei der Arbeit. Nach einem Aquarell in Chromolithographie zw. 560 u. 561
Röbbecke, Moritz: Weibliche Arbeit. Studienblatt. Buntdruck . . zw. 368 u. 369
Rubens, Peter Paul: Weiblicher Studienkopf. Nach einer Zeichnung . zw. 544 u. 545
Simm, F.: Studie zu dem Bilde: „Das ungeberdige Modell." Faksimiledruck zw. 336 u. 337
da Vinci, Leonardo: Frauenkopf. Nach einer Zeichnung. Buntdruck . zw. 656 u. 657

## Einschaltbilder.

Aron, Toni: Münchener Bürgerbräu. Bunt- und Tondruck . . . . . . zw. 96 u. 97
Begas-Parmentier, Luise: Steineichen im Park der Villa Falconieri . zw. 232 u. 233
Bennewitz von Loefen, jr.: Helgoländerinnen. Bunt- und Tondruck zw. 304 u. 305
Defregger, F. von: Vor dem Tanz. zw. 352 u. 353
Deiker, C. F.: Gefährliche Begegnung. Bunt- und Tondruck . . . . zw. 320 u. 321
Echtler, Adolf: Die feindlichen Brüder. Buntdruck . . . . . . . . . zw. 192 u. 193
Forbes, Stanhope A.: Der Leuchtturm. Bunt- und Tondruck . . . . . zw. 288 u. 289
Frey, W.: Holländische Landschaft zw. 176 u. 177
Fragonard, Jean Honoré: Die Vorleserin. Nach einer Zeichnung. Buntdruck . . . . . . . . . . . zw. 208 u. 209
Gröbheim, W.: Abgeschlagen . zw. 672 u. 673
Hausmann, Fritz: Marmorbüste einer jungen Dame. Buntdruck . . zw. 496 u. 497
Kellogg, Alice D.: Die Mutter. Buntdruck . . . . . . . . . . . zw. 170 u. 171
Kiesel, Conrad: Bildnis der Frau von S. Bunt- und Tondruck . . . . . zw. 48 u. 49
König, Hugo: Im Sonnenschein. Buntdruck . . . . . . . . . . . zw. 400 u. 401
Laux, Marie: Spatzenidyll. Bunt- und Tondruck . . . . . . . . . . zw. 80 u. 81
Lebling, M.: Zu heiß. Buntdruck zw. 528 u. 529
Lessi, Tito: Ein Besuch Miltons bei Galilei. Buntdruck . . . . zw. 640 u. 641
Lüdeke, H.: Taufe im Trauerhause zw. 64 u. 65
Menzler, W.: Frühlingszauber. Buntdruck . . . . . . . . . . . zw. 408 u. 409
Onslow Ford, E.: Hamlet. Nach einer Statue. Buntdruck . . . . . zw. 608 u. 609
Pötzelberger, R.: Ein lauschiger Winkel. zw. 128 u. 129
Prölß, F.: Alpenrösel . . . zw. 624 u. 625
Raupp, Karl: Aller Anfang ist schwer. zw. 376 u. 377
Reiß, Fritz: Schwarzwälder Hirtenbub. Nach einer Rotstiftzeichnung. Buntdruck zw. 480 u. 481
Röchling, C.: Erstürmung des Geisbergschlößchens . . . . . . . . . . zw. 32 u. 33
Saporetti, E.: Rosina. Buntdruck zw. 184 u. 185

Seite

Schlitt, Heinrich: Der Waldkater zw. 464 u. 465
Schmidt, Hans W.: Morgenritt zw. 584 u. 585
Seiler, C.: Friedrich der Große im Walde von Borchwitz . . . . . . zw. 512 u. 513
Simmler, W.: Sternenfreude . zw. 272 u. 273
Stocks, Minna: Mopsfamilie. Bunt- und Tondruck . . . . . . . . zw. 56 u. 57
Vinea, F.: Unter Blumen. Buntdruck zw. 432 u. 433
Witting, Walther: Weibliches Bildnis. Bunt- und Tondruck . . . . zw. 256 u. 257

## Selbständige Abbildungen, Studien- und Skizzenblätter im Text.

Achenbach, Andreas: Stürmische Einfahrt. Studie . . . . . . . . . . . 633
Aublet, Albert: Im Seebade . . . . . 348
Barbieri, Francesco, genannt Guercino: Nach einer Handzeichnung . . . . . . 205
Belliard: Marquise von Montesson. Nach einer Lithographie . . . . . . . . . 361
Boucher, François: Studie . . . . . . 541
Brütt, Ferdinand: Studie . . . . . . 52
Castaigne, A.: Mädchen aus Marseille. Nach einer Zeichnung . . . . . . . . 449
Chase, W. M.: Eseltreiber in Madrid. Nach einer Handzeichnung . . . . . . 217
Coleman, B.: Aus dem Berliner Tiergarten. Studie . . . . . . . . . . 297
Dreber: Italienische Ideallandschaft radiert von Luise Begas-Parmentier . . 677
Fenn, Harry: Waldeinsamkeit. Nach einer Zeichnung . . . . . . . . . . . . 289
Ferrier, Gabriel: Innendekoration der französischen Botschaft zu Berlin . . . 296
Friedl, Th.: Der Tag. Gruppe in Zinkguß am Philipphof in Wien. . . . . . 41
Fröschl, C.: Studie . . . . . . . . . 353
Gebhardt, Ed. von: Studie . . . . . 273
Gelée, Claude, genannt Claude Lorrain: Landschaft mit Ziegen. Nach einer Handzeichnung . . . . . . . . . . . . 365
Gloeden-Taormina, W. von: Junger Beduine. Nach einer Aufnahme . . . 345
Grieß, N.: Russische Handwerker. Zwei Bleistiftstudien . . . . . . . . . 72 u. 73
Haug, Robert: Studie . . . . . . . . . 189
Holmberg, August: Männlicher Studienkopf 201
Hünten, Emil: Hoftafel. Nach einer Tuschzeichnung . . . . . . . . . . . . 481
Kirberg, Otto: Holländische Bäuerin. Nach einer Zeichnung . . . . . . . 413
Kaille, Otto: Studie . . . . . . . . . 271
Liezen-Mayer, A.: Studienblatt . . . 28
Lüben, Adolf: Hausierer. Studie . . . 683
Matsch, Franz: Eine antike Theaterszene. Nach einem Deckengemälde im neuen Wiener Burgtheater . . . . . . . . 137
Myrbach, F. von: Der Cid. Nach einer Federzeichnung . . . . . . . . . . . 637
Rosenthal, Toby E.: Studie . . . . . 372
Röbbecke, Moritz: Im Dachauer Moos. Nach einer Tuschzeichnung . . . . . 601
Rungius, Carl: Alter Berberlöwe. Studie 173
Schmid, Matthias: Segnung der Alpen. Nach einer Zeichnung . . . . . . . . 505
Simm, F.: Bleistiftstudie zu nebenstehender Kunstbeilage . . . . . . . . . 437
Vautier, Benjamin: Elsässerin . . . . . 190
Vogel, H.: Am Wegesrand. Nach einer Federzeichnung . . . . . . . . . . . 409
Volkmann, H. R. von: Lauern in Kamerun. Nach einer Zeichnung . . . . . 581
Watts, Frederick: Hoffnung. Nach einem Ölgemälde . . . . . . . . . . . . 105
Werner, Anton von: Studie . . . . . 588
* * Katharina II. in russischem Kostüm. Nach einem zeitgenössischen Ölgemälde . 285

## Gratisbeilage:

**Velhagen & Klasings Romanbibliothek.** V. Band, Nr. 7 bis 12:

Der Erbe von Ballantrae. Roman von R. Stevenson. Bogen 1/2 10—21.

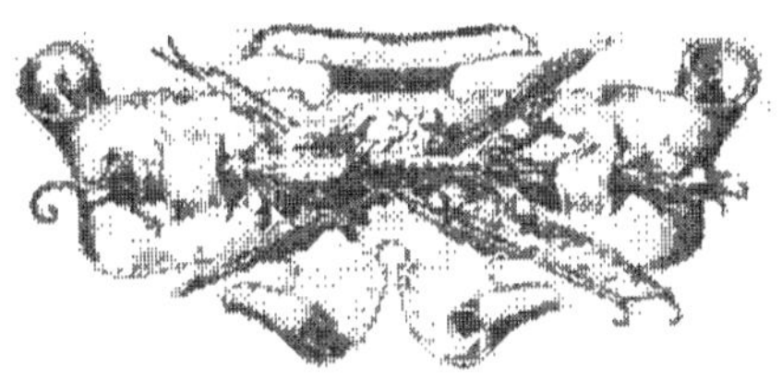

Velhagen & Klasings

# Monatshefte.

Herausgegeben
von
Theodor Hermann Pantenius und Paul von Szczepański.

IX. Jahrgang 1894/95. Heft 7, März 1895.


## Velazquez.


Von
H. Knackfuß.


I.

(Abdruck verboten.)

Unter all den großen Malern des XVII. Jahrhunderts, dem in kunstgeschichtlicher Beziehung vorzugsweise der Name des malerischen zukommt, des XVII., ist keiner, der in seinen Werken unserer heutigen Empfindungsweise und unserer Art, die Formen und Farben in der Natur zu sehen, so unmittelbar nahe kommt, wie der Spanier Velazquez. Wer nach dem Anblick anderer Werke der Malerei des XVII. Jahrhunderts vor die Gemälde des Velazquez hintritt, dem ist es, als ob er aus dem bunten und geräuschvollen Treiben großer Städte mit prunkenden Kirchen, stolzen Palästen, menschenüberfüllten Gassen und dumpfigen Wirtsstuben, prächtigen Parkanlagen und schmutzigen Vorstädten hinausversetzt würde in die reine, kühle, frische Luft einer Bergeshöhe. So grundverschieden ist der Ton, auf den die Gemälde des Velazquez gestimmt sind, von der gesamten übrigen Malerei seiner Zeit.

Über das Leben dieses ungewöhnlichen Künstlers ist in zuverlässigen Nachrichten Ausführliches überliefert worden. In der neuesten Zeit hat ein deutscher Forscher, Karl Justi, durch Sammeln des zerstreuten Urkundenstoffs das Lebensbild vervollständigt und in seinem meisterhaften Buch „Diego Velazquez und sein Jahrhundert“ bekannt gemacht. Von den Werken des Velazquez ist die größte Zahl im Prado-Museum zu Madrid vereinigt, und in dieser Gemäldesammlung ohne gleichen sind unter den Werken der berühmtesten Meister nur wenige, die sich neben den seinigen als malerisch ebenbürtig zu behaupten vermögen.

Don Diego Rodriguez de Silva Velazquez war von vornehmer Herkunft. Sein Vater Don Juan Rodriguez de Silva stammte aus einem ritterlichen Geschlecht, das seinen Stammbaum bis in das XI. Jahrhundert zurückführte und sich eines Ahnherrn rühmte, in dessen Adern das Blut eines Königs von Leon floß. Seine Mutter Doña Geronima Velazquez gehörte einem Sevillaner Adelsgeschlecht an. Diego wurde zu Sevilla im Juni 1599 geboren; am 6. dieses Monats wurde sein Name in das Taufregister der Pfarrkirche S. Pedro eingetragen. Es erscheint uns befremdlich, daß der Name, unter dem er berühmt geworden ist, nicht der Familienname seines Vaters, sondern derjenige seiner Mutter war. Daß jemand zu dem väterlichen Namen den mütterlichen annahm, kam wohl öfter vor. Hier mag es aus dem Umstande, daß die Velazquez in Sevilla einheimisch waren, während Juan Rodriguez de Silva der Sohn eines dort eingewanderten Ehepaares war, wohl zu erklären sein, daß Diego von seinen Landsleuten mehr mit dem ersteren als mit dem letzteren Namen genannt wurde, bis schließlich in seiner eigenen Gewohnheit dieser hinter jenem verschwand.

Aus der Kindheit des Diego Velazquez wird berichtet, daß er von seinen Eltern in großer Frömmigkeit erzogen wurde, daß er eine höhere Schule besuchte, und daß, als seine künstlerische Begabung zu Tage trat, die Eltern seiner Neigung, Maler zu werden, keinen Widerstand entgegensetzten.

Er kam als Schüler zu Francisco de Herrera, einem Maler, von dem mehr Merkwürdiges berichtet wird, als aus seinen erhaltenen Werken zu ersehen ist, und bei dem es wegen seines wunderlichen und rauhen Wesens kein Schüler lange aushielt. Auch der junge Velazquez wechselte bald den Lehrer und ging zu Francisco Pacheco, einem Anhänger der alten Schule, die in der Nachahmung der großen italienischen Meister des XVI. Jahrhunderts das alleinige Heil der Kunst erblickte. Der Name desselben ist der Mit- und Nachwelt hauptsächlich bekannt geworden durch ein im Jahre 1649 herausgegebenes, mit vielseitiger Gelehrsamkeit geschriebenes Buch: „Die Kunst der Malerei," in welchem er seine veralteten Ansichten gegenüber den auf Naturnachbildung gerichteten Bestrebungen seiner Zeit zu verfechten suchte, und in dem er belehrende Auseinandersetzungen mit geschichtlichen Abhandlungen und Lebensbeschreibungen verband. Nachdem Velazquez unter der Leitung dieses als Künstler sehr unbedeutenden, aber darum doch als Lehrer vielleicht ganz tüchtigen Mannes fünf Jahre lang gemalt hatte, heiratete er im Jahre 1618 dessen Tochter Juana.

Das Buch des Pacheco enthält auch über den ersten Abschnitt von Velazquez' Künstlerthätigkeit mancherlei Nachrichten. Denn dieser war schon lange, bevor das Buch erschien, ein hochberühmter Maler geworden, und der Schwiegervater rühmte sich des Verdienstes seiner Ausbildung als der „Krone seiner letzten Jahre." Velazquez hielt sich als Schüler des Pacheco einen Bauernburschen als Farbenreiber und ständiges Modell. Nach diesem zeichnete er viele Köpfe mit Schwarz und Weiß auf blauem Papier, und auch nach anderen Leuten zeichnete er solche Studien. Dadurch erwarb er sich, wie Pacheco sagt, seine Sicherheit im Treffen. Als seine ersten selbständigen Gemälde werden genreartige Darstellungen genannt, zu Bildern abgerundete Studien nach der Wirklichkeit. Derartige Darstellungen widerstrebten zwar ihrer Natur nach den Grundsätzen des Pacheco; aber derselbe fand doch, daß solche an und für sich lächerliche Bilder achtenswert seien, wenn sie so gezeichnet und gemalt wären, wie sein begabter Schüler es that. Zu dieser Gattung von frühen Arbeiten des Velazquez gehört ein berühmtes Bild, „der Wasserträger" oder „der Korse von Sevilla" genannt, eine Gruppe aus dem Straßenleben von Sevilla, mit dem Bildnis einer bestimmten Persönlichkeit in der Hauptfigur. Das Gemälde befindet sich im herzoglich Wellingtonschen Hause zu London, wohin es als ein Geschenk König Ferdinands VII an den Sieger von Vittoria gelangte.

Gleichzeitig mit solchen, vorzugsweise zur Übung dienenden Bildern malte der junge Meister seine ersten Kirchengemälde. Eine unbefleckte Empfängnis und ein Evangelist Johannes auf Patmos, für eine Klosterkirche in Sevilla gemalt, befinden sich in einer Londoner Sammlung. Das Prado-Museum zu Madrid besitzt eine Anbetung der drei Könige vom Jahre 1619, ein Gemälde, das sich trotz der ihm anhaftenden jugendlichen Unvollkommenheiten schon als das Werk eines hochbegabten Künstlers zu erkennen gibt. Es hat eine gewisse Härte in der Wirkung, die Helligkeiten stehen fast unvermittelt in einer großen Finsternis; in der Farbe wiederholen sich — sicherlich im Anschluß an theoretische Belehrungen Pachecos — die einfachen Akkorde Blau, Rot und Gelb. Und doch besitzt das Ganze in der Farbe sowohl wie in der Wirkung von Hell und Dunkel einen eigenen Reiz. Die einzelnen Figuren sind ohne sonderliche Vertiefung in den Gegenstand recht und schlecht nach der Natur gemalt, und zwar so gemalt, daß ihre körperliche Lebenswahrheit wohl einigen Ersatz für den Mangel an Heiligkeit zu gewähren vermag. In gewissenhafter Befolgung des von Pacheco in seinem Buche mit theologischen Gründen gegen die allgemeine Gewohnheit der Maler verfochtenen Satzes, daß man das Jesuskind nicht nackt, sondern in Windeln gehüllt darstellen müsse, hat Velazquez das auf dem Schoße Marias sitzende Kind bis an das Kinn ein-

Abb. 1. Bildnis Philipps IV aus dem Jahre [illegible].
Nach dem Gemälde im Prado-Museum zu Madrid.
(Nach einer Aufnahme von Ad. Braun & Co., Braun, Clément & Cie. Nachf., in Dornach i. Els. und Paris.)

gewickelt wie eine Puppe. — Ein ähnliches, wenig später entstandenes Bild besitzt die Londoner Nationalgalerie in einer Anbetung der Hirten (eine Abbildung desselben im Jahrgang 1890/91 der Monatshefte, Band I, Seite 409).

Als am 31. März 1621 König Philipp III gestorben war, und als nun ganz Spanien mit den hochgespanntesten Erwartungen auf den sechzehnjährigen König Philipp IV blickte, entschloß sich Velazquez, sein Glück am Hofe zu suchen. Mit Empfehlungen an angesehene Persönlichkeiten des königlichen Hofstaats versehen, reiste er nach Madrid. Aber die Verhältnisse brachten es mit sich, daß er wieder heimkehren mußte, ohne sein Ziel erreicht zu haben. Indessen vergaßen ihn seine Gönner nicht. Im Frühjahr 1623 wurde er auf Ersuchen des Grafen von Olivares, des gewichtigen Mannes, der zuerst als bevorzugter Günstling und dann als allmächtiger Minister den König Philipp IV beherrschte, eingeladen, wieder nach Madrid zu kommen, und es wurde ihm hierzu eine Reiseunterstützung von 50 Dukaten gewährt. Pacheco begleitete voll freudigen Stolzes seinen Schwiegersohn zur Hauptstadt. Velazquez stieg im Hause eines geistlichen Herrn aus Sevilla ab, der bei Hofe ein Ehrenamt bekleidete. Er malte alsbald dessen Bildnis, und ein Hofherr des Infanten Ferdinand, des Bruders des Königs, brachte dieses Bild, sobald es fertig war, in das königliche Schloß. „In einer Stunde," so versichert Pacheco, „sah es der ganze Palast." Philipp IV war von dieser Kunstprobe des jungen Sevillaner Malers sehr befriedigt. Velazquez bekam gleich den Auftrag, den König in einem Reiterbild zu malen. Die Ausführung dieses großen Bildes, in dem Velazquez, wie besonders hervorgehoben wird, alles, auch die Landschaft, nach der Natur malte, verzögerte sich bis zum Spätsommer, da der König vorher keine Zeit zum Sitzen fand. Nach seiner Vollendung wurde es allgemein bewundert, nicht bloß im Palast, sondern auch in der Stadt, wo es öffentlich ausgestellt wurde. Der Graf von Olivares versprach dem jungen Künstler, daß er von nun an der einzige sein solle, der den König malen dürfe, und er gebot ihm, sein Hauswesen nach Madrid überzuführen.

Das war der Anfang der Thätigkeit des Velazquez für seinen König, dem er sein ganzes ferneres Leben widmete. Das Bild selbst ist nicht mehr vorhanden, man vermutet, daß es bei dem Brande, der im Jahre 1734 das königliche Schloß zu Madrid zerstörte, zu Grunde gegangen ist. Das älteste erhaltene Bildnis Philipps IV von der Hand des Velazquez ist ein Brustbild im Prado-Museum, von dem man glaubt, daß es die erste Aufnahme zu jenem Reiterbilde sei. Die bestimmt und lebendig gemalten Züge geben uns eine überzeugende Vorstellung von dem Aussehen des jungen Herrschers (Abb. 1). Philipp ist blond. Seine Hautfarbe ist bleich, nur ein matter rosiger Anflug schimmert auf den Wangen; um so lebhafter sprechen die Farben der tiefdunkelblauen Augen und des rubinroten Mundes, an dem das in der habsburgischen Familie erbliche Herabhängen der Unterlippe fast noch stärker auffällt, als bei Karl V und Philipp II. Nase und Wangen sind sehr schmal; durch das ungewöhnlich schwere Kinn wird das schmale Gesicht noch mehr in die Länge gezogen. Der Ausdruck ist beabsichtigtes Vermeiden eines bestimmten Ausdrucks, Regungslosigkeit. — Dieser Kopf war an und für sich wahrlich nicht dazu angethan, einen Maler besonders zu reizen.

Velazquez wurde durch eine am 6. Oktober 1623 ausgefertigte königliche Urkunde als Hofmaler angestellt. Er hatte es von jetzt an als die Hauptaufgabe seines Lebens zu betrachten, immer wieder diesen König zu malen. Das der Zeit nach zunächst folgende Bildnis Philipps (ebenfalls im Prado-Museum, wo in diesem Jahrhundert die Gemälde aus den verschiedenen königlichen Schlössern zusammengebracht worden sind) zeigt denselben stehend, in ganzer Figur, mit einem Schriftstück in der Hand, ganz in Schwarz gekleidet, mit dem eigentümlichen tellerähnlichen Leinenkragen um den Hals, den Philipp IV gleich beim Antritt seiner Regierung in Mode gebracht hatte, als er die bis dahin üblichen großen Halskrausen aus holländischem Battist als verschwenderisch verbot. Die Gestalt des Königs ist groß und schlank. In einem Punkte hat dabei Velazquez seine künstlerische Überzeugung, die ihn auf eine unbedingte Naturtreue hinwies, den Pflichten des gehorsamen Hofmalers untergeordnet: die Füße des Königs hat er lächerlich klein, und dementsprechend die Beine über den Fußknöcheln unnatürlich dünn malen müssen. Aber ganz und voll als Künstler zeigt er sich in der Farbe: das Bild des schwarzgekleideten blassen Mannes, auf einem leeren dunkelgrauen Hintergrund, in welchen ein Stück von einem Tisch mit roter Decke seitwärts hinter der Figur hereinragt, hat in seinen einfachen Tönen eine Stimmung von wahrhaft königlicher Vornehmheit.

Als Hofmaler hatte Velazquez ein Atelier im königlichen Schloß. Hier besuchte der König ihn häufig, fast täglich, um ihm beim Malen zuzusehen. Er unterhielt sich mit ihm, wie Pacheco versichert, mit einer unglaublichen Leutseligkeit und Liebenswürdigkeit. Velazquez war der einzige Spanier unter den Hofmalern Philipps IV. Seine Kollegen waren die Italiener Vincencio Carducho (Carduccio) und Angelo Nardi, und Eugenio Caxesi, der in Madrid geborene Sohn eines Italieners. Diese alle drei waren Anhänger der alten Schule, die nur an Raffael und Correggio glaubten und in der treuen Nachbildung der Natur einen unkünstlerischen Greuel erblickten. Ihnen erschien der Naturalist Velazquez als ein gar nicht ebenbürtiger Genosse. Man begreift das, wenn man über den Standpunkt dieser Maler belehrt wird durch die von Carducho in einer gegen den Naturalismus gerichteten Schrift „Gespräche über die Malerei“ ausgesprochene Behauptung, daß kein großer und außerordentlicher Maler jemals Bildnismaler gewesen sei. Es wird erzählt, König Philipp habe einst zu Velazquez gesagt, man mache ihm den Vorwurf, daß das einzige, was er malen könnte, Köpfe wären. Darauf habe dieser geantwortet, er nehme das als Kompliment an, denn er wisse niemanden, der Köpfe gut zu malen verstehe. Um Velazquez Gelegenheit zu das geringste gegen seine Unparteilichkeit herleiten ließ: ein spanischer Dominikanermönch und ein italienischer Künstler, der Architekt Crescenzi, sollten das Urteil fällen. Die Entscheidung fiel zu Gunsten des Velazquez. Dessen Bild zeigte in der Mitte, neben der thronenden Gestalt der Hispania, den König Philipp III, der mit dem Feldherrnstab nach der Küste hinwies; an ihm vorbei wanderten in langem Zuge, unter der Aufsicht von Kriegsleuten, die wehklagenden Familien der Moriscos zu den

Abb. 2. Bacchus und die Zecher. Nach dem Gemälde im Prado-Museum zu Madrid.
(Nach einer Aufnahme von Ad. Braun & Co., Braun, Clément & Cie. Nachf., in Dornach i. Els. und Paris.)

geben, sich auch als Historienmaler zu zeigen, veranstaltete der König im Jahre 1627 einen künstlerischen Wettkampf zwischen seinen vier Hofmalern. Er gab ihnen die Aufgabe, daß jeder ein und denselben geschichtlichen Stoff in einem Bilde von 9 Fuß Höhe und 15 Fuß Breite behandeln sollte. Der Gegenstand, den er bestimmte, war die unter seinem Vater im Jahre 1609 erfolgte Vertreibung der letzten Mauren aus Spanien. Die Preisrichter wählte der König so, daß sich aus dieser Wahl nicht Schiffen hin. Das bewunderte Gemälde erhielt einen bevorzugten Platz im königlichen Palast, wo es wahrscheinlich in dem Brande von 1734 untergegangen ist. Leider gibt es nicht einmal eine Abbildung desselben, so daß wir uns gar keine Vorstellung von diesem Werk des Velazquez machen können.

In demselben Jahre 1627 bekam Velazquez einen Titel, der ihm in der spanischen Hofordnung einen höheren Platz anwies, als es derjenige eines bloßen Hofmalers war, und ihm zugleich eine Gehaltszulage brachte. Der König ernannte ihn zum Ugier de cámara (wörtlich „Pförtner des königlichen Gemachs“). Das war, nach der ironischen Erklärung, die ein italienischer Gesandter seiner Regierung über diesen Titel gab, „etwas mehr als Portier und etwas weniger als Leibadjutant.“

Ein um diese Zeit entstandenes Meisterwerk der Bildniskunst bewahrt das Prado-Museum in dem Bild in ganzer Figur des Infanten Don Carlos, des Bruders des Königs. Es ist wieder ein Gemälde von großartiger Vornehmheit in der Einfachheit seiner Wirkung. Der Prinz, etwa zwanzigjährig, sieht seinem älteren Bruder sehr ähnlich, macht aber den Eindruck einer von Natur bedeutenderen Persönlichkeit. Man sieht ihm an, daß er sich wider Willen langweilt; ein Ausdruck von Lässigkeit geht durch bis in die Fingerspitzen der schlaff herabhängenden Hand, die den abgestreiften Handschuh an einem Finger baumeln läßt. Dieses matte, verdrießliche Aussehen erweckt Mitleid, wenn man weiß, daß der begabte Prinz durch Olivares, der seine Fähigkeiten fürchtete, in einem dauernden Zustand der Unterdrückung gehalten wurde. Als er im Jahre 1632 fünfundzwanzigjährig starb, bezeichnete die Volksstimme Olivares als die Ursache seines Todes.

Das Jahr 1628 brachte Velazquez die persönliche Bekanntschaft des vornehmsten und berühmtesten Malers seiner Zeit. Im Herbst dieses Jahres kam Rubens nach Madrid, als Träger diplomatischer Mitteilungen und als Überbringer von Gemälden. Nach Erledigung seiner Staatsgeschäfte widmete sich derselbe noch neun Monate lang in Madrid seiner Kunst. Mit seiner bekannten Schnelligkeit malte er in dieser Zeit eine große Anzahl von Bildern und kopierte Gemälde von Tizian. Den König malte er fünfmal. Er war der einzige, dem gegenüber Philipp IV von dem durch Olivares gegebenen Versprechen, daß nur Velazquez ihn malen sollte, eine Ausnahme machte. Während Rubens sonst mit keinem Maler in Madrid verkehrte, befreundete er sich mit Velazquez. Dieser begleitete ihn nach dem Escorial, und auf dem Wege dorthin unternahmen die beiden Maler eine Bergbesteigung.

Rubens und Velazquez waren in ihrer künstlerischen Eigenart zu sehr von Grund aus verschieden, als daß der jüngere Meister von dem älteren, so hoch er denselben auch verehren mochte, eine Beeinflussung in Bezug auf seine Kunst hätte erfahren können. Aber darin mag man eine Wirkung des Verkehrs mit Rubens erblicken, daß Velazquez in dieser Zeit das sonst der spanischen Kunst sehr fern liegende Stoffgebiet der antiken Mythologie betrat. Er malte für den König einen Bacchus, der den Erdenbewohnern die Freude des Weines zu kosten gibt (Abb. 2). Das Bild hat freilich wenig Ähnlichkeit mit den üblichen mythologischen Darstellungen, am allerwenigsten mit denen des Rubens. Bacchus, eine mit Reben bekränzte sehr jugendliche Gestalt, deren Göttlichkeit durch nichts weiter als die mangelhafte Bekleidung gekennzeichnet wird, sitzt auf einem Faß im Kreise einer Anzahl von Spaniern aus dem niedrigsten Volk, die sich seine Gabe munden lassen, ohne sich Sorgen zu machen um den Abscheu ihrer Landsleute vor der Trunkenheit. Ein paar Faune oder Satyrn, die das Gefolge des Bacchus bilden, hat der Maler sehr nebensächlich behandelt. Um so köstlicher hat er die realistischen Gestalten der Zecher durchgebildet. Das ist eine Natur- und Lebenswahrheit, die alle modernen Wirklichkeitsmaler mit Neid erfüllen müßte. Und welcher Humor in jeder dieser Gestalten, von dem zaghaft den Hut lüftenden verspäteten Ankömmling bis zu dem Sieger im Trunk, der vor Bacchus knieend, von diesem mit dem Epheukranz gekrönt wird! Man sehe nur die vom Weingenuß glänzenden Züge des Mannes, der eine große gefüllte Schale in der Hand hält und in einem seligen Grinsen dem Beschauer seine blitzenden Zähne zeigt, und das Spitzbubengesicht des andern, der diesem den Kopf über die Schulter streckt, und die Andacht des armen Alten und die Begeisterung des Schwarzbärtigen, der neben dem Alten sich huldigend vor dem Freudenspender niederläßt! Das Merkwürdigste an dem Bilde aber ist das, daß durch den großen Stil, den es in der Farbe hat, die ganze Darstellung etwas Großartiges bekommt. Die Beleuchtung ist ein scharfes, goldfarbiges Licht, das am hellsten auf der Figur des Bacchus liegt und sich auf den Gestalten der Trinker allmählich verflüchtigt, und das vor dem schwülen, blaugrauen Ton der Luft

Abb. 8. Ansicht aus dem Garten der Villa Medici zu Rom.
Nach dem Gemälde im Prado-Museum zu Madrid.
(Nach einer Aufnahme von Ad. Braun & Co., Braun, Clément & Cie. Nachf., in Dornach i. Els. und Paris.)

fast wie Sonnenschein wirkt. In den dunklen Kleidungen der Männer herrscht Braun vor. Die einzigen lebhaft sprechenden Farben sind das Graugelb der Jacke des vorn Knieenden, das prächtig zu dem tiefen Schwarz von dessen Beinkleidern gestimmt ist, und das kalte Karmin des Bacchusgewandes, dazu die rote Glut in den vom Trunk erhitzten Gesichtern, das dunkle Goldgelb des Weins in dem Glase, welches Bacchus in der Linken hält, und das Rot des thönernen Weinkrugs am Boden. — Philipp IV schätzte dieses Gemälde sehr hoch und verwendete es zum Schmucke eines seiner Schlafzimmer.

Velazquez hegte schon seit längerer Zeit den Wunsch, das Kunstland Italien kennen zu lernen. Durch die Gespräche mit Rubens mag dieses Verlangen zu noch größerer Lebhaftigkeit angefacht worden sein. Im Juni 1629 erhielt er vom König den erbetenen Urlaub. Alle italienischen Gesandten am spanischen Hofe bekamen die Anweisung, dem Maler Empfehlungsschreiben an ihre Regierungen mitzugeben. Außerdem gab ihm Olivares viele Empfehlungsbriefe an hohe Personen mit.

Velazquez reiste im Gefolge des Generals Spinola, der mit dem Auftrag nach Italien ging, durch Einnahme der von den Franzosen besetzten Festung Casale eine Entscheidung im mantuanischen Erbfolgekrieg herbeizuführen. Er landete am 20. August in Genua und begab sich, nachdem er den General verlassen hatte, möglichst schnell nach Venedig, wo das Studium der Werke des Tintoretto ihn besonders fesselte, und wo er gern viel länger geblieben wäre, wenn nicht die kriegerischen Verhältnisse ihn zur Abreise gedrängt hätten. Von Venedig ritt er über Ferrara, Bologna und den Wallfahrtsort Loreto nach Rom. In Rom angekommen, meldete er sich, nachdem er sich von den Anstrengungen des weiten Rittes ausgeruht und in der spanischen

Nationalkirche die Messe gehört hatte, bei dem spanischen Gesandten Graf Monterey und machte auch dessen Gemahlin, der Schwester des Grafen Olivares, seine Aufwartung. Der Gesandte, der sich seiner im übrigen mit großer Liebenswürdigkeit annahm, erklärte ihm, daß er ihn jetzt nicht im Vatikan einführen könne, weil Papst Urban VIII zu ungnädig gegen Spanien gestimmt sei wegen dessen Verbündung mit den Kaiserlichen im mantuanischen Erbfolgekrieg; er versicherte ihm aber, daß er in dem Kardinal Francesco Barberini, dem Neffen des Papstes, den einflußreichsten Gönner finden würde, der ihm zu allem helfen könne. In der That wurde Velazquez von dem Kardinal, an den er gleichfalls durch Olivares empfohlen war, mit der ausgesuchtesten Liebenswürdigkeit aufgenommen. Auf dessen Befehl wurde ihm eine Wohnung im vatikanischen Palast angewiesen. Aber Velazquez fand den Ort gar zu abgelegen und einsam, trotz des Reizes, den die Nähe der Fresken Michelangelos und Raffaels auf ihn ausübte. Er gab die Wohnung auf und begnügte sich mit der Erlaubnis, zu jeder Zeit in den Vatikan kommen und nach den Fresken zeichnen zu dürfen. Als er an einem der nächsten Tage die Villa Medici besuchte, kam er zu der Ansicht, daß dies der wünschenswerteste Aufenthaltsort für die Sommermonate sei. Durch Vermittelung des Grafen Monterey erteilte ihm der Eigentümer dieser Villa, der Großherzog von Toscana, die Erlaubnis, dort zu wohnen. Von dem Aufenthalt des Künstlers in der herrlichen Villa, die er freilich nach zwei Monaten wieder verlassen mußte, weil das Fieber ihn von da vertrieb, erzählen im Prado-Museum zwei kleine flott gemalte Naturaufnahmen. Die eine zeigt eine weiße Terrasse zwischen Cypressen und geradlinig geschorenen dunkelgrünen Hecken; ein wunderbarer silberiger Luftton schwimmt über dem Bild, bei dem die Einfachheit des Motivs sehr bemerkenswert ist. Die andere Aufnahme ist eine köstliche Sonnenstudie. Aus dem Schatten dunkler Steineichen sieht man durch einen weiten Bogen, unter dem die Marmorfigur der schlafenden Ariadne aufgestellt ist, in die weitere Ausdehnung des Parks mit bläulich überhauchten Cypressen und zwischen den Bäumen durchschimmernden weißen Gebäuden unter wolkenlosem italienischem Himmel (Abb. 3). Diesen römischen Landschaftsbildern reiht sich im Madrider Museum noch eine in etwas größerem Maßstab ausgeführte und bildmäßig abgerundete Ansicht des Titusbogens an. — In Rom selbst erinnert an den Aufenthalt des Velazquez ein im kapitolinischen Museum befindliches Brustbild, welches mit Recht für das Selbstbildnis des Meisters gehalten wird. Daß er damals sich selbst abmalte, wird durch Pacheco berichtet. Das kapitolinische Bildnis ist mit der äußersten Schnelligkeit in wenigen Tönen hingestrichen, erzielt aber dabei eine so schlagende Wirkung, daß es gleich beim ersten Anblick den Beschauer ganz gefangen nimmt und sich unvergeßlich einprägt; es gibt nichts Lebendigeres, als diese funkelnden, kohlschwarzen Augen (Abb. 4). — Velazquez' Hauptarbeit in Rom war die Anfertigung zweier größerer Gemälde, in denen er wohl seinem König einen Beweis von dem Erfolg seiner italienischen Studien, namentlich in Bezug auf die Kenntnis des Nackten, geben wollte. Den Stoff entnahm er für das eine der beiden Gemälde dem Alten Testament, für das andere dem Homer. Das erstere, welches die Brüder Josephs darstellt, die ihrem Vater unter Vorzeigung des blutigen Rockes die falsche Todesnachricht von dessen Liebling bringen, befindet sich im Escorial. Es ist wohl nur seines verdorbenen Zustandes wegen nicht in das Prado-Museum übergeführt worden. Die ursprüngliche Farbenwirkung ist ganz verloren gegangen. Was man noch voll würdigen kann, ist die einfache und natürliche Veranschaulichung des Vorgangs und der sprechende Ausdruck einer jeden Figur. Man sieht, der Meister hat es mit einem wunderbaren Scharfblick verstanden, den innersten Seelenregungen im Spiel der Gesichtsmuskeln nachzuspüren. Von der Gewaltsamkeit und den Übertreibungen, durch welche sonst die Kunst jener Zeit in Bewegungen und Mienenspiel zu wirken suchte, ist nicht die leiseste Spur vorhanden. Diesem ungewöhnlichen Sinn für Naturwahrheit entspricht die schlechtweg natürliche Bildung der Körperformen.

Das andere Gemälde (im Prado-Museum) versetzt uns in die Schmiede Vulkans, in dem Augenblick, wo Apollo dort erscheint,

Abb. 4. Selbstbildnis des Malers. Nach dem Gemälde in der Capitol-Galerie zu Rom.
(Nach einer Aufnahme von Ad. Braun & Co., Braun, Clément & Cie. Nachf., in Dornach i. Els. und Paris.)

um die Untreue der Venus zu verraten (Abb. 5). Es ist durch die nämlichen Eigenschaften ausgezeichnet, wie sein Gegenstück, und darüber hinaus — bei tadelloser Erhaltung — durch einen Farbenton von großartiger Schönheit. Man kann sich nichts Vollkommeneres von Malerei vorstellen. In der grauen, rußigen Schmiede stehen die braunen Gestalten des Vulkan und seiner Gesellen. Alle Blicke hängen an dem Ankömmling, der, hell von Haut, blondlockig, mit einer goldfarbenen Toga bekleidet, durch seine ganze Erscheinung einen lebhaften Gegensatz zu jenen bildet. Hinter seinem, von einem Strahlenschein umgebenen Haupt sieht man durch eine Fensteröffnung das tiefe Blau des Himmels. Mit Apollo kommt gleichsam das Licht in die Werkstatt. Das Licht spiegelt sich blitzend in dem Harnisch, der auf der anderen Seite am Boden liegt. Apollo spricht mit Mund und Händen; er erzählt seine üble Nachricht mit geflissentlicher Wichtigkeit. Vulkan hält starr inne im Bearbeiten des glühenden Eisenstückes, das er vor sich auf dem Amboß hat: sein Mund findet keine Worte, aber sein Körper krümmt sich in einer unwillkürlichen Bewegung der Wut, und seine Augen — solche schwarze Augen, wie sie nur Velazquez malen konnte — rollen. Die beiden Gesellen mit den Zuschlaghämmern erstarren auch, aber ohne Aufregung, nur in Verwunderung über die interessante Neuigkeit: in dem Kopf des einen, der Mund und Augen aufsperrt, malt sich das höchste Staunen eines beschränkten Menschen. Der dritte Gesell ist in Anspruch genommen durch die nicht so plötzlich zu unterbrechende Arbeit, ein Stück Eisen durchzukneifen; der Ausdruck der körperlichen Anstrengung spielt noch in seinen Gesichtsmuskeln nach, während er sich aufrichtet, um zu lauschen. Der im Hintergrund beim Blasebalg beschäftigte Gesell aber vernimmt mit heimlicher Bosheit und Schadenfreude die Nachricht von der Schlechtigkeit der Frau Meisterin.

Im Herbst 1630 erhielt Velazquez den Befehl, sich nach Neapel zu begeben, um Doña Maria, die Schwester Philipps IV, zu porträtieren, die auf der langen Brautreise zu ihrem durch Vollmacht angetrauten Gemahl König Ferdinand von Ungarn, dem nachmaligen deutschen Kaiser, dort verweilte. Velazquez malte nur ein Brustbild der Königin nach dem Leben. Für das übrige brauchte dieselbe nicht zu sitzen; denn die damalige Hoftracht der spanischen Damen war eine derartige, daß sie von der Gestalt ihrer Trägerin keine Linie verriet. Das Brustbild befindet sich im Prado-Museum und zeigt uns die lebhaften Züge der blonden jungen Fürstin mit ansprechendem Ausdruck. Das große Bildnis in ganzer Figur, welches Velazquez dann danach ausführte — und zwar, da ihm die Anregung durch den Anblick der Wirklichkeit fehlte, ohne viel künstlerische Wärme — ist in das Berliner Museum gelangt.

Nach Erledigung dieses Auftrags schiffte Velazquez sich ein und langte im Anfang des Jahres 1631 wieder in Madrid an. Er begab sich — so berichtet Pacheco — nach einem freundlichen Empfang durch den Conde-Duque (Olivares) sogleich zum Handkuß Seiner Majestät und dankte dem König sehr dafür, daß er sich in diesen anderthalb Jahren von niemand anders habe malen lassen; und Seine Majestät war sehr erfreut über seine Rückkehr.

Eine lange Reihe von Jahren hindurch malte Velazquez jetzt im königlichen Schloß zu Madrid im Dienst seines Herrn. Seine Lebensgeschichte berichtet von Zeit zu Zeit von der Verleihung eines neuen Hofamts oder eines Titels, wodurch er in seinem gesellschaftlichen Range erhöht oder in seinem Einkommen besser gestellt wurde. Bei seiner in der That glänzenden Stellung mußte er doch zeitweilig die Finanznot des spanischen Staates mitempfinden; so sah er sich im Herbst 1636 gezwungen, dem König eine Bittschrift um Auszahlung einer rückständigen Summe von 15803 Realen einzureichen, mit dem Bemerken, daß er sich in großer Bedrängnis befinde.

In das Jahr 1634 fällt ein häusliches Ereignis. Im Januar dieses Jahres gab er seine noch nicht ganz fünfzehnjährige Tochter Francisca dem Maler Juan Bautista Martinez del Mazo zur Ehe, der bei dieser Gelegenheit zum Amtsnachfolger des Velazquez als Ujier de camara ernannt wurde, und der später auch als Hofmaler seinem Schwiegervater, dem bewunderten und nachgeahmten, aber unerreichbaren Vorbild seiner Kunst, nachfolgte. — Hier mögen einige Bildnisse erwähnt werden, die, wenn auch ohne sichere Begründung, als Bilder der Familienmitglieder des Meisters angesehen werden. Für die Gattin des Velazquez hält man eine in der Seitenansicht dargestellte Dame mit echt spanischer, der Wangenröte fast ganz entbehrender Hautfarbe und tiefschwarzem, gekräuseltem Haar. Sie trägt ein schwarzes Kleid und einen dunkelgelben Überwurf; der schleierartige schwarze Kopfputz hat Verzierungen von der goldähnlichen Farbe des Überwurfs.

In der Hand hält sie eine leere Holztafel, über deren Bedeutung der Aufschluß fehlt, und welche Veranlassung gegeben hat zu der Bezeichnung des Bildes als „Sibylle“ (Abb. 6). Zwei allerliebste Kinderporträts, als Gegenstücke gemalt und dem Farbenton nach um dieselbe Zeit entstanden wie jenes unverkennbar den jüngeren Jahren des Meisters angehörige Frauenbildnis, führen im Museumskatalog die — allerdings als zweifelhaft hingestellte Bezeichnung „Tochter des Velazquez.“ Außer jener Francisca hatte Velazquez noch eine um zwanzig Monate jüngere Tochter Ignacia, die im Kindesalter starb. In den Bildern erscheinen die beiden kleinen Mädchen in einem und demselben Alter. Sie sind einander so ähnlich wie Zwillinge, sind auch gleich angezogen, nur mit kleinen Farbenunterschieden im Anputz der olivengrünen Kleidchen. Beide haben frische, lebhafte Gesichtchen mit rosigen Wangen; das braune Haar, mit rosafarbiger Schleife verziert, hängt in zwei Zöpfen an den Seiten des Kopfes herab. Die eine hält Nelken in den Händchen, die andere hat Rosen im Schoß (Abb. 7).

Unter den Bildern, welche Velazquez in den ersten Jahren nach seiner Rückkehr von Italien für den König malte, werden neben verschiedenen Stillleben und Landschaften ein Bildnis der Königin und ein solches des im Jahre 1629 geborenen Prinzen Don Baltasar Carlos genannt. Bei den Landschaften mag man in erster Linie an Aufnahmen aus den Gärten der ausgedehnten Villa bei Madrid denken, welche Olivares im Anfang der dreißiger Jahre dem König verehrte, und deren Namen Buen Retiro jetzt in den weitläufigen öffentlichen Anlagen fortlebt, die sich in der Nähe des Spaziergangs el Prado ausdehnen. Zur Ausschmückung des Wohnpalastes dieser Villa hat auch das einzige im Prado-Museum vorhandene Bild der ersten Gemahlin Philipps IV., Isabella von

Abb. 8. Die Schmiede Vulkans. Nach dem Gemälde im Prado-Museum zu Madrid.
(Nach einer Aufnahme von Ad. Braun & Co., Braun, Clément & Cie. Nachf., in Dornach i. Els. und Paris.)

Abb. 8. Angebliches Bildnis der Frau des Künstlers, Doña Juana Pacheco.
Nach dem Gemälde im Prado-Museum zu Madrid.
(Nach einer Aufnahme von Ad. Braun & Co., Braun, Clément & Cie. Nachf., in Dornach i. Els. und Paris.)

Bourbon, gedient. Die Königin ließ sich, nach ihrer eigenen Äußerung, nicht gern abmalen. Daraus mag es zu erklären sein, daß das in Rede stehende Gemälde, welches die Königin zu Pferde zeigt, durch teilweise Übermalung eines alten Bildes als Gegenstück zu einem neuen, für den Palast von Buen Retiro angefertigten Reiterbildnis des Königs zurecht gemacht wurde. Zur Ausschmückung dieses neuen Schlosses beizutragen, war eine Hauptaufgabe des Velazquez in den dreißiger Jahren. Dazu kamen Bilder für ein Jagdhaus, welches Philipp IV sich in dem großen Wildpark von Pardo zu dieser Zeit herrichten ließ. Was Velazquez für diese neuen Gebäude, in die eine Menge vorhandener Gemälde zusammengetragen wurden, zu malen hatte, waren in erster Linie Reiter- und Jägerbildnisse. In diesen Darstellungen der fürstlichen Personen in freier Luft offenbart uns der Meister erst die Höhe seiner Kunst. In ihnen verschmilzt die vollendete Naturtreue mit der höchsten dichterischen Schönheit der Farbe zur Einheit. Velazquez versetzt seine Reiter und Jäger auf Bergeshöhen; man glaubt die erfrischende Luft des Gebirgs zu atmen, und in einer Flut von Licht blickt man hinaus in den namenlosen Farbenzauber weiter Fernsichten. Das aus Buen Retiro in das Prado-Museum gekommene Reiterbild Philipps IV zeigt den wegen seiner Reitkunst berühmten König, wie er mit seinem weißfüßigen Braunen die schwierige Stellung ausführt, die als Pesade oder als Halbkurbette bezeichnet wird. In den Umrissen des Pferdes hat der Maler sich augenscheinlich Korrekturen von seiten seines Herrn gefallen lassen müssen, die ihn zwangen, seine naturalistische Anschauung zurücktreten zu lassen hinter der Beachtung der vom Modegeschmack diktierten Schönheitseigenschaften des Pferdes; es ist ja eine merkwürdige, aber wohl in allen Zeiten zu beobachtende Thatsache, daß die Modebegriffe von Pferdeschönheit die Einbildung der Pferdekenner so stark beeinflussen, daß ein unbefangenes Auge die nach deren Vorschrift dargestellten Pferde nur mit Befremden ansehen kann. Der König erscheint auf diesem Bilde in Feldherrentracht. Über einem rotbraunen, goldgestickten Samtanzug trägt er einen schwarzen Harnisch mit Goldverzierungen; seine Brust umgibt eine karminrote Schärpe, den Kopf bedeckt ein schwarzer, mit weißen und braunen Straußenfedern geschmückter Hut, und die Füße stecken in Stiefeln von hellem Leder. Prachtvoll ist die Landschaft. Die blaue Luft ist von grauen und weißen Windwolken durchzogen; die fernste Berglinie trägt Schnee, dann kommt ein dunkelblauer, ganz kahler Bergrücken, weiter nach vorn grüne Hügel mit

Steineichengehölzen; dann zieht sich ein dürrer, weißlich-grün schimmernder Hang nach der Höhe hinan, wo der königliche Reiter sein Roß auf trockenem braunem Boden tummelt (Abb. 8). Das Gegenstück, das Reiterbild der Königin (Abb. 9), ist nur zum Teil von Velazquez selbst gemalt. An der Figur Isabellas rührt nur der Kopf von ihm her, ein von dunkelbraunem Haar umrahmtes feines weißes Gesicht mit geröteten Wangen und frischen Lippen. Das braune goldgestickte Reitkleid mit dem weißen, mit Silbersternchen verzierten Unterkleid, und selbst die Hände sind von einer sehr fleißigen, aber wenig künstlerischen Hand ausgeführt; ebenso die braune, mit Gold und Silber verzierte Pferdedecke. Dagegen hat der Meister das Pferd und den landschaftlichen Hintergrund wieder eigenhändig gemalt. Dieser prachtvolle Schimmel mit dem wunderbar schönen und lebendigen Auge, und diese köstliche Landschaft unter kühlem bewölktem Himmel sieht man zwischen Hügeln mit Gebüschen hindurch in ein Flußthal, das in der Ferne von einem duftig blauen Gebirgskamm begrenzt wird, sind nicht zu derselben Zeit gemalt wie die Figur, sondern geben sich deutlich als Übermalung aus späterer Zeit zu erkennen; von einem dunklen Pferd, das früher da war, sind Teile im Lauf der Zeit wieder zum Durchscheinen gekommen. Wahrscheinlich gefiel dem Meister das ältere Bild nicht mehr gut genug, um es in den Prunksaal des neuen Palastes dem neuen Reiterbild des Königs gegenüber hängen zu lassen.

Abb. 7. Bildnis eines jungen Mädchens.
Nach dem Gemälde im Prado-Museum zu Madrid.
(Nach einer Aufnahme von Ad. Braun & Co., Braun, Clément & Cie. Nachf., in Dornach i. Els. und Paris.)

Für eben diesen Saal, der den Namen „Saal der Königreiche" führte, mußte Velazquez auch alte Reiterbildnisse der Eltern Philipps IV, des Königs Philipp III und der Königin Margarete von Österreich, durch Überarbeitung und durch Vergrößerung des Formats — indem jedem Bild an beiden Seiten ein Stück angesetzt wurde — mit seinen eigenen Gemälden in Übereinstimmung setzen. Es ist begreiflich, daß dem Meister diese Änderungen an fremden Werken keine besonders erfreuliche Arbeit waren; man sieht, daß die Übermalungen, die sich übrigens im wesentlichen auf die Pferde und die Hintergründe beschränken, mit großer Hast ausgeführt sind. Dennoch ist es ihm gelungen, durch seine Übermalungen den beiden Bildern ein prächtiges Aussehen zu geben und seine Farbenstimmungen so einzurichten, daß kein Mißklang mit dem, was er stehen ließ, entstand. Ganz wundervoll ist die landschaftliche Stimmung — Sonnenuntergang — in dem Bild der Königin Margarete.

Die Krone von Velazquez' Reiterbildnissen ist dasjenige des Prinzen Don Baltasar Carlos, das er, nach dem Alter des Kindes zu urteilen um 1636, ebenfalls für Buen Retiro malte (Abb. 10). Es ist ein entzückendes Bild, neben dessen lichterfüllter Farbenpoesie alle Gemälde anderer Meister, die dasselbe umgeben, schwarz erscheinen. Der sattelfeste kleine Reiter, der schon ganz früh unter des Grafen Olivares, als Oberstallmeisters, Aufsicht Reitunterricht bekommen hatte und der im Alter von vier Jahren sich bereits auf einen Pony setzen durfte, der als ein Teufelchen bezeichnet wurde, sprengt im Galopp auf einem stämmigen andalusischen Pony daher. Don Baltasar Carlos ist ein hübscher Junge, blond, etwas blaß, mit den schwarzblauen Augen seines Vaters. Er trägt eine Jacke von Goldbrokat mit grünem, goldgestickten Ärmelaufschlag, Kollett und Beinkleid von dunkelgrünem, mit Gold verziertem Stoff, schwarzen Hut mit schwarzem Aufputz, Stiefel und Handschuhe von hellbraunem Leder. Wie ein künftiger Feldherr trägt er eine Schärpe, rosenrot mit Goldfransen, und schwingt einen Kommandostab in der Rechten. Das feiste Pferdchen ist ein Rotschimmel mit braunem Kopf und schwarzen Füßen; Schweif und Mähne sind dunkel und sehr dicht und lang, wie man es damals als unentbehrliches Schönheitserfordernis eines edlen spanischen Pferdes ansah. Sattel- und Zaumzeug sind mit Goldstoff überzogen, die Metallteile des Geschirres vergoldet. Das Königskind galoppiert so stolz und freudig den Bergrücken entlang, von dem man weit in das spanische Land hinaussieht. Das ganze Bild ist sozusagen

Abb. 8. Reiterbildnis Philipps IV. Nach dem Gemälde im Prado-Museum zu Madrid.
(Nach einer Aufnahme von Ad. Braun & Co., Braun, Clément & Cie. Nachf., in Dornach i. Els. und Paris.)

auf einen freudigen Ton gestimmt. Der Himmel ist sonnig blau, von silbergrauen und von hell durchschienenen weißen Wölkchen belebt. Die Fernsicht schwimmt in blauen, weißlichen und grünen Tönen, zu denen nur ganz wenig Rötliches und Bräunliches im Vordergrund kommt. Diese Luft und diese Landschaft geben eine charakteristische Stimmung der spanischen Landschaft in so treffender Weise wieder, daß man sich versucht fühlt, hier von einer absoluten Wahrheit des Farbentons zu reden.

Abb. 9. Reiterbildnis der Königin Isabella von Bourbon.
Nach dem Gemälde im Prado-Museum zu Madrid.
(Nach einer Aufnahme von Ad. Braun & Co., Braun, Clément & Cie. Nachf., in Dornach i. Els. und Paris.)

Prinz Baltasar Carlos wurde ebenso früh wie im Reiten, auch im Weidwerk ausgebildet. Der König war ein leidenschaftlicher Jäger; schon im Knabenalter hatte er bewunderte Proben von Kraft, Gewandtheit und Unerschrockenheit abgelegt. Mit Stolz sah er, daß sein vergöttertes Söhnchen es ihm in den ritterlichen Künsten nachthun zu wollen schien. Wohl zum Andenken an den ersten Jagdgang des Prinzen in den Pardowald ließ Philipp IV das allerliebste Bild ausführen, welches den Sechsjährigen als Jäger darstellt. Der hübsche Knabe steht ernst und wichtig blickend, mit einer kleinen Flinte in der Hand, unter einem Baum, im Jagdanzug aus derbem, dunkel bräunlich-olivengrünem Stoff mit gesteppten schwarzseidenen Ärmeln und schwarzen Strümpfen. Neben ihm sitzt ein reizender Zwergwindhund im Schatten des

Abb. 10. Reiterbildnis des Prinzen Don Baltasar Carlos.
Nach dem Gemälde im Prado-Museum zu Madrid.
(Nach einer Aufnahme von Ad. Braun & Co., Braun, Clément & Cie. Nachf., in Dornach i. Els. und Paris.)

Baumes, und auf der anderen Seite liegt im fahlen dürren Grase ein prächtiger brauner, weißgezeichneter Vorstehhund, mit einem Ausdruck, der zu sagen scheint, daß er sich der Pflicht bewußt sei, den kleinen Jäger zu bewachen. Es ist ein kühler Tag. Über einen weißlich-grauen Hang hinweg sieht man in die bläuliche Berglandschaft mit graugrünen Steineichenbeständen, über die im Ziehen der Wolken Sonnenblicke einhergleiten. Das Ganze ist in seinem durchaus naturalistischen und dabei so unendlich poetischen Farbenreiz ein wahres Wunder von einem Bild (Abb. 11).

Außer diesem sind von den Jägerbildnissen, welche Velazquez für das Jagdhaus im Pardowald und auch noch für ein mit Jagdstücken ausgeschmücktes Zimmer im

Palast malte, noch zwei vorhanden: eines, welches den König, und eins, welches dessen jüngsten Bruder, den Infanten Ferdinand, darstellt. Der König steht in weiter Bergeinsamkeit, über der sich ein leichtbewölkter Abendhimmel ausspannt, unter einem dichtbelaubten Baum auf dem Anstand, das lange Gewehr in der herabhängenden Rechten. Neben ihm sitzt ein gelbbrauner Hund, starkknochig mit feinem Kopf und klugen Augen. Das Bild scheint gleichzeitig mit demjenigen des Prinzen Baltasar gemalt zu sein. Der König befindet sich also im Alter von dreißig Jahren. Gestalt und Gesicht haben sich nur wenig verändert, seit Velazquez die erste Aufnahme machte; längere Haartracht und ein in die Höhe gebürsteter kleiner Schnurrbart sind die einzigen Veränderungen, die einem beim ersten Anblick auffallen. Die Kleidung ist in Schnitt und Farbe derjenigen des kleinen Prinzen ganz ähnlich. Der Infant Don Ferdinand, in der nämlichen Jägertracht, steht mit dem gespannten Gewehr im Arm da. Aus dem blassen Gesicht schauen hellblaue Augen ruhig und aufmerksam in die Ferne. Vor seinen Füßen sitzt ein schöner hellbrauner Spürhund. Hinter ihm dehnt sich ein grauer Bergrücken aus, den die blauen Zacken einer fernen Sierra überragen; der Himmel ist von dünnem Gewölk überzogen. Dieser Prinz, der an Liebe zum Weidwerk seinen königlichen Bruder womöglich noch übertraf, ist der unter dem Namen „Kardinal-Infant“ bekannte Statthalter der Niederlande; den Kardinalstitel hatte er schon als Kind bekommen, nachdem ihm zuvor der mit großen Einkünften verbundene Titel eines Erzbischofs von Toledo erteilt worden war. Da er Spanien im Jahre 1634 verließ, um sich nach Flandern zu begeben, so muß das schöne Bild vor diesem Jahre gemalt sein oder doch auf einer vorher gemachten Aufnahme beruhen (Abb. 12).

Abb. 11. Bildnis des Prinzen Don Baltasar Carlos.
Nach dem Gemälde im Prado-Museum zu Madrid.
(Nach einer Aufnahme von Ad. Braun & Co., Braun, Clément & Cie. Nachf., in Dornach i. Els. und Paris.)

Im Jahre 1634 bestellte Olivares in Florenz ein in Erzguß auszuführendes Reiterstandbild Philipps IV. Velazquez

Abb. 12. Bildnis des Infanten Ferdinand von Österreich, Bruders von Philipp IV.
Nach dem Gemälde im Prado-Museum zu Madrid.
(Nach einer Aufnahme von Ad. Braun & Co., Braun, Clément & Cie. Nachf., in Dornach i. Els. und Paris.)

malte für den mit dieser Aufgabe betrauten Bildhauer Pietro Tacca die Vorbilder. Ein im Pittipalast zu Florenz befindliches Reiterbildnis des Königs, welches demjenigen des Prado-Museums ähnlich, aber in kleinerem Maßstab ausgeführt ist, ist vermutlich eines dieser Modelle zu dem Erzbild, welches später vor dem Königsschloß in Madrid aufgestellt wurde.

Wenn fürstliche Gäste an den Hof zu Madrid kamen, so fiel Velazquez öfters die Aufgabe zu, auch diese zu malen. So hatte er bereits im Jahre 1623 den Prinzen von Wales, Karl Stuart gemalt, der damals um die Infantin Maria, die nachmalige deutsche Kaiserin, warb. Im Jahre 1638 fertigte er ein Bildnis des Herzogs Franz II von Modena an, als dieser in Madrid verweilte, um das Töchterchen des Königspaares, die Infantin Maria Teresia, aus der Taufe zu heben. Es ist erwähnenswert, daß unter den Geschenken, welche Philipp IV dem Herzog bei dieser Gelegenheit machte, auch ein von Velazquez gemaltes Miniaturbildnis des Königs genannt wird, welches sich auf der Rückseite eines Diamantschmucks befand. Velazquez hat nur sehr selten in kleinerem als lebensgroßem Maßstab gearbeitet.

Unter den wenigen Werken des Velazquez, welche Deutschland besitzt, ist das Bildnis des Kirchenfürsten, der die Taufe der Prinzessin Maria Teresia vollzog, eines der vorzüglichsten. Dasselbe befindet sich im Städelschen Institut zu Frankfurt am Main. Es ist nur ein frisch nach dem Leben gemaltes Brustbild, das uns das gelbliche Gesicht und die schwarzen Augen des Kardinals Gaspar Borja — aus dem berühmten, in Italien Borgia genannten Geschlecht — durch die Purpurkleidung in eigentümlicher Farbenwirkung hervorgehoben zeigt; aber diese einfache Naturabschrift ist unter Velazquez' Hand zum vollendeten Meisterwerk der Bildniskunst geworden, so groß durch malerischen Reiz wie durch Kraft und Wahrheit des Lebens. — Als ein weiteres in Deutschland befindliches Meisterwerk Velazquezscher Malerei sei hier das in ganzer Figur ausgeführte Bildnis des Generals Borro im Berliner Museum erwählt. Der General, eine übrigens in der Geschichte ziemlich unbekannte Größe, bringt seine umfangreiche Persönlichkeit in selbstbewußter Pose zur Geltung, und sich den Sieg Spaniens über Papst Urban VIII zuschreibend, tritt er das Banner der Barberini mit Füßen. Mit sichtlichem Humor ist der Maler der Großthuerei seines Modells entgegengekommen.

Das Jahr 1638 wurde das glücklichste Jahr Philipps IV genannt. Auf den Schlachtfeldern vieler Länder errangen die spanischen Waffen blutige Erfolge, und im Palast von Buen Retiro wurden glänzende Siegesfeste

Abb. 16. Reiterbild des Grafen von Olivares. Nach dem Gemälde im Prado-Museum zu Madrid. (Nach einer Aufnahme von Ad. Braun & Co., Braun, Clément & Cie. Nachf., in Dornach i. Els. und Paris.)

gefeiert. Zu dieser Zeit mag dem Groß-Herzog Olivares der Gedanke gekommen sein, sich als Kriegshelden malen zu lassen. Er war ja die Ursache der kriegerischen Unternehmungen Spaniens, mithin auch die Ursache der spanischen Siege. Das Reiterbild des Olivares, welches Velazquez in diesem Sinne malte, ist in malerischer Beziehung den königlichen Reiterbildern völlig ebenbürtig. Aus dem Besitz der Nachkommen des Olivares wurde es im vorigen Jahrhundert durch König Karl III erworben und befindet sich jetzt im Prado-Museum. Das ganze Bild ist Leben und Kraft. Olivares, als Feldherr gekleidet, im schwarzen, golddverzierten Harnisch, mit der roten Schärpe umgürtet, den grauen Hut mit roten Federn geschmückt, goldene Sporen an den Reiterstiefeln, hält auf einer Anhöhe, auf welcher Silberpappeln stehen und Myrthengesträuch blüht. In tadelloser Haltung hebt der stolze Mann, den man in seiner Jugend den besten Reiter Spaniens genannt hatte, seinen goldgeschirrten feurigen Braunen zur Halblarbeite in die Höhe. Mit blitzenden Augen sieht er sich um und streckt den Kommandostab aus, um neue Scharen hinabzuweisen in den Kampf, der in dem graugrünen Hügelland unter dem sommerlich bewölkten Himmel entbrannt ist. Eine Ortschaft steht in Flammen, das Gewehrfeuer blitzt, die Reitergeschwader sprengen wohlgeordnet zum Angriff, ein Trompeter gibt im Galopp die vom Feldherrn befohlenen Signale weiter (Abb. 13).

Ganz anders als hier, wo er in einer erträumten Heldenrolle prunkt, sieht Olivares auf dem wenige Jahre später entstandenen Bildnis der Dresdener Galerie aus. Da zeigt er die veränderten Züge, die dem Beobachter auffielen, als er Mißerfolge über Mißerfolge erleben mußte, unter denen er körperlich und geistig niederbrach.

Als der König die Ausschmückung des Palastes von Buen Retiro mit Gemälden anordnete, bestimmte er für den „Saal der Königreiche" eine Folge von großen Bildern, in denen die kriegerischen Erfolge seiner Regierung verbildlicht werden sollten. Sieben Maler erhielten den Auftrag, in zwölf Bildern die ruhmreichsten Begebenheiten aus den Feldzügen in Flandern, Deutschland, Italien und Amerika darzustellen. Velazquez, den der König mit Bildnismalen für die verschiedenen Neueinrichtungen in Beschäftigung hielt, war nicht bei dieser Aufgabe beteiligt. Aber er fand nachträglich Veranlassung, einen der hier zur Darstellung gelangenden Stoffe gleichfalls zu behandeln. Der betreffende Vorwurf war die Übergabe von Breda am 5. Juni 1625. Spinola hatte die vielumstrittene Festung nach zehnmonatlicher Belagerung zur Übergabe gezwungen; in Anerkennung der tapferen Verteidigung gewährte er dem Kommandanten, Justinus von Nassau, und sämtlichen Offizieren und Truppen freien Abzug mit allen kriegerischen Ehren; als der holländische Befehlshaber vor dem Sieger erschien, begrüßte ihn dieser in freundlicher Weise und pries ihn wegen der Tapferkeit und Beharrlichkeit des geleisteten Widerstandes. Als Velazquez vier Jahre nach diesem Ereignis mit Spinola auf dessen Galeere nach Italien fuhr, mögen die Unterhaltungen während der langen Reise ihm wohl auch Gelegenheit gegeben haben, aus dem eigenen Munde des Generals Ausführliches über die Begebenheiten des niederländischen Feldzugs zu vernehmen. Es unterliegt wohl keinem Zweifel, daß hierin der innere Grund für die Entstehung von Velazquez' „Übergabe von Breda" zu suchen ist. Denn in dem Gemälde des José Leonardo, der um das Jahr 1635 die Übergabe von Breda für den Saal der Königreiche malte, sah Velazquez die Persönlichkeit des ihm befreundet gewordenen — inzwischen verstorbenen — Feldherrn und den Hergang, den er von diesem selbst hatte erzählen hören, in einer Weise geschildert, die der Wahrheit nicht entsprach. Das Bild des Leonardo, der ein Schüler des Eugenio Cajesi war, zeigt in konventioneller Historienbild-Komposition den Marquis Spinola in hochmütig stolzer Haltung auf einem Schimmel sitzend und vor ihm auf den Knien den holländischen Kommandanten, der die Schlüssel mit beiden Händen emporhebt, um sie jenem zu überreichen. Diese jetzt im Vorsaal der Gemäldegalerie des Prado befindliche Malerei, deren Urheber übrigens noch in sehr jugendlichem Alter stand, ging dem gewissenhaften Velazquez gegen seine Wahrheitsliebe. Er mag es für eine Pflicht der Ehrlichkeit gehalten haben, solcher Darstellung gleichsam eine Berichtigung zu malen, nach seiner besseren Kenntnis von dem Charakter und Wesen der Hauptperson und von dem Thatsächlichen des Hergangs. — In welchem Jahre Velazquez das Gemälde ausführte, ist nicht bekannt; wahrscheinlich doch nicht allzu lange nach der Ausschmückung des

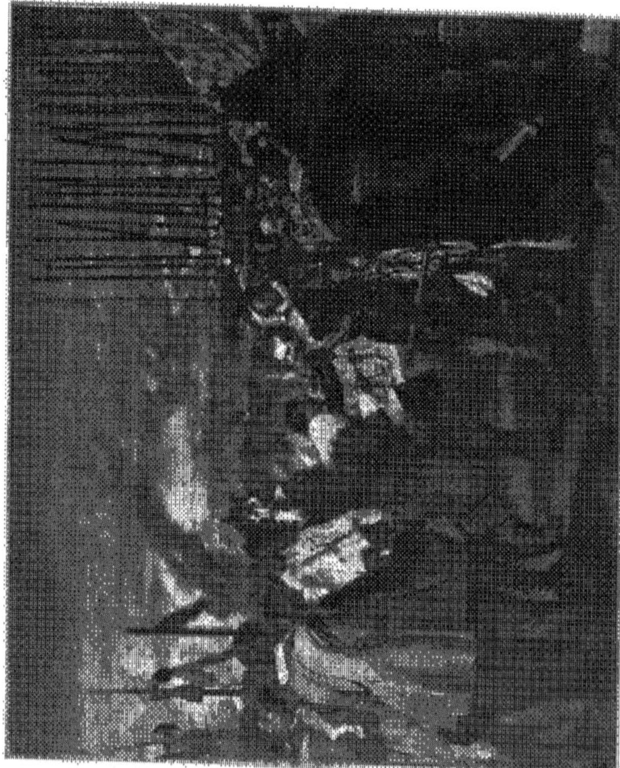

Abb. 14. Die Übergabe von Breda. Nach dem Gemälde im Prado-Museum zu Madrid.
(Nach einer Photographie von Ad. Braun & Co., Dornach, Clément & Cie. Nachf., in Dornach i. Els. und Paris.)

Saals der Königreiche in Buen Retiro mit jener Folge von Geschichtsbildern. Sein Werk fand ebenfalls Platz im Palast von Buen Retiro.

Wenn man vor Velazquez' „Übergabe von Breda" steht, so fühlt man sich versucht zu glauben, es habe überhaupt niemals irgend ein anderer ein wirkliches Geschichtsbild gemalt. Der geschichtliche Hergang ist so klar und so einfach, so natürlich veranschaulicht, daß man denkt, so müsse es und es könne nicht anders gewesen sein (Abb. 14). Von einem erhöhten Standpunkt aus — à vue de cheval, wie der damals gebräuchliche Kunstausdruck lautet — sieht man in die flache niederländische Landschaft, für die dem Maler offenbar militärische Aufnahmen als Anhaltspunkte gedient haben. Wasserläufe blinken in der blaugrünen, von bräunlichem Schimmer durchflimmerten Ebene; hin und wieder steigt der Rauch von Lagerfeuern und von brennenden Dörfern oder Gehöften auf; die Rauchwolken verschwimmen vor der schweren Wolkendecke des Himmels, die über dem Horizont in dicken bläulichen Massen lagert und sich weiter oben zu weißgesäumten Streifen verdünnt. Wo in der Mitte des Bildes ein kleiner Durchblick nach dem Mittelgrund frei bleibt, sieht man in dem Raum zwischen den Festungswerken und der schwachen Erhöhung des Geländes, auf welcher die Begegnung der beiden Heerführer stattfindet, spanische Pikeniere aufgestellt. Ein paar geschulterte Piken und Fahnen deuten die vorbeimarschierende holländische Infanterie an. Die Feldherren begrüßen einander in dem schmalen Zwischenraum, der die beiderseits aufgestellten Gefolgschaften voneinander scheidet. Beide Herren sind vom Pferde gestiegen; auf beiden Seiten haben alle Offiziere ihre Häupter entblößt. Justin von Nassau geht mit großen Schritten auf Spinola zu und überreicht mit einer Verneigung, seine Augen in die des Gegners heftend, den Thorschlüssel als Sinnbild der Übergabe. Der Spanier neigt sich ihm entgegen, vornehm und freundlich, das Musterbild eines formgewandten ritterlichen Mannes, und legt ihm die Hand wohlwollend auf die Schulter; man sieht seinem Gesicht an, wie verbindlich die Worte sind, die er an den Besiegten richtet, dem er seine Bewunderung nicht versagt. Spinola ist blaß von Farbe, sein dunkles Haar ist stark mit grau gemischt. Er trägt eine schwarze, goldverzierte Eisenrüstung und darüber die hellrote Schärpe. Eine ebensolche Feldherrnschärpe umgibt die Schulter des gleichfalls geharnischten Offiziers, der am nächsten bei Spinola steht und dem sich weitere Offiziere, die alle einen bildnismäßigen Eindruck machen, anreihen. Bei den Offizieren stehen die Fähnriche; von den beiden sichtbaren Fahnen ist die eine blau und weiß gewürfelt mit rosenrotem Schrägbalken, die zweite rosenrot mit blauem Schrägbalken. Unmittelbar hinter den Offizieren steht dicht gereiht eine Abteilung Pikeniere, breitrandige Filzhüte auf den Köpfen, die Piken senkrecht aufgerichtet. Dieser starre Wald von Spießen übt eine eigentümliche, mächtige Wirkung auf den Beschauer aus, die für den Gesamteindruck des Bildes so bedeutsam ist, daß dasselbe hiernach im Volksmunde den Namen „las lanzas" bekommen hat. Im Vordergrunde bildet das Pferd Spinolas eine große ruhige Dunkelheit. Der mächtige Braune steht ungern still; damit er nicht stürmend nach den beiden Herren hindränge, läßt ihn der Stallmeister, der ihn hält und der sich mit begreiflicher Schaulust nach jenen hingewendet hat, durch einen rückwärts mit der Gerte gegen den linken Hinterfuß gegebenen leichten Schlag nach rechts zur Seite treten. Diese Bewegungen des Dieners und des Pferdes tragen, so nebensächlich sie an sich auch sind, durch ihre schlagende Lebenswahrheit doch nicht unwesentlich mit bei zu der großartigen Natürlichkeit des Ganzen. Neben der dunklen Schulter des Pferdes und unter den lebhaften Farben der Fahnen wird noch ein Soldat sichtbar, der mit silbergrauer Kleidung an dieser Stelle einen ruhigen und vermittelnden Abschluß bildet. Die Niederländer sind in Gesichtsbildung und Wuchs, in der Art, sich zu kleiden und zu bewegen, mit treffender Charakteristik von den Spaniern unterschieden. Der Oranier, bräunlichrot von Gesichtsfarbe, mit dunklem, grau gemischtem Haar, trägt einen Anzug von hellbraunem Samt, mit schmalen Goldtressen und goldenen Knöpfen verziert: seine Schärpe und die Federn auf seinem Hut zeigen die Orangefarbe, welche die abgefallenen niederländischen Staaten zu ihrer Nationalfarbe erwählten, als der große Schweiger Wilhelm von Oranien sie zur Selbständigkeit geführt hatte. Die warmen Töne der Figur Justins heben sich in starker Wirkung von vorwiegend blauen Tönen ab: die im Mittelgrund sichtbare spanische Pikenier-Abteilung in hellblauen Röcken, dann die holländische Trikolore, blau-orange-weiß, und vorn der dunkelblau gekleidete semmelblonde Reitknecht, der den mit großer Blesse gezeichneten Braunen des Oraniers hält, bilden für ihn den Hintergrund. Die Wimpel an den Spontons der holländischen Offiziere, die Quasten an den Hellebarden der Sergeanten, die Ärmelaufschläge und andere Kleidungsteile der Soldaten sind wieder orangefarbig. Die holländischen Ober- und Unteroffiziere scheinen nicht das ehrerbietige Schweigen zu beobachten, das in den Reihen der Spanier herrscht. Ein vor dem Pferde Justins stehender Kavalier

Abb. 15. Christus am Kreuz. Nach dem Gemälde im Prado-Museum zu Madrid.
(Nach einer Aufnahme von Ad. Braun & Co., Braun, Clément & Cie. Nachf., in Dornach i. Els. und Paris.)

in weißem, mit roten Schleifchen verziertem Seidenwams und silbernem Bandelier macht eine zum Stillsein auffordernde Gebärde gegen seine Umgebung, um besser horchen zu können auf das, was die beiden Feldherren in einer ihm vielleicht nicht ganz geläufigen Sprache miteinander reden. Prächtige Typen niederländischer Kriegsleute stehen im Vordergrund: ein Offizier in Lederkoller und Reitstiefeln und ein Arkebusier in blaugrünem Anzug. -- Das ganze Bild ist überaus reichfarbig, aber dabei vom tiefsten Ernst. Es ist so gediegen und so groß gemalt, wie es kaum etwas anderes gibt. Alle Kleinigkeiten sind da, und nirgends ist etwas Kleinliches. Die Farbenstimmung ist vollendet naturwahr; aber noch vollkommener als ihre Wahrheit ist ihre Schönheit. Wenn irgendwo, so ist es hier am Platze, von hohem Stil in der Farbe zu sprechen.

Zur Ausführung religiöser Gemälde fand der Hofmaler verhältnismäßig selten Gelegenheit. Gegen Ende der dreißiger Jahre ist, wie man vermutet, das Bild des Gekreuzigten entstanden, das sich ursprünglich im Benediktinerinnenkloster S. Placido zu Madrid befand (Abb. 15). Es ist ein mächtig ergreifendes Bild. Auf einem Hintergrund, der keinerlei Formen enthält, sondern leere Finsternis ist, schwarz mit leichtem bräunlichen Anflug, ragt der schöne Körper in das goldige Licht hinein, das ihn oben voll überflutet, während die Beine in einem Halbton verschleiert bleiben. Das Haupt des göttlichen Dulders ist im Tode vornüber gesunken; dabei ist auf der einen Seite das lange Haar nach vorn gefallen. Diese mächtig wallende Masse von dunklem Haar, die fast die Hälfte des Gesichts verdeckt, bringt etwas sehr Eigentümliches in die Wirkung des Ganzen. Aber weder hieraus, noch aus dem allmählichen Hineinwachsen der Gestalt aus dem Schatten in das Licht ist das Außerordentliche des Eindrucks, den das Gemälde auf den Beschauer ausübt, zur Genüge zu erklären. Vor allem wirkt das Bild dadurch, daß der Maler für die Tiefe seiner religiösen und künstlerischen Empfindung in der größten Schlichtheit den stärksten Ausdruck gefunden hat. Der größte Meister der naturalistischen Kunst hat es verschmäht, hier irgend eines der sonst gerade im XVII. Jahrhundert bei diesem Gegenstand so sehr beliebten naturalistischen Hilfsmittel, um auf das Gemüt des Beschauers einzuwirken — die Kennzeichnung des qualvollen Hängens, des Zuckens im Schmerz, des Zusammensinkens im Tode —, anzuwenden. Das Bild ist mit der größten Sorgfalt und Liebe gemalt. Die Ausführung des Holzes der Kreuzbalken und der Inschrifttafel ist wahrhaft rührend. Bemerkenswert ist, daß Velazquez die altertümliche Darstellungsweise wieder aufgenommen hat, daß jeder Fuß des Gekreuzigten durch einen besonderen Nagel angeheftet ist. Er ist hierhin der Vorschrift seines Schwiegervaters gefolgt, der in seinem Buch über die Malkunst mit Eifer gegen die im XIII. Jahrhundert aufgekommene Darstellungsweise zu Felde zieht, welche, wie es seitdem im allgemeinen gebräuchlich geblieben ist, eine Dreizahl von Nägeln an die Stelle der altüberlieferten vier Nägel setzte.

(Schluß folgt.)

# Schuldner.

Roman

von

**A. von Klinckowstroem.**



1. Kapitel.

as für ein infernales Klima dieses liebe lustige München hat! Während der einen Hälfte des Jahres regnet es, die anderen sechs Monate hindurch schneit es. Jedenfalls ist es nicht ratsam, selbst bei dem trügerischsten Sonnenschein ohne Regenschirm auszugehen, und wer dies dennoch thut, sucht wohl nur einen Vorwand, mit den ersten fallenden Tropfen in das nächste Lokal zu schlüpfen, wo schäumendes echtes Münchener verzapft wird, und sollte es selbst der Regensburger Hof sein, dessen Äußeres gewiß nicht verlockend ist.

Fröhlicher Regensburger Hof, mit den dürftigen Bäumen im engen Gärtchen, dem winkligen, unsauberen Flur und der niedrigen, von Tabaksqualm durchwogten Wirtsstube. —

Wer ihn zum erstenmal betritt, hat sicher mit einem Gefühl der Enttäuschung, wenn nicht gar des Widerwillens zu kämpfen und beschließt meist, nicht wiederzukommen; aber während er dort sitzt, umspinnt ihn unmerklich ein Gefühl behaglicher Gemütlichkeit und zieht ihn nach einiger Zeit wieder hin und immer häufiger, und wer längere Zeit frohgemut in dieser engen Welt verkehrt hat, weiß, welch ein unerschöpflicher Quell von harmlosem Humor und unversieglicher Freudigkeit hier sprudelt, daß die Erinnerung daran noch in später Zeit jedesmal wie ein unvergänglicher Hauch von Jugendübermut und Heiterkeit die Herzen durchflutet.

In dem großen Vorderzimmer verkehrten sozusagen Krethi und Plethi, aber hinten in der Honoratiorenstube, in der das Billard steht, sitzen abends nur Stammgäste an bestimmten Tischen. Es ist so eng, daß man sich vorsehen muß, um nicht von übereifrigen Billardspielern vor den Kopf gestoßen zu werden, doch Witz und Bier schäumen hier in gleichem Maße frisch und gut, und deshalb nimmt man die kleine Unbequemlichkeit gern mit in den Kauf.

An dem Tisch in der linken Ecke sitzen Abend für Abend drei ungewöhnlich schöne alte Herren, weißbärtige Apostelköpfe, und spielen Schach; d. h. natürlich thun dies nur zwei von ihnen, der dritte ist als aufmerksamer Zuschauer und Kritiker dabei und lauscht nebenher auch ein wenig nach dem Tisch zur Rechten hinüber, wo eine lustige Gesellschaft von Malern ihren Stammsitz hat. Die Bedienung in diesem Raum besorgt ein Aufwärter, der von seinen Vätern den Namen Hurtig erobert hat, aber diesem Namen durchaus nicht entspricht und sich auch durch die kräftigsten aufmunternden Zurufe nicht in seinem vertrottelten Phlegma stören läßt. Übrigens ist sein listig gutmütiges Gesicht die Freude und Wonne der Stammgäste, und einer derselben hat ihn als rotnasigen beflügelten Genius der Galerie von Karrikaturen einverleibt, mit denen lustige Künstlerhände die Wände bedeckt haben. Die Neckereien, mit denen er überhäuft wird, nehmen täglich neue und überraschende Formen an. Ab und zu wird eine Ähnlichkeit zwischen ihm und irgend einem berühmten Mann entdeckt und er von derselben feierlich in Kenntnis gesetzt und eine Zeitlang mit dem Namen des Betreffenden gerufen; oder man preist die Schönheit seiner vergißmeinnichtblauen Augen und bittet ihn, die Brille abzunehmen, die er durchaus mit fettigen Fingern geputzt haben müsse, da sie den Glanz der Augen beeinträchtige. Dann wieder kommt eine Zeit, in der sich die ganze Tafelrunde dahin vereinigt, alles witzig zu finden, was er spricht, sich über jedes Wort, das er sagt, ausschütten will vor Lachen, ihn einen Schwerenöter nennt, der bei der einfachsten Bemerkung geheime listige Hintergedanken habe, bis er selbst davon durchdrungen ist und sich im Gefühl, der gefeierte Witzbold zu sein, zu einigen bisweilen wirklich treffenden frechen Aussprüchen aufschwingt, die dann mit jubelndem Halloh entgegengenommen werden. Und wenn er sich eben in dieser Rolle gefällt, so lautet die Verabredung plötzlich wieder dahin, ihn für den langweiligsten Menschen unter der Sonne zu erklären, ihn kalt und starr anzusehen, wenn er glaubt, die witzigsten Aussprüche zu thun, und sich an der offenbaren Trostlosigkeit zu ergötzen, die sich seiner über den Verlust seiner Heiterkeitserfolge bemächtigt, und an dem förmlichen Minnewerben, das er nun um die Beifallsbezeugungen der Herren beginnt.

Die fröhliche Albernheit und der harmlose Humor dieses Stammtisches haben ihm eine gewisse Berühmtheit in Münchener Kreisen verschafft, so daß häufig Herren der verschiedensten Berufsklassen, die einen oder den anderen Bekannten dabei haben, für eine Stunde hier Auffrischung und Erholung von angestrengter Tagesarbeit suchen.

Zu Zeiten, während des Karnevals zum Beispiel, lichtete sich die Tafelrunde etwas, da die jüngeren Mitglieder dann durch Geselligkeit in Anspruch genommen wurden, doch jetzt war man schon in der ersten Hälfte des März, Mittfasten vorüber, und der Kreis daher ziemlich vollzählig beisammen.

Die Seele desselben war der Maler Rodenberg, eine breite untersetzte Gestalt, eher einem lebenslustigen, liebenswürdigen katholischen Geistlichen ähnlich als der Vorstellung, die man sich im allgemeinen von Künstlern macht. Ein Hauch unendlicher Behaglichkeit schien von seiner Person auszugehen, aber wenn die kleinen tiefliegenden hellen Augen aufblitzten, sah man in ihnen den göttlichen Funken des Genies, das man auf den ersten Blick nicht hinter dem gemütlichen Lebemann gesucht haben würde. Von den beiden ihm gegenüber sitzenden Männern gehörte nur der eine zu den Stammgästen, und dies auch erst neuerdings wieder, denn er war zwei Jahre hindurch München fern geblieben und erst seit wenigen Wochen zurückgekehrt, um die alten Gewohnheiten wieder aufzunehmen. Der andere, ein vielbeschäftigter Arzt und berühmter Operateur, hatte sich nur für eine Stunde vorübergehend hier eingefunden, um ein Glas Bier zu trinken und seinen Wagen draußen auf der Straße warten lassen. Der erstere führte im Augenblick das große Wort und gab in unverfälschtem österreichischem Dialekt seine Reiseerlebnisse zum besten. Er war vor zwei Jahren ohne Sang und Klang aus München verschwunden, weil er sein ziemlich bedeutendes elterliches Vermögen bis auf den letzten Pfennig verschleudert hatte und ihm die kostbare Einrichtung seines Ateliers unter den Händen abgepfändet wurde. Aus einer altaristokratischen ungarischen Familie stammend, betrieb er das Malen mehr zum Vergnügen als zum Broterwerb und verschleuderte sein bedeutendes Talent ebenso leichtsinnig, wie er es mit dem Vermögen gethan hatte. Jetzt war ihm unvermutet aus einer Seitenlinie seiner Familie eine zweite Erbschaft in den Schoß gefallen, und damit tauchte er auch sofort wieder in München auf; denn wer einmal Münchener künstlerische Luft geatmet hat, den zieht es immer wieder hin. Seine wundervoll gebaute Gestalt, die offenbar von dem besten Wiener Schneider bekleidet wurde, hatte etwas von der Beweglichkeit eines Harlequins an sich, während er erzählte und durch drastische Pantomimik seine Erzählungen ergänzte, und ebenso besaß sein schöngeschnittenes Gesicht, das den Ausdruck ausgesprochenster Nichtsnutzigkeit und liebenswürdiger Liederlichkeit trug, in hohem Grade die Fähigkeit, die Komik seiner Darstellungen zu illustrieren. Wo er sich während der letzten zwei Jahre umhergetrieben und wovon er eigentlich gelebt hatte, das verriet er nicht; es waren immer nur einzelne abgerissene Episoden, die er zum besten gab.

„Ah! Es lebt sich doch nirgend so gut wie hier!“ rief er endlich, sich in seinen Stuhl hintenüber werfend, und dehnte sich mit Behagen.

„Hurtig, was sehen Sie denn den Toni Rheliany so an?“ fragte Rodenberg den Aufwärter, der mit blödem Lächeln den jungen Österreicher bewundernd anstarrte und darüber seine Pflichten verabsäumte. „Sie möchten wohl auch von Ihren Reisen erzählen? Wie war das doch? Sie sind ja wohl einmal nach Darmstadt gereist. Ist Ihnen nicht bei der Gelegenheit irgend etwas passiert? Es ist mir doch so.“

„Jo, Hurtig soll erzählen!“ schrie Rheliany und lachte wie toll, denn der alte

Witz, den Aufwärter diesen Bericht seiner ersten und einzigen Reise machen zu lassen, den zu beenden man ihm nie gestattete, war ihm noch aus früheren Zeiten wohl bekannt. „Also in Darmstadt sind Sie gewesen?"

„Ich kam ja gar nicht so weit, denn in Bruchsal —"

„Was? nach Bruchsal fährt überhaupt kein vernünftiger Mensch."

„Von Bruchsal spricht man gar nicht in guter Gesellschaft."

„Ja, meine Herren," — Hurtig sah sich hilflos um und rieb sich die Hände. „In Bruchsal blieb er eben stecken."

„Wer blieb stecken? Sie?"

„Der Zug?"

„Worin blieb er stecken?"

„Sie wissen, meine Herren — das war nämlich so, nämlich — das kam also daher — weil, wenn der Zug zur Zeit gekommen wäre, — nach dem alten Kursbuch nämlich —."

„Gott! wie der Mann erzählen kann! so anschaulich! so lebendig!"

„Herr Hurtig, halten Sie eigentlich Darmstadt für einen einigermaßen anständigen Namen?"

Hurtig verlor über all den Einwürfen den Faden. Es passierte ihm dies regelmäßig, und es war ein stehender Scherz, ihn so weit zu bringen. Selbst der Arzt konnte sich eines Lächelns über die jungenhafte Unnützigkeit all dieser sonst doch leidlich vernünftigen Männer nicht erwehren. Er selbst paßte eigentlich gar nicht in diesen Kreis hinein mit seiner steifen Haltung und dem strengen Gesicht. Er war nicht mehr jung, wohl in der Mitte der Vierzig, und das kurz gehaltene dunkle Haar wies schon zahlreiche weiße Fädchen auf. Der Blick seiner großen graublauen Augen hatte etwas Gebietendes, und ganz auf dem Grunde derselben lag eine verschleierte Leidenschaftlichkeit, die vielleicht nur des geringfügigsten Anlasses bedurfte, um hervorzubrechen. Jetzt sah er nach der Uhr und stand auf.

„Was ist denn, Dr. Fulda? Sie wollen doch nicht schon fort?" rief Kheliany, sich die vor Lachen thränenden Augen trocknend. „Wo wollen Sie denn hin?"

„Nach Hause. Mein Wagen wartet draußen."

„Ah famos! da könnten Sie mich noch ein Stückchen mitnehmen. Ich will noch ins Kolosseum auf den Maskenball."

„Gern; aber Sie müssen dann gleich aufbrechen, denn ich habe nicht mehr viel Zeit. — Vielleicht kann ich noch einem oder dem andern der Herren einen Platz in meinem Wagen anbieten?"

„Kommen Sie mit, Rodenberg. Im Kolosseum ist ja immer ein riesiger Ulk."

„Nein, ich danke. Seit zwei Jahren habe ich einen Strich durch alle diese Dinge gemacht. Die Arbeit geht dabei zurück."

„Ich glaube wahrhaftig, Ihr seid hier während meiner Abwesenheit Philister geworden. Na, das ficht mich nicht an. Ich bin nicht so wetterwendisch. Kommen Sie, Doktor, schütteln wir den Staub dieses Philisternestes von unseren Sohlen."

Der junge Mann schob heiter seinen Arm in den des Arztes und schlenderte mit ihm durch den engen schmutzigen Flur hinaus.

Sie waren offenbar gute Freunde, die zwei, obgleich dies bei der Verschiedenartigkeit ihrer Persönlichkeiten dem oberflächlichen Beobachter unerklärlich erscheinen mochte. Aber Eingeweihte wußten, daß der Arzt den jüngeren Mann, den man nach einem unglücklichen Sturz mit dem Pferde mit zerbrochenen Gliedern in seine Klinik getragen, durch die aufopferndste Behandlung davor bewahrt hatte, lebenslänglich ein Krüppel zu bleiben, und für den Gegenstand dieser glücklichen Kur das freundliche Interesse behalten hatte, das etwa der bildende Künstler für sein Werk bewahrt, während Kheliany dem, der ihn heil und gesund dem Leben wiedergegeben, die aufrichtigste Dankbarkeit widmete.

Das Wetter war nichts weniger als einladend zu einem Aufenthalt im Freien. Den ganzen Tag schon war ein feiner durchdringender Regen gefallen. Grau in grau schienen Himmel und Erde ineinander zu verschwimmen, nur die spärlichen Gaslaternen, die in weiten Zwischenräumen brannten, schimmerten als gelbrote Nebelflecken durch den Dampf, der aus dem nassen Frühlingsboden aufstieg und den Körpern erhitzter Pferde und Kleidern durchnäßter Menschen entströmte. Der plötzliche Übergang aus Helle und behaglicher Wärme in die naßkalte Abendluft ließ den Österreicher, der noch vor wenigen Wochen in einem wärmeren Klima verweilt hatte, fröstelnd zusammenschauern. Er schlug den Rockkragen in die Höhe und sprang in den wartenden Wagen.

„Sie sollten mit mir ins Kolosseum kommen, Doktor,“ sagte er überredend und schob dem andern, der ihm langsam folgte, die Decke mit einer unbefangenen Zuthunlichkeit über die Kniee, als sei er der Besitzer des Gefährts und habe jenen eingeladen mit ihm zu fahren. „Was wollen Sie eigentlich zu Hause?“

„Ich pflege die Abendstunden, wenn ich nicht gesellschaftlich in Anspruch genommen bin, mit meiner Tochter zu verbringen.“

„Ach ja so, die Kleine! Die geht ja aber doch bald zu Bett, und was thun Sie dann mit dem angebrochenen Abend? Für mich gibt es nichts Öderes als einen Abend allein auf mich angewiesen zu sein.“

„Nun meinetwegen machen Sie sich keine Sorge, an Beschäftigung fehlt es mir nicht.“

„Na ja, ich weiß ja, die Herren Ärzte sind jetzt immer auf der Jagd nach Bacillen und müssen dazu Gott weiß was für Studien machen. Aber ich frage Sie bloß, was haben Sie dabei von Ihrem Leben? Den Tag über Patienten und Klinik, abends medizinische Sitzungen, daneben sind Sie auch fachschriftstellerisch thätig, Mitbesitzer eines der größten Tageblätter, — na, ich bin wirklich froh, daß ich nicht in Ihrer Haut stecke.“

Studienblatt von A. Liezen-Mayer.

„Ein klein wenig Thätigkeit könnte Ihnen nichts schaden. Haben Sie sich denn schon wieder ein Atelier eingerichtet?“

„Fällt mir nicht ein, fürs erste wenigstens. Ich will mich nicht wieder binden. Außerdem: was soll ich malen? wen soll ich malen? Wenn ich nicht heute abend im Kolosseum irgend ein auffallend schönes Modell finde, das mich zu neuer Initiative und zu neuen Ideen begeistert, werde ich wohl noch eine Weile faul in den Tag hinein leben. Wenn man einmal so in die Gewohnheit gekommen ist, wissen Sie.“

„Ich wollte, ich könnte Ihnen einen kleinen Sporn geben. Es thut mir leid um Sie, Toni, ein Mensch von Ihren schönen Anlagen.“

„Ja hören Sie, ich glaube wirklich, Sie haben eine Art Interesse für mich. Sie sollten mit mir kommen, um mich etwas im Auge zu behalten. In Ihrer soliden Gesellschaft werde ich keine Dummheiten begehen, sonst kann ich nicht für mich stehen. Seien Sie doch einmal ein bißchen leichtfertig. Das Kind wird sich trösten, wenn es Sie auch einmal einen Abend entbehren muß; passiert ihm wahrscheinlich oft genug.“

„Ja, es würde sich trösten,“ wiederholte

der andere mechanisch mit einem Anflug von Bitterkeit im Ton der Stimme.

„Na also! Und aufrichtig gestanden, ich kann mir nicht denken, daß Sie ein sehr spaßhafter Gesellschafter für ein Mädelchen von zwölf Jahren sind, — so alt muß das Aennchen wohl jetzt schon sein. Kommen Sie, kommen Sie, Doktor. Wir amüsieren uns einmal zusammen wie junge Leute zu Ehren meiner Rückkehr, das sind Sie mir schuldig. Seien Sie kein Pedant. Hier ist der Scheideweg, dort geht's nach dem Kolosseum und hier nach Ihrer Villa. Also Sie willigen ein? Warten Sie, ich sage dem Kutscher Bescheid."

Ohne Dr. Fuldas Antwort abzuwarten, öffnete Khelianz das Wagenfenster und rief dem Kutscher zu: „Kolosseum!"

Fulda ließ es lächelnd und kopfschüttelnd geschehen. Er hatte eine an Schwäche grenzende Vorliebe für diesen reichbegabten Leichtfuß, und die überredende Stimme desselben, die zuweilen etwas nervös Knabenhaftes haben konnte, übte auf ihn wie auf die meisten Menschen einen gewissen Einfluß aus. Trotzdem mußte er beinah über sich selbst lachen, als er den Wagen verließ mit der Weisung an den Kutscher, heimzufahren und mit seinem Begleiter das riesige Vergnügungslokal betrat. Seit Jahren war er nicht in einem derartigen Lokal gewesen, und die rauschende Tanzmusik, das Lachen und Schreien, das ihn empfing, wirkten im ersten Augenblick beinah betäubend auf ihn. Khelianz schwamm hier in seinem Element wie ein Fisch im Wasser und ließ sich sofort von einer Menschenwoge in das dickste Gewühl hineintragen, indem er seinem Gefährten lachend winkte, ihm zu folgen. Ein großer Teil der Mädchen, die hier in burlesken Kostümen tanzten, Modelle, Verkäuferinnen rc. kannten ihn noch aus früherer Zeit her und begrüßten ihn in Erinnerung an seine freigebigen Champagnerspenden und tollen Einfälle mit lärmendem Enthusiasmus. Er wehrte gut gelaunt mit nicht sehr gewählten Witzworten die zudringlichen Hände ab, die Beschlag auf ihn legen wollten, nahm dann unter jeden Arm eines der hübschesten Mädchen, von denen er sich das meiste Vergnügen versprach, und tanzte den Hut auf dem Hinterkopf, die Cigarette schief im Mundwinkel, mit ihnen davon.

Fulda zog sich in eine Ecke des Saales zurück, sah ihm noch eine Weile nach und ertappte sich schließlich dabei, daß er fast mit der naiven Neugier des Neulings das tolle Treiben beobachtete. Sein strenges Gesicht scheuchte indessen alle, die etwa Annäherungsversuche zu machen gedachten, zurück. Hier und da schob sich wohl eine Hand flüchtig in seinen Arm und versuchte ihn mit fortzuziehen, aber er zeigte so wenig eingehendes Verständnis, daß die Vorwitzigen immer bald wieder von ihm abließen. Mit der Zeit fand er dies alles sehr läppisch, merkte überhaupt, daß er weder Verständnis noch Geduld mehr mit jugendlichen Albernheiten hatte. Zuerst waren ihm einige ungewöhnlich schöne Gestalten aufgefallen, aber das Interesse, welches sie ihm erregten, irritierte ihn, es wurmte ihn, sich heimlich eingestehen zu müssen, daß er dafür empfänglich sei, und stirnrunzelnd sah er dann zu Boden. Zuletzt langweilte er sich und dachte bereits daran, seinen Rückzug zu bewerkstelligen und zu Fuß heimzukehren, als ein leichter Aufschrei und eine gewisse Aufregung in einem der Nebensäle seine Aufmerksamkeit erregten und ihn veranlaßten, seine Schritte dorthin zu lenken.

Es war hier etwas wüst hergegangen. Zwischen einem alten grauhaarigen Mann in schäbiger Kleidung und einem Polytechniker hatte sich ein Streit entsponnen, der damit endete, daß der Alte, der stark berauscht schien, nach dem Jüngeren, der ihn gehänselt, mit einer leeren Weinflasche warf, die indes ihr Ziel verfehlt und statt dessen ein junges Mädchen mit voller Wucht getroffen hatte. Die Kleine war mit einem Schrei zusammengebrochen und verlor das Bewußtsein, worauf sich ein allgemeiner Tumult erhob. Zahlreiche kräftige Fäuste beförderten den alten Ruhestörer und Raufbold zum Lokal hinaus. Man schrie nach einem Arzt und trug die Verletzte in ein Nebengemach auf den nächsten Diwan.

Fulda brach sich durch die nachdrängende gaffende Menge Bahn. Einige der Umstehenden kannten ihn, und der Name des berühmten Chirurgen ging von Mund zu Mund. Man gab ihm willig Raum und fügte sich in seine Anordnung, als er die Thüren schließen ließ und nur zwei von dem weiblichen Bedienungspersonal des

Lokals zur Hilfeleistung bei sich behielt. Wie er sich über die Ohnmächtige beugte und ihr die Kleidung löste, um die Untersuchung zu beginnen, kam sie zu sich und schlug die Augen auf, prachtvolle dunkle Augen, die sonst vor Lebenslust und Übermut funkeln mochten, jetzt aber einen leidenden Ausdruck trugen. Das Sprechen wurde ihr schwer, aber sie antwortete doch auf seine Fragen mit einer schrillen jungen Stimme, die in der scharfen Klangfärbung an die einer französischen Chansonettensängerin erinnerte. Auch ihr chiffoniertes Gesichtchen, das keinen vernünftigen Zug aufweisen konnte und von wirrem dunklen Kraushaar umgeben war, hatte etwas von dem Typus der Pariser Grisette. Nur die Gestalt war ungewöhnlich reizvoll, schlank und weich. Ein förmlicher Hauch von Jugendlichkeit und Frische entströmte diesem warmblütigen jungen Körper, als man ihn entkleidete.

Es fand sich, daß der Stoß mit voller Gewalt das Schlüsselbein getroffen und dieses verletzt hatte, auch war ein Glassplitter in die linke Schulter gedrungen und hatte eine stark blutende Wunde verursacht. Weitere Verletzungen schienen nicht vorhanden zu sein. Das Mädchen litt augenscheinlich starke Schmerzen, aber während Dr. Fulda ihr mit rasch herbeigeschafften Leinenkompressen den ersten Verband anlegte, entströmte ihren Lippen eine wortreiche Flut von Verwünschungen gegen den Übelthäter, der sie erwerbsunfähig gemacht habe und gegen den sie die gerichtliche Klage einleiten werde. In dem gebrochenen Kauderwelsch, mit dem sie dies alles vorbrachte, waren diese in ihrer Art recht originellen Schimpfworte nicht ohne Komik.

Fulda erkundigte sich bei den jetzt lachenden Helferinnen, wer sie sei, und die beiden machten ganz erstaunte Gesichter, daß er die Nanette Dubois nicht kenne, die ja unter den Herren Malern als Modell eine große Rolle spiele. Er zuckte die Achseln, was ging es ihn auch schließlich an, wer oder was dieses Mädchen war, beendete dann seine Arbeit und ordnete die Überführung der Verletzten vermittelst Droschke nach seiner Klinik an, sie mit einem in Eile auf ein Blatt Papier geworfenen Wort der Fürsorge seines Assistenten empfehlend. Eine ihrer Freundinnen erklärte sich bereit, mit ihr zu fahren, aber Schreck und Schmerz und Blutverlust machten die Kranke unfähig, ohne Unterstützung zu gehen, und auf den ersten Treppenstufen geriet sie derart ins Schwanken, daß Fulda, der langsam hinter ihr drein ging, um das Lokal gleichfalls zu verlassen, schnell seinen Arm um ihre Gestalt legte, und sie so halb stützend, halb tragend hinabgeleitete. Sie lehnte schwer mit der ganzen Wucht ihres jungen gesunden Körpers auf ihm. Er fühlte die weichen warmen Glieder an seiner Schulter, in seinen Armen. Seine Stirn rötete sich, ein leichter Schauer rann ihm prickelnd durch die Adern. Für seine herkulische Gestalt konnte die Last nicht gar zu schwer ins Gewicht fallen, dennoch atmete er schwer, und als er sie endlich in die Droschke gehoben, die Thür geschlossen und den Kutscher bezahlt hatte, fuhr er sich aufatmend mit dem Taschentuch über die Stirn wie erlöst.

Als er sich wandte, um nun zu Fuß den Heimweg anzutreten, sah er eine Gestalt halb zusammengekauert am Laternenpfahl lehnen, die ihm bekannt vorkam, und bemerkte bei genauerem Hinschauen, daß es der Alte war, der den unglücklichen Wurf mit der Flasche gethan und dann unfreiwillig das Lokal verlassen hatte. Der Laternenpfahl war ihm augenscheinlich ein Halt gewesen, bis der leise herabrieselnde Regen und die kühle Abendluft ihn allmählich etwas ernüchtert hatten, und vielleicht trug er sich mit der Absicht, auf den Schauplatz seiner Übelthat zurückzukehren. Er machte einen stark herabgekommenen Eindruck, trug den zerbolzten Cylinderhut schief auf dem Kopf, und die grauen Haare quollen wirr und unordentlich darunter hervor, aber das scharf geschnittene Habichtsgesicht mit den hell geäderten Augen fing an, Fulda zu interessieren und geradeswegs auf ihn zutretend, fragte er kurz: „Wer sind Sie?"

Jener schrak zusammen und trat ängstlich einen Schritt zurück.

„Mein Name ist Joseph Weltlinger."

„Was thun Sie hier noch auf der Straße? Wo wollen Sie hin?"

„Ich? — Oh ich wollte nirgend hin; das heißt, ich wollte nach Hause gehn, aber der verdammte Laternenpfahl hier hielt mich fest, ja der hielt mich fest."

„Sie wollten wieder dort hinein. Leugnen Sie es nur nicht. Sie sollten sich schämen! So ein alter Mann wie Sie gehört doch nun wirklich nicht in derartige Lokale. Machen Sie, daß Sie nach Hause kommen."

„Das will ich ja auch. Ich bin nur ein bißchen schwach auf den Füßen. Nein, was denken Sie denn! Dort hinein? Keine zehn Pferde hätten mich wieder dahinein gebracht."

Die Art, wie er beteuernd die Hand auf die Brust drückte, war nicht frei von einer gewissen Komik und entlockte Fulda ein Lächeln. Er überlegte. Wenn er den Alten jetzt seiner Wege gehen ließ, so war zehn gegen eins zu wetten, daß er wieder in der ersten besten Kneipe enden werde. Es schien fast ein Gebot der Menschlichkeit, ihn davor zu bewahren.

Jener sah beim Schein der Straßenlaterne unterwürfig zu ihm auf, dann, wie er merkte, daß der andere ein Interesse an ihm zu nehmen schien, wandelte sich der demütige Gesichtsausdruck in lächelnde Schlauheit. In der That flößte das Gemisch von listiger Intelligenz und blöder Hilflosigkeit, das sich in seinen Zügen aussprach, im Verein mit gewissen kavaliermäßigen Bewegungen dem Arzt einigen Anteil ein.

„Wo wohnen Sie?" fragte er nach kurzem Besinnen.

Weitlinger nannte eine Hausnummer in der entlegenen Sendlinger Straße.

„Und was treiben Sie?"

„Was sich mir bietet. Von Beruf bin ich Schriftsteller. Das heißt, eigentlich war ich Künstler, aber wer heutzutage keine Protektion besitzt oder nicht versteht, genügend Reklame für sich zu machen, der kann nur getrost mit Weib und Kind am Hungertuch nagen. Die Kunst ist die brotloseste aller Beschäftigungen. Da habe ich Stichel und Meißel bei Seite geworfen und zur Feder gegriffen. Aber ich habe eben auch damit kein Glück."

„Warum leben Sie hier in München? Ich sollte denken, daß Sie in irgend einem kleinen billigen Ort mit Ihrer Familie eine weit angenehmere Existenz führen könnten."

„Gewiß, aber man hat an keinem andern Ort so viel Chancen, sich Nebenverdienste zu schaffen wie eben hier in der großen Stadt. Und außerdem, — wer wie ich von Jugend auf an Großstadtluft gewöhnt ist, paßt für keinen anderen Boden mehr. O, ich bin nicht müßig. Von früh bis spät bin ich auf der Jagd nach einer passenden Beschäftigung, und wenn nicht die Böswilligkeit der Redaktionen und Verleger einig darin wäre, gegen einen armen alten Mann Front zu machen, könnte ich recht schöne Einnahmen haben! Aber diese Kanaillen —"

„Sie haben also kein Glück mit Ihren Arbeiten?"

„Nein, aber es wird schon kommen. Das Glück muß sich endlich einmal erzwingen lassen. Sehen Sie, ich habe Zeit meines Lebens Unglück gehabt. Man hat es mir auch nicht an der Wiege gesungen, daß ich gezwungen sein würde, mir mein kärgliches Brot zu verdienen. Mein Vater war Bankier, — Bankier, mein Herr! O ich habe in meiner Jugend den Luxus und die Freuden des Lebens kennen gelernt, aber mein Erzeuger ließ sich, Gott sei's geklagt, ein paar kleine Unregelmäßigkeiten zu schulden kommen, die ihn in der bürgerlichen Gesellschaft unmöglich machten, und da war es bald mit unserem Wohlstand vorbei. Darauf verheiratete ich mich, wie ich glaubte, mit einem wohlhabenden Mädchen, Tochter eines Handschuhfabrikanten, und dachte nun, aller Sorgen ledig zu sein. Ja Prosit! Wie der Schwiegervater starb, ergab es sich, daß er bankerott war. Aber ich habe es meiner Frau nicht nachgetragen. O, ich bin ein vornehmer Charakter, mein Herr. Sie ist ja auch im Grunde eine gute Person. Und dann haben wir zum Trost unser Kind, unsere Käte. Das ist unser Stolz. Sie wäre ein schönes Modell für die Herren Künstler geworden und hätte viel Geld damit verdienen können; aber das haben wir nicht zugegeben, bei Leibe nicht. Wir haben sie erzogen wie eine Dame. Eine sehr gute Tochter, die ihren alten Vater nicht verachtet, wenn er auch einmal ein Glas zu viel trinkt."

„Was Sie in diesem Augenblick gethan haben!" unterbrach ihn Fulda streng. „Ein alter Mann wie Sie könnte wirklich etwas Besseres thun, als in den Weinstuben herumzu sitzen, die der körperliche und geistige Ruin jedes Menschen sind."

„Denken Sie nicht zu schlecht von mir, mein Herr. Sehen Sie, ich kann doch nicht immer in meinen vier Wänden sitzen. Ich muß doch Studien machen, um schreiben zu können. Daß man dabei der Versuchung unterliegt, auch mal ab und zu ein Glas zu trinken, ist doch verzeihlich. Eine kleine Herzstärkung thut auch zuweilen not und hilft über die Sorgen und Miseren des Lebens hinweg. Vergessen können, mein Herr, vergessen, das ist die große Hauptsache im Leben, besonders wenn man wie ich schon mit einem Fuß im Grabe steht."

Weltlinger holte ein schmutziges Taschentuch hervor und trocknete sich die Augen, seinen Gefährten dabei verstohlen von der Seite betrachtend. Dieser war inzwischen, die Richtung nach der Sendlinger Straße innehaltend, unwillkürlich immer weiter neben ihm hergegangen. Er war keine weichherzige Natur, im Gegenteil, man hatte ihn so oft mit rührseligen Schilderungen von Armut und Unglück betrogen und auszunützen versucht, daß er mit einer von Hause aus in seinem Charakter liegenden Härte allen derartigen Versuchen von vornherein skeptisch begegnete. Es wandelte ihn die Lust an, festzustellen, in wieweit dieser Mann ihm die Wahrheit gesagt hatte. Die Sendlinger Straße lag zwar ganz außerhalb seines Weges, aber die Wanderung that ihm gut nach der Hitze und stickigen Luft des Ballokals, obgleich der Regen noch immer fiel und der Straßenschmutz ihm die Kleider bespritzte, wenn eine Droschke vorüberfuhr. Die Gegend wurde stiller und stiller. Endlich blieb Weltlinger vor einem vierstöckigen Hause stehen, dessen Äußeres indes einen respektabeln Eindruck machte.

„Wollen Sie mir nicht die Ehre erweisen, noch auf einen Sprung hinaufzukommen?" fragte er mit einer schwungvollen Handbewegung und suchte nach dem Hausschlüssel, um das Thor zu öffnen, das, am Tage weit offen, zu den verschiedenen Treppenaufgängen führte und zugleich den Durchgang zu dem weniger respektabel aussehenden und bis unter die Dachluken mit kleinen Leuten besetzten Hinterhäusern vermittelte. Er hatte wohl erwartet, daß der andere ablehnen werde, und sah rasch und lauernd zu ihm auf, als dieser ruhig sagte: „Ja, ich komme mit Ihnen. Wieviel Treppen?"

„Drei. Nur drei. Das wird Ihnen aber doch wohl zu viel werden. Nun immerhin, ich bitte sehr!"

Weltlinger entzündete mit unsicheren Händen ein Wachskerzchen und versuchte dabei, seine etwas unklaren Gedanken auf die Frage zu konzentrieren: „Was, zum Henker, will er von dir?" Dann schritt er, sich mühsam am Geländer stützend, voranleuchtend empor.

Droben im dritten Stock öffnete sich bei den nahenden Schritten, die auf den deckenlosen Stufen wiederhallten, eine Thür, und eine Hand streckte sich, die Lampe hinaushaltend, hervor. So hell bestrahlt und aus dem Dunkel emportauchend, erschien diese Hand beinah unnatürlich fein und zart. Gleich darauf ging die Thür weiter auf, und die zu dieser Hand gehörige Gestalt wurde sichtbar, offenbar erschreckt durch die Wahrnehmung, daß zwei Personen statt der einen erwarteten die Treppe hinaufkamen.

Beim Anblick dieser hochgewachsenen, fast überschlanken Mädchengestalt, deren schmaler Kopf von einer Fülle schimmernden roten Haars gekrönt war, überkam den Doktor plötzlich das Gefühl, daß sein eigenmächtiges Eindringen in eine fremde Häuslichkeit zu dieser Stunde eine Taktlosigkeit sei, und er fing an, die Laune zu bereuen, die ihn hergeführt hatte. Womit sollte er sich entschuldigen, wie sein Hiersein erklären? Zu seiner Erleichterung jedoch übernahm Weltlinger die Erklärung und sagte mit einer vorstellenden Handbewegung in bramarbasierendem Ton: „Ein Herr, dessen Bekanntschaft ich heute gemacht habe und der die Liebenswürdigkeit hatte, mich auf dem Heimwege zu unterstützen. Herr — Herr —"

„Doktor Fulda," ergänzte der andere, sich unwillkürlich verbeugend.

„Meine Tochter Käte."

Das junge Mädchen neigte den Kopf und überflog mit ängstlichem Blick die Erscheinung des Fremden, dann trat es in den Flur zurück, stieß die Thür zu dem gegenüberliegenden Wohnzimmer auf und sagte hastig: „Vielen Dank, Herr Doktor, daß Sie sich Vaters angenommen haben.

Photographie-Verlag von Franz Hanfstaengl in München.

Erstürmung des Geisbergschlößchens

Nach dem Gemälde von C. Röchling.

Er leidet ja öfters an Schwindel und plötzlichem Unwohlsein, so daß wir stets in Sorge um ihn sind, wenn er allein ausgeht. Bitte, wollen Sie nicht einen Augenblick eintreten?"

Fulda blickte sie scharf an, und unter diesem Blick stieg ihr das Blut langsam in das weiße, an den Schläfen feingeäderte Gesicht. Er sah, daß sie mit Bewußtsein log, in der kindlichen Hoffnung, ihn über den Zustand ihres Vaters, an den sie gewöhnt sein mochte, zu täuschen. Ihre Art und Weise war die einer Dame von guter Erziehung. Der Alte hatte hierin offenbar die Wahrheit gesprochen, auch bestätigte die an der äußeren Thür angebrachte Visitenkarte, welche unter dem Namen „Weltlinger" den großgedruckten Zusatz „Stuckateur und Bildhauer" trug, die Richtigkeit seiner Angaben.

Seitwärts von der Küche her erscholl jetzt eine verschüchterte Stimme: „Was ist denn, Käte? Mit wem sprichst du? Ist wieder etwas geschehen?"

„Komm nur herein, Mutter!" rief das junge Mädchen ruhig zurück und setzte im Wohnzimmer die Lampe auf den Tisch. „Vater hat einen Gast mitgebracht. Vielleicht dürfen wir Ihnen eine Tasse Thee anbieten," fügte sie zu Fulda gewandt hinzu, „das Wasser kocht noch, da wir den Vater eigentlich zum Abendbrot erwarteten."

Wenngleich der Doktor, der in Bezug auf kulinarische Genüsse verwöhnt war, sich nicht viel von einer Tasse Thee in dieser Umgebung versprach, fühlte er doch, daß eine Ablehnung hier verletzen würde, und er nahm das Anerbieten mit scheinbarem Dank an. Er konnte doch unmöglich sagen: Ich habe den alten Lumpen hier nach Hause begleitet, weil ich mich überzeugen wollte, ob er mich belog, und jetzt, nachdem ich meine Neugier befriedigt habe, will ich wieder gehen.

Käte lächelte. Man sah es ihr an, daß die Annahme ihres Anerbietens ihr eine Genugthuung war, und sie verschwand in der Richtung der Küche.

Fulda hatte Zeit, sich umzusehen, denn nachdem Weltlinger ihm einen Stuhl angeboten hatte, versank er selbst mit blödem Lächeln in den abgenutzten Korbsessel am Fenster und wußte offenbar nicht, was er aus der Situation machen sollte, es seinem Gast überlassend, eine Unterhaltung zu beginnen.

Das Zimmer trug noch deutliche Spuren ehemaligen bescheidenen Wohlstandes, wenngleich die Einrichtung stark verbraucht und verschossen war und der grüne Wollenrips, welcher das Sopha und die beiden Sessel schmückte, viel fadenscheinige Stellen aufwies. Eine sorgfältige Hand hatte die Löcher im Teppich kunstvoll gestopft, und überall zeigte sich das Bemühen, die Schäden, welche zahlreiche Umzüge und langjähriger Gebrauch den Sachen zugefügt, verschämt mit gehäkelten und gestickten Deckchen zu verhüllen. Die weißen, oft gewaschenen Mullgardinen vor den Fenstern waren zwar herabgelassen, aber der Schein verschiedener Lämpchen, der von außen her aus unmittelbarer Nähe hindurchdrang, ließ vermuten, daß die Hinterhäuser, mit äußerster Ausnutzung des Raumes sich dicht um das Vorderhaus drängten und nur einen engen Hof frei ließen, Licht und Luft den Umwohnenden in beschränktestem Maße gestattend. Am Tage mußte es in diesem Zimmer grau und düster aussehen, jetzt freilich, bei gedämpftem Lampenlicht, machte es beinah einen anheimelnden Eindruck. Einige Stahlstiche nach berühmten Gemälden hingen an den Wänden, über der Kommode zwischen den Fenstern ein Bücherbrett mit billigen Klassikerausgaben.

„Die Bibliothek meiner Tochter," erklärte Weltlinger, dem Blick seines Gastes achtsam folgend.

Jetzt trat Käte wieder ein. Sie trug auf einem lackierten Brettchen japanischer Arbeit zwei Tassen, denen ein aromatischer Dampf entstieg, und in gläsernem Schälchen ein wenig Zucker. Hinter ihr her trippelte eine alte Frau, in deren welkem Gesicht die Sorge alle Spuren früherer etwaiger Anmut verwischt hatte und deren verblaßte Augen den Gast mit einer Art Bangigkeit zu fragen schienen: „Was bringst du? Bist du auch nicht der Träger einer schlimmen Botschaft? Es ist bis jetzt so wenig Gutes zu uns ins Haus gekommen." Alles in allem war es ein gutes Gesicht, dem die schnell aufgesetzte schneeweiße Haube etwas matronenhaft Würdiges verlieh. Die alte Dame befand sich offenbar in nervöser Erregung, und ihre Bitten, mit dem wenigen, was die Häuslichkeit bieten könne, vorlieb zu nehmen, kamen stoßweise und **etwas** atemlos heraus. „Ja, wenn man **gewußt** hätte! — Aber so unerwartet **zu dieser** Stunde! — Eine solche Ehre.“

„Ich muß Sie um Verzeihung bitten,“ unterbrach der Doktor ihre abgerissenen Entschuldigungen. „Ich fühle nur zu deutlich das Unpassende meines späten Besuches, aber ich hielt es für meine Pflicht, dem alten Herrn das sicheres Geleit zu geben.“

„Wir können Ihnen wirklich nicht genug danken. Mein Mann ist so oft solchen Anfällen von Unwohlsein unterworfen.“

Offenbar bestand zwischen Mutter und Tochter das stillschweigende rührende Übereinkommen, Fremden gegenüber mit Bezug auf den Gatten und Vater einen Schein aufrecht zu erhalten, den nur ihre eigene Unkenntnis und Unbefangenheit für undurchsichtig halten konnte.

Käte war inzwischen ab- und zugegangen, hatte eine weißglänzende Serviette aus der Kommode geholt und über den Tisch gebreitet, dem Eckschränkchen ein geschliffenes Fläschchen mit Rum entnommen und auf das Tablett neben die Tassen gestellt. Fuldas Augen folgten unwillkürlich der langsam hin- und hergleitenden Gestalt, deren Bewegungen etwas Weiches, Schleppendes hatten, wie es so oft rothaarigen, blutarmen Frauen eigen ist. Dieses Mädchen war sicher für den ersten Blick nicht auffallend hübsch, trotzdem lag in dem weißen, stillen Gesicht eine vornehme Anmut, und wenn sie langsam die goldigen Wimpern hob und die großen grauen Augen mit eigentümlich müdem Ausdruck voll dem Beschauer zuwandte, überraschte sie durch Ungewöhnlichkeit.

Der Thee war übrigens so gut, wie Fulda es nicht erwartet hatte, und that ihm nach der langen Wanderung durch die naßkalte Abendluft wirklich wohl. Er gab dem in dankbaren Worten Ausdruck, und Kätens Gesicht belebte sich.

„Wir haben so selten die Freude, einen Gast bei uns zu sehen,“ sagte sie mit freundlicher Natürlichkeit. „Es hat etwas sehr Wohlthuendes, einmal Gelegenheit zu haben, jemand eine kleine Annehmlichkeit zu erweisen.“

Ihre Worte und der tiefe etwas vibrierende Klang ihrer Stimme berührten ihn auf das angenehmste. Er fühlte das liebenswürdige Bestreben heraus, ihm über das Schiefe seiner Lage hinwegzuhelfen, und es kam in der That etwas wie Behagen über ihn, wie er es daheim in seiner großen Villa selten empfunden hatte. Das lag nun wohl daran, daß er, von Arbeiten und Pflichten überbürdet, sich dort fast nie die Zeit für eine ruhige und müßige Theestunde gönnte, und wenn er es that, so war das Kind da, an dem er seine Vaterpflichten zu erfüllen bemüht war und dem er doch so fremd und verständnislos gegenüberstand, daß er es jedesmal wie eine Erleichterung empfand, wenn die Stunde schlug, in der die Kleine zu Bett ging. Wenn er es sich recht überlegte, hatte er der längst verstorbenen Mutter dieses Kindes ebenso fremd und verständnislos gegenübergestanden und es auch stets als eine Erleichterung empfunden, wenn die von Jahr zu Jahr zunehmenden geselligen Verpflichtungen die elegante junge Frau mehr und mehr in Anspruch nahmen und ihn dem Zwang unbefriedigender in gähnender Langweile verbrachter häuslicher Abende enthoben.

„Sie malen?“ fragte er, mit einer leichten Kopfbewegung auf den Arbeitstisch am Fenster deutend, auf welchem Farbentöpfchen und Paletten durcheinander lagen. „Mich dünkt, das Licht müßte hier schlecht sein.“

„Ja, das ist es wohl,“ klagte Frau Weitlinger. „Aber was soll man machen! Eine Wohnung mit einem teuren Atelier ist für uns unerschwinglich! Früher hatten wir es noch dazu —! Meine Tochter arbeitet übrigens in der Königlichen Glasmalerei und dort im Atelier. Das, was sie hier zu Hause frühmorgens oder im Sommer am späten Nachmittag noch malt, beschränkt sich auf gelegentliche Privataufträge und ist nur Nebenverdienst.“

Fulda blickte mit Teilnahme auf das junge Mädchen, welches sicher schon seit einer Reihe von Jahren die Frondienste leistete, die das neunzehnte Jahrhundert nun einmal zur Bedingung der Existenzberechtigung macht. Er wußte nun, welchem Umstande diese Häuslichkeit den bescheidenen Anstrich von Komfort verdankte. Das stille, blutleere Gesicht der Tochter und die zerstochenen verarbeiteten Hände der Mutter sagten ihm genug. Aber er war nicht der Mann der leichten Anerkennung, neigte wie die meisten Menschen, die große Erfolge hinter sich haben, eher zur Unterschätzung der Leistungen anderer und meinte daher auch nur leichthin: „Die junge Dame darf sich glücklich schätzen, einen Beruf zu haben und eine Beschäftigung, die ihre Zeit ausfüllt.“

„Nur zu sehr ausfüllt!“ warf die Mutter dazwischen. „Sie hat doch auch nichts von ihrem Leben und dem bißchen Jugend; rein gar nichts!“

„Wenn Sie dabei die Vergnügungen im Auge haben, welche von der jungen Welt jetzt als eine Lebensnotwendigkeit betrachtet werden, so seien Sie froh, daß dem so ist. Diese Tanzfeste, auf denen die jungen Mädchen aus einem Arm in den anderen fliegen und von denen eines immer das andere nach sich zieht, sind nach meiner Ansicht der Krebsschaden unserer sozialen Verhältnisse.“

„Unsere Käte war noch nie auf einem Tanzfest.“

„Um so besser für sie.“

„Aber wir Eltern wünschen es uns doch natürlich, unsere Tochter einmal verheiratet zu sehen, und wie soll sie sich denn verheiraten, wenn sie gar keine Gelegenheit hat, Bekanntschaften zu machen?“

„Was kommen soll, wird auch ohne Ihr Zuthun kommen, und wenigstens darf der Mann, der die junge Dame einst heimführen wird, auch sicher sein, in dem Buch seines Lebens ein reines unberührtes Blatt aufzuschlagen. Das ist mehr wert als jede Mitgift.

„Ach lieber Gott! wir sind doch auch jung gewesen und haben getanzt und Vergnügen gehabt, ohne dabei schlecht geworden zu sein,“ wagte Frau Wellinger kleinlaut zu erwidern. „Wenn man so gar nichts von seiner Jugend hat als Arbeit und immer wieder nur Arbeit, das ist doch hart.“

„Ich gebe zu, daß ich vielleicht etwas zu streng darin denke,“ lenkte Fulda ein. „Mir wäre es ein widerwärtiger Gedanke gewesen, meinen Namen auf ein Blatt zu schreiben, auf das schon so und so viele vor mir den ihrigen gekritzelt haben. Aber die persönliche Ansicht eines Ihnen gänzlich Fremden braucht ja für Sie in keiner Weise maßgebend zu sein.“

Käte hatte sich an der kleinen Debatte nicht beteiligt, sondern war ruhig mit gesenktem Kopf vor dem Tisch im Lichtkreis der Lampe stehen geblieben und wechselte nur einmal leicht die Farbe. Dieser rasche nervöse Farbenwechsel bei vollkommener apathischer äußerer Ruhe gehörte überhaupt zu den Eigentümlichkeiten, die ihrem Gesicht einen besonderen Zauber verliehen.

„Übrigens merke ich, daß ich Ihre Zeit schon über Gebühr lange in Anspruch genommen habe,“ fuhr der Doktor fort und stand auf. „Es bleibt mir noch die Pflicht, Ihnen für die Gastfreundschaft zu danken, die Sie mir so freundlich gewährt haben, und die Bitte hinzuzufügen, sich an mich wenden zu wollen, wenn ich in irgend einer Weise etwas für Sie thun kann.“

Er wendete sich hierbei an die beiden Damen allein, ohne von Wellinger Notiz zu nehmen, der sich die ganze Zeit über im Hintergrunde herumgedrückt hatte, wie ein Hund, der mit schlechtem Gewissen umherschleicht und fürchtet, geschlagen zu werden, wenn er die Aufmerksamkeit auf sich lenkt. Jetzt indes hielt er es an der Zeit, den Hausherrn herauszukehren und sich mit tiefer Verbeugung für die Ehre dieses Besuches zu bedanken. Der alte Schelm besaß eine ziemlich richtige Beurteilungsgabe, und die ganze Art und Weise des Doktors hatte ihm die Überzeugung gegeben, daß derselbe den bestsituierten Lebenskreisen angehören müsse; übrigens dämmerte in seinem benebelten Gehirn auch die Vorstellung auf, daß er es hier wohl mit dem beinah weltberühmten Chirurgen dieses Namens zu thun habe.

„Nimm Hausschlüssel und Lampe und leuchte dem Herrn Doktor die Treppen hinab!“ befahl er seiner Tochter. Es entging Fulda nicht, daß das Mädchen unwillkürlich einen Schritt zurücktrat und den Kopf wie zu einer abwehrenden Antwort hob.

„Ich bedauere, Ihnen diese Mühe machen zu müssen,“ sagte er höflich ernst. Da besann sie sich, griff nach der Lampe und ging, ihm voranleuchtend langsam mit ruhiger Würde zur Thür. Er folgte ihr stumm die Treppen hinab. Der Schein der hochgehaltenen Lampe fiel voll auf ihr feines Profil und ließ die blauen Äderchen an den Schläfen scharf hervortreten. Ein leichter Zugwind, der sich hier im Treppenhause unangenehm fühlbar machte, wehte das rotgelockte Haar an der Stirn und über dem weißen Nacken leise hin und her. Seine Sinne waren nun einmal durch die Vorgänge im Kolosseum lebhafter erregt als sonst, und unwillkürlich hafteten seine Augen wie gebannt an dem reizvollen Bilde, so daß er darüber beinah ein paar Stufen verfehlt hätte. Unten an der Hausthür blieb er noch einen Moment zögernd stehen und fragte: „Gibt es nichts, was ich etwa für Sie thun kann? Haben Sie keinen Wunsch, den ich Ihnen erfüllen könnte?“

„Ich danke. Sie sind sehr gütig, aber wir bedürfen im Augenblick keiner fremden Hilfe.“

„Sie hielten mich vorhin vielleicht für hart und ungerecht den Forderungen der Jugend gegenüber?“

„Von Ihrem Standpunkt aus hatten Sie vermutlich recht. Übrigens stelle ich für meine Person keine Forderungen an das Leben.“

„Aber Sie bedürfen doch wohl der Erholung und Ausspannung. Was thun Sie in Ihren Mußestunden? Lesen Sie zuweilen? Es würde mich interessieren, Ihre Geschmacksrichtung kennen zu lernen.“

„Ich habe wenig Mußestunden und selten Gelegenheit, mir Bücher zu verschaffen.“

„Doch wenn man Ihnen einige gute und unterhaltende Bücher brächte, würden Sie sie lesen?“

„Wenn, — ja. Aber wer thut das?“

„Ich würde mir erlauben, Ihnen einige zu schicken, wenn ich dächte, daß sie willkommen wären.“

Sie schlug zum erstenmal, seit sie hier miteinander sprachen, die Augen groß zu ihm auf.

„Warum?“

Er wurde beinah verlegen und sah zu Boden.

„Weil ich mich Ihnen gegenüber unter einer Verpflichtung fühle, die mich drücken würde, wenn Sie mir nicht auf irgend eine Weise Gelegenheit gäben, Ihnen einen kleinen Dienst zu leisten.“

„Die Verpflichtung ist auf unserer Seite allein. Ich habe nicht erfahren, wie und wo Sie meinen Vater getroffen haben, aber es steht fest, daß wir noch jetzt mit Sorge auf ihn warten würden, wenn Sie ihn uns nicht heimgebracht hätten. Und somit sehen Sie wohl, daß jede weitere Freundlichkeit von Ihrer Seite uns nur bedrücken könnte.“

Ihre abweisende Art machte ihn ungeduldig. Er hatte es freundlich gemeint und war es gewohnt, jedes Entgegenkommen seinerseits mit überschwänglichem Dank erwidert zu sehen. Natürlich wollte er ihr seine Dienste nicht aufdrängen. Was kümmerte ihn auch im Grunde diese herabgekommene Familie! Mit kurzem Gruß den Hut lüftend, verließ er das Haus, hörte noch, wie sie hinter ihm die Thür wieder verschloß, und eilte hastig dem nächsten Droschkenstande zu, mit der Empfindung, seinen Abend total verloren zu haben.

## 3. Kapitel.

er Diener legte noch einige Holzscheite in das verglimmende Kaminfeuer, entzündete die Lampe über dem Speisetisch, der nur zwei Gedecke trug, und setzte silberne Schalen mit Blumen und Früchten auf die Tafel. Dann warf er einen prüfenden Blick über das Ganze, zupfte hier noch ein wenig am Tischtuch, rückte dort ein Glas zurecht und fand schließlich die Gesamtwirkung von schneeigem Damast, schwerem Silber und venetianischem Glas im Verein mit den sanften Farben der Chrysanthemen und dem satten Rot des Pontet Canet, der in geschliffenen Krystallkannen funkelte, so weit zu seiner Zufriedenheit, daß er die Thür zum Nebenzimmer öffnen und mit feierlicher Stimme melden konnte: „Herr Doktor, es ist angerichtet.“

„Haben Sie Fräulein Anna benachrichtigt?“

„Zu Befehl, ja. Fräulein Anna werden gleich erscheinen.“

Der Doktor kam in das Speisezimmer hinüber und ging hier mit auf dem Rücken verschränkten Händen wartend auf und nieder, ab und zu mit gerunzelter Stirn nach der altfranzösischen Uhr über dem Kamin blickend. Das große, beinah viereckige Gemach ließ seinen ungeduldigen Schritten den weitesten Spielraum. Es war ein schönes Zimmer, zur halben Höhe getäfelt mit Deckengemälden von berühmter Künstlerhand und dunkelgeschnitzten, altertümlichen Möbeln. Schön geformtes Silbergeschirr zierte das massive Büffett, einige wertvolle Jagdstücke und Stillleben den oberen in pompejanischem Rot gehaltenen Teil der Wände. Den Fußboden deckte beinah in seiner ganzen Ausdehnung ein dicker Smyrnateppich. Jetzt endlich schob sich der Vorhang am äußersten Ende des Raumes zur Seite, ein schwarzhaariger, schmaler Kinderkopf steckte sich vorsichtig hindurch, spähte forschend mit unruhigen, dunkeln Augen umher, dann huschte das ganze kleine Persönchen wie eine kleine Eidechse hinein. Fulda öffnete schon den Mund zu einer scharfen Rüge, denn er war es nicht gewohnt, daß man ihn warten ließ, besann sich aber und schwieg. Er hatte es sich zum Gesetz gemacht, diesem Kinde gegenüber, der einzigen Erinnerung an eine kurze, wenig beglückende Ehe, niemals ein hartes Wort zu sprechen. Wie lebhaft die Kleine in ihrem spähenden, etwas hinterlistigen Hineinhuschen ihn eben wieder an ihre Mutter gemahnt hatte, beinah unheimlich! So hatte die junge Frau ihn auch immer zu überraschen versucht, immer als setze sie bei ihm ein schlechtes Gewissen voraus oder als habe sie selbst eines.

„Du kommst spät, mein Kind!“ sagte er, jetzt am Tisch Platz nehmend.

„Mademoiselle war nicht zur Zeit fertig. Du weißt ja, wie entsetzlich langsam sie ist. Sei nicht böse, Papa. Ich bin wirklich unschuldig. Mademoiselle hat Schuld.“

Die Kleine, die etwa zwölf Jahre zählen mochte, streifte ihn mit den Augen flüchtig von der Seite, während sie sich ihm gegenüber setzte.

Er wußte, daß sie die Unwahrheit sprach und vermutlich durch ihr Umhertrödeln und absichtliches Zaudern die Französin, deren Obhut sie anvertraut war, zur Verzweiflung gebracht hatte. Wenigstens so würde er die Sache von jener Seite dargestellt sehen, wenn er sich wirklich die Mühe nahm, eine Rüge an jene Adresse zu richten. Schon lange hatte er dies vermieden. Wozu sollte er sich Unannehmlichkeiten bereiten? Die wirkliche exakte Wahrheit erfuhr er doch nie. In diesem Hause war ein jeder stets nur bestrebt, selbst bei dem geringsten Versehen den andern anzuklagen und von sich selbst jede Schuld und Verantwortung abzustreifen. Sie fürchteten ihn alle. Niemand liebte ihn, und das war auch ganz gut so. Er war der Herr, er wollte keine Liebe, nur blinden Gehorsam und aufmerksame Bedienung. Daß man ihn daneben betrog und bei jeder Gelegenheit auf den eigenen Profit hinarbeitete, nahm er als selbstverständlich hin und duldete es, so lange es in bestimmten Grenzen blieb. Nur des Kindes Vertrauen hätte er gern besessen. Er litt beinah darunter, daß ihm die Gabe offenbar versagt blieb, dieses kleine Herz zu gewinnen, so sehr er sich auch Mühe gab, Verständnis für kindliche Anschauungsweise und kindliche Wünsche zu finden. Er hatte die dunkle Empfindung, daß dieses Kind anders sei als andere Kinder, daß ihm der offene Frohmut fehle, die unbefangene Harmlosigkeit, daß es bei allem, was es sprach, einen kleinen Hintergedanken habe und geheime Furcht vor dem strengen Gesicht des Vaters es eine Beobachtungs- und Ausweichungstaktik befolgen ließ, die jede herzliche Annäherung im Keim erstickte.

Der Doktor hielt darauf, daß an den wenigen freien Tagen, in denen ihm Beruf und Geselligkeit gestatteten, allein zu Hause zu speisen, sein Töchterchen ihm Gesellschaft leistete, und er bemühte sich bei solchen Gelegenheiten, Gesprächsthemata zu finden, die sich dem Ideenkreis der Kleinen anpaßten.

„Was hast du heute getrieben, Annchen?“ fragte er nach einer kleinen Pause, während welcher der Diener beide mit einer Aufmerksamkeit bediente, als habe er mindestens gekrönte Häupter vor sich; denn er wußte, daß das geringste Versehen ihm seine pekuniär sehr glänzende Stelle in diesem Hause kosten könne. „Wie ging es in der Schule?“

Er hätte es gern gesehen, wenn sie über ihre kleinen Schulerlebnisse geplaudert, ihm gebeichtet hätte, daß man sie getadelt, daß sie eine Arbeit schlecht gemacht, eine Thorheit begangen habe, aber er kannte sie ja schon im voraus, die stereotype Antwort, welche auch jetzt ganz prompt kam: „Oh es ging natürlich gut.“

Abermalige Pause, der Doktor zermarterte sein Gehirn, um etwas zu finden, womit er sein Töchterchen unterhalten könne.

„Papa,“ sagte die Kleine endlich so

wie von ungefähr. „Ich ging heute mit Emmy Richter spazieren."

„So? Das freut mich. Das war gewiß recht lustig."

„Ja. Wir gingen bis zum zoologischen Garten zusammen. Richters haben nämlich ein Abonnement. Das ist doch gewiß für Emmys Mademoiselle sehr nett. Die hat es überhaupt sehr gut, weißt du. Emmy meinte, für meine Mademoiselle müsse es doch ein bischen einsam und langweilig sein, sie komme so nirgend hin. Im zoologischen Garten würde sie ja vielleicht ab und zu Bekannte treffen, aber wenn sie jedesmal das hohe Eintrittsgeld bezahlen müsse, käme ihr das zu teuer."

Fulda begriff sehr gut, daß sein Töchterchen sich gleichfalls ein Abonnement wünsche. Er hätte es ihr mit Freuden auf der Stelle besorgt, wenn sie ihn direkt ohne Umschweife darum gebeten hätte, aber die Art, wie sie auf Umwegen ihr Ziel zu erreichen strebte und unter dem Anschein der Gutherzigkeit eine andere Person vorzuschieben bemüht war, ärgerte ihn. „Mademoiselle mag mich selbst darum bitten, wenn sie etwas wünscht," sagte er kurz, eine Chrysantheme aus der Schale zerrend und ungeduldig daran zupfend. „Ich werde sie übrigens darum befragen."

„Ach nein, bitte Papa, nein, thu das nicht. Sie würde es ja doch ableugnen. So ist sie ja immer. Du kennst sie nicht so, wie ich sie kenne. Wenn du nur wüßtest — Findest du übrigens, daß ich so sehr viel bei ihr lerne? Emmys Mama sagte letzthin, ich spräche ein ziemlich schlechtes Französisch, man merke mir den schweizer Accent zu sehr an, und den würde ich wohl mein Lebtag behalten, wenn ich nicht in andere Hände käme."

Fulda war auf das äußerste irritiert, denn abgesehen davon, daß die Weise seines Kindes, Untergebene hinter ihrem Rücken mit halben Andeutungen bei ihm anzuschwärzen, ihm von Grund aus antipathisch war, kamen ihm quälende Bedenken, ob nicht doch wohl ein Körnchen Wahrheit dahinter sein und er eine schlechte Wahl getroffen haben könne, als es galt, den Vertrauensposten in seinem Hause mit der geeigneten Persönlichkeit zu bekleiden. Er hätte die Kleine gern noch eingehender ausgefragt, aber die Überzeugung, daß sie ihm doch nicht die Wahrheit sagen werde, verschloß ihm den Mund. Der in ihm kochende Ärger mußte sich indessen Luft schaffen, und eine kleine Ungeschicklichkeit des Dieners, der auf dem Büffett eine Flasche umwarf und bei der Gelegenheit einen Teller zerbrach, gab ihm den willkommenen Anlaß, den Mann mit heftigen Worten anzufahren: „Wenn Sie nicht manierlich zu servieren verstehen, so scheren Sie sich hinaus!"

Sein strenges Gesicht trug in solchen Momenten aufbrausender Heftigkeit einen Ausdruck, der wirklich Furcht einflößen konnte. Der Diener sank förmlich in sich zusammen, aber auch die Kleine duckte sich unwillkürlich wie ein scheues Vögelchen und starrte mit ängstlichen großen Augen auf den Vater. Dieser bereute sofort, daß er sich hatte hinreißen lassen. Es lag ihm ja gerade so viel daran, das Kind nicht einzuschüchtern, und er versuchte sofort wieder einzulenken und sich zu bezwingen.

„Komm Ännchen!" sagte er freundlich. „Laß uns die dummen Geschichten, — Mademoiselle und all das vergessen. Wollen wir uns einen Apfel teilen, mein Töchterchen? Du sollst ihn mir schälen. Du bist ja solch ein geschicktes kleines Mädchen, und dein alter Papa ist solch ein ungeschickter Mensch. Oder willst du lieber Bonbons? Sag doch, was du möchtest?"

„Was du willst, Papa."

„Nun so nehmen wir beides." Er goß ihr Wein ins Glas, mischte ihn sorgfältig mit Wasser und stieß mit ihr an. Aber es gelang ihm nicht, den freundlichen Klang zu wecken, den er so gern als Erwiderung seiner Bemühungen von ihren Lippen gehört hätte. Sie ging freilich mit ihm in sein Arbeitszimmer hinüber, wo er den Kaffee zu nehmen pflegte, schenkte ihm ein, brachte Feuer zur Cigarre, wußte aber dann nichts mit sich anzufangen und saß bald hier, bald dort herum, bis es zu beiderseitiger Erleichterung neun Uhr schlug und damit die Stunde, in welcher sie gewohnt war, dem Vater die Wange zum Kuß zu reichen und zu Bett zu gehen.

Fulda blieb noch eine Weile rauchend und gedankenverloren vor dem Kamin sitzen. Es fröstelte ihn, aber es war mehr ein seelisches Frösteln als ein Gefühl wirklicher

Kälte, das in dem angenehm temperierten Raum auch nicht erklärlich gewesen wäre. Wie er sich sein häusliches Leben vergegenwärtigte, mußte er unwillkürlich an einen toten, seelenlosen Körper denken, der durch den äußeren Antrieb galvanischer Strömungen von einer Maschine in regelmäßig zuckenden Bewegungen erhalten wird und den Anschein des Lebens erhält, während ihm doch das beste fehlt. Er mochte nicht darüber nachdenken. Eine zufällige Ideenverbindung brachte ihm mit einem Mal die Wellingersche Häuslichkeit in Erinnerung. Er wußte selbst kaum, wie er darauf verfiel. Hier und da hatte er wohl vorübergehend an die Leute gedacht, war aber immer so in Anspruch genommen gewesen, daß er dem Gedanken niemals Folge gegeben hatte. Jetzt stand sie ihm plötzlich vor Augen, die enge Wohnung mit dem Anstrich verschämter Armut und Herabgekommenheit. Wie kam es nur, daß gerade dort die Bedingungen zu freundlichem Behagen erfüllt schienen, während hier bei ihm, wo nichts gespart war, um Komfort und Schönheit in der raffiniertesten Weise zu vereinen, dieses Behagen sich unter keiner Bedingung einstellen wollte? Die schlanke Gestalt des rothaarigen Mädchens mit dem weißen Gesicht und der müden schleppenden Anmut der Bewegungen drängte sich in seine Gedanken. Er meinte, daß jenes Behagen mit ihr in irgend einem Zusammenhang stehen, von ihrer Person ausgehen müsse. Und dann fiel ihm ein, daß er ihr ja halb und halb versprochen hatte, Bücher zu schicken, - dies aber doch schließlich, geärgert von ihrer abweisenden Art, unterlassen hatte. Was trieb ihn eigentlich zu dem Anerbieten? War's vielleicht der Wunsch gewesen, in gewisser Weise damit die Verpflichtung der Dankbarkeit für die ihm erwiesene Gastfreundschaft abzulösen? Wie konnte er auch! Sie hatte ihm vermutlich das Beste geboten, was die Häuslichkeit überhaupt zu bieten imstande war, und ein freundliches Willkommen obendrein. So etwas ließ sich nicht auf der Stelle bezahlen. Sie war mit ihrer herben Zurückhaltung ganz im Recht gewesen. Aber trotzdem, es that ihm doch leid, daß er seinen Entschluß nicht ausgeführt, so gar keine Freundlichkeit für die Leute gehabt hatte. Er mochte nicht in irgend jemandes Schuld bleiben. Was hatte er ihr denn eigentlich schicken wollen?

Er stand auf und trat an seinen Bücherschrank, der freilich zum größten Teil fachwissenschaftliche Werke in breiten, ernsthaften Einbänden, aber ganz oben, eng zusammengedrückt, auch einige Reihen modern belletristischer Sachen enthielt.

Ach was! Jetzt war es doch wohl zu spät dazu. Nach acht Tagen! Sie würde sich seines Versprechens wohl kaum mehr erinnern. Er schloß den Schrank und wandte sich nach dem Schreibtisch. Eine Schieblade aufschließend, entnahm er derselben verschiedene Papiere und versuchte diese einer genauen Durchsicht zu unterziehen. Es waren Depositenscheine von Bankgeschäften und andere Beläge, die ihm Übersicht über das Vermögen gaben, welches er im Lauf der Jahre für seine Tochter zurückgelegt hatte. Der Anblick erfüllte ihn mit Befriedigung. Nach dieser Richtung wenigstens war er seinen Vaterpflichten in ihrem vollen Umfang nachgekommen. Sein Kind würde einmal eine gute Partie sein. Trotz des Aufwandes, den er selbst trieb und den er in seiner Stellung für unerläßlich hielt, war es ihm gelungen, eine beträchtliche Summe zurückzulegen, die sich von Jahr zu Jahr vermehren sollte. Das war seine Freude, die Betrachtung dieser Papiere der stille Genuß, den er sich häufig bereitete. Aber in diesem Augenblick vermochte er doch nicht seine volle Aufmerksamkeit darauf zu konzentrieren. Es war etwas Fremdes in seinen Gedanken, etwas, das sonst nicht dagewesen war und ihn beunruhigte. Er schob die Papiere in ihre Mappe zurück, verschloß den Schreibtisch und stand abermals auf, im Zimmer hin- und hergehend, um schließlich zum zweitenmal vor dem Bücherschrank stehen zu bleiben. Er überlegte jetzt nicht lange, riß Freytags „Verlorene Handschrift“ und einen Band älterer Heyse'scher Novellen aus ihrer engen Umklammerung und blätterte ein wenig darin umher, als habe er die Bücher zu seinem eigenen Vergnügen herabgenommen. Dann lächelte er unwillkürlich. Das lohnte auch recht der Mühe, vor sich selbst Komödie zu spielen! Ein Blick auf die Uhr belehrte ihn, daß es schon halb zehn sei. Er rief nach Hut und Paletot, steckte die Bücher in die Taschen des Überrockes und verließ das Haus mit einer Hast, als schäme er sich vor sich selbst und fürchte, daß eine Minute des Zauderns ihn noch anderen Sinnes machen könne.

An der Ludwigsstraße stieg er in die Pferdebahn, die ihn in die Nähe der Sendlinger Straße führte, seinen Weg zuletzt zu Fuß fortsetzend.

Da war das Haus. Das Thor stand noch weit offen. Der Schein der draußen brennenden Gasflamme leuchtete hinein bis in das gähnende Dunkel des Hofes. Die beiden engen Treppenaufgänge zur Rechten und Linken wurden matt von winzigen, qualmenden Petroleumlämpchen erhellt, die der Polizeiordnung nach in jedem Stockwerk vor einer oder der anderen Thür hingen. Auf zahlreichen Plakaten wiesen schwarze Hände mit ausgestrecktem Zeigefinger darauf hin, daß hier eine Agentur, dort ein Baubureau sei, wieder anderen Ortes eine Strickmaschine billig allen Anforderungen genüge.

Fulda stieg die Treppen zur Linken empor und zog im dritten Stock vor der ihm schon bekannten Thür die Glocke. Diesmal öffnete ihm Frau Weltlinger. Er hatte gemeint, es müsse sich alles genau so abspielen, wie an jenem ersten Abend, und empfand beinah eine Enttäuschung, den rotgelockten Kopf nicht in der Thürspalte erscheinen zu sehen. Die alte Dame erkannte ihn übrigens sofort, war aber weniger erstaunt, als er hätte erwarten können. Sie entschuldigte nur ihren Mann, der noch nicht daheim sei, und bat ihn, falls er jenen zu sprechen wünsche, einzutreten und seine Rückkehr abzuwarten.

Drinnen im Wohnzimmer saß Käte bei einer Handarbeit. Sie besserte Hauswäsche aus, legte die Arbeit jedoch beim Eintritt des Fremden in einen Korb und stand auf. Er hatte nicht das Gefühl zu stören, es gab kein aufgeregtes Hin- und Herlaufen, wie bei einer peinlichen Überraschung. Trotz der für sie gewiß späten Stunde waren beide Damen noch mit äußerster Ordnung gekleidet. Das junge Mädchen trug ein dunkelbraunes Merinokleid, das bis zum Kinn fest anschließend hinaufreichte.

„Es wird meinem Vater sehr leid sein, Sie verfehlt zu haben,“ sagte sie. „Wenn Sie ihm irgend etwas zu sagen haben — vielleicht könnten wir es ausrichten.“

Fulda sah die Augen der beiden mit einer gespannten, beinah hoffnungsfreudigen Erwartung auf sich gerichtet. Offenbar hielten sie ihn für den Träger irgend einer guten Botschaft, konnten sich seinen späten Besuch nicht anders erklären. Es setzte ihn in Verlegenheit, sie enttäuschen zu müssen.

„Vorhin fiel es mir ein, daß ich Ihnen Bücher versprochen hatte,“ brachte er ein wenig unbeholfen hervor und zog die drei Bändchen aus seinen Taschen. „Ich wollte nun endlich meinem Versprechen nachkommen.“

Sie nötigten ihn nicht zum Niedersitzen, aber er war nun einmal entschlossen zu bleiben und nahm ohne weiteres auf einem der grünen Sessel Platz.

Käte sah mit großen, forschenden Augen nach ihm hin, als wollte sie fragen: „Warum thust du das? Wir sind nicht an uneigennützige Freundlichkeiten gewöhnt.“ Dann sagte sie mit merklicher Zurückhaltung: „Ich danke. Sie sind wirklich sehr gütig.“

„Vielleicht sind Ihnen die Sachen schon bekannt,“ fuhr er, ohne sich durch ihre abweisende Art entmutigen zu lassen fort. „Aber Sie müssen bedenken, daß ich in Bezug auf Ihre Geschmacksrichtung im Dunkel tappe. Einen Augenblick dachte ich daran, Ihnen ein paar französische und englische Bücher zu bringen, aber erstens giebt es wenig französische Romane, die sich für junge Damen eignen, und zweitens wußte ich nicht, ob Sie der beiden Sprachen mächtig sind.“

„Oh ja. Ich lese und spreche beide.“

„Meine Tochter hat eines der besten hiesigen Erziehungsinstitute besucht und ihr Examen gemacht,“ erklärte Frau Weltlinger mit bescheidenem Selbstbewußtsein. „Wir dachten früher daran, daß sie Privatstunden geben oder sich um die Stelle einer Lehrerin an städtischen Schulen bemühen solle, aber der Zudrang zu diesen Stellen ist gar zu groß, und Privatstunden sind gar erst recht schwer zu erlangen, da griffen wir zu, als sich ihr die Beschäftigung in der Glasmalerei bot.“

Die alte Dame sagte das, als sei es das Selbstverständlichste von der Welt, daß die Tochter den Eltern nun das Kapital verzinse, das sie an ihre Erziehung gewandt hatten, und Käte schien auch vollkommen damit einverstanden und nickte nur freundlich beipflichtend. „Ich kenne übrigens wenig von der französischen Romanlitteratur.“

Der Tag. Gruppe in Zinkguß am Südbahnhof in Wien von Th. Friedl.

meinte **sie**. „Aber dieses wenige hat mir die Überzeugung beigebracht, daß die Franzosen feinere Psychologen sind als die Deutschen. Der deutsche Schriftsteller möchte immer eine soziale Idee verbildlichen, der französische forscht den geheimsten Schwingungen der Seele nach und gibt lieber Stimmungsbilder als Geschichten. Ich muß gestehen, daß es einen gefährlichen Reiz hat, so die Seelen anderer unter das Vergrößerungsglas zu bringen und dann in der eignen Umschau zu halten, zu prüfen, zu vergleichen. Es ist dann oft, als käme man in eine fremde Welt, man macht da Entdeckungen, von denen man zuvor nichts geahnt hat — und vor denen man erschrickt."

Sie brach plötzlich ab. Ihr Gesicht hatte, wie von einer inneren Flamme durchglüht, Leben und Farbe erhalten, als seien Elemente in ihr erwacht, die sonst nur wie ein Traum über die schlummernden, geheimen Mächte ihres Innern hinweggeglitten waren. Fulda hatte mehr dem tiefen, sympathischen Klang ihrer Stimme, als den Worten gelauscht und sie dabei unverwandt, beinah starr betrachtet. Diese unverwandt auf sie gerichteten Augen irritierten sie und ließen sie innehalten. Ihm waren, während sie sprach, allerlei unklare Gedanken durch den Sinn gegangen. Jetzt lächelte er und meinte etwas von oben herab: „So ganz schlimme Entdeckungen werden es doch wohl nicht sein!"

„Natürlich nicht!" beeilte sich Frau Weltlinger zu sagen. „Junge Mädchen, die wenig oder gar nichts von der Welt sehen, geben sich immer allerlei Einbildungen hin und denken zu viel über sich selbst nach. Es fehlt ihr eben der Verkehr mit Altersgenossen, der treibt die Schrullen aus."

„Sie haben also wirklich **gar** keinen Verkehr?"

„Oh, das wäre zu viel gesagt; da sind die anderen jungen Mädchen im Atelier, mit denen kann ich ja sprechen, soviel ich will. Ich fürchte nur, ich bin keine sehr mitteilsame Natur und langweile sie."

Der Doktor begann in seinen eignen Augen eine lächerliche Figur zu spielen, wie **er** so ohne allen Grund sitzen blieb und die beiden Frauen, welche ihn ja eigentlich gar nichts angingen, nach Dingen ausforschte, die ihn durchaus nicht interessieren konnten. Da kam ihm eine plötzliche Idee. Warum war ihm das auch nicht gleich eingefallen! Er hatte der Familie doch eigentlich helfen wollen, dazu war er ja gekommen. Gerade gestern noch hatte ihn ein Kollege, Professor Ehrenberg, gefragt, ob er ihm nicht einen Mann nachzuweisen vermöge, der während der Vormittagsstunden die Stelle eines Privatsekretärs bei ihm ausfüllen und nach Diktat schreiben könne, gegen ein Entgelt von zwölfhundert Mark jährlich. Es war ja kein großer Verdienst, würde aber doch der Familie einen ganz annehmbaren Zuschuß zu ihren Einnahmen gewähren. Freilich vermochte er für die Person des alten Weltlinger keine Garantie zu übernehmen, er wollte das dem Kollegen Ehrenberg ganz offen sagen, es durchaus nur als eine Wohlthätigkeitssache hinstellen, aber dazu mußte vor allem festgestellt werden, ob der Alte überhaupt die erforderlichen Eigenschaften besaß.

Die Gesichter der beiden Damen erhellten sich, als er an sie die diesbezügliche Anfrage richtete. Sie wußten doch nun endlich, weshalb er gekommen war, und beide beteuerten eifrig, daß der Gatte und Vater gewandt mit der Feder und vollständig imstande sei, eine derartige Stellung auszufüllen, um so mehr, als es sich ja nur um die Vormittagsstunden handle, denn für die Abendstunden, — sie senkten die Köpfe. Offenbar konnten sie für ihn während der zweiten Hälfte des Tages nicht gut sagen.

Fulda erhob sich. Der Zweck seines Besuches schien erfüllt. Er versprach, mit Professor Ehrenberg sofortige Rücksprache zu nehmen und ihnen schriftliche Nachricht zukommen zu lassen, dann verabschiedete er sich. Es war inzwischen auf den Treppen dunkel geworden und Käte mußte ihm hinableuchten. Auf ihrem Gesicht lag noch ein Schimmer der Freude, der dasselbe mit absonderlichem Liebreiz verklärte. Er kam sich selbst entsetzlich unbeholfen vor, daß er so schweigend neben ihr herging, aber ihm wollte nichts einfallen. Ein seltsam beklemmendes Gefühl lastete auf ihm. Unten, während sie die Thür aufschloß, dankte **sie** ihm noch einmal wie aus befreitem Herzen mit ihrer warmen, tiefen Stimme. Er wies den Dank mit ein paar schroffen, unfreundlich klingenden Worten zurück. Noch sei ja nichts entschieden, sie solle doch erst abwarten, wie sich die Sache weiterentwickele, aber er sah sie dabei wieder so unverwandt und sonderbar an, wie vorhin, so, als hülle er sie förmlich mit seinen Blicken ein. Sie zuckte ordentlich nervös zusammen und warf dann den Thorflügel hinter ihm heftig ins Schloß, als könne sie nicht schnell genug eine Scheidewand zwischen sich und ihn bringen.

Er wanderte gedankenvoll heim. In seinem Arbeitszimmer fand er alles noch so, wie er es vor anderthalb Stunden verlassen hatte; auch im Wohngemach nebenan brannten noch die Lampen. Niemand in seinem Haushalt hätte gewagt, irgend etwas zu ändern oder zu entfernen, ehe er nicht das Zeichen dazu gegeben. Es fiel ihm niemals ein, daß seine Dienstboten müde sein und den Wunsch haben könnten, zur Ruhe zu gehen. Nichts lag ihm ferner, als freundliche Nachsicht mit ihnen, aus dem einfachen Grunde, weil er überhaupt nicht an sie dachte, wenn er sie nicht sah. Für ihn waren sie Maschinen, die er hoch bezahlte, aber von denen er die exakteste Arbeit verlangte. Jetzt zum erstenmal ärgerte es ihn, daß sie nicht eigenmächtig gehandelt, ihn nicht aus eignem Antrieb von all diesem Licht, dieser störenden Helligkeit befreit hatten, daß er noch die Glocke ziehen, erst den Befehl dazu erteilen mußte. Er wollte nur die Studierlampe auf dem Schreibtisch behalten, mit der er dann ohne Hilfe des Dieners zu Bett ging, wollte Stille und sanfte Dämmerung um sich haben. Warum mußte er denn alles erst selbst anordnen? warum konnte ein anderer, vordenkender Wille nicht schon alles so geordnet haben, wie es seiner jeweiligen Stimmung entsprach? Das war freilich hier immer so gewesen, auch zu der Zeit seiner Ehe, und im Grunde seine eigne Einrichtung, denn die junge Frau, die seinem Hause drei Jahre hindurch vorgestanden hatte, war so wenig befähigt dazu gewesen, daß der reine Selbsterhaltungstrieb ihn gezwungen hatte, die Zügel in die Hand zu nehmen.

Die Erinnerung an sie tauchte an diesem Abend lebhafter als sonst auf. Dort über dem Sofa hing noch ihr Bild. Er hatte es lange nicht angesehen, jetzt betrachtete er es aufmerksam. Wie ähnlich ihre Tochter ihr äußerlich wurde. Himmel, was für ein hübsches, zerbrechliches Persönchen sie doch gewesen war, und wie frivol und oberflächlich! Schon seit einem Jahrzehnt sah sie nun aus ihrem goldenen Rahmen mit demselben kalten, koketten Lächeln auf ihn herab, mit dem sie ihn so oft berechnend zu kränken oder hinterlistig zu hintergehen versuchte. Er wandte sich hastig ab und begann im Zimmer auf- und niederzuschreiten, aber die einmal wachgerufenen Erinnerungen wollten sich nicht wieder zum Schweigen bringen lassen. Sie schienen sich förmlich zusammenzuballen und aus allen Ecken und Enden der Wohnung ihm entgegenzutreten. Sie hefteten sich an jedes Stück, das ihm bei seiner Wanderung ins Auge fiel, als wollten sie ihm zurufen: „Weißt du noch? hier war es, wo sie dir dies und jenes anthat, wo sie dich lehrte, was Herzeleid, was Scham, was Verachtung sei."

Und bei dem Gedanken, daß sich in dem Kinde, seinem Kinde die häßlichsten Charaktereigenschaften der Mutter zu regen begannen, überfiel ihn eine heiße gewaltige Angst. Hatte er sie denn auch wirklich in die rechten Hände gegeben? war diese Französin, die so zu schmeicheln und zu kriechen verstand, in der That die geeignete Person? die Kleine selbst mochte sie ja nicht einmal und würde einen Wechsel nur dankbar empfinden. Ja, er wollte einen Wechsel eintreten lassen, wollte jemand suchen, der es verstand, einen neuen Geist in dieses Haus zu bringen und die alten bösen Erinnerungen zu bannen. Er spann den Gedanken weiter aus, und plötzlich gab es ihm einen inneren Ruck. Es war wie eine Hallucination. Langsam, mit gesenktem Kopf sah er Käte Weitlinger an sich vorüber durch das Zimmer gehen, in dem er saß. Er stutzte. Wie konnte seine Phantasie ihm gerade jetzt diesen Streich spielen? War es schließlich doch nicht das Beste des Kindes allein, das er im Auge gehabt? Hatte er nur mit eignen uneingestandenen Wünschen Verstecken gespielt? Konnte er seine innerste Natur, seinen ureigensten alten Menschen noch immer nicht überwinden?

Fulda preßte die Lippen aufeinander, und zwischen seinen Brauen vertiefte sich eine scharfe düstere Falte. Er sah beinahe scheu mit halbgesenktem Kopf um sich, als fürchte er, daß irgend jemand Zeuge davon hätte sein können, daß in dem Kampf mit sich selbst er immer wieder der Unterliegende war. Dann fing er an, mit Vernunftgründen zu rechnen. Es stand ja ganz außer Frage, daß bei der Wahl einer Persönlichkeit, in deren Hände er die Erziehung seiner Tochter legen könne, Wahrhaftigkeit und Lauterkeit in erster Linie in Betracht zu ziehen seien. Welche Garantie boten ihm etwaige Bewerberinnen, die schon an allen Ecken und Enden mit der Welt in Berührung gekommen waren, die sich hatten ducken, fügen, durch alle möglichen Verhältnisse hindurchwinden müssen? Die kannten dann auch schon Schliche und Ausflüchte, besaßen nicht mehr die Geradheit einer reinen unbefangenen Natur. Nein, nein, die Reinheit des Herzens, die Wahrhaftigkeit eines unberührten Gemüts, das nichts zu verbergen hat und dem daher auch alle Winkelzüge fremd sind, das war es, was er seinem Kinde zu geben trachtete. Die Lüge sollte aus seinem Hause verbannt werden. Vielleicht eignete sich gerade diese Käte Weltlinger vortrefflich zur Erzieherin eines heranwachsenden Mädchens. Er wußte ja bis jetzt freilich noch wenig von ihr, aber dieses wenige hatte ihm durchaus gefallen. Die Frage war jedenfalls in Erwägung zu ziehn. Er wollte sie näher kennen lernen und prüfen. In solchen wichtigen Dingen konnte man nicht leichtfertig vorgehen. Außerdem zahlte er den Damen, die seinem Haushalt vorstanden, ein ungewöhnlich hohes Gehalt. Der Familie würde dadurch sicher nachhaltiger geholfen als durch das Anerbieten eines Sekretärpostens, für den der Alte sich doch möglicherweise nicht eignete.

Der Doktor setzte sich freien Herzens an den Schreibtisch, um in angestrengter Arbeit nachzuholen, was er während der Abendstunden versäumt hatte. Er hatte sich mit sich selbst abgefunden und war zu einem halben Entschluß durchgedrungen.

## 3. Kapitel.

„Das Mädel ist verrückt! total verrückt!"

„Ja Vater, wenn sie doch aber nicht will, so können wir sie nicht dazu zwingen. Sie verdient sich ja schon ihr Brot. Wir müssen ihr in diesen Sachen freie Hand lassen."

„Wenn ich nur die Gründe wüßte! Da steht sie mit einem Gesicht wie eine Niobe und thut den Mund nicht auf. So sprich doch endlich ein Wort, Mädchen! Dir wird eine der schönsten Stellungen als Repräsentantin und Erzieherin eines einzigen Kindes angeboten, eine Stellung, nach der sich andere alle zehn Finger lecken würden, und du schlägst sie aus wie einen faulen Apfel."

Der alte Weltlinger saß in seinem Korbsessel am Fenster und trommelte ungeduldig mit den Fingern an den Scheiben. Er war jetzt ganz nüchtern, denn es war noch früh am Vormittag. Ein abgenutzter Schlafrock umschlotterte seine hagere Gestalt, und die Hände zuckten und zitterten unstet hin und her. Unweit von ihm, in der Mitte des jetzt am Tage grau und düster erscheinenden Gemachs stand Käte gerade aufgerichtet, die Hände ineinander verschlungen.

„Ich kann dir die Gründe nicht auseinandersetzen, Vater", sagte sie ruhig. „Genug, daß ich nicht will."

„Will! nicht will! Ist das ein Wort, das man seinen Eltern entgegensetzt? Ich begreife dich gar nicht! Die Vorteile liegen doch klar zu Tage. Hast du es denn hier in dieser elenden Umgebung so gut, daß du den Vorschlag, in ein großes reiches Haus zu übersiedeln, wo du jeden Tag herrlich und in Freuden leben kannst, so mir nichts dir nichts von der Hand weisest? Und wer weiß, was du nicht noch alles damit ausschlägst. Dieser Doktor hat ja offenbar einen Narren an dir gefressen. Dreimal ist er in den letzten zehn Tagen hier gewesen, so daß wir schon gar nicht wußten, was wir davon zu halten hatten, denn der Sekretärposten, den er mir anbot und dann wieder zurückzog, war doch eben nur ein leerer Vorwand. Ich würde mich auch gehütet haben, ihn anzunehmen, denn so den ganzen Vormittag in der Tretmühle zu sein, das hätte mir gerade gepaßt. Ich bin ganz überzeugt, bist du nur erst in seinem Hause und verstehst es, ihm alles so recht mundgerecht und angenehm zu machen, so würde es dir ein Leichtes sein, ihn schließlich dahin zu bringen, daß er dich heiratet. Denke doch nur, Mädel, was das für eine große Sache für uns alle sein könnte."

Das Blut schoß dem Mädchen jäh ins Gesicht. „Und eine so elende Spekulation mutest du mir zu?"

„Ach was. Wir haben es nicht dazu übrig, daß du die Zimperliche und Vornehme spielen kannst. Bei uns heißt es zugreifen, wenn das Schicksal einmal eine Handhabe bietet.“

„Rege dich nicht weiter auf, Vater. Ich habe bereits gestern an Doktor Fulda geschrieben, daß ich nicht imstande sei, sein Anerbieten anzunehmen, und die Stellung in seinem Hause aus zwingenden Gründen ablehnen müsse. Die Angelegenheit ist damit endgültig erledigt.“

Weltlinger sprang auf und schlug mit der Faust auf das Fensterbrett.

„Na, da soll doch gleich — ! Ohne uns ein Wort zu sagen, ohne unsern Rat einzuholen! Auf der Stelle machst du deine Entscheidung rückgängig, schreibst ihm, du hättest dich besonnen und wärest geneigt, die Stelle anzunehmen. Vielleicht könnte man bei der Gelegenheit noch ein bißchen mehr herausschlagen. Aber nein, nein! das würde unter Umständen einen ungünstigen Eindruck hervorbringen. Also unter den von ihm genannten Bedingungen; hörst du?“

„Es thut mir leid, Vater, aber mein Entschluß ist endgiltig gefaßt.“

„Da muß ich doch sehr bitten! da haben wir doch auch noch ein Wort mitzusprechen, und ich befehle dir — “

„Nein, laß sie, Vater!“ beschwichtigte Frau Weltlinger. „Wir müssen ihr darin freie Hand lassen. Wir können ihr einmal nichts hinterlassen, und da sie sich selber durchs Leben schlagen muß, so soll sie sich's auch selbst nach ihrem Gefallen zurecht legen können. Wer weiß, wozu es gut ist, daß sie dies Anerbieten ausschlägt? Der Mann ist schließlich doch noch nicht alt und sie ein junges, unerfahrenes Ding trotz ihrer dreiundzwanzig Jahre. Die Leute würden vielleicht allerlei Böses denken und reden, und ihr guter Ruf ist doch die einzige Mitgift, die sie hat.“

„Nun, dann läßt man die Leute einfach reden. Wenn der Mann ihren Ruf kompromittiert, so ist er eben moralisch verpflichtet, das wieder gut zu machen. Ich werde schon für meine Tochter einstehen und eintreten, darauf könnt ihr euch verlassen. Ich werde dann zu ihm sagen: ‚Mein Herr‘, werde ich sagen, ‚ich habe Ihrer Ehre ein junges unerfahrenes Geschöpf anvertraut, ich fordere jetzt von Ihnen‘ — “

„Schäme dich, Alter!“ unterbrach ihn seine Frau, bereit, in Thränen auszubrechen. „Ich bin, weiß es Gott, unglücklich, daß die Käte diese ausgezeichnete Versorgung ausschlägt, aber solche Spekulationen, — pfui! dazu ist meine Tochter doch zu gut!“

Das Mädchen regte sich nicht, schoß nur unter den scharf zusammengezogenen Brauen mit zurückgeworfenem Kopf einen feindseligen Blick nach dem Alten hin, wie ein Tier, das nach langem Dulden entschlossen ist, sich endlich gegen seinen Peiniger zur Wehr zu setzen, während er vor Aufregung beinahe zappelte und nur noch einzelne kreischende Zornestöne fand, da ihm die Worte schlechterdings fehlten.

In diesem Augenblick wurde draußen heftig an der Glocke gerissen. Frau Weltlinger ging hinaus, um zu öffnen. Man hörte Doktor Fuldas Stimme, die nach Käte fragte. Weltlinger zog den Schlafrock hastig um seine Gestalt zusammen, raffte die Pantoffeln auf, die ihm von den Füßen geglitten waren, und schlüpfte behende in das Schlafzimmer nebenan, um seinen äußeren Menschen in eine sehenswürdigere Verfassung zu bringen. Er war auf der Stelle von der Höhe seiner väterlichen Autorität wieder zur kläglichen Figur herabgesunken. Gleich darauf trat Fulda ins Zimmer.

Er sah bleich und erregt aus.

„Sie haben den Vorschlag, meinem Hause vorzustehen und die Erziehung meiner Tochter zu übernehmen, abgelehnt,“ begann er ohne Umschweife. „Ich bin nun gekommen, um persönlich von Ihren Lippen die Gründe zu hören, welche Sie dazu bewogen.“

Käte blieb stumm mit niedergeschlagenen Augen vor ihm stehen.

„Ihre Bedenken können unmöglich gegen meine Person gerichtet sein,“ fuhr er fort. „Ich glaube auch, Ihnen für die Respektabilität meines Hauses gut sagen zu können. Was also können Sie einzuwenden haben? Seien Sie überzeugt, daß ich alles aufbieten würde, um Ihren Wünschen gerecht zu werden.“

„Ich kann nicht!“ stieß sie gepreßt hervor. „Ich kann nicht! Die Verantwortung ist zu groß. Ich fühle mich der Aufgabe nicht gewachsen, die Leitung eines heranwachsenden Mädchens zu übernehmen, bis durchaus nicht die geeignete Persönlichkeit dafür."

„Aber ich habe nun gerade zu Ihnen Vertrauen, und die Gründe Ihrer Weigerung eben bestärken mich darin, denn ich sehe, daß Sie eine gewissenhafte Natur sind, und das ist es, was ich suche. Nein, nein, ich nehme Ihre Weigerung nicht an. Sagen Sie wenigstens, daß Sie den Versuch machen wollen."

Sie schüttelte den Kopf und warf einen hilfesuchenden, beinah befehlenden Blick auf ihre Mutter.

„Meine Tochter fühlt sich natürlich sehr geehrt —," begann diese, aber er unterbrach sie rauh: „Ach, lassen wir die Ehre beiseite. Hier handelt es sich darum, ob die junge Dame ein gutes Werk an einem alleinstehenden Kinde tun will oder nicht."

„Sie ist nach ihrer und unserer, ihrer Eltern, Ansicht zu jung dazu. Ihr fehlt eben jede Erfahrung nach dieser Richtung."

„Diese Erfahrungen! wie ich das Wort allein schon hasse! Ich will ja niemand haben, der Erfahrungen gemacht hat und denen gemäß nach einem fertigen Plan an meinem kleinen Mädchen herumexperimentiert. Ich suche jemand, der ganz unbefangen nur durch die Reinheit und Klarheit seines Wesens auf das Kind wirkt, der keine Heimlichkeiten kennt, — nun, ich habe Ihnen das alles ja schon schriftlich auseinandergesetzt."

„Und warum glauben Sie dies alles gerade bei mir suchen zu können?" fragte Käte mit fliegendem Atem.

„Weil das abgeschlossene und arbeitsvolle Leben, das Sie geführt haben, mir eine genügende Bürgschaft scheint. Und nun bitte ich Sie, mir eine letzte entscheidende Antwort zu geben."

„Ich kann nicht."

„Das ist Ihr letztes Wort?"

„Ja."

„Auch wenn ich Sie bitte?" — Man sah welche Überwindung es ihn kostete, sich zu einer vielleicht vergeblichen Bitte herbeizulassen. Das Blut stieg ihm ins Gesicht, und seine strengen gebietenden Augen nahmen einen gequälten Ausdruck an. „Ich habe selten oder nie um etwas gebeten, aber jetzt, — jetzt bitte ich Sie darum, meinem Wunsch Folge zu leisten."

Sie sahen einander in die Augen, der Mann mit gespannter Erwartung, in die hinein sich ein durch Weigerung entzündetes, jäh aufflammendes Begehren mischte, das Mädchen unsicher, mit abwehrendem Trotz.

„Es wird meiner Tochter schwer, Ihnen den Grund zu nennen, der für mich der ausschlaggebende war," klang Frau Weltlingers sanftes weinerliches Organ in die mit einem Mal schwül gewordene Stimmung hinein. „Aber ich muß Ihnen nun schon sagen, was Ihnen vielleicht lächerlich klingt, aber von unserem Standpunkt aus doch ganz berechtigt ist. Meine Tochter ist zu jung, um in dem Hause eines unverheirateten Herrn eine so selbständige Stellung einzunehmen."

Einen Moment herrschte tiefe Stille. Fulda stand noch immer unbeweglich, die Blicke unverwandt in das abwechselnd rot und blaß werdende Gesicht des Mädchens wie festgebohrt. Er atmete schwer. Wenn er gekommen war, um durch vernünftige Überredung etwaige Hindernisse zu beseitigen, die sich vielleicht der Annahme seines Anerbietens entgegenstellten, so war er jetzt entschlossen, den unerwarteten Widerstand zu besiegen um jeden Preis. Das Mädchen erschien ihm begehrenswert wie kein anderes, die Möglichkeit, auf Nimmerwiedersehen von ihm zu lassen, völlig ausgeschlossen. Fast wider seinen Willen ganz unter dem Einfluß eines unwiderstehlichen leidenschaftlichen Verlangens drängten sich ihm jetzt langsam und stoßweise Worte über die Lippen, die er bei ruhiger Überlegung vielleicht nicht gesprochen haben würde, aber nun er sie sprach, erschienen sie ihm als das Richtige und Gute, als der einzig mögliche Ausweg.

„Ich kam hierher, um meinem Kinde eine Freundin und Führerin zu gewinnen," sagte er. „Sie stellen diesem Wunsch Bedenken entgegen, denen ich ihre Berechtigung nicht versagen kann. Ich stehe also davon ab, aber ich richte dafür die Frage an Sie, ob Sie meiner Tochter eine Mutter, meinem Hause eine Hausfrau wiedergeben wollen? — Halt!" — rief er beinah gebieterisch, als er sah, daß Käte zusammenschreckend einen Schritt zurücktrat und, die Hände um den Rand des Tisches krampfend, wie zu einer raschen Erwiderung den Kopf hob. — „Antworten Sie mir jetzt noch nicht. Überlegen Sie. Ich weiß alles, was Sie mir in diesem Augenblick entgegnen wollen. Sie lieben mich nicht, möchten Sie mir sagen, aber ich erwidere Ihnen darauf, daß die Liebe, so wie die meisten jungen Mädchen sie sich erträumen, zu einer guten Ehe nicht notwendig ist. Gegenseitige Achtung, das ist die festeste Basis und der beste Kitt für ein dauerndes Bündnis. Sie werden mir auch einwenden wollen, daß wir uns gegenseitig zu wenig kennen, um Achtung voreinander zu empfinden, aber wenn Sie sich nach mir erkundigen, so wird man Ihnen aller Orten sagen, daß man mich in meinem Beruf und als Mensch respektiert, und von Ihnen weiß ich genug —"

„Was wissen Sie von mir?" unterbrach sie ihn heftig. „Nichts! Gar nichts!"

„Ich weiß, daß Sie eine gute Tochter sind, und das ist genug. O, ich habe Sie in dieser letzten Zeit genau beobachtet und bin meiner Sache gewiß. Ich verlange ja auch nicht, daß Sie sich auf der Stelle entscheiden, denn ich bin mir vollkommen bewußt, daß mein Antrag Sie überraschen muß. Gehen Sie mit sich zu Rate. Ich komme morgen, um mir Ihre Antwort zu holen, — und wie ich denke und hoffe, meine Braut zu begrüßen." —

Das leise Beben seiner Stimme verriet, daß er sich in einer furchtbaren Aufregung befand. Die Entscheidung, die er jetzt eben über sein Leben getroffen hatte, war ihm selbst so überraschend gekommen, daß es ihn im Augenblick innerlich aus allen Fugen brachte, aber er empfand kein Bedauern. So wie es nun einmal gekommen war, schien es ihm das Beste. Er war mit einem Schlage in seinen Empfindungen wieder jung geworden und fühlte das heiß emporflammende Verlangen, diese stille weiße Gestalt, die dort wie entgeistert vor ihm stand, in seinen Armen zu glühendem Leben zu erwecken. Daneben aber dachte er doch seinen Jahren angemessen alt und selbstsüchtig genug, um sich zu sagen: „Sie wird es mir danken, daß ich sie aus diesen elenden Verhältnissen befreie. Aus meiner Hand empfängt sie alles, was das Leben einem Mädchen nur irgend bieten kann. Ich bin es, die ihr und den Ihren eine Wohltat erweist. Das wird sie nie vergessen."

Seine heißen Hände umschlossen ihre kalten zitternden Finger mit festem Druck, und es beunruhigte ihn nicht, auch nicht den leisesten Gegendruck zu spüren. Er sagte sich nur: „Sie ist noch ganz benommen und verwirrt. Morgen wird es anders sein!" und er ging mit dem triumphierendem Gefühl eines Siegers und Wohltäters.

Frau Weltlinger war es, die zuerst die Sprache wiederfand, als die Thür sich hinter ihm schloß. Das unerhörte Glück, das so ganz unerwartet über ihre Tochter und damit auch über sie hereinbrach, hatte sie verstummen lassen, jetzt lief sie nach dem Schlafzimmer, wo ihr Mann noch immer nach seinen Sonntagskleidern suchte, und rief: „Vater! nein, komm doch nur! nein, dieses Glück! Hör' doch nur!"

„Er ist schon fort?" schrie der Alte dagegen, noch im Kampf mit seinen Rockärmeln. „Ihr habt ihn gehen lassen, ohne daß ich mit ihm gesprochen habe?"

„Ja ja. Aber er kommt ja morgen wieder. Und weißt du, was er will? Heiraten will er die Käte. Denke doch nur, heiraten! Wirklich und wahrhaftig. Hättest du das für möglich gehalten, daß uns so etwas begegnen könne? Das Mädel ist auch noch ganz wie versteinert von solchem Glück. O Gott! o Gott! ich kann es noch gar nicht fassen! Es ist gar zu plötzlich gekommen!" Und sie setzte sich auf den ersten besten Stuhl, stemmte die Hände auf die Kniee und wiegte sich hin und her, indem sie im Übermaß der Seligkeit anfing zu schluchzen.

Weltlinger kam jetzt im schwarzen Sonntagsrock herein. Seine Haltung hatte entschieden etwas Ehrfurchtsvolles, wie er vor seine Tochter hintrat. Sie verkörperte ihm in diesem Augenblick das große Los, das ihm, dem alten Spieler, jetzt am Ende seines Lebens in den Schoß fiel.

„Ich habe dir vorhin Unrecht gethan!" sagte er feierlich. „Das bitte ich dir nun ab. Du hattest die Situation richtiger beurteilt als ich und sehr geschickt gehandelt."

„Und in dem großen schönen Hause werden wir nun Schwiegereltern!" fuhr seine Frau ihm dazwischen. „Ich ging vorgestern vorbei und blieb stehen, um es mir so recht anzusehen, und da dachte ich noch, wie glücklich man doch sein müsse, solch ein Haus zu besitzen. Sechs Fenster Front und zwei Etagen, und oben unter dem Dach und im Erdgeschoß auch alles eingerichtet."

„Ja, du bist ein rechtes Sonntagskind!"

„Und für uns hat die Not und das Sparen und Knausern nun auch ein Ende, denn eine reiche Frau kann schon etwas für ihre alten Eltern thun."

„Jesus! Jesus! Wer hätte gedacht, daß der heutige Tag uns einen solchen Segen ins Haus bringen werde!"

„Mein Herzenskind! Mein Glücksmädchen!"

Zwischen dem Jubel der Alten stand Käte wortlos und statuenhaft da. „Muß ich denn ‚Ja' sagen?" fragte sie endlich, wie aus einem Traum erwachend.

Die beiden verstummten förmlich vor dieser Frage. Weltlingers Habichtsgesicht schien deutlich zu sagen, daß er glaube, seine Tochter sei über das unerwartete Ereignis ein wenig von Sinnen geraten.

„Ich meine," fuhr diese fort, „daß der Mann für alles, was er mir bietet, doch auch berechtigt ist, etwas dagegen zu verlangen, — und gerade das, was er verlangt, ein volles ganzes Herz, · das kann ich ihm nicht geben."

Weltlinger nahm sie stillschweigend am Arm und führte sie vor den Spiegel. „Sieh hinein!" befahl er. „Glaubst du etwa, daß das, was du da siehst, ihm mit allem, was er dir bietet, zu teuer erkauft erscheinen wird? Du gibst ihm das Beste, was du geben kannst, deine Jugend, deine Schönheit, denn der da ist ein erfahrener Mann und weiß, daß Mädchen deines Kalibers die schönsten Frauen werden. Ich sollte doch denken, daß der Handel nicht allzu ungleich wäre!"

Käte faßte seine Hände und sah ihm angstvoll ins Gesicht. „Warum soll ich mich denn durchaus verhandeln? Sind wir denn bis jetzt unglücklich gewesen? Haben wir irgend etwas entbehrt?"

„Ja!" schrie er dagegen. „Alles haben wir entbehrt. Und jetzt, wo uns das Schicksal zum erstenmal die Aussicht bietet, eine menschenwürdigere Existenz zu führen, sollen wir durch dich darum betrogen werden? Jawohl! betrogen! denn du bist es uns schuldig, uns das, was wir mit großen Opfern für dich gethan haben, zu vergelten."

„Sei doch nicht so hart mit ihr!" begütigte seine Frau. „Sie wird sich ja besinnen. Nicht wahr, mein Herzenskind? Du wirst deinen alten Eltern nicht diese schwere Enttäuschung bereiten? Sieh mal, über diesen Schlag würden wir nie hinwegkommen. Wir werden doch nun älter und älter, und wer weiß, ob uns nicht noch ein langes schweres Siechtum bevorsteht! Was soll dann aus dir und uns werden? Wie gut könntest du uns jetzt unsere alten Tage erleichtern und verschönern! Mir wäre es ja natürlich auch lieber gewesen, du hättest jemand geheiratet, den du so recht von Herzen lieb haben könntest, aber es hat sich doch nicht so gemacht, und darin hat der Mann wirklich recht, es ist durchaus nicht zu einer guten Ehe notwendig, daß von beiden Seiten eine himmelstürmende Liebe vorangeht."

„Aber Mutter, ich — ich fürchte mich so vor ihm."

„Warum denn, mein Herzchen? Er ist ja doch ganz verschossen in dich. Das haben wir doch gleich bemerkt. Du könntest ihn um den Finger wickeln, wenn du ihn nur gleich von Anfang richtig zu nehmen verstehst."

„Ja, wenn ich ihm eine unbefangene Zuneigung entgegenbringen könnte! Aber ich trage die Lüge in sein Haus, — die Lüge! Das ist es! Das ist es!"

„Wie meinst du das, mein Kind? Du machst dir zu viel Skrupel. Wenn du nur deine Pflicht an dem kleinen Mädchen thust und auch sonst im Hause, so wird er ganz zufrieden sein. Wer seine Pflicht thut, kann immer ein gutes Gewissen haben."

Weltlinger verhielt sich jetzt ganz schweigsam, denn er bemerkte, daß die klagende Stimme seiner Frau einen weit größeren Eindruck auf das Mädchen hervorbrachte als seine Argumente.

„Und sieh mal," fuhr jene fort, „gerade bei dem mutterlosen kleinen Mädchen wird dir eine so schöne Lebensaufgabe gestellt; das ist gewiß ein Ruf, den das Schicksal an dich ergehen läßt und den du nicht zurückweisen solltest. Vielleicht wird man einst dort droben Rechenschaft von dir fordern für die Unterlassung einer guten That, wenn du jetzt im entscheidenden Augenblick ‚nein' sagst. Zum wenigsten solltest du doch den Versuch machen."

Käte saß ganz still da, den Kopf auf die Brust gesenkt. Dann sagte sie leise vor

Bildnis der Frau von Z. Nach dem Gemälde von Conrad Kiesel.

sich hin: „Ich möchte dir etwas sagen, Mutter. Dir ganz allein."

„Nun so sprich doch, mein Herzchen. Vater geh' mal 'raus. — So, jetzt sind wir allein. Nun sag' mir, was dich bedrückt, mein Seelchen. Was wird's denn sein!"

Das Mädchen rang die Hände in einander und biß sich die Lippen blutig. „Nein!" stieß sie endlich hervor. „Laß nur. Ich hab's mir anders überlegt. Ich kann nicht. — Oder — —. Ja, das wollte ich dir sagen: Wenn Dr. Fulda morgen wirklich wiederkommen sollte und noch ebenso gesonnen ist wie heute, so will ich einwilligen."

## I. Kapitel.

an war der volle Frühling endlich im Land. Mit Sonnenschein und Vogelgezwitscher lachte er durch die offenen Fenster, und die Sonnenstrahlen umflimmerten wie fröhliche Gedanken die kleine Tafelrunde, welche sich in dem zu ebener Erde gelegenen Frühstückszimmer der Villa Kampendorf zusammengefunden hatte.

Der runde Tisch trug noch die Reste des eben beendeten Frühstücks, halbgefüllte Sherrygläser standen unordentlich umher zwischen zerknüllten Servietten und Tellern mit Orangenschalen, und in das starke Aroma des Kaffees, der in minimalen Täßchen gereicht wurde, mischte sich der süßliche Dampf ägyptischer Cigaretten.

Frau von Kampendorf verschmähte es nicht, in Gesellschaft der vier Herren gleichfalls eine Cigarette zwischen die rosigen Lippen zu nehmen, und paffte ganz allerliebst und sachverständig.

„Du, Pink!" rief sie ihrem Mann zu, der in der Taufe zwar den Namen Heinrich erhalten hatte, aber von Freunden und Bekannten seiner blonden rosenblütenhaften Jugendfrische halber mit dem eben erwähnten Kosenamen gerufen wurde. „Khelianz sagt mir hier eben, daß du mit ihm eine Verabredung für den Abend getroffen hast. Ich will dich zwar nicht bevormunden oder deine Entschließungen beeinflussen, aber mir wär's lieber, du ließest ihn allein seiner Wege gehen."

„Warum eigentlich, gnädige Frau?" lachte Khelianz, sich vorbeugend und ihr mit etwas verschwimmenden Augen unverfroren ins Gesicht starrend.

„Ja wissen Sie, Sie sind so entsetzlich versumpft. Ich mag es gar nicht, wenn Pink viel mit Ihnen zusammen ist. Sagen Sie in aller Welt, warum können Sie nicht endlich 'mal vernünftig und ordentlich werden?"

„Aber Mink!" rief Herr von Kampendorf ganz entsetzt über die rücksichtslose Offenherzigkeit seiner Frau.

„Na, es ist doch wahr!" fuhr diese ganz gleichmütig und freundlich fort.

„Gnädigste Frau," versicherte Khelianz mit angenommenem Ernst, „es ist schon lange mein Vornehmen gewesen, aber es hat sich immer nicht so machen wollen. Erstens möchte ich mir nicht das Renommé verderben, und zweitens, wenn ich das auch wirklich aufs Spiel setzen wollte, so kommt, weiß es der Himmel, allemal etwas zwischen meine besten Vorsätze. Die Frauen, meine Gnädigste, die Frauen, die sind unser Verderb!"

„Ach die alte abgedroschene Redensart, hinter der sich jeder verschanzt, der keine Lust hat, es im Leben zu etwas zu bringen, und seine Existenz so recht vertrotteln und verlumpen möchte. Dieser sogenannte verderbliche Einfluß der Frauen ist wirklich eine reine Gedankenschöpfung der Herren. Eine wahrhaft solide und keusch und rein denkende Frau langweilt euch ja fürchterlich, ihr ruht nicht eher, als bis ihr ihre Gedanken und Ideen korrumpiert habt, dann erst wird sie euch interessant. Wenn sie dann aber kaltblütig über euch hinweg die Lehren, welche sie euch in erster Linie verdankt, in weiteren Kreisen zur Wirkung zu bringen trachtet, so lamentiert ihr über diese Verderbtheit! Nein, ihr mögt sagen, was ihr wollt, ihr bleibt immer noch die Schuldner der Frauen."

„Du verrennst dich, meine gute Mink!" neckte der junge Hausherr. „Ich versichere dich übrigens, daß du mir auch ohne Korruption höchst interessant bist."

„Ich verrenne mich durchaus nicht. Du brauchst mich nicht als Idiotin lächerlich zu machen. Ich bleibe dabei, ihr seid unter allen Umständen die Schuldner der Frauen. Was bleibt uns allein schon das Leben schuldig, was ihr als euer Vorrecht ruhig monopolisiert und in das ihr uns jedes Eingreifen heftig verwehrt! Und welchen Schatz von Liebe, Geduld und Nachsicht verlangt ihr von euren Frauen immer und immer wieder! Seid einmal ehrlich: wiegt das, was ihr ihnen dagegen gebt, wohl das Empfangene auf? Ich wiederhole noch einmal: ihr korrumpiert uns, — ich spreche hier natürlich nur von der Allgemeinheit, — und was gebt ihr uns als Ersatz? — Verdankt ihr nicht eigentlich das Beste in euch euren Müttern? Denn mag eine Frau noch so schlecht sein, ihren Kindern giebt sie doch immer das Beste, dessen sie fähig ist."

„Nicht immer, meine Gnädigste!" warf der, welcher den Platz zu ihrer Rechten innehatte, dazwischen. „Zuweilen hat man auch verdammt wenig Ursache, seiner Mutter dankbar zu sein, daß sie einen in die Welt setzte."

„Sie haben Unrecht, Graf! Es ist ein solches Glück, leben zu dürfen, daß man das nie genug anerkennen kann."

„Das sagen Sie so leichthin, gnädigste Frau, in der Sorglosigkeit Ihrer neunzehn Jahre und Ihrer Gesundheit. Wären Sie unablässig von Nervenschmerzen gequält wie ich, würde Ihnen der himmlische Optimismus, der Sie so liebenswürdig kleidet, auch abhanden kommen."

Über das Gesicht des Sprechers, das etwas Aufgeschwemmtes, Ungesundes an sich hatte und eine gelbliche, kränkliche Farbe zeigte, glitt ein galliger Zug. Er war der Typ des niedersächsischen Aristokraten, breitschultrig und untersetzt, aber nicht ohne Vornehmheit in der Haltung, mit gepflegten, sehr weißen Händen, blondem, stark gelichtetem Haar, das kurz geschnitten und mit einer Spitze in die Stirn hineingewachsen war, und ebenso dünnem, blondem, nach französischer Mode spitz und kurz gehaltenem Vollbart.

„Na na, Tiepoltstein!" sagte Kampendorf, ihn tröstend und gutmütig auf die Schulter klopfend. „Das wird schon vorübergehen. Ich denke, Sie sind jetzt in Fuldas Behandlung."

Und die junge Frau rief eifrig: „Natürlich wird es vorübergehen! Ich sprach übrigens vorher nur von dem geistigen Gehalt der Männer, und da werden Sie mir zugeben, daß Sie das Beste und Reinste davon dem Einfluß Ihrer Mutter auf Ihre ersten Lebensjahre zuschreiben müssen."

„Ich möchte wohl wissen, was das Beste und Reinste in mir ist!" sagte Kheliany halb spottend, halb im vollen Ernst.

„Ja, ich gebe zu, das ist schwer zu sagen."

„Sie springen doch ein bißchen hart mit mir um."

„Aber gerecht. Hören Sie, Kheliany, ich möchte Sie wirklich in Entreprise nehmen. Bei Ihrer großen Begabung müßte entschieden noch etwas aus Ihnen zu machen sein."

„Ach ja! Wenn Sie das doch thun möchten! Ihren Mann lassen wir dabei natürlich ganz aus dem Spiel, der würde die Entreprise nur stören."

„Nein, ich meine es ganz ernst. Sie brauchen nicht Ihren besten Augenaufschlag an mich zu verschwenden, das ist ganz verlorene Mühe."

„Eigentlich hat meine Frau recht!" sagte Herr von Kampendorf. „Sie sind doch ein kluger Mensch, künstlerisch reich begabt, liebenswürdig, kurz, alles, was man will. Wie kommt es nur, daß Sie nie versucht haben, irgend etwas zu erreichen? Na ja, ich weiß, Sie haben Ihr Abiturientenexamen gemacht, ein Semester bei den Isoren verbummelt und dann zu Ihrem Vergnügen zu Pinsel und Palette gegriffen, aber voilà tout. Es kann Sie auf die Dauer doch nicht befriedigen, plan- und zwecklos in der Welt umherzufahren und nichts zu thun als Rennen zu reiten und hinter allen Frauen herzulaufen, die Ihren Weg kreuzen."

„Thue ich auch gar nicht. Ich versichere Sie, daß viele meinen Weg kreuzen, von denen ich mich mit Abscheu abwende."

„Ach lassen Sie doch einmal ernsthaft mit sich reden. Nun wirklich, Sie sollten sich doch endlich irgend ein Ziel stecken, das Ihnen erstrebenswert scheint."

„Bist, aus Ihnen spricht der Mund Ihrer Frau. Ganz aus sich selbst könnten Sie nicht so viel Weisheit und Vortrefflichkeit schöpfen. Aber Kinder, nun sagt mir in aller Welt, was soll ich eigentlich erreichen? Um etwas zu erstreben, muß einem doch etwas erstrebens- und begehrenswert erscheinen. Soll ich mich etwa in die Tretmühle der landläufigen Karrieren für höhere

Söhne spannen? Ich eigne mich nicht im mindesten dafür, denn mir fehlt der artige Autoritätsglaube. Es imponiert mir eben gar nichts mehr in der Welt. Ich habe von Allem, soweit es meiner Einsicht ermöglicht wurde, sachte den Schleier gelüftet und jedes Vergnügen, jeden Beruf, jede Autorität und die Verhältnisse der Menschen untereinander einer beschaulichen Betrachtung unterzogen. Ich sage euch, es lohnt sich wahrhaftig nicht der Mühe, sich dafür zu echauffieren. Und selbst wenn ich es wollte, ich könnte es gar nicht mehr, mir ist die Fähigkeit abhanden gekommen, einen festen Entschluß zu fassen. Ich glaube, ich könnte nicht einmal den Entschluß finden, mir das Leben zu nehmen, wenn ich desselben überdrüssig wäre."

„Aber das ist ja eine unglaubliche Schwäche."

„Gebe ich zu, ja. Doch wenn jeder seiner Schwächen Herr werden könnte, wäre die Welt vollkommen.

„Und es ist auch die Frage, ob dieses indolente Sichtreibenlassen nicht vielleicht glücklicher ist als handelndes Eingreifen in das Geschick", murmelte Graf Tiepolstein verloren vor sich hin.

„Das fortwährende Umherreisen muß Kheliany doch schließlich langweilen!" meinte die Hausfrau, seine Bemerkung überhörend.

„Das thut's schon", gab der, von dem die Rede war, zu. „Besonders da man unter keinen Umständen dem deutschen Philister entgehen kann, wohin man auch kommen mag. Stellen Sie sich vor, da bin ich vor ein paar Monaten in Rom, abends bei Mondschein im Kolosseum. Gepackt von den gewaltigen Erinnerungen, die das riesenhafte Monument einer großen toten Vergangenheit unter dem Zauber dieses unvergleichlichen Augenblicks mit greifbarer Lebendigkeit in mir wach rief, fühlte ich mich wirklich zu einer gewissen Begeisterung erhoben. Mir gegenüber sah ich ein paar dunkle Gestalten, die gleich mir von diesem gigantischen Protest gegen eine pygmäenhafte Zeit ergriffen schienen. Plötzlich stimmen sie ein Lied an! Oh weh! Deutsche Landsleute, denke ich, aus allen Himmeln zur nüchternen Wirklichkeit gestürzt. Und was meinen Sie wohl, was die Kerle hier, angesichts dieser klassischen Tragödie sangen? ‚Wer hat dich, du schöner Wald, aufgebaut so hoch da droben.' Dieses unvermeidliche Quartett, ohne welches der Deutsche nun einmal keinen erhebenden Moment zu genießen vermag. Na, ich ließ mich denn auch nicht lumpen und sang sofort dagegen: ‚Das ist im Leben häßlich eingerichtet, daß bei den Rosen gleich die Dornen stehn.' Aber ich war so degoutiert, daß ich auf der Stelle abreiste."

Die andern lachten, und Frau von Kampendorf meinte: „Bei diesem ungünstigen Vorurteil gegen die Deutschen wundert es mich, daß Sie Ihr Hauptquartier immer wieder in München aufschlagen."

„Ja, meine gnädige Frau, gewisse Bilder, die in nicht dazu gehöriger Umgebung ganz deplaciert erscheinen, wirken in dem dazu passenden Rahmen höchst angenehm. Sie nannten mich vorher ‚versumpft.' Nehmen Sie an, daß ich mich in den mehr und mehr versumpfenden Verhältnissen dieser deutschen Großstadt am wohlsten fühle." — Kheliany starrte einen Augenblick vor sich hin, dann sah er auf und lachte. — „Das ist ja alles Unsinn, was ich da spreche. Ich genieße mein Leben aus dem Grunde auf meine Weise. Noch schäumt mir der Sekt, und also trinke ich ihn. Ich glaube, ich sagte da vorhin unter anderem Blödsinn, daß mir nichts mehr imponiere, aber es könnte mir beinahe imponieren, zu sehen, wie die Deutschen sich so rührend abzappeln und mühen, den idealen Musterstaat zu schaffen. Ja es ist mir eine Freude, hier als unbeteiligter Zuschauer dabeizusitzen, und vielleicht regt es mich mit der Zeit dazu an, mir einen Musterstaat im kleinen, eine eigne Häuslichkeit zu schaffen, mit einer vortrefflichen, unkorrumpierten Frau und allem, was dazu gehört!"

„Bink, er ist doch unverbesserlich!" meinte die junge Frau kopfschüttelnd. „Ich gebe ihn auf."

Hier erhob sich Graf Tiepolstein, nicht ohne daß ein schmerzliches Aufzucken über sein Gesicht flog, und verabschiedete sich, weil, wie er sagte, seine Frau ihn um drei Uhr zu einer Ausfahrt zurückerwarte. Die Gräfin hatte ihr Nichterscheinen mit heftigem Kopfweh entschuldigen lassen, und Frau von Kampendorf trug dem Davongehenden herzliche Grüße für sie auf, die er mit leichter Verbeugung und einem gequälten Lächeln entgegennahm.

Studie von Ferdinand Brütt.

„Der arme Franzl!“ sagte der junge Hausherr ihm nachblickend. „Er leidet mehr, als er wahr haben will, und ich fürchte, selbst Fuldas Kunst wird ihm nicht mehr helfen.“

„Apropos! Was sagen Sie zu Doktor Fuldas Verheiratung?“ mischte sich jetzt derjenige der Tischgenossen, der sich seit einer Viertelstunde völlig passiv verhalten hatte, ins Gespräch. Er war bisher ausschließlich mit dem Genuß des Kaffees und der Cigarre beschäftigt gewesen. „Bei Ihnen ist er ja wohl auch Hausarzt?“

„Wenigstens würden wir uns nur an ihn wenden, wenn wir Veranlassung hätten, einen Arzt zu brauchen,“ verbesserte Lampendorf.

„Was sagen Sie da, Herr Pregnitz?“ rief Kheliany. „Fulda verheiratet? Unmöglich! Das würde ich doch wissen, ein Mann in seiner Stellung verheiratet sich doch nicht so ganz heimlich, ohne daß einer seiner Bekannten etwas davon erfährt.“

„Die Anzeige stand vor vierzehn Tagen in der Zeitung. Sie waren ja wohl zu der Zeit gerade zur Jagd in Steiermark, Herr von Kheliany.“

„Das stimmt! und während dessen habe ich keine deutschen Zeitungen zu Gesicht bekommen. Ist es die Möglichkeit! Was für Unglücksfälle doch passieren, sobald man nur den Rücken wendet. Na, wen hat er denn geheiratet?“

„Der Name der Dame ist mir wirklich ganz entfallen, es war eben ein ganz unbekannter Name. Kein Mensch hat je zuvor etwas von der jungen Frau gehört. Wer ist es doch schon gleich, meine Gnädigste? Sie werden es vielleicht wissen, Damen pflegen für so etwas ein besseres Gedächtnis zu haben.“

„Ja Pink, wer war es doch schon gleich? Ich erinnere mich ganz genau, daß wir die Anzeige lasen und darüber sprachen. Vielleicht ist die Zeitung noch irgendwo zu finden.“

Es erwies sich indes, daß das betreffende Blatt nicht mehr vorhanden war, aber Herr Pregnitz wußte noch allerlei Details, die den Zuhörern interessant waren, unter anderem, daß die Trauung dem Wunsch des Doktors entsprechend nur vor dem Standesbeamten stattgefunden habe und daß die Neuvermählten keine Hochzeitsreise gemacht hätten. Fulda habe es eben alles anders haben wollen wie bei seiner ersten Verheiratung.

„Sieh, sieh, was man nicht alles an der Hopfenbörse erfährt!" rief Khelиany. „Ich werde mich nächstens auch als Makler vereidigen lassen, um allen Klatsch von München warm aus erster Hand zu erfahren."

Herr Pregnitz hatte den Doktor auch schon mit seiner Frau fahren sehen. Sie war ihm als eine höchst ungewöhnlich aussehende Person aufgefallen, mit rotem Haar und dem schneeweißen Teint der Rothaarigen.

„Also ganz etwas Apartes!" meinte Khelиany. „Ja, das ist ein Kenner, der Fulda. Der weiß, daß die rothaarigen Frauen ganz besondere Reize haben! Ich werde ihn nächster Tage besuchen."

„Ich auch!" versicherte Pregnitz, und seine runden, nahe zusammenstehenden Augen, die sich langsam, aber unablässig achtsam beobachtend hin- und herbewegten, zwinkerten so schlau, daß der andere ihn lachend auf den Rücken schlug und rief: „Sie alter Fuchs, Sie!"

„Ich bitte sehr!" sagte Minka Kampendorf, den Kopf hebend und beide Herren mit einem kühl verweisenden Blick zusammenfassend. „Hier in meiner Gegenwart nehmen Sie sich wenigstens zusammen."

„Aber meine Gnädigste!" versicherte Pregnitz, sofort wie die Ehrerbietung selbst aussehend, und strich sich das glänzend schwarze, straff gescheitelte Haar glatt. „Sie mißverstehen, mich wenigstens, durchaus. Ich begreife den jungen Mann nicht und auch Sie nicht. Was mich betrifft, so ist mein Besuch bei Doktor Fulda rein geschäftlicher Natur und berührt einzig und allein Dinge von pathologischem Interesse."

„Nun, Sie sind doch nicht krank?"

„Gottlob nein, ich nicht."

„Jemand von den Ihrigen? Oder ist es indiskret, dies zu fragen?"

„Durchaus nicht. Hier im engsten Kreise kann ich wohl darüber sprechen, da es ohnehin kein Geheimnis ist. Es handelt sich um den Grafen Franz Tiepoltstein, der uns soeben verließ. Sie wissen, daß ich der Generalbevollmächtigte des alten Grafen, seines Onkels, bin."

„Des Besitzers der Standesherrschaft Tiepoltstein in Preußen?"

„Ganz recht. Der alte Herr lebt aber schon seit langen Jahren in einer Villa hier im Isarthal."

„Er muß doch in den Achtzigen sein. Wenn ich nicht irre, starb im verflossenen Jahr sein einziger Sohn, ein gleichfalls nicht mehr junger kinderloser Herr."

„Ja, und die Frage der Erbfolge ist seitdem in ein ziemlich verwickeltes Stadium getreten. Die Grafschaft war bis vor kurzem Lehen und wäre somit, hätten der alte Graf und sein Sohn vor zwanzig Jahren das Zeitliche gesegnet, noch an den nächstberechtigten Lehnsagnaten gefallen. Nun sind aber die Lehen in Preußen aufgehoben, und der Graf war in der Lage, Tiepoltstein, eine Besitzung von mehr als 200 kulmischen Hufen, — Sie sehen, ich rechne noch nach altem Stil, — zum Majorat umzuwandeln, das in erster Linie natürlich seinem Sohn zugefallen wäre. Da dieser nun aber noch vor dem Vater gestorben ist, so stand diesem, als Stifter des Majorats, das Recht zu, die Bestimmungen desselben zu Gunsten eines seiner anderen Erben zu ändern, und da kommen nun in erster Linie die beiden Söhne zweier Vettern in Betracht, Graf Franz und Graf Egon, da der Sohn seines Bruders, ein ganz verkommenes Subjekt, ausdrücklich von der Erbfolge ausgeschlossen ist, denn der alte Herr will ein gesundes, lebenskräftiges Geschlecht auf dem alten Stammsitz aufblühen sehen."

„Da wird er sich ohne Frage wohl für Egon entscheiden, denn der arme Franz ist nach dem, was ich gehört habe, unheilbar krank. Sie haben ja selbst vorhin gesehen, wie mühsam er sich aufrecht erhält. Er sagt zwar, es seien Nervenschmerzen, die ihn plagen, und wir geben uns den Anschein, ihm zu glauben, aber wir wissen doch alle, daß es etwas ganz anderes ist."

„Aber keineswegs, meine Herren!" ereiferte sich Pregnitz. „Ich weiß gar nicht, wie ein solches Gerücht eine derartige Verbreitung finden konnte. Graf Franz ist allerdings momentan kränklich, hofft aber binnen kurzem völlig wiederhergestellt zu sein. Der alte Herr hat mich nun beauftragt, von Fulda ein Gutachten über den Zustand seines Neffen zu erbitten, um seine Entschließungen zu fassen, je nachdem die Diagnose lautet. Graf Franz ist der Ältere und steht seinem Herzen bei weitem näher als Graf Egon; auf der anderen Seite ist er aber entschlossen, einen unheilbar Kranken von der Majoratsfolge auszuschließen, um Tiepoltstein nicht in einer siechen Generation forterben zu lassen. Ich zweifle indessen nicht, daß Doktor Fuldas Gutachten für Graf Franz günstig ausfällt."

„Sie scheinen lebhaft für Franz Partei zu nehmen."

„Aber ich bitte, Herr von Kampendorf! Ich bin völlig unparteiisch. Mir stehen die beiden jungen Grafen gleich fern. Ich handle eben nur im Auftrage des alten Herrn."

„Ein guter Kerl, der Franz übrigens. Ich hörte aber von verschiedenen Seiten, daß er ein Todeskandidat sei. Soll mich freuen, wenn es sich nicht bewahrheitet. Sind überhaupt keine gesunde Rasse, die Tiepoltsteins, und der Wunsch des alten Herrn ist daher ganz berechtigt, endlich einmal ein lebensfähigeres Reis dem alten Stammbaum aufzupfropfen. Er mag wohl nicht ohne Absicht gerade von Fulda ein Gutachten verlangen, weil er bei dessen bekannt strengen Grundsätzen sicher sein kann, daß keine dunklen Nebenmanipulationen mit unterlaufen."

„Was Ihr da erzählt, interessiert mich eigentlich gar nicht," bemerkte Rhelians im Ton eines verzogenen Jungen, der es nicht vertragen kann, wenn ein anderer der Mittelpunkt der Aufmerksamkeit ist. „Die rothaarige Doktorin interessiert mich weit mehr, und ich möchte noch einiges über sie wissen. Hat sie Vermögen? Wußte man das nicht auch an der Hopfenbörse?"

Pregnitz zog die Schultern in die Höhe.

„Ich glaube nicht, daß der Doktor Wert darauf gelegt hat. Er muß doch selbst einen ganz netten Posten zurückgelegt haben, ehe er sich so großartig einrichtete. Jetzt freilich wird er so ziemlich jeden Pfennig verbrauchen, den er einnimmt."

„Warum auch nicht, da er sein Vermögen doch wahrscheinlich in gut rentierenden Papieren angelegt hat? Er ist ja ein sehr ordentlicher Geschäftsmann."

„Auch ein vorsichtiger?"

„Nun, ich sollte doch denken. Hirschel und Sonnenfeld verwalten ja sein Vermögen."

„Da hat er allerdings eine sehr vorsichtige Wahl getroffen."

Pregnitz lachte kurz auf.

„Wieso? Was wollen Sie damit sagen?"

„O, gar nichts, es war eine ganz müßige Redensart. Es ist ja ein sehr renommiertes Bankgeschäft. Viele der vornehmsten Leute haben dort Depots."

Damit stand der Geschäftsmann auf, um sich zu verabschieden. Er ließ seine Kleider in England arbeiten, trug den Backenbart in dem sonst glatt rasierten Gesicht à l'anglais kurz geschnitten und gefiel sich offenbar in dem englischen Zustutz, denn er warf im Vorübergehen einen wohlgefälligen Blick in den Spiegel, als er das Zimmer durchschritt, um der Hausfrau, die während des letzten Gesprächs aufgestanden und an das Fenster getreten war, die Hand zu küssen.

Minka Kampendorf beugte sich auf die Straße hinab und handelte lustig mit einer ambulanten Blumenverkäuferin um den farbenglühenden Inhalt ihres Korbes. Wie die Sonne sie in ihrer ganzen jugendfrischen hellblonden Schönheit umglänzte, erschien sie mit den strahlenden glücklichen Augen selbst wie eine strahlende Frühlingsblume. Ihr junger Gatte, der trotz der angenommenen hausherrlichen Würde und sechsmonatlicher Ehe niemals lange von ihr getrennt sein konnte, hatte den Tisch gleichfalls verlassen und war ihr gefolgt. Sie flüsterten zuerst lebhaft miteinander, die junge Frau schien ihm Vorstellungen zu machen, denen er wohl schließlich nachgab, denn sie lehnten jetzt einträchtig und heiter nebeneinander im Fenster.

„Was für eine weise Einrichtung ist es doch, daß die Straßenverkäuferinnen alle alt und häßlich sind!" bemerkte Minka tiefsinnig, sich mit dem erhandelten Riesenstrauß leuchtend roter Anemonen und gelber Himmelschlüssel in das Zimmer zurückwendend. „Eine rührende Fürsorge für euch Männer. — Was, Sie wollen schon gehen, Herr Pregnitz?"

„Die Pflicht ruft, meine Gnädigste. Wir Geschäftsleute können ja niemals die schönsten Momente so, wie wir es möchten, genießen."

„Bleiben Sie doch noch, Pregnitz," sagte

Kampendorf, welcher der gastlichste Mensch unter der Sonne war. „Ich habe meine Coach bestellt, wollte probieren, wie die neue Trakehner Stute im Viererzug geht. Sie könnten doch noch ein bißchen mit uns hinausfahren.“

In dem Gesichte des englisierten Börsenmannes malte sich deutlich der Zwiespalt, in den er geriet. Nichts hätte seine Eitelkeit mehr befriedigen können, als auf der Kampendorf'schen Coach gesehen zu werden; er hätte darum schon gern eine geschäftliche Einbuße mit in den Kauf genommen, aber andere Erwägungen fielen doch noch schwerer ins Gewicht.

„Sie sind sehr liebenswürdig!“ meinte er endlich, „aber ich habe meinen grauen Cylinderhut nicht bei mir, und ohne den —“

„Aber das ist ja lächerlich! Fahren Sie doch im schwarzen Hute. Es ist ja ganz gleichgiltig!“

„Nein, Sie müssen mich wirklich entschuldigen, es ist mir unmöglich! Ohne grauen Cylinderhut auf einer Coach, — niemals! Kein Engländer würde einen solchen Verstoß begehen.“

„Ich selbst setze aber doch die erste beste Kopfbedeckung auf, die mir in die Hand kommt.“

„Ja, das ist etwas anderes. Sie sind gewissermaßen bei sich zu Hause, während ich als Gast die schuldige Achtung gegen Ihre Frau Gemahlin außer Augen setzen würde, wenn ich neben ihr in einem für die Gelegenheit nicht passenden Aufzuge erschiene. Nochmals besten Dank, aber — es ist mir unmöglich!“

Damit ging Pregnitz mit tadelloser Verbeugung rückwärts zur Thüre hinaus.

„Was für ein snob!“ sagte Minka, hinter ihm her starrend und in Lachen ausbrechend. „Ich begreife eigentlich gar nicht, Bink, wie du mit ihm verkehren kannst!“

„Ach, er ist im Grunde ein guter Kerl!“ meinte Kampendorf, der niemals unfreundlich über jemand urteilte. „Man trifft ihn jetzt überall. Er hat in Hopfenspekulationen sein bedeutendes Vermögen gemacht und es in Brauereiaktien günstig angelegt. So heißt es wenigstens. Genaues weiß ich nicht über seine Verhältnisse, aber er hat sich geschickt lanciert.“

„Also ein Parasit, der sich aller Orten eindrängt!“

„Na, erlaube, er giebt sehr gute Herrendiners!“

„Ja, das ist freilich für euch immer ausschlaggebend.“

„Was fällt Ihnen denn ein, Khelamy? Bleiben Sie doch noch sitzen. Ich denke, Sie fahren mit uns?“

„Verbindlichsten Dank. Ich habe für vier Uhr eine Verabredung. Wir treffen uns also heute abend um neun.“

Kampendorf wurde ganz rot. „Ja, wissen Sie, das ist so 'ne Sache. Meine Frau möchte gern ins Theater. Ich kann sie doch nicht allein gehen lassen. Wenn Sie es mir nicht übel nehmen — ein andermal, lieber Khelamy.“

„Alle Achtung, meine gnädigste Frau. Sie haben den Bink außerordentlich am Zügel.“

„Nicht die Spur! Was denken Sie denn! Mein Mann ist sehr eigenmächtig in seinen Entschließungen. Ich habe nicht den mindesten Einfluß auf ihn. Es gehört sich doch auch in jeder guten Ehe so, daß die Frau sich unterordnet.“

„Sie haben ja so recht, meine Gnädigste.“

In der Art, wie Khelamy die Hand der jungen Frau zum Abschied an seine Lippen führte und ihr unter halbgesenkten Wimpern hervor in die Augen sah, lag ein Gemisch von gutmütigem Spott und versteckter unverschämter Huldigung.

Es war ihm plötzlich der Gedanke gekommen, daß es vielleicht unterhaltender sein könne, bei Fulda einen Besuch zu machen und die neue Doktorin einer Betrachtung zu unterziehen, als mit einem jungen Paare spazieren zu fahren, das im Grunde nur füreinander Sinn hatte. Er wollte nur noch einen Sprung in seine Wohnung hinauf thun, um eine kleine Änderung an seinem Anzuge vorzunehmen. Als er sein Wohnzimmer betrat, fand er auf dem Schreibtisch eine Anzahl von Briefen, die er einer flüchtigen Durchsicht unterzog. Es waren zum größten Teil Rechnungen oder Mahnungen ungeduldiger Gläubiger, die sich gewohnheitsmäßig hier einstellten und sorglos in den Papierkorb geworfen wurden, dann noch drei oder vier Einladungen, darunter eine von Doktor Fulda, der ihn bat, am kommenden Sonntag im kleinen Kreise freundschaftlich bei ihm zu speisen.

„Ein Grund mehr, der Frau vorher meine Aufwartung zu machen," dachte er, die Einladung mit einem flüchtig hingeworfenen Wort in bejahendem Sinn beantwortend, und machte sich dann auf den Weg. Er wurde indes bei Fulda nicht angenommen. Der Herr Doktor, hieß es, sei in der Klinik und die gnädige Frau mit dem kleinen Fräulein ausgegangen. Er mußte sich damit begnügen, seine Karten dazulassen.

## 5. Kapitel.

regnitz, der in der gleichen Absicht ein paar Stunden später das Fulda'sche Haus betrat, hatte mehr Glück. Die Familie nahm nach Tisch den Kaffee im Arbeitszimmer des Doktors ein, und obgleich es sieben Uhr und die Visitenstunde vorüber war, bat man ihn, einzutreten. Seine runden spähenden Augen flogen gleich beim Eintritt zu der jungen Frau hin, die ihrem Manne gegenüber am Kamin in einem Sessel lehnte. Er schien mit einem prüfenden Blick ihren Wert abschätzen zu wollen.

Nach dem üblichen Wechsel banaler höflicher Redensarten, die jeder Vorstellung folgen und während deren Käte eine tadellose Haltung bewahrte, schien es ihm angemessen, seinen zu so ungewöhnlicher Stunde erfolgenden Besuch stichhaltig zu motivieren, denn er fühlte, daß ihn der Doktor nicht sehr freundlich, jedenfalls aber in fragender Erwartung ansah, und so erklärte er denn, daß ihn geschäftliche Angelegenheiten herführten. Das war im Grunde richtig, aber Neugier und die Überlegung, daß er gerade jetzt mit Sicherheit darauf rechnen konnte, die Familie daheim und beisammen zu finden, hatten ihn bestimmt, diese Zeit zu wählen.

Auf einen Wink ihres Mannes stand die junge Frau auf, nahm ihr Stieftöchterchen an die Hand und ging ins Nebenzimmer.

„Ich sehe Ihren Mitteilungen entgegen," sagte Fulda ungeduldig, indem er mißfällig merkte, daß die Blicke des Gastes wieder in der abschätzenden Weise den etwas wiegenden Bewegungen der schlanken, sich entfernenden Gestalt folgten. „Hoffentlich kommen Sie nicht wieder in der Tiepoltstein'schen Angelegenheit, denn dann muß ich Ihnen sagen —"

„Sagen Sie nichts, ehe Sie mich gehört haben," unterbrach ihn Pregnitz. „Sie wissen, es handelt sich um das Wohl und Wehe einer ganzen Familie; es handelt sich um ein Erbe, das eine jährliche Revenue von mehr als dreimalhunderttausend Mark repräsentiert, und zwar für einen guten, reichbegabten Mann, der eine reizende Frau und zwei kleine Mädchen besitzt, welche, im Fall er stürbe, ohne diesen Besitz angetreten zu haben, in ziemlich beschränkten Verhältnissen zurückbleiben würden."

„Ich gönne ihm den Besitz von Herzen, wenn aber mein ärztliches Gutachten dazu notwendig ist, so fürchte ich, wird er darauf verzichten müssen, denn nach genauer Untersuchung habe ich die Gewißheit erlangt, daß er die Rückenmarkschwindsucht und zwar in schon ziemlich vorgeschrittenem Grade hat. Außerdem habe ich Tuberkeln in der Lunge gefunden, was mich nicht beunruhigen würde, wenn er nicht eben von mütterlicher Seite erblich belastet wäre. Aber in der Familie seiner Mutter ist die Schwindsucht drei Generationen hinauf zu konstatieren. Ich würde mich Ihnen gegenüber nicht so offen aussprechen, wenn Sie nicht im Auftrage des alten Grafen zu mir kämen, der ein Recht darauf hat, die Wahrheit zu erfahren. Graf Franz kann bei einiger Schonung noch ganz gut einige Jahre leben, einen gesunden Sohn, der nicht schon krankes Blut mit auf die Welt brächte, wird er schwerlich noch haben. Das ist meine Ansicht. Übrigens kann er sich ja noch an einen anderen Arzt wenden."

„Aber der alte Herr hat doch nun gerade darauf bestanden, den entscheidenden Ausspruch von Ihnen zu hören, weil er zu keinem anderen Arzte Vertrauen hat."

„Dann kann ich ihm nicht helfen. Gegen meine Überzeugung kann ich kein Gutachten abgeben."

„Ich möchte Ihnen einmal die junge Gräfin bringen. Sie haben ja solch ein mitfühlendes Herz für die Schwachen und Hilflosen, und wenn Sie das arme zarte Wesen sähen —"

„Wozu?" rief Falda unwirsch. „Der Anblick ihrer Hilflosigkeit könnte mich doch nicht beeinflussen. Was hülfe es ihr auch, wenn ihr Mann das Majorat anträte? Binnen kurzem würde sie doch Witwe sein und das Feld räumen müssen."

„Ja, aber es ist ein großer Unterschied,

Mopsfamilie. Nach dem Gemälde von Minna Stocks.

ob sie als Witwe des Majoratsherrn zurückbleibt oder nicht. Im ersteren Falle hätte sie Anspruch auf den Witwensitz im Parkschlößchen der Herrschaft und eine sichere Revenue von 24000 Mark, während sie anderenfalls gezwungen ist, sich mitsamt ihren Töchtern mit 6000 jährlich einzurichten."

„Das bedauere ich alles, doch kann es auf mich nicht bestimmend einwirken. Ich könnte es höchstens ablehnen, ein Gutachten überhaupt abzugeben. Vielleicht haben Sie bei einem anderen Arzt mehr Glück. Es ist ja möglich, daß ich mich irre."

„Eine Ablehnung Ihrerseits wäre dem alten Herrn so gut wie eine Bestätigung dessen, was man ihm von anderer Seite in die Ohren geblasen hat."

„Dann mag er die Majoratsbestimmungen zu Gunsten seines anderen Neffen ändern, mir ist's wirklich einerlei. Aber er sollte sich damit eilen, denn der alte Herr ist selbst in so hohem Grade leidend, daß ein Herzschlag jeden Augenblick seinem Leben ein Ende machen kann. Da Sie sein Generalbevollmächtigter sind, so sollten Sie ihm dies nahe legen."

„Graf Franz würde sich Ihnen in generösester Weise erkenntlich zeigen, wenn Sie zu seinen Gunsten einmal von Ihren Prinzipien abgingen und Ihr Gutachten freundlicher formulierten," fuhr Pregnitz mit der Beharrlichkeit des zähen Geschäftsmannes fort. „Sie sollten das nicht so von der Hand weisen. Ihre zweite Heirat gibt Ihnen die Möglichkeit einer größeren Familie."

„Sie beleidigen mich, Herr Pregnitz. Ich habe noch nie meine Überzeugung verkauft. Übrigens, was veranlaßt Sie eigentlich, sich dieser Sache so warm anzunehmen."

„Ich weiß, daß die Wünsche des alten Herrn in dieser Richtung liegen, und warum sollte man ihn nicht mit einem frommen Betrug glücklich machen, da sein Herz mehr an diesem Neffen als an dem anderen hängt? Ist er erst einmal tot, so wird ihm auch die körperliche Beschaffenheit der zukünftigen Tiepolsteins verdammt gleichgiltig sein. Es handelt sich doch eigentlich nur um die Sicherstellung der jungen Gräfin und ihrer Töchter und um einen Aufschub von vielleicht einigen Jahren, dann geht der Besitz ja ohnehin in die Hände des nächstberechtigten Agnaten über."

„Sind Sie etwa im Auftrage des Grafen Franz hier?"

„Doch nicht. Aber ich weiß, daß er allen Zusicherungen, die ich in seinem Namen mache, gerecht werden würde. — Wie ist es, Doktor? Sechzigtausend Mark sind kein Pappenstiel. Überlegen Sie sich die Sache."

„Jetzt ist's genug! Kein Wort mehr davon, oder ich müßte von meinem Hausrecht Gebrauch machen. Sie haben vergessen, mit wem Sie sprechen!"

„Sagen wir Siebzigtausend."

Der Doktor öffnete nur stillschweigend die Thür, die auf den Korridor führte, und sagte gelassen, obgleich ihm die Zornröte ins Gesicht gestiegen war: „Vielleicht nehmen Sie noch eine Cigarre mit auf den Weg, Herr Pregnitz. Dort stehen Importierte."

Pregnitz erhob sich auf diesen nicht mißzuverstehenden Wink hin, nahm aber, trotz des Ärgers, der ihm aus den Augen funkelte, die dargebotene Havanna an und entzündete sie mit gutgespielter Ruhe über der Lampe, ehe er sich verabschiedete, nicht ohne die Bitte ausgesprochen zu haben, ihn der schönen Hausfrau zu empfehlen.

Als er ging, ließ er einen leichten Stachel in der Seele des Doktors zurück. Was hatte dieser Börsenmakler denn nötig, Käte schön zu nennen! Sie sollte keine Allerweltsschönheit sein, er wollte das nicht, wollte seine Frau nur für sich allein haben. Das hätte ihm noch gefehlt, wieder in das alte Fahrwasser einzulenken und sein Haus einer Horde von lüsternen unskrupulösen Anbetern zu öffnen, gegen welche man Tag und Nacht auf seiner Hut sein mußte. Die Thür zum Nebenzimmer etwas unvermittelt aufreißend, als wolle er die Darinsitzenden überraschen, trat er dort ein.

Es war still und friedlich hier. Auf dem runden Tisch in der Mitte des Gemachs brannten sanft beschirmte Lampen, und in einem der hochlehnigen Polsterstühle, welche den Tisch umstanden, saß seine Frau mit einer Handarbeit beschäftigt, neben ihr die Kleine, über ein Buch gebeugt, aus welchem sie wohl soeben halblaut etwas vorgelesen haben mochte, denn auf dem Gesicht der jungen Stiefmutter lag noch ein freundliches Lächeln, während sie mit einem halben Blick die Seiten streifte, welche das Kind umblätterte. Das wohlthuende Gefühl, wieder eine Häuslichkeit zu haben, durchdrang den

Eintretenden bei diesem Anblick. Es war ihm noch so neu, er hatte sich noch nicht daran gewöhnt, war immer wieder davon überrascht, und unwillkürlich war seine erste Empfindung die des Dankes, aber er lächelte dann gleich darauf immer über sich selbst und machte sich klar, daß nicht er zu danken habe, sondern sie, die er aus drückenden ärmlichen Verhältnissen, in denen sie verkümmerte, in dieses reiche Haus verpflanzt hatte. Sie konnte jetzt ja mit vollen Händen Geld ausgeben, wenn sie wollte, konnte Toilette machen, über eine Schar von Dienstboten gebieten. Was konnte sie sich noch Besseres wünschen!

Seiner Gewohnheit nach im Zimmer auf- und niedergehend, betrachtete er sie von der Seite. Ja, in der That, sie war schön, Pregnitz hatte recht. Der Rahmen, welcher sie jetzt umgab, brachte ihre Eigenartigkeit erst voll zur Geltung. Wie wunderbar war der schlanke Hals mit dem schmalen rotgoldigen Kopf auf den sanft abfallenden Schultern angesetzt, und wie herrlich hoben sich die ungewöhnlichen Farbentöne des Haares und der Haut von dem dunkelgrünen Velvet des Hauskleides ab, welches ihre Gestalt umschloß! Es lag etwas Reines und Edles in ihrer Erscheinung, aber auch etwas unendlich Kühles. Fulda fragte sich heimlich, ob es ihm je gelingen werde, ein warmes volles Empfinden für ihn in ihr wach zu rufen. Sie hatte ihre Pflichten in seinem Hause mit einer Ruhe und Sicherheit übernommen, die ihn in Erstaunen setzten, wenn er in Betracht zog, aus welchen Kreisen sie hervorgegangen war. Nun ja, er hatte auch nichts anders erwartet, als daß sie ihre Pflicht thun werde, das war sie ihm schließlich schuldig; und was nun die unsichtbare Scheidewand betraf, welche sie jeder wärmeren Annäherung von seiner Seite entgegenzusetzen schien, so war er überzeugt, daß eine Änderung darin sich mit der Zeit ganz von selbst einstellen werde. Er hatte wirklich nicht die Zeit, sich darum noch ernstlich zu bemühen. Ihr Besitz war ihm begehrenswert erschienen, er hatte sie sich zugeeignet in der hochmütigen Überzeugung, daß die Dankbarkeit sich schon allmählich in Liebe wandeln werde. Wie er sie nun in diesem Augenblick ansah, kamen ihm Zweifel darüber, ob er recht daran thue, sie in die Kreise einzuführen, denen er gesellschaftlich angehörte, ob es nicht doch vielleicht besser sei, wenn er seinen Verkehr wie bisher auf den Klub und Herrengesellschaften allein beschränke. Er konnte seine Verpflichtungen dann ganz gut mit einigen Diners im Restaurant abmachen und behielt Frau und Häuslichkeit für sich allein. Schließlich konnte Käte ja nach dieser Richtung hin gar keine Ansprüche machen. Aber er hatte doch schon mit ihr ein paar Besuche bei einzelnen verheirateten Kollegen gemacht und die Einladungen zu einem kleinen Mittagessen für den kommenden Sonntag ergehen lassen, ohne erst die förmlichen Gegenbesuche abzuwarten. Er war eben gar nicht mehr daran gewöhnt, mit einer Frau zu rechnen. Es fiel ihm jetzt auch erst ein, daß er es noch gar nicht der Mühe wert gehalten hatte, ihr von diesem Mittagessen ein Wort mitzuteilen.

Jetzt hob sie den Kopf.

„Ich möchte dir doch sagen, lieber Albrecht, daß man hier im Wohnzimmer jedes Wort verstehen kann, das nebenan in deinem Arbeitskabinett gesprochen wird," bemerkte sie. „Es ist dir vielleicht nicht lieb, und du hast es gewiß noch nicht wahrgenommen. Die Thür schließt offenbar nicht gut. Wenn du in deinem Arbeitszimmer dicke Portieren anbringen ließest, würde der Schall der Stimmen gedämpft. Ich habe unfreiwillig mit angehört, was du mit dem Herrn, der bei dir war, verhandeltest."

Er war sehr angenehm durch ihre Offenheit berührt, hielt es aber nicht für angemessen, sie dies merken zu lassen, und entgegnete nur kurz: „Es ist gut. Ich danke dir."

„Warum sagst du ihm das, Mama?" flüsterte das Kind, als der Vater bei seiner Wanderung weit genug entfernt war. „Es war ja so amüsant, zuzuhören, was dort drinnen gesprochen wurde, ohne daß Papa eine Ahnung davon hatte. Mademoiselle und ich schlichen uns immer hierher, wenn Leute bei ihm waren."

Käte erwiderte nichts, hob nur sanft das kleine Gesicht mit der Hand ein wenig zu sich empor und blickte still in die unruhigen dunklen Augen.

(Fortsetzung folgt.)

# Die weiße Ziege.

Von

**Friedrich Meister.**



Die Indianer von Britisch Columbia stellen auf ihren primitiven Webstühlen Decken aus Ziegenwolle her, die sowohl durch ihre Qualität als auch durch ihre Schönheit die Bewunderung aller erregen, die sie zu Gesicht bekommen.

Einige Sachverständige haben das Material für eine besonders feine Kaschmirwolle, andere für das beste Produkt der australischen Schafzucht gehalten, ehe sie erfuhren, daß dasselbe von der sogenannten weißen Ziege stammt.

Die Heimat dieser weißen Ziege sind die Felsengebirge von Montana, Idaho, Oregon und Washington, und zwar jene Regionen derselben, die oberhalb der Baumgrenze liegen, meist mit Schnee bedeckt und von Gletschern durchzogen sind. Auch auf den Berghöhen Alaskas und des britischen Nordamerika, bis hinauf an das nördliche Eismeer, werden diese Tiere angetroffen.

Wissenschaftlich betrachtet ist die weiße Ziege eigentlich gar keine Ziege, sondern eine nahe Verwandte der Gemse, mithin eine Antilopenart. Sie hat Hörner und einen Bart, und aus diesem Grunde allein rechnet der Amerikaner sie zu den Ziegen; er unterscheidet sie demgemäß nach Geschlecht und Alter in Böcke, Zibben und Zicklein, und wird sich die Berechtigung hierzu auch wohl voraussichtlich durch keinen Gelehrten mehr abstreiten lassen.

Diese Bergantilope also ist ungefähr so groß wie ein Schaf und zeichnet sich durch ein schneeweißes Fell aus. Es ist dies eine Fürsorge der Mutter Natur, wie wir sie in der Tierwelt gar oft beobachten können; Vögel sowohl wie Säugetiere, die im Schnee des Nordens oder der Hochgebirge leben müssen, tragen zumeist auch ein weißes Kleid, wodurch sie schon auf kurze Entfernung unsichtbar werden und somit ihren Verfolgern leichter entgehen können. (Abb. 1.)

Schwarz sind, außer den Augensternen und Augenrändern nur noch die kurzen, spitzen, nach hinten gerichteten Hörner, die starken Hufe und die Lippen. Bei den jungen Tieren zeigt das lange Haar auf der Rückgratslinie eine graue Färbung, die sich jedoch mit zunehmendem Alter bald verliert.

Während des größten Teils des Jahres trägt die weiße Ziege, denn so müssen wir sie wohl nennen, einen zottigen Rock von langem, grobem Grannenhaar, unter welchem sich ein dichtes, weiches Vließ von sehr feiner, weißer Wolle befindet, die der zartesten Baumwolle nicht unähnlich ist. Die Grannenhaardecke hält, wie ein Strohdach, nicht nur den Schnee, sondern auch den stärksten Regen ab, so daß sie dem Tier während der andauernden Regengüsse, an denen jene Gegenden so reich sind, die trefflichsten Dienste leistet. Im Sommer, der dort

Abb. 1. Kopf der weißen Ziege.

Abb. 2. Weiße Ziegen auf nahezu senkrechtem Felsenhang.

nur kurz ist, werden die Grannenhaare und auch der größte Teil des Vliesses abgeworfen, so daß dann die Ziegen so nackt sind wie frisch geschorene Schafe.

Wenn die Wolle in genügender Menge zu beschaffen wäre, so würde sie einen wertvollen Handelsartikel bilden; für diesen Zweck aber giebt es nicht weiße Ziegen genug, auch ist die Jagd derselben zu reich an Gefahren. Die Indianer entfernen vermittelst scharfer Messer den Haarwuchs von den Fellen und ihre Weiber spinnen die Wolle, indem sie dieselbe mit der flachen Hand auf dem bloßen Knie rollen. Aus solchen Anfängen entstehen die eingangs erwähnten, ebenso zierlichen wie weichen und warmen Decken.

Obgleich die weiße Ziege den Gemsen so nahe verwandt ist, so scheint ihr doch die schnelle Beweglichkeit der letzteren fast gänzlich. Wohl hält auch sie sich an den höchsten und unzugänglichsten Orten des Gebirges auf, aber sie erreicht dieselben nur durch langsames und anscheinend recht unbehilfliches Klimmen, und in derselben Weise wandert sie dort oben umher. Die Gemse, in Furcht gesetzt, fliegt in langen Sätzen und blitzschnell an den Felshängen dahin, die aufgestörte weiße Ziege klettert langsam, mit bärenhafter Schwerfälligkeit, aber sicher und Schritt vor Schritt senkrecht aufwärts, direkt dem Gipfel zu, wodurch auch sie bald aus dem Bereiche der Gefahr entkommt (Abb. 2). Nur selten sieht man sie laufen, nur selten auch den gesenkten Kopf erheben und Umschau halten, wie anderes Wild zu thun pflegt. Sogar wenn ein Schuß sie getroffen hat, steht sie oft noch mit hängendem Kopfe und betrachtet so in dumpfer Verwunderung den Schützen. Wenn ihr dann endlich klar geworden ist, daß ihr Gefahr droht, sucht sie entweder langsam emporklimmend derselben zu entkommen, oder aber sie entfernt sich, wenn der Weg eben ist, in einem mäßigen Trabe, der an das Ausschreiten eines gemächlich trottenden Hundes erinnert.

Aber nicht immer wendet sich das seltsame Geschöpf vor seinem Angreifer zur Flucht, oft setzt es sich in seiner Einfalt stramm zur Wehr. Unser Gewährsmann entdeckte, als er in den Bergen mit einem Begleiter jagte, unter einem Felsvorsprung eine weiße Ziege. Um sie dem Gefährten schußgerecht zu bringen, ging er auf dreißig

Schritte heran und trieb durch Steinwürfe das Tier aus seinem Lager. Anstatt sich jedoch davonzumachen, geriet die Ziege in Zorn und ging mit gesenkten Hörnern auf ihn los, bis ein Schuß sie niederstreckte.

Daß die männlichen Tiere untereinander schwere Kämpfe ausfechten, ist aus den Verletzungen und Narben ersichtlich, die man häufig an den Leibern der erlegten Böcke findet.

Trotz ihrer anscheinenden Schwerfällig

Abb. 2. Die weiße Ziege daheim.

keit bewegen sich die weißen Ziegen mit einer erstaunlichen Sicherheit allenthalben auf ihrem halsbrecherischem Terrain, auch auf den Stellen, die man für absolut unzugänglich halten möchte. Allerdings stürzen sie hin und wieder auch einmal ab, in der Regel jedoch ohne sonderlichen Schaden zu erleiden. Bei jung eingefangenen und dann in der Gefangenschaft gehaltenen Tieren hat man beobachtet, daß sie mit Vorliebe steile Abhänge hinunter rollen und dies Spiel immer von neuem wiederholen, als suchten sie sich auf Abstürze, denen sie später einmal ausgesetzt werden könnten, vorzubereiten und einzuüben.

Beim Klettern und besonders beim Abstieg kommen der Ziege die Afterhufe trefflich zu statten, die sich oberhalb der eigentlichen Hufe an der Hinterseite der Beine befinden. Diese Afterhufe sind stark und unbeweglich und dienen gewissermaßen als Hemmschuhe; bei älteren Tieren zeigen sie daher stets eine erhebliche Abnutzung.

Wenngleich die weißen Ziegen harmlose und nichts weniger als argwöhnische Geschöpfe sind, so ist die Jagd auf dieselben dennoch in hohem Maße beschwerlich und voll von Gefahren. Denn das Wild muß auf seinen Weideplätzen, also oberhalb der Baumgrenze und inmitten der schroffsten Felsenwildnis aufgesucht werden, dies aber ist nicht jedermanns Sache. (Abb. 3.)

„Es sind nun zwei Jahre her," so berichtet unser Gewährsmann, „da durchstreifte ich mit einem Freunde die Gebirge von

Montana. Mein Genosse hatte zwar schon viel von den weißen Ziegen gehört, aber noch nie eine solche geschossen; mir lag daher viel daran, ihm einen solchen Triumph zu verschaffen. Außerdem war unser Fleischvorrat zu Ende, ein Grund mehr, uns auf die mühselige Kletterfahrt zu machen.

Früh mit Sonnenaufgang verließen wir unser Zelt und setzten uns nach dem gewaltigen Berge in Marsch, der sich direkt vor uns erhob. Den Fuß des Berges bildete eine mit Erde durchsetzte Schüttung von Steingeröll, die sich, in einem Winkel von 15 Grad gelagert, ungefähr fünfzehnhundert Fuß hoch gegen den eigentlichen Felsberg emporlehnte, der im ganzen fünftausend Fuß hoch sein mochte. Das Steigen war daher gleich von Anfang an höchst beschwerlich.

Oberhalb der Geröllstrecke, unter den überhängenden Gesteinmassen, fanden wir eine Ziegenspur; wir folgten derselben, da sie uns zu einer Stelle leiten mußte, wo das Gestein zugänglicher war.

Höher und höher führte die Spur, bis zu einem Spalt, der uns ein Aufklimmen, zunächst einige hundert Fuß weiter, ermöglichte. Der Wildpfad mußte ein vielbetretener sein, dafür zeugte das von den Hufen abgenutzte und gerundete Gestein, auch der Mangel jeglicher Vegetation, die sonst noch hier und da in den mit spärlichem Erdreich gefüllten Rissen und Spalten grünte.

Aus dem Klimmen wurde bald ein Turnen Hand über Hand. Der eine stand auf einem Vorsprung, gegen die Felswand gedrückt und die Gewehre haltend, bis der andere sich sechs oder acht Fuß weiter hinaufgezogen hatte; dann reichte er dem die Gewehre und zog sich nun seinerseits hinan, bis er sich oberhalb des Gefährten befand. Immer schwieriger wurde das Klettern, bis man schließlich nicht mehr begreifen konnte, wie die Ziegen, die doch weder Hände noch Flügel haben, an solcher Wand ihren Aufstieg bewerkstelligt hatten.

Oft waren die Vorsprünge, die unsern Füßen als Stützen dienten, kaum zwei oder drei Zoll breit, oft auch fanden sich gar keine Vorsprünge, und wir mußten uns an der Wand emporarbeiten, indem wir uns an Unebenheiten festkrallten, die eben nur den Fingerspitzen und Zehen einen Halt gewährten.

An einigen Stellen sträubten sich uns die Haare zu Berge und wir wünschten, die Sache niemals angefangen zu haben; bald aber war das Schlimmste doch überstanden und wir erreichten eine enge Schlucht, in der es leichter aufwärts ging.

Endlich standen wir auf der Höhe der Bergschulter, an der wir emporgeklommen waren. Wir überschauten ein schmales Thal; uns gegenüber erhob sich der Berg mit gewaltigen Steilwänden; in der Mitte eines dieser schroffen, nahezu senkrechten Abhänge gewahrten wir jetzt einen weißen Fleck; das konnte nur eine Ziege sein.

In der Thalsohle wuchsen noch niedere Bäume und Gestrüpp, die uns Deckung gewährten, um das Tier zu beschleichen. Wir schlüpften hinab. Die Ziege schritt, nach Äsung suchend, ganz langsam quer über die lotrechte Felswand dahin, etwa wie eine Fliege über eine Fensterscheibe kriecht. Es war ein Anblick, der einen Neuling wohl veranlassen konnte, seinen Augen zu mißtrauen.

Das Thal verengerte sich mehr und mehr; wir hielten auf unserer Seite mit dem Tier gleichen Schritt, bis dasselbe auf einem Vorsprung angelangt war, der hoch über uns aus der Wand ragte.

Mein Genosse legte an und schoß.

Die Ziege that einen kleinen Satz, dann begann sie an der Steilwand hinauf zu klettern. Ein zweiter Schuß, dann ein dritter; beide trafen. Die Ziege kletterte jedoch weiter. Endlich hielt sie inne, ihre Kräfte schwanden, sie strauchelte, dann glitt sie aus und stürzte, hier und da aufschlagend, ins Thal herab, wo sie vor unsern Füßen verendet liegen blieb.

Für Fleischvorrat war nun vorläufig gesorgt. —

Eine Woche später arbeiteten wir uns mühsam durch den Schnee eines andern Berges dem Gipfel desselben zu, um einige geographische Daten über die Gegend zu erlangen. Dabei wurden wir auf einen kleinen weißen Fleck im Schatten eines unter uns liegenden schwarzen Felsblockes aufmerksam. Durch das Glas schauend, erkannten wir in demselben eine Ziege.

Vorsichtig schlichen wir uns näher. Als wir uns bis auf etwa fünfzehn Schritt an den Fels herangepürscht hatten, trat die Ziege unter dem Obdach hervor und zwar auf der Seite meines Gefährten.

Er feuerte — einmal, zweimal, dreimal.

Das Tier war zu Tode getroffen, trotzdem trabte es davon.

Der Bergeshang war steil und endete nicht weit von uns in einem zweitausend Fuß tiefen Abgrund.

Die Ziege fiel, überkugelte sich, sprang wieder auf, versuchte ihren Lauf zu hemmen — umsonst.

Mit entsetzten Blicken — wir sahen dies ganz deutlich — starrte das arme Geschöpf nach dem Rande des Abgrundes; verzweiflungsvoll stemmte es alle vier Füße gegen den abschüssigen Felsboden, um zum Stillstand zu kommen — es half nichts. Unaufhaltsam glitt es, auf gespreizten Beinen stehend, dem Abgrund zu.

Tiefes Mitleid im Herzen standen wir und beobachteten den Vorgang; als das Tier von den Schüssen getroffen wurde, da hatten wir nichts als Befriedigung und Triumph empfunden, jetzt aber — so voll von Widersprüchen ist die Menschennatur — füllten sich unsere Augen mit ungewohnter Feuchtigkeit.

Nur einen Moment noch währte es, dann verschwand die Ziege in der Tiefe.

Ich stand und schaute und lauschte; wonach, das wußte ich selber kaum, so hatte mich das Ereignis erschüttert.

Nach einer Weile sah ich tief unten im Thal, einen Kilometer weit entfernt, eine weiße Flocke, nicht größer als meine Hand, auf den Schwingen des Windes dahinziehen. Das war ein Büschel Wolle, den ein Felszacken aus des Tieres Weiche gerissen, ehe es zerschmettert im Grunde angelangt war. —"

Ab und zu wird die weiße Ziege auch lebendig gefangen. Erwachsene Exemplare gehen in der Gefangenschaft jedoch bald ein, auch überleben die der Freiheit beraubten Tiere es nicht, wenn man sie von ihren heimatlichen Bergen entfernt. Im Gebirge eingepfercht, halten sie sich dagegen, bei genügender Fütterung, längere Zeit.

Ganz jung eingefangene Zicklein aber werden völlig zahm und benehmen sich dann wie andere Haustiere; sie begeben sich morgens auf die Weide und kehren abends aus eigenem Antriebe wieder nach Hause zurück.

Größere Zuchtversuche sind mit den weißen Ziegen noch nicht gemacht worden. Daß solche lohnend sein würden, ist kaum zu bezweifeln.

---

# Gustav Adolf vor seinem Auftreten in Deutschland.

Von

## Chr. von Bornhaupt.

(Abdruck verboten.)

Zum dreihundertjährigen Geburtstage Gustav Adolfs (derselbe wurde am 9. Dezember 1594 alten Stils geboren) ist in allen evangelischen Kirchen Deutschlands der befreienden Thaten des Glaubenshelden gedacht worden. Gleichzeitig haben sich gewiß Hunderte von Federn in Bewegung gesetzt, um der jetzt lebenden Generation das Bild des großen Schwedenkönigs ins Gedächtnis zu rufen. Dieser Umstand rechtfertigt wohl die Frage, wie sich denn das Bild gestaltet hat, welches die Historiker uns heute von Gustav Adolf entwerfen, nachdem die Geschichtsforschung fast drei Jahrhunderte hindurch rastlos bemüht gewesen ist, immer aufs neue lebenswarme Züge aus dem Staube der Archive ans Licht zu bringen und mit diesen das Überkommene zurechtzustellen und zu ergänzen. Es ist bedeutsam, daß sich in dem Bilde Gustav Adolfs, in dem Urteil über ihn, seit den Zeiten des dreißigjährigen Krieges Wesentliches nicht geändert hat. Trotz der wertvollsten Detailstudien und Gesamtdarstellungen ist Gustav Adolf auch der heutigen Generation das, was er seinen Zeitgenossen gewesen, den einen der siegreiche Held, der Befreier aus der Gewissensnot, den anderen der ehrgeizige Abenteurer, der, der völligen Erschöpfung seines Reiches nicht achtend, einem Räuber gleich in das aus tausend Wunden blutende Deutsche Reich eingefallen ist und nach der Krone dieses Reiches getrachtet hat.

Daß das Interesse für Gustav Adolf sich in Deutschland allezeit so besonders rege erhalten, dazu hat u. a. auch der Umstand beigetragen, daß es doch nur wenige deutsche Städte und Territorien gibt, in deren Lokalgeschichte das Erscheinen der Schweden und ihres Königs im dreißigjährigen Kriege sich nicht zum epochemachenden Ereignis gestaltet hätte. Nicht zum wenigsten dem pietätvollen Sichversenken in die Geschichte der engeren Heimat, der ausgesprochenen Neigung des deutschen Publikums für Lokalgeschichte verdankt die Geschichtsforschung das wertvolle Material, das den Gesamtdarstellungen der weltbewegenden Thaten Gustav Adolfs zu Grunde liegt. Auch für Teile dieser Skizze ist das Material der Lokalforschung entlehnt. U. a. ist es die Chronik eines Ratsherrn der Stadt Riga in Livland mit Namen Johann Bodecker, eines Zeitgenossen des großen Königs, welche dieser Arbeit als Quelle gedient hat. Die erwähnte Chronik ist 1890 zum erstenmal gedruckt und hierdurch weiteren Kreisen zugänglich gemacht worden. Sie umfaßt den Zeitraum von 1593—1638, also gerade die Epoche (insbesondere auch den preußischen Krieg), welche Gegenstand dieser Betrachtung sein soll.

Das Gesamtwerk Gustav Adolfs auch nur in großen Zügen zu schildern, ist nicht Zweck dieser Zeilen. Von dem, was der Schwedenkönig in der kurzen Zeit von seiner Landung in Pommern am 24. Juni 1630 bis zum 6. November 1632 vollführt, als man seine Leiche auf der Wahlstatt von Lützen ausgeplündert, zertreten, aus neun Wunden blutend, das Angesicht zur Erde gekehrt, auffand, soll hier nicht die Rede sein, wohl aber der Versuch gemacht werden, die Thaten Gustav Adolfs bis zu seinem persönlichen Auftreten in Deutschland zu einem Gesamtbilde zusammenzufassen.

Fast könnte man sagen, daß ein Sichvergegenwärtigen der territorialen Gestaltungen und Machtverhältnisse der Staaten an der Küste der Ostsee zu Anfang des siebzehnten Jahrhunderts auch schon zum Verständnis dessen hinleitet, worin die treibenden Motive zu den Kriegen gelegen haben, welche fast ununterbrochen im sechzehnten und siebzehnten Jahrhundert im nordöstlichen Europa und von einem bestimmten Zeitpunkte des dreißigjährigen Krieges ab, in Deutschland geführt wurden.

Werfen wir einen Blick auf die Karte! Was bedeutete Schweden zur Zeit des Regierungsantritts Gustav Adolfs (1611)? Getrennt von Norwegen, das mit Dänemark vereinigt war, gehörte damals zu Schweden weder Schonen, noch Blekingen, weder Halland, noch Bohuslahn. Das wenig umfangreiche schwedische Territorium zählte mit Einschluß von Finnland und Esthland kaum 1½ Millionen Einwohner und war vom Oeresund ganz und von der Nordsee so gut wie ausgeschlossen. An der Nordsee besaß Schweden zwar Götheborg, „den Dänen ein Dorn im Auge", dieses Territorium war aber vom übrigen Schweden getrennt und zwar nicht nur durch das dänische Halland und das norwegische Bohuslahn, welche es umschlossen, sondern auch durch die Herzogtümer Karl Philipps und Johanns, welche selbständige Fürstentümer unter eignen Regierungen bildeten.

Weit mächtiger als Schweden erscheint Dänemark, denn es beherrschte zu Anfang des siebzehnten Jahrhunderts durch die verschanzten Zollstätten von Kronburg und Helsingör den Sund und hatte durch die Handhabung des Sundzolls ein Mittel in Händen, alle seefahrenden Nationen auf der Nord- und Ostsee zu seinem Vorteil auf das empfindlichste zu beeinträchtigen, besonders jeder Bethätigung Schwedens hemmend in den Weg zu treten. Doch auch Dänemarks Territorialbesitz fiel ins Gewicht, besaß es doch damals, abgesehen von den erwähnten Territorien, noch die Inseln Oeland, Gothland und Oesel, und selbst Kalmar an der Westküste der Ostsee war dänisches Besitztum.

Außer dem protestantischen Schweden und Dänemark war das katholische Polen, der vorgeschobene Posten des Hauses Österreich, im Besitz wertvoller Ländereien an der Ostsee (Livland, Kurland, Preußen). Wie in Schweden herrschte in Polen der Wasastamm und zwar, seit 1587, der von Jesuiten erzogene Sigismund III, der Schwager zweier habsburgischen Monarchen, Philipps III von Spanien und Ferdinands II von Österreich, der Sohn des katholisch gesinnten Schwedenkönigs Johann III und Katharinas, der Jagellonin, „der rechtmäßige König von Schweden", der seinen Oheim Karl IX und seinen Vetter Gustav Adolf als Usurpatoren ansah, ihnen den Titel eines Königs

Taufe im Trauerhause. [illegible]

ch dem Gemälde von H. Kübele.

von Schweden streitig machte und bis zu seinem 1632 erfolgten Tode nur das eine Ziel im Auge hatte, wieder in den Besitz der Krone Schwedens zu gelangen. Blicken wir weiter nach Osten, so offenbart sich uns das durch Jahrhunderte erbitterter Kämpfe gewonnene Resultat. Finnland und bereits seit 1561 Esthland mit Reval ist schwedisch, die Gebiete am finnischen Meerbusen und die zwischen Peipus- und Ladogasee wurden vom Zaren von Moskau beherrscht, Livland und Riga gehörten zu Polen, Kurland und Preußen sind selbständige Herzogtümer unter polnischer Lehnshoheit.

Auch Brandenburgs, das von 1619 bis 1640 von dem wankelmütigen Kurfürsten Georg Wilhelm, dem Schwager Gustav Adolfs, beherrscht wurde, muß hier Erwähnung geschehen; hatte sich doch 1618 die bedeutungsvolle Verbindung des Herzogtums Preußen mit Brandenburg zu einem Staatswesen vollzogen.

Vergegenwärtigt man sich noch, daß in Mecklenburg die in der Folge von Wallenstein vertriebenen Herzöge, in Pommern der alte Herzog Boguslaw regierte, daß die Insel Rügen zu Pommern gehörte, daß die Ostsee alljährlich von circa 4000 niederländischen Schiffen befahren wurde und daher die hochmögenden Generalstaaten an der Gestaltung der Dinge in der Ostsee und insbesondere auch an „der freien Fahrt nach Riga" das lebhafteste Interesse hatten, so kann der Schauplatz der Thaten Gustav Adolfs vor seinem persönlichen Auftreten in Deutschland wohl in seinen wesentlichsten Zügen als skizziert gelten.

Die gegebene Skizze veranschaulicht uns, bis zu welchem Grade zwischen den rivalisierenden Mächten, Dänemark, Schweden, Polen, Rußland, eine Aufteilung der Gebiete des deutschen Ordens, dessen Besitzungen bekanntlich von der Oder und Weichsel bis zur Narova reichten, Platz gegriffen hatte. Es ist deutlich erkennbar, daß in dem seit dem Verfall des Ordens und der Hansa entbrannten, hauptsächlich in Livland geführten Kampf um die Herrschaft über die Ostsee, das „Dominium maris baltici", jeder der rivalisierenden Staaten beim Regierungsantritte Gustav Adolfs zwar Erfolge für sich aufzuweisen hatte, daß man jedoch keinem eine überwiegende Machtstellung in der Ostsee wird zuerkennen dürfen.

Erst Gustav Adolf und der habsburgischen Universalmonarchie war es vorbehalten, ersterem durch seine Kämpfe in Dänemark, Rußland, Livland und Preußen, letzterer, allerdings nur vorübergehend, durch die Siege des Friedländers, „des Admirals des oceanischen und baltischen Meeres", die Machtverhältnisse an der Ostsee von Grund aus umzugestalten.

Wenn es gestattet ist hier vorzugreifen, so dürfte darauf hinzuweisen sein, daß der Westfälische Friede die endgiltige Entscheidung in dem Kampfe ums dominium maris baltici nicht gebracht hat. Zwar wurde Schweden durch diesen Frieden auf der Ostsee allmächtig, aber Schwedens Besitz ist successive durch die Siege des Großen Kurfürsten, durch den Nystädter Frieden, die Teilung Polens, die Unterwerfung Finnlands und durch den Wiener Kongreß auf Brandenburg und Rußland übergegangen. In unseren Tagen hat dann eine abermalige Umgestaltung der Grenzen an der Nord- und Ostsee und zwar zu Gunsten des deutschen Kaiserreichs Platz gegriffen. Diese Umgestaltung dürfte freilich nicht derjenigen gleichwertig erachtet werden, welche Wallenstein für den römischen Kaiser Ferdinand II erstrebt hatte; handelte es sich doch damals darum, ganz Dänemark, den Sund und die Hansestädte unter kaiserliche Herrschaft zu bringen.

Einer Widerlegung dessen, daß Gustav Adolf die von ihm bis 1629 geführten Kriege selbst hervorgerufen habe, bedarf es nicht, als Thatsache muß vielmehr anerkannt werden, daß beim Tode Karls IX sich Schweden mit seinen drei Rivalen, Dänemark, Rußland und Polen im Kriegszustande befand. Zwar wäre die Möglichkeit nicht ausgeschlossen gewesen, unter leidlichen Bedingungen den Frieden herzustellen, aber zu Friedensverhandlungen ohne Gründe zwingendster Art war Gustav Adolf, der Erbe der weit ausschauenden Politik seines Vaters Karl IX, nicht der Mann.

Um diese weit ausschauende Politik Karls IX zu kennzeichnen, sei hier des von Gustav Adolf geführten russischen Krieges zuerst gedacht. Es ist eine vielleicht nicht genügend gewürdigte Thatsache, daß die bestehenden Gegensätze zwischen Schweden und Polen deren dem Wasahause entsprossene Herrscher, den protestantischen Karl IX und den katholischen Sigismund III, zu Anfang des siebzehnten Jahrhunderts dazu veranlaßt hatten, ihre ganze Macht daran zu setzen, die Herrschaft über Rußland zu gewinnen oder doch wenigstens eine schwedisch-russische oder polnisch-russische Personalunion herbeizuführen. Um dieses Ziel zu erreichen, war der schwedische Feldherr Jakob de la Gardie bis vor die Thore Moskaus gerückt. Die stolze Zarenstadt war bald im Besitz der Schweden, bald in dem der Polen. Bei Moskau wurden die Schlachten geschlagen zwischen den Polen, die für den katholisch gesinnten falschen Demetrius fochten, und den Anhängern Wassily Schuiskis, der von den Schweden unterstützt wurde. Der Zar Wassily Schuiski unterlag, Moskau fiel in die Hände der Polen, im Triumphzug führten die Polen den Zaren Moskaus durch die Straßen Warschaus, und zeitweilig schien jeder Zweifel darüber ausgeschlossen, daß ein Sproß aus dem Hause Wasa und zwar entweder Karl IX oder Sigismund III selbst, oder einer der Söhne Karls IX (Gustav Adolf und Karl Philipp) oder Sigismunds III Sohn Wladislaw den Zarenthron besteigen werde. Am 30. Oktober 1611 starb Karl IX, kurze Zeit vorher, am 17. Juli desselben Jahres hatte de la Gardie Nowgorod erobert. Die Entscheidung war in die Hand Gustav Adolfs gelegt; waren doch die russischen Gesandten, welche einem schwedischen Prinzen die Zarenkrone anbieten sollten, noch vor Karls IX Tode in Stockholm angelangt.

Wie Gustav Adolf in dieser Frage entschieden, ob er nicht selbst nach dem Besitz der Zarenkrone gestrebt, die Frage darf bis zur Stunde nicht als gelöst gelten. Geijer (Geschichte Schwedens) sagt, es habe Mißvergnügen erregt, daß de la Gardie eine Wahl, wobei zuerst Gustav Adolf selbst in Frage gewesen, ungefragt auf Karl Philipp geleitet habe. Thatsache ist, daß Gustav Adolf Maßnahmen getroffen hat, die im direkten Gegensatze zu einander stehen, denn während er de la Gardie schrieb, daß er das russische Anerbieten nicht annehmen werde, hat er den russischen Gesandten eröffnet, daß er ihr Anerbieten nicht ablehne und auf einer Zusammenkunft in Wiborg, bei der auch Karl Philipp sich einfinden werde, hierüber verhandeln wolle.

Die Erklärung für diese Haltung Gustav Adolfs kann in dem dänischen Kriege gefunden werden, in den Christian IV Karl IX verwickelt hatte und der, mit großer Erbitterung von beiden Seiten geführt, Gustav Adolf ein persönliches Eingreifen in den russischen Krieg zeitweilig unmöglich machte.

Der dänische Krieg soll hier mit wenig Worten abgethan werden. Formell waren als Gründe der Kriegserklärung von Christian IV das gefährdete dänische Handelsrecht auf Riga und der Umstand angeführt worden, daß der Herrscher Schwedens sich Herzog der Lappen nannte, in Wahrheit waren es Streitigkeiten um den Sundzoll und Eifersüchteleien verschiedener Art, Grenzkonflikte &c., die den Krieg unvermeidlich machten. In diesem Kriege hatte noch zu Lebzeiten Karls IX der schwedische General Some das Schloß Kalmar den Dänen übergeben und war selbst zum Feinde übergegangen. Diese Thatsache erregte Karls IX Grimm in dem Grade, daß er Christian IV zum Zweikampf herausforderte. Das bezügliche Schreiben (gegeben in unserem Lager zu Nyköby den 12. August 1611) ist uns erhalten worden. In demselben findet sich nachstehender, hochinteressanter Passus: „Stelle dich nach der alten Gewohnheit der Goten wider uns in freiem Felde mit zwei deiner Kriegsleute zum Kampfe ein. Wir werden dir in ledernem Koller ohne Helm und Harnisch, bloß mit dem Degen in der Faust begegnen. Wofern du dich nicht einstellst, so halten wir dich für keinen ehrliebenden König, viel weniger für einen Soldaten.“ Aus dem Christian IV und die ganze Zeit so sehr charakterisierenden, uns gleichfalls erhaltenen Antwortschreiben (gegeben auf unserem Schlosse Kalmar den 14. August 1611) finde hier nur der auf die Herausforderung bezügliche Passus Platz. Christian IV schreibt: „Wir hatten uns keines solchen Schreibens von dir versehen, wir merken daraus, daß die Hundstage noch nicht vorbei sind und daß sie mit aller Macht auf dein Hirn wirken. Was den Zweikampf betrifft, den du uns anträgst, so kommt uns dein Verlangen höchst lächerlich vor, weil wir wissen, daß du schon von Gott genug gestraft bist und nötiger hättest, hinter dem warmen Ofen zu sitzen, als mit uns zu fechten. Weit gesünder wäre dir ein guter Arzt, der dein Gehirn zurecht brächte, als ein Zweikampf mit uns. Du solltest dich schämen, alter Narr!“ Dieser „alte Narr“, wohl einer der charaktervollsten

Regenten aus dem Wasahause, war es auch gewesen, der, als der katholische Sigismund 1594 nach seiner Krönung als König von Schweden in Stockholm den Eid auf die Verfassung leistete und hierbei die Hand fort und fort sinken ließ, dem König in öffentlicher Versammlung bedeutete, daß er beim Schwur die Hand aufrecht zu erhalten habe.

Im dänischen Kriege ist Gustav Adolf zuerst als Feldherr aufgetreten. Im großen und ganzen sind aber weder auf seiten der Dänen, noch auf seiten der Schweden entscheidende Erfolge erzielt worden. Christian IV wurde durch den übermächtigen dänischen Adel veranlaßt, sich unter englischer Vermittelung in Friedensunterhandlungen einzulassen. Gustav Adolf sagt selbst, „er sei gezwungen gewesen, durch einen schweren Frieden seine Krone zu retten."

Durch den Frieden von Knaröd, einem Kirchdorfe in Halland (19. Januar 1613) wurde der Krieg zwischen den beiden protestantischen Ostseemächten beendet, eine Bundesgenossenschaft aber nicht erzielt. Dänemark schloß vielmehr gleich darauf ein Bündnis mit Spanien, und dieser Umstand bewirkte, daß Schweden am 5. April 1614 seine erste Allianz mit den Generalstaaten abschloß. Von den Stipulationen des Knaröder Friedens sei nur erwähnt, daß Schweden auf den Besitz der Festung Sonnenburg auf Oesel verzichtete, dagegen Kalmar, die Insel Oeland und bedingungsweise Elfsborg erhielt. Durch Elfsborg erhielt Schweden einen zweiten Platz an der Nordsee, aber dieser Ort sollte erst nach Entrichtung einer Art Kriegskontribution von einer Million Thalern nach sechs Jahren Schweden eingeräumt werden. Die eine Million harter Thaler wurde in der Folge durch eine besondere Steuer „den Elfsborglösen" thatsächlich aufgebracht und an Dänemark in einzelnen Stücken entrichtet. Bedeutungsvoll war, daß sich Schweden durch diesen Frieden die Befreiung vom Sundzoll erwirkte.

Nach dieser Unterbrechung sei es gestattet, die Aufmerksamkeit des Lesers auf den ferneren Verlauf des russischen Krieges zu richten. De la Gardie war, obgleich Gustav Adolf ihm geschrieben hatte: „Uns liegt mehr an euch und unseren guten Leuten als am Novgarten", doch im Besitz Nowgorods geblieben, ja er hatte, ohne daß ihm eine Unterstützung zu teil geworden wäre, eine Anzahl anderer russischer Städte erobert. Was hätte näher gelegen, als daß Gustav Adolf nun selbst nach Rußland aufgebrochen wäre? Sei es, daß Schweden nach dem dänischen Kriege wirklich zu erschöpft war, sei es, daß die Verhandlungen mit den Gesandten der Generalstaaten und der deutschen protestantischen Fürsten Gustav Adolf in Stockholm zurückgehalten haben, den Eindruck gewinnt man, daß Gustav Adolf in der russischen Angelegenheit den richtigen Moment verpaßt hat. Im Februar 1613 hatten nämlich die moskowitischen Bojaren den Sohn des Metropoliten Fedor Romanow, den 16jährigen Michael Romanow, zum Zaren gewählt und hierdurch war dem Interregnum in Rußland ein Ende gemacht worden. Gustav Adolf hat durch diesen Umstand sich in seinen auf Rußland gerichteten Plänen nicht irre machen lassen, noch im Juni 1613 hat er seinen Bruder Karl Philipp mit einer Gesandtschaft nach Wiborg gesandt und ist im folgenden Jahre (1614) selbst über Esthland nach Rußland gegangen. Seinem persönlichen Eingreifen ist es zuzuschreiben, daß sich die von Ewert Horn belagerte Feste Gdow am östlichen Ufer des Peipussees am 10. September 1614 den Schweden ergab, aber anderweitige Erfolge hat Gustav Adolf in Rußland nicht errungen. Im Jahre 1614 verhinderte die vorgerückte Jahreszeit jedes weitere Vorgehen gegen die russischen Streitkräfte, und als Gustav Adolf im darauf folgenden Jahre zum zweitenmale auf russischem Boden erschien, setzte die mißglückte Belagerung der heldenmütig von den Russen verteidigten Festung Pleskau dem Vordringen der Schweden ein Ziel. Die Belagerung von Pleskau hat Gustav Adolf persönlich geleitet und, wie berichtet wird, stets seinen Platz zunächst dem Feinde in den Approchen und bei dem Geschütz gehabt, die feindlichen Pässe mit einem Perspektive rekognoszierend. Bei einem Ausfall der Russen war der Feldmarschall Ewert Horn gefallen. Gustav Adolf schloß die Stadt durch fünf feste Lager ein und wagte erst den Sturm, als er mit seinen Belagerungsarbeiten bis dicht vor die Stadtmauer vorgerückt war und mehrere Türme bereits zusammengeschossen waren, dennoch wurden die Schweden von den Belagerten zurückgeworfen. Pleskau wurde so das russische Stralsund. Die Friedensverhandlungen, welche schon während der Kämpfe unter englischer und niederländischer Vermittelung begonnen hatten, gelangten erst am 27. Februar 1617 zum Abschluß; sie führten zum Frieden von Stolbowa.

Im Vergleich zu dem, was Karl IX durch den russischen Krieg erstrebt hatte, und im Hinblick auf die bewunderungswürdigen Erfolge de la Gardies muß das, was dieser Frieden Gustav Adolf brachte, als keine große Errungenschaft bezeichnet werden, für die ganze Folgezeit auf mehr als hundert Jahre hinaus ist aber dieser, vom übrigen Europa kaum beachtete Friedensschluß von den weittragendsten Folgen gewesen.

Schweden erhielt „Kexholm und seine Lehen", ferner Iwangorod (das russische Narva), Jamburg, Koporje und Nötheborg (jetzt Schlüsselburg an dem Ausfluß der Newa aus dem Ladogasee) mit allem, was dazu gehörte, Rußland entsagte seinen Ansprüchen auf Livland und verpflichtete sich zur Zahlung einer Kriegsentschädigung von 20 000 Rubeln.

Dieser Erfolg war kein geringerer, als daß Rußland von der Ostsee förmlich ausgeschlossen wurde oder, wie Gustav Adolf sich ausdrückte, „nun kann dieser Feind ohne unseren Willen nicht mit einem Boote in die Ostsee kommen."

Es darf hier nicht unerwähnt bleiben, daß durch den Frieden von Stolbowa derjenige Grund, auf dem sich heute das stolze Petersburg erhebt und um den sich die erwähnten Ortschaften gruppieren, schwedischer Besitz wurde. Gustav Adolf, aber auch schon Karl IX haben dieses ingermannländische Territorium u. a. als Verbannungsort benutzt, es ist zu seiner Zeit das schwedische Sibirien gewesen. Als die Grenze zwischen Schweden und Rußland festgestellt war, errichtete Gustav Adolf auf derselben einen mit den drei Kronen gezierten Stein und setzte auf denselben die Inschrift:

„Hic regni posuit fines Gustavus Adolphus Rex Suecorum, fausto numine duret opus."

(Hier hat der König von Schweden, Gustav Adolf, die Grenzen des Reichs gesetzt. Möge sein Reich unter Gottes Obhut von Dauer sein!)

Nach dem mißglückten Sturm auf Pleskau ist Gustav Adolf erst im Jahre 1621 wieder persönlich auf dem Schlachtfelde erschienen. Diese fast sechsjährige Ruhepause ist eingreifenden inneren Reformen, insbesondere auch der Reorganisation des Heeres und diplomatischen Verhandlungen umfassendster Art gewidmet gewesen. Daß es nicht schon zur Zeit des dänischen und russischen Krieges und auch nicht gleich nachher zum Kriege mit Polen gekommen war, ist lediglich dem Widerstande des Reichstages gegen die Pläne Sigismunds und der Erschöpfung des Polenreiches zuzuschreiben. So wurde denn der 1612 zwischen Polen und Schweden geschlossene Waffenstillstand immer wieder erneuert, dazwischen 1617 und 1618 kam es auch zu offenen Feindseligkeiten in Livland, aber erst 1621 gestalteten sich die politischen Verhältnisse in Europa so, daß das Interesse Schwedens es gebot, die unvermeidliche Auseinandersetzung mit Polen nicht länger hinauszuschieben.

In Deutschland hatte der dreißigjährige Krieg begonnen, am 8. November 1620 war die Schlacht am Weißen Berge geschlagen worden, die evangelische Union kämpfte den Verzweiflungskampf gegen Maximilian von Bayern und Tilly, und eine thatkräftige Unterstützung Polens durch Österreich schien somit ausgeschlossen. Gustav Adolf konnte noch für den Fall, daß es zum Wiederausbruch des polnischen Krieges nicht kommen sollte, der Union seine Hilfe versprechen. Auf die Zusammenkunft in Segeberg (März 1621), auf der neben England, den Generalstaaten und Dänemark eine Anzahl deutscher Fürsten vertreten war, erschien indessen der Abgesandte Schwedens nicht, der Krieg gegen Polen war beschlossene Sache geworden. Auch der 1621 eintretende Ablauf des Waffenstillstandes zwischen Spanien und den Niederlanden fiel ins Gewicht, nicht zum wenigsten aber der Umstand, daß — man kann wohl sagen — die ganze polnische Heeresmacht durch die Schlacht bei Jassy am 20. September 1620 durch die Türken vernichtet worden, und im Frühjahr 1621 ein Osmannenheer von angeblich 300 000 Mann zu Roß und zu Fuß unter Sultan Osman II in Polen eingefallen war.

Gustav Adolf war zum Kriege mit

Polen vorzüglich gerüstet. 158 schwedische Fahrzeuge lagen im Hafen von Elsnabben, dazu bestimmt, 16000 wohldisziplinierte Krieger übers Meer nach Livland zu führen. Die ganze königliche Familie war in Elsnabben versammelt, um dem scheidenden König Lebewohl zu sagen. Nachdem sich das Heer auf einer Wiese in Schlachtordnung aufgestellt hatte, verlas der Reichskanzler Oxenstierna zum erstenmal die von Gustav Adolf verfaßten, in der Folge so berühmt gewordenen „Kriegsartikel".

Zu dieser stolzen Armada stand das Land, dem der schwedische Angriff galt, wohl in einem grellen Gegensatze. Ein Bild deutschen Elends nach dem dreißigjährigen Kriege bot Livland zur Zeit der Landung der Schweden. Polen, Russen und Schweden im Verein mit Söldnerscharen, die sich bald dieser, bald jener Partei anschlossen, hatten hier unausgesetzt gehaust, Pest und Hungersnot in der Bevölkerung gewütet. Die meisten Städte und Schlösser lagen in Trümmerhaufen. Die jesuitische, von Sigismund aufs eifrigste unterstützte Gegenreformation, der in Deutschland durch Ferdinand II bald Böhmen und die Pfalz anheimfallen sollten, hatte in Livland bereits die herrlichsten Triumphe gefeiert, mit Haiducken hatten die Jesuiten die Esthen aus den protestantischen Kirchen treiben lassen, von einer protestantischen Landeskirche konnte im Jahre 1621 in Livland kaum mehr die Rede sein, auf dem gesamten flachen Lande gab es nur noch drei evangelische Prediger.

Gustav Adolf war kein Fremdling in Livland. Als im Jahre 1600 Karl IX ganz Livland mit alleiniger Ausnahme von Riga erobert hatte, befand sich Gustav Adolf bei ihm. In der Folgezeit war er in Esthland wiederholt persönlich anwesend.

Von den zahlreichen blühenden Städten Livlands hatte damals einzig und allein Riga eine Bedeutung. Wenn es auch seine Selbständigkeit sich zu wahren nicht vermocht hatte, so war es doch bis dahin nicht gebrandschatzt worden. Riga muß als Vermittlerin des Handels der westeuropäischen Nationen mit dem Osten im siebenzehnten Jahrhundert wohl als einer der wichtigsten Handelsplätze der Ostsee betrachtet werden. Von dem Umfang des damaligen Rigaschen Handels gewinnt man eine annähernde Vorstellung, wenn man sich vergegenwärtigt, daß nach zuverlässigen Berichten (Chronik Johann Bodeckers) in einem Monat (März 1609) allein 128 holländische Schiffe mit Salz, Heringen und Wein in den Rigaschen Hafen eingelaufen und nach Aufnahme Rigascher Frachten wieder abgesegelt waren.

König Christian IV schreibt am 4. Juli 1621 an seinen Kanzler Friis: „Daß der König vor Riga zieht, lasse ich an seinen Ort gestellt sein. Aber Gott verhüte, daß er es nicht in seine Gewalt bekommt, denn so wäre unsere Rüstkammer gesperrt, was Taue und Takelage anlangt, wenn wir, was Gott verhüte, mit Schweden zu thun bekommen sollten." Bekannt ist, daß die Holländer das zu ihrem Schiffsbau erforderliche Holz zum größten Teil aus Riga bezogen. Rigas Getreideausfuhr war damals schon sehr bedeutend.

Der eingangs erwähnte Rigasche Chronist Johann Bodecker berichtet, daß am 1. August (1621) „ein regenhafftig ungestümb Wetter gewesen und daß in diesem Wetter die Schwedische Armada von 100 große und kleine Schiffe für Riga auf der Reide angekommen sei, unter Befehl des Reichsadmirals Gyllenhielm." Gustav Adolf befand sich nicht auf dieser Flotte, Stürme hatten ihn veranlaßt, in Pernau zu landen, von dort hatte er den Landweg eingeschlagen und war am 11. August mit seinem Bruder Karl Philipp, dem Feldmarschall Jakob de la Gardie und dem General Hermann Wrangel vor Riga eingetroffen.

Die Schwäche Polens tritt wohl durch den Umstand am deutlichsten zu Tage, daß Riga, dieser so überaus wichtige Platz, — von dem Gustav Adolf selbst gesagt hat, daß „er alle Wege domus belli gewesen, daraus tanquam ex equo Trojano alle expeditiones wider ihn und seinen Herrn Vater sowol das Königreich Schweden gestafieret und unterhalten und aller Schade und Nachtheil entstanden", — von polnischen Truppen gänzlich entblößt, und daher die Verteidigung der Stadt einzig und allein dem Rate derselben anheimgegeben war. Dieser hatte die Wälle und Bastionen ausgebessert, einen lübischen Hauptmann mit 300 Söldlingen angeworben und zwei polnische Fähnlein, die der Stadt zu Hilfe geschickt waren, nur durch hohen Lohn vermocht, daß sie zur

Verteidigung des Rigaschen Schlosses sich bereit fanden. Die deutsche Bürgerschaft Rigas, die sich mit ihren Hausgenossen und Dienstboten in den Waffen geübt hatte, ist es gewesen, welche sich länger als einen Monat (vom 12. August bis 16. September) gegen das wohl auf 20000 Mann angewachsene schwedische Heer verteidigt und hierbei auch noch nicht erfolglose Ausfälle gemacht hat.

Über die Ereignisse jedes einzelnen Tages erstattet uns die Chronik Johann Bodeckers genauen Bericht. Von einer Schilderung der Belagerung Rigas muß indessen hier wegen Raummangels Abstand genommen werden. Die Briefe, die Gustav Adolf den „Erbaren und Wohlweisen, unseren lieben besonderen Burggrafen, Burgermeistern, Stadt- und Landvögten, Cammerherren und sämmtlichen Rathmännern der Stadt Riga sambt und besonders“ durch seine Trompeter übersandt hat und in denen er immer drohender die Übergabe der Stadt verlangt, sind uns erhalten worden. Mit Feuerkugeln von 25—100 Pfund ist die Stadt beschossen und die in derselben ausgebrochenen Feuer sind durch nasse, gesalzene Ochsenhäute und Kuhmist gelöscht worden. Als die Festungswerke an mehreren Stellen untergraben waren, namentlich sich in den Befestigungen zwischen der Jakobs- und Neupforte große Öffnungen zeigten, die durch das heftige Bombardement (tausend Kugeln am Tage, oft über hundert in einer Stunde) entstanden waren, als von der Besatzung kaum noch tausend Mann übriggeblieben waren, hat Riga, das vergeblich auf Entsatz durch ein polnisches Heer gewartet hatte, Gustav Adolf nach langwierigen Verhandlungen die Thore geöffnet. Über die, am 14. September zwischen Gustav Adolf und den Deputierten des Rates, dem Bürgermeister Heinrich von Ulenbrock und dem Syndikus Johann Ulrich geführten Verhandlungen wurde in der darauf folgenden Nacht eine genaue „Relation“ aufgesetzt und dieselbe hora sexta in Senatu und hora 8 auf der Güldestuben, in coram civium verlesen. Die von den Deputierten beanspruchte Neutralität bewilligte Gustav Adolf nicht, er verlangte Unterwerfung, sicherte aber den Deputierten Bestätigung ihrer Rechte und Freiheiten zu.

In der sogenannten „Relation“ besitzt Riga ein ähnliches Dokument, wie es Stralsund in der Relation des Bürgermeisters Dr. Steinweg über die mit Wallenstein geführten Verhandlungen hat.

Über die Belagerung und Einnahme Rigas durch Gustav Adolf erschien schon 1622 eine politische Druckschrift in lateinischer und deutscher Sprache: „Von Eroberung der Hauptstadt Riga ... Anstadt gründlicher Relation, vier ausführliche Schreiben.“ Der vierte Teil dieser Schrift enthielt „des Rats Replikationsschreiben, drin solche Dedition justificiert wird“ oder „Apologia oder Verantwortungsschreiben E. E. Raths.“ Diese Apologia, verfaßt von dem erwähnten Syndikus Ulrich, hatte den Zweck, darzuthun, daß nur die äußerste Not die Übergabe der Stadt veranlaßt habe; sie war für den König von Polen und den Feldherrn Radziwil bestimmt und ist dadurch von besonderem Interesse, daß unter den vielfachen Abänderungen, welche sie bis zu ihrem Druck (ein Druck in deutscher Sprache ist in Wittenberg bewerkstelligt worden) erfuhr, sich auch solche befinden, die von Gustav Adolfs eigner Hand herrühren.

Doch noch ein kurzes Wort über den Einzug Gustav Adolfs in Riga. Hierüber mag Johann Bodecker selbst berichten:

„Den 16 (September) um 3 Uhr nachmittag ist Ihr Königl. Mtt. in Schweden Gustavus Adolphus mit seinem H. Bruder Carolo Philippo wie auch mit drei Fahnen Reuter und vier Regimenter zu Fuß in die Stadt gekommen. Ihr Königl. Mtt. hat durch die Schalpforten über daß Marckt nach St. Peters Kirchen zum erstenmahl geritten, der Cantor hat zu musiciren angefangen, darnach H. Pastor M. Hermannus Samsonius seine Predigt gehalten. Nach gehaltener Predigt hat man gesungen: Herr Gott dich loben wir, Herr Gott dir danken wir, und hernach der Cantor gemusicieret. Ihr Königl. Maytt. ist nebenst seinem Hern Bruder nach seiner Herberge bei Michael Schultzen in der Marstallstraßen begleitet worden.

Den 17. ditto ist Ihr Königl. Maytt. nach der Jesuiten Kirchen, St. Jakob genandt, geritten, dieselbe aufschließen und allda auf Schwedisch daß te Deum laudamus singen, darnach eine Schwedische Predigt halten lassen. Ihr Königl. Maytt.

hat in seiner eigenen Person dem Gottesdienst beygewohnet. Nach geendigter Predigt hat Ihr Königl. Maytt. die Patres zu sich fordern lassen und ihnen freigegeben, daß sie sicher wegziehen möchten.

Den 25. ditto hat H. Hermanus Samsonius eine Huldigungspredigt gehalten, nach der gehaltenen Predigt hat E. Erb. Rath nebenst der gantzen Bürgerschaft Ihr Königl. Mit. auf einem Theatro, auf dem Markte aufgebauet unter dem bloßen Himmel gehuldigt und geschworen. Die Schlüssel der Stadtpforte in einem seidenen Tuche eingewickelt, hat der älteste Burgermeister H. Nicolaus Ecke Ihr Königl. Maytt. überantwortet, Ihr Königl. Mit. hat sie dem gedachten H. Bürgermeister wiederumb überliefert."

Noch am 25. September unterschrieb Gustav Adolf das Corpus privilegiorum Gustavianum. Er erhielt von der Stadt eine bedeutende Quantität Gold und Roggen und insbesondere einen auswendig vergoldeten, mit hundert Portugalesen gefüllten Trinkbecher von 200 Lot. Die Portugalesen trugen das Bildnis des Königs Sigismund.

Bereits am folgenden Tage, den 26. September ist Gustav Adolf mit 14000 Mann nach Überschreitung der Düna in Kurland eingefallen. Mitau und mehrere livländische feste Plätze fielen in seine Hand. Das Zeugnis, das Gustav den Verteidigern Rigas ausgestellt, darf wohl hier noch Erwähnung finden, es lautet: „Ihr habt euch aber bisher so gehalten, das ich wunschen will, daß alle meine underthan auff solchem Fall sich so bezeugen, den ihr mehr gethan und ausgestanden, als Ir nach Kriegsrecht schuldig."

Erst im Januar 1622 kehrte Gustav Adolf über Finnland nach Schweden zurück, landete aber schon im Juni desselben Jahres wiederum bei Riga. Nach Entsetzung Mitaus trat er mit dem Fürsten Radziwil in Unterhandlungen, diese führten zu einem Waffenstillstand, der succesive bis zum 1. Juni 1625 verlängert worden ist.

Bei den Verhandlungen mit dem Fürsten Radziwil hat Gustav Adolf die nachher so viel kommentierten Worte ausgesprochen: „Bemühe dich, daß, so wie wir jetzt unsere Hände vereinigen, wir auch an Gesinnungen einig werden mögen, auf daß ich einmal diese Truppen, die ihr hier seht, für eure Wohlfahrt gegen die Türken führen könne." Dieser Ausspruch ist als Beweis dafür angeführt worden, daß Gustav Adolf nach der Krone Polens gestrebt habe. Daß diese Worte nicht mehr besagen, als daß Gustav Adolf an eine gemeinsame Aktion Polens und Schwedens unter seiner Führung gegen die Türken gedacht habe, scheint einleuchtend.

Polens Ohnmacht hatte sich im livländischen Kriege deutlich gezeigt. Zweifellos war der livländisch-polnische Krieg von Gustav Adolf im richtigen Zeitpunkt begonnen worden, aber ebenso zweifellos war auch, daß er ihn ohne ernste Gefahr jeden Augenblick unterbrechen konnte; war doch von Polen nur bei nachhaltiger Unterstützung durch den Kaiser etwas zu fürchten, letzterer aber selbst im vollsten Maße in Anspruch genommen. Die in London, im Haag, in Kopenhagen und Stockholm geführten diplomatischen Verhandlungen der Jahre 1622—1625 geben volle Klarheit, worin die eigentlichen Absichten Gustav Adolfs bestanden haben. Aus dem Kriege gegen Polen sollte sich der Krieg gegen den Kaiser, den gemeinsamen Feind, entwickeln.

Der um diese Zeit in 15 Artikeln formulierte Plan Gustav Adolfs bestand in Kürze in folgendem: Dänemark zur Neutralität zu veranlassen und unter Hinzuziehung Frankreichs eine Allianz Englands, der Generalstaaten, der evangelischen Fürsten und Schwedens herbeizuführen, in welcher ihm (Gustav Adolf) das Amt eines Kriegsgenerals zufallen sollte, mit der Aufgabe, den von ihm geführten polnischen Krieg an die mährische und schlesische Grenze zu verlegen, damit der Kaiser hierdurch gezwungen werde, seine Truppen aus Deutschland zurückzuziehen.

Welch andere Wendung hätte der dreißigjährige Krieg genommen, wenn Gustav Adolf die Verwirklichung dieses Planes gelungen wäre! Als er schon der Zustimmung Englands, der Generalstaaten, Kurbrandenburgs und des Administrators Christian Wilhelm von Magdeburg so gut wie gewiß war, begann jene welthistorische Intrigue des Dänenkönigs Christian IV, die ein völliges Scheitern des so groß angelegten Planes herbeiführte.

Selbst der Verzicht Schwedens auf das alleinige „Direktorium“ der Kriegsleitung und die Konzession an Dänemark, daß dieses die Liga, Gustav Adolf Polen und Österreich auf sich nehmen sollte, vermochte Christian IV, dem man Verstand und Einsicht sonst nicht absteiten kann, nicht umzustimmen. Beeinflußt von ihm, erklärte England, daß die schwedischen Geldforderungen zu große seien, die deutschen Fürsten beobachteten eine schwankende Stellung, Schweden war vollkommen isoliert, sein Anerbieten zurückgewiesen.

Wiewohl das eigentliche Bündnis zwischen England, Dänemark und den Generalstaaten erst am 9. Dezember 1625 im Haag abgeschlossen wurde, war Christian IV, nunmehr der alleinige Direktor der evangelischen Allianz, der erwählte Kreisoberst der niederländischen Stände, der Mann, der wie Chemnitz (Verfasser des Königlich schwedischen in Deutschland geführten Krieges) sagt, „den Vortanz haben wollte,“ bereits im Frühjahr 1625 an die Weser gegen Tilly ausgerückt. Gustav Adolf, besorgt in der Diplomatie, nahm den livländisch-polnischen Krieg wieder auf, um sein Heer hier von Sieg zu Sieg zu führen. Er erschien am 30. Juni 1625 zum drittenmal mit 66 Schiffen und 8000 Mann, die schwerlich von Haus aus diese Bestimmung gehabt haben mögen, vor Riga. Die gänzliche Unterwerfung Livlands, Kurlands und eines Teils von Littauen ist das Werk des Jahres 1625. Von des „fürtrefflichen Jünglings Gustavi Wüthen“ sprachen die staunenden Zeitgenossen. Die schwedische Armee war in diesem Feldzuge nach zwei Richtungen thätig; während de la Gardie und Gustav Horn Dorpat zur Unterwerfung zwangen, bemächtigte sich Gustav Adolf der festen, an der Düna stromaufwärts belegenen Plätze.

Russischer Handwerker. Bleistiftstudie von A. Geick.

Nach Einnahme des Schlosses Kokenhusen verriet ein polnischer Überläufer Gustav Adolf, daß von den Jesuiten in einen der Keller des Schlosses 30 Tonnen Pulver mit beigelegter brennender Lunte hineingeschafft seien, um den König und das schwedische Heer in die Luft zu sprengen. Durch die Anzeige des Überläufers wurde der Anschlag vereitelt. Die Erfolge, welche Gustav Adolf in diesem Jahre in Livland errang, sind in der That erstaunlich, überall wurden die Polen zurückgedrängt, die festen Schlösser genommen. Wie gering das Vertrauen der Generalstaaten in die dänische Kriegsleitung war, erhellt aus der Gesandschaft Caspar von Vosbergens, welcher den Auftrag erhielt, nach Livland zu reisen und den siegreichen Gustav Adolf zum Beitritt an die „allgemeine Sache“ zu veranlassen.

Russischer Handwerker. Bleistiftstudie von A. Grieb.

Voßbergen traf Gustav Adolf nicht mehr in Riga, er erhielt aber von ihm ein Schreiben, (d.d. 3 August. e castris nostris ad Keggum, Keggum ein an der Düna gelegener Ort) und wurde von Oxenstierna ins Lager des Königs geleitet. Hier erhielt er den Bescheid, daß Schweden dem nützlichen Werk nicht hinderlich sein und einen Gesandten mit Vollmacht und Instruktion an die Hochmögenden entsenden werde. Als die Entscheidungsschlacht des livländischen Feldzuges kann wohl Gustavs Adolfs Sieg bei Wallhof in Semgallen über Sapieha und Radziwil angesehen werden. Der Krieg in Livland, Kurland und Littauen war indessen hierdurch keineswegs beendet, er hat vielmehr noch ebenso lange gedauert wie der preußische Krieg, den Gustav Adolf noch im selben Jahre (1626) begann. Gustav Adolf war im Januar des gedachten Jahres über Dorpat und Reval nach Stockholm zurückgekehrt, livländischen Boden hat er nicht mehr betreten.

Die vier Feldzüge Gustav Adolfs nach Preußen in den Jahren 1626, 1627, 1628 und 1629 sind die Fortsetzung des Krieges gegen Polen, sie können uns als Beweis dafür gelten, daß Gustav Adolf, auch auf sich allein angewiesen, seinem Plane, den Vorstoß gegen Österreich durch einen Krieg gegen Sigismund und Niederwerfung Polens auszuführen, wenigstens bis zum Jahre 1625 — treu geblieben ist. Die bedeutungsvollen Ereignisse dieser Jahre spielen sich aber nicht auf dem preußisch-polnischen Kriegsschauplatze, sondern in Deutschland ab. Hier bereitet sich deutlich erkennbar der Konflikt zwischen dem Kaiser und Gustav Adolf hinsichtlich ihrer Absichten auf die deutschen Ostseeküsten vor, und der preußisch-polnische Krieg hatte im wesentlichen nur die Wirkung, daß er für Gustav Adolf das Hindernis wurde, in umfassenderem Maße in die weltbewegenden Ereignisse des dreißigjährigen Krieges einzugreifen.

Noch im selben Jahre, in dem die polnische Macht bei Wallhof in Semgallen den empfindlichen Schlag erlitten hatte (Januar 1626), verlegte Gustav Adolf den

Schauplatz des Krieges von der Düna an die Weichsel. Wie im livländischen Kriege Riga, wählte er für den preußischen Krieg das seinem Schwager, dem Kurfürsten von Brandenburg, gehörige Pillau, „wegen seines 14 Fuß tiefen Hafens“ zur sedes belli d. h. zur Basis der Kriegsoperation. Hier ankerte am 13. Juni die aus 150 Schiffen bestehende schwedische Flotte. Die Einnahme Pillaus, Braunsbergs, Elbings, Marienburgs, Dirschaus, Meves, Stargards und die Besetzung der Gebiete bis zur pommerschen Grenze wurde noch im Verlauf des Julimonats ausgeführt, so rasch, „als ob er durch durch das Land geritten wäre,“ vollzog sich die Unterwerfung Preußens. König Sigismund war Gustav Adolf mit großem Hofstaat und ansehnlicher Heeresmacht (4000 Mann regulärer Truppen und zahlreichen Kosaken) entgegengezogen. Obgleich die feindlichen Armeen in der Gegend um Pelplin und Dirschau nur wenige Meilen voneinander standen, kam es doch nicht zur Feldschlacht, dagegen wurden gleich im ersten Jahre des Krieges die Friedensverhandlungen begonnen, freilich ohne jeden Erfolg. Gustav Adolf war am 6. November (1626) in Stockholm, er hatte vorher Oxenstierna zum General-Gubernator in Preußen eingesetzt, das schwedische Heer ein festes Lager bezogen, Brandenburg und Königsberg hatten Neutralität erlangt, Danzig blieb im Bündnis mit Polen.

Am 8. Mai 1627 landete Gustav Adolf zum zweitenmal in Pillau. Er fand in so fern eine veränderte Situation vor, als der polnische Feldherr Koniecpolsky, insbesondere durch die Einnahme Putzigs und die hierdurch ermöglichte Wiederherstellung der Verbindung Danzigs mit den deutschen Territorien, einige Erfolge errungen hatte. Bedeutsamer als diese erschien jedoch die zweifelhafte Stellung des Kurfürsten von Brandenburg Georg Wilhelm. Schon während des ersten schwedischen Feldzuges war Georg Wilhelm vor die Wahl gestellt worden, entweder beim Kaiser und dem Könige von Polen, seinem Lehnsherrn, oder bei Gustav Adolf oder bei Christian IV und Mansfeld Anschluß zu suchen. Im Jahre 1627 wurde ihm zwar diese Wahl in so fern erleichtert, als bereits im April 1626 Mansfeld bei der Dessauer Brücke von Wallenstein und Christian IV am 27. August 1626 von Tilly entscheidende Niederlagen erlitten hatten, nun drängte ihn aber ein kaiserlicher Gesandter, Partei zu ergreifen, und die Wahl war allerdings nicht leicht. „Was helfen mir meine Freunde“, philosophierte Georg Wilhelm, „wenn sie mir das thun, was ich von meinen Feinden erwarten sollte? Was gehet mich die allgemeine Sache an, wenn ich alle meine Reputation, Ehre und zeitliche Wohlfahrt verlieren soll? Sitze ich still und sehe meinem Unglück zu, was wird man von mir sagen? Wehre ich mich dagegen und thue, was ich kann, so habe ich doch nicht solchen Schimpf und glaube nicht, daß der Kaiser es mir werde ärger machen, als dieser“ (Gustav Adolf). Georg Wilhelm entschloß sich, „zu thun was er konnte“, er entging aber nichtsdestoweniger „dem Schimpf“ nicht; die 2000 Mann, welche er den Polen zu Hilfe schickte, wurden vom Grafen Thurn bei Morungen, ohne daß es zum Schießen gekommen wäre, zur Übergabe gezwungen, und Georg Wilhelm mußte sich verpflichten, jeder Verbindung mit Polen zu entsagen. Die Auffassung des polnischen Schriftstellers Piasecki, daß zwischen Gustav Adolf und Georg Wilhelm abgekartetes Spiel gewesen sei, dürfte nicht zutreffend sein, aus dem weiteren Verlauf der polnisch-preußischen Feldzüge geht vielmehr deutlich hervor, daß Georg Wilhelm durchaus kein zuverlässiger Bundesgenosse Gustav Adolfs war.

Der kleineren Gefechte dieses Feldzugs soll hier nicht Erwähnung geschehen, wohl aber ist darauf hinzuweisen, daß es Gustav Adolf bei Dirschau ohne Zweifel gelungen wäre, der polnischen Armee eine entscheidende Niederlage beizubringen, wenn er nicht gerade im entscheidenden Momente durch eine Musketenkugel, welche zwei Zoll von der Kehle ins Schlüsselblatt eindrang und im Rückgrat sitzen blieb, am weiteren persönlichen Eingreifen in die Schlacht verhindert worden wäre.

Bei der Anfang Oktober von Gustav Adolf wiederum persönlich geleiteten Belagerung von Wormdis kamen zum erstenmal die ledernen schwedischen Kanonen zur Verwendung, deren sich das schwedische Heer im dreißigjährigen Kriege vielfach bedient hat.

Anzeichen für die unvermeidliche kriegerische Auseinandersetzung des Kaisers und Gustav Adolfs treten um diese Zeit mehrfach zu Tage. Die schwedische Werbetrommel hatte schon 1626 auf deutschem Boden ertönt, und kein Geheimnis war es, daß der Schwedenkönig die Stralsunder durch eine Geschütz- und Pulversendung (1627) unterstützt hatte. In Preußen aber war im selben Jahre ein kaiserliches Hilfsheer von einigen Tausend Mann unter dem Herzoge Adolf von Holstein zu den Polen gestoßen; kein Geringerer als Wallenstein selbst machte seinen Einfluß beim Kaiser dahin geltend, daß er den Polenkönig nachhaltig unterstützen solle, ja aus dem Briefwechsel Wallensteins mit Arnim geht hervor, daß Wallenstein den Gedanken, selbst den Polen gegen Gustav Adolf zu Hilfe zu eilen, ernstlich erwogen hat. Was Gustav Adolf erst im folgenden Jahre (1628) seinem Kanzler schrieb, „daß alle Kriege, welche in Europa geführt worden, in einander vermengt und zu einem geworden sind“, das traf schon weit früher thatsächlich zu. Von größtem Interesse sind in dieser bewegten Zeit die diplomatischen Bemühungen der verschiedenen Gesandten, welche sich im Hoflager Sigismunds einfanden. Man weiß nicht, was man mehr bewundern soll, die Zähigkeit der Niederländer, welche alles daran setzen, den Frieden zwischen Polen und Schweden herzustellen, oder den Eifer der spanischen und österreichischen Gesandten, welche nichts unversucht lassen, Sigismund zur Fortsetzung des Kampfes zu veranlassen.

Das Jahr 1628 klärte die Situation vollständig. Konnte nach dem Siege Wallensteins bei Kosel über Christian IV, nach der Vertreibung der Herzöge aus Mecklenburg und Verleihung dieses Herzogtums an Wallenstein, nachdem die Friedländischen Holstein, Schleswig und Jütland besetzt hatten, noch irgend ein Zweifel hinsichtlich der Absichten des Kaisers obwalten, so verkündeten es jetzt in vielen tausend Exemplaren über ganz Deutschland verbreitete Flugschriften wie der „Hansische Wecker“, die „Copia schreibens, so Pater Lämmermann an einen anderen Jesuiten abgehen lassen. Den jetzigen Zustand im Reich betreffend“, allerorten, daß das katholisch-habsburgische Kaisertum die Universalmonarchie und insbesondere die Herrschaft über die deutschen Seestädte, die Ostsee und den Sund anstrebe.

Gegenüber diesen welterschütternden Ereignissen, insbesondere der ewig denkwürdigen Belagerung von Stralsund, fiel dasjenige, was sich auf dem preußischen Kriegsschauplatze im Jahre 1628 ereignete, kaum ins Gewicht. Als Arnim die Belagerung von Stralsund begann, landete Gustav Adolf am 12. Mai zum drittenmal bei Pillau. Abgesehen von der Thatsache, daß Koniecpolsky einen Zusammenstoß der Polen und Schweden ängstlich vermied und daß Gustav Adolf sich Straßburgs und Osterodes bemächtigte, ist über den dritten preußischen Feldzug kaum etwas Bemerkenswertes zu erwähnen. Die Aufmerksamkeit Gustav Adolfs war auf die Ereignisse vor Stralsund in dem Maße gerichtet, daß er den Gedanken, selbst dorthin aufzubrechen, ernstlich erwog. Hier soll nur kurz erwähnt werden, daß der zwanzigjährige Allianzvertrag zwischen den Stralsundern und Gustav Adolf die Bestimmung enthielt, „die Stadt Stralsund verbleibe inskünftige beständig bei König und Krone von Schweden“, daß die Entsetzung Stralsunds in erster Reihe durch die rechtzeitige Ankunft der 2000 Schweden unter Oberst Leslie und Graf Brahe bewirkt wurde, und daß nach erfolgtem Abzuge der Wallensteinschen Truppen eine schwedische Armee von 4000 Mann zu Fuß und 1000 zu Pferde in Stralsund einrückte, und Gustav Adolf hierdurch förmlich von deutschem Boden Besitz nahm. Im Jahre 1628 (April) war auch das Bündnis zwischen Schweden und Dänemark geschlossen worden. Dasselbe enthielt die Zusage, daß Gustav Adolf die dänische Flotte während des Krieges mit dem Kaiser unterstützen werde.

Das Jahr 1629 brachte das Restitutionsedikt (6. März), den Lübecker Frieden (2. Mai) und am 16. September den Abschluß des sechsjährigen Waffenstillstandes zwischen Schweden und Polen bei Stum der Altmark.

Oxenstierna hatte bereits im Januar 1629 die Feindseligkeiten gegen Polen begonnen, er hatte das Städtchen Lautenburg niedergebrannt, bei dem Orte Grozno dem polnischen Feldherrn Potowsky eine empfindliche Niederlage beigebracht und war vor Thorn gerückt, hatte sich aber dann zu einem mehrmonatlichen Waffenstillstande bereit gefunden. Als Gustav Adolf im Mai zum vierten- und letztenmale in Pillau landete, war es der schwedischen Armee, wie bei Stralsund so nunmehr auf einem zweiten Kriegsschauplatze, hier in Preußen, bestimmt, einem kaiserlichen Heer entgegenzutreten. Johann Georg von Arnim, derselbe „Arnheim,“ der bis 1619 in schwedischen Diensten gestanden und unter de la Gardie den russischen Feldzug mitgemacht hatte, war mit 8000 Mann zu Fuß und 2000 Reitern vom Kaiser dem Polenkönig zur Hilfe gesandt worden und hatte sich bei Graudenz mit der polnischen Heeresmacht vereinigt. Trotz dieser erheblichen Verstärkung der polnischen Armee ist es auch in diesem letzten Feldzuge zu einem bedeutungsvollern Treffen nicht gekommen. Als ein solches und gar als ein polnischer Sieg ist zwar der Zusammenstoß bei Stum bezeichnet worden, nach Gustav Adolfs eigner Darstellung, der auch im wesentlichen die Arnims nicht widerspricht, hat es sich jedoch hier lediglich um ein Scharmützel gehandelt, bei dem auf jeder Seite etwa 200 Mann gefallen sind. Verhängnisvoll hätte übrigens dieses Scharmützel der schwedischen Sache werden können, denn nur durch ein Wunder wurde Gustav Adolf vom Tode gerettet. Oxenstierna schreibt über diesen Vorfall: „In der Schlacht mit den Polen bei Stum, wo es scharf herging, bekam einer der Feinde den König Gustav Adolf beim Gehenk, der König aber streifte es über das Haupt und gab den Hut mit in Stich. Darauf bekam ein anderer ihn am Arm und wollte ihn mit sich schleppen; aber Erich Soop kam dazu und schoß den Polen vom Pferde und rettete den König.“ Den erbeuteten Hut des Königs übersandte Arnim „Sr. fürstlichen Gnaden“ dem Herzog von Friedland. Auch nachdem Arnim auf sein Gesuchen entlassen und an seine Stelle als Befehlshaber der kaiserlichen Truppen Herzog Heinrich Julius von Sachsen-Lauenburg getreten war, änderte sich die Situation auf dem preußischen Kriegsschauplatze nicht. Polen war erschöpft, im Innern drohten Empörungen, Gustav Adolf hatte den Bestand seines Heeres auf 20 000 Mann erhöht, die deutschen Hilfstruppen erhielten keinen Sold und traten in großen Scharen zu den Schweden über. Diese Umstände erleichterten dem französischen Gesandten Baron Charnacé die Friedensvermittelung. Durch den Waffenstillstand von Altmark behielt Schweden, was es in Livland erobert hatte und erhielt von den preußischen Eroberungen Elbing, Braunsberg, Pillau und Memel und einzelne andere Territorien. Memel, die kurische Nehrung, Fischhausen, Lochstädt erhielt Schweden von den brandenburgisch-preußischen Besitzungen, dafür wurden dem Kurfürsten Marienburg, Stum und Teile des großen Werders und Danziger Höfts zugesprochen, doch nur „in Versatz“ dergestalt, daß, wenn es nicht zum Frieden kommen sollte, der Kurfürst die Verpflichtung übernahm, einen Monat vor Ablauf des Waffenstillstandes alles an die Krone Schweden wiederzuerstatten.

Hier soll die Erzählung der thatsächlichen Hergänge, die wegen ihres komplicierten Charakters eine gedrängtere Darstellung kaum zulassen, abgebrochen werden. Es bleibt nur übrig, das Resultat des Referierten in Kürze zusammenzufassen. Dieses Resultat ist bedeutungsvoll genug, es besteht vor allem in der unanfechtbaren Thatsache, daß es Gustav Adolf gelungen war, seine beiden slavischen Rivalen, das byzantinische Moskau und das katholische Polen mit starker Hand von der Ostsee zurückzuwerfen und diesem Meere nahezu den Charakter eines schwedischen Binnenmeers zu verleihen, es besteht aber auch in dem erheblichen Machtzuwachs, den die schwedische Monarchie durch die erwähnten Friedensschlüsse empfing. Daß dieser Machtzuwachs Garantien für einen Erfolg in dem zweifellos mit beispielloser Kühnheit in der Folge unternommenen Angriffskrieg gegen den Kaiser bot, soll nicht behauptet werden, wohl aber, daß ohne ihn Gustav Adolf diesen Krieg schwerlich hätte führen können, denn was Gustav Adolfs, wie jede andere Kriegsführung allezeit erfordert hat, Geld und waffentüchtige Mannschaft, das lieferten die eroberten Provinzen.

Schon in den preußischen Feldzügen ist deutlich erkennbar, daß Gustav Adolf sich erst dann an entscheidende Unternehmungen wagte, wenn die livländischen und finnischen Regimenter angelangt waren. Als im ersten preußischen Feldzuge der König sich zum Angriff gegen die polnische Heeresmacht unter Sigismund bei Dirschau entschließt, geht er nicht früher an die Ausführung, als bis ihm der Reichskanzler die Mannschaften aus Finnland und Graf Thurn die livländische Abteilung (das „teutsche Regiment" aus Liefland nennt es Johann Badecker) zugeführt hatte. Auch die Pression, die Gustav Adolf durch Verstärkung seines Heeres auf 20000 Mann im Jahre 1629 auf Polen ausübte, die den Waffenstillstand von Altmark herbeiführte, ist wesentlich auf die aus Livland herangezogenen Verstärkungen zurückzuführen, die de la Gardie Mitte Juli zuführte.

Dieselben Beobachtungen machen wir im deutschen Kriege. Bevor Gustav Adolf hier überhaupt zur Aktion überging, erwartete er ungeduldig das Eintreffen der Verstärkung aus Finnland und Livland, welche Horn ihm zuführen sollte, und der preußischen Truppen, mit deren Absendung er Oxenstierna beauftragt hatte. Wiederholt requiriert Gustav Adolf während seiner deutschen Feldzüge finnische Reiterei. Nach der Darstellung, welche G. Droysen (Gustav Adolf) über die Stärke des nach Deutschland geführten schwedischen Heeres gibt, bezifferte sich dasselbe lediglich auf 13000 Mann. Zu diesen kamen im Jahre 1630: 2300 Mann aus Schweden, 2800 Mann aus Finnland, 2000 Mann aus Livland, 13600 Mann aus Preußen. Man wird sich aber erinnern, daß gerade die preußische Armee im Jahre 1629 in erheblichem Maße durch Zuzüge aus Livland kompletiert worden war. Über die finnischen Truppen schreibt Salvius an Baner nach der Einnahme Würzburgs: „Unsere finnischen Bursche, die sich nun aus Weinland da oben gewöhnen, werden sobald wohl nicht nach Savolax kommen. In den livländischen Kriegen mußten sie oft mit Wasser und mit verschimmeltem groben Brot zur Biersuppe vorlieb nehmen; nun macht sich der Finne sein ‚Kallskål' (kalte Schale) in der Sturmhaube aus Wein und Semmeln."

Deutlicher noch zeigt sich die Bedeutung der aus den Provinzen ausgehobenen Mannschaften für die schwedische Armee, wenn wir uns die schwedische Schlachtordnung bei Lützen vergegenwärtigen. Nach Geijer (Geschichte Schwedens) bestand der linke, von Bernhard von Weimar befehligte Flügel aus sechs Kavallerieregimentern und zählte „in jeder Linie, Deutsche, Kurländer und Livländer," während von den sechs Kavallerieregimentern des rechten, von Gustav Adolf befehligten Flügels, eines das finnländische war. Dieses war es, das unter Stålhandske nachher die Leiche des getöteten Königs erkämpfte.

Aber auch die Geldsummen, welche der schwedischen Staatskasse aus den in den baltischen Seestädten errichteten Zöllen zuflossen, sind schon zur Zeit Gustav Adolfs sehr ansehnlich. Schwedische Zollämter bestanden nicht bloß in Danzig und Pillau, in welch letzterer Stadt nach dem eignen Ausspruch Gustav Adolfs (1628) der Zoll am Pregel jährlich 500000 Thaler abwarf, sondern in gleicher Weise in Reval, Narva, Pernau und Riga. In Riga wurde der Zoll bereits 1621 organisiert, ein Zolldirektor (praefectus portorii) eingesetzt und mit Instruktion versehen. Bei dem lebhaften Handel Rigas ist anzunehmen, daß die Zolleinnahmen in dieser Stadt sich auf einen sehr erheblichen Betrag beziffert haben.

Wer vermöchte zu sagen, was aus der deutschen protestantischen Sache geworden wäre, wenn Gustav Adolf seinem „fatum," seinem „impetus ingenii" nicht Folge geleistet, sondern dem Rate Oxenstiernas folgend, sich zum „arbiter totius septentrionis" gemacht hätte? Weit entfernt, dem Siegeszuge Gustav Adolfs durch Deutschland die ihm zukommende Bedeutung auf konfessionellem und religiösem Gebiete abzusprechen, drängt sich uns zum Schluß, dem Thema dieser Arbeit entsprechend, nur noch eine ganz kurze Betrachtung, eine Art Vergleich auf. Die von Gustav Adolf bis zum Jahre 1629 bewerkstelligten, in ihren wesentlichen Bestimmungen hier wiedergegebenen Friedensschlüsse einerseits und der Westfälische Friede andererseits (durch den Schweden in den Besitz von Vorpommern, Stettin, Wismar, Rügen und der Bistümer Bremen und Verden gelangte) bilden gewissermaßen die politischen Errungenschaften des gesamten Eroberungswerkes Gustav Adolfs. Wie verschieden hat sich die politische Tragweite dieser Eroberungen gestaltet!

Die im Westfälischen Frieden an Schweden abgetretenen Territorien waren deutsch und protestantisch, in ihnen bestand eine der schwedischen überlegene Kultur, sie blieben während der schwedischen Herrschaft deutsch und gelangten nach dem schwedischen Interregnum wieder unter deutsche Herrschaft. Obgleich die schwedische Herrschaft in den deutschen Territorien weit länger währte, als in den weiter nordöstlich von Schweden erworbenen Provinzen (kam doch Schwedisch-Pommern erst 1815 an Preußen und muß Wismar de jure noch heute als schwedischer Besitz angesehen werden), so wird man doch anerkennen müssen, daß die schwedische Herrschaft für die deutschen Gebiete im Grunde bedeutungslos gewesen ist, und daß sie kaum erwähnenswerte Spuren hinterlassen hat. Wie ganz anders in Livland, wo der Sieg der Schweden den Sieg des Protestantismus und Deutschtums wider das Polentum und den Jesuitismus bedeutete, wo Schweden der Beruf zufiel, den durch das Schwert gewonnenen Besitz sich durch staatliche Organisation zu sichern. Durch Wiederherstellung des deutsch-protestantischen Luthertums und Begründung eines festgefügten Landesstaates hat Schweden hier ein Werk geschaffen, das sich bis in unsere Tage als festes Bollwerk erwiesen hat gegen den russisch-slavischen Andrang von Osten, ja, von dem zeitweilig eine Art geistiger Herrschaft über das ganze östliche Slavenreich ausgegangen ist. Begründer dieses Werkes war Gustav Adolf.

Man hat Schweden wegen seiner Intoleranz gegen Andersgläubige das lutherische Spanien genannt, erhielten doch erst 1741 die Reformierten freie Religionsübung und die Katholiken noch weit später. Für die historische Bestimmung, welche Livland in der Folge zufiel, ist dieser einseitige religiöse Standpunkt von den weittragendsten Folgen gewesen; gibt es doch kaum ein zweites Land in Europa, das als lutherischer bezeichnet werden kann, als Livland und gerade dieses Luthertum ist der Schild geworden, mit dem Livland sich auch heute noch gegen die Sturmflut des Byzantinismus zur Wehr setzt. Der Ruhm, die grundlegenden Maßnahmen hierzu getroffen zu haben, gebührt Gustav Adolf. Er ist durch den livländischen Generalsuperintendenten Hermann Samson, der in Wittenberg mit Oxenstierna studiert hatte und Gustav Adolf von Oxenstierna empfohlen wurde, der Organisator des gesamten lutherischen Kirchen- und Schulwesens gewesen, deren Grundzüge sich bis in die allerneueste Zeit erhalten haben, er bestätigte die alten Landesprivilegien und Gerechtsame (erst 1621, nachher nochmals am 18. Mai 1629), er schuf die Landes- und Gerichtsverfassung (Landesordinanz vom 1. Februar 1632) und den obersten Gerichtshof (das livländische Hofgericht), er verlieh der Stadt Riga jene wertvollen Güter (Uxküll, Kirchholm, Lemsal), welche die Grundlage für das rasche Emporblühen dieses Gemeinwesens wurden, er ist der Gründer der Gymnasien in Riga, Reval und Dorpat, er endlich der Stifter der Universität Dorpat, der Academia Gustaviana, jener Leuchte deutscher Wissenschaft im fernen Osten, die erst in unseren Tagen slavischem Drängen zum Opfer fiel. Im Feldlager von Nürnberg, am 30. Juni 1632, unterzeichnete Gustav Adolf die Stiftungsurkunde der Universität Dorpat!

* * *

Unter dem 6. November 1632 machte der Rigasche Chronist Johann Bodecker nachstehende Eintragung:

„Den 6. Novembris haben Ihr Königl. Maytt. von Schweden den Hertzog von Friedland Albertus Dux Friedlandiae bei dem Städtlein Lützen 2 meil von Leibzig in offentlicher Feldtschlacht erlegt, in welchem Treffen der theure Heldt Selber geblieben, welches hoch zu beklagen. Da er zu Wittenberg eingebracht und in die Kirche niedergesetzet, hat sichs getroffen, daß die Träger (: wiewohl unversehens) Ihr Maytt. Cörper gerade auf des sehl. D. Lutheri Grab niedergesetzet, worvon dan von vielen Leuten artige Diskursen gewesen."

Das Schwert Gustav Adolfs. Im histor. Staatsmuseum zu Stockholm.

# Plattdeutscher Humor.

(Abdruck verboten.)

Der Name Felix Stillfried ist den Lesern bekannt oder sollte ihnen bekannt sein, — denjenigen wenigstens, die der plattdeutschen Dichtung ein besonderes Interesse entgegenbringen. Denn Felix Stillfried hat schon vor Jahren zwei Romane in plattdeutscher Mundart veröffentlicht, „De Wilhelmshäger Kösterlüd“ und „Ut Sloß un Katen“ (der erste Hinstorff'sche Buchhandlung, Wismar, der andere bei A. G. Liebeskind in Leipzig erschienen), in denen so viel echter Humor, behagliche Stimmung, treffliche Charakteristik und flüssige Erzählergabe stecken, daß sie, sollte man meinen, unmöglich vorübergegangen sein können, ohne den Verfasser bekannt und beliebt zu machen. Aber den plattdeutschen Dichtern ergeht es nicht anders wie anderen auch, — sie müssen manchmal lange warten, ehe ihnen die verdiente Anerkennung zu teil wird, manchmal so lange, bis sie selber keine Freude mehr an dieser Anerkennung haben können — bis nach ihrem Tode, wie das Schicksal John Brinckmans beweist, dessen Werke sich jetzt endlich eine größere Gemeinde erobert haben. So wäre es wohl möglich, daß auch Felix Stillfried noch nicht der „allbekannte“ und „allbeliebte“ Erzähler ist, vielleicht noch nicht einmal allgemein bekannt in den Landen Mecklenburg-Schwerin und Mecklenburg-Strelitz, trotzdem in seinen beiden Erstlingswerken mehr Talent steckt, als in den gesamten Werken manches modernen deutschen Dichters, der sich bei jeder Gelegenheit auf dem Waschzettel seines Verlegers bescheinigen läßt, daß er durch ganz Deutschland bekannt und beliebt ist. Da Felix Stillfried noch kein Greis und hoffentlich bei guter Gesundheit ist, so ist das kein allzu großes Unglück, denn den „bekannten“ Dichtern fällt heutzutage kaum noch etwas anderes ein als ihre Memoiren zu schreiben, und diese Memoirenschreiberei zu einem Kunstwerk zu gestalten und damit ihren früheren Werken ein neues ebenbürtiges an die Seite zu stellen, das hat bisher unter allen leider nur Theodor Fontane verstanden. Sollte Felix Stillfried mit seinen Erstlingswerken wirklich nicht den Erfolg gehabt haben, den er erwarten durfte, so läßt er sich dadurch nicht entmutigen. Er erscheint mit einem dritten Bande auf dem Plan, der neben den Vorzügen der beiden ersten noch einige andere aufweist, die den Erfolg auch einem größeren Publikum gegenüber verbürgen. Dieser Band enthält nämlich nicht eine einzige fortlaufende Erzählung, sondern lauter kleine Stücke, also bei der Vielgestaltigkeit der Stoffe für jeden Geschmack etwas. Er ist auch nicht in Prosa geschrieben, die manchem des plattdeutschen Idioms weniger Kundigen zu lesen Anstrengung kostet, sondern in Versen, die leicht ins Ohr und ins Verständnis fallen. Dieser Band endlich zeigt nur das eine, das lachende Gesicht des Verfassers, und er reizt nur zum Lachen, aber nicht zum Ernst und zum Nachdenken, — und da es viele Leute gibt, die da meinen, das Plattdeutsche dürfe nur die Sprache des Humoristen sein, so ist diese Einseitigkeit der Verbreitung des Buches sicher förderlich. „Biweg lang“ nennt Felix Stillfried seinen Band Läuschen und Rimels (Rostock, Wilh. Werthers Verlag); ein Anekdotenstrauß, am Wege gepflückt, und wenn diese oder jene Anekdote — nicht viele übrigens — vielleicht auch in anderer Mundart oder sogar in reinstem Hochdeutsch erzählt wird, so beweist das nur, daß der Humor des Lebens glücklicherweise noch nicht ganz auf die beiden Länder Mecklenburg beschränkt ist. Die Fassung ist auch bei diesen weiter verbreiteten Geschichten echt mecklenburgisch, ebenso wie es die Helden und Heldinnen dieser Anekdoten sind — Pastoren von der strengeren und von der milderen Observanz, der Herr Amtmann, der Pächter und der Herr Oberförster, Bauern und Bäuerinnen, Mägde und Knechte, Jungens und Mädels. Nur an den mecklenburgischen Adel wagt sich Felix Stillfried nicht recht heran oder er hat vielleicht auch nicht viel Humor an ihm entdecken können, — die einzige Geschichte, in der ein Herr von Wellenthin die Heldenrolle spielt, ist in hundert anderen Fassungen bekannt und wird sogar von dem berühmten Herrn von Mikusch erzählt. Origineller ist diejenige, in der Felix Stillfried seinen Landesvater als handelnde oder vielmehr als — jedenfalls lachend — duldende Person einführt:

„As uns' leiwe Grothertog
Verleden Johr sin Fru hadd nahmen,
Wull hei sin Meckelbörgers doch
Ehr furts ok wisen alltausamen
Un makt' sik up de Reis' mit ehr
Un reis't in sinen Lann' ümher.
So führt hei denn in sinen Wagen
Ok mal vörbi an Wilhelmshagen.
Dor wir den Dag hei eklig heit,
Un wat uns' Schultenvadder wir,
De sett't sick mit sin Burn tau Perd',
Wildat sei gern doch dat Geleit,
So as sick dat ja hüren deiht,
Den hogen Landsherrn wullen gewen;
Dat irste Mal in ehren Lewen,
Dat sei em süllen sehn mit Ogen,
Un Bräker's Krischan, Passow's Jagen,
Un Hinnerk Ziems un Karl Bohnen
Un Muckel's Fritz, dor fehlt kein Ein.
Und beste Pird ut ehren Stall,
Dat hadden s' 'rutertreckt hüt all';
Hurrah, hurrah! dat ward en Swarm
Von all de Buern un en Larm,
As s' de Schäise heulande jagen
Tau beiden Siden von den Wagen“ — —

Der Großherzog läßt sich diese Begeisterung eine Weile gefallen, dann wird ihm Staub und Lärm lästig, und ihn plagt auch die Neugierde, wie lange die Bauern die Hetzjagd wohl aushalten werden. Er ruft daher seinem Kutscher zu: „Hei fahr, so dull hei süchtens kann un all' wat 't Tüg will hollen, nu man jagen.“ Die Bauern hauen auf ihre Pferde ein, aber es hilft ihnen nichts, sie müssen endlich zurückbleiben. Nur

„Oll Buern Moll sin Heinerich,
De rött den Wagen Sid an Sid,
As all de Annern lang' all wid
Taurügg sünd bleben. — Swere Not,
Denkt de Grotherzog, dit's en Stück!
Hei seggt dauh furts den Ogenblick,
Röppt hei den Kutscher, forscher jagen
Un süll den Buern maken dat,
Un mäggt' dat kosten Kopp un Kragen!"

Im rasenden Tempo jagt die großherzogliche Equipage die Chaussee entlang, aber „oll Buern Moll sin Heinerich" läßt sich nicht abschütteln; sein Fuchs hält Schritt mit den großherzoglichen Pferden, bis der Großherzog das Rennen aufgibt.

„Hei röppt den Kutscher, hei sall hollen,
Hei sieht dat in, bi Heine Mallen,
Der helpt em all' sin Jagen nich!
Nu seggt ock prr! uns' Heinerich,
Un höllt bi'n Grotherzog ganz dicht,
Un wil hei just nicks Beters weit,
So wischt hei irsten sick den Sweit
Mit sine Rockslipp ut't Gesicht.
So, sünnentweg's kann't wider gahn!
Nuun red't de Grotherzog em an:
„Mein Sohn," so seggt hei, „sag' Er mir,
Wo hat Er her dies wack're Tier?
Bei meiner Treu, ein Teufelsroß!"
Uns' Heinerich, de grote Moll,
Versteiht den Grotherzog man half:
„„Oll,"" seggt hei, „„meinen Se den Voß?""
„Ja, ja, den Fuchs!" — „„Ja, dei is gaud,
In den Schiunner is ol fürstlich Blaud!"" — —

Eine hübsche Geschichte von der Pastorenkonferenz „bi Pastor Schrödern tau Ladenz." Pastor Schröder ist ein geistlicher Herr, der viel darauf hält, sich auch äußerlich ein geistliches Ansehen zu geben. So nimmt er denn Anstoß daran, daß „oll Pastor Saß tau Balsendörp" weder per pedes apostolorum, noch zu Wagen, sondern hoch zu Roß erscheint:

„Herr Bruder," seggt hei, „hoch zu Roß?"
„„Ih nu,"" seggt Saß, „„wat's derbi los? —
Ick nehm den ollen Schimmel stoltn,
Wil'ck süst kein'n Esel finnen kunn.""

Gegen diesen biblischen Trumpf kann Pastor Schröder nicht an; das hindert ihn aber nicht, von neuem zu medisieren, als ein anderer geistlicher Herr mit einem Schimmel und einem Fuchs vor seinem Wagen an dem Pfarrhause vorfährt.

„Ei, ei," seggt Schröder glick tau Saßen,
„Das scheint mir auch nicht recht zu passen,
Daß Bruder Bruhn allhier auf Erden
Umherkutschiert mit bunten Pferden!
Ein Schimmel und ein Fuchs daneben —
Kann das ein geistlich Ansehn geben?"
„„Ei wat!"" seggt Saß, „„worüm denn nich?""
„Nein, für en Pastor schickt es sich
Nun einmal nicht, so'n bunt Gespann!"
Nuun kickt de anner em so an
Un grient so'n beten sick de Oll:
„„Min leiwe Fründ, denn hadd ick woll
Dorbi sin möggt, as unse Herr
De Welt vör Tiden schaffen ded!""
„Wie so, Herr Bruder, mein'n Sie das?"

„„Je, seihn Se mal,"" seggt Pastor Saß,
„„As unse Herrgott makt' de Pird,
Denn hadd ick also tau em spraken:
Leiw Herrgott, wenn dat möglich wir,
Un wenn't kein Umstänn' ded nich maken,
Denn hadd ick woll 'ne Bed' an di!'
‚Na, Saß, wat willst du denn von mi?'
‚Ach,' hadd'ck denn seggt, ‚leiw Herrgott, hür,
Nu mak man noch'n por swarte Pird',
Gänzlich swart, blot üm den Hals herüm
Möt'n s' witte Bäffken hewwen drum,
Un wat sei ock man ja recht sin:
De söl'n för Pastor Schrödern sin!""

Man sieht, daß der Humor Stillfried's zwar manchmal seine Spitze hat, aber doch niemals verletzend wird. Und selbst die harmloseste Geschichte weiß er so lustig vorzutragen, daß sie ihrer Wirkung sicher ist. Ich zitiere nach einem Dummerjungenscherz, „Ein Täwel äwer'n annern:"

„Tau Gischow Mudder Sorrmann,
De boddert, wat sei boddern kann,
Un ward all bi ehr Buddern sweiten.
„Na," stähnt sei, „wat is dat för'n Leiden!
So'n arme Wittfru, de hätt Plog'
Un Not un Arbeit alle Tag'!
Nu bölkt de Kauh, nu kärrigt dat Swin,
Un ick möt hier bi't Boddern sin:
De Bodder will ja gor nich an!"
Dor, Gott sei Dank, dor steiht dat Staff! *)
„Fritz," röppt s'den Jung'n rut ut de Kök,
„Ick geh hendalen nah de Bäk
Un will de Kauh irst saiben mal;
Kumm 'rin un paß op't Bodderfatt,
Dat dor wildeß nicks mit geschüht!
'T is grad' so'n schöne Bodder hüt!"
„„Ja woll!"" seggt Fritz, un sei löppt aw
Un snitt dat Gras för ehre Kauh
Dor bi de Bäk un smitt sik tau
Un löppt taurügg in'n Zuckelbrawe:
Wenn blot de Jung dat Bodderfatt
Ok recht in acht nimmt vör de Katt!
Knapp is sei bi de Kökendör,
Dann röppt ehr Fritz all: „Mudder, hür,
Sall ick di wat vertellen wat?
Dor is 'ne Mus in't Bodderfatt!"
„„Jung, hest du s'nich herutehalt?""
„Ne, ick hewwe annere ehr betahlt
Un hewwe ehr sacht verfihrt en beten:
Ick hewwe de Katt bi 'rinnersmeten!"

Leser und Leserinnen, denen das Buttern ein ihnen bisher unbekannt gebliebener Vorgang ist, wird die Situation vielleicht auch bei vollem Verständnis des Dialekts nicht ganz klar werden. Leser vom Lande aber werden mir wohl darin recht geben, daß die kleine Geschichte nicht nur in eine sehr lustige Pointe ausläuft, sondern daß der Vorgang auch mit der Treue eines alten niederländischen Meisters dargestellt ist. Täusche ich mich nicht, so wird aus Felix Stillfrieds „Biweg' lang" häufig im Familienkreise vorgelesen werden, und es soll mich freuen, wenn dieses lustige Buch einem größeren Publikum Anregung gibt, auf des Verfassers frühere Werke zurückzugreifen.

Paul von Szczepanski.

*) der Stöper beim Butterfaß.

Spatzenidyll. Nach dem Gemälde von Marie Lanz.

# Meine erste Reise nach Zanzibar.

Von
**Otto E. Ehlers.**
Bilder von R. Hellgrewe.



Im Frühjahr des Jahres 1890 hatte ich, des Lebens eines notleidenden Latifundienbesitzers müde, Hinterpommern mit Unteritalien vertauscht, um, aller Sorgen ledig, wieder einmal unter lachendem Himmel ein glücklicher Mensch zu sein. Nachdem ich längere Zeit an der Riviera zugebracht, ging ich mit der Absicht, zwei bis drei Tage daselbst zu verweilen, nach Capri und — blieb sechs Monate.

Mit einem hörbaren Ruck riß ich mich schließlich von dem entzückenden Eiland los und fuhr nach dem wegen seiner Weiber und Weine, seiner Schwefelminen und Räuberbanden teils mit Recht besungenen, teils über Gebühr berüchtigten Sizilien. Wohin ich immer kam, hörte ich Klagen über schlechte Zeiten und machte persönlich die Wahrnehmung, daß es mit dem, bei den aktiv Beteiligten mit Recht so beliebten Räuberhandwerk bei weitem nicht mehr so gut geht, wie etwa zu den Zeiten, in denen die lustige Operette „Gasparone“ spielt. Ich habe Sizilien von einem Ende bis zum andern durchstreift und beim Scheiden die Überzeugung mitgenommen, daß man daselbst heutzutage nicht mehr Chancen hat, ausgeraubt zu werden, als etwa bei einem nächtlichen Spaziergange im Tiergarten der deutschen Reichshauptstadt, den man ja allerdings auch unterlassen kann, wenn man nicht gerade sehr leichtsinnig ist.

Von Sizilien dampfte ich zurück nach Neapel, das ich von meiner Villa in Capri Tag für Tag gesehen hatte, ohne der kategorischen Aufforderung der Italiener: „Sieh Neapel und stirb“ nachgekommen zu sein, um mir bei dem Agenten der „Orient Line“ ein Billet nach dem Lande meiner Sehnsucht, „nach Afrika,“ zu lösen. Einen Tag später stand ich auf Deck eines der größten und schönsten Dampfer, den je die Meereswogen getragen haben, eines Fahrzeuges, in welches Neptun sich selber einst derartig verliebt hatte, daß er der Versuchung, es zu sich auf den Meeresgrund zu ziehen, nicht hatte widerstehen können. Die „Austral,“ so heißt der schwimmende Palast, der mich nach dem dunklen Erdteil entführen sollte, war nämlich bereits einmal untergegangen und zwar, wenn ich mich recht erinnere, auf der Reede von Aden. Man hatte vergessen, beim Kohleneinnehmen die Luken zu schließen, das Schiff hatte sich durch ungleiche Belastung auf die Seite gelegt, durch die geöffneten Luken Wasser geschöpft und war gesunken, zum Glück ohne Verlust an Menschenleben.

Neptun lachte sich ins Fäustchen, aber er lachte zu früh, denn er hatte die Rechnung ohne den Menschen des XIX. Jahrhunderts gemacht. Dem alten Herrn mit dem Dreizack wurde seine leicht errungene Beute mit Hilfe von Tauchern, Pumpen und Millionen wieder entrissen, und heute schwimmt die „Austral“ von neuem stolz auf denselben Wogen, die einst über ihren Masten gerauscht.

Unter den Klängen italienischer Mandolinen- und Guitarrenspieler, die das Lied: „Addio, mia bella Napoli“ anstimmten, verließen wir bei Einbruch der Dunkelheit die herrliche Reede von Neapel. Es war bitterkalt, und ich zog mich daher bald in den wohlgewärmten Salon zurück, in dem ich die wunderbarste Gesellschaft zusammengewürfelt fand, die ich je gesehen habe, Leute mit und ohne Manieren, meist aber ohne, denn sie legten die Beine auf die Tische und flegelten sich in Gegenwart von Damen in einer Weise auf den Sitzen herum, daß mir die Haare zu Berge stiegen. Der größte Teil der Passagiere befand sich auf der Reise nach Australien, hiervon wiederum mehr als die Hälfte auf der Rückreise nach diesem jüngsten aller Erdteile, und das erklärte mir vieles. Mein vis à vis bei Tisch war ein noch junger Mann, der ein Flanellhemd mit haselnußgroßen Brillanten trug, die Gabel als Zahnstocher benutzte und mit der Manierenlosigkeit eines deutschen musikalischen „Genies“ die Rüpelhaftigkeit eines den Kontinent bereisenden englischen self made man in wunderbarer Vollkommenheit vereinte.

Die ersten Türken an Bord.

Als ich in der Frühe des nächsten Morgens an Deck kam, fuhren wir zwischen Sizilien und der Zehenspitze des italienischen Stiefels hindurch. Der altehrwürdige Ätna errötete verschämt unter dem ersten Kusse, den die ewig jugendliche Eos auf seinen schneeigen Scheitel drückte, während gleichzeitig im Zwischendeck der „Austral“ von einigen handfesten Matrosen ein renitenter, sinnlos betrunkener Irländer irgend wohin an einen stillen Ort geschleift wurde.

Den ganzen Tag über hatten wir heftigen Sturm, und anstatt der gestrigen Mandolinenklänge trafen nur jene bekannten Gutturallaute, die alle dem Neptun gebrachten Opfer zu begleiten pflegen, mein Ohr.

48 Stunden, nachdem wir Neapel verlassen hatten, passierten wir Kreta. Auch hier starrten alle Berge von Schnee, und eisiger Wind blies aus Nordwesten, so daß ich herzlich froh war, nicht nach dem Muster anderer Leute vor meiner Reise nach Afrika meinen Winterpaletot verkauft zu haben. Erst am dritten Tage wurde es wärmer. Der Wind hatte sich gelegt, das Meer wurde von Stunde zu Stunde ruhiger, die Gutturallaute verstummten in den Kabinen, eine bleiche Gestalt nach der andern kam zum Vorschein, gegen Nachmittag sah man schon wieder rosa gefärbte Wangen und kupferrote Nasen, und abends war alles überstandene Ungemach vergessen, die Mandolinenkünstler intonierten auf dem Deck der zweiten Klasse den Walzer „Daß du mich liebst, das weiß ich,“ und bald wirbelte alles durcheinander — auch ich wirbelte mit.

In der Frühe des dritten Tages trat die afrikanische Küste in die Erscheinung, einem riesigen Ausrufungszeichen gleich ragte der Leuchtturm von Port-Said in die Lüfte.

Die Meereswogen, die mich bisher durch ihre tiefe Bläue entzückten, hatten eine graugelbe Farbe angenommen. Schwerfällig flogen einige Pelikane in der Nähe unseres Schiffes vorüber, sonst aber war alles so wenig afrikanisch wie möglich, bis wir gegen acht Uhr vor Port-Said Anker warfen und gleichzeitig von einer ganzen Flottille kleiner Boote, die mit Gesindel in allen Farbenabstufungen gefüllt waren, umringt wurden. Die mit dem Suezkanal gleichzeitig entstandene Stadt erscheint mit ihren beflaggten Konsulatsgebäuden zwar freundlich, aber wie das kaum anders zu erwarten ist, modern und nichts weniger als morgenländisch. Natürlich fuhr ich schleunigst an Land, um das Gefühl auszukosten, auf afrikanischem Boden zu stehen. Die Feierlichkeit dieses von mir so lange herbeigesehnten Augenblicks wurde wesentlich beeinträchtigt durch eine Schar zudringlicher Eseljungen, schmieriger, unverfälschter Juden mit langen Vorziehersocken, verkommener Griechen, die mir ihre Dienste zu allen möglichen und unmöglichen Dingen anboten, und durch die sich mir sofort aufdrängende Überzeugung, mich an einem Platze zu befinden, an dem sich der Auswurf der gesamten Menschheit ein Rendezvous gibt. Immerhin hatte das eigenartige Leben und Treiben für mich den Reiz der Neuheit, und ich tummelte mich denn auch so lange in den Straßen Port-Saids umher, bis die Sirene der „Austral" uns an Bord rief. Der Suezkanal, in den wir nunmehr hineindampften, ist für die meisten Menschen eine Enttäuschung. Was? Dieser jämmerliche Graben, in dem nicht einmal zwei Schiffe einander überall ausweichen können, der so schmal ist, daß man vom Deck des Dampfers aus den zu beiden Seiten uns folgenden, nach Backschisch schreienden Araberjungen Münzen zuwerfen kann, diese elende Rinne ist der berühmte Suezkanal? Mit ähnlichen Worten äußert wohl jeder Reisende am Anfang der Kanalfahrt sein Befremden über die Winzigkeit dieses Gebildes von Menschenhand. Erst im Laufe der Fahrt erkennt er die volle Größe dessen, was hier mit enormer Willenskraft und Ausdauer, mit ungeheurem Gelde und bewunderungswerter Geduld geschaffen worden ist.

In der Nacht erreichten wir Ismailija. Eine Dampfschaluppe brachte mich von Bord an Land, und Tags darauf entführte mich das Dampfroß nach Kairo. Den Rest des Winters verbrachte ich in Ägypten, begeisterte mich an der Großartigkeit seiner Bauten und der Schönheit seiner Bewohner, be-

Straße in Port Said mit dem Leuchtturm im Hintergrunde.

Auf dem Markt in Aden.

wunderte pflichtschuldigst die Mumien ägyptischer Königstöchter, ihrer Vorfahren und Nachkommen, machte der Mumie des ehrwürdigen Ramses, die trotz ihrer 3200 Jahre noch so wohl erhalten erscheint, wie eine getrocknete, erst vor acht Tagen aus der Angel gehobene Flunder, meine Reverenz, bestieg abwechselnd Esel, Kamele und Pyramiden und stürzte mich schließlich in den Strudel eines unvergleichlich anregenden internationalen Gesellschaftslebens, dessen Höhepunkt ein märchenhaft schönes Ballfest beim Khedive bildete. Vollauf befriedigt von allem Gesehenen und Erlebten, setzte ich Ende Februar von Suez aus an Bord des Norddeutschen Lloyddampfers „Preußen," eines prächtigen, mit allen Errungenschaften der Neuzeit und größtem Luxus ausgestatteten Schiffes, mit vortrefflicher Verpflegung, schlechter Musik und 3500 Pferdekräften, meine Reise nach Aden fort, wo ich, um an das vorläufige Ziel meiner Reise, nach Zanzibar zu gelangen, eine andere Fahrgelegenheit abwarten sollte.

Wir hatten Glück. Es regnete täglich einige Stunden, so daß die arg verschrieene Reise durchs Rote Meer sich ganz erträglich gestaltete und ich am Vormittage des fünften Tages nicht ohne Bedauern unser schönes Schiff in Aden verließ. Mit einer eingehenden Schilderung dieses von unzähligen Reisenden beschriebenen und in allen Tonarten geschmähten Ortes will ich den Leser nicht ermüden und nur bemerken, daß ich in Aden fünf äußerst angenehme Tage verlebte. In der Frühe des Morgens pflegte ich ein erfrischendes Bad im Meere zu nehmen, dann im Wagen oder zu Fuß

Ausflüge in die nächste Umgebung des Hafens, zum Kamelmarkt, in die eigentliche Stadt oder zu den zum Auffangen von Regenwasser angelegten großartigen Cisternen zu unternehmen, und gegen Abend vergnügte ich mich damit, in Gesellschaft einer Schar schnatternder Somalibuben hinauszurudern und sie nach kleinen Geldstückchen tauchen zu lassen, wobei ein Junge mit nur einem Bein — das andere war ihm bei diesem Vergnügen eines schönen Tages von einem Haifisch abgebissen worden — eine ganz besondere Geschicklichkeit an den Tag legte.

Entsetzliche Höhlen sind allerdings die Gasthöfe in Aden, und nirgends in der Welt habe ich weder vorher noch später auf meinen Reisen so miserable Betten kennen gelernt, wie hier. Mit einem guten Gewissen kann man aber bekanntlich sogar auf einem Kartoffelsack ebenso gut schlafen, wie mit einem schlechten auf Eiderdaunen. Ich für mein Teil bin grundsätzlich für gutes Gewissen und Eiderdaunen.

Für den zum erstenmale aus Europa kommenden Reisenden, der Augen hat, um zu sehen, und Ohren, um zu hören, ist Aden zweifellos ein hochinteressanter Platz; und dann die Somalis, diese, meiner Auffassung nach schönsten, vornehmsten Menschen, die man sehen kann. Sie zu beobachten und zu bewundern, entschädigt wahrlich für so manches Ungemach, und ich beklage es keineswegs, daß die „Baghdad," die mich nach Zanzibar bringen sollte, länger auf sich warten ließ, als sie von Rechts wegen sollte. Sie traf, von Suez kommend, am 6. März in Aden ein, nahm uns am folgenden Tage an Bord und lichtete die Anker, um gegen 3 Uhr nachmittags in See zu gehen.

Der Verkehr zwischen Aden, Zanzibar und Mozambique lag damals ausschließlich in den Händen der British India Company, die auf dieser Linie ihre ältesten ausgeleiertsten Schiffe aufbrauchte, nicht eben, wie sich denken läßt, zum Vorteil und Ergötzen der ihr auf Gnade und Ungnade übergebenen Passagiere. Inzwischen haben sich glücklicherweise die Messageries Maritimes, sowie die Deutsche Ostafrika-Linie dieser Strecke erbarmt, und die Folge davon ist, daß heute kein Mensch sich mehr den elenden Fahrzeugen der englischen Compagnie anvertraut.

Im Suezkanal.

Die „Baghdad" hätte aber — was freilich kaum möglich ist — noch älter, noch unbequemer und schmutziger, der Kapitän hätte noch gröber und unerzogener, das Essen noch weit schlechter sein können, mit einer so liebenswürdigen Reisegesellschaft, wie sie mir beschieden war, sieht man nicht nur einem wahrscheinlichen Untergange, sondern selbst einem schlechten Koch mit wahrer Todesverachtung getrost ins Auge, vergißt jegliches Ungemach und setzt sich mit gutem Humor hinweg über alle Widerwärtigkeiten des Daseins.

Da war in erster Linie der neuernannte englische Generalkonsul für Zanzibar, Colonel Evan-Smith mit seiner bezaubernd liebenswürdigen fröhlichen, kleinen Gattin, dann der brave, stets gut gelaunte Direktor der East African

Einkauf von Tropenartikeln im Suezkanal.

Mission Society, Mr. Sailor Price, dem ich später bei Anwerbung einer Karawane in das Innere des schwarzen Erdteils so viel verdanken sollte, ferner einige österreichische, wenig unterhaltende, aber das Gesamtbild nicht beeinträchtigende Kaufleute, die in Zanzibar ihr Glück suchen wollten und dasselbe auch wirklich später dort gefunden haben, ein englischer Telegraphenbeamter und last not least — Mr. Last, ein kurioser Kauz, der die weite Reise von England nach Mombassa unternahm, um — Schmetterlinge zu fangen. Nicht etwa aus Sport oder als Entomologe, Gott bewahre! nein! einzig und allein aus geschäftlichen Gründen, des zwar eitlen, aber doch meist ungern entbehrten Mammons halber. Diese, meiner Ansicht nach echt englische Idee entlockte mir damals ein mitleidiges Lächeln.

Inzwischen bin ich eines Besseren belehrt worden, denn, als ich später nach Mombassa kam, wo ich Mr. Last, mit einem Schmetterlingsnetz über Stock und Stein springend, zu begegnen glaubte, denselben aber vergnügt auf seines Daches Zinnen bei einer Flasche Münchener Bieres sitzend antraf, gesellte ich mich zu ihm und wurde nun bei einer zweiten und dritten Flasche in die Geheimnisse des Schmetterlingsgeschäftes eingeweiht. Es gibt in England eine Menge von Sammlern, Entomologen und Liebhabern, die für seltene Exemplare ganz unglaubliche Preise zahlen. Mein Gewährsmann nannte mir Summen von 200 Mk. pro Stück und darüber. Mr. Last hat nun die bisher wenig ausgebeutete ostafrikanische Küste bei Mombassa, die überaus reich an Schmetterlingen ist, zum Felde seiner Thätigkeit erkoren. Er bewaffnet eine Anzahl Negerbuben mit Fangnetzen und zahlt ihnen für jedes, in tadellosem Zustande abgelieferte Exemplar 1 penn = 2½ Pf. Von seinen Auftraggebern erhält er durch die Bank pro heimgesandtes Stück 1 Mk. Man sieht, das Geschäft ist ein ebenso reinliches wie lohnendes, und ich sehe keinen Grund, die Versicherung Mr. Lasts, er habe in nicht ganz sechs Monaten für 350 Lstr. = 7000 Mk. von seiner leicht beschwingten Waare heimgesandt, in Zweifel zu ziehen.

So manches verkommene Genie in Europa würde hiernach besser daran thun, in Afrika Schmetterlinge, als daheim Grillen zu fangen.

Während der ersten Tage der Fahrt war das Wetter stürmisch; nachdem wir jedoch das Kap Guardafui umschifft hatten, wurde das Meer glatt wie ein Mühlenteich, und in angenehmster Weise schwanden die Tage dahin.

Tausende von fliegenden Fischen, die im Lichte der Sonne ebenso viel schöne

Farben spielten, schienen unserem Fahrzeuge den Weg zu zeigen, und nachts hatten wir regelmäßig so intensives Meerleuchten, daß es aussah, als führen wir durch gut geschütteltes Danziger Goldwasser. Dabei war die Temperatur (durchschnittlich 27—28° C.) keineswegs lästig, und selbst als wir — trefflich geeisten Sekt zur Seite — die Linie passierten, und der Himmel sich über uns wölbte wie eine riesige Glasglocke, an der die Sonne den Knauf bildet, war es bei weitem nicht so heiß, wie zuweilen in einem regelrechten Julimond in Berlin. Dank einem günstig einsetzenden Nordost-Monsun, der uns gestattete, von den Segeln Gebrauch zu machen, und dadurch, daß wir an Lamu vorbeidampften, anstatt, wie es sonst geschieht, den Hafen anzulaufen, erreichten wir schon am achten Tage die zum Sultanat Zanzibar gehörende Insel Mombassa. Die Einfahrt in den Hafen ist wegen der vielen Korallenriffe nicht ungefährlich. Nachdem man ein seiner Zeit von den Portugiesen errichtetes, ebenso malerisches wie jämmerliches Fort passiert hat, gelangt man in das natürliche, prächtige, von mehr oder minder hohen Korallenriffen eingeschlossene Hafenbecken, an dessen Südseite die Stadt Mombassa, bestehend aus wenigen unbedeutenden Steinbauten und zahllosen, von Kokospalmen und Mangobäumen beschatteten Negerhütten, sich ausbreitet. Im Nordosten, der Stadt gegenüber und von dieser durch einen schmalen Wasserarm getrennt, leuchten die stattlichen Gebäude der englischen Mission Frèretown aus saftigem Grün hervor.

Die Missionsstation, die ursprünglich etwas weiter landeinwärts lag, wurde im Jahre 1845 von dem deutschen Missionar Krapf gegründet; erst 1874 wurde sie von dem englischen Missionar W. S. Prize in die unmittelbare Nähe von Mombassa verlegt und in der heutigen Form aufgebaut. Da wir in Mombassa ohnehin einen eintägigen Aufenthalt hatten, nahm ich die Einladung Mr. Prize's, mit ihm zur Station zu fahren, dankend an. In Mombassa war niemand von dem Eintreffen des alten Herrn unterrichtet, aber das Landen eines Bootes mit Europäern ist unter allen Umständen ein Ereignis, und so hatte sich denn auch vor den hart am Wasser liegenden Missionsgebäuden eine Menge schwarzen Volkes ein-

Blick auf den Kanal.

Die Cisternen in Aden.

Eingang zur Festung Aden.

gefunden, um unsere Ankunft zu erwarten. Kaum aber hatten einige Missionszöglinge Mr. Price erkannt, so erhob sich am Ufer ein Geschrei, wie ich es nie gehört zu haben glaube. Alles kreischte, sprang, tanzte, klatschte in die Hände und lachte in einer wunderbaren trillernden und schrillen Weise, daß es dem an solche Laute nicht gewohnten Europäer durch Mark und Bein ging. Aus allen Ecken und Enden heraus, aus den Hütten hervor, von den Bäumen herunter krochen, rannten, sprangen und purzelten ganze Scharen kleiner und großer Kobolde, in allen Schattierungen, vom dunklen Braun bis zum Schwarz der Stiefelwichse, unserem Boote entgegen. Viele stürzten sich ins Wasser, um die ersten zu sein, ihrem alten Vater die Hand zu schütteln. „Jambo bana, Jambo bana," schallte es aus mehr denn 500 Kehlen, und wohl die doppelte Anzahl von Händen mußte geschüttelt werden, als wir endlich ans Land gezogen waren. Ich muß gestehen, daß mir diese Szene, die von den Meiningern nicht wirkungsvoller hätte insceniert sein können, inmitten der herrlichsten tropischen Pflanzenwelt, einen wirklich tiefen Eindruck machte, und ich fand es durchaus begreiflich, daß dem alten Herrn bei diesen ungekünstelten Huldigungen die Thränen der Rührung in die Augen traten. Im Handumdrehen — an ein Widerstreben war gar nicht zu denken — wurden wir auf die Köpfe von wer weiß wie vielen Männern und Weibern gehoben und unter einem geradezu betäubenden Lärm im Triumph eine Anhöhe hinan ins Missionsgebäude getragen, durch alle Zimmer, alle Stockwerke, gefolgt von der ganzen Gesellschaft, so daß es mir heute noch ein Rätsel ist, daß das aus Holzwerk leicht gebaute Haus nicht mit uns zusammengebrochen ist. Als es den Missionaren allmählich gelungen war, die Menge hinauszukomplimentieren, konnten wir Umschau halten und von der Veranda aus uns an einer der lieblichsten Aussichten über die Bucht von Mombassa und über die Stadt hinweg aufs Meer erfreuen, ein köstliches Bild des Friedens und der Ruhe. Die ganze Station zählt gegen 600 Seelen. Etwa die Hälfte sind Kinder, die hier ihren Unterricht und teilweise auch ihre Ausbildung als Handwerker erhalten. Sie sind

Steamer Point.
Somalijungens nach Geld tauchend.

durchweg von den Engländern den Sklavenhändlern abgejagte Ware, aus den verschiedensten Gegenden des schwarzen Erdteils. Nach Einnahme einiger Erfrischungen traten wir eine Wanderung durch die verschiedenen Gebäude an. Zuerst wurde mir die erst kürzlich eingerichtete Druckerei, in der Bibeln und Schulbücher in Suahelisprache hergestellt werden, gezeigt, dann die Schlaf- und Speisehäuser für etwa 200 Knaben, die Schule und Kirche, eine Holzschneidemühle, Spielplätze und die Baracken für die Missionssoldaten, die alle nach Mombassa ziehenden Karawanen zu durchsuchen und etwa gefundene Sklaven an die Station abzuliefern haben.

Die ganze Anstalt machte einen ausgezeichneten Eindruck, wohin wir kamen herrschte peinlichste Sauberkeit, und den Zöglingen sieht man an den munteren Gesichtern an, daß sie sich wohl und glücklich fühlen. Nachmittags mußte ich einer Art Schulprüfung beiwohnen. Wenn auch die Kenntnisse der 200 schwarzen Mädchen und Knaben in der Rechenkunst und Geographie nicht gerade verblüffend waren, so mußte ich doch der vortrefflichen Zucht, die in der bunten Versammlung herrschte, alle Anerkennung zollen.

Aus den vorgelegten Zeichenheften konnte man sich überzeugen, daß der „kleine Moritz" in schwarzem Hauteinbande den Wettkampf mit seinem weißen Namensvetter nicht zu scheuen braucht. Zum Schluß wurden mehrere englische Volkslieder dreistimmig gesungen und damit der Beweis für die ungewöhnliche musikalische Begabung der afrikanischen Negerstämme geliefert. Der Unterricht findet in den oberen Klassen in englischer Sprache statt. Die besten der älteren Schüler werden mit dem in Suahelisprache erteilten Unterricht der jüngeren betraut und später als Lehrer oder Missionare ins Innere geschickt. Die übrigen Zöglinge pflegt man, soweit sie nicht im Dienste der Mission bleiben, sobald sie erwachsen sind, ihrer Befähigung entsprechend anderweitig unterzubringen. Manche erhalten auch ein Stück Land von dem zur Missionsstation gehörenden Grund und Boden. Eine Frau wird ihnen auf Wunsch aus der Mädchenabteilung zugewiesen. Man muß in der That gestehen, daß der Kampf ums Dasein und um eine Lebensgefährtin unseren schwarzen Glaubensbrüdern unmöglich leichter gemacht werden kann, namentlich wenn man bedenkt, daß für die jungen Eheleute, die kaum wissen, wo ihre Wiege gestanden hat, der Besuch einer Schwiegermutter gänzlich ausgeschlossen ist. Allgemein getadelt wird an der englischen Mission, daß sie im Gegensatz zur französischen, in der jeder Knabe ein Handwerk erlernt, nur einen verhältnismäßig geringen Teil der Zöglinge zu Handwerkern heranbildet, daß sich infolgedessen für die entlassenen englischen Missionsknaben bei weitem nicht so leicht Beschäftigung findet, wie für die aus den französischen Stationen, die überall gutes Fortkommen finden. Mit Singen, Beten, Lawntennis- und Fußballspielen allein kommt auch hier zu Lande niemand fort, und es ist daher nicht recht begreiflich, warum die Engländer ihre ersprießliche Thätigkeit nicht mehr dem Praktischen zuwenden und ihre Zöglinge an körperliche Arbeit gewöhnen. Übrigens waren derzeit alle Missionsstationen so überfüllt, daß 45 befreite Sklaven, die kurz vorher von dem englischen Kriegsschiff „Garnet“ in Zanzibar eingebracht worden waren, nirgend mehr untergebracht werden konnten und die Engländer froh waren, als sich die Deutsch-Ostafrikanische Gesellschaft bereit erklärte, die Leute zu übernehmen und auf einer ihrer Stationen zu beschäftigen.

Mit aufrichtigem Danke gegen meine liebenswürdigen Wirte verabschiedete ich mich abends von denselben, um mich an Bord der „Baghdad“ zurückzubegeben und hier ein Glas Spatenbräu auf das „Vivat crescat floreat“ der Missionsstation von Mombassa zu leeren.

Gegen Mittag des nächsten Tages steuerte die „Baghdad“ wieder hinaus in den tief-

Das [illegible] und Bewohner der [illegible] Landschaften.

Das Kap Guardafui.

blauen Indischen Ocean, bis wir, nachdem wir in der Nacht den Kanal von Pemba durchfahren hatten, am Morgen Zanzibar zu Gesicht bekamen und um 10 Uhr unter Abfeuern eines Geschützes gegenüber dem Sultanspalaste vor Anker gingen.

Auf allen Konsulaten und öffentlichen Gebäuden der Stadt, sowie auf sämtlichen im Hafen liegenden Schiffen wehten die Flaggen halbmast. Ich sollte nicht lange im Unklaren über den Grund dieser allgemeinen Trauer bleiben. Unser großer Kaiser Wilhelm I war aus dem Leben geschieden, und alle Völker trauerten mit Deutschland um den Tod des von der gesamten Welt bewunderten und verehrten Herrschers.

Die Stadt Zanzibar macht von der Seeseite aus gesehen, einen freundlichen, saubern, aber langweiligen und jedenfalls einen nichts weniger als orientalischen Eindruck. Weder altarabische Bauten, noch die Minarets und Kuppeln von Moscheen fesseln das Auge, und die an der Hafenseite liegenden einförmigen Häuser, Faktoreien und Gasthöfe, aus deren Mitte der geschmacklose, nachts im elektrischen Lichte erstrahlende Leuchtturm aufragt, könnten sehr wohl einem nordeuropäischen Seebadeorte angehören, zumal der neue Sultanspalast mit seinen in zwei Stockwerken übereinander liegenden umlaufenden Veranden in Eisenkonstruktion den Vergleich mit einem altmodischen Kurhause geradezu herausfordert.

So langweilig, freundlich und sauber nun die Stadt dem Beschauer von der Außenseite erscheint, so fesselnd ist das Leben in ihrem wenig freundlichen, schmutzigen Innern. Hier entwickelt sich ein echt orientalisches Treiben, und der Europäer verschwindet förmlich in dem Gewühl von Negern aller möglicher Stämme, von Arabern und Indern. Übrigens ist das Straßenleben Zanzibars so häufig in Wort und Bild geschildert worden, daß darüber Neues kaum noch gebracht werden kann.

Wenige Tage nach meiner Ankunft in Zanzibar wurde ich eines Morgens mit der Nachricht geweckt, Seine Hoheit der Sultan Seyyid Bargasch — derselbe war am Abend vorher von Maskat, wo er Heilung von schwerem Leiden (Elefantiasis und Schwindsucht) gesucht, wieder in Zanzibar eingetroffen — sei über Nacht gestorben. Mit affenartiger Geschwindigkeit kleidete ich mich an. Ein Thronwechsel in Zanzibar, das versprach interessant zu werden; denn ohne eine kleine Revolution, ohne Blutvergießen war es bisher hier bei solchen Gelegenheiten nicht abgegangen. Von meinem Gastfreunde, unserem Generalkonsul Dr. Michahelles, der mir für die Dauer meines Aufenthalts sein Haus in liebenswürdigster Weise zur Verfügung gestellt hatte, erfuhr ich jedoch bald, zu meiner großen Enttäuschung, daß alles glatt verlaufen sei und der neue Sultan, ein Bruder des verstorbenen, bereits mit Szepter und Reichskokosnuß auf dem Throne seiner Väter Platz genommen habe.

Nun, ich wußte mich zu trösten mit der Aussicht auf die zu erwartenden Beisetzungsfeierlichkeiten und versprach mir viel von der dabei entwickelten orientalischen Pracht, von echt fürstlichem Pomp und Massenaufzügen. Das Begräbnis eines Fürsten im Orient, das war etwas Neues, Außergewöhnliches!

Aber auch damit sollte es leider nichts werden, denn der Sultan, der kurz nach Mitternacht seinen letzten Atemzug gethan hatte, war wenige Stunden darauf in einem Winkel des Palastgartens, ohne weitere Feierlichkeit beerdigt worden.

Hafen von Lamu. Altes Fort in Lamu.

Drei Wochen später hatte ich Gelegenheit, mich von der jammervollen Verfassung der Grabstätte zu überzeugen. Da hatte keine trauernde Witwe — und Se. Hoheit hinterließ deren 90 — mit liebevoller Hand Blumen auf das Grab des Dahingeschiedenen gelegt, kein Mausoleum, kein Stein, nur ein elender, unkrautüberwucherter Erdhaufen deutete die Stelle an, wo ein einst mächtiger, gefürchteter und vielleicht auch von einzelnen seiner Unterthanen geliebter Herrscher zur Ruhe eingegangen ist.

Sic transit gloria mundi.

Bald nach seinem Regierungsantritt empfing der neue Sultan Seyyd Khalifa, der inzwischen ebenso wie sein Nachfolger Seyyd Ali dahin gegangen ist, von wo niemand zurückkehrt, die Vertreter der deutschen Kolonie. Man hatte sich zu dieser Haupt- und Staatsaktion vormittags im Konsulat versammelt und setzte sich, nachdem ein Sultansbote erschienen war und gemeldet hatte, daß Se. Hoheit zum Empfange bereit sei, wie ein Haufe Leidtragender zu Fuß nach dem Palast in Bewegung. Der Frack ist in Zanzibar bei solchen Gelegenheiten nicht gerade „de rigueur" und wenn er auch neben der Uniform vorherrschte, so waren mehr oder minder schäbige Gehröcke oder gar helle Jacketts gleichfalls vertreten. Dunkle Kleider werden so selten getragen und sind außerdem, bei der Jahr aus Jahr ein herrschenden Feuchtigkeit der Luft, so sehr der Schimmelbildung ausgesetzt, daß es kein Wunder war, wenn manche der festlichen Gewänder den Eindruck machten, als seien sie irgendwo von Schliemann ausgegraben worden.

In der zum Palaste führenden Straße bildeten die sogenannten „Irregulären" Spalier, eine Truppe des Sultans, die nur bei besonderen Gelegenheiten Verwendung findet und deren Mitglieder für gewöhnlich anderen Beschäftigungen nachzugehen, meist aber zu faulenzen pflegen.

Etwas Irregulärerers als diese Irregulären ist allerdings kaum zu denken. Jeder erscheint nach seinem Geschmack, mehr oder minder — meist freilich minder — bekleidet und ausgerüstet mit den wunderbarsten Waffen, mit Schwertern, Dolchen, Messern und alten Donnerbüchsen jeder Gattung und jeden Kalibers. Die Kolben sind vielfach mit hübschen Metallbeschlägen verziert. Die ganze Gesellschaft macht einen ebenso gesindelhaften wie malerischen Eindruck und paßt jedenfalls vortrefflich in die Landschaft.

Die aus 1200 Mann bestehende Garde mit ihren drei Musikcorps hatte vor dem Palasteingange Aufstellung genommen. Es ist dies eine ständige, nach europäischem Muster uniformierte und unter dem Oberbefehl eines Engländers, des General Mathews, stehende Truppe, die sich in ihrer weißen Uniform, das Haupt bedeckt mit einer Art Studentencerevis, in den Farben des Heidelberger Corps Vandalia, gold-rot-gold, recht schmuck ausnimmt. Die Leute machen einen militärischen Eindruck — ich hätte beinahe gesagt — vom Scheitel bis zur Sohle; aber das wäre übertrieben, der militärische Eindruck hört nämlich bei den Knöcheln auf, darunter liegt die partie honteuse der Sultansgarde, denn was das Schuhwerk anbetrifft, so ist jedem Soldaten Gelegenheit geboten, seinem Geschmack und seiner Liebhaberei zu folgen, und so sieht man neben schwarzen und gelben Lederstiefeln den von irgend einem Europäer ausrangierten Pantoffel oder Lawn-Tennis-Schuh. Hier lugen die Zehen frank und frei aus der wahrscheinlich von einem Vagabonden zur Disposition gestellten Fußbekleidung hervor, dort kommt die Sandale zu ihrem Rechte, und ein nicht geringer Teil der Mannschaft — und dieser hat das Beste gewählt — erscheint barfuß.

Wir kommen an die zum Palaste führende Rampe.

Die Garde präsentiert, die Musik spielt die „Wacht am Rhein," und während wir das Portal durchschreiten, donnert von dem im Hafen liegenden Kriegsschiff des Sultans der Salut für die deutsche Flagge.

Man windet sich durch einen Haufen von Hofbeamten und Wache haltenden Gesellschaft hindurch, steigt erst eine breite, wackelige Holztreppe, dann eine, nur für einen Menschen Raum bietende Art Hühnerstiege hinan und sieht sich plötzlich dem Sultan gegenüber.

In orientalischem Gewande, das Haupt umwunden mit dem Turban, ein herrliches Schwert am Gürtel, so empfängt der neue Herrscher jeden Auftauchenden mit kräftigem Händedruck, um schließlich, nachdem alle versammelt, seine Gäste in einen prunkvoll ausgestatteten Saal zu führen. Acht große Wandspiegel reichen vom Boden bis zur Decke, von der prächtige Krystallleuchter herabhängen. Zwischen den Spiegeln prangen sieben ganz gleiche europäische Uhren, und an den mit Koransprüchen geschmückten Wänden stehen vergoldete Sessel und Sofas, überzogen mit rotem Seidenstoff. Der Sultan nimmt auf einem Throne Platz, in dessen Rücklehne sein Namenszug mit Goldfäden eingestickt ist. Rechts vom Throne setzen sich die Europäer, links die Prinzen,

Memballa.

Zanzibar.

Minister und Hofchargen. Während der Sultan sich mit dem Generalkonsul unterhält, wird von einem fetten Eunuchen erst in wirklich entzückenden, emaillierten Goldschälchen Kaffee, dann in ordinären gegossenen Biergläsern widerlich süßer Scherbet gereicht. Zum Schluß erscheint der Oberhofdischenk mit einem Fläschchen Rosenöl, um jedem Erschienenen einige Tropfen dieser kostbaren Flüssigkeit ins Taschentuch zu gießen.

Nach etwa einer halben Stunde ist der Empfang beendet, unter dem gleichen Brimborium wie beim Eintritt verläßt man den Palast, um sich, zu Hause angelangt, schleunigst seines Fracks zu entledigen und in einen dem Klima angepaßten, weißen Tropenanzug zu schlüpfen.

Eine ganz außerordentliche Anziehungskraft haben stets die an Festtagen von den vorhin erwähnten Irregulären ausgeführten Tänze und Evolutionen auf mich ausgeübt. Gegen Sonnenuntergang strömt dann diese unvergleichlich bunte Gesellschaft in Trupps von 40—50 trommelnd, singend und sich, Schulter an Schulter gedrängt, nach dem Takte wiegend, von allen Seiten zusammen auf dem vor dem Sultanpalaste liegenden weiten Platz.

Unter beständigem Abfeuern ihrer alten Flinten bewegen sie sich hin und her, vorwärts und rückwärts, hüpfend, tanzend oder schaukelnd, um sich schließlich zu einem geschlossenen Kreise zusammenzufinden. Von Zeit zu Zeit lösen sich die besten Tänzer und Springer, die Wiroboto (zu deutsch „Flöhe") von der Masse los, um durcheinander wirbelnd in der Arena die staunenerregendsten Sprünge und Gefechtsspiele auszuführen. Übereinander, über ihre eigenen Klingen und die ihrer Gegner springen sie mit einer Geschicklichkeit und Gelenkigkeit hinweg, die ihrem Namen alle Ehre macht, oder laden, immer dabei tanzend, ihre Feuerwaffen, um dieselben, Purzelbäume schlagend, im tollsten Wirrwarr abzufeuern, so daß es als ein wahres Wunder erscheint, daß es in der Regel ohne ernstliche Verletzungen abgeht. Zum Schluß erscheint, durch einen Neger in einer Bärenhaut dargestellt, der Teufel „shirtani", behängt mit kleinen Glöckchen und Schellen, um dem von einem Balkon aus dem Schauspiele zuschauenden Sultan seine Reverenz zu machen und dann, ebenfalls tänzelnd und trippelnd, seine Salutschüsse abzugeben.

Tausende von Bewohnern Zanzibars in verschiedensten Trachten bilden die Corona. Alles dieses zusammen bietet ein Bild von unbeschreiblichen Reiz, und wenn dann unter dem Donner einiger Dutzend Kanonen mit einem Schlage das elektrische Bogenlicht in der Spitze des Leuchtturmes aufblitzt und die Fülle seiner Strahlen über das Ganze fluten läßt, während gleichzeitig sämtliche im Hafen liegende Sultansschiffe mit unzähligen buntfarbigen Lampions illuminieren, dann könnte man glauben, ein Märchen aus 1001 Nacht zu erleben.

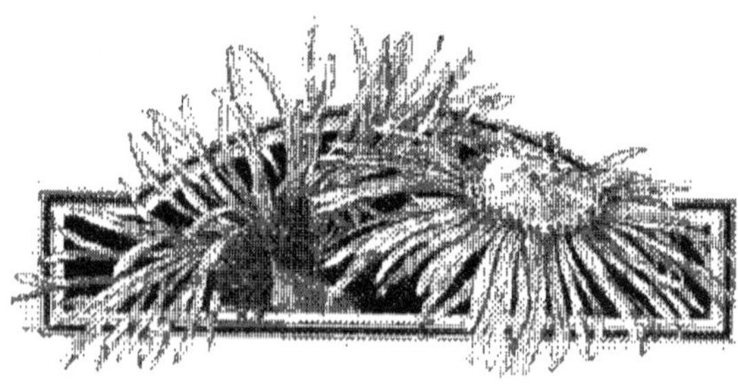

## Gral.



Es ist ein Berg, hoch aufgetürmt,
Von Nacht und Wettern viel umstürmt,
Der Gipfel tief in Wolken steckt,
Den Fuß hält Tann und Dorn umheckt,
Daß man den Weg kaum finden kann.
Und doch, den Berg muß ich hinan.

Da oben steht in weißer Pracht
Ein Tempel, marmorüberdacht,
Darin aus einem ewigen Licht
Der Glanz der höchsten Gnade bricht,
Darin ich rein von Staub und Ruß
Die nackte Seele baden muß.

Kein Tann so dicht, kein Dorn so scharf,
Daß er den Fuß mir hemmen darf,
Und keine Nacht so schwarz und schwer,
Kein Wind und Wetter stürmt so sehr,
Kein Tod und Teufel sperrt den Pfad,
Die Seele schreitt nach ihrem Bad.

Du arme, arme Seele du,
Ohn' Rock und Hemd, ohn' Strumpf und Schuh,
Nackt, blutend, kämpfst du deinen Streit,
Kennst nicht den Weg, weißt nicht wie weit;
Dein einziger Stecken das Vertrau'n,
Daß du das süße Licht wirst schau'n.

Ach, wenn du auf den Stufen liegst,
Die du mit letzter Kraft erstiegst,
Und über dir die heilige Glut
Mit einem stillen Leuchten ruht,
Und alle Wunden haben sacht
Die kranken Lippen zugemacht, —

Dann hebst du deine Hände auf
Und segnest deinen Weg und Lauf.
All' Leid und Unruh fallen ab
Und legen sich ins stille Grab.
Und Glanz hüllt dich und Himmelsschein
In einen weichen Mantel ein.

Gustav Falke.

# Feuergarben.

Novelle

von

## Ernst Behrend.

(Nachdruck verboten.)

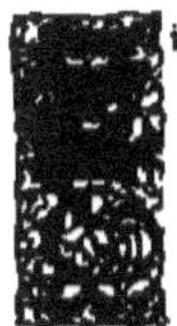ine fahle Wetterwand hatte den ganzen Nachmittag aus dem Westen, von jenseits der Uckerseen, gedroht, ohne sich merklich vorzuschieben. Es schien, als habe der laue Südwind, der die Felder und Wiesen zwischen Ucker und Randow bestrich, Kraft genug, die Wolken zu seiner linken Seite festzustauen. Nur dünner Dunst war aus ihnen an der Himmelswölbung empor und von dort nach dem östlichen Horizont hinabgekrochen, seit Stunden die Sonnenscheibe verschleiernd. Unleidliche Schwüle herrschte. Die Leute beim Roggeneinfahren, arbeitsheiß, arbeitsmüde, luftbeklommen, lechzten dem Ausbruch des Gewitters entgegen, das draußen nicht mehr viel schaden konnte, weil die Ernte größtenteils bereits in die Scheunen gebracht oder in Mieten gesetzt war.

Bauer „Silljank" — Julian hieß er, aber im märkischen Munde ward der Wohllaut des französischen Namens zum spitzen, harten „Silljank" — hatte sein letztes Fuder aufladen lassen. Der Knecht fuhr damit dem Dorfe zu; hinter dem Wagen bödelten schwerfällig zwei Mägde, ihre Forken, mit denen sie das Getreide aufgestakt hatten, gewehrüber tragend; in einiger Entfernung folgte der Bauer, hinkefüßig, da er sich in jungen Jahren mit der Sense eine Sehne durchgeschnitten hatte, die Erde stampfend; neben ihm ging seine Tochter Konstanze. Ein stiller, unbehaglicher Zug. Dennoch hätte ein aufmerksamer Zuschauer seine Freude gehabt an der von uckermärkischer Art weit entfernten Anmut der Bauerntochter, die leicht und zierlich, in freier Haltung der schlanken, knapp mittelgroßen Gestalt dahinschritt. Sie trug eine Harke geschultert, den Stiel mitunter in der Hand quirlend, als sei das Gerät federleicht; in der anderen Hand hielt sie den Strohhut, die landesübliche Kiepe, die ihr Antlitz vor Sonnenbrand geschützt hatte, so daß in den ursprünglichen, frischen Farben die feinen, ausdrucksvollen Züge zu rechter Geltung kamen; ihre Augen glänzten tiefdunkel; die schwarzen Zöpfe, sonst kronengleich um den Scheitel gelegt, hingen jetzt frei herab.

Die Julians waren Abkömmlinge jener reformierten Franzosen, denen das Edikt von Nantes die alte Heimat geraubt, das Edikt von Potsdam eine neue geschenkt hatte. In beträchtlicher Anzahl hatten sich Réfugiés in der Uckermark angesiedelt, wo man noch jetzt in den Städten und beim Landvolk, zumal bei den Planteurs, den Tabaksbauern, häufig auf französische Namen stößt, obwohl die platte Aussprache den Ursprung nicht selten verkennen läßt. Gleichwie die Namen, so haben allmählich die Gestalten, Gesichter und Charaktere uckermärkische Prägung erhalten. Indessen kommt hier und da der Typus der Ahnen wieder deutlich zum Vorschein. Auch bei den Julians war dies, allerdings unterschiedlich, der Fall. Während bei dem Vater als Kennzeichen der Abstammung fast nur innerliche Eigenschaften hervortraten, namentlich Empfindungsreichtum, der zähen Eigensinn nicht ausschloß, wies bei der Tochter außer denselben Merkmalen die ganze wohlgefällige Erscheinung auf den fernen Quell des Blutes hin. Jener hatte das ererbte kleine Schmargendorfer Bauerngut durch Schlauheit und Fleiß erheblich zu vergrößern verstanden, seine Intelligenz hatte ihm das Amt des Gemeindevorstehers eingetragen; die Tochter nahm vermöge ihrer angeborenen Anmut, ihrer im Verkehr mit der landeskirchlichen Pastorenfamilie entwickelten feinen Manieren, sowie wegen ihrer Schlagfertigkeit im Denken und Reden eine hervorragende Stellung unter der weiblichen Dorfbevölkerung ein; selbst im elterlichen Hause wurde ihr, wenngleich die Mutter verständig und betriebsam wirtschaftete, stillschweigend ein ungewöhnlicher Anteil am Regiment zugestanden.

In solcher Anerkennung ihres Wertes wollten die Eltern innerhalb der bäuerlichen Grenzen hoch hinaus mit ihr und

Münchener Bürgerbräu. Nach dem Gemälde von Toni Aron.

dachten ihr den reichsten Bauern des Dorfes, Wilhelm Wulkow, als Gatten zu, womit sie den Heiratsabsichten dieses noch nicht lange mündigen und eben erst vom Militär freigekommenen Jünglings durchaus entsprachen. Wohlhabenheit hüben und drüben, hier das Mädchen als einzige Erbin, dort der junge Bauer frei von lästigem, mitzehrendem Familienanhang, das stimmte alles so gut zusammen, die Verschiedenheit des kirchlichen Bekenntnisses erregte kein ernsthaftes Bedenken, und doch hatte die Sache ihren Haken: Konstanze lehnte die Werbung Wulkows entschieden ab, ihre Wahl war auf einen anderen gefallen, der nichts in der Welt sein eigen nannte, als ein braves Herz, einen klaren Kopf und einen starken Arm; das war Karl Wilke, Sergeant im Kürassierregiment Königin zu Pasewalk. Daß sie an ihm festhalten würde, hatte Konstanze den Eltern nun schon wer weiß wie oft versichert, dem ungeliebten Freier zwar nur einmal, doch deutlich genug; nichtsdestoweniger glaubten jene nicht an den Bestand der vermeintlichen Laune ihrer Tochter, und Wulkow baute, trotz seiner Jugend in Liebessachen ziemlich erfahren, auf den alten Satz, daß die Anwesenden, insonderheit so forsche Kerle von klingenden Verdiensten wie er, schließlich Recht behalten. Demgemäß verhandelten die Siegessicheren weiter über die Zukunft der schönen Konstanze, die sich alsbald in argen Kampf getrieben fand, in welchem sie sich tagtäglich der Angriffe des Vaters erwehren mußte. Dieser that sein möglichstes, sie mürbe zu kriegen, wobei ihn die Gattin, im Gegensatz zu dem gern und geschickt disputierenden Gemeindevorsteher wenig redemächtig, durch viele klägliche und herzbewegliche Seufzer unterstützte; der hoffnungsvolle Jüngling hielt sich abwartend im Hintertreffen.

Auch jetzt, als Vater und Tochter vom Felde heimkehrten, gab's ein kleines Scharmützel. Wie immer begann der Alte, dem Wulkow bei einer heutigen Begegnung die Ansicht geäußert hatte, für einen Landmann sei der Herbst die beste Jahreszeit zum Heiraten, in sachgemäßer, ruhiger Weise, in wohlwollendem Tone, sich selbst erquickend an den schönen Worten, mit denen er seines Kindes und ihrer aller Glück ausmalte; wie immer antwortete die Tochter in gleicher Ruhe, ihre gegenteilige Meinung nicht minder geschickt entwickelnd, ihre unwandelbare Herzensneigung heilig beteuernd; wie immer regte sich der Vater an dem festen, gemessen vorgetragenen Widerspruch auf und verfiel ins Polterieren, wobei er dann das letzte Wort behielt; die Tochter bezwang sich in kindlichem Respekt und schluckte die Widerworte hinunter, die von ihren rosigen Lippen sich in Schwall und Fülle hätten ergießen können. Der Bauer war gerade dabei, seine Ausführungen zu guter letzt mit einem ärgerlichen Fluch zu bekräftigen, da fuhr ihm plötzlicher Wirbelwind ums Haupt und trieb ihm das halbausgesprochene Wort hinter das Gehege der Zähne zurück. Die Mägde aber juchten laut auf, denn derselbe Unhold hatte ihnen eine tüchtige Ladung aufgewirbelten Sandes ins Gesicht geklatscht. Der Wind war unvermutet nach Osten umgeschlagen; aus der lauen Stetigkeit, mit der er bisher geweht hatte, war auf einmal kaltanblasendes, stoßweißes Wüten geworden.

Julian sah sich nach der Wetterwand um. Sie hatte sich in Bewegung gesetzt und stieg mit unheimlicher Geschwindigkeit hoch. Aber schon hatte der Sturm den oberen Rand der Masse zerrissen; freigewordene Wolkenballen flogen als Aufklärer der attackierenden Schwadron voraus; die fahle Farbe hatte sich im Nu in schwärzliches Grau verkehrt.

„Der Wind treibt das Wetter auseinander," sagte der Bauer, „wir kriegen keinen Regen ab; möglich, daß es sich über der Randow wieder sammelt." —

„Na! sachte!" Greller Blitzesschein hatte ihm diesen Ausruf entlockt. Knatternder Donner folgte unmittelbar. „Nun, Mädchen, laß uns aber machen, daß wir nach Haus kommen!" Er traute seiner Wetterprophezeiung doch wohl nicht recht. Konstanze aber hielt ihn zurück und deutete auf ein schönes Schauspiel. Etwa hundert Schritte von ihnen, auf Nachbarland, hatte der Blitz in eine Kornmandel geschlagen, und die Garben des Feldes in feurige Garben verwandelt. Die Körner waren zu Funken geworden und sprühten in toller Lustigkeit umher. Droben jagten die Wolken, noch immer den Regen versagend, zerfetzt, voneinander flüchtend, sich haschend und wieder zusammenwälzend; unten riß der Sturm aus der qualmenden Lohe einen Flammenbüschel nach dem anderen und blies ihn ostwärts — wenige Sekunden, und solch flatternder feuriger Drache hatte sich selbst verzehrt. Da mit einemmale flog der ganze Rest des brennenden Haufens in die Höhe und ward alsbald zu Asche, die der Wind auf seinem wilden Jagdzuge mitnahm.

Der Bauer behielt Recht. Das Gewitter zog regenlos in rasender Eile vorüber und sammelte sich dann wieder vor der Oder, wo es auf pommerscher Mark zur vollen Entladung gelangte.

„Strehblow kann von Glück sagen, daß ihm kein Funke in die anderen Mandeln geflogen ist," meinte Julian, sich zum Gehen wendend, und brummte dann noch einiges über die Lässigkeit des Nachbarn, der sich mit dem Einfahren nicht so beeilt habe, wie er selber. Konstanze achtete auf seine Worte nicht. Sie hatte den schaurig-schönen Vorgang mit weit geöffneten Augen verfolgt und verharrte noch in stummem Entzücken. Endlich riß sie sich von der Stelle los und ging langsam hinter dem davonhumpelnden Bauern drein. —

Am nächsten Tage waren die Julians zum reformierten Gottesdienst nach Prenzlau gefahren. Auch Walkow hatte sich dort ein Geschäft gemacht; auf dem Rückwege überholte er sie; er liebte es, die Schnelligkeit seiner Pferde und seine eigne Fahrkunst zu zeigen. Im Vorbeifahren salutierte er ohne Zuruf mit der Peitsche, wie er es in Schwedt den Dragoneroffizieren abgelernt hatte. Dieser vornehme Gruß schmeichelte dem Gemeindevorsteher; er drehte sich vom Vordersitz, den er nebst dem Knechte einnahm, zu den Frauen um und erklärte: „Ein Staatskerl, der Wilhelm! Da ist Lebensart! — Und Moses und die Propheten!" Mutter Juliane nickte Beifall und seufzte dann vielsagend; Konstanze schwieg, ihre Gedanken weilten schon seit der Predigt bei dem fernen Schatz.

Karl Wilke war der Sohn des vormaligen Schmargenselder Lehrers. Dieser, ein schüchterner Schlant, hatte drüben im Pommerschen, wo er die dornenvolle Laufbahn des Schulmeisters begonnen, eine hünenhafte, lichtblonde, gutherzige Jungfrau kennen und lieben gelernt. Durch Stattlichkeit der Gestalt konnten ihr, die übergenug davon besaß, die Mannsleute nicht imponieren; sie mußten schon andere Vorzüge aufweisen, um ihr zu gefallen; Lehrer Wilke vermochte es durch höhere Bildung. Sie nahm daher seine Hand an, worauf beide in friedlichem, mit keinen anderen als lebendigen Schätzen gesegnetem Ehestande bescheidenes Glück fanden. Von ihren sechs Kindern wiesen die fünf ältesten die schlichte äußere Erscheinung des Vaters auf; der jüngste Sohn, Karl, ein Spätling, schlug nach der nordischgermanischen mütterlichen Art ein und wuchs bei Kartoffeln und Mehlsuppe zum blondlockigen Riesen heran. Im übrigen hatte er von der Mutter die Gutmütigkeit geerbt, vom Vater stark ausgemünzten Rechts- und Biedersinn. Als er die Dorfschule hinter sich hatte, starben ihm die Eltern fast gleichzeitig, nachdem sie ihren Sparpfennig zu dürftiger Ausstattung der beiden an kleine Prenzlauer Handwerker verheirateten Töchter verwendet hatten; die ältesten Söhne waren Schreiber bei Behörden geworden. Karl trat auf einem der in der Uckermark dichtgesäten Arnimschen Güter in die Wirtschaftslehre mit der Aussicht, zeitlebens nichts mehr zu werden, als der geplagte Hüter von Knechten und Hofgängern. Da kam der große Krieg, und der junge Hüne trat als Freiwilliger bei den Pasewalker Kürassieren ein. Die Schlachten um Metz wurden ohne ihn geschlagen, darauf wurde er dem Regiment nachgeschickt. Vor dem Ausrücken kam er auf einen halben Tag nach Schmargenselde, um von zwei Gräbern und den lebenden Landsleuten Abschied zu nehmen. Nach der höflichen Weise, die ihm im Schullehrerhause in Fleisch und Blut übergegangen war, besuchte er Hof um Hof, niemand durch eine Unterlassungssünde kränkend. Überall erregte der stattliche Reitersmann im weißen Koller Wohlgefallen; seine allgemeine Würdigkeit wurde durch den äußeren Glanz bedeutend gehoben. Meistens dienten die Schmargenselder und ihre Nachbarn bei den Vierundsechzigern, allenfalls den Schwedter Dragonern; bis zum Panzerreiter hatte es seit Menschengedenken keiner aus dem Dorf gebracht. Die Schmargenselder Jugend konnte sich an ihm nicht satt sehen und gab ihm von Haus zu Haus und später noch zum Dorf hinaus das Ehrengeleite.

Von dem Julianschen Hofe, dem letzten

an der Dorfstraße, zog sich, zunächst den Hausgarten begrenzend, eine Kreuzdornhecke den Weg entlang. Als Karl Wilke mit seiner jungen Gefolgschaft daran vorüberwandelte, sprang ein zwölfjähriges, zierliches Mädchen, schwarzäugig und schwarzlockig, in sauberer Kleidung, lederbeschuht, anstatt auf den ortsüblichen Holzpantinen, aus einer Lücke auf ihn zu und drückte ihm, wortlos, glühenden Angesichts, einen Strauß herbstlicher Blumen, wie sie in Bauerngärten wachsen, in die Hand. Der junge Krieger nahm diese Huldigung des ihm unbekannt gebliebenen Mägdleins freundlich entgegen und war im Begriff, sich mit einem Scherzwort zu bedanken; allein schon war die Zierliche, flink wie eine Eidechse, zurückgeschlüpft und hinterm Schutz der Hecke verschwunden. „Wer woar de lütt' Dirn?“ fragte Karl Wilke. „Na, Silljanks Konstanze!“ erscholl es aus einem Dutzend kleiner Breitmäuler. — „De heww ick ja noch goar nich to seihn kriggt!“ — „Joa!“ erwiderte ihm der Aufgeweckteste der Trabanten, „dat is so 'ne Fine un Upsternoatsche, se wull ja mit uns nich mitlopen!“ —

In Frankreich erwarb sich Karl Wilke bei einem Patrouillenritt auf General von Transeckys berühmtem Marsch nach der Schweizer Grenze das eiserne Kreuz; dann kapitulierte er und wurde bald nach der Heimkehr Unteroffizier. Er ging im königlichen Dienste ganz auf. Was ihn über die Pflichtjahre hinaus an die Standarte fesselte, war nicht so sehr die schillernde Außenseite des Soldatentums als der unscheinbare Kern, die eherne Zucht, die Strammheit, die peinliche Ordnung in allen Dingen. Darin fand er seine einzige Passion. Sein früherer Beruf erschien ihm keiner besonderen Erinnerung wert. Vor sich sah er als Lohn für später unausbleibliche Abständigkeit die würdevolle, autoritative Stellung eines Gensdarmen oder Steuerbeamten, auch an ihr weniger die augenscheinlichen Ehren, als den tugendsamen Inhalt schätzend. Pedant im schäbigen Röcklein war der Vater gewesen, Pedant in Koller und Stulpen der Sohn geworden. Nach dem Friedensschluß ließ Karl Wilke sich Jahrelang vom Dienst in der Garnison festhalten, ohne sein Heimatsdorf wieder aufzusuchen. Endlich that er's doch und machte wieder den Rundgang von Hof zu Hof.

Auf dem Julian'schen fand er diesmal die Alten nicht gleich zur Stelle. Als er nach militärisch hartem Anpochen und hell zurückgerufenem „Herein“ die Wohnstubenthür öffnete, bot sich ihm ein unerwarteter Anblick. Hinter einem Nähtischchen am Fenster, von dem durch schneeweiße Tüllgardinen mäßig gedämpften Licht der Nachmittagssonne zart beleuchtet, erhob sich ein gar holdselig erscheinendes Mägdlein. Sobald das der mächtigen Kriegergestalt ansichtig geworden war, spiegelte sich süßer Schrecken auf den lieblichen Zügen ab. In jähem Wechsel erblaßte und erglühte das Antlitz der Jungfrau. Einen Moment hatte sie den Gast mit großen Augen angestarrt, dann aber senkte sie schamhaft die Lider und bewegte leise die Lippen, als spräche sie unhörbaren Gruß. Das alles war so seltsam, daß der blonde Recke sich keinen Vers darauf zu machen wußte, selber ganz verlegen ward und die geziemende Anrede vollständig vergaß. Im Thürrahmen wie zur Statue versteinert, in vorschriftsmäßiger Haltung mit der Linken am Pallasch und der Rechten an der Hosennaht, verfiel er aus dem ersten Verwundern ins Grübeln und Sinnen. Wo hatte er dies heiß erglühte Gesicht, diese blanken Augensterne doch schon gesehen? Das war nicht uckermärkische noch pommersche Rasse — aber in Frankreich? Dort hätte es wohl sein können, da waren so ziere Gestalten an ihm vorübergeflitzt, doch nimmer hatten sie so schüchtern und lieb geschaut. Seine Erinnerung blieb eine halbe. Aber wie eigen zuckte es jetzt um Konstanzes Lippen! Gewiß begrüßte ihr Herz das in Fleisch und Bein vor ihr stehende Bild des blonden Ritters, das sie Jahre lang im wachen Sinn und wonnigen Traum geschaut hatte, mit frommer Verehrung. Als dies Bild aber gar nicht aus dem Rahmen heraustreten und, wie es schicklich war, Leben annehmen wollte, kam ihr das Komische der Situation zum Bewußtsein, und der Schelm regte sich in ihr. „Rührt euch!“ kommandierte sie mit schlecht verhohlener Lustigkeit, aber sofort erschrak sie über das dreiste Wort und hätte vor Scham in die Erde versinken mögen. Unteroffizier Wilke rührte sich auf Befehl, doch auch der Pedant verstand den heiteren Augenblick und sagte scherzend: „Schönsten Dank, Fräulein! Das war ein gutes Wort zur rechten Zeit, ich hätte sonst in alle Ewigkeit vor Ihnen stramm stehen müssen, wie vor einem Vorgesetzten und es dünkt mich doch hübscher, mit Ihnen auf kameradschaftlichen Fuß zu kommen. Herrjeh! — Jetzt hab' ich's!" Er trat rasch ein paar Schritte vor. „Sie sind ja das kleine Mädchen von Anno 70, mit dem Asternstrauß! Wissen Sie noch?" — Natürlich wußte Konstanze das und viel mehr, wovon der Herr Unteroffizier seinerseits keine Ahnung hatte und vorläufig auch nichts zu wissen brauchte. Er hat's aber später doch erfahren. Als der von Stund' an innerlich ganz Verwandelte die Gelegenheit, sich in Schmargenfelde mit den Adlerknöpfen des Sergeanten zu präsentieren, zu weit wichtigerem Zwecke benutzte und in der Julianschen Hopfenlaube der schönen Konstanze ein Liebesgeständnis machte, das sich von anderen derartigen Herzensäußerungen durch seine an militärische Meldungen erinnernde Form unterschied, aber gerade deshalb an Deutlichkeit nichts zu wünschen übrigließ, vernahm er zum großen Erstaunen, daß sich zwölfjährige Mädchen regelrecht und mit wunderbarer Nachhaltigkeit in ausgewachsene Kürassiere verlieben können. Was jetzt aus heimlichem Dunkel in das helle Licht des Bekenntnisses trat, war echte, volle Liebe mit dem Anspruch auf Anerkennung und glückliches Gedeihen. Ein erfreuliches Bild menschlichen Schicksals — doch auf der Kehrseite die häßliche alte Geschichte vom Widerspruch des hochmütigen reichen Bauern gegen die Heirat der Tochter mit einem braven Kerl, der nicht die Thaler in der Tasche klappern lassen kann. Von diesem Mangel abgesehen, gefiel der kühne Freier den alten Julians durchaus, aber nach ihren Grundsätzen durften sie eben von diesem Mangel nicht absehen. Daher setzten sie dem von der Tochter Erkorenen in aller Freundlichkeit den Stuhl vor die Thür. Seitdem war es mit dem Sonnenschein, der bisher das Haus erfüllt hatte, vorbei, und als dann Wulkow mit seiner Werbung kam, entstand dauernde Gewitterstimmung. Dauernd aber auch war die Treue, mit der die Liebenden ihrer Herzen Hort wahrten.

Die Kirchfahrer waren jetzt an der Schmargenfelder Gemarkung angelangt. Der Bauer ließ von der Straße abbiegen, um seiner Frau die Stelle zu zeigen, wo der Blitz gestern die Strehblow'sche Kornmandel getroffen hatte. Nun hielten sie neben dem schwarzen Brandfleck auf der Stoppel. Die Scene wurde dem Mädchen mit unheimlicher Deutlichkeit wieder lebendig. Es glühte und sprühte ihr vor den Augen, das wilde Element. Gruslig — aber doch wunderschön!

„Nicht wahr, Mädchen, ein höllisches Feuerwerk?" fragte sie der Vater, ihren Gedanken begegnend. Dann fuhr er, zu seiner Frau gewendet, fort: „Ist aber billig genug gewesen, bloß eine einzige Mandel! Ja, wenn so eine Miete hoch geht oder 'ne volle Scheune, das ist dann schon ein ganz andres Ding! Was meinst du, Alte, wenn uns das passierte? Na, verschmerzen ließ' es sich schon wegen der Versicherung, aber die Scherereien, die man dann hat!" — —

Den arbeitsfreien Sonntagsnachmittag benutzte der Bauer dazu, die Tochter wiederum mit der Wulkowschen Angelegenheit zu quälen. Sollte die Seelenmarter gar kein Ende nehmen? Konstanze trat ans Fenster und sah mit leeren Blicken auf den Hof hinaus. Ihre Gedanken schweiften unbehütet umher; bald war's ihr Herzeleid, bald eine häusliche Kleinigkeit, womit sie sich beschäftigten; dann, als ihr Blick an der einzeln stehenden Scheune haften blieb, die jenseits das Quadrat des Hofes abschloß und gestern den Rest der Roggenernte aufgenommen hatte, waren's des Vaters Worte: „Was meinst du, wenn uns so eine Scheune hoch ginge?" die ihr in den Sinn kamen. Mit der ihr eignen starken Einbildungskraft gestaltete sie flugs auf dem Hintergrunde des Gebäudes das unvergeßliche feurige Schauspiel, in allergrößtem Maßstabe. Wie furchtbar prächtig! Warum sollte es sich nicht in Wirklichkeit ereignen? Warum sollte in dieser gewitterreichen Zeit nicht der Blitz die Scheune da treffen? Was würde das viel schaden? „Versichert sind wir ja!" Es hatte seit Jahren im Dorf nicht gebrannt. Einmal mußte doch wieder ein Feuer aufkommen! Sicher bald! Ganz gewiß würde der Blitz in die Scheune schlagen! Konstanze schwelgte förmlich in diesen unsinnigen Ideen. Plötzlich kam ein neuer Gedanke kreuzend dazwischen. Das Mädchen erschrak vor sich selbst und kehrte sich mit hastiger Bewegung nach den Eltern um, die hinterm Kaffeetisch das alte Thema behandelten. Dann sah sie mit einiger Scheu nach dem gefährdeten Gebäude zurück und sprach wie traumverloren: „Wenn ich Ruh' und Frieden hätte, bis das Korn in der Scheune drüben gedroschen ist, dann — — dann, liebe Eltern, wollt' ich euch wohl zu Willen sein. — — Ja!“ Mit starkem Entschluß trat sie auf die Alten zu: „Gebt ihr mir Frieden bis dahin, dann mag's kommen, wie ihr wollt. Aber bis dahin, auch kein Wort mehr von der Sache, zu keiner Menschenseele! Versprecht ihr's mir?“ Nun waren die Eltern doch ein wenig verwundert, aber sie zögerten nicht, auf Konstanzes Bedingung einzugehen. „Topp!“ rief der Bauer, „bis das Korn in der Scheune drüben gedroschen ist! Da schlag' ich ein, Mädchen, und Mutter auch! Jetzt wissen wir doch, woran wir sind, und zwischen Martini und Weihnachten gibt's Hochzeit!“ —

Die Zeit ging ereignislos weiter. Der Herbst legte sich leise aufs Land. Die letzten Feldarbeiten wurden verrichtet. Reif und kalte Winde kamen. Die Winterarbeit mußte begonnen werden. Auf dem Julianschen Hofe war's Zeit, ans Dreschen zu gehen. Die Scheunen waren noch voll, kein Blitz hatte sie bisher getroffen, so sehnsüchtig auch die Erbin des Hofes solchen Unglücksfall erwartet hatte. Mit dem Mädchen war eine auffällige Veränderung vorgegangen. Solange sie die täglichen Plänkeleien mit den Eltern im Krieg um ihre Zukunft gehabt hatte, war sie stark und frisch gewesen. Nun lag es wie ein Alp auf ihr, schwer und beklemmend; dann wieder lief sie in Hast und Unrast umher. Tagsüber müd' und matt, konnte sie nachts den Schlaf schwer finden. Die Rosen der Gesundheit auf ihren Wangen fingen an zu welken. Die Eltern bemerkten es wohl, hofften aber von der Zeit Besserung und behelligten sie deshalb nicht durch Fragen und Ratschläge. Die peinliche häusliche Stimmung war geblieben, nur Tonart und Farbe hatten sich geändert.

Wenn der Vater an den nun schon lang gewordenen Abenden in seinem Gemeindeamt dies oder jenes las oder schrieb, griff auch Konstanze wohl zu einem Buch; sie besaß einige Bände, Weihnachts- und Geburtstagsgeschenke, die sie sich hin und wieder gewünscht hatte. Eines Abends schlug sie in einem Bande Geschichtserzählungen die Mär von jenem assyrischen König auf, der, vom Feinde hart bedrängt, der Schmach des Unterliegens nicht anders zu entgehen wußte, als indem er die Brandfackel in seinen Palast warf und von der Glut dieses ungeheuren Scheiterhaufens sich selbst und das Leid seiner Seele verzehren ließ. Als sie das gelesen hatte, klappte sie das Buch schnell zu, sagte „Gute Nacht“ und ging in ihre Schlafkammer. Wie allabendlich vorm Zubettgehen, nahm sie aus der gewölbten, blumenbemalten Truhe, in der sie ihre kleinen Schätze aufbewahrte, das Bild des Geliebten, eine uneingerahmte Photographie, lehnte sie an den Leuchter, der auf einem Brettstuhl vor ihrem Lager stand, legte sich nieder und versenkte sich in herzerfreuliche Betrachtung. Sie pflegte nachtsüber das Bildchen auf diesem Platz zu lassen, um es nach dem Erwachen gleich zu Gesicht zu bekommen. Heute erhob sie sich nach einem Weilchen, küßte das Konterfei des blonden Reitersmannes lange und inbrünstig, verschloß es wieder in die Truhe und löschte dann das Licht aus. —

Die Schmargenfelder lagen im besten Schlaf, da fuhr dieser und jener aus den schweren warmen Kissen empor, vermeinend, schauriger Schrei habe ihn geweckt, und horch! da erscholl zum zweitenmale der lang gezogene Ruf: „Feuer!“ „Herrgott, wo brennt's?“ Noch während des Sprunges vom Bett auf die kalte Diele that mancher die bange Frage. Fenster und Thüren werden aufgerissen. Verschlafen und angstvoll ausschauende Gesichter richten sich gegen den in matter rosiger Glut strahlenden Himmel. Noch ist's so menschenstill, daß man weithin die leise Arbeit der zerstörenden Flamme hört. Nun läuft der alte Nachtwächter mit stoßweisem Getute dem Küsterhause zu, wo sich der Schlüssel zum Glockenturm befindet. „Herrjeh, Lubitz, wo is dat Füer?“ „Bi Silljanks! De ein' Schün' brennt!“ „Allmächtiger, wat för'n Qualm un Swalm!“ Männer stürzen, knapp bekleidet, aus den Häusern; Frauen laufen wie kopflos in den Stuben umher, in Kisten und Schränken kramend, schreiende Kinder beruhigend, saumselige aus den Betten treibend; die Glocken läuten, aus dem Spritzenhause werden ächzende, knarrende Geräte gezogen; kräftige Burschen spannen sich vor, und im Trabe geht's der Feuerstätte zu; alles, was Arme und Beine hat, regt und rührt sich; Kommandorufe erschallen; durch den allgemeinen Lärm tönt kurz und hell die Stimme des Gemeindevorstehers; Wassertonnen sind angeschleift worden; der erste Strahl aus dem Spritzenschlauch fährt zwischen einen Haufen Leute, die gerade nach der besten Angriffsstelle suchen, und findet danach schnell das rechte Ziel, unter lautem Gezisch mit dem feindlichen Elemente zusammentreffend. Aber in majestätischer Pracht steht die riesige Feuergarbe da, in heiterem Spiel nach allen Seiten Funken verstreuend; nichts vermag ihr das emsige Treiben der Menschen anzuhaben; kein Lüftchen weht, ihr steiles, stetiges Lodern zu beirren; gleich einer dampfgekrönten Säule, die das Firmament trägt, ragt sie empor, — eine lange, bange halbe Stunde; dann sinkt sie, wie aus eigenem Entschluß, rasch in sich zusammen; unter prasselnd nachstürzenden Wänden erstirbt die letzte Glut. —

Am nächsten Tage war auf der Brandstätte eifriges Ab- und Zugehen neugieriger, kritisierender, nach der Brandursache forschender, den Geschädigten tröstender und beratender Menschen. Unter ihnen Wilhelm Wulkow. Ein blasses, schmächtiges Kerlchen, der Dorfschuster, drängte sich an ihn und meinte: „Ja, Wulkow, 'ne grausliche Nacht, diese Nacht! hier Brand und da Mord und Totschlag! Diese pechrabenschwarzäugigen Weibsbilder! Ich sag's, das Feuer hat die alte Ratsche angelegt, die Zigeunersche, die die letzte Woche die Dörfer hier herum abgeklappert hat; sie hat ja grad' so 'ne Karfunkelaugen, wie die Prenzlausche Mordhexe, die Leutnantsfrau, haben soll." Wulkow sah den Sprecher verwundert an: „Leutnantsfru? Mordhex'? Wat's denn dat, Schauster?" „J, wissen Sie noch gar nichts von dem Duell heute morgen, dicht hierbei, im Bruchhagenschen Holz? Nein? Also — ". Und nun erzählte der Dorfreporter, in Prenzlau habe letzter Tage ein Leutnant entdeckt, daß seine junge Frau ihn mit einem Kameraden, den sie lieber geheiratet hätte, was aber wegen unzulänglichen Vermögens nicht angängig gewesen wäre, schmählich betrogen habe; die Folge dieser Entdeckung sei ein Pistolenduell gewesen — heut' morgen im Bruchhagener Holz — wobei der gekränkte Ehemann auf dem Platze geblieben. „Und nun," so endete der Schuster indigniert den Bericht, „hat ihn seine schwarzäugige Betrügerin auf dem Gewissen, und man kann ihr doch nichts anhaben. Der alten Ratsche aber werden sie wohl auf ein paar Jährchen das Handwerk legen, denn die is es sicher gewesen! Na, um Silljansen thut mir das nicht so leid, der is ja gut versichert, was meinen Sie, Wulkow? Bloß der arme Leutnant! Aber was heiratet er auch eine, die einen anderen lieber gemocht hätte!" Nachdem der Schuster hier sein Wissen an den Mann gebracht hatte, ging er weiter, um noch irgend welche Ahnungslose damit zu beglücken.

Wulkow starrte eine Weile auf den schwarzen Trümmerhaufen und wandte sich zum Weggehen. Als er nach dem Julianschen Wohnstubenfenster sah, war's ihm, als leuchteten zwei dunkle Augen ihm höhnisch entgegen. Er fuhr zusammen und sah noch einmal hin, aber da waren jene Augen verschwunden. „Dummes Zeug!" murmelte er. Dann glaubte er den Schuster zu hören: „Warum heiratet er auch eine, die einen anderen lieber gemocht hätte!" Unwillkürlich drehte er sich um, doch es war nicht der Schuster, den er erblickte, sondern eine gespenstische Erscheinung, die alte Ratsche, wie sie mitten auf der häßlichen, düsteren Stätte hockte, ihn, wahrhaftig ihn, angrinsend — aber mit Augen, die er sonst in einem jungen, schönen Antlitz gesehen hatte. Wulkow schüttelte sich, hatte ihn ein Fieber gepackt? Eilends verließ er das Juliansche Gehöft. Auch bei sich daheim mochte er nicht verweilen. Er schirrte seine besten Pferde an und fuhr in scharfem Trabe zum Dorf hinaus. Wohin? Er wußte es selbst noch nicht. Vom Landweg auf die Chaussee, dann immer gerade aus. Links tauchte hinter Hügeln ein schlanker Kirchturm auf. Seedorf! Da wohnte ja der reiche Schulze Ehlgötz mit den drei lustigen Töchtern. Staatsdirnen, breite, grelläugige, altmärkische Art! Und wie konnten sie lachen Wulkow wußte jetzt, wohin. Er sehnte sich nach lautem lustigem Gelächter. —

Bauer Julian konnte den unmittelbaren Brandschaden, wie er damals renommistisch geäußert hatte, leicht verwinden; aber die

Scherereien! Abschätzung, gerichtliche Untersuchung, Verhandlung mit Handwerkern wegen des Neubaues, lauter lästige Dinge, zumal die gerichtlichen Verhöre! Er fühlte es heraus, daß man ihn, den gut Versicherten, einen Moment im Verdacht der Thäterschaft gehabt, da nach allem, was sich ermitteln ließ, nicht Zufall, sondern Brandstiftung vorlag. Aber er ging aus der Untersuchung so rein hervor, wie die alte Ratsche, die sich in der Brandnacht meilenweit von Schwargenselde aufgehalten hatte. Nichtsdestoweniger kam er aus Unruh und Ärger nicht heraus. Konstanze dagegen lebte seit dem Feuer sichtlich auf. Hast und Unrast verschwanden, der feste Schlaf der Jugend stellte sich wieder ein, blühende Farbe kehrte auf ihr Antlitz zurück. Ihre Züge zeigten einen Ausdruck von Siegesfreude. Und sie hatte gesiegt! Denn etwa vierzehn Tage nach dem großen Ereignis kam die Kunde ins Haus, Bauer Wulkow habe sich mit einer Ehlgötzschen Tochter versprochen, der Quackel-Anne, wie sie von scharfen Zungen ihrer oft ein bißchen albernen Fröhlichkeit halber genannt wurde. Sie hatte hellblaue Augen, und es war nicht bekannt, daß sie vor ihrem Bräutigam schon einen Schatz gehabt. Wulkow war durch die Erzählung des kleinen Schusters hellhörig geworden.

„Merkst du jetzt, lieber Vater," höhnte Konstanze, „was an deinem Wulkow dran ist? Kaum sieht er, daß den Hof ein Malheur trifft, und geschwinde hat er ausgerechnet, daß die Erbtochter um so und soviel weniger wert geworden ist." Bauer Julian konnte nicht umhin, ihr im stillen recht zu geben. Er fühlte sich durch den Abfall seines Schützlings schwer beleidigt und trug nun neben dem Ärger über die Scherereien noch den Grimm des Gefoppten. Da machte er mit diesem Störenfried kurzen Prozeß. Eines Abends, als Konstanze mit einer Näharbeit am Eßtisch saß, legte er ihr die Hand auf den flechtenbekränzten Scheitel und sagte mit innerer Bewegung: „Mädchen, am Ende hat der liebe Gott deine Sache führen wollen, als er mir irgend so eine Brandhexe auf den Hals schickte. Ja, ja, in der Not erkennt man dann seine Leute. Dieser Wulkow! Aber — — kurz und gut — willst du deinen Karl noch?" Da strahlte ihn heller Glanz endlichen Triumphes aus den Augen der Tochter an. Er nahm's für nichts andres, als kindliche Dankbarkeit, und fühlte sich frei und froh, wie er's seit langem nicht mehr gewesen. —

Es war Pfingsten. In der Hopfenlaube des Julianschen Gartens saß der Sergeant Karl Wilke mit seiner Braut. Er war aus Pasewalk auf Urlaub herübergekommen. Zum Herbst lief seine Kapitulation ab, dann sollte er zum alten Berufe zurückkehren, den Hof übernehmen und mit Konstanzen Hochzeit halten. Süßes Glück hielt in der dichten Laube Rast. Treuer Liebe winkte ihr Lohn. Der stattliche, frische Mann hielt sein zierliches Liebchen fest im Arm und las in den dunklen Augen wundervolle Mär. Sie schmiegte sich hingebend an seine breite Brust, wohl wissend, daß darin ein braves Herz zärtlich für sie schlug. Das schöne, menschliche Gefühl hatte seinen harten pedantischen Sinn sanft übergoldet.

Festfriede herrschte rings umher, wohnte in beider Seelen, lag verklärend auf ihren Gesichtern und verbannte jedes alltägliche Wort von ihren Lippen. Auch die derbe Ukermark hat Tage und Stunden, wo lichte kleine Geister über die Fluren und Herdstätten wandeln, von den Menschen freudig gefühlt und andächtig begrüßt.

In der Hopfenlaube war es traut und still. Nur die lockende Fanfare eines Ortolans, der in der Nähe von Baum zu Baum flog, und das unaufhörliche Gezwitscher der Schwalben, die an der neuen, auf der Brandstätte erstandenen Scheune Nester gebaut hatten, tönte herein. Von Zeit zu Zeit ein Liebeswort oder der freundliche Schall zweier sich vereinigender und wieder um lösender Lippenpaare. Dann einmal leises schelmisches Gelächter. Nun suchte sich die schöne Mädchengestalt aus der Umschlingung der kräftigen Arme zu befreien; der Mann bat flüsternd; jetzt war sie eidechsengleich der Fessel entschlüpft und heraus aus der Laube. Flink huschte sie den Steig entlang, zwischen Himbeer- und Johannisbeersträuchern dahin; in gewichtigen Sätzen sprang ihr der Liebste nach. Jetzt ein munteres Haschespiel. Bald glaubte er sie zu fangen, dann war sie hui! davon und schabte ihm lachend Rübchen. Nun machte er an der Kreuzdornhecke Halt, und wie er drüber hinweg die Dorfstraße gewahrte, besann er sich darauf, daß so lustiges Umhertollen für einen würdigen Kürassiersergeanten wenig schicklich sei. Aber ehe er sich wieder in stramme Positur gesetzt hatte, flog ihm der holde Schmetterling an den Hals. „Da hast du mich, Liebster!“ Sie glühte an Stirn und Wangen und schloß die Augen. Ihr Blut siedete und erzeugte buntes Flammenspiel hinter den Lidern. „Halt mich, Geliebter!“ „Ich halte mein Glück!“ „Halt's aber auch fest — mit so fester Hand, wie ich's geschmiedet!“ „Du?“ „Ja, soll ich's dir sagen, Herzensschatz? Komm beug' dich herab, ich will's dir ins Ohr flüstern. Sieh, unser jetziges Glück und unser künftiges wohnte wohl im Monde, wenn du nicht solch' mutiges Mädchen hättest. In finsterer Nacht schlich es sich hinaus, mit sicherer Hand zündete es die Scheune an, und — fort war der Stein, der uns im Wege lag!“ — „Du?“ — Grenzenloses Erstaunen gab dem Wort seinen Ton. „Ja, ich, Karl! Und jetzt küsse mich dafür!“ Aber er küßte sie nicht. Seine Arme lösten sich von ihr und fielen matt an seinem Leibe nieder. Konstanze schlug die Augen zu ihm auf und schaute in ein geisterbleiches Angesicht. — „Du?“ fragte er noch einmal. Und als sie bestürzt, doch unfähig, ihn zu belügen, mit dem Haupte nickte, da streckte er die gespreizten Hände gegen sie aus, quälte ein Wort, das wie „Brandhexe“ klang, durch die Zähne und floh, von Entsetzen gejagt, aus dem Garten.

In atemraubender Angst wollte sie ihm nachfliegen, aber die Beine versagten ihr zitternd den Dienst, und sie mußte sich an einem Baumstamm festhalten, um nicht niederzusinken. Nach einiger Zeit hörte sie Schritte hinter der Hecke. Karl Wille verließ, ein innerlich gebrochener Mann, in müder Haltung das Dorf. Da erst gelangte sie zu der vollen schrecklichen Gewißheit, daß ihr Verbrechen, nachdem sie es dem Davonschreitenden bekannt, eine ewige Scheidewand zwischen ihnen sein würde.

Ihr Glück war gewesen nicht wie die Garben des Feldes, reich an köstlicher Nährfrucht, sondern wie eine Feuergarbe, die in kurzer Pracht auflodert und erstirbt, und was von ihr bleibt, ist ein Häuflein schmutziger Asche.

---

# Drei Sprüche.

Von Frida Schanz.



I.

Wenn wir die stürmende Sehnsucht gestrichen,
Der irdisches Wohlsein nicht genügt,
Und ins glatte Dutzend uns glatt gefügt,
Dann nennen die Menschen uns *ausgeglichen*.

II.

Ihr stillen Thränen, wie zehrt ihr leis!
Ihr dumpfen Gluten, wie brennt ihr heiß!
Ihr spitzen Dornen, wie stecht ihr scharf,
Ihr Schmerzen, die man nicht zeigen darf!

III.

Zu wichtig nehmen wir der Welt Gekrittel,
Die Sucht nach Lob und Beifall geht zu weit!
Ein Zwanzigstel von allem Gram ist Scham. — Ein Drittel
Von allem Glück ist Eitelkeit!

---

Hoffnung. Nach dem Gemälde von George Frederick Watts.

# Neues vom Büchertisch.

Von
Paul von Szczepański.

(Ebers, Wolff, Sudermann.)



Ob es im Geiste Wustmanns — des Leipzigers, der bekanntlich das beste Deutsch schreibt — richtig ist, von einem „Schmiedefeuer des Lebens" zu sprechen, das die Menschen läutert? — Ich zweifle. Denn von welcher Seite man das Bild auch ansehen mag, es bleibt ein schiefes Bild. Das Schmiedefeuer läutert überhaupt nicht, sondern es macht das Metall nur weich und biegsam. Das Leben wiederum arbeitet an den Menschen nicht nur mit fortgesetzt hoher, sondern auch häufig mit sehr niedriger Temperatur. Was in der Schmiede das rohe Eisen zum brauchbaren Werkzeug macht, ist nicht das Feuer, sondern der Hammer. Hätte aber Georg Ebers seinen neuesten Roman „Im Schmiedefeuer" (Stuttgart, Deutsche Verlags-Anstalt, 2 Bde.) statt dessen „Unter dem Schmiedehammer" genannt, so würde man ihm vielleicht entgegenhalten, daß er damit nur einen Umformungsprozeß charakterisiert, während er doch so sehr viel schöner an einen Läuterungsprozeß gedacht hat. Und da klang ihm das Fegefeuer und der Schmiedehammer ineinander, und es wurde der vielversprechende Titel „Im Schmiedefeuer" daraus, gegen den ich gar nichts einzuwenden habe, da ich die deutsche Sprache nur ganz laienmäßig und nicht als ein Doktor der Philologie handhabe. Warum ich mich trotzdem an so tiefsinnige Untersuchungen mache? — Lediglich, um Georg Ebers zu beweisen, daß man nicht Professor und Dr. phil. zu sein braucht, um philiströse Anwandlungen zu haben, und daß man solche Anwandlungen nicht nur in einem zweibändigen Roman, sondern auch in zwanzig Zeilen bezwingen kann. Zur Genüge, glaube ich, — was darüber ist, scheint mir sogar vom Übel; von jenem schlimmen Übel der Langeweile, die Ebers' Roman „Im Schmiedefeuer" auf sechshundertundeinunddreißig Seiten ausströmt. Wenn sein Exempel nun wenigstens stimmte und er am Schluß bewiesen hätte, was er beweisen will und was zu beweisen gar nicht schwer fällt — daß das Schmiedefeuer des Lebens läutert und besser macht. Aber das gelingt ihm nicht einmal. Ebers malt eine Galerie von guten und eine Galerie von schlechten Menschen, und die guten läßt er sich zum Lohn für ihre Bravheit heiraten, die schlechten läßt er sterben oder verderben, aber in ihren Sünden. Von einer Wandlung, von einem psychologischen Prozeß, den er uns versprochen hat, keine Spur. Es ist wahr, Heinz Schorlin, ein Ritter aus dem dreizehnten Jahrhundert, scheint gern nach hübschen Mädchen gelugt zu haben, bevor er in dem Ebersschen Roman auftritt, und den Würfelbecher schwingt er noch vor unseren Augen; aber mit der Stunde, in der ihm klar wird, daß er Els Ortlieb liebt, ist er fromm und brav, wie es sich einem Ritter geziemt, der in echter Minne entbrannt und zum Besten aller Ehemänner prädestiniert ist. Und Els Ortlieb hat als ganz junges Jungfräulein die unklare Idee, daß es im Kloster sehr schön sein und sich darin sehr behaglich leben lassen müsse; aber sobald sie Heinz Schorlin kennen gelernt und eine mir sehr widerwärtige Periode überwunden hat, in der sie abwechselnd mit den gleichen Gefühlen an den himmlischen und an ihren noch nicht offiziellen irdischen Bräutigam denkt, ist sie eine ganz normale Braut und wird eine sehr normale Frau. Der lebenslustige junge Ritter und der solide Ehemann, der Backfisch und die junge Frau und Mutter, — das sind ja allerdings verschiedene, aber doch lediglich auf den natürlichen Altersgesetzen beruhende Stadien der Entwickelung. Wollte man darüber erstaunen, so müßte man mit demselben Recht einem jungen Manne, den man zuletzt als Kind an der Mutterbrust gesehen hat und den man nun antrifft, während er eine Blutwurst mit Sauerkraut vertilgt, entgegenrufen: „Erbarme dich, was ist im Schmiedefeuer des Lebens aus dir geworden!" — Zwischen dem ersten Zusammentreffen des Liebespaares und seiner und der anderen Paare — im ganzen glaube ich sind's vier — endlicher Vereinigung liegen auch natürlich eine ganze Menge von Ereignissen, aber Ereignisse von jener Art, die meinem Vergleich nichts anhaben können, da sie eben nur Geschehnisse sind, aber nicht Erlebnisse, die den inneren Menschen wandeln. Ereignisse, die an den sie Erlebenden weniger Spuren zurücklassen als an meinem Vergleichsmenschen das erste Höschen, der erste Schulbesuch, die ersten Hiebe, die erste Liebe und die ersten Schulden. Ereignisse, die noch dazu — verzeihen Sie das harte Wort — dem Leser schließlich zum Halse hinauswachsen, da Ebers sie nicht nur einmal, sondern in endloser Wiederholung berichtet, als sei er kontraktlich verpflichtet gewesen, eine bestimmte Anzahl von Druckbogen zu liefern, ohne daß ihm der Stoff dazu ausreichte. Erst erlebt der Leser das Geschehnis selber mit, dann erzählt der Biberli dem Kätterle, was dem Heinz Schorlin just passiert ist, Kätterle erzählt's der Els Ortlieb, die Els der Eva, und da der Vater gerade dazu kommt, muß der Leser noch mal zuhören, wie sich die Geschichte zugetragen hat. Manchmal ist die Reihenfolge umgekehrt, manchmal sind die Personen andere — es treten sehr viele Personen in diesem Ebersschen Romane auf — aber ohne Wiederholung geht es niemals ab. Das kann einem nun ja im Leben oft passieren, daß man dieselbe Geschichte zehnmal mitanhören und sich jedesmal die Miene geben muß, als wüßte man noch von nichts, aber dann befindet man sich in einer Zwangslage und meist auch nicht demselben Erzähler gegenüber, während doch hinter Biberli und Kätterle, Heinz und Els, Wolff und Eva und alle den anderen Georg Ebers steht. Und der ist seinen Geschöpfen gegenüber von einer unbestechlichen Gerechtigkeitsliebe: er macht geradezu ängstlich darüber, als könne das schöne Gleichmaß seines Fadens darunter leiden, daß keins von seinen Geschöpfen amüsanter ist als das andere. Den Eindruck des Dilettantischen und mühsam Fortgesponnenen zu verstärken, hat Ebers noch einen Miterlebenden eingeführt, dessen Verhalten er niemals zu erwähnen vergißt und der überall dabei ist, wo die Naturgesetze nicht stärker sind als Ebers — den Mond. Daß der Mond sich wunderschön dazu eignet, um Stimmung zu machen oder die Stimmung zu verstärken, ist ja auch den Dichtern vor Ebers schon bekannt gewesen. Daß man ihn aber auch dazu verwenden kann, das letzte Restchen von Stimmung hinwegzublasen, ist vor Ebers noch keinem eingefallen, und es wird ihm auch sicher niemand wieder mit solchem Geschick dazu verwenden. Ebers brauchte offenbar wenigstens einen, der sich für seine Geschichte interessiert, und so hat er, zum Dank wahrscheinlich für die guten Dienste, die er bisher den Dichtern geleistet hat, den Mond mit dieser Aufgabe beladen, die er auch bis zum Schluß zur Zufriedenheit des genügsamen Verfassers erfüllt. Dafür ist Ebers nach seiner Art dankbar; er läßt dem Mond die ganze Geschichte verschulden. Els Ortlieb ist nämlich mondsüchtig, zu Anfang des Romans wenigstens; am Schluß „überläßt der alte Wanderer in der Höhe die Macht, die er auf die Jungfrau geübt, gern dem Gemahl, der sie mit zärtlicher Minne ans Herz schloß.“ Das ist gewiß nett von dem alten Schwerenöter, aber — ich kann ihm den Vorwurf nicht ersparen — hätte er schon früher auf seine Macht verzichtet, so wäre dem Hause Ortlieb viel Verlegenheit erspart geblieben. Er brauchte seine Macht auf die Jungfrau wenigstens nicht gleich so sehr auszuüben, da es ja einmal das gute Recht alter Herren ist, junge Mädchen ein ganz klein wenig in Verlegenheit zu setzen. Aber sie im Nachtgewand auf die Straße zu locken, das geht meiner Meinung nach über einen erlaubten harmlosen Scherz hinaus. Noch dazu, wenn gerade der heimlich Geliebte in sehnsüchtigen Gedanken vor der Thür steht, wenn dieser Geliebte den Zustand des Schlafwandelns von dem des Wachens nicht zu unterscheiden versteht und wenn er sich einbildet, die züchtige Jungfrau, die die Arme zu dem allen nicht direkt gefährlichen Monde erhebt, winke ihm, ihr zu folgen! Das alles geschieht in dem Ebersschen Roman, — ja noch viel mehr! Der Ritter folgt der schlafwandelnden Jungfrau unvorsichtigerweise wirklich auf den Söller — weniger gelehrte Dichter als Ebers nennen ihn in historischen Romanen einfach den Söller oder auch noch einfacher den Hausflur, — er folgt ihr weiter die Treppe hinan, und erst da ruft er, von ihrer Schönheit, ihrem Nachtgewande und der seltsamen Situation bewältigt, ihren Namen. Worauf sie, wie es einer Mondsüchtigen geziemt, schleunigst mit einem fürchterlichen Schrei erwacht, der ihre handfeste Schwester herbeiruft, die, wie ich zu erwähnen nicht vergessen will, noch angekleidet ist. Beinahe wäre es der gefangen, alles Unheil im Keime zu ersticken. Sie entzieht die ungenügend Bekleidete schleunigst den entzückten Augen des Ritters, indem sie die Schwester in das Schlafgemach schiebt, dann aber beginnt sie dem Vorwitzigen die reichlich verdiente Standpauke zu halten, die abzuwarten sie ihn vorher noch ebenso freundlich wie energisch eingeladen hat. Da der Ritter ein herzensguter Mensch mit reellen Absichten ist, würde diese Standpauke völlig ausreichen, um weiteres Schmiedefeuer unnötig zu machen. Leider aber wird Eva Ortlieb unterbrochen. Plötzlich Pferdegetrappel, die schweren Thorflügel des Ortliebschen Hauses springen auf, und vor dem Thore hält der Ortliebsche Logierbesuch, Gräfin Kunigunde von Montfort, mit einem Dutzend oder mehr Anbetern im Gefolge. Im Licht der Pechfackeln aber stehen Eva Ortlieb und der Ritter Heinz Schorlin, die auch nicht eine Sekunde Zeit hatten, sich zu verbergen, trotzdem der „Söller“ verschiedene Thüren und außerdem ganze Stapel von Gewürzsäcken aufweist. Natürlich bilden Gräfin Kunigunde und ihr Gefolge sich ein, ein Liebespaar ertappt zu haben. Das ist schlimm, denn Eva Ortlieb ist nicht nur ein tugendsames Mädchen, sondern auch die verlobte Braut eines Nürnberger Patriziersohnes, und unter den Anbetern der Gräfin Kunigunde ist ihr zukünftiger Schwager, ein Mann, der zwar selbst einen sehr leichten Lebenswandel führt, aber seiner Schwägerin keineswegs auch ein Recht darauf zugestehen will. Noch einmal scheint es indessen, als ob die Sache glücklich im Sande verfickern will. Nicht etwa, daß Eva Ortlieb auf den Gedanken käme, die Situation mit der Krankheit ihrer Schwester zu erklären: das wäre ja viel zu einfach und natürlich. Aber Gräfin Kunigunde von Montfort hat ein gutes Herz, ist vorurteilslos und läßt sich außerdem nicht verblüffen; sie erfindet schnell eine sehr unglaubwürdige Geschichte, die ihr selbst die Schuld an diesem Rendezvous aufbürdet. Eben schickt indessen die Gesellschaft sich an, die unglaubwürdige Geschichte zu glauben, da kommt zum Unglück Evas Vater vom Abendtrunk nach Hause und bringt zufällig auch gleich Evas künftigen Schwiegervater mit zur Stelle. Daß der Roman nun seinen Lauf nehmen muß, ist klar, — Rückgabe des Verlobungsringes, Schmach, Schande und Verleumdung, Bankerott, Duell mit tödlichem Ausgange, — genug, gräßliche Verwirrung, die schließlich nur der Kaiser — Rudolf von Habsburg mit der historischen Unterlippe — lösen kann. Man sieht, hätte der Mond nicht gar so toll geschienen, wäre alles anders gekommen. Auch wenn der Ritter Heinz Schorlin so verständig gewesen wäre, sich zu sagen, daß eine ehrsame Patriziertochter, die im Nachtgewande auf die Straße tritt, notwendig krank sein muß, wäre alles anders gekommen. Und schließlich, wenn Georg Ebers ein wenig mehr von der Kulturgeschichte des XIII. Jahrhunderts wüßte — nur so viel, wie sehr vielen gebildeten Laien bekannt ist — wäre auch alles anders gekommen. Im XIII. Jahrhundert kannte man nämlich das

Wäschestück, das wir Nachthemd nennen und das Ebers sehr poetisch Nachtgewand nennt, noch nicht. Man legte sich ins Bett oder, wie Ebers sagt, „man bestieg das Lager," wie einen der liebe Gott erschaffen hatte, ob man nun eine Nürnberger Patrizierstochter oder eine Gürtelmagd, ein Bettler oder ein Fürst war. Möglich, daß der Bettler seine Lumpen anbehielt, weil ihm das Zudeck fehlte. War man aber im Besitz eines solchen, dann schlief man nackt, und war man mondsüchtig und infolgedessen genötigt zu nachtwandeln, dann nachtwandelte man nackt — shocking, aber wahr oder doch wahrscheinlich, da nicht anzunehmen ist, daß man den Mondsüchtigen das sonst gänzlich unbekannte Nachtgewand eigens erfunden hätte: dazu waren die Mondsüchtigen auch damals zu selten. Nun wird mir aber jeder zugeben, daß der Ritter Heinz Schorlin unwahrscheinlich thöricht gewesen wäre — unerlaubt thöricht ist er schon in der Ebersschen Schilderung —, hätte er auch dann den wahren Sachverhalt nicht gemerkt, wenn ihm Els Ortlieb der Nachtwandlermode ihrer Zeit entsprechend gekleidet entgegengetreten wäre. Die philiströsen Anwandlungen, mit denen mich der Ebersche Roman, wie ich fürchte, stark durchseucht hat, sind wahrscheinlich schuld, daß ich mir ausgemalt habe, was in diesem Fall hätte geschehen können. Heinz Schorlin hätte einen Augenblick wie gebannt oder wie vor den Kopf geschlagen gestanden; einen Augenblick nur, das ist natürlich. Dann hätte er sich umgedreht, da er ein junger Mann von anständiger Gesinnung war, und hätte zur Sicherheit noch beide Augen zugekniffen. In dieser Position hätte er überlegt, wie er denn dieses Phänomen deuten müsse. Sein Verstand würde ihm bald gesagt haben, daß die junge Dame mondsüchtig sei, und es wäre ihm darauf sofort eingefallen, daß das Rufen des Namens des Kranken ein bekanntes Heilmittel gegen dieses Leiden ist. Er hätte also mit vernehmlicher Stimme, aber der Schlafwandelnden abgekehrt „Els!" gerufen. Darauf mußte Else Ortlieb erwachen, einen Schrei ausstoßen, im Haus verschwinden und aller Wahrscheinlichkeit nach die Hausthür geräuschvoll hinter sich zuschlagen. Dann konnte der Ritter nach Haus gehen und sich unterwegs darüber schlüssig machen, ob es ratsam sei, ein mondsüchtiges Mädchen zu heiraten, oder ob er nicht klüger thue, davon abzusehen. Wie er sich aber auch entschieden haben würde, ein zweibändiger Roman hätte sich keinesfalls daraus machen lassen. Und deshalb mußte Ebers, wenn er schon gar nicht anders konnte, als die Mondsucht zur Basis eines solchen Romans zu machen, diesen schon in ein Jahrhundert verlegen, in dem das Nachtgewand bereits entdeckt war. Man werfe mir nicht ein, daß auch Shakespeares Lady Macbeth im Nachtgewande schlafwandelt, trotzdem sie noch keins haben konnte. Shakespeare schrieb keine historischen Romane, die mit Gelehrsamkeit aufgezäumt waren, sondern er dichtete; und wenn er der Lady Macbeth eine Petroleumlampe — angenommen, er hätte das Petroleum bereits gekannt — statt einer Talgfunze in die Hand gegeben hätte, wär's gleichgültig gewesen. Was aber bleibt von dem Ebersschen Werk, wenn nicht mal mehr auf das Historische darin Verlaß ist? Und um Ebers nicht für einen profunden Kenner des XIII. Jahrhunderts und des alten Nürnberg zu halten, braucht man sich wahrhaftig nicht an das unhistorische Nachtgewand zu klammern. Was er schildert, — wenn man diese blasse Farbe überhaupt Schilderung nennen kann — das erinnert ein wenig an das Nürnberg des XV. Jahrhunderts und dürfte vielleicht ebenso echt sein, als wenn man sich das Leben am Ausgang des siebzehnten Jahrhunderts so vorstellen wollte, wie wir zu leben gewohnt sind. Es bleibt nicht einmal etwas für diejenigen, die aus den Ebersschen Romanen Bildung in Fußnoten zu schöpfen gewohnt waren. Sie erfahren auf diese Weise zwar mehrmals, daß eine „Suckenie" eine Art von Frauengewand, das „Leben" Henkersknechte und daß ein „Guldein" eine Münze, der spätere Gulden war. Wahrhaftig, auch das letztere wird ihnen noch besonders gesagt; verschwiegen dagegen wird ihnen wohlweislich, was weniger selbstverständlich ist und zu wissen sehr interessant sein könnte, — wieviel ein „Guldein" nach unserem Gelde etwa wert war. Man wird mir recht geben, daß diese Ausbeute zu gering ist für eine, gut gerechnet, achtstündige schwere Arbeit, bei der man beständig das „Philister über dir!" zu hören meint.

Also zu Julius Wolff, dem Rattenfänger, dessen neuer Roman „Das schwarze Weib" (Berlin, G. Grotesche Verlagsbuchhandlung) bereits sechzehntausend Käufer angelockt hat. Der verspricht uns eine Geschichte des Bauernkrieges oder wenigstens eine Geschichte aus dieser Geschichte, und noch etwas Köstliches dazu — er will uns von einer Heldin und Freiheitskämpferin erzählen, die von der Nachwelt undankbarer Weise fast vergessen worden ist. Judita Hoffmann hieß sie, war nach Wolff eine illegitime Schwester des von der Nachwelt nicht vergessenen Grafen Helfenstein, den die Bauern in die Spieße laufen ließen, ungefähr dreißig Jahre alt, schwarz, groß, vollbusig und kalt und leidenschaftlich zugleich, wie es sich für eine Heldin schickt. Auf der Burg des Helfensteiners, dem die nahe Verwandtschaft aber unbekannt geblieben, aufgewachsen, hatte sie den Luxus und das Wohlleben, die Roheit und die Zügellosigkeit ritterlichen Lebens kennen gelernt, die Burg dann verlassen, weil der Graf und Bruder Unmögliches von ihr verlangte und Gewalt versuchte, und sich den Bauern angeschlossen, die sie durch flammende Reden zum erbarmungslosen Kampf gegen ihre Unterdrücker anfeuerte. Julius Wolff führt die Heldin mit einer solchen Rede ein, aus der hervorgeht, daß die Dame auf dem heute anarchistisch genannten Standpunkt stand. Ihre einzige Staatsweisheit ist die: „Alles muß verneuert werden!" Und zu meinem lebhaften Entsetzen habe ich gesehen, daß Julius Wolff, der Lieblingsdichter der gebildetsten höheren Töchter, die seine gesammelten Werke in so hübschen Goldschnitteinbänden in geschnitzten Bücherschränken stehen haben, diesen Standpunkt vollständig teilt. Julius Wolff Anarchist — es ist schrecklich, aber wahr! Denn warum sollte man annehmen, daß er im neunzehnten Jahrhundert für unmoralisch hält, was ihm im sechzehnten für bewunderungswert sittlich gilt, und daß er heute die Kluft zwischen dem Wohlleben einzelner und der Armut anderer nicht mehr empfindet, während sie ihm bei der Betrachtung vergangener Zeiten als etwas Schreckliches erscheint, das man durch Ströme von Menschenblut ausfüllen muß. Es ist vollkommen guter Wille, wenn man das annimmt, und guten Willen ist man Julius Wolff nicht mehr schuldig, wenn man unter den sechzehntausend auf seinen Roman Hineingefallenen ist. Nicht etwa, weil einen die „anarchistische" Tendenz dieser Lektüre sittlich empörte, sondern weil man sich über das blöde Machwerk ärgert, das so prätentiös an einen herangetreten ist. Denn diese Judika Hoffmann, die Heldin und Freiheitskämpferin, ist, ernsthaft gesprochen, ein so fürchterlich harmloses Wurm, daß man nur allen Leuten, die Revolutionen fürchten, raten kann, sie den Revolutionären als Führerin anzuschmuggeln. Julius Wolff hat nicht die mindeste Aussicht, mit dem Umsturzgesetz in Konflikt zu kommen, da dieses Gesetz leider keinen Paragraphen enthält, der den Dichtern seines Kalibers die Vergeudung von Tinte verbietet. Vergebens habe ich mich gefragt, worin denn nun eigentlich die Verdienste der tugendhaften Judika um die Sache der Bauern bestehen? Sie hält die obenerwähnte Rede, die wörtlich von Fräulein Wabnitz gehalten sein könnte. Dann aber begegnet ihr der Ritter, den sie schon lange heimlich liebt, und nun bewegt ihre Seele nur noch die älteste Frauen- oder vielmehr Mädchenfrage: „Liebt er mich wieder, oder liebt er mich nicht?" Daß sie alle Versuchungen, die von ungeliebten Männern an sie herantreten, von sich abweist, kann sie doch auch nicht zur Heldin stempeln, — nicht einmal zur Tugendheldin — denn so lange es Frauen gegeben hat, sind sie auch gegen Versuchungen von anderer Seite gefeit gewesen, solange ihre Seele von dem Bilde eines Mannes ganz erfüllt war. Zudem nahen die Versuchungen dem schwarzen Weibe in so brutaler Gestalt, daß sie nicht viel Charakter nötig hätte, um sie zurückzuweisen, selbst wenn sie ganz frei wäre. Jäcklein, der Bauernführer, liebt sie, ist aber nicht nur ihr ein höchst unsympathischer Patron. Auch auf zwei andere Bauern hat sie solchen Eindruck gemacht, daß diese — ländlich, sittlich — sie abzufangen und zu vergewaltigen beabsichtigen. Als sie das hört, sucht sie diesem Schicksal natürlich zu entgehen. Endlich macht der Graf Helfenstein einen zweiten Versuch, ihr Gewalt anzuthun — soll man ihr ein Denkmal setzen, weil sie ihrem Bruder widersteht? Oder soll man von dem Titanen Julius Wolff sprechen, weil er in einem einzigen Roman für höhere Töchter vier Fälle von versuchter, respektive beabsichtigter Notzucht konsumiert? Auch das kann man nicht. Schon deshalb nicht, weil ein für höhere Töchter zurechtgemachter Fall von Vergewaltigung keine Vergewaltigung mehr ist. Ich bin für eine reinliche Scheidung: entweder stelle sich der Dichter auf den Standpunkt, daß ihm nichts Menschliches fremd sein dürfe — dann verzichte er auf backfischmäßige Darstellung und auf backfischmäßige Leser. Oder er strebe danach, auch die Jüngsten zu seinen Lesern zu zählen, — dann beschränke er seinen Stoff so, daß auch die kindlichste Darstellung ihm nichts anhaben kann. Oder gibt es Leute, die Julius Wolff für furchtbar moralisch halten und ihm das Kitzeln gestatten, weil er seine „Heldin" auch der letzten, der größesten Versuchung widerstehen läßt, die in des Geliebten eigener Person an sie herantritt? Denen muß ich entgegenhalten, daß *sie* gar nicht widersteht, sondern daß er es ist, der bemannt. Judikas Ritter hat sich dem Bauernheere angeschlossen, beide sind einig, Judika, die Freiheitskämpferin und der Hort der Unterdrückten und Elenden, träumt sich eine schöne Zukunft als Ritterfrau in Sammetkleid und Federhut. Und sie wartet, weil sie sich diese Zukunft nicht verderben will, — ganz wie andere Mädchen. Da aber wird ihr klar, daß ihr Zukunftstraum sich niemals erfüllen, daß sie mit dem Geliebten untergehen, aber nicht siegen wird. „Es war am Abend vor Pfingsten. Judika saß einsam und allein am Herde ihres Wirtes in der Stadt Rotenburg ob der Tauber und starrte mit todtraurigen Gedanken in das schon soweit herabgesunkene Feuer, daß es um sie her fast völlig dunkel war. Sie mußte an das mächtige Feuer denken, das im Schäfergraben auf dem Hügel ihre hohe Gestalt neben der Stange mit dem Bundschuh beleuchtet hatte, als sie voll leidenschaftlichen Hasses gegen den Adel zu den versammelten Bauern redete und sie zu heldenmütiger Begeisterung hinriß mit der Losung: Nichts denn die Gerechtigkeit Gottes! Damals hatte sie fest an den Sieg der Freiheit geglaubt, aber von Florians kommender Liebe zu ihr nichts geahnt. Und nun? — die Freiheit schwand ihr vor den Augen dahin, aber die Liebe blieb ihr treu bis in den Tod, dessen Nähe ihr nicht mehr zweifelhaft war. Ach, nur erst einmal ganz selig sein in den Armen des Geliebten! — Ein wohlbekannter Schritt weckte sie aus ihrem glutvollen Sinnen und Brüten. Florian war es. Sie sprang auf, warf sich an seine Brust, und — „Florian! ach mein Florian!" flüsterte sie, in allen Lebenstiefen erschauernd. *Er aber hörte nicht, erkannte nicht den Ton liebeflehender, hingebender Sehnsucht.* „Judika," sprach er, sich von ihr losmachend, eilig und erregt, „wir haben keine Minute zu verlieren. Der Truchseß zieht auf Würzburg; wir müssen sofort aufbrechen und die Nacht durch marschieren, um morgen im Lager von Heidingsfeld zu sein." Verwirrt und beschämt trat sie von ihm zurück; *sie hatte an ein berauschendes Glück gedacht* in dem Augenblick, wo das Schicksal sie zum entscheidenden Kampfe rief. Ein tiefer Seufzer entrang sich ihrem klopfenden Herzen, und klanglos kam es von ihren zuckenden Lippen: „Ich bin bereit." —

Da soll der Leser ja nun wohl, meint Julius Wolff, Mitleid mit der armen Judika haben. Was mich anbetrifft, so bin ich selbst zwei Seiten darauf gänzlich unerschüttert geblieben, trotzdem Judika sich da mit ausgebreiteten Armen in die ihr entgegengestreckten Spieße stürzt, „die ihre hochwallende Brust durchbohrten.“ Denn bei so unsinnigem Thun ist diese Wirkung der Spieße ebenso selbstverständlich, wie Judikas Verhalten während des ganzen Romans unerklärlich ist. Sie will eine Welt zertrümmern und zögert, sich dem Geliebten hinzugeben — zögert so lange, bis der Geliebte keine Zeit mehr hat und sie sich selber lächerlich erscheinen muß! Sie zerschlägt alle Bande der bisher bestehenden Ordnung, zündet Burgen und Klöster an, mordet „Junker“ und „Pfaffen,“ und nach ihren Reden zu schließen, hält sie ihr Werk erst für abgeschlossen, wenn niemand mehr am Leben sein wird, der ihre Ehe kirchlich einsegnen könnte — und trotzdem zögert sie, bis es zu spät ist. Dem gesunden Menschenverstande ist das nur erklärlich, wenn er annimmt, daß Judika Hoffmann schon wußte, Julius Wolff würde sie einmal zur Heldin erküren, Julius Wolff, der große deutsche Dichter, der offenbar keine Ahnung davon hat, wie albern sich diese Art von Kitzeln ausnimmt, und um wie vieles sie moralisch verwerflicher ist als selbst die Zote — denn die schleicht sich nicht auf den Plattfüßen der Wolffschen Prosa in die Lesekränzchen der Backfische ein. Diese platte Wolffsche deutsche Prosa ist in der That so lodderig, daß sie nicht nur einen Wustmann — den Leipziger, der bekanntlich das beste Deutsch schreibt — in Harnisch bringen muß. Um nur aus dem obencitierten Passus herauszustreichen, was man auch einem Quartaner nicht unkorrigiert lassen würde: „Mit todtraurigen Gedanken“ kann man nicht in das Feuer starren, sondern höchstens in Gedanken, da Gedanken keine Augen sind; „in das schon so weit herabgesunkene Feuer, daß es um sie her fast völlig dunkel war“ ist eine gänzlich verfehlte Konstruktion, denn danach ist das Feuer dunkel und brennt um sie her, während ein Feuer immer nur mehr oder weniger hell sein kann und hier außerdem auf dem Herd und nicht um Judika herum brennt; „Sie sprang auf, warf sich an seine Brust, und — „Florian! ach mein Florian!“ flüsterte sie,“ entbehrt durchaus der Originalität, die man von einem deutschen Dichter verlangen kann; denn dieser schreckliche Satz kommt sicher in allen Kolportageromanen vor, die ja bekanntlich auch gekauft, deren Verfasser aber schlechter honoriert werden als Julius Wolff und keinen Anspruch darauf machen, außerdem noch als Dichter gefeiert zu werden. Und der „sich dem klopfenden Herzen entringende Seufzer“ — scheußlich!

Es wird mir schwer, nachdem ich Ebers und Wolff glücklich überstanden habe, nicht in einen Jubelhymnus über Hermann Sudermanns neuen Roman „Es war“ (Stuttgart, Verlag der J. G. Cottaschen Buchhandlung) auszubrechen. Denn im Gegensatz zu der schrecklichen Bastelei der beiden erstgenannten Romane steckt in dem Werke Sudermanns so viel ehrliche, sorgfältige und im Detail künstlerische Arbeit, daß man schon durch sie zu aufrichtiger Bewunderung hingerissen werden müßte, wenn Sudermann seinem Kinde, dem er mit so großer Sorgfalt Leben eingeflößt, nicht mit ebenso großer Leichtfertigkeit in einem einzigen Schlußkapitel kurzer Hand das Genick abdrehte. Man steht vor diesem Schlußkapitel wie vor einem Rätsel, das einem der Verfasser aufgiebt. In diesem Schlußkapitel geht der Mann, der während des ganzen Romans Schuld auf Schuld gehäuft hat — ein Gutsnachbar, dessen Frau er verführt hat, ist von ihm im Duell erschossen; diese Frau hat dann sein bester Freund, der von ihrer Schuld nichts wußte, geheiratet; der Held betrügt nun diesen besten Freund, dessen Gnade er seine ganze Existenz zu danken hat; er verschuldet den Tod des Kindes jener Frau, eines Kindes, das er zärtlich liebt; seine Schwester gleitet durch seine Schuld dem Wahnsinn in die Arme, er selbst sinkt zum Säufer und Wüstebold herab — dieser Mann also geht, nachdem die ganze Anlage des Romans einen tragischen Schluß als einzig möglichen Ausgang erwarten ließ, im Schlußkapitel vergnügt pfeifend mit den Händen in den Hosentaschen nach Hause und sagt sich und der Welt: „Bereuen ist nicht; was war, das war, und nun will ich ein vergnügtes neues Leben anfangen.“ Daß ein solcher Mensch psychologisch unmöglich wäre, will ich keineswegs behaupten. Nur hat man solche Menschen ohne Ehre und Gewissen bisher in gutem Deutsch Lumpen genannt, während Sudermann in seinem Helden keineswegs einen Lumpen gesehen wissen will, sondern den Mann mit den starken Schultern, der das Schicksal zwingt. Sudermann irrt sich. — Herr von Sellenthin ist nicht stärker als andere Menschen, er ist nur moralisch so weit heruntergekommen, daß er das Gefühl der Schuld auf einen Augenblick verloren hat. Dafür, daß es sich wieder einstellt und ihn von neuem zu Boden drückt, werden Übermächte sorgen, die zwar Sudermann in seinem Roman beständig ignoriert, die aber trotzdem vorhanden sind. Uebrigens kann ich nicht glauben, daß Sudermann mit diesem Werk beabsichtigt hat, die Ummünzung der Moral, die er in seiner „Ehre“ mit dem traurigen Phrasenschwall des Grafen Trast begann, — der es sich leicht macht, indem er ein paar schwache Außenpunkte der von ihm bestürmten Festung nimmt und sich dann einbildet, er hätte die ganze Festung gestürmt, — ich kann mir nicht denken, daß er beabsichtigt hat, dieses Werk fortzusetzen. Viel eher glaube ich, daß ihm der Stoff über den Kopf gewachsen ist oder daß ihm ein trauriger Freund, vielleicht er selbst sich gesagt hat, das Publikum liebe keine tragischen Ausgänge, und Romane, die gelesen werden wollten, müßten einen vergnügten Schluß haben. Es spielt ja auch ein junges Mädchen in diesem Roman die Rolle der Sühnungsfrau, und eben im Schlußkapitel sieht man, wie Herr von Sellenthin das Opferlamm zur Schlachtbank führt. „Die Liebe entschädigt,“ hat sich vielleicht schmunzelnd Sudermann gesagt und ist auf den vergnügten Schluß hineingeschlittert. Er hat nur den kleinen Rechenfehler gemacht, daß nicht der Sünder die Jungfrau, sondern bloß die Jungfrau den Sünder liebt. Herr von Sellenthin nimmt sich das Mädchen, das ihn so schrecklich liebt, weil sie hübsch, nett, wohlhabend und harmlos genug ist, um nicht vor ihm zurückzuschaudern. Er nimmt sie, trotzdem er weiß, daß sie ihn nicht kennt und daß er sein Inneres ängstlich vor ihr verbergen muß, wenn er ihr nicht statt der Liebe ein Grauen einflößen soll. Er nimmt sie auch, trotzdem er gar nicht die Absicht hat, ein anderer zu werden, — er nimmt sie, eben weil er ein Lump ist. Hätte er noch einen Funken von Ehre in sich, so würde er, selbst wenn er das Mädchen leidenschaftlich liebte, sich sagen: Du darfst sie nicht heiraten, weil du sie unglücklich machen wirst. Daß man nach diesem Schluß — rückbetrachtend — manches in dem Roman mit anderen Augen ansieht, ist unausbleiblich. Was man für Kraft gehalten hat, erscheint einem als Brutalität, was einem tiefe Empfindung schien, ist man geneigt, für Gefühlsduselei zu halten. Nur etwas bleibt — die Bewunderung der außerordentlich geschickten Mache und die Thatsache, daß man den Roman verschlungen hat. So ist es mir wenigstens gegangen. Und ich muß hinzufügen, wenn Sudermann wirklich die Absicht gehabt haben sollte, in seinem Schlußkapitel, was ich nicht glaube, eine neue Weltanschauung zu predigen, so hat er diese Absicht bis zum letzten Augenblick mit einem wahren Raffinement hinter einer scheinbaren künstlerischen Objektivität versteckt, die das Buch gefährlich machen würde, wenn der Schluß nicht auch dem harmlosesten Leser die Augen öffnen müßte.

# Zu unsern Bildern.

(Abdruck verboten.)

Lange Zeit ist der Farbstift aus den Ateliers der Maler fast ganz verbannt gewesen; die große Kunst malte nur in Öl-, allenfalls noch in Aquarellfarben. Aber seit einem Jahrzehnt schon ist das Pastell wieder mehr in Aufnahme gekommen, und heute gibt es kaum noch einen Maler, der nicht wenigstens zu seinem Vergnügen Pastell malte und an den weichen Tönen der Farbstifte seine Freude hätte. Das in Pastellfarben gemalte Porträt, vor allem das Frauenporträt, ist sogar stark in Mode gekommen, — Kochaers geistreiches Porträt einer Dame auf der letzten Berliner Kunstausstellung und die Männer-, Frauen- und Kinderbildnisse des Deutschengländers Th. Hardsall, die ebendort und bei Schulte ausgestellt waren, haben von neuem gezeigt, daß diese Technik die entzückendsten Wirkungen ermöglicht. Unser Titelbild „Mohnblume" von Theo Wriest, einem Münchener Künstler, ist die Wiedergabe eines in Pastellfarben gemalten Porträts einer jungen Frau in einem Phantasiekostüm, das wahrscheinlich auf einem der Münchener Künstlerfeste Bewunderung erregt hat. Anmut, Frische und Lebenslust sprechen aus den sympathischen Zügen. Wo das Porträt zugleich ein Repräsentationsbild in großem Stil sein soll, wie das von Conrad Kiesel gemalte Bildnis einer Dame der Aristokratie, da wird der Maler freilich auch heute noch die Ölfarbe vorziehen. Besonders wenn er sie so virtuos zu behandeln versteht wie Conrad Kiesel, der Meister der Technik, der den prachtvollsten Brokatstoff mit all seiner Pracht und all seinen Lichtwirkungen auf die Leinwand zu zaubern versteht, so daß man ihn leibhaftig vor sich zu sehen glaubt. Diese Virtuosität mag unbedingtes Erfordernis für einen Künstler sein, der es bis zum Lieblingsporträtisten der vornehmen Damenwelt bringen will; Kiesels Hauptvorzug aber ist sie nicht. Der besteht neben der frappierenden Ähnlichkeit und der sicheren Charakteristik seiner Bilder in der vornehmen Auffassung, die ihn noch immer davor bewahrt hat, leere Prunkbildnisse zu malen, die manchmal den Gemalten, selten aber anderen Beschauern gefallen mögen. — Auch der Engländer George Frederick Watts ist in erster Linie Porträtmaler; eine große Anzahl bedeutender englischer Zeitgenossen sind von ihm im Bilde festgehalten worden. Daneben aber hat er auch historische und symbolische Bilder gemalt, die sich durch Größe der Auffassung, Gedankenreichtum und Tiefe der Empfindung auszeichnen. Zu den letzteren gehört seine Verkörperung der Hoffnung: eine idealisierte Frauengestalt, die zwar in sich zusammengesunken auf einem einsamen, rings von Wasser umbrandeten Felskegel des Kommenden harrt, in deren Gesichtszügen aber doch keinerlei Furcht zum Ausdruck kommt, sondern nur eine ruhige und gefaßte Sicherheit. Frederick Watts hat sich nicht nur als Maler, sondern auch als Bildhauer einen großen Ruf erworben, und man meint wohl nicht mit Unrecht, seine Neigung für plastische Formengebung auch aus seinem von uns reproduzierten Bilde zu erkennen. Vielleicht hängt auch Watts Vorliebe für symbolische Bilder mit seiner Beschäftigung mit der Bildhauerkunst eng zusammen; denn symbolische Darstellungen liegen im allgemeinen dem Bildhauer näher als dem Maler. Hat doch der Bildhauer seit jeher in Symbolismus und Allegorie so wirksame Motive gefunden, wie der Wiener Th. Friedl in seiner großen Zinkgruppe „der Tag" — von Hornick gegossen — auf der Attika des Philipphofes, früheren Tiererhofes in Wien. Der Genius des Tages, die brennende Fackel in hocherhobener Hand, steigt eben auf seinem Muschelwagen aus dem Ocean empor. Ein Wasserdämon, der mit einer Hand die Augen gegen das Licht des Tages beschattet, und eine fischgeschwänzte Nereide führen die beiden sich wild aufbäumenden Rosse am Zügel. Die Gruppe, die den Verhältnissen des Gebäudes, das sie krönt, vortrefflich angepaßt ist, hebt sich in klaren Linien von der hinter ihr emporragenden Kuppel ab. — Es werden nun bald fünfundzwanzig Jahre, daß die Depesche König Wilhelms an die Königin Augusta: „Unter Fritzens Augen heute einen glänzenden aber blutigen Sieg erfochten durch Stürmung von Weißenburg und des dahinter liegenden Gaisberges" in Hunderttausenden von Extrablättern verbreitet wurde und überall die Nachricht von dem ersten Sieg der deutschen Waffen verkündete. Bayern haben Schulter an Schulter mit Preußen gefochten, jene die Stadt Weißenburg, diese den Gaisberg und das Gaisbergschlößchen gestürmt. C. Röchling hat den Augenblick dargestellt, in dem Teile des Königs-Grenadier-Regiments Nr. 7 und des 47. Regiments in der zweiten Nachmittagsstunde in das hartnäckig verteidigte Thor des Schlößchens eindringen. — An die schönen Bilder Benjamin Vautiers erinnert die „Taufe im Trauerhause" von H. Lüdeke, ein ernstes und wehmütig stimmendes Bild, daran mahnend, wie nahe Freud und Leid im Menschenleben beieinander liegen. Wie glücklich ist der junge Gatte gewesen, als ihm der Erstling geboren wurde, wie hat ihn das Schicksal wenige Tage darauf zerbrochen, als es ihm die Gattin, seinem Kinde die Mutter nahm. Im bekränzten Sarge schläft sie den letzten Schlaf, in ihrer Gegenwart ist noch der Kleine getauft worden, gleich wird man sie hinaustragen aus dem Hause, als dessen guter Geist sie lange Zeit gewaltet hat. In solcher Trauerstunde vermag nur ein Trost zu lindern, — die Überzeugung, daß unsere gestorbenen Lieben nicht tot für uns sind, daß wir sie dort wieder finden werden, wo alles Bangen, alle Zweifel und alle Schmerzen ein Ende haben. H. Lüdeke ist unzweifelhaft in der Düsseldorfer Schule groß geworden, die in der geistigen Vertiefung des Stoffes ein Wesentliches der Malerei sieht. Toni Aron ist Münchener, flotter also, derber und lebenslustiger. Eine hübsche Kellnerin aus dem Ausschank des Münchener Bürgerbräu gibt ihm ebenso willkommenen Stoff für ein Bild, wie der von der Brauerei hergestellte Stoff durstigen Trinkern willkommen ist. — Das Spatzenidyll von Marie Laux spielt sich in der Krone einer winterlich entlaubten Platane ab. Der Brutkasten ist von seinen Sommermietern verlassen, aber er steht deshalb nicht leer. Frau Spätzin hat sichs bequem darin gemacht, trotzdem nicht an sie gedacht wurde, als man den Nistkasten dort anbrachte. Sie fragt nichts danach, ob sie als Gast willkommen ist oder nicht, sondern richtet sich häuslich darin ein, und wenn die berechtigten Eigentümer von ihrem Winterausflug nach dem Süden zurückkehren, wird sie sogar einen offenen Kampf mit ihnen nicht scheuen und sich nur mit Gewalt aus dem usurpierten Besitz vertreiben lassen. Und um sie herum tobt, zankt und liebelt das andere Spatzenvolk, eine unbekümmerte und leichtfertige Gesellschaft, der der Winter nicht viel anhaben kann, da sie immer noch einen Unterschlupf weiß, der ihr Schutz bietet gegen Frost und Schnee und wo sie Futter für den allezeit hungrigen Magen findet. — Auch der Mopsfamilie von Minna Stocks sind Nahrungssorgen unbekannt. Neben dem warmen Lager steht die Satte mit Milch, und wenn die leer genascht ist, wird sie wieder frisch gefüllt. Möpse können nun einmal dem Fettwerden nicht entgehen; und auch das Schicksal vieler junger Hunde, in irgend einem Wasserloch heimtückischer Weise ersäuft zu werden, bedroht sie nicht. Sie gehören zur Hundearistokratie, für die sich immer noch rechtzeitig Abnehmer finden, ehe ein Todesurteil gesprochen wird. — Aus unserer Skizzenmappe finden die Leser zwei charakteristische Typen russischer Handwerker von R. Grieß, eine „alte Frau" von Ferdinand Brütt und eine Kindergruppe von A. Liezen-Mayer, deren intimen Reiz man gern auf sich wirken läßt. — Ein Irrtum sei hier berichtigt; das Bild „Kasperltheater" in Heft 1 ist nicht von Antonie, sondern von Antonio Lange; also es ist ein Künstler und nicht eine Künstlerin, der die Zeit des Rokoko so vortrefflich zu schildern versteht. C. P.

Zuschriften sind zu richten an die Redaktion von Velhagen & Klasings Monatsheften in Berlin W., Steglitzerstr. 53.

Für die Redaktion verantwortlich Theodor Hermann Pantenius in Berlin.

Verlag von Velhagen & Klasing in Bielefeld und Leipzig. Druck von Fischer & Wittig in Leipzig.

Fürst Bismarck. Büste von Harro Magnussen.
Zu seinem achtzigsten Geburtstag.

Velhagen & Klasings

# Monatshefte.

Herausgegeben
von
Theodor Hermann Pantenius und Paul von Szczepanski.

IX. Jahrgang 1894/95. Heft 8, April 1895.

## Vom Wattenmeer.

Text und Illustrationen
von
**Hans Bohrdt.**

(Abdruck verboten.)

Wenn der Besucher des Seestädtchens Cuxhaven auf einem Spaziergange am Elbdeich entlang die Kugelbake zur Zeit der Flut erreicht hat, so dehnt sich plötzlich vor seinen Augen das unendlich scheinende Meer aus. In weiter Ferne zeichnet der Leuchtturm von Neuwerk sich in schwachen Konturen von dem dunstigen Himmel ab, am Horizonte lassen noch einige unbewegliche Punkte vermuten, daß die Herrschaft des Meeres dort noch keine unbegrenzte ist. Die Bewegung des Wassers ist eine ungewöhnliche. Statt der langen, wuchtigen Dünungswogen, die, scheinbar aus weiter Ferne kommend, sich langsam überstürzen und gewaltige Wassermassen gegen den Strand wälzen, tollen hier unzählige, kleine, krause Wellen von schmutzig brauner Farbe wild durcheinander, gleich als ob die Natur an dieser Stelle einen Spielplatz für die kleineren Kinder des Oceans geschaffen hätte.

Nimmt der Beschauer sich nun ein paar Stunden Zeit, so bemerkt er bald, daß das lustige Treiben der Wellen schwächer und schwächer wird. Die Ebbe tritt ein. Tiefer und tiefer sinkt das Wasser, endlich liegt der ganze Raum bis zum Horizonte still und regungslos da. Wohl glitzert und blinkt es wie zuvor, doch ist es nicht das Blinken des Wasserspiegels bei Windstille. Die muntere, zum Wogentanze einladende Brise huscht vergeblich über die silberglänzende Fläche und erst dort weit zur Rechten, wo der Elbstrom seine Fluten dem Meere zuwälzt, findet sie ihre Tänzer. Bald färben sich auch große Strecken in mattes Grau oder Gelb, lange dunkelgrüne Streifen verraten Vegetation. Die ganze, weite Wasserfläche ist zu festem Land geworden. Vorsichtig wagt man die ersten Schritte auf dem Boden, der kurz vorher der Tummelplatz des Meeres gewesen. Nahe am Deich sinkt der Fuß einige Zoll tief in grauen Schlick, bald aber berührt er festen Sand und Muscheln, die klirrend und knirschend unter den Sohlen brechen. Der Boden ist eben wie eine Tenne, und die Wanderung für den, der nasse Füße nicht scheut, mühelos. Die ersten Schritte sind gethan, der Weg ist fest und sicher, drüben winkt das ferne Inselchen herüber und, da die Flut erst in fünf bis sechs Stunden wieder eintritt, wagen wir es, jenes Eiland zu Fuß zu erreichen. Bis dorthin bezeichnet eine Reihe von, in gewissen Abständen in den Boden gesteckten, zusammengebundenem Strauchwerk die Straße, so daß wir nicht fehlen können.

Das feste Land weicht mehr und mehr zurück, bald sind wir allein inmitten der Einöde. Um uns herum türmt der Himmel seine Wolken, die feuchte Fläche spiegelt sie zum Teil klar, zum Teil verschwommen

Postfahrt im Sommer.

wieder. Möwen flattern kreischend auf, ein paar Reiher streichen schwerfällig über den Boden hin. Eine wunderbare Stimmung lagert über dem Bilde erhabener Einfachheit.

Einst war ich in die Welt gewandert und wähnte die Schönheit der Natur dort nur allein in blauer Ferne zu finden, wo Palmen rauschen, Berge und Gletscher gen Himmel ragen, wo Vulkane flammen und berghohe Wogen gegen phantastisch geformte Felsen donnern. Das Auge hing mit Entzücken an jenen Gebilden, das Herz zitterte in Bewunderung vor den Herrlichkeiten, mit denen die Allmacht jene Länder überschüttet hat.

Und hier im Watt, inmitten der tiefsten Einöde, vor einem Bilde, das die Natur nur aus wenigen Farbentönen geschaffen, klang es so schönheitstrunken in mir wieder, wie damals vor den erhabensten Meisterwerken Gottes.

Die Seltsamkeit der Lage, in der wir uns befinden, der Reiz der Gefahr erhöht unsere Stimmung. Wenige Stunden später, und über dieselbe Stelle, wo wir jetzt dahinwandern, rauschen die Wogen. Auf den ersten Blick erscheint die Natur wie abgestorben, sieht man aber genauer hin, so findet sich Leben überall. Gerade die Geringfügigkeit der Tier- und Pflanzenwelt des Watts fordert zu innigerer Betrachtung heraus. Da öffnen und schließen sich die Muscheln, dort wirft der Sandwurm kleine Haufen Erde am Boden auf. Flinke, kleine Regenpfeifer trippeln umher, um Würmer zu erschnappen. Krabben fliehen in komischer Gangart unsere Nähe. Der träge Seestern klammert sich an allen festen Gegenständen an, in den Wasserlachen huschen einige Fische ängstlich hin und her, andere liegen zappelnd halb trocken, ein willkommener Fraß für die schwärmenden Möwen.

Unser Fuß betritt auch förmliche Wiesen von langsträhnigem dunkelgrünem Seegras, Tang und Moosarten, die irrtümlicherweise für Überbleibsel des einst festen Landes gehalten werden. Sagen und Chroniken wissen viel zu erzählen von versunkenen Städten, Wäldern und Wiesen. So viel ist sicher, daß hier eine große Halbinsel zwischen Weser und Elbe weit nach Norden hinausragte und in dem Kampfe mit dem Meere einst unterlag. Wir können den erbitterten Streit zwischen Land und Wasser täglich an den Friesischen Inseln beobachten, welche in absehbarer Zeit das Schicksal, gänzlich zum Watt umgewandelt zu werden, erreichen wird, falls es dem Menschen nicht gelingen sollte, dies zu verhindern. Auf der oben erwähnten ehemaligen Halbinsel sollen die Cimbern gewohnt haben, von hier aus traten sie, vertrieben durch das Meer, ihre Wanderung gen Süden an.

Einige Erfolge in dem Kampfe hat auch das Land zu verzeichnen. An gewissen Stellen Nordfrieslands hat sich das Watt zu fruchtbarem Marschboden gehöht. Ehemalige Häfen, wie die von List und Neuwerk, sind nach und nach versandet, letzterer ist überhaupt gänzlich unbrauchbar für die Schiffahrt geworden. Durch umfassende Deichbauten wäre es wohl möglich, das Meer zurückzudrängen, indes fragt es sich, ob der Nutzen ein genügend großer wäre, um die enormen Kosten aufzuwiegen. Bei diesen Betrachtungen sind wir plötzlich an einen jener Ströme, Priele genannt, die das Watt durchfurchen, gekommen. In ihnen schießt das Wasser geschwind zur Ebbezeit dem Meere zu. Die Flut füllt sie dann ebenso schnell wieder. Sie bilden die Fahrstraßen für die kleineren Schiffe, welche aus der Elbe in die Weser gelangen und diesen abkürzenden Weg nehmen wollen. Lange Birkenstämmchen, Bricken genannt, welche man in gewissen Abständen in den lockeren Sand am Ufer dieser Ströme gesteckt hat, bezeichnen das Fahrwasser. Die meisten derselben kann man bequem

Insel Neuwerk

bei Ebbe durchwaten; einige sind jedoch so tief, daß dieses Experiment auf Schwierigkeiten stoßen würde. Der Priel vor uns gehört zu letzterer Art und wir stehen ratlos am Ufer und denken schon über schleunigen Rückzug nach. Da trabt in der Ferne ein Wagen heran. Es ist die Postkutsche, welche fast täglich den Dienst zwischen Duhnen und Neuwerk versieht. Ein einfacher, offener Bauernwagen auf hohen Rädern, mit entweder zweifelhaften oder gar keinen Federn, bietet sich unseren Augen dar. Zwei nicht allzu rundliche Pferde erfüllen die Aufgabe, dies Kaiserlich Deutsche Reichspostgefährt sicher durch Sand, Schlick und Wasser zu befördern. Vorn im Wagen sitzt der Kutscher in Civil und schnalzt fortwährend mit der Zunge, um die Pferde zu ermuntern. Ein paar dralle Neuwerker Bauernmädchen haben es sich auf quer gelegten Brettern bequem gemacht. Gottlob wir finden noch Platz auf dem Gefährt. Die Pferde werden angetrieben, und hindurch geht es durch den gurgelnden Priel. Die Tiere bis an die Brust im Strome watend, kümmern sich augenscheinlich gar nicht um das Wasser, nur die Insassen des Wagens haben Mühe und Sorge sich dem feuchten Element nach Möglichkeit zu entziehen. Nach Erreichung des anderen Ufers trabt das Gefährt ruhig weiter. Der Boden ist eben und fest wie eine asphaltierte Straße, so daß man die mangelhaften Wagenfedern vergißt. Näher und näher kommen wir an die Insel heran. Der massive viereckige Leuchtturm zeigt klar seine Formen. Bald rollt der Wagen den Deich empor. Wir sind überrascht von den blühenden Feldern, den grünenden Wiesen, auf denen kräftiges Vieh weidet. Hier, inmitten der Eindeichung, könnte man glauben, sich weit, weit im Binnenlande zu befinden, wenn nicht der ragende Leuchtturm uns an das umgebende Meer erinnerte. Der einfache, alte Bau, auf dessen Zinnen seit sechshundert Jahren das warnende Feuer leuchtet, zeigt uns ein treues Bild der Vergangenheit deutscher Schiffahrt. Nicht allein zur Sicherung der Seefahrer gegen Gefahren der Elemente, sondern auch zum Schutz und Trutz gegen den schamlosesten Seeraub wurde er errichtet. Unersteiglich von außen, mit Mauern von ca. zwei und einem halben Meter Stärke versehen, bildete er damals eine feste Burg gegen das auf dem Wasser vagierende Raubgesindel, welches der legitimen Schiffahrt viel Schaden zufügte. Gar manches wissen

Schaarhörnwatt.

Versandetes Wrack

die alten Mauern zu erzählen. Hier soll der berüchtigte Störtebecker gefangen gesessen haben. Auf den Treppen spukt noch heut der Geist des alten Voigts Bernd Beſecke, der, falls er jemand auf seinem Spaziergange im Turm begegnet, nicht nur den Hut, sondern gleich den ganzen Kopf abnimmt. Da die Insel sich zu einem längeren Aufenthalt gut eignet, und die Leute sich Mühe mit ihren Gästen geben, so können wir es wohl ein paar Tage aushalten.

Weit draußen im Watt, in nordwestlicher Richtung, gewahren wir noch ein seltsames Bauwerk. Es ist die Schaarhörnbake, welche den Eingang in die Elbe bezeichnet und zugleich als Ansegelungsmarke dient.

Bei eintretender Ebbe beginnen wir wiederum die Wanderung auf dem trocken gelegten Meeresboden. Da die tiefen Priele auf dieser Strecke fehlen, so gelangen wir in etwa zwei Stunden in die Nähe der Bake. Hier bleibt auch zur Ebbezeit noch etwa ein bis drei Centimeter Wasser stehen, so daß wir thatsächlich wie auf einem großen See dahinwandeln. Luft und Wasser verschwimmen in eins. Der Horizont ist kaum zu erkennen. Die Wolken spiegeln sich getreu wieder. Dazwischen steht die große schwarze Bake, als ob sie im Äther schwebte. Am Bauwerk angekommen, haben wir Zeit und Muße, dasselbe genau zu studieren, da wir erst die Flut abwarten müssen, um wiederum bei Eintritt der Ebbe den Rückweg anzutreten. Acht geteerte Balken streben als Pfeiler empor, welche an ihrer Spitze ein großes und kleines Viereck aus Lattenwerk tragen. Dazwischen sind Horizontal- und Diagonalstützen angebracht, welche dem Ganzen die innere Festigkeit geben. In einiger Höhe über dem Boden befindet sich ein Raum, welcher Schiffbrüchigen so lange zum Aufenthalt dienen kann, bis Hilfe von Neuwerk kommt. Wir betreten das kleine Zimmer und müssen dabei erst einen großen Reiher verscheuchen, der es sich augenscheinlich dort recht bequem gemacht hat. Am Boden liegt Stroh zum Lager, in der Ecke steht ein Gefäß mit Trinkwasser, welches zur besseren Erhaltung mit einer Ölschicht versehen ist, daneben befindet sich eine Kiste mit Schiffszwieback. Auf einem kleinen Borde prangen zwei Flaschen Portwein, welche häufig das Schicksal hatten, von vorbeifahrenden Fischern, denen noch die schwarze Seele eines Störtebeckers im Leibe wohnt, ausgetrunken zu werden. Jetzt werden aber diese Räuber durch folgende Inschrift, welche der Voigt von Neuwerk verfaßt hat, zurückgeschreckt: „Dieser Wein ist nicht etwa dazu da, um mit Vergnügen getrunken zu werden, sondern er ist für die Schiffbrüchigen.“ Wir rührten als edle Menschen dies Getränk nicht an, zumal uns auch die Versicherung, daß es kein Vergnügen sei, diesen Portwein zu trinken, sehr glaubhaft erschien. Immerhin gewährte uns das Zimmer gastlichen Aufenthalt und so glaubten wir, uns revanchieren zu müssen. Eiligst malten wir ein sehr schönes Ölgemälde an die Wand, zeichneten eine Umrahmung und hefteten dann im Sinne des Voigts von Neuwerk folgende Inschrift daran: „Dieses Bild ist nicht dazu da, um mit Vergnügen angesehen zu werden, sondern es ist für die Schiffbrüchigen.“

Hätten wir mehr Farbe zur Hand ge-

Auffindung eines Schiffbrüchigen.

habt, so wäre es uns nicht darauf angekommen, das Zimmer malerisch zu möblieren und mit einem Ofen zu versehen. Die Bake steht ziemlich am Rande des Watts. In etwa einem Kilometer Entfernung ziehen die Schiffe ihre Straße. Der Seefahrer blickt trübe nach dem schwarzen Bauwerk hinüber, dessen Umgebung zu einem wahren Friedhof für Menschen und Schiffe geworden ist. Der Sturm treibt das hilflose Fahrzeug gegen den eisenfesten Grund, die zurücktretende Ebbe legt das Wrack trocken. Durch die eigene Schwere gräbt es sich tief in den Boden ein. Die Gezeiten schwemmen mehr und mehr Sand heran, bis nur noch Steven und einige Rippen hervorragen. Bald sind auch diese Reste verschwunden, das Grab ist zugeschaufelt, und das Wasser flutet frei über die Unglücksstätte dahin.

Ein noch traurigeres Bild bietet die angeschwemmte Leiche eines Schiffbrüchigen. Der Voigt von Neuwerk hat die Pflicht das Watt daraufhin abzusuchen und gefundene Leichen, falls sie sich in einem nicht mehr transportfähigen Zustande befinden, an der Fundstelle zu beerdigen. Da liegt, das Gesicht fast unkenntlich, die Hände im Krampfe zusammengeballt, der tote Körper eines Seemannes. Der Voigt hat ihn entdeckt und schreitet mit seinem Gehilfen zur Rekognoscierung der Leiche. Wer ist der Mann, der hier liegt — woher kommt er? Vergebliche Fragen. Einige Briefe mit durch das Wasser unleserlich gemachter Schrift verraten nichts. Der Ehering an der rechten Hand trägt keinen Namenszug und zeigt nur, daß der Unglückliche Weib und wahrscheinlich Kinder daheim zurückgelassen hat, die vergebens auf seine Heimkehr warten. Die wenigen Belege werden vom Voigt in Verwahrung genommen und später zu Protokoll gegeben, dann ein paar Spatenstiche und das Grab des Unbekannten schließt sich für immer. Viele, viele ruhen dort im Watt, denen ein widriges Schicksal die Ruhe in der heimatlichen Erde verwehrte. So gefahrlos die Wanderung durch das Wattenmeer bei schönem, klarem Wetter ist, um so schwieriger ist sie, selbst für den Kundigsten, wenn schwere Stürme wehen, oder, was noch schlimmer ist, wenn dichter Nebel den Weg verschleiert. Nachfolgende Episode ist mir von dem Beteiligten selbst erzählt worden: An einem schönen, klaren Septemberabend ist der Bauer mit seinem Einspänner von Duhnen abgefahren. Plötzlich entsteigt erst zart, dann dichter und dichter werdend, der feine blauweiße Dunst dem Boden. Noch kann der Mann von einer Pricke zur anderen sehen und fährt ruhig weiter. Da stutzt er — ein Stück Wrackholz hat er für ein Wegezeichen gehalten. Er wendet sich also zurück um die Reihe der abgesteckten Pricken wieder zu erreichen. Ein Haufen Tang und Seegras narrt ihn zum zweitenmale. Er hält nun, seiner Meinung nach, ganz weit ab zur Linken, da dort der Weg liegen müsse. Vergeblich späht sein Auge nach den Zeichen. Seine Wendung war falsch, jetzt trabt er mit seinem Gefährt in entgegengesetzter Richtung fort, glaubend, daß er die Pricken vielleicht schon durchquert habe. Umsonst, nichts ist zu erblicken. Er verläßt den Wagen, um zu Fuß die Umgegend zu erforschen. Dichter und dichter wird der Nebel. Jetzt kann der Mann kaum sein Gefährt wiederfinden. Noch einmal treibt er das Pferd, im Glauben, nach einer Richtung zu fahren, an. Da bemerkt er nach einer halben Stunde seine eigenen Wagenspuren, die er soeben gekreuzt hat. Er hat also einen Kreis beschrieben. Jetzt packt ihn die Angst, Stunden sind bei dem Umherirren vergangen. Bald muß die Flut eintreten. Das Wasser wird steigen und steigen. Zollweise füllt sich das nasse Grab, dem er verfallen. Er spannt das Pferd vom Wagen und jagt auf dem Rücken des Tieres dahin in den Nebel — irgend wohin, nur nicht ruhen, nicht an einer Stelle bleiben. Er prüft nicht mehr, er sieht nicht vor und hinter sich, immer in Gedanken, durch Zufall dem Tode zu entrinnen. Da scheut das Pferd, das Geräusch brechender Wellen dringt entgegen. Der Reiter befindet sich an der Elbe, am Rande des Watts. Hätte er nur einen Kompaß zur Hand. Jetzt aber den Weg zu finden, ist unmöglich, die Flut steigt und steigt. Zitternd vor Todesangst klammert sich der Mensch an das Tier. Da schimmert über ihm durch den feinen Dunst das Sternbild des großen Bären. Ein Freudenschrei dringt aus des Reiters Brust. Nun kennt er die Richtung. Dahin läßt er das Pferd rasen, es braucht weder Sporn noch Peitsche, als ob es sich der Gefahr bewußt wäre. Über Schlick und Tang, durch die schon halb gefüllten Priele geht der wilde Ritt. Gurgelnd folgt das gierige Wasser den Spuren der Flüchtlinge, die es doch noch zu erreichen wähnt. Gottlob, die Sterne bleiben unverschleiert. Jeder nochmalige Aufenthalt wäre verderblich. Schon reicht das Wasser dem Pferde bis über die Hufe, da blickt ein zartes, ruhiges weißes Licht durch die Nebelwand. Es ist das Feuer des Neuwerker Leuchturmes — gerettet sind Mann und Roß. Nicht jede

Verirrt.

Seehundsjagd.

dieser Verirrungen ist so gut abgelaufen, manchen begrub die Flut. Den entsetzlichen Todeskampf hat niemand gesehen, und häufig sind nicht einmal die Leichen der Verunglückten wieder zum Vorschein gekommen.

Eine andere Geschichte von der Gefahr im Watt möchte ich dem Leser hier nicht vorenthalten, da der Ausgang keineswegs tragisch war.

Betritt da ein ahnungsloser Sachse mit seiner Frau von Duhnen aus das Watt. Der Weg scheint den Leutchen ausgezeichnet und, da sie vom Eintritt der Flut wenig oder gar nichts wissen, so wandern sie lustig vorwärts. Es war gerade zur Zeit der Nippfluten, und der große Priel hatte kaum fußhohes Wasser. Lachend entledigten die guten Sachsen sich ihrer Stiefel und wateten hindurch. Es war später

Postfahrt im Winter.

scherne und dann suchten se ooch nach Muscheln, um se mit nach Dresden zu bringen, weil mer sowas daheeme nich haben thut. So amüsierte sich das Paar mitten im Watt ein paar Stunden, bis sie plötzlich um sich herum nichts als Wasser erblickten, welches baldigst ihre Füße umplätscherte. Herrjemersch nee, so was war ihnen noch nicht vorgekommen. Zuerst machte ihnen vielleicht die Sache noch Spaß, als sie aber schon knietief im Wasser wateten, ging die Angst los. Glücklicherweise war am Ufer des großen Priels eine Erhöhung, wohin sie sich flüchteten. Lange hätten sie sich hier jedoch nicht halten können, und so schrieen und lamentierten sie denn, da es ihnen immer klarer wurde, daß das Wasser mehr und mehr stieg. Zufällig wurden sie von Duhnen aus noch rechtzeitig bemerkt, und das Rettungsboot holte die seltsamen Wanderer. Sie sollen späterhin nicht zu bewegen gewesen sein, auch nur einen Schritt auf das Watt hinaus zu wagen.

Der Winter zeitigt große Anstrengungen, verbunden mit Gefahr für die Bewohner jener Inseln. Namentlich haben die Sylter und Amrumer, deren Wattenmeere von besonders tiefen Prielen durchzogen sind, mit Schwierigkeiten zu kämpfen. Im Neuwerker Watt lagert zur Ebbezeit das Eis sich auf den festen Boden und gestattet noch so viel Raum, daß der Postbote zu Fuß oder zu Pferd die Insel erreichen kann. In den oben erwähnten Gegenden reißen die Ströme das Eis fort und packen es an vielen Stellen hoch auf, während große Strecken Wassers frei bleiben. Die Postverbindung muß durch leichte Boote mit Schlittenkufen hergestellt werden. Die Menschen wagen hier eine tolle Fahrt, die in vielem an Polarexpeditionen erinnert. Da jagt der Bootsschlitten mit gehißtem Segel über spiegelglatte Eisflächen dahin. Dann müssen die Insassen ihn wieder über gewaltige Eisklumpen schleppen, um eine Zeitlang im offenen Wasser die Ruder zu gebrauchen. Diese verschiedenen Arten der Fortbewegung wiederholen sich auf jeder Postreise einige Dutzend Male, und der Leser kann sich einen ungefähren Begriff von den Annehmlichkeiten solcher Fahrten bei Regen, Schnee oder Sturm machen. Wo große Bewegung in die Eismassen kommt, wie etwa an der Elbmündung, wenn die Ebbe das Eis des Stromes in See hinausführt und die Flut nun die gewaltigen Schollen wieder zurückdrängt, finden sich oft geradezu großartige, an die polare Natur erinnernde Formationen. Am Rande des Watts, sowie an den Deichen, staut sich das Eis zu bedeutender Höhe auf und gewährt einen wunderbaren Anblick. Dazu stimmen die durch die Gezeiten vor oder rückwärts geschobenen Schollen ein schauriges Konzert an. Die Schiffahrt ist aufs äußerste gefährdet. Das Eis scheint einen Pakt mit dem Watt zur Vernichtung menschlichen Werkes geschlossen zu haben. Wehe dem Fahrzeug, das gekeilt in die Massen den Sänden zutreibt. Von dem Augenblick an, wo der Kiel den Grund berührt, drängen die Schollen nach und die stärksten Schiffswände werden wie loses Papier zerdrückt.

* * *

Viel jagdbares Getier bietet das Watt nicht. Die dort hausenden Vögel sind meist ungenießbar, und die Fische meiden das flachere Wasser. Dagegen sucht der Seehund gern die trockenen Sände auf, um dort zu ruhen und sich den schönen Pelz von der Sonne wärmen zu lassen. Der Jäger hat diesen Tieren gegenüber einen schweren Stand, da letztere sehr scheu sind und gute Wacht halten, was ihnen durch die weite Fläche ja auch erleichtert wird. Doch der Mensch kennt auch hier Mittel und Wege, um die klugen Tiere zu meistern. In Seehundsfell gehüllt, ahmt er die schwerfälligen Bewegungen jener nach und schleicht sich so gegen den Wind bis auf Schußweite an die ruhende Gruppe heran. Freilich sichern nur Besonnenheit, Geschicklichkeit und gutes Schießen den Erfolg, Dinge, die den Berliner Badegästen meist nicht eigen sind, welche auch nur zur Erheiterung und Anregung der plumpen Tiere auf die Seehundsjagd gehen.

Das Watt ist nicht Land, nicht Wasser. Der fortwährende Wechsel, der ewige Kampf der beiden Elemente untereinander macht es zu einer Erscheinung eigner Art, die unser Denken und Empfinden aufs höchste anregen muß.

# Wilder Urlaub.

### Eine Erzählung aus alter Zeit

von

### Paul Lang.

(Abdruck verboten.)

1.

Bei uns mag dir ein Schulknabe das Geschichtchen erzählen, wie König Alexander der Große den wunderlichen Weltweisen Diogenes am Stadtthor von Korinth aufgesucht habe. „Bitte dir eine Gnade aus!“ sagte der unternehmungslustige Eroberer zu dem bedürfnislosen Philosophen, dem ein großes Faß als Wohnung diente und der, vor diesem seinem Haus, auf dem Erdboden ruhend, behaglich sich sonnte. „Ei nun,“ erwiderte Diogenes, indem er gemächlich liegen blieb, „so geh mir ein wenig aus der Sonne!“

Dem römischen Kaiser Gratianus aber war die Erzählung neu, als er sie zu Argentaria, am linken Ufer des Oberrheins, in seinem Seneca fand. Und hätte der Kaiser nicht im Winterquartier entsetzlich Langeweile gehabt, so hätte er schwerlich unter dem sonstigen großenteils kriegerischen Hausrat seinen Seneca hervorgesucht und wohl kaum im Buch von den Wohlthaten die Begegnung zwischen dem Macedonierkönig und dem Weltweisen entdeckt.

„Nicht wahr, eine köstliche Antwort?“ fragte der Kaiser den Reiterobersten Andragathius, der gewöhnlich das Gemach mit ihm teilte. „Ich wäre in der That begierig, ob einer unserer angeworbenen Soldaten mir mit einer so witzigen Antwort zu dienen vermöchte, wenn ich ihm die Frage Alexanders vorlegen würde.“

„Herr, du kannst ja einmal die Probe machen,“ erwiderte der Reiteroberst unterwürfig. „Gleich heute Mittag magst du einem der Angeworbenen die Frage stellen, wenn du im Hofe Musterung über sie hältst. Wahrscheinlich wird der Lümmel dir entgegnen, der Feldherr möge ihm zu lieb den Schnee mit Besen wegkehren lassen, wenn er ihn bei so unwirtlicher Jahreszeit in Reih' und Glied zu sehen wünsche.“ Insgeheim aber dachte Andragathius: Das ist wieder einmal das Zeichen eines kleinen Geistes, daß er in Äußerlichkeiten einen Mann von hochberühmtem Namen nachmachen will. Er ließ seinen Blick etwas geringschätzig über den schier noch unbärtigen kaiserlichen Jüngling gleiten, der sich wiederum in das Buch Senecas vertieft hatte. „Ja, wenn es nur auf die unreife Jugendlichkeit ankäme,“ dachte er weiter, „dann könntest du dich allenfalls dem Macedonierkönig gleich stellen. Aber du eroberst das Perserreich nicht, du hast ja kaum den Mut, den Zehntlandmännern, die doch dem Namen nach deiner Herrschaft unterworfen sind, mit den Waffen in der Hand einen Besuch abzustatten und sie zu zwingen, daß sie dir Kriegsdienste leisten.“

Andragathius ließ den lesenden jungen Kaiser allein und verfügte sich in die Stallgebäude, um nachzusehen, ob sein Leibroß bei der herrschenden strengen Kälte wohl versorgt sei.

Dem Kaiser aber kam der Gedanke an den Macedonierkönig und an die Huld, die er dem Weltweisen angeboten hatte, denselben Tag über nicht mehr aus dem Sinn. Der Sclave, der ihn gewöhnlich bediente, brachte das Frühstück; der Kaiser ließ sich den kleinen niedrigen Tisch an das Ruhebett rücken, auf dem er sich ausgestreckt hatte; denn hier fiel das Morgenlicht am günstigsten durch das mit Glimmer verwahrte kleine Fenster auf die Buchrolle, die er ausgebreitet hatte, während dagegen die mit Polstern umgebene hufeisenförmige Speisetafel in einem verhältnismäßig dunkeln Teile des Gemaches aufgestellt war. Er aß mit Begierde das schmackhaft und kräftig gebackene Soldatenbrot, schlürfte etliche Eier aus, ließ sich auch den gebratenen Rehziemer munden, den der Diener ihm vorgeschnitten hatte.

Aber das Lesen in seinem Seneca unterbrach er deswegen nicht. Eine Wohlthat wollte er heute noch irgend einem seiner Soldaten erweisen, das stand ihm fest. Einen Herzenswunsch sollte der Mann aussprechen dürfen, den der Kaiser mit seiner Huld auszuzeichnen im Sinn hatte. Und wenn es in der Macht des Feldherrn stand, so sollte dieser Herzenswunsch erfüllt werden. — — — War denn nicht alles, was das ewige Rom seit Jahrzehnten, seit Jahrhunderten an den seiner Macht unterworfenen Völkerschaften, an diesen gallischen, diesen germanischen Barbaren gethan hatte, eine ununterbrochene Kette von Wohlthaten, wenn auch diese Liebeserweisungen zuweilen mit Waffengewalt den unverständigen Bewohnern des Landes aufgedrängt werden mußten? Wer hatte dafür gesorgt, daß diese Wilden in regelrecht gebauten Häusern wohnten, sie, die zuvor den Bären und Füchsen gleich in feuchten Höhlen und schaurigen Felsklüften gehaust hatten? Wer hatte sie gelehrt, Heizröhren in den Fußboden der Zimmer zu legen und den Holzüberfluß ihrer Wälder zweckmäßig zur Erwärmung der erstarrenden Gliedmaßen anzuwenden? Wer hatte sie mit den hundert und aber hundert teils nötigen, teils nützlichen Dingen bekannt gemacht, die zur menschlichen Gesittung und Bildung, zum Wohlstand und zur Behaglichkeit des Daseins gehörten? Roma, die Völkerbezwingerin, und ihre Kaiser! Und jene Undankbaren, besonders jene ungeschlachten Germanen, wollten dies teilweise nicht anerkennen!

Immer mußte man an den Grenzen des römischen Reiches unter den Waffen stehen und hier die Begehrlichen im Zaum halten, dort einen Aufruhr dämpfen. Der Kaiser, anstatt in Rom auf seinem Herrschersitz thronend die Geschicke der unterworfenen Völker zu lenken, weilte fern von der Hauptstadt im Feldlager und mußte einen öden Winter in langweiligen Quartieren hinbringen, indes er die eigentlichen Regierungsgeschäfte seinen rechtskundigen Ratgebern im Kaiserpalast am Tiber gern oder ungern überließ. Wann wird endlich einmal die Zeit kommen, da man vor diesen Barbaren und ihren feindlichen Übergriffen nicht mehr auf der Hut sein muß? Vielleicht, wenn man sie noch enger mit Wohlthaten an sich kettet!

Solche Gedanken bewegten das Gemüt des kaiserlichen Jünglings, als ihm gegen die Mittagsstunde hin sein Reiteroberst meldete, daß die Abteilung des Fußvolkes, an der die Reihe sei, sich zur Musterung im Hof aufgestellt habe.

Der Kaiser erhob sich von seinem Ruhebett, legte, ohne daß er von den Dienstleistungen des sich jetzt wieder unterwürfig gebärdenden Reiterobersten Gebrauch gemacht hätte, seine volle Rüstung an und schritt mit seinem Begleiter nach dem freien Platz, der in dem kleinen Argentaria so gut wie in dem großen Rom nach dem römischen Kriegsgott Mars benannt war. Einen „Hof“ hatte Andragathius diesen Platz einigermaßen herablassend genannt; er war jedoch immerhin so stattlich, daß er etliche Tausende vom Fußvolk und von der Reiterei hätte fassen können.

Für heute war nur eine Abteilung Fußgänger zur Musterung befohlen. Da standen sie, die blondhaarigen, blauäugigen Barbaren, die Angeworbenen, die um bescheidenen Sold für die „ewige Roma“ Leib und Leben einsetzten. Eine leichte Schneedecke lag über den Platz gebreitet, weshalb die Krieger alle in halblangen Stiefeln und im Mantel, oder wie die Römer es nannten, im Sagum, das jedoch nicht bis auf die Stiefel herabreichte, angetreten waren. Die tief am Himmel stehende winterliche Mittagssonne spiegelte sich im ehernen Beschlag der Helme.

Der Kaiser wollte auch sonst immer menschenfreundlich und leutselig erscheinen. Heute aber zeigte er sich besonders gütig. Er ließ einige Marschübungen und Schwenkungen vornehmen, wobei, wie er gegen Andragathius wohlgefällig bemerkte, die Barbaren den kalten Schnee weit weniger scheuten, als die von jenseits der Alpen stammenden Soldaten. Dann überzeugte er sich mit scharfem Blick, daß bei seinen Kriegern in Kleid und Rüstung, in Wehr und Waffen alles wohlgeordnet sei. Endlich stand er vor einem schon etwas gealterten, doch noch sehr rüstigen und an Wuchs auffallend stattlichen Germanen still, dessen wohllautenden Namen Fraomar er von der letzten Musterung her im Gedächtnis behalten hatte. Und da sich Gratianus gern den Anschein gab, als ob er seine Untergebenen wie der Perserkönig Cyrus zumeist persönlich kenne, redete er den Germanen mit Namen an: „Fraomar, ich will, daß heute dein Antlitz so hell glänze, wie der heitere Winterhimmel. Hegst du einen Wunsch im Herzen, so sprich ihn aus! Kann dein Kaiser ihn erfüllen, so soll er zum voraus gewährt sein.“

Und der Krieger, der mit männlicher Festigkeit vor seinem Kaiser stand, besann sich nicht lang. Etwas wie freudiger Schreck blitzte in seinen treuherzigen Augen auf, als er erwiderte: „Herr, gib mir einen Monat Urlaub, daß ich einmal wieder nach langen Jahren in meiner Heimat das Fest der Wintersonnenwende mitfeiern kann.“

„Wo ist deine Heimat?“ fragte Gratianus lächelnd.

„Sie liegt im Lienzgau, Herr, nicht fern von der Straße, die von der Stadt Solicinium aus über die Alb an die Donau führt.“ Der Name Sumelocenna, wie damals das heutige Rottenburg am Neckar hieß, wäre unserem Fraomar mundgerechter gewesen. Aber der Name Sumelocenna war im Lauf der Zeit von den Römern in „Solicinium“ gewandelt worden, und Fraomar erinnerte sich, daß etwa zehn Jahre vorher seines Kaisers Vater, der Kaiser Valentinianus I, über die Alemannen einen Sieg davongetragen, den die ewige Roma als „Schlacht bei Solicinium“ in die Tafeln ihrer Geschichte eingetragen hatte.

Sichtlich war denn auch Gratianus von dem Namen „Solicinium,“ der heute noch in der Bezeichnung „Sülchgau“ nachklingt, äußerst angenehm berührt. Er nickte gütig. „Ein ganzer Monat Urlaub ist zwar etwas viel verlangt. Aber damit du siehst, Fraomar, daß dein Kaiser, wenn es sich darum handelt, ein gegebenes Wort zu halten, nicht markten und nicht feilschen will, gebe ich dir noch vier Tage drein. Stelle dich an den Nonen des Januar wieder in Argentaria ein und melde deinem Kaiser, wie ihr in der Heimat die Sonnenwende gefeiert habt. Mache dich morgen früh auf den Weg und vergiß die Nonen nicht!“

Von den jubelnden Zurufen der Soldaten begleitet, begab sich der gütige Gratianus mit seinem Reiterobersten nach den kaiserlichen Gemächern zurück.

2.

Einen ganzen Monat Urlaub! — Fraomar wußte das Glück, das ihm so unvermutet in den Schoß gefallen war, kaum zu fassen. Er ging in Argentaria umher, wie wenn er soeben aus einem Traum erwacht wäre, und ließ sich mit gutmütigem Schweigen die mehr oder weniger derben Neckereien seiner Kameraden gefallen, die ihre Vermutungen anstellten, was wohl den ergrauten Kriegsgefährten so urplötzlich in seine Heimat treibe. Zu des großen Julius Cäsars Zeit war im Heer einigemale der Fall vorgekommen, daß unmittelbar v o r einem drohenden Zusammenstoß mit dem germanischen Gegner eine Anzahl Offiziere Urlaub über die Alpen genommen hatten, um am heimischen Herd ihr Testament zu machen. Seitdem hatte solche Begründung längerer Abwesenheit von der Fahne in den Reihen der Legionen einen etwas bedenklichen Klang.

„Wenn du daheim deine letzte Willenserklärung zu Papier bringen lassen willst, Fraomarius,“ meinte einer der Kameraden, der schon längst nach einem Landgütchen auf den Fluren seiner italischen Heimat trachtete, „und es gibt bei dir wirklich etwas zu erben, dann sei so gut und erinnere dich auch in Gnaden an mich, bedenke mich mit ein paar tausend Sesterzen, wenigstens in einem Kodizill.“

„Oho,“ rief ein anderer, „sie haben wohl gar keinen Notar, der ein regelrechtes Testament aufsetzen könnte, sie sind des Schreibens unkundig in — — — wie heißt dein heimatliches Dorf, Fraomarius?“

„Thriwang,“ entgegnete der Gefragte; „das Dorf liegt am Armißbach, der seine Wogen mit dem Neckar vereinigt.“

„Teriwanga!“ wiederholte der Römer, „das Wort klingt barbarisch. Armis, — darunter kann sich unsereiner schon eher etwas denken. Armis ist kein übler Name. Und nicht wahr, ‚Neckar‘ das bedeutet den Nicer?“

„Es bedeutet ihn nicht bloß, sondern der Neckar ist und bleibt der Neckar,“ bemerkte Fraomar. „Wir können nichts dafür, daß ihr unsere schönen heimischen Namen verhunzt und dem Neckar eine Bezeichnung beilegt, als ob er durch Afrikas Sandwüsten rönne, statt durch die grünen Fluren des lieblichen Landes. Wenn du übrigens meinst, Nannienus, daß an der Armiß niemand die Feder zu führen vermöge, so bist du auf dem Holzweg. Unsere weisen Frauen haben ihre Schriftzeichen in die Buchenrinde geritzt, bevor die Männer in Italien eine Eselshaut zu gerben verstanden.“

„Du bist auf dem Holzweg —“ lachten

die römischen Kameraden, „das ist wieder einmal echtes Leutienser Latein!"

„Ei was!" fiel nunmehr ein dritter ein, „gebet acht, unser Fraomars hat wie Mars, der kriegerische Gott selbst, daheim in Teliounga seine Venus. Er, dessen Brust allen Reizen linksrheinischer Mädchen gegenüber wie mit dreifachem Erz umpanzert zu sein schien! Er bleibt in Teliounga hängen, heiratet auf seine alten Tage und — mit dem Testamentskodizill zu unsern Gunsten ist's vorbei! Was gilt's, Fraomars?" — er zischte das Schluß-s recht vernehmlich, damit das Wortspiel, Mars — Fraomars zur Geltung komme — „was gilt's? Wie heißt das blondlockige Schätzchen daheim?"

Unserem Germanen schwebte wohl ein Name auf den Lippen. Aber es hätte ihm einen Stich durchs Herz gegeben, wenn er es hätte mit anhören müssen, daß dieser Name von spöttisch aufgeworfenen Römerlippen entweiht werde. Wunigild hieß sie, Wunibalds Tochter. Aber ach, sie weilte ja nicht mehr an der Armiß, sondern sie war verloren gegangen, verschollen, vergessen in der fernen Hauptstadt, im ewigen Rom. Vergessen, nur von Fraomar nicht; wahrhaftig nicht. Er gab also gar keine Antwort auf das Gelächter und die weiteren neugierigen Fragen, womit sich seine Kameraden die Langeweile des Winterquartiers vertrieben. Er fuhr fort, sich zur Abreise zu rüsten.

Essen konnte er nicht viel, als die Kost der Hauptmahlzeit bei einbrechender Dämmerung in den Quartieren verteilt wurde. Aber dem Soldatenwein, der, ein zweifelhaftes Getränke, unter dem Namen Posca verabreicht wurde, und von dem der einzelne Krieger einen reichlicheren Anteil bekam, wenn er ihn von seiner Löhnung besonders bezahlte, sprach er heute stärker zu, als es sonst seine Gewohnheit war.

Als die Nacht herniedersank, war Fraomar mit den Zurüstungen zur Fahrt in seine Heimat vollkommen fertig. Er hatte eine Reise- und Wegkarte, ein Itinerarium, wie die Römer sagten, von seinem Hauptmann entlehnt. Da war alles säuberlich verzeichnet: die Straßen, die das von den Römern wirklich eroberte oder wenigstens angeblich besetzte Land kreuz und quer durchzogen, die Städte, die Poststationen, die festen Lagerplätze. „Solicinium" prangte groß geschrieben auf der Karte. Theiwang glänzte allerdings durch seine Abwesenheit; aber der Fluß Armissa, den wir heutzutag „die Erms" nennen, war nicht vergessen, nur mündete sie an einem völlig falschen Ort in den Neckar. Immerhin konnte sich Fraomar überzeugen, daß er, wenn er von Argentaria, in der Nähe des heutigen Colmar, den Weg über Argentoratum, jetzt Straßburg genannt, nehme, zwar einen beträchtlichen Umweg mache, aber den Vorteil wohlgebahnter, meist schnurgerade geführter Straßen voraus habe. Die Nacht hindurch schlief er unruhig; er träumte von der Heimat und vom bevorstehenden heimatlichen Julfest.

Der Morgenstern stand in hellstem Glanz am Himmel, als er durch das Pferdegetrappel einer an diesem Morgen nach Argentoratum abrückenden Reiterschar aufgeweckt wurde. Man hatte ihm versprochen, daß er auf einem ledigen Pferd mitreiten dürfe, und er hatte die Gelegenheit mit Freude ergriffen; denn er war, wenn er auch im kriegerischen Dienst dem Fußvolk angehörte, von der Heimat her des Reitens nicht unkundig.

So saß er denn bald im Sattel und trabte mit den kriegerischen Genossen die breite schneebedeckte Rheinebene hinab. Die Eile, womit römische Soldaten, wenn sie im Dienst waren, ihres Weges dahinzogen, ließ ihn seinen Gedanken nicht allzu viel nachhängen; doch kam ihm der Abschied in den Sinn, den er bei dem Reiterobersten Andragathius genommen, und daß dieser ihm besonders eingeschärft hatte, er solle sich ja pünktlich an den Nonen des Januar, das ist nach unserem Kalender am fünften dieses Monats, wieder in Argentaria einstellen, oder besser ein paar Tage früher, damit es nicht den Anschein habe, als wolle er die kaiserliche Huld mißbrauchen, und zweitens, weil die Nonen Unglückstage seien, also zum Reisen nicht geeignet, woran der Kaiser nicht gedacht haben werde. Fraomar hatte sich von Gratianus persönlich verabschieden und bei ihm für seine Güte bedanken wollen; aber der Kaiser war nicht zum Vorschein gekommen; er las in seinem Seneca. — · ·

Nach einem scharfen Ritt erreichten die römischen Reiter gegen Mittag Argentoratum. Fraomar konnte an demselbigen Tag noch zeitig den Rhein überschreiten und an den

Fuß des Gebirges gelangen, das von uns Schwarzwald genannt wird, bei den Römern Abnoba hieß. Er übernachtete in einer Herberge; man konnte die römischen Poststraßen entlang für Geld und gute Worte ein Nachtlager bequem und Speise und Trank reichlich haben. Die Löhnungsersparnisse, die Fraomar als vorsichtiger Mann von Argentaria insgesamt mitgenommen hatte, waren allerdings schon in Argentoratum und weiterhin auf dem Wege etwas zusammengeschmolzen. Der Wein, den man auf den Poststationshäusern schänkte, war etwas teurer als die gewohnte Posca.

Am andern Morgen überschritt er das Gebirge. Es war ein schöner, kräftig gebauter Mann, der unter den Tannen des Waldes mit dem einem römischen Soldaten eigentümlichen, gleichmäßigen, nicht hastenden, aber auch niemals zögernden Schritt einhermarschierte. Der Schnee lag allerdings auf dem Kamm des Gebirges nicht mehr so dünn wie im Rheinthal, so daß er sich manchmal an den Saum der kurzen Beinkleider des Kriegers hängte. Aber kräftig bahnten sich die festgeschnürten, aus dem trefflichsten Leder gearbeiteten Stiefel des Soldaten ihren Weg durch die Schneewehen, und über Mittag schien die Sonne so warm, daß Fraomar seinen Mantel zusammengewickelt über die Schulter warf und den ihm Begegnenden in der knappen leichten Tracht erschien, die dem römischen Soldaten in wärmeren Gegenden und bei besserer Jahreszeit auf seinen Märschen genügte.

Indessen hatte er nichts dagegen einzuwenden, daß ihn vom Kamm des Abnobagebirges an ein leer seines Weges zurückfahrender, streng genommen nur für kaiserliche Beamte bestimmter Postschlitten aufnahm und ihn an demselbigen Tage noch nach Arä Flaviä, dem heutigen Oberrislingen, in der Frühe des nächsten Morgens nach Sollicinium brachte.

Von Sollicinium aus verfolgte Fraomar wiederum als rüstiger Fußwanderer den Lauf des ihm wohlbekannten Neckars und erreichte beim Sinken der Sonne eine über dem linken Ufer des Flusses gelegene einsame Station, deren Name auf der Wegkarte nicht genannt war, wo ihm aber die Berge, welche die aus dem Albgebirge hervorbrechende Ermiß umkränzten, in aller Pracht entgegenleuchteten. Er blieb hier noch einmal über Nacht, gab sich aber nicht als einen Lenzgaumann zu erkennen, sondern redete mit den die Poststation besorgenden Leuten, einem römischen Veteranen und seiner alemannischen Ehefrau, lateinisch. Erst am andern Morgen wollte er sein Glück in der Heimat versuchen, der er vor zehn Jahren den Rücken gekehrt hatte.

So war er denn am andern Morgen frühe in der That nicht mehr weit von Thetwang entfernt. Das Herz ging ihm auf, als er sich von den waldigen Bergen seines heimatlichen Thals umschlossen sah. Er ließ einen Jubelruf dem in silberweißer Pracht ihm winkenden winterlich schweigenden Forst entgegenschallen, also daß der hoch in den Lüften schwebende Habicht verwundert ein paar Augenblicke auf seinen weitausgebreiteten Schwingen ruhte. Fraomar kannte sie alle, die prächtigen Berge, die kühnen Felsen seiner Heimat, und dort glänzte der Sunafels, an dessen Fuß Thetwang im Thale gebettet lag. Ja, er sah nun aus einzelnen weit zerstreuten Häusern des Dorfes die blauen Rauchsäulen in den klaren Morgenhimmel steigen. — Erinnerungen aus vergangenen Tagen bewegten in bunter Reihe das Gemüt des Wanderers.

„Wie geht es dem König Wunibald?" fragte er den ihm begegnenden Lenker eines Schlittens, der mit einer Ladung Holz thalabwärts fuhr.

„Dem geht's überhaupt nicht mehr!" erwiderte der auf seinen Eichenprügeln und Buchenscheitern thronende Fuhrmann. „König Wunibald schläft den tiefen langen Schlummer dort oben im Dickele unter dem Rasen und Schnee." — Noch ein paar Augenblicke starrte er die befremdliche Erscheinung eines römischen Soldaten verwundert an, dann gab er seinen zwei dampfenden Pferden die Peitsche und fuhr von dannen. Wenn es ein Thetwanger war, — Fraomar wußte es nicht sicher — so hatte er den heimkehrenden Krieger jedenfalls nicht erkannt.

Also König Wunibald tot und Wunigild, König Wunibalds Tochter, in Rom verloren und verschollen! — Fraomar kannte das Dickele wohl, wo die Könige der Lenzgaumannen zur Grabesruhe bestattet wurden. Es war ein kleiner Hain, in halber Höhe des südlichen Bergabhanges auf lieblich vorspringendem, sonnigem Hügel gelegen.

Dorthin lenkte der römische Krieger

zunächst seine Schritte über gefrorene Ackerschollen; denn ein unbezwingliches Verlangen hatte ihn überkommen, bevor er in Thetwang bei den Lebenden einspreche, dem Grabmal des Königs einen Besuch abzustatten, des toten Mannes, dem er so viel verdankte, der ihn aber auch tiefer gekränkt hatte als irgend ein anderer Sterblicher.

Wunibalt war vor nicht ganz zwanzig Jahren, als der römische Prinz Julianus von Gallien aus seine Kriege gegen die Alemannen führte, zum König eines Teils der „lentiensischen Alemannen," wie die Linzgaubewohner von den Römern genannt wurden, gekürt worden. Die Römer konnten sich freilich eines mitleidigen und spöttischen Lächelns nicht erwehren, wenn sie von einem „König" reden hörten, der im Krieg höchstens über ein paar tausend Männer den Oberbefehl führte und über ein nicht genau abgegrenztes, aber jedenfalls so kleines Gebiet herrschte, daß es ein römischer Reiter auf wackerem Roß an einem Vormittag kreuz und quer durchsprengen konnte; — von einem König, der in einem schlichten Dorf seine Residenz aufschlug. Die Alemannen aber nahmen es mit der Königswürde sehr ernst. Wenn die kleinen Herrscher bei ihnen keine bedeutende Machtfülle hatten, so war andererseits die Selbständigkeit eines alemannischen Königs geradezu erstaunlich. In dieser seiner Selbständigkeit behielt er sich auch stets vor, soweit er nicht durch Volks- und Stammesverträge gebunden war, für jeden einzelnen Fall zu entscheiden, ob er mit den übrigen benachbarten „Königen" gemeinsame Sache machen, oder auf seine Faust und nach eigenstem Ermessen handeln wolle. Eine solche Einrichtung hatte neben ihren leicht begreiflichen Nachteilen doch auch wieder etliche Vorzüge, sofern der „König" lediglich mit Rücksicht auf die persönliche Tüchtigkeit, die ein Mann im Frieden und namentlich im Kriege bewies, gewählt wurde. Erblich war die Königswürde nicht, oder sie vererbte sich wenigstens nur in Ausnahmefällen vom Vater auf den Sohn.

Bei König Wunibalt kam die letztere Frage nicht in Betracht. Er hatte nur ein einziges Kind, eine Tochter, Wunigild mit Namen. Mit ihr zugleich erzog er den Knaben Fraomar, den er in sein Haus aufgenommen hatte, nachdem der Knabe seines Vaters und seiner Mutter durch frühzeitigen Tod beraubt worden war.

König Wunibalt war am Anfang seiner Regierung kriegerisch gegen die Römer gewesen wie alle Alemannenkönige; in diesem Sinn und Geist hatte er auch seinen Pflegesohn Fraomar erzogen. Aber vor zehn Jahren war er in der Schlacht von Solicinium, welche die Alemannen gegen die überlegene Feldherrnkunst des römischen Kaisers Valentinian verloren hatten, in römische Gefangenschaft geraten. Er löste sich aus, indem er sein einziges leibliches Kind, seine Tochter Wunigild, solange er selbst leben würde, den Siegern als Geisel überlieferte und mit in die Hauptstadt der Welt gab.

Fraomar, der nach dem ausdrücklichen Willen seines Pflegevaters bei Solicinium nicht hatte mitfechten dürfen, schäumte vor Wut, als er den wahren Grund erfuhr, warum Wunigild, seine „Schwester," durch römische Gesandte nach Solicinium zu dem gefangenen Vater abgeholt worden war. Der Gedanke, daß er, ein zweiundzwanzigjähriger Jüngling, nicht gewürdigt worden sei, gegen die Römer das Schwert zu führen, brannte wie ein unauslöschlicher Schandfleck in seiner Seele. Die Art und Weise, wie Wunibalt seine Tochter an die Römer verkaufte, brachte ihn zur Verzweiflung. Er war sich jetzt darüber klar geworden, daß ihn eine andere Liebe als die geschwisterliche mit Wunigild verbinde.

„Du bist zu meinem Nachfolger bestimmt in der Königswürde," lautete die Antwort des nach Thetwang zurückgekehrten Wunibalt auf alle die stürmischen Klagen und trotzigen Anklagen des Jünglings. „Mein Kind konnte ich weggeben, Knabe, meinem Stamm zulieb, — es ist mir nicht leicht gefallen. Dich nicht; denn du bist zu meinem Nachfolger bestimmt, Knabe, wofern du nicht mehr gegen die Römer, sondern in ihrem Dienst die Waffen tragen willst. Wenn ich die Augen geschlossen habe, so holst du dir Wunigild aus Rom." „Gut, ich will in römische Kriegsdienste gehen!" hatte Fraomar erwidert. Von seiner Pflegemutter Fritigild nahm er mit Thränen Abschied, mit dem König Wunibalt wechselte er kein Wort mehr. Am nächsten Morgen war er aus Thetwang verschwunden; außer Fritigild erfuhr dort niemand — wohin? Er lief dem siegreichen römischen Heere nach, stellte sich dem Kaiser Valentinianus und wurde in eine der römischen Legionen eingereiht. Sein Gedanke war der, er werde in kurzer Zeit nach Rom kommen, wo er über das Wohlergehen Wunigilds wachen könne, bis ihr Vater die Augen geschlossen habe.

Aber das Schicksal bestimmte es anders. Zunächst mußte Fraomar mit dem kaiserlichen Heere ostwärts ziehen, wo er sich in den Kämpfen gegen die Quaden auszeichnete. Dann führte ihn sein Lebensweg nach Griechenland und nach Nordafrika. Von da ging es hinüber nach Gallien, eine Zeitlang nach Massilia am Mittelmeer, endlich nach Argentaria am linken Ufer des Oberrheins. Rom aber hatte er, so sehr sich sein Herz nicht sowohl nach der „ewigen Stadt,“ als nach der dort weilenden Wunigild sehnte, nie mit Augen geschaut. Zuweilen hörte er durch Alemannen, die, wie er, römische Kriegsdienste nahmen, etwas von König Wunibalt; nämlich dies, daß er seit der Schlacht von Solicinium für einen treuen Freund und Bundesgenossen des römischen Volkes gelte; sonst nichts.

Am Grab dieses Königs stand Fraomar, nachdem er etwa eine halbe Stunde auf wenig gebahntem Weg an dem südlichen Bergabhange emporgeklommen war. Stattlich ragte das hochaufgeschüttete Denkmal des zuletzt verstorbenen Lenzgaukönigs über die in der Runde liegenden übrigen, bereits eingesunkenen Hügel der früheren Herrscher empor. Die Alemannenkönige schliefen in ihrem „Dickele“ ebenso fest, wie andere Machthaber des Erdballs in ihren Mausoleen und Fürstengrüften.

3.

Noch stand Fraomar in Gedanken verloren, da raschelte es im Dickicht des Hains. Ein Fuchs trat heraus auf die Lichtung, er hielt einen stattlichen Gockelhahn in der Schnauze, über dessen übel zerzaustes Gefieder das Blut in roten Tropfen auf den weißen Schnee rann.

Das Raubtier strich so nahe an dem römischen Soldaten vorüber, daß dieser sich nicht enthalten konnte, seinen kurzen Wurfspeer nach dem frechen Gesellen zu schleudern. Der Fuchs wandte sich einen Augenblick um, sein Gesicht zeigte ein Gemisch von Trotz und Verschmitztheit; der Speer hatte ihn getroffen, doch nur leicht verwundet. In der Überraschung ließ er seine Beute auf den Schnee fallen, dann aber war sofort sein langer, dicht behaarter Schweif für des nacheilenden Soldaten Blick hinter dem Gebüsch verschwunden. Die Fährte des Raubtiers verlor sich bald in ein so undurchdringliches Dorngestrüpp, daß Fraomar von weiterer Verfolgung abstand. Dagegen nahm er den Hahn, dem die Gurgel durchgebissen war, mitleidig vom Boden auf. Neugierig sich selber fragend, aus welchem Gehöfte wohl der Fuchs seinen Raub geholt haben möge, verfolgte er die in der Einsenkung einer Holzrutsche oder eines Wasserrinnsals steil bergan leitende, durch Blutstropfen, auch durch etliche zerstäubte Federchen deutlich bezeichnete Spur. Er hielt den Vogel in der Hand und fühlte, daß er noch nicht ganz erkaltet sei. Allein der Räuber mußte mit seiner Beute doch schon einen weiten Weg zurückgelegt haben. Mühsam kletternd, durch Busch und Dorn sich arbeitend, langte Fraomar endlich auf dem Grat der Halde an. Unter dem Helm hervor rann der Schweiß ihm über die Stirne; Mantel und sonstiges Gewand waren beim Klettern über den von der Sonne erweichten Boden übel weggekommen. Aber Fraomar achtete nicht darauf. Da stand der Neifen, seiner Heimat schönster Berg, den die bessernde Schulweisheit unserer Tage „Hohenneuffen“ benamst, in gewaltiger Pracht, mit blendend weißer Felsenkuppe, die vielfach gefalteten Abhänge vom Buchenwald umschleiert, vor seinen Augen.

Tief aufatmend genoß er den herrlichen Anblick, er schaute noch einmal auf Thelwang hinab, das in den leichten Dunst des Thales sich tauchte. Sodann verfolgte er die Spur, die von dem äußerst schmalen Grat des Waldgebirges an nunmehr in nördlicher Richtung thalabwärts führte. Er erinnerte sich von den Tagen seiner Knabenzeit her, daß hier in der Nähe ein bescheidenes Landhaus stehen müsse, das sich König Wunibalt für die Bewirtschaftung seiner von Thelwang entfernt liegenden Grundstücke hatte bauen lassen und das man nach dem benachbarten ins Thal vorspringenden Jusiberg den Jusihof nannte. Wenn sich der König Wunibalt im Jusihof aufgehalten hatte, so war es für ihn eine

Ein lauschiges Winkerl. Nach

[illegible] Gemälde von R. [illegible]

Art von Schmollwinkel geworfen; Thetwang, das Dorf, war von dort aus nicht sichtbar. —

Als Fraomar aus dem Schatten des Waldes trat, lag denn auch in der That der Jufihof auf mehrere hundert Schritte vor seinen Blicken. Doch war es nicht mehr das alte, bescheidene Landhaus, sondern der Hof war zu einer weit ausgebreiteten Siedelung mit Ställen und Scheuern stattlich herangewachsen. Fraomar zweifelte nicht mehr, daß der Fuchs seinen Raub im Jufihof geholt habe. Wer mochte jetzt dort wohnen? Fritigild, seine Pflegemutter? — oder —? das Herz klopfte ihm. Er machte noch etliche Schritte, da stürmten ihm mit lautem Geheul und wütendem Gebell zwei große Hunde, den gefrorenen Schnee aufwirbelnd, entgegen; in weiterer Entfernung tauchte eine kräftige Frauengestalt in pelzverbrämtem Jagdgewand aus dem beschneiten Wiesengrund auf. Die Jägerin lockte die Hunde, aber diese gehorchten ihr nicht, sondern stürzten sich wie rasend auf den Fremdling. Während sich Fraomar des einen Tiers zur Not mit seinem Wurfspieß erwehrte, hatte ihm, bevor er sich's versah, der andere Hund den toten Hahn aus der Linken gezerrt und eilte mit der Beute zu seiner Herrin zurück, um sie ihr zu Füßen zu legen. Aber er schien sich damit einen schlechten Dank verdient zu haben.

Die Jägerin schwang die aus derbem Leder geflochtenen Riemen ihrer Peitsche und hieb unbarmherzig auf das Tier ein, das sich winselnd zu ihren Füßen schmiegte. „Den Fuchs hättest du mir bringen sollen, Grisso, nicht den Hahn! Und den Fuchs, den Räuber, hättest du mir gar nicht sollen in den Hof einbrechen lassen! Und aufs Wort hättest du mir folgen sollen, Grisso. Oder hab' ich dich nicht gelockt? Dreifacher Fehler, dafür dreifache Strafe!"

Noch einmal fielen die Hiebe hageldicht.

„Laß jetzt gut sein. Du bist grausam!" sagte Fraomar, der inzwischen näher getreten war.

Die Jägerin maß den Fremdling mit einem stolzen trotzigen Blick. „Gehört der Hund mir oder dir? Hab' ich hier zu befehlen oder ein römischer Soldat?"

Der andere Hund dauerte und schien nicht übel Lust zu haben, dem Fremdling, den seine Herrin so unfreundlich anredete, an den Hals zu fahren. Aber die Jägerin wehrte ihm mit der Peitsche und auf die blutige Fährte weisend, rief sie: „Packo, suche den Fuchs, bis du ihn hast!" Laut bellend stürzte Packo von dannen. Grisso, den Gezüchtigten, behielt die Jägerin in ihrer Nähe.

„Du hast mich gefragt, ob ich hier zu befehlen habe," nahm Fraomar das Wort. „Nein! befehlen darf ich nicht; aber eine Bitte an dich wird mir freistehen, — Wunigild? Nicht wahr, — Wunigild?"

Sie wechselte die Farbe, als er zweimal deutlich ihren Namen nannte. Aber sie faßte sich rasch. „Fraomar!" sagte sie, „mein Bruder Fraomar, wo kommst du her?"

„Vom Grab deines Vaters!" erwiderte er. „Dort hab' ich dem Fuchs die Beute abgejagt. Wie lang ist's her, daß dein Vater starb?"

„Wenn der Mond das übernächstemal seine Scheibe gefüllt hat, sind drei Jahre seit König Wunibalts Tod verflossen. Doch laß uns nicht vom übernächsten Vollmond reden, mein Bruder! Du kommst aus dem römischen Lager, Fraomar?"

Er nickte. „Und seit wann bist du von Rom in die Heimat zurückgekehrt, Wunigild?"

„Ich bin frei seit dem Tod meines Vaters; freigeworden durch den Tod des Königs Wunibalt. Du weißt es ja. Vor etwa drei Jahren schon hättest du mich in Rom abholen können. Aber deine Schwester hat in Rom vergeblich auf dich gewartet. Ich habe den Weg allein, das heißt ohne dein Geleite, über die Alpen gefunden."

Er schlug die Augen nieder, seine Blicke hefteten sich auf den toten Hahn, der zu Wunigilds Füßen im Schnee lag.

„Und noch besser wär's gewesen, du hättest mich nach der Schlacht bei Solicinium gar nicht an die Römer ausliefern lassen!" fuhr Wunigild fort.

„Und drittens hätte ich am Grab Wunibalts den räuberischen Fuchs erlegen sollen, statt ihm bloß seine Beute abzujagen! Drei Fehler hab' ich gemacht. Dafür dreifache Strafe! Peitsche mich für meine drei Fehler durch, Wunigild, wie Grisso, deinen Hund!"

„Du bist spöttisch, Fraomar!"

„Und du grausam, Wunigild. Du bist in zehn Jahren eine Römerin geworden!"

„Woher willst du das wissen, Fraomar?"

„Der Römer kann unmenschlich sein gegen ein Tier, eine Alemannin niemals!"

„O nein! — ich bin zu weichmütig gegen die Tiere." Sie bückte sich, hob den toten Vogel aus dem Schnee auf und betrachtete ihn wehmütig, fast zärtlich. „Er ist mein Liebling gewesen. Wenn ich seinen Mörder nicht tot oder lebendig in meine Gewalt bekomme, dann — – —" Sie brach rasch ab: „Aber komm, laß uns meinen toten Liebling ins Haus tragen, in den Justhof, den wir seit meines Vaters Tod nach unseres Herzens Lust ausgebaut haben. Die Mutter wird sich über deine Rückkehr freuen, Fraomar."

Sie schritt voran, Grisso, den Hund neben sich, den toten Hahn sorgsam in der Hand tragend. Es wäre dem römischen Soldaten widerwärtig gewesen, wenn ein Tropfen vom Blute des Vogels das Gewand der Jungfrau genetzt hätte. Er ging hinter ihr drein, über ihr wunderliches Wesen den Kopf schüttelnd.

„Wer ist deinem Vater in der Königswürde gefolgt?" fragte er nach.

„Priar heißt der Mann!" erwiderte sie, ohne den Kopf zu wenden. Dann schwieg sie, bis sie im Gehöfte angelangt waren.

4.

Etliche Stunden hernach saß Fraomar, der römische Soldat, mit seiner verwitweten Pflegemutter und mit Wunigild beim Mittagsmahl zusammen.

Fritigild hatte sich in der That über das Wiedersehen nach zehnjähriger Trennung, über das Kommen Fraomars gefreut, wie sich nur eine Mutter über die Heimkehr eines geliebten Sohnes freuen kann. Bald nach dem Willkomm hatte sie ihm durch einen alten römischen Diener, der mit ihrer Tochter über die Alpen gekommen war, ein warmes Bad bereiten lassen, das dem Wanderer nach den Anstrengungen der letzten Tage und Stunden nicht nur den Frost, sondern auch die Reisemüdigkeit aus den Gliedern zog. Das Badezimmer war mit all' der zweckmäßigen Pracht eingerichtet, die dazumal eine vornehme römische Familie auf diesen Raum ihrer Wohnung zu verwenden pflegte. Überhaupt konnte Fraomar, der doch von der den Römern unterworfenen Welt ein gutes Stück gesehen hatte, sich nur darüber wundern, wie trefflich es Mutter und Tochter verstanden hatten, ihr einsam gelegenes Heimwesen behaglich zu schmücken. Wohl war Wunibalt ein Liebhaber kostbaren und kunstvollen Hausgeräts gewesen. Aber Fritigild und Wunigild hatten offenbar in den letztvergangenen Jahren zu dem, was der König von den Vätern ererbt und erworben, nicht wenig hinzugefügt. Ihr Haus im Dorfe Thetwang hatten sie verkauft. So vereinigte denn der Justhof, der, von außen betrachtet, sich von einem anderen stattlichen heimischen Gehöfte kaum unterschied, in seiner inneren Einrichtung alles, was römische Kunst und alemannischer Fleiß zur Annehmlichkeit des Lebens beitragen mochten. Die Dienerschaft, teils aus Heimischen, teils aus Fremden bestehend, war zahlreich. Davon hatte sich Fraomar überzeugt, als er noch vor Tisch von Mutter und Tochter durch die verschiedenen Räume des Hauses, auch durch Ställe und Scheuern zu flüchtiger Besichtigung geführt worden war.

Die Hauptmahlzeit war nicht üppig, aber schmackhaft von den Eiern an, mit denen nach römischer Sitte die Aufwartung begonnen wurde, bis zum Obst, das man in seinen feineren Sorten aus milderen Gegenden bezog, übrigens auch teilweise schon damals am Arnißfluß zu ziehen verstand. Fraomar erzählte von seinen Erlebnissen in Griechenland, in Afrika, in Gallien, und wie er so ganz unvermutet durch des Kaisers Güte einen einmonatlichen Urlaub erhalten habe. Man redete von dem toten Hahn, und wie schade es um ihn sei, dieweil er der schönste Vogel auf dem stattlichen reich besetzten Geflügelhof gewesen, von Grisso und Backo, daß sie die Pflicht der Wachsamkeit gegenüber dem räuberischen Fuchs gröblich versäumt hatten. Als der abgehetzte Backo – ohne den Fuchs — von seinem Jagdstreifzug zurückkehrte, legte Fraomar ein gutes Wort für den Hund ein, und Wunigild versprach, er solle für diesmal straflos ausgehen. Dabei warf sie die Bemerkung hin, es sei doch schade, daß der Bruder Fraomar sich nicht einen Urlaub für immer oder wenigstens bis zum Beginn des Frühlings erbeten habe. Allein Fraomar beteuerte, daß ihm die Nonen des Januar als äußerster Termin von seinem Kaiser und dem Reiterobersten eingeschärft worden seien, und daß er wohl wisse, welche Strafe leichtsinnige Pflichtversäumnis nach sich ziehe.

Auf ernstere Gegenstände hatte sich das Gespräch eigentlich noch nicht gelenkt; König Wunibalt war nur gelegentlich und nebenbei erwähnt worden.

Nach der Hauptmahlzeit entfernte sich Wunigild aus dem mit römischer Heizeinrichtung wohl durchwärmten Gemache, um die abendlichen Geschäfte des Haushaltes zu besorgen. Fritigild, die Mutter, setzte sich an ihren Webstuhl und begann beim Schein der kunstvoll gearbeiteten, vom Deckbalken herabhängenden Lampe emsig zu weben.

„Fraomar, mein Sohn," begann die Frau, „du mußt wenigstens so lange bei uns bleiben, bis deine Schwester Wunigild ihre Hochzeit gefeiert hat."

Er starrte sie einen Augenblick verwundert an; dann sprang er auf, ging mit großen Schritten auf dem mit Matten belegten Boden auf und ab und fragte, indes ihm der Atem stockte: „Ist Wunigild — einem Manne — verlobt?"

„Freilich! Dem Nachfolger Wunibalts in der Königswürde, dem Könige Priar. Ich war der Meinung, sie selbst habe dir's mitgeteilt. Wenn der Mond das übernächstemal seine Scheibe gefüllt hat, soll die Vermählung stattfinden. Du wirst als Bruder deine Einwilligung zu Wunigilds Ehebund geben."

„Es wird nicht nötig sein. Ich -- halte meinen Urlaub ein. Ich reise ab — zurück — nach Argentaria. Ich bin ja ein römischer Soldat."

„Es wird sich einrichten lassen, Fraomar. Und dann" — plauderte die Frau behaglich weiter — „wenn dich dein gütiger Kaiser in Hulden ganz aus dem Kriegsdienst entlassen hat, kehrst du zurück auf den Justihof, bist mir ein guter Sohn, wie früher in zwanzig Jahren, und mit der Zeit — führst du mir eine Tochter ins Haus zum Ersatz für meine Wunigild, die ich weggeben muß. Dein Herz wird doch nicht an einer Römerin hängen geblieben sein?"

„Nein!"

„Indes, auch eine Fremde, eine Griechin, oder eine Afrikanerin soll mir als Tochter willkommen sein," scherzte sie weiter, „wenn sie nur dir gefällt!"

„Es hat mir bis jetzt keine Fremde gefallen. — Sage mir, Mutter, seit wann ist Wunigild mit Priar verlobt?"

„Als König Wunibalt starb," antwortete sie, „kürten die Lenzgaumannen den jungen Priar zu seinem Nachfolger. Die Wahl fiel nach dem Rat, den Wunibalt der Alte gegeben hatte, auf den jungen Priar. Freilich so gar jung ist er nicht mehr; doch kennst du ihn wohl noch von deinen Knabenjahren her?"

Er nickte. „Ja wohl! Allein — ich habe nach — der Verlobung gefragt."

„Wunigild kehrte," fuhr die Mutter fort, „von Rom zurück, wohin ich den jungen Priar mit der Botschaft von Wunibalts Tod gesandt hatte. Die Machthaber in Rom hatten nichts dagegen einzuwenden, daß Priar meinem Mann in der Königswürde folge. Priar aber sieht die Herrschaft so an, daß sie ihm durch die freie Wahl unsres Stammes, nicht durch einen römischen Kaiser übertragen sei. Das erste Trauerjahr nach König Wunibalts Tod lebten wir in einsamer Stille hier auf unserem Hof, den schon mein Mann in seines Lebens letzten Jahren jedem anderen Aufenthalt vorgezogen hatte. Nach Ablauf des ersten Trauerjahrs begann Priar um die Hand meiner Tochter zu werben. Sie wollte lange nichts davon wissen, ich hielt sie für eheschen. Denn schon in Rom hätte sie nach dem Willen des Kaisers, in dessen Palast sie als Geisel lebte, einem kaiserlichen Reiterobersten die Hand zum Ehebund reichen sollen. Allein sie blieb standhaft bei ihrer Weigerung, und man zwang sie in Rom nicht zur Ehe. Ich hätte sie auch nicht zur Verlobung mit einem Alemannenkönig gezwungen. Mit der Zeit aber gewöhnte sich Wunigild an den Gedanken, Priars Frau zu werden. Sie sagte, sie wolle sich auch in diesem Stück dem Wunsch ihres verstorbenen Vaters und dem Verlangen der Stammesgenossen fügen. Im letzten Herbst gab sie ihm ihr Jawort, und auf den übernächsten Vollmondtag ist ihre Vermählung unabänderlich festgesetzt."

„Unabänderlich!" wiederholte er.

„Ja!" erwiderte sie. „Priar ist treu und fest und wankt als ein Mann nicht in seinem Entschlusse. Auch ist er ein wackerer Herrscher, die Lenzgaumannen rühmen, er sei kriegerischer als Wunibalt. In anderen Stücken steht er freilich weit hinter meinem verstorbenen Mann zurück, der in den sieben friedlichen Jahren der Freundschaft mit den

Römern seinen Stamm zu einem Wohlstand geführt hat, wie man ihn vordem nicht kannte. Ein Herrscher wie Wunibald kehrt für den Linzgau nicht wieder."

„Dann — — sage mir, Mutter, ist Wunigild — dem jungen Priar — — in heißer Liebe zugethan?"

„Das weiß ich nicht. Frage sie selbst, oder frage den König, wenn er heut Abend bei uns einspricht. Ich meine, sie weiß es selbst nicht. Sieh, es steht etwas zwischen den beiden. Wunigild hat in Rom die heilige Taufe empfangen und ist eine Christin, wie die Dienerschaft, die sie aus des Kaisers Palast mitgebracht hat. Ich bin noch nicht getauft, doch der Bauernreligion" — so nannte man damals das Heidentum — „hänge ich auch nicht mehr an. Betest du noch zu den alten Göttern, Fraomar?"

Er schüttelte den Kopf. „Ich bin in Afrika, in Cyrene, durch die Hand eines wackeren christlichen Bischofs getauft worden. Ich weiß nicht, ob jeder Bischof mit meinem Christentum zufrieden wäre. Aber soweit es sich mit dem kriegerischen Dienst vereinen läßt, habe ich die Lehre und die Gebräuche des neuen Glaubens sorgfältig beobachtet. Es geht mit der Bauernreligion zu Ende im ganzen Römerreich, Mutter Fritigild. Aber Priar?"

„Priar verehrt noch die alten Götter, wenigstens wenn man bei den Zechgelagen ihre Minne trinkt. Von dem galiläischen Propheten, dessen Heiligtümer er in Rom geschaut hat, will er nichts wissen. Er meint, die neue Lehre tauge nicht für den Linzgau. Indessen — Wunigild hofft immer noch ihren Mann für den Galiläer zu gewinnen."

Nun trat Wunigild in das Gemach, und ihr folgte bald Priar, der König.

Der römische Krieger und der alemannische König fanden Gefallen aneinander. Eine Jagd auf den räuberischen Fuchs wurde für den nächsten Morgen verabredet. Griffo und Packo sollten auch dabei sein.

„Wenn ich noch bestimmen dürfte," scherzte Wunigild, „wem meine Hand gehören soll, ich wollte sie dem Mann versprechen, der mir den Fuchs ins Haus bringt."

5.

Die Fuchsjagd war vom Erfolge gekrönt. Sie kostete zwar den ganzen nächsten Tag. Aber Priar, um Treiber nicht verlegen, mit Jagdgeräte wohl versehen, erspürte, Fraomar erlegte das Raubtier. Der Dank Wunigilds galt beiden.

Und an das Fuchstreiben reihte sich — häufig im ärgsten Schneegestöber und bei grimmer Kälte — Jagd um Jagd; an die Jagden aber reihte sich Trinkgelage um Trinkgelage in den weit verstreuten Häusern des Dorfes Thetwang. Es war ein anderes Leben im Linzgau auf verschneiter Heide, als zu Argentaria im Winterquartier. Und doch, wenn Fraomar an den übernächsten Vollmond dachte, wurde er dieses lustigen Lebens nicht froh. Manchmal saß er tief in die Nacht hinein mit dem König Priar zusammen, wenn der Lärm des Trinkgelages verrauscht war, wenn sich die Zechgenossen verlaufen hatten. Und dann redeten sie von den alten Heldenvätern und dem neuen Propheten aus Galiläa. Zuletzt kehrte Fraomar, von Priar durch den schweigenden Wald geleitet, oder auch als einsamer tiefsinniger Wanderer nach dem Justhof zurück, wo Fritigild und Wunigild sich schon zur Ruhe begeben hatten, wo Griffo und Packo den Verspäteten mit freudigem Knurren begrüßten.

Er war oft todmüde von den Freuden der Jagd, der römische Krieger, und nicht selten erhitzt von dem alemannischen Braunbier, womit die Linzgaumannen bei ihren Trinkgelagen nicht zu geizen pflegten. Aber er schlief zuweilen doch unruhig in dem behaglichen kleinen Gemach, das sie auf dem Justhof für den Gast, für den — Sohn, den — Bruder eingerichtet hatten. In mancher mondhellen Nacht sprang er empor vom Lager und blickte hinüber nach dem Felsen. Die Felsenkuppe des herrlichen Berges hatte nur ein einziges Wort für den römischen Soldaten. Und dieses Wort lautete: „Unabänderlich!"

Die Frage an Wunigild selbst zu richten, ob sie dem König Priar in heißer Liebe zugethan sei, dazu war Fraomar nicht gekommen. Und an den Alemannenkönig stellte er die Frage auch nicht. Es gab ja viel anderes zu besprechen.

„Priar, mein Bruder," fragte er ihn einmal, „wohin soll dieses Leben am Ende noch führen?"

„Dahin," erwiderte der König lachend, „daß du deinen Römern den Abschied *giebst*, statt ihn von ihnen zu *nehmen*, dahin, daß du gleich ganz bei uns bleibst."

Fraomar schüttelte den Kopf. „Ich sorge nicht um *mich*, sondern um *euch*, um euch, die Linzgaumannen, wiewohl ich ein römischer Soldat bin. Wenn ihr den Winter über für Essen und noch mehr für Trinken täglich das Zehnfache von dem Gewinn braucht, den euch die Jagdbeute abwirft — —"

Priar machte eine unmutige, abwehrende Handbewegung; aber Fraomar fuhr fort: „Ja, das Zehnfache, Priar, leugne nicht, es ist so, und wenn euch der gallische Pelzhändler die Fuchs- und Hasenbälge noch so gut bezahlt, — dann werden die Vorräte in Küche und Keller bald aufgebraucht sein. Und dann, wie wollt ihr bis zur nächsten Ernte durch den Sommer oder auch nur durchs Frühjahr kommen?"

Priar lachte laut auf. „Laß dir etwas sagen, Fraomar! Sieh, der König Wunibald, ich will ehrerbietig von ihm reden, weil er unter dem Rasen schläft, — aber, — ich kann nicht helfen, — ein alter geiziger Hamster ist er gewesen, und zu Hamstern hat er unsre Väter allesamt gemacht. Seit seinem Tod sind wir Jungen nun eben Sommerfalter geworden und schwingen uns in *der* Jahreszeit, da Freya, die holde Göttin, seine Blumen auf der Wiese blühen läßt, von Blume zu Blume. Für uns aber sind die Blumen gestaltet als Trinkhörner und Bierhumpen, und der Honig, den wir saugen, wird seit der Urväter Zeiten „Met" genannt. Also, du hast recht, Fraomar, leicht beschwingte Schmetterlinge sind wir geworden, die in den Tag, und noch lieber in die Nacht hinein leben. Meinst du, daß wir jemals zu Immen werden, die an Wabenbau und ans Honigsammeln denken? Ich sage dir: eher werden wir zu Hornissen. Mit der Zeit vielleicht werden wir uns wiederum zu Wölfen und zu Bären wandeln, wie unsre Urväter gewesen sind, — ha — ha — ha, — der Bär ist auch dem honigsüßen Met nicht abhold. Nur keine Hamster wollen wir werden, Fraomar, keine alten geizigen Hamster, wie Wunibald!"

„Priar, aus dir redet der Wein, den dir der römische Kaufmann für die heiligen zwölf Nächte und für die Hochzeit geliefert hat!"

„Laß ihn reden, Bruder Fraomar, es ist besser, als wenn er im Fasse verdirbt."

„Du hast die Würde eines *Königs*, Priar, du mußt für dein Volk, deinen Stamm sorgen."

„Und das will ich auch, bei meinem Schwert, das will ich."

„Was willst du thun?"

„Ein Wolf werden!"

„Und dann?"

„Der Wolf nimmt, wenn er Hunger hat, das was er braucht, wo er's kriegt. Der Fuchs hat es kürzlich mit dem Hahn auf dem Justihof ebenso gemacht, weil ihm eben der Hahn ungeschickt, das heißt geschickt, in die Quere kam."

„Und wir haben dafür dem Fuchs das Fell über die Ohren gezogen! So wird es euch gerade gehen."

„Es wird nicht so gehen, Fraomar. Schon im letzten Frühjahr, schon im vorigen Sommer haben wir uns entschließen müssen, einen kleinen Streifzug an die Neckarmündung zu unternehmen, dem feigen Gesindel dort unten einen Besuch abzustatten, das sich unter die Hand des Römers duckt, anstatt, wie wir, frei auf freier Scholle zu leben. Dort unten haben wir genommen, was wir brauchten, weil den Winter über zu viel draufgegangen war, und wir haben's genommen, wo wir's bekamen."

„Also *Räuber* seid ihr — Linzgaumannen — geworden, — *Bettler* seid ihr geworden!" rief Fraomar entrüstet aus.

„*Krieger* sind wir geworden," entgegnete Priar. „Machen es denn deine Römer anders, Fraomar? Sie nehmen, was ihnen geschickt oder ungeschickt in die Quere kommt. Sie haben in Rom ein Götzenbild, — mit eignen Augen habe ich's gesehen: — eine Wölfin, welche zwei kleine Buben säugt. Meinst du, die Wölfin lebe von der Luft, Fraomar? Und dies Götzenbild beten sie in Rom an bis auf den heutigen Tag. Uns aber lügen ihre Glatzköpfe vor, sie seien Christen. Wenn das Christentum darin besteht, daß man eine Wölfin anbetet, so kann es Wunigild meinetwegen auch bei uns einführen."

„Und bei alledem sind die Römer das den Erdkreis beherrschende Volk!" warf Fraomar ein.

„Hoiho!" rief Priar, — „ich will ihnen zeigen, daß der Linzgau nicht zum

Erdkreis gehört. Wir wollen diesmal nicht denen drunten an der Neckarmündung einen Besuch abstatten, sondern mit den Römern will ich einmal anbinden, mit deinem gütigen Kaiser Gratianus. Er soll mir geben, was mein Volk braucht. Und du, Fraomar, kannst mir den Weg zu deinem Kaiser zeigen!" — —

6.

Die Tage, die Wochen flogen dahin. Man feierte im Linzgau zur Zeit der Wintersonnenwende die heiligen zwölf Nächte. Die Jagd ruhte, es war ein alter Brauch, daß in der Zeit der zwölf Nächte auch das Blut eines unschuldigen Tieres nicht vergossen werde. Um so lebhafter ging es bei den Linzgaumannen mit Zechgelagen her. Priar spendete den ganzen Weinvorrat, den ihm der römische Kaufmann geliefert hatte, seinen Getreuen, ohne ihn für die Hochzeit zu sparen.

Fraomar war fest entschlossen, so zeitig abzureisen, daß er noch vor den Nonen des Januar in Augusta sich stellen konnte. Aber es kam immer wieder ein Hindernis dazwischen. Das eine Mal mußte man im Hause Priars Weinprobe halten, das andere Mal den trefflichen Schinken des Zechgenossen Westralp kosten, das dritte Mal mußte man bei dem Franken Arbogast, der nach Thetwang hereingeheiratet hatte, eine langwierige Untersuchung anstellen, ob sein Eheweib besser den süßen Met anzusetzen oder das bittere Braunbier zu brauen verstehe. Man mußte. Fraomar meinte, das seien keine freien Männer mehr, die von Tag zu Tag müssen.

Endlich war doch für die letzte der zwölf Nächte das Abschiedsmahl auf dem Justhof angesetzt. Außer Priar war niemand dazu eingeladen. Das Wetter war freilich auch so unfreundlich, — ein eisiger Nordwest peitschte die Wolken, aus denen Regen und Schnee schauerte, über das Aachthal hinweg, — daß vielleicht kein einziger Thetwanger Zechgenosse Lust gehabt hätte, einer Einladung zu folgen, bei der man sich um der beiden Frauen willen voraussichtlich einigen Zwang anthun mußte. Priar aber, der Getreue, kam. Er war harmlos und heiter.

„Fraomar," begann er, nachdem er etliche Becher geleert hatte, „mir ist im Herweg ein guter Gedanke gekommen. Du wirst sehen, es läßt sich ganz leicht machen, daß du doch unsere Hochzeit noch mitfeierst. Nicht wahr, Wunigild?"

„Was hast du vor?" fragte Fraomar.

„Ich werde an deinen Kaiser Gratianus einen Brief schreiben. Das heißt, nicht ich werde schreiben, weil mir das Gekritzel der Feder widerwärtig ist. Und weil ich der lateinischen Sprache doch nicht ganz so mächtig bin, wie du oder Wunigild, so wird eins von euch beiden aufzeichnen, was ich ihm vorsage. Ich sage es alemannisch; ihr dolmetschet's ins Römische. Nur gleich frisch dran! Morgen in aller Frühe reist ein gallischer Pelzhändler von Thetwang nach Argentoratum ab. Er nimmt den Brief mit. Von Argentoratum aus kann ihn die kaiserliche Post besorgen."

Fraomar lachte. Die anderen aber nahmen die Sache ernster. Die Abfassung des Briefes wurde hin und her überlegt. Mutter Freitigild gab endlich den Ausschlag, indem sie sich darauf berief, daß auch Wunibald Briefe mit römischen Großen gewechselt habe. Rasch entschlossen brachte Wunigild Feder, Schreibfaß und Pergament herbei.

Priar räusperte sich und diktierte. Wunigild schrieb, ins Lateinische übersetzend:

„Priar, König im Linzgau, entbietet dem römischen Kaiser Gratianus seinen Gruß. Ich habe mit großer Freude vernommen, daß Du meinem Stammesgenossen Fraomar einen Urlaub von einem Monat bewilligt hast. Da dieser Urlaub demnächst abgelaufen ist, bewillige ich, um an Großmut von Dir nicht in den Schatten gestellt zu werden, meinem lieben Bruder Fraomar ebenfalls einen vollen Monat Urlaub und gebe ihm, wie Du, vier Tage drein. Er wird nämlich meine Hochzeit hier in Thetwang noch mitfeiern. Wenn dies vorbei ist, wird er sich bei Dir einstellen und seinen Abschied für immer bei Dir fordern."

„Erbitten," berichtigte Fraomar lächelnd.

„Keine Rede!" entgegnete Priar. „Wie sollte ein Linzgaumann einen Römer um etwas bitten? Also: ‚fordern' oder ‚verlangen'!"

„Wir wählen," entschied Wunigild, „ein lateinisches Wort, das je nachdem fragen oder auch nachsuchen bedeutet."

„Nun denn meinetwegen!" fuhr Priar fort. „Also: ‚und wegen seines gänzlichen

Abschiedes bei Dir fragen.' Nun noch den Schluß. ‚Gehab Dich wohl und vergiß nicht, wieviel Dank ihr Römer meinem Vorgänger, dem König Wariboll, schuldig seid.'"

Priar rollte den Brief eigenhändig zusammen und setzte sein Siegel auf das Pergament. Er war sehr stolz auf die schönen Schriftzüge seiner Braut, nicht minder befriedigt von seiner eignen Leistung.

Nachdem er noch eine Weile behaglich geplaudert hatte, fiel ihm ein, daß der Brief so bald als möglich dem gallischen Pelzhändler eingehändigt werden sollte. Ob der Pelzhändler in tiefer Nacht von dem gewöhnlich spät nach Theiwang zurückkehrenden Priar den Brief noch zur Besorgung annehmen würde, war zweifelhaft. Priar trug also das Schreiben hinaus, um einen bewährten Diener mit der Besorgung zu betrauen und ihm die nötigen Anweisungen zu geben, wo er den Pelzhändler treffen werde. Auch Mutter Fritigild entfernte sich aus dem Gemach, um bei dem fürchterlichen Unwetter dem Knecht für ein wärmendes Gewand zu sorgen.

Fraomar und Wunigild saßen einander gegenüber. Backo und Griffo, die Hunde, lagen an der Heizröhre, wo sie die meiste Wärme ausströmte. Auf dem mit Matten belegten Boden des Gemaches hüpfte ein junger Rabe, der bei der letzten Grimmkälte auf dem Jusihof seine Zuflucht gefunden hatte, auf und ab.

„Wie meinst du," fragte Wunigild, „daß der Kaiser unsern Brief aufnehmen wird?"

Fraomar zuckte die Achseln. „Wenn er ihn überhaupt in die Hand bekommt — ich denke aber eher, daß der Reiteroberst Andragathius den Brief abfängt und ihn seinem jungen Herrn gar nicht abliefert — so wird Gratianus vernünftig genug sein, den Brief anzusehen als das, was er ist, nämlich als eine Narrheit."

„Du bist also entschlossen, morgen abzureisen, Fraomar — trotz dem Brief?"

„Es versteht sich von selbst. Ich muß ja meine Zeit einhalten!"

„Weißt du, daß ich einmal in Rom den Reiterobersten, dessen Namen du soeben genannt hast, den Reiterobersten Andragathius, hätte heiraten sollen?"

„Vergangene Dinge! Es kümmert mich nicht."

„Und weißt du, um *wessen* willen ich die Hand des Andragathius ausgeschlagen habe?"

Eine Ahnung durchzuckte Fraomars Gemüt wie ein süßer Schreck. Aber er bezwang sich und sagte ruhig: „Nein."

„Und wenn ich dich auffordern — fragen — bitten würde, ob du nicht doch deinen Urlaub überschreiten und auf dem Jusihof bleiben wollest, was würdest du antworten, Fraomar?"

Er war aufgesprungen und hatte sie umfaßt. Ein flammender Blick traf ihn aus ihren Augen. „Dann würde ich sagen: ‚*Ich bleibe*; nun kümmert mich kein Kaiser Gratianus, aber auch kein König Priar mehr!'" Ehe er sich's versah, brannte ein Kuß auf seinen Lippen, den er mit ungezählten Küssen erwiderte — —

„Was haben wir getan, Fraomar?" fragte Wunigild bebend. „Wir haben eine Sünde begangen."

„Sollte es eine Sünde sein, wenn ich meine Schwester küsse?"

„Füge nicht noch die Lüge zu der Sünde! Wisse denn: Nie hab' ich den König Priar geliebt, nie! nie! nie! *Gezwungen* schritt' ich zum Ehebund mit ihm. Horch, ich höre seine Stimme draußen, ich will es ihm selbst sagen. Dich aber, Fraomar, als du hierher kamst, dich hätt' ich zum Willkomm peitschen mögen, weil du mich nicht vor drei Jahren in Rom abgeholt hast. Und jetzt" — sie riß in leidenschaftlicher Erregung die Peitsche von der Wand und warf sie vor Fraomars Füße; die Hunde Griffo und Backo, die seit einigen Augenblicken unruhig geworden waren, verkrochen sich winselnd — „jetzt peitsche du *mich* zum Abschied, denn ich bin ein *ehrloses* Weib."

In diesem Augenblick traten Fritigild und Priar in das Gemach. „Was gibt's, Wunigild?" fragte der König. „Hast du wieder einmal die Hunde gezankt?"

„Mit Fraomar hab' ich mich gezankt," antwortete sie, tief aufatmend. „Wir haben gestritten, ob unser Brief an den Kaiser etwas fruchten werde, oder *nichts*. Und ich habe Recht behalten. Der Brief fruchtet etwas, Fraomar bleibt, *solang er will*."

„Nun, dann ist ja alles gut," jubelte Priar. Er setzte sich wieder und suchte ein munteres Gespräch in Fluß zu bringen. Aber die Unterredung ging fast nur zwischen ihm und Mutter Fritigild hinüber und herüber.

Eine Stunde später geleitete Fraomar seinen Freund nach Hause. Jede Unterhaltung unterwegs war durch das fürchterliche Unwetter unmöglich gemacht. In Thetwang angekommen, bat Fraomar den König, er möge ihn für heute Nacht in seinem Hause beherbergen; er könne nicht auf den Jusihof zurückkehren.

7.

In den nächsten Tagen legte sich der Sturm, und Fraomar kehrte auf den Jusihof zurück. Aber er ging dort ein und aus wie ein Sünder und Schächer; ein Zusammentreffen mit Wunigild vermied er.

Wenn die Gedanken in seiner Brust gar zu stürmisch haderten, sprach er dem Met oder dem Bier weidlich zu, nicht wenige Linzgau-Mannen waren seines Ruhmes voll; er habe das Trinken erst jetzt gelernt, seit sein zahmer Urlaub ein wilder geworden sei.

So gingen zwei Wochen hin. Man zählte in Thetwang die Tage bis zu Priars und Wunigilds Hochzeit. Noch einmal sammelte Priar im Saal die Zechgenossen in stattlicher Reihe, bevor er den Ehebund schließen wollte und damit dem Bund der Jungen entsagte.

Die meisten Zechgenossen waren schon trunken, als Fraomar in den Saal hereinkam; betäubender Lärm erfüllte das weite, hohe Gemach. Auch der König war stark erhitzt. „Warum hängst du den Kopf, Fraomar?" sagte er in übermütiger Laune.

Da hielt sich Fraomar nicht länger und teilte ihm aufrichtig und schlicht alles mit, was zwischen ihm und Wunigild vorgefallen war. Er war ganz nahe an Priars Seite gerückt, so nahe, daß er ihm nicht recht ins Auge sehen konnte. — — „Darum," schloß er, „brennt mir der Boden unter den Füßen, wenn ich auf dem Jusihof bin, heute Nacht bleib' ich noch in Thetwang, wenn du mich in deinem Hause behältst; morgen früh aber schleiche ich mich in aller Stille fort und stelle mich dem Kaiser Gratianus in Argentaria."

Priars Rausch war augenblicklich verflogen. Er ergriff Fraomars Hand und sprach: „Es ist immer gut, wenn zwei Brüder wissen, wie sie miteinander dran sind. Ich will dir ein paar Vorschläge machen. Sieh, ich habe nach Wunibalds Tod eigentlich dich im römischen Lager aufsuchen und dich nach Rom schicken wollen, um Wunigild zu holen, weil ich von Fritigild erfahren hatte, du habest den Auftrag dazu erhalten. Der erste Entschluß ist immer der beste. Aber ich ließ meinen Sinn ändern, weil die Neugier mich kitzelte, auch einmal die ewige Stadt zu sehen. Verfluchtes Rom! Thetwang ist mir lieber. Wär' ich von Rom weggeblieben, dann — — — — Doch, das läßt sich jetzt nicht mehr ändern. Ich sehe wohl ein, daß du jetzt fort mußt, und ich will dir ein paar Vorschläge machen."

„Sag an, Bruder Priar."

„Fürs erste, ich gehe mit dir nach Argentaria, zu deinem Kaiser Gratianus!"

Er will sich überzeugen, ob ich auch das Feld gewiß räume, dachte Fraomar und nickte zustimmend.

„Fürs zweite, es nimmt keiner von uns beiden weder von Fritigild noch von Wunigild Abschied."

„Einverstanden!"

„Fürs dritte: Es kehrt keiner von uns beiden auf den Jusihof zurück, ehe er den Leichnam des andern bei Argentaria links oder rechts vom Rhein in den Sand verscharrt hat."

„Also auf einen Zweikampf läuft es hinaus," sprach Fraomar bei sich selbst. „Nur will Priar nicht mit einem römischen Soldaten, sondern mit einem freien Linzgaumann sein Schwert kreuzen." — Er reichte seinem Genossen die Rechte.

„Jetzt hab' ich mit unsern Landsleuten noch ein paar Worte zu reden," fuhr Priar fort. Er klappte den Deckel seines Kruges kräftig auf und zu. Lautlose Stille trat ein . . . „Der König redet"

„Linzgaumannen," sprach Priar, „der Urlaub unseres Freundes Fraomar neigt sich dem Ende zu. Er muß nach Argentaria zurückkehren zu seinem Kaiser Gratianus. Wir können ihn nicht länger zurückhalten."

Lebhafter Widerspruch erhob sich. „Ein Linzgaumann muß nicht; — Fraomar hat es selber oft genug gesagt. — Wir geben unseren Freund Fraomar nicht her! — Der römische Kaiser Gratianus soll zu

Eine antike Theaterscene. Deckengemälde im neuen Wiener Burgtheater von Franz Matsch.

uns kommen; wir haben noch einen Krug Bier für ihn übrig. Nichts da mit Argentaria! — Es lebe der milde Urlaub!" scholl es in wirrem Durcheinander aus den Reihen der Tischgenossen.

„Gut!" fuhr Priar fort, „so behalten wir unsern Fraomar. Wir geben ihm alle das Geleite zum Kaiser. Wir wollen den Herrscher Gratianus fragen, ob Fraomar den Römern nicht lange genug gedient hat. Auf nach Argentaria! Fraomar zeigt uns den Weg. Wir gehen alle mit!"

Tosender Beifall erscholl. „Wir gehen alle mit! Fraomar ist unser Führer!" Ehe sich's Fraomar versah, war er auf einen Schild gehoben und wurde dreimal um den Tisch getragen.

„Wann ziehen wir, Priar?" fragte einer der Tischgenossen.

„Morgen!" erwiderte Priar. Der Beifall steigerte sich ins Maßlose, bis der König fortfuhr: „Wir haben in den letzten Wochen lustig gelebt, Lienzgaumannen. Die Zeche ist ein wenig hoch angelaufen. Seid ihr damit einverstanden, daß wir den römischen Kaiser fragen — man fragt nämlich bei den Römern — ob er die Zeche bezahlen wolle?"

Nun kannte der Jubel keine Grenze mehr. „Auf nach Argentaria, der Römer zahlt die Zeche!"

„Noch eins!" schloß Priar, als sich der Beifallssturm einigermaßen gelegt hatte. „Es ist ein alter Brauch, daß, was abends beim Gelage beschlossen worden ist, am nächsten nüchternen Morgen noch einmal durchberaten wird. Sammelt euch morgen früh wieder in meinem Haus. Laßt die Waffen nicht daheim! Wem bis morgen früh ein anderer Kopf gewachsen ist, der mag es sagen und in Thetwang bleiben. Ich für mein Teil — der erste Entschluß ist der beste — ich gehe mit nach Argentaria."

„Ich auch! Ich auch! Wir gehen alle mit!" scholl es aus dem Haufen.

8.

Am andern Morgen zogen sechsundneunzig bewaffnete Thetwanger von Priars Haus ab unter dem Gesang kriegerischer Lieder und mit Hörnerschall.

Fraomar hielt die ganze Sache immer noch für einen Schwank. Das Wetter war ausnehmend mild geworden; die Sonne schien warm, der Schnee rann schmelzend zu Thal. Und die Mannschaft, die aus Thetwang ausgezogen war, schwoll an von Gehöft zu Gehöft, von Ortschaft zu Ortschaft, von Stadt zu Stadt wie ein reißender Wildbach. In den Dörfern trugen die Weiber und Kinder Brot, Met und Fleisch herbei für die kühnen Mannen, die entschlossen waren, „den Römern einen Besuch abzustatten." Heu und Stroh in den Scheuern bot ein etwas hartes Nachtlager; aber die Bewaffneten, die ihr Haupt darauf niederlegten, träumten von nichts anderem als von der unermeßlichen Beute, die ihnen in Argentaria nicht entgehen könne. Und von Ortschaft zu Ortschaft liefen in dem dicht bevölkerten Land dem „Heere Priars" Männer und halbwüchsige Jünglinge nach, die sich auch noch ihren Anteil an der Beute sichern wollten.

Priar war allgemein als Befehlshaber anerkannt. Als er in der Gegend des Gebirgsstockes, den man heutzutage Kaiserstuhl nennt, seine Getreuen musterte, zählte er etwas über viertausend.

Schwierig war nun nur noch der Rheinübergang. Die Gelten und Petulanten, die in der dortigen Gegend wohnten, weigerten sich, aus Angst vor den Römern, der Horde ihre Kähne und Flöße zum Übersetzen über den Fluß zu leihen. Sie wurden für ihre Unfreundlichkeit mit fast unerschwinglichen Lieferungen von Mundvorrat bestraft.

Und nun kam „der Himmel," wie Priar sagte, „den Alemannen zu Hilfe." Ein plötzlich eintretender äußerst scharfer Frost baute in zwei Nächten eine Eisbrücke über den Rhein.

Am frühen Morgen des dritten Tages stand Priar mit seiner Horde vor Argentaria. Er begab sich sofort mit Fraomar zum Kaiser, der den Brief des Thetwanger Königs erhalten, dem das vorauseilende Gerücht die Kunde von dem wahnsinnigen Unternehmen der frechen Barbaren zugetragen hatte. Fraomar machte den Dolmetscher. Gratianus war in nicht geringer Verlegenheit, er hatte eine Woche zuvor seine Kerntruppen nach Pannonien geschickt und wollte ihnen, in Argentaria eine mäßige Bedeckung zurücklassend, in Eilmärschen folgen.

Schon hatte Andragathius, der Reiteroberst, alles mit Priar vereinbart, wieviel Saatgut und bares Geld den Alemannen aus dem römischen Staatsschatz gewährt werden solle, wenn sie unverzüglich und friedsam unter Aufsicht einer römischen Reiterschar den Heimweg antreten würden. Da stieß Priar mit seiner Hartnäckigkeit a l l e s um, indem er verlangte, daß in erster Linie Fraomar nicht nur straflos, sondern als freier Lenzgaumann frei ausgehen solle. Nunmehr fertigte Andragathius „den frechen Barbaren“ kurz und kühl ab. Fraomar aber wurde ins Gefängnis geführt.

„Fraomar, was ist dir eingefallen?“ fragte der Kaiser den Gefesselten. „Bist du beim Sonnenwendfeste wahnsinnig geworden?“

„Man nennt das bei uns **daheim einen** ‚wilden Urlaub‘, Herr.“

„Es ist Hochverrat und Majestätsbeleidigung! Darauf steht Todesstrafe!“ — —

Noch am Mittag wagte Priar mit seiner Horde einen Sturm auf das wohlbefestigte römische Lager. Es kam nun doch zur förmlichen Schlacht, die Gratianus hatte vermeiden wollen und die für die Alemannen vollständig verloren ging. Priars Leute fochten allerdings mit solcher Tapferkeit, daß ihnen auch der Feind seine Anerkennung nicht versagte; aber gegen römische Kriegskunst konnte ihr Ungestüm nicht aufkommen. Hunderte und aber Hunderte wurden erschlagen, unter ihnen ihr König Priar, der „Anstifter einer so großen Verwirrung,“ wie Ammianus Marcellinus, ein römischer Geschichtschreiber, sagt.

Der gefangene Fraomar wurde am nächsten Tag mit etlichen Halbinvaliden und Bürgern von Argentaria kommandiert, etliche der Gefallenen zu begraben. Es war eine schaurige Arbeit, die sie schweigend verrichteten. Fraomar fand Priars Leiche und wölbte, nach heimischer Sitte, einen stattlichen Grabhügel über dem Leibe des Freundes, der n i c h t mehr auf den Jusihof hatte zurückkehren w o l l e n.

Inzwischen hatte der Kaiser alle Veranstaltungen getroffen, seinen Sieg gründlich auszunützen. Er verfolgte das führerlose, in wilder Flucht aufgelöste Alemannenheer. Wiederum Hunderte von Alemannen ertranken im Rhein — die Celten und Petulanten hatten das Eis eingehauen — bei trügerischem Mondlicht.

Und nun, was nicht gefallen war, **das** fiel großenteils a b, wie das reife **Obst** abfällt, wenn man den reich beladenen Baum schüttelt. Von Ortschaft zu Ortschaft schmolz die fliehende Horde zusammen, welcher der Kaiser sich an die Fersen heftete. Man ließ diese Trüpplein unangefochten seitwärts weichen. Ein Kern aber von Priars Leuten war übriggeblieben. Das waren die Thetwanger, die freilich von 116 Mann auf 70 sich gemindert hatten.

In der Nacht, da Priars Hochzeit hätte gefeiert werden sollen, langten sie auf dem in die Ebene des Remisthales vorspringenden Jusiberg an; hier verschanzten sie sich und gelobten feierlich, daß sie alle miteinander sterben wollten auf der Heide des Jusiberges oder im Wald, der seinen Gipfel krönte.

Der Kaiser rückte mit zwei Legionen heran. Er quartierte sich mit Andragathius und dem Lictor, dem Gerichtsvollstrecker, auf dem Jusihof ein. Der Reiteroberst war der Ansicht, daß die 70 Thetwanger ebenso schwierig anzugreifen seien, wie ein Igel, der sich zusammengerollt hat. Dreimal ließ der Kaiser den Thetwangern durch einen Unterhändler anbieten, sie sollten das Leben behalten, wenn sie sich in die nach Pannonien nachrückende Legion als ehrliche römische Soldaten einreihen lassen wollten. Ihre Antwort war, sie wollten sterben, sie würden überhaupt in keine Unterhandlungen eintreten, wenn nicht der Kaiser ihren Stammesgenossen Fraomar zu ihnen schicke.

So mußte Gratianus, wenn er nicht eine halbe Legion bei der Erstürmung des Jusiberges opfern wollte, sich entschließen, den gefangenen Fraomar von Argentaria kommen zu lassen.

Fraomar vermittelte die Friedensbedingungen. Er wurde beiden Teilen gerecht. Die 70 Thetwanger traten in die römische Legion ein, ihre Lücken auszufüllen. Daß der Kaiser seinen wilden Urlaub immer noch als „Hochverrat und Majestätsbeleidigung“ ansehe, verschwieg Fraomar seinen Stammesgenossen, da er Abschied von ihnen nahm.

— — — — — — — —

Die Abendsonne eines Februartages schien warm herein in den Jusihof, als der Kaiser Gratianus über Fraomar Gericht hielt. Andragathius, der Reiteroberst, leitete das Verfahren wider den des Hochverrats beschuldigten römischen Soldaten.

Bestwulp und Arbogast waren als Zeugen zugezogen worden; ebenso Fritigild und Wunigild. Der römische Lictor, mit seinem Rutenbündel und dem scharf geschliffenen Beil darin, stand am Lindenbaum, unter welchem auch ein Eichenstumpf zu sehen war, der sonst den Bewohnern des Justhofes als Hackblock diente.

Der Spruch des Kriegsgerichtes lautete, Fraomar sei des Todes schuldig, und der Lictor solle seine Pflicht unverzüglich erfüllen.

„Hast du noch etwas zu sagen, Fraomar?“ fragte der Kaiser.

„Ich nicht! Mach ein rasches Ende, Herr!“

Da trat Wunigild hervor und sprach: „Aber ich! Gütiger Kaiser, willst du auch mir eine Bitte gewähren, deren Erfüllung du mir zum voraus zusagst?“

Der Kaiser meinte ganz sicher zu wissen, daß sie um Fraomars Leben bitten werde, und antwortete ohne Bedenken: „Es sei dir gewährt, Jungfrau!“ Dann setzte er als vorsichtiger Mann die Klausel hinzu: „Vorausgesetzt, daß mir die Gewährung nicht durch die Natur der Sache unmöglich gemacht wird.“

Er war sehr erstaunt, als Wunigild sprach: „Ich erhebe meine Hand zum Himmel und schwöre, daß ich, und nur ich diesen Mann zur Sünde verleitet habe. Meine Bitte an dich also lautet, o Kaiser: laß mich hier auf der Stelle mit ihm sterben.“ Sie kniete nieder und legte ihr blondlockiges Haupt auf den Block.

„Fraomar, ist es wahr, was diese Jungfrau behauptet?“ fragte der Kaiser.

„Ja!“ erwiderte er zur großen Überraschung des Kaisers. „Befiehl dem Lictor, Herr, daß er mich niederschlage, so wie ich flehe. Meine Wimper soll nicht zucken, wenn die Schneide des Beiles blitzt.“

Der Lictor zog das Beil aus dem Rutenbündel. „Wen zuerst?“ fragte er.

„Mich!“ rief die Jungfrau, indem sie noch einmal das Haupt zum Kaiser und zum Himmel erhob.

„Mich!“ trotzte Fraomar. „Ich habe das erste Recht.“

Da stand der Kaiser Gratianus auf und ergriff Wunigilds Rechte. „Die Gewährung deines Wunsches, o Jungfrau, ist mir durch die Natur der Sache unmöglich gemacht. Somit bin ich meines Wortes entbunden, ihr seid des alle — Zeugen. Und dieweil zwei so trotzige Alemannenköpfe auf einem und demselben Block keinen Raum haben“ — er ergriff Fraomars Hand ebenfalls —, „so lege ich hiermit als Brautwerber die Rechte Fraomars in die Rechte Wunigilds.“

„Und unser Stamm kürt Fraomar, den Freien, zum Nachfolger Priars in der Königswürde,“ fielen Bestwulp und Arbogast jubelnd ein, die zwar die Worte des lateinisch redenden Kaisers nicht, wohl aber den Sinn seiner Gebärde verstanden hatten.

„Ich aber,“ fuhr der Kaiser fort, „hebe für den König Fraomar das Urteil auf, das über Fraomar, den römischen Soldaten, gefällt worden ist. Ist es recht so, Wunigild?“

Ein leuchtender Blick Wunigilds sagte ihm alles. Fritigild, die Mutter, hatte des Kaisers Hand erfaßt und bedeckte sie mit Küssen. Ihre Thränen tropften darauf.

„Sage den beiden, Mutter,“ fuhr Gratianus sanft abwehrend fort, „sie sollen in Eintracht bei einander wohnen, wie es die Lehre unseres Erlösers befiehlt. Und wenn sich Fraomar je einmal von seiner Frau Urlaub erbittet, so soll er dafür sorgen, daß es ein rechtmäßiger ist und kein wilder Urlaub!“

---

## Einsamkeit.

(Abdruck verboten.)

Suchst du Einsamkeit
Und liegt dir Heide und Wald zu weit,
Wagst du sie suchen im Gedränge,
In der wogenden Menschenmenge.

J. Trojan.

# Velazquez.

Von

**H. Knackfuß.**

II.



Auch ein Velazquez mußte es erfahren, daß das große Publikum beim Anblick eines Bildes mehr den Gegenstand als die Kunst ins Auge zu fassen pflegt. In der Mitte der dreißiger Jahre wurde ein Bildnis des Grafen Olivares, das er öffentlich ausstellte, vom Volk mit Steinen beworfen. Denn der allmächtige Minister wurde immer verhaßter bei der ganzen Nation. Vielleicht sind manche Bildnisse, die Velazquez nach Olivares, der sich ihm stets sehr zugethan erwies und dem auch er seine Anhänglichkeit und Dankbarkeit bewahrte, gemalt hat, als Opfer der Volkswut zu Grunde gegangen.

Im Januar 1643 wurde Olivares gestürzt. Er überlebte diesen Schlag nicht lange; er starb fünf Monate danach. Philipp IV wollte sich jetzt zu selbständigem Handeln aufraffen. Er beschloß persönlich ins Feld zu ziehen, um beizutragen zur Wiederherstellung der spanischen Waffenehre, die bald nach den rauschenden Siegesfesten von 1638 überall bedenklich ins Wanken geraten war. Velazquez begleitete den König, als dieser nach dem catalonischen Kriegsschauplatz aufbrach. Ganz Catalonien befand sich seit 1640 in hellem Aufruhr; französische Truppen waren als Befreier begrüßt, und die Thore der Festungen waren ihnen geöffnet worden. Vor einem Betreten des aufständischen Landes zauderte König Philipp indessen doch noch zurück. In Saragossa machte er Halt und begnügte sich damit, den Gang der Ereignisse von hier aus zu verfolgen. Dem Velazquez verlieh er in diesem Jahre den Titel eines Leibadjutanten (Ayuda de cámara — ein niederer Grad der Kammerherrnwürde), und außerdem gab er ihm ein Amt, das keine bloße Würde war, sondern auch Arbeit erforderte, indem er ihn zum Gehilfen des Marquis von Malpica, des Oberintendanten der königlichen Bauunternehmungen, ernannte. Im folgenden Jahr begab sich Philipp IV wirklich nach Catalonien. Der baldige Fall der von den Franzosen besetzten Festung Lerida wurde mit Bestimmtheit vorausgesehen. Auf dem Marsch von Saragossa gegen Lerida ließ der König sich von Velazquez malen in der Tracht, in welcher er dort seinen Einzug halten wollte, wenn die Stadt wiedergewonnen sein würde. Lerida wurde in der That übergeben, und der vorausgeplante Einzug fand im August 1644 statt. Das Feldzugsbildnis des Königs, welches Velazquez während des Wartens auf dieses Ereignis malte, entstand unter schwierigen Verhältnissen. Man lagerte in einem kleinen Orte namens Fraga, wenige Meilen von Lerida entfernt, in unglaublichen Unbequemlichkeiten. Die Werkstatt wurde eingerichtet in einem Raum, der „nicht viel mehr war als das untere Ende eines Schornsteins," mit leeren Löchern statt der Fenster, mit Wänden, an die der Sicherheit halber Stützen angelegt werden mußten; der Fußboden wurde durch Belegen mit Schilf in einen einigermaßen erträglichen Zustand gebracht. Hier saß der König dem Maler dreimal im roten goldgestickten Anzug. Um während der Sitzungen für die Unterhaltung zu sorgen, war ein Holzwerg befohlen. Auch diesen malte Velazquez während des Wartens auf die Kapitulation von Lerida. Beide Bilder wurden gleich nach ihrer Vollendung nach Madrid geschickt. Dasjenige des Königs ist später nach England gekommen. Dasjenige des Zwergs befindet sich neben mehreren anderen von Personen dieses sonderbaren Teiles des Hofstaates im Prado-Museum.

Am Hofe Philipps IV befand sich eine ganze Schar von Zwergen und „lustigen Personen," wirklichen und scheinbaren Narren, die durch ihr thörichtes oder witziges Wesen den hohen Herrschaften zum Vergnügen dienten. Das war übrigens keineswegs eine Besonderheit des spanischen Hofs; das Halten von Hofnarren war damals, wenn auch nicht mehr so allgemein gebräuchlich wie im XVI. Jahrhundert, eine weit verbreitete Sitte.

Der große Meister der Bildniskunst hat

in den ihm vom König aufgetragenen Bildnissen dieser freiwilligen und unfreiwilligen Spaßmacher Meisterwerke der Charakterdarstellung geschaffen.

Das Porträt des Zwerges, der bei den Sitzungen des Königs in Fraga zugegen war, und der mit dem Namen el primo, „der Vetter," bezeichnet wurde, ist ein Prachtbild. Der sehr kleine Mann sitzt im Freien auf einem Stein und blättert mit den Händchen in einem großen Folianten; für Aufzeichnungen, die er etwa aus dem alten Buche machen will, sind ein Heft und ein Tintenfaß bereit. Er hat den Blick dem Beschauer zugewendet, aber ohne denselben zu fixieren; die schwarzen Augen sind ohne Glanz. Der Ausdruck des Gesichts ist eine Ruhe der Vornehmheit, die kaum komisch wirkt, die vielmehr echt zu sein scheint. Es ist ja wohl denkbar, daß el primo von guter Herkunft war. Seine tadellose Kleidung ist ganz schwarz; das Gesicht leuchtend hell, warm im Ton, mit dunkelblondem Haar und Schnurrbärtchen. Die Landschaft ist grau, mit ein paar scharfen Helligkeiten in der Luft und auf den Bergen. Sonst keine Farbe außer dem Weiß in den aufgeschlagenen Büchern und ein paar bräunlichen Tönen in den Bucheinbänden und vorn am Boden. Was für eine Farbenwirkung mit diesen Mitteln erreicht ist, das ist geradezu wunderbar.

Das Bildnis eines anderen Hofzwergs, der als Don Sebastian de Morra bezeichnet wird, zeigt einen sehr kleinen, schwarzhaarigen und schwarzbärtigen Mann, der platt auf dem Boden sitzt, die Schuhsohlen dem Beschauer zukehrend. In bunter Kleidung tritt er farbig aus schlichtem graubraunem Grund hervor. Er hat die Fäustchen auf die Oberschenkel gestemmt und sieht einen, mit leicht zur Seite geneigtem Kopf, unter den schwarzen Brauen hervor mit einem ganz eigentümlichen, dunklen Blick an. Dieser Blick hat etwas Melancholisches und zugleich etwas Wildes, Mitleiderweckendes und Furchterregendes gemischt.

Den Bildern der Zwerge, die durch ihren Witz den König und die Großen des Hofs unterhielten, reihen sich diejenigen von bedauernswerten Geschöpfen an, die durch ihre natürliche Thorheit zur Belustigung dienten. Da ist „das Kind von Vallecas," ein Kretin, mit einer schrecklichen Wahrheit in jeder Einzelheit der Form, des Ausdrucks und der Bewegung gemalt, dabei ein Meisterwerk der Farbenstimmung. Ferner „der Dumme von Coria," noch meisterhafter gemalt als jenes, ein Blödsinniger, der lustig ist und ohne Grund lacht. Man kann sich nicht leicht etwas Schrecklicheres für die Darstellung denken, als diese häßlichen, armen Geschöpfe. Wie groß ist die Macht einer Kunst, die so vollkommen ist, daß sie auch diesen Darstellungen Schönheit zu verleihen vermag!

Erfreulicher für den heutigen Beschauer ist jedenfalls der Anblick derjenigen „lustigen Personen," die sich wenigstens im Besitze der Gesundheit und wohlgewachsener Gliedmaßen befinden. Da ist Pablillos von Valladolid, ein stattlicher Mann, der in spreizbeiniger Stellung, das Mäntelchen wie eine Toga umgenommen, wie ein Redner gestikuliert; seine dunklen Augen blicken stier, wie die eines Berauschten — man weiß nicht, ist er klug oder dumm, oder hat man ihn, was zu den beliebten Scherzen des Hofes gehörte, betrunken gemacht. Die ganze Gestalt wirkt unsagbar lebendig, man glaubt den blechernen Klang der Stimme des Schwatzenden zu vernehmen. — Dann Cristóbal de Pernia, der oberste der Hofnarren, der sich nicht davor fürchtete, seinen Witz auch an dem gefährlichen Olivares auszulassen, und der den Mut und die Kraft besaß, als Stierkämpfer aufzutreten. Er erscheint in einem mit höchster Schnelligkeit gemalten und unfertig gelassenen, trotzdem aber mächtig wirkenden Bilde entsprechend seinem Beinamen „Barbarroja" in der Maske des wilden Seeräubers Barbarossa. In türkischer Kleidung, rot mit weißem Mantel, steht er mit gezogenem Schwert da, und der zornige Ausdruck seines Gesichts, dem der große graue Schnurrbart und der kurze Backenbart ein für die Zeit sehr fremdartiges Aussehen geben, scheint einen unsichtbaren Gegner zum Kampf herauszufordern.

Als „Don Juan de Austria" parodiert ein anderer Hofnarr den durch seinen großen Seesieg über die Türken berühmten Sohn Karls V (Abb. 16). Daß dieser Großoheim von unrechtmäßiger Herkunft für Philipp IV ein Gegenstand des Spottes sein konnte, braucht nicht zu befremden. Von am Boden liegenden Waffen umgeben, steht „Don Juan de Austria“ in der Tracht aus Großvaters Zeit da, die Linke am Degengefäß, in der Rechten einen großen Stab. Im Hintergrund ist mit ein paar scherzhaften Strichen die Schlacht bei Lepanto angedeutet: ein Durcheinander von Feuer und Rauch, man darf sich in Brand geschossene und in die Luft fliegende türkische Kriegsschiffe darunter vorstellen. Das Bild ist ebenfalls sehr schnell gemalt — diese Art von Personen gewährten wohl keine langen Sitzungen —, nur der Kopf ist fertig ausgeführt. Aber ganz vollendet ist es in malerischer Hinsicht, prachtvoll im Ton. Das Bild eines Narren soll selbstverständlicherweise Komik enthalten. Hier liegt das Komische der Wirkung schon in dem Gegensatz zwischen der vornehmen Kleidung und der sehr wenig vornehmen Gestalt ihres Trägers. Ein Mann von ungelenker Haltung, mit dünnen, wadenlosen Beinen und großen Plattfüßen, der auf seinem steifen, plumpen Rumpf einen Kopf mit schlecht rasierten Wangen, mächtigem Schnauzbart, breiter, gedrückter Nase und klug thuenden kleinen Augen trägt, — in würdevollem altmodischen Anzug aus prächtig wirkenden schwarzen und hellkarminfarbigen Stoffen, wie ihn wohl ein Heerführer Philipps II hätte tragen können: eine solche Erscheinung mußte am Hofe Philipps IV schon durch ihren bloßen Anblick die Lachlust erwecken. Für uns geht natürlich derjenige Teil der Wirkung verloren, der für den zeitgenössischen Beschauer darin bestand, daß die Kleidung, die vor einigen Jahrzehnten aus der Mode gekommen war, eben dadurch schon an und für sich lächerlich erschien. In Kleidersachen mißfällt bekanntlich das jüngst Veraltete immer am meisten. Heutzutage haben wir keine Veranlassung, die Tracht aus der Zeit Philipps IV für kleidsamer zu halten, als diejenige aus der Zeit seines Großvaters.

Abb. 16. Bildnis eines Hofnarren Philipps IV, genannt Don Juan d'Austria.
Nach dem Gemälde im Prado-Museum zu Madrid.
(Nach einer Aufnahme von Ad. Braun & Co., Braun, Clément & Cie, Nachf., in Dornach i. Els. und Paris.)

In der weiblichen Hoftracht hatte die damalige Mode mit das Ungeheuerlichste hervorgebracht, was jemals ausschweifender Ungeschmack ersonnen hat. Ein Reifrock von abenteuerlichem Umfang, dafür desto engere Einpressung des Oberkörpers, weitpuffige Ärmel, genau wagerechter Halsausschnitt; dazu eine Frisur, die durch seitlich angeordnete Lockenmassen den Kopf die Glockenform des Reifrocks wiederholen ließ, und eine wagerechte Reihe von Schleifchen in den Locken. Gesicht und Hände waren so ziemlich das einzige, was verriet, daß in diesem verwunderlichen Aufbau ein menschliches Wesen steckte. Wenn Velazquez Damen in dieser Hoftracht zu malen hatte, so fand er sich damit ebenso künstlerisch ab, wie mit den Bildnissen von Zwergen und Blödsinnigen. Er malte alles mit einer unbedingten Naturtreue, mit der schärfsten Kennzeichnung der Formen, in der denkbar vollkommensten Wahrheit, und er malte alles mit einem solchen malerischen Reiz, mit einem so wunderbaren Zauber der Farbe, daß diese malerische Schönheit stärker auf die Empfindung des Beschauers einwirkt, als die von der Wirklichkeit gegebene gegenständliche Häßlichkeit. Mit in der ersten Reihe der Meisterwerke seiner Farbenkunst steht das Bildnis der Infantin Doña Maria Theresia de Austria, der im Jahre 1638 geborenen Tochter Philipps IV, der nachmaligen Königin von Frankreich, im Alter von etwa zehn Jahren (Abb. 17). Den Hintergrund bildet ein dunkelroter Paravent, der von der grauen Wand des Zimmers nur sehr wenig sehen läßt, und vor demselben ein schwerer rotsamtener Vorhang, der aufgerafft und mit dem Ende über eine Stuhllehne geworfen ist; Vorhang und Paravent sind durch farbige, vorwiegend bleich-goldige, Musterung belebt. Der Fußteppich hat roten Grundton. In diesem Ganzen von prächtigen roten Tönen steht die kleine Prinzessin, ein blasses, blondes, schnippisches Kind, das vielleicht kindlicher aussehen könnte, wenn es nicht eingezwängt wäre in diesen entsetzlichen Staat, der uns am Leibe eines Kindes begreiflicherweise noch unerträglicher vorkommt, als bei einer Erwachsenen. Die Farben der Kleidung zeigen Silberstoff und Zinnoberrot, dazu ein Rosa, das zwischen diesen beiden Tönen genau die Mitte hält, durchsichtiges Weiß an Kragen und Ärmeln, Gold und Silber in den Schmucksachen, und Schwarz in der das Fleisch pikant abgrenzenden Einfassung des Halsausschnittes. Der Reifrock gestattet den Händen nicht, natürlich herabzuhängen; dieselben liegen seitwärts abgesperrt auf dem Rock. Mit dem rechten Händchen hält die Prinzessin ein großes Taschentuch von feinem Battist, mit dem linken ein paar Blumen.

Dieses Bild ist als Gegenstück gemalt zu einem einige Jahre älteren Bildnis des Prinzen Balthasar Karl, in welchem dieser im Alter von vierzehn bis fünfzehn Jahren, ganz in Schwarz gekleidet, dargestellt ist. Das Bild macht sich, trotz der großen Einfachheit der Farbe — der Hintergrund ist dunkelgrau — durch seinen vornehmen Ton schon ganz von weitem zwischen allen anderen Gemälden als Velazquez kenntlich.

Dem geweckt aussehenden Prinzen war es nicht beschieden, die großen Hoffnungen, die man auf ihn setzte, zu erfüllen. Nachdem er im Alter von siebzehn Jahren mit seiner um sechs Jahre jüngern Base, Erzherzogin Maria Anna von Österreich, der Tochter des deutschen Kaisers, verlobt worden war, starb er an einem Fieber im Oktober 1646. Sechs Monate später verlobte sich König Philipp IV, der seit dem Herbst 1644 Witwer war, mit der früheren Braut seines Sohnes. Die Vermählung wurde bis zum Jahre 1649, wo die Erzherzogin ihr vierzehntes Lebensjahr vollendete, hinausgeschoben.

Velazquez war bei der Ankunft der jungen Königin in Spanien, bei den Vermählungsfeierlichkeiten und bei dem glänzenden Einzug in Madrid im Spätherbst 1649 nicht zugegen. Er hatte damals im Auftrage des Königs eine Reise nach Italien angetreten, die ihn zum zweitenmale längere Zeit an das alte Kunstland fesselte.

Diese Reise hing mit einer neuen amtlichen Stellung zusammen, welche Velazquez seit Anfang 1647 bekleidete. Philipp IV ließ das alte Königsschloß zu Madrid teilweise umbauen und neu einrichten. Zu diesen Herstellungen gehörte ein großer achteckiger Saal nach dem Muster der Tribuna im Uffizienpalast zu Florenz, der ebenso wie dieser berühmte Raum dazu dienen sollte, die auserlesensten Meisterwerke der Kunst in sich zu vereinigen. Die Beaufsichtigung und die Rechnungsführung über die Einrichtung des achteckigen Saals übertrug der König dem Velazquez, dem er zu seiner größeren Bequemlichkeit eine

Abb. 17. Bildnis der Infantin Maria Theresia.
Nach dem Gemälde im Prado-Museum zu Madrid.
(Nach einer Aufnahme von Ad. Braun & Co., Braun, Clément & Cie. Nachf., in Dornach i. Els. und Paris.)

geräumige Wohnung im Palast anwies, neben der Dienstwohnung in der Stadt, welche derselbe seit Antritt seiner Stellung als Hofmaler innehatte. Als nun der König mit Velazquez über die zu gründende Gemäldegalerie sprach, soll dieser gesagt haben, daß er sich anheischig mache, Meisterwerke italienischer Maler anzuschaffen, wie sie nur wenige Fürsten besäßen, wenn Seine Majestät ihm nur gestatten wolle, selbst nach Rom und Venedig zu gehen und dort die besten Bilder aufzusuchen und anzukaufen. Daraufhin habe der König den Urlaub bewilligt. Außer der Anschaffung von Gemälden des XVI. Jahrhunderts handelte es sich auch um die Anschaffung antiker Bildwerke, oder, wenn solche nicht zu bekommen wären, um Abformungen, nach denen dann später in Madrid Erzgüsse angefertigt werden sollten. Anfang Januar 1649 schiffte sich der Abgesandte Philipps IV, welcher die neue Königin in Triest in Empfang nehmen sollte, in Malaga ein. In dessen Gesellschaft trat Velazquez die Reise an. Stürmisches Wetter verzögerte die Fahrt, so daß das Schiff erst nach vierzig Tagen in Genua ankam. Velazquez begab sich zunächst nach Venedig, wo er Bilder von Paul Veronese und Tintoretto kaufte, und dann nach Rom.

Ehe er sich hier festsetzen konnte, mußte er nach Neapel reisen, um das ihm vom König mitgegebene Empfehlungsschreiben an den Vicekönig Graf Oñate abzugeben. In Rom bemühte er sich um die Erlaubnis, den Papst malen zu dürfen. Innocenz X, aus dem Hause Pamfili, gewährte, obgleich er im allgemeinen kein Freund der Künstler war, dem spanischen Hofmaler eine Sitzung. Da Velazquez durch die langen Reisen seit Jahr und Tag nicht zum Malen gekommen war, fühlte er das Bedürfnis, sich vorher etwas zu üben, ehe er an die hohe Aufgabe, das Bildnis des Papstes, herantrat. Er malte seinen Diener, den Mulatten Juan de Pareja. Dieser Mann hat sich später einen Namen dadurch gemacht, daß er sich im stillen, angeblich ganz ohne Wissen seines Herrn, dem er die Farben rieb, im Malen übte, bis er plötzlich mit ganz hübschen Erfolgen an die Öffentlichkeit treten konnte. Velazquez schickte das Bildnis seines Mulatten zu einer Ausstellung, welche alljährlich am 19. März stattfand. Das Bild fand wegen seiner schlagenden Naturwahrheit die höchste Anerkennung bei einheimischen und fremden Malern, die Akademie von St. Lucas ernannte Velazquez zu ihrem Mitglied. Als bald darauf der Papst dem spanischen Künstler die versprochene Sitzung gewährte, entstand jenes wunderbare Bildnis, welches, im Palast Doria-Pamfili, dem an die Familie Doria übergegangenen Elternhaus Innocenz' X befindlich, heute gerade wie damals das Staunen aller Rom besuchenden Maler ist (Abb. 18). Diese künstlerische Wahrheit ist überwältigend. Das Bild gehört zu denjenigen, deren Eindruck unauslöschlich im Gedächtnis haftet, und wohl

Abb. 18. Bildnis Innocenz' X. Nach dem Gemälde in der Galerie Doria zu Rom.
(Nach einer Aufnahme von Ad. Braun & Co., Braun, Clément & Cie. Nachf., in Dornach i. Els. und Paris.)

mancher hat schon gesagt, daß es das schönste Ölgemälde in ganz Rom sei. Das Bild hat eine merkwürdige Farbenwirkung; es ist sozusagen rot in rot gemalt. Innocenz X, ein auffallend häßlicher Mann mit stechenden dunklen Augen, ungewöhnlich rot von Gesichtsfarbe, sitzt, mit Mütze und Schultermäntelchen von purpurroter Seide und einem Chorhemd aus dünnem weißen Stoff, durch den das Purpurrot des Rockes durchschimmert, bekleidet, auf einem roten Samtsessel vor einem roten Vorhang. Wenn bei der Ausstellung des Bildnisses des Mulatten der Ausspruch gethan wurde, daß daneben alles andere Malerei geschienen hätte, dieses allein Wahrheit, so hat ein solcher Ausspruch an und für sich nicht viel Gewicht. Denn Ähnliches ist zu verschiedenen Zeiten und von Bildern der verschiedensten Art gesagt worden; anderen Zeiten gilt anderes als Wahrheit. Aber in einer Beziehung ist Velazquez wirklich nur mit der Natur zu vergleichen: wie die Natur durch das Verhältnis von Licht und Schatten alles zu einander stimmt, so daß es in ihr keinen Mißklang der Farben gibt, so stimmt auch Velazquez die sonst unvereinbarsten Farben in vollendeter Harmonie zu einander. Die verschiedenen Rot in dem Bilde des Papstes — wenn man nur davon hört, ohne das Bild zu sehen, kann man es sich unmöglich vorstellen — klingen zusammen in einer Wirkung von schmelzendem Wohllaut. — Velazquez verehrte das Bildnis dem Papste; die Widmung hat er auf den Brief geschrieben, den man auf dem Bilde in der linken Hand des hohen Herrn sieht. Innocenz X war sehr zufrieden mit der Leistung des spanischen Malers, und er schenkte demselben als Zeichen seiner Anerkennung eine goldene Kette von großem Wert, an welcher an einem Ringe eine mit Edelsteinen besetzte Schaumünze mit dem Bildnis des Papstes hing. Das Meisterwerk des Velazquez versetzte, so wird berichtet, ganz Rom in Aufregung, alle kopierten es zum Studium und betrachteten es wie ein Wunder. Zahlreiche Bildnisbestellungen von seiten hoher Persönlichkeiten waren die natürliche Folge jener die ganze italienische Kunst der Zeit so unendlich weit überragenden Leistung.

Darüber versäumte Velazquez nicht die Aufgaben, um derentwillen ihm sein König den Urlaub nach Italien bewilligt hatte. Von zweiunddreißig der berühmtesten Marmorwerke des Altertums, die sich im Vatikan, auf dem Kapitol, im farnesischen Palast, in den Villen der Borghese und der Ludovisi befanden, wurden Gipsabgüsse angefertigt. Bei den Bilderankäufen erreichte Velazquez freilich nicht alles, was er wollte. Ein Gemälde, auf das er es ganz besonders abgesehen hatte, war die später nach Dresden gekommene „heilige Nacht“ des Correggio, im Besitze des Herzogs Franz II von Este. Der Herzog ließ sich weder durch die Rücksicht auf den spanischen König, noch durch seine persönliche Gewogenheit gegen Velazquez dazu bestimmen, sich dieses Kunstkleinods zu entäußern. Als Velazquez Rom verlassen hatte, um nach Spanien zurückzukehren, machte er in Modena Halt und erklärte, da er den Herzog nicht antraf, daß er warten würde bis zu dessen Rückkehr. Es wurden ihm alle möglichen Aufmerksamkeiten erwiesen, aber Herzog Franz vermied es, mit ihm zusammenzutreffen; er mußte sich schließlich darein schicken, daß das begehrte Gemälde für seinen König nicht zu haben sei. Ein anderer Mißerfolg war der, daß zwei Bologneser Dekorationsmaler, die er angeworben hatte, um die Schlösser Philipps IV auszumalen, ihr Wort nicht hielten und Velazquez vergeblich in Genua warten ließen.

Velazquez' zweiter Aufenthalt in Italien hatte über zwei Jahre gedauert. Es scheint, daß er gern noch länger geblieben wäre. Wenigstens bekam er schließlich einen ausdrücklichen Befehl zur Rückkehr von seiten des Königs. Er verzichtete auf eine geplante Reise durch Südfrankreich, schiffte sich in Genua ein und landete im Juni 1651 in Barcelona.

Zu seinen ersten Aufgaben nach der Ankunft in Madrid mußte es natürlich gehören, das Bildnis der jungen Königin zu malen. Im Prado-Museum befinden sich zwei fast ganz übereinstimmende Gemälde, welche Marianna von Österreich in ganzer Figur in großer Hoftracht zeigen. Die unglaubliche Kleidung ist hier womöglich noch steifer als sonst. Die österreichische Prinzessin, an ganz andere Kleidung und ganz anderes Benehmen gewöhnt, als wie es das spanische Ceremoniell vor-

Abb. [illegible]. Die Krönung der Jungfrau Maria. Nach dem Gemälde im Prado-Museum zu Madrid.
(Nach einer Aufnahme von Ad. Braun & Co., Braun, Clément & Cie. Nachf., in Dornach i. Els. und Paris.)

schrieb, mußte es sich wohl gefallen lassen, wenn die Oberhofmeisterin, die, wie sie dem König klagte, die größte Mühe hatte, der jugendlichen Herrin „das zwanglose deutsche Benehmen“ abzugewöhnen, sie in der Kleidung wenigstens zu einem Prachtmuster des strengsten Hofstils gestaltete. Man bekommt Mitleid mit dem jungen Wesen, das da so hilflos in dem grünlichschwarzen, mit Silbertressen besetzten und an den Ärmeln mit roten Schleifen verzierten Prunkkleid steckt, das hübsche Gesichtchen eingerahmt von der

Abb. 90. In der Werkstatt des Velazquez. Nach dem Gemälde im Prado-Museum zu Madrid.
(Nach einer Aufnahme von Ad. Braun & Co., Braun, Clément & Cie. Nachf., in Dornach i. Els. und Paris.)

denkbar geschmacklosesten Anordnung des blonden Haares, in welchem eine geradlinige Reihe roter Schleifchen die frische deutsche Farbe ihrer Wangen wiederkehren läßt. Eingezwängt und beengt durch Kleid und Etikette, macht die Königin kein Hehl aus ihrem Unbehagen; sie hat die Unterlippe aufgeworfen, und der ganze Ausdruck ist der der Verdrießlichkeit und furchtbarer Langeweile. So hat sie dem Maler gestanden, und so hat der große Naturalist sie der Nachwelt überliefert.

Das eine dieser Bildnisse, das wohl eine etwas spätere Wiederholung des anderen ist, hat ein Bild des Königs in schwarzem, goldverziertem Harnisch zum Gegenstück. Das Gesicht Philipps hat angefangen welk zu werden; ein Zusammenziehen der Brauen verändert den Ausdruck. Unverändert ist des Malers Meisterschaft geblieben, alles mit einem Ton von unbeschreiblicher Vornehmheit zu durchdringen. Velazquez' malerische Behandlungsweise ist nach dem zweiten Aufenthalt in Italien, der ihm eine große Erfrischung gewährt zu haben scheint, noch leichter und freier geworden, als sie es vordem schon war.

Für die Wohnung der neuen Königin malte Velazquez zum Schmucke des Beizimmers ein Andachtsbild, die Krönung Marias darstellend (Abb. 19). Dieses Gemälde, das unter den Werken des Meisters durch seinen kleinen Maßstab auffällt — die Figuren haben nur zwei Drittel Lebensgröße — ist der merkwürdigste Beweis für die einzig dastehende Begabung des Velazquez, gleich der Natur selbst in jede beliebige Farbenzusammenstellung die vollkommenste Harmonie zu bringen. Hier stehen Farben nebeneinander, die unter der Hand irgend eines anderen Malers sich zu einer das Auge des Beschauers verletzenden Wirkung vereinigten müßten. Die beiden in Menschengestalt erscheinenden Personen der dreieinigen Gottheit haben violette Röcke und karminrote Mäntel, Maria karminrotes Kleid und blauen Mantel. Diese zusammenhängende blaurote Masse schwebt in einem silberig-blaugrauen, weiß durchleuchteten Gewölk, in welchem die hellgoldigen Strahlenscheine und die Körper und Köpfchen der kleinen Engel die einzigen — und dazu nur wenig kräftigen — Gegensatzfarben zu all den violetten Tönen enthalten. Es scheint unbegreiflich, und doch wirkt das Ganze harmonisch; es flimmert so viel goldiges Licht in dem Bilde, daß den schweren kalten Farben dadurch ihre Schwere entzogen wird und daß die miteinander unverträglich scheinenden Töne zu einem feierlichen Zusammenklang gestimmt werden. Die ungewöhnliche Farbenwirkung ist so feierlich und erhaben, daß man gar nicht dazu kommt, zu bemerken, was erst die Photographie einem zeigt, daß die Köpfe der Himmlischen in der Form wenig oder nichts von übermenschlicher Hoheit besitzen.

Im Jahre 1652 erhielt Velazquez die Stelle des königlichen Schloßmarschalls, ein hohes Amt, dem zwar große Wichtigkeit und Ehre beigemessen wurde, das aber seinen Inhaber so sehr in Anspruch nahm, daß dem Maler nicht mehr viel Zeit zum Malen blieb. Dem Schloßmarschall war die Ordnung und Ausschmückung der Räume, welche der König bewohnte, unterstellt; er führte einen Schlüssel, der alle Thüren öffnete, und mußte in der königlichen Wohnung stets dienstbereit zugegen sein; er überreichte den Kammerherren ihre Schlüssel und wies den Hofdamen ihre Gemächer an; bei öffentlichen Mahlzeiten des Königs hatte er den Beginn der Tafel zu bezeichnen dadurch, daß er dem König den Stuhl hinstellte, und er hatte die Tafel aufzuheben; Festlichkeiten jeglicher Art hatte er anzuordnen. Diese Aufgaben machten schon genug zu thun, wenn der König in seinem Palast zu Madrid in ruhigen und geregelten Verhältnissen lebte. Aber der Schloßmarschall hatte die nämlichen Verrichtungen auch zu erfüllen, wenn sich der Hof auf Reisen befand. — Velazquez bewarb sich, was einem befremdlich vorkommt, um dieses Amt, als die Stelle frei wurde. Die Gesuche anderer Bewerber wurden vom Majordomus und dessen Räten stärker befürwortet, als das seinige. Aber der König schrieb an den Rand des Berichts nur zwei Worte: „Ich ernenne Velazquez."

Von da ab malte Velazquez seine Bilder in einer hastigen Weise, die das Ergebnis seines Mangels an Zeit war, mit einer Technik, an der nur die Sicherheit des Erfolgs bewundernswürdiger ist, als die Kühnheit, mit Pinselhieben, die unfehlbar trafen.

Ein umfangreiches Gemälde im Prado-Museum gewährt uns einen Einblick in die Werkstatt des Künstlers. Dieses Bild, eines der vollkommensten Meisterwerke nicht nur des Velazquez, sondern der Malerei überhaupt, ist ein Ausschnitt aus der Wirklichkeit, ein Augenblick aus dem Leben im Schloßatelier, den der König und sein Maler des Festhaltens für wert erachteten, weil der belebte Vorgang sich darbot als eine reiche und kostbare Fassung für ein Bildnis der kleinen Prinzessin Margarete, des im Jahre 1651 geborenen ersten Kindes der jungen Königin, das den Mittelpunkt des Gemäldes bildet (Abb. 20). Wir sehen Velazquez damit beschäftigt, das Königspaar in einem Doppelbildnis zu malen. Von der großen Leinwand, auf welcher dasselbe entsteht, sehen wir ein Stück von der Rückseite, ganz im Vordergrund des Bildes. Der Maler ist zurückgetreten und faßt seine königlichen Modelle ins Auge; man sieht, wie seine Blicke den Eindruck auffangen, den er, wieder an die Leinwand herantretend, in Farben festlegen wird. Den

König und die Königin selbst sieht man nicht, denn der Platz, wo sie sich befinden müssen, liegt außerhalb des Bildes, genau da, wo der Standpunkt des Beschauers ist. Darum sieht der Beschauer den Blick des Velazquez auf sich gerichtet. Wem aber in Wirklichkeit dieser Blick gilt, das verrät ein gegenüber an der Wand des Ateliers hängender Spiegel, in dem wir Philipp

Abb. [illegible]. Bildnis Philipps IV.
Nach dem Gemälde im Prado-Museum zu Madrid.
(Nach einer Aufnahme von Ad. Braun & Co., Braun, Clément & Cie. Nachf., in Dornach i. Els. und Paris.)

und Marianne wahrnehmen, undeutlich schimmernd in der Trübung durch die Entfernung und das Glas, aber doch in schlagender Ähnlichkeit. Zur Unterhaltung während der Sitzung haben der König und die Königin ihren Liebling, die kleine Margarete, ins Atelier bringen lassen. Zwei junge Damen beschäftigen sich mit dem Kinde, um dasselbe in vergnügter Stimmung zu erhalten. Meninas nannte man solche zum Dienst bei der jungen Infantin befohlene Fräulein, die vom höchsten Adel und hübsch sein mußten. Nach diesen Figuren führt das Bild die landläufige Bezeichnung „las Meninas.“ Neben den anmutigen Erscheinungen des Prinzeßchens und der Edelfräulein müssen wir uns freilich auch einige andere zur Belustigung der hohen Herrschaften anwesende Persönlichkeiten gefallen lassen, deren für unser Gefühl geradezu abstoßende Erscheinung wir ebenso gut mit in den Kauf zu nehmen haben, wie die unschöne Kleidung der Mädchen. Da steht eine furchtbar häßliche Zwergin, die mit dem Ausdruck eines treu ergebenen Tieres nach dem Königspaar — also nach dem an dessen Stelle befindlichen Beschauer — hinsieht, und neben ihr ein verhältnismäßig wohlgebildeter Zwerg, der einem am

Abb. [illegible]. Menippus.
Nach dem Gemälde im Prado-Museum zu Madrid.
(Nach einer Aufnahme von Ad. Braun & Co., Braun, Clément & Cie. Nachf., in Dornach i. Els. und Paris.)

Boden ausgestreckten großen Hand einen Fußtritt versetzt, durch den er dem Tier wohl sagen will, es sei gegen die Etikette, hier zu schlafen. Weiter zurück im Atelier stehen im Schatten ein Hofherr, der Guardadamas, dessen Amt es war, neben dem Wagen der Hofdamen zu reiten, und eine Ehrendame in Nonnentracht. Ganz in der Tiefe des Bildes, wo man durch die geöffnete Thür in einen Vorraum sieht, erscheint am Fuß der nach den oberen Gemächern führenden Treppe ein Herr, der nach dem erhaltenen Verzeichnis der Namen und Titel sämtlicher auf dem Bilde dargestellten Personen der Hausmarschall der Königin ist. — Dies das Gegenständliche des Gemäldes. Für die malerischen Eigenschaften desselben gibt es keine Worte. Höchster, bestrickender Farbenreiz ist mit dem denkbar geringsten Aufwand an Farben erreicht. Die Töne gehen von reinem Schwarz, in der Kleidung und im Haar des Malers, durch die verschiedenartigsten Abstufungen von Grau hindurch einerseits bis zu vollem Weiß, das auf der Marmortreppe hinter der Thüröffnung steht, und andererseits zu einem leuchtenden goldigen Hellgrau in der Kleidung der Prinzessin, das mit dem rosigen Fleisch des Kindergesichts und dem lichten Blond des Haares köstlich ineinander klingt. In dem grauen Gesamtton stehen als pikante kleine Flecken ein paar lebhaft rote Schleifchen an Brust und Ärmel der Prinzessin und an den Ärmeln des stehenden Edelfräuleins. In abgeschwächter Tönung kehrt das Rot wieder auf der Palette des Malers, in der Spiegelung eines Vorhangs über dem Königspaar und — in ausgedehnterer Masse — in der Kleidung des Zwergs. Dieses wenige Rot findet sein Gegengewicht darin, daß das silberbesetzte Kleid der Zwergin ins Blaugrüne und der Rock der blonden knieenden Menina ins Dunkelolivengrüne geht. Der Rock der stehenden, dunkelbrünetten Menina hat eine unbe-

Abb. [illegible]. Äsopus.
Nach dem Gemälde im Prado-Museum zu Madrid.
(Nach einer Aufnahme von Ad. Braun & Co., Braun, Clément & Cie. Nachf., in Dornach i. Els. und Paris.)

flimmerte, olivengraue Farbe. Die oberen Teile der Kleidung beider Edelfräulein sind derjenigen der Prinzessin ähnlich gefärbt. — Die Art und Weise, wie das alles gemalt ist, hat nicht ihres gleichen. Es ist, wie man zu sagen pflegt, „mit Nichts“ gemalt, mit nichts außer mit dem höchsten Können. Die Pinselstriche sind Schlag auf Schlag auf die Leinwand geworfen, man hat das Gefühl, daß der Maler keinen Punkt zum zweitenmal angerührt hat. Sobald man aber so weit von dem Bilde entfernt steht, daß man nicht mehr die einzelnen Pinselstriche sieht, erscheint alles in einer, man möchte fast sagen minutiösen Ausführung. Zu der nämlichen Vollendung wie die Form, wird der stoffliche Charakter eines jeden Dinges durch die in der Nähe unentwirrbar scheinenden Pinselstriche zur Anschauung gebracht. So lassen sich an den Kleidern die verschiedenen Arten von Seide unterscheiden, und mit der nämlichen Vollkommenheit ist alles, bis zum Geringsten, behandelt: die getünchte Wand, das Holz der Thür und dasjenige des Rahmens, auf den die Malleinwand aufgespannt ist, diese selbst mit den an einigen Stellen durchdringenden Oelflecken, — kurz, jede noch so unbedeutende Nebensache ist bewunderungswürdig. „Herr, das ist die Theologie der Malerei,“ sagte der italienische Schnellmaler Luca Giordano beim Anblick dieses Bildes zu König Karl II. — Philipp IV ließ das Gemälde, das immer als die Krone von Velazquez' Schöpfungen anerkannt worden ist, in seinem Wohnzimmer aufhängen. Ein Zeichen seiner königlichen Anerkennung ist auf dem Bilde selbst zu sehen: auf den Rock des Malers ist nachträglich mit glatten Strichen und in so gedämpftem Ton, daß es auf die Wirkung des Ganzen keinen Einfluß ausübt, das rote Kreuz des Ritterordens von Santiago aufgemalt. Die Überlieferung behauptet, der König selbst habe, als er das Bild fertig sah, einen Pinsel genommen und mit den Worten, es fehle noch etwas, diese hohe Auszeichnung hinzugemalt, die Velazquez thatsächlich allerdings erst einige Jahre später erhielt.

Das Doppelbildnis von Philipp und Marianne, von dessen Entstehung das Bild der „Meninas" erzählt, ist nicht mehr vorhanden. Es wird mit wer weiß wie vielen anderen Meisterwerken des Velazquez in dem Brande des Königsschlosses untergegangen sein. Im Prado-Museum befindet sich ein der nämlichen Zeit angehöriges Brustbild des Königs in schmuckloser schwarzer Jacke, das mit der höchsten Frische, sicherlich in einer einzigen Sitzung, als Naturabschrift hingestrichen ist, um irgend einem großen Bildnis als erste Unterlage zu dienen (Abb. 21). Dann sind da zwei sonderbare Bilder, welche König Philipp und Königin Marianne im Gebet darstellen. In beiden sieht man ein Betpult, das mit einer schweren Decke von grauem, mit einem großen Goldmuster durchwirktem Stoff überhangen ist, und dahinter einen Vorhang aus dem nämlichen Stoff; von den königlichen Personen sieht man hinter den Betpulten, an denen sie knieen, nicht viel mehr als die Büste und die Hände. Der König ist in schwarzer Kleidung, die sich, hell beleuchtet, nur schwach vom Hintergrunde abhebt, so daß sein Gesicht als einzige leuchtende Helligkeit in der eintönigen Masse steht, mit welcher die zwei durcheinander schwimmenden Farben des Stoffs die große Bildfläche ausfüllen. Bei dem Bilde der Königin ist die Wirkung dadurch eine andere, daß sie ein hellgraues Kleid anhat, so daß auch dasjenige, was man von ihrem Körper sieht, hell vom Hintergrunde absetzt. Beide Bilder gehören nicht zu den glücklicheren Werken des Velazquez. Offenbar hat es den Meister gelangweilt, so viel nichtssagenden Stoff um so wenig Lebendiges herum zu malen. Das Bild der Königin, bei dem es besonders unangenehm auffällt, daß er außer den Kopf nichts — auch nicht die Hände — nach der Natur hat malen können, ist das mindestwertige von all seinen Gemälden im Prado.

Philipp IV ließ diese beiden Bilder für den Escorial malen, wo im Jahre 1654 die Einweihung des „Pantheon," der königlichen Gruftkirche, und die feierliche Überführung der Gebeine der Vorfahren Philipps in diesen Raum stattfand. Durch die Vollendung der Gruftkirche gelangte der Riesenbau Philipps II zum endgültigen Abschluß. Die innere Ausstattung des Escorial gab auch Velazquez von Amts wegen viel zu thun. Namentlich hatte er die Ausschmückung der Sakristei mit einundvierzig kostbaren Gemälden von Raffael, Tizian, Correggio, Paul Veronese und anderen zu leiten. Über diese Gemälde verfaßte Velazquez eine Denkschrift in Gestalt eines Berichts an den König, die wegen der Eleganz ihrer Darstellung und wegen ihres treffenden sachlichen Inhalts sehr bewundert und als „ein Beweis seines Wissens und seiner großen Kennerschaft" gerühmt wurde. Es ist sehr zu bedauern, daß diese Schrift nicht erhalten geblieben ist. Man möchte gern erfahren, in welcher Weise ein Maler von solcher Größe und Eigenart seiner Bewunderung für die Meister der italienischen Hochrenaissance Ausdruck gegeben hat. Was man gelegentlich aus einzelnen Äußerungen von seinem Urteil über Künstler erfährt, stimmt mit den Anschauungen unserer Tage auffallend überein. — Es verdient erwähnt zu werden, daß Velazquez das Gefühl der Künstlereifersucht, das im Leben so vieler, selbst sehr hochstehender, Meister des XVI. und XVII. Jahrhunderts eine so häßliche Rolle spielt, gar nicht kannte. Er stand über dem Neide und benutzte jede Gelegenheit, um begabte Künstler durch Heranziehen an den Hof zu fördern.

Um die nämliche Zeit, in der er das Brustbild des alternden Königs und die „Meninas" malte, und in der nämlichen Vollkommenheit des Tons und der malerischen Behandlung führte Velazquez für das mehrerwähnte königliche Jagdhaus im Walde von Pardo zwei köstliche Charakterfiguren aus, die mit den Namen Äsopus und Menippus bezeichnet sind. Mit den geschichtlichen Trägern dieser klassischen Namen haben die beiden wunderbaren Gestalten, die wie aus dem Leben gegriffen dastehen, weiter nichts gemein, als daß in ihnen der Gegensatz zwischen dem weinenden und dem lachenden Philosophen vorgeführt werden soll. Beide erscheinen als fragwürdige Existenzen, die durch die Besitzlosigkeit auf den Standpunkt gekommen sind, in thörichter Weisheit Betrachtungen über die Verrücktheit der Menschen anzustellen. Der Mann, der den Namen

Abb. 84. Bildnis eines Hofzwergs Philipps IV.
Nach dem Gemälde im Prado-Museum zu Madrid.
(Nach einer Aufnahme von Ad. Braun & Co., Braun, Clément & Cie. Nachf., in Dornach i. Els. und Paris.)

des wegen seines satirischen Cynismus berüchtigten Schülers des Diogenes trägt, steht in einen verschossenen schwarzen Mantel gehüllt da, unter dem eine bräunliche zerrissene Beinbekleidung hervorkommt; seine Schuhe haben durch Mangel an Pflege eine Farbe bekommen, die gar keine Farbe mehr ist, und dasselbe ist der Fall mit dem schäbigen Filzhut, der formlos auf dem Kopfe sitzt. Am Boden deuten herumgeworfene Schriften und ein Wasserkrug geistige Beschäftigung und körperliche Bedürfnislosigkeit an. Das von weichem, schwärzlichem Haar und grauem Bart eingerahmte Gesicht, dessen gerötete Färbung darauf hinzudeuten scheint, daß in besseren Zeiten Wasser nicht das einzige Getränk des „Menippus" war, ist halb über die Achsel dem Beschauer zugewendet und schaut zwischen Hut und Mantel wie aus einem Versteck mit einem unvergleichlichen Ausdruck innerlichen Lachens heraus. Dieser Mann ist ein unbarmherziger Spötter (Abb. 22). „Äsopus" ist von Natur weniger Lump, äußerlich aber womöglich noch mehr heruntergekommen. Ein weiter, kaffeebrauner Rock, den ein Stück ehemals weiß gewesenen Zeugs an Gürtels Stelle zusammenhält — Knöpfe oder sonstige Schließvorrichtungen sind nicht mehr vorhanden — dient als Ober- und Unterkleid zugleich; wo er am Halse offen steht, verrät er, daß die Wäsche mangelt. Strümpfe sind allerdings noch da; die weitere Fußbekleidung besteht aus formlosen, ausgetretenen Dingern, Ruinen von Schuhen. Indessen verraten ein am Boden stehender

Kübel klaren Wassers mit einem Waschlappen und die sorgfältige Rasierung von Lippe, Kinn und Wangen, daß der Träger dieser Kleidung noch nicht auf jeden Luxus der Lebensgewohnheiten verzichtet hat. Während bei „Menippus“ die ganze Gestalt ein lebhaftes Temperament verrät, ist hier alles von melancholischer Müdigkeit durchdrungen. Das bleiche, welke Gesicht, über dem das wirre graue Haar wie von gewohnheitsmäßigem Durchfahren der Finger in die Höhe gerichtet ist, sieht uns mit glanzlosen Augen, die von den herabhängenden Lidern halb verdeckt werden, und mit festgeschlossenen Lippen in wortlosem Bedauern an. Der Kopf hängt schlaff ein wenig zur Seite; diese Neigung erspart zugleich die Mühe, ihn in der Richtung des Blickes zu drehen. Schlaff und matt hält die herabhängende Rechte ein großes Buch, in dem wohl Belehrungen niedergeschrieben sind, von denen „Äsop“ selber überzeugt ist, daß sie, so wie die Menschheit nun einmal ist, vergeblich bleiben müssen (Abb. 23).

In dem nämlichen Raum, für den „Äsopus“ und „Menippus“ gemalt wurden, fand ein Bild seinen Platz, welches den Kriegsgott darstellt. Dieser Mars ist in der Hauptsache nur eine Aktstudie, welche das Modell so wiedergibt, wie es war, und selbst von der Häßlichkeit des sehr gewöhnlichen, schnurrbärtigen Gesichts uns nichts schenkt. Von göttlicher Idealität ist also keine Rede, derartiges lag auch ganz außerhalb der Absichten des Malers. Die Studie ist, in gewissenhafter Benutzung der verhältnismäßig seltenen Gelegenheit, Nacktes zu malen, mit großem Fleiß sorgfältig durchgebildet, muß daher wohl vor der Übernahme des Schloßmarschallamtes entstanden sein. Ein sonnenverbrannter Körper mit sehr kräftiger, ausgearbeiteter Muskulatur, spiegelblanke, blitzende Waffenstücke, ein hellblauer Schurz und ein auf den weißen Überzug des Lagers, auf dem der Kriegsgott sitzt, herabgesunkener karminroter Mantel; alles das ist bewundernswürdig gemalt, erzielt aber nicht die unbedingt vollkommene Harmonie der Farbenwirkung, an die man sonst bei Velazquez gewöhnt ist. Doch muß das Bild mit seinen lichten, bunten Farben in der ursprünglichen Aufstellung zwischen den beiden Philosophen eine treffliche Wechselwirkung mit der schlichten, dunklen Tönung dieser Gemälde hervorgebracht haben, und solche Wirkungen mußte Velazquez beim Aufhängen der Gemälde in den königlichen Gemächern sicherlich wohl in Rechnung zu ziehen.

Ein Prachtwerk ersten Ranges in Bezug auf Farbenreiz und malerische Wirkung, ein wunderbares Meisterstück der unglaublich flotten Behandlung, in der Velazquez in seinen letzten Jahren die denkbar höchste Vollkommenheit erreichte, ist das Bildnis eines Hofzwergs, der einen Jagdhund an der Leine hält (Abb. 24). Das stolz aussehende Männchen, dessen Kleinheit durch die Größe der neben ihm stehenden, schwarzen, weiß gefleckten Hündin noch mehr hervorgehoben wird, trägt eine reiche, vornehme Kleidung aus Goldbrokat mit Weißzeug aus feinem niederländischem Battist; der graue Hut ist mit prächtigen weißen Straußenfedern geschmückt; in das wallende kastanienbraune Haar ist auf der linken Seite eine auf die Schulter fallende rote Schleife eingebunden. Die ganze Tracht ist keine spanische, sondern entspricht einer für das gesamte mittlere Europa maßgebend gewesenen, in den fünfziger Jahren des Jahrhunderts allerdings schon veralteten, französischen Mode. Wer diese Persönlichkeit ist, weiß man nicht, man vermutet in ihr, eben wegen der ausländischen Tracht, einen Zwerg, der den Namen Don Antonio el inglés (der Engländer) führte.

Nur die geradezu an das Unbegreifliche grenzende Leichtigkeit und Schnelligkeit der Malweise macht es erklärlich, daß Velazquez in diesen Jahren neben der Ausführung der vom König befohlenen Gemälde und neben seiner sonstigen Amtsthätigkeit noch Zeit und Kraft fand, einen Stoff nach freier Wahl in einem großen Bild zu behandeln. Man muß doch annehmen, daß er selbst, und nicht der König, es war, der auf den Einfall kam, einen Blick in den Arbeitsraum der Spinnerinnen in einer Teppichfabrik in lebensgroßer Darstellung zu verewigen.

Bei seinem Beruf, die Gemächer des Königs auszuschmücken, hatte Velazquez sicherlich oft Veranlassung, die Teppichwirkerei von Santa Isabel zu Madrid zu besuchen, wo seit mehreren Jahrzehnten mit Erfolg der Versuch gemacht wurde, durch einheimische Erzeugnisse der Einfuhr flanbrischer Gobelins entgegenzuarbeiten. Da hat sich ihm denn einmal beim Durchschreiten der Arbeitsräume das Bild dargeboten, das auf sein Malerauge solchen Reiz ausübte, daß er sich zur künstlerischen Inhalt hineinzudichten, so, wie es in der Wirklichkeit da war; nur daß er es nicht, wie die moderne Irrlehre will, gemalt hat, weil es da war, sondern darum, weil es schön war. Sein schönheitskundiger Blick

Abb. [illegible]. Spinnerinnen in der Teppichfabrik von Santa Isabel zu Madrid. Nach dem Gemälde im Prado-Museum zu Madrid. (Nach einer Aufnahme von Ad. Braun & Co., Braun, Clément & Cie. Nachf., in Dornach i. Els. und Paris.)

Wiedergabe desselben gedrängt fühlte. So malte er den an sich völlig bedeutungslosen Vorgang aus dem Alltagsgetriebe einer Fabrik; und er malte das in der Wirklichkeit Vorhandene, ohne irgend welchen hat in dem alltäglichen Vorgang unter den zufällig gegebenen Verhältnissen von Licht und Farbe eine unendliche Fülle von Schönheit erschaut, und diese Schönheitsoffenbarung, die er in sich aufgenommen, mußte er in der Sprache seiner Kunst anderen mitzuteilen. Nicht um den Vorgang, sondern um die malerische Schönheit von dessen Erscheinung wiederzugeben, hat Velazquez dieses durch die Wahl des Stoffes in jener Zeit ganz vereinzelt dastehende Werk geschaffen, das in Spanien allgemein unter dem Namen „die Spinnerinnen“ bekannt ist (Abb. 25). Das Ganze ist ein hochpoetischer Farbenzauber. In diesen nüchternen Raum irren Lichter aus spärlichen Quellen, die man nicht sieht, von den Lichtern gehen Reflexe aus, und Lichter und Reflexe erfüllen das Gemach mit einem flimmernden goldigen Schimmer und treiben ein belebtes Spiel auf den Gestalten fleißiger Arbeiterinnen. Da sitzt eine ältere Frau in weißem Kopftuch und schwarzem Kleid am Spinnrad, dessen schnelle Drehung durch das Verschwimmen der Speichen zu einer durchsichtigen Scheibe in merkwürdig deutlicher Weise wahrnehmbar gemacht wird. Die unausgesetzte Thätigkeit in dem engen Raum an einem heißsonnigen Tag hat ihr Gesicht gerötet. Man sieht, wie die arme Person von der Hitze leidet, trotzdem sie sich durch Emporschlagen des Rockes bis über das Knie eine Erleichterung zu verschaffen gesucht hat. Mit einem dankbaren Blick wendet sie sich einer frischen schwarzhaarigen Dirne in dunkel-rotgelbem Rock zu, die hinter ihr mit einem Ausdruck dienstbereiter Fürsorge einen Vorhang aus dünnem rotem Stoff bei Seite zieht, um mehr Luft einzulassen. In dem durch den Vorhang abgetrennt gewesenen Nebenraum sieht man Vorräte an Stoffen aufgestapelt liegen; eine dabei stehende Leiter bekundet, daß diese Vorräte sich zeitweilig noch höher auftürmen. An der anderen Seite des Bildes sitzt ein braunes Mädchen in kurzem, dunkelblaugrünem Unterrock — ein oberes Kleidungsstück aus verschossenem rotem Wollenzeug hat sie hinter sich auf den Schemel gelegt — und windet das gesponnene Garn zu Knäuel; an ihrem entblößten Arme sieht man das Spiel der Muskeln bei der flinken Bewegung der Finger. Neben ihr bringt eine Blondine in braunem Kleid einen Korb herbei, um die Garnknäuel aufzunehmen. Zwischen der Spinnerin und der Garnwinderin sitzt mehr in der Tiefe des Bildes eine Frau in rotem Rock und dunkelbrauner ärmelloser Jacke, mit Hecheln beschäftigt. Diese Figur ist, im Gegensatz zu der verhältnismäßig klar beleuchteten schönen Rückenfigur der Garnwinderin, am tiefsten in Schatten gehüllt. Ihren Kopf hat der Maler, mit schlagend richtiger Beachtung einer optischen Erscheinung, in Undeutlichkeit verschwimmen lassen. Denn dieser Kopf wird überstrahlt von einer hinter demselben sich ausbreitenden starken Helligkeit. Man sieht hier durch einen Bogendurchgang in einen um mehrere Stufen höher liegenden Raum, in den ein Sonnenstrahl breit und voll hereinflutet, dessen Rückstrahlungen auch die äußersten Schatten mit Licht durchdringen. In diesem Raum sind an den weißlich-grauen Wänden fertige Teppiche zur Besichtigung aufgehängt. An der Wand, die uns gerade gegenüberliegt, sehen wir einen farbenprächtigen Gobelin, der in einer Umrahmung von Blumengewinden, auf dem Hintergrunde einer blauen Luft eine irgend woher aus der Sage oder Geschichte des Altertums entnommene Darstellung zeigt. Davor haben sich mehrere vornehme Damen in seidenen Kleidern von lebhaften, heiteren Farben versammelt, um das Kunstwerk zu bewundern. Ein befremdlicher Gegenstand an diesem Ort ist die an einem Stuhl lehnende Baßgeige. Sollte der Besitzer der Fabrik von St. Isabel auf den genialen Gedanken gekommen sein, bei vornehmem Besuch in seiner Ausstellung die Empfänglichkeit der Besucher für den Reiz der Farbe durch Musik zu erhöhen?

Die „Spinnerinnen“ reihen sich den „Meninas“ und der „Übergabe von Breda“ ebenbürtig an. Diese drei Wunderwerke der Kunst stehen auf der äußersten Höhe dessen, was nach den Begriffen unserer Zeit für die Malerei überhaupt erreichbar ist. Auch in der sonst so ganz anders denkenden Zopfzeit übten die „Spinnerinnen“ selbst auf einen so kalten Idealisten wie Raphael Mengs einen derartigen Eindruck aus, daß er nur Worte der Bewunderung dafür fand; freilich bewunderte er an erster Stelle nur die Technik: das Gemälde, sagte er, sei in einer Weise gemacht, daß es ohne Anteil der Hände durch den bloßen Willen des Künstlers entstanden zu sein scheine. Philipp IV ließ das Bild im Palast von Buen Retiro aufhängen.

Im Frühjahr 1658 entschloß sich der König, Velazquez die höchste Auszeichnung, die er ihm verleihen konnte, zu teil werden zu lassen, die Aufnahme in einen der drei alten spanischen Ritterorden. Er erhöhte den Wert der Auszeichnung noch dadurch, daß er dem Maler die Wahl freistellte zwischen den Orden von Alcántara, Calatrava und Santiago. Velazquez wählte den letzteren. Vor der Bekleidung mit den Ordensabzeichen waren die vorgeschriebenen Förmlichkeiten zu erfüllen. Gegen die persönliche Würdigkeit des Velazquez als eines vollkommenen Edelmannes wurde in den langen Vernehmungen von mehreren hundert Zeugen keinerlei Bedenken laut. Schwieriger war die Ahnenprobe. Besondere Kommissionen wurden in die Heimatsorte der Geschlechter Silva und Velazquez entsandt, um die Geschichte beider Familien zu prüfen. Der nach Sevilla abgesandten Kommission boten sich Zweifel hinsichtlich der Adelsreinheit der mütterlichen Vorfahren des Velazquez dar. Der König soll schließlich durch das Machtwort, für ihn stehe „die Qualität" der Velazquez fest, den Ordensrat bewogen haben, die Angelegenheit nochmals zu untersuchen, und im April 1659 endlich wurde auch die Ahnenprobe für vollgültig erklärt. Jetzt stand nur noch der päpstliche Dispens aus, der erforderlich war, weil der Orden von Santiago ebenso wie die beiden anderen ursprünglich ein geistlicher Ritterorden war und als solcher seinen Mitgliedern die Ehelosigkeit vorschrieb. Am 29. Juli 1659 traf das Einwilligungsschreiben des Papstes ein, und nun fand die Überreichung des Ordenshabits an Velazquez mit allem großen Ceremoniell statt; ein Empfang im Palast bildete den Schluß der Feier.

Zu den Gemälden, welche Velazquez im Jahre 1659 auszuführen hatte, gehören die Bildnisse der Infantin Margareta und des im Jahre 1657 geborenen Infanten Philipp Prosper. Diese Kinderbilder wurden an die Großeltern in Wien geschickt. Sie befinden sich jetzt im kunsthistorischen Hofmuseum zu Wien, neben den früher zu verschiedenen Zeiten für den österreichischen Hof gemalten Bildnissen des Königs und seiner beiden Gemahlinnen und denjenigen der Kinder Philipps aus erster Ehe.

Im Herbst 1659 feierte der spanische Hof ein schon lange geplantes und gewünschtes Ereignis, die Verlobung der Infantin Maria Teresia mit dem jungen König von Frankreich. Der Herzog von Grammont kam als Brautwerber Ludwigs XIV. Philipp IV empfing denselben in einem Prunksaal des Schlosses, den Velazquez zu dieser Gelegenheit mit allem Aufwand von Kunst zurecht gemacht hatte. Danach zeigte Velazquez im Auftrage des Königs dem Herzog die Kunstschätze des Palastes, und er führte ihn auch in die an kostbaren Gemälden reichen Paläste mehrerer Granden.

Jener Saal, in dem Grammont empfangen wurde, wird als der Spiegelsaal bezeichnet. An seinen vier Hauptwandflächen prangten große Königsbilder von Tizian, Velazquez und Rubens. Zur Ausfüllung der kleineren Flächen, die von den Fenstern und den großen, zur Architektur gehörigen Spiegeln freigelassen wurden, kamen Gemälde mythologischen und biblischen Inhalts zur Verwendung. Velazquez malte für diesen Zweck vier mythologische Bilder, vermutlich erst bei jener Veranlassung im Jahre 1659. Von diesen Dekorativgemälden wird nur eins im Prado-Museum aufbewahrt; zwei sind zu Grunde gegangen, und eins ist in eine englische Sammlung gelangt. Das letztere bedarf schon um seines Gegenstandes willen einer besonderen Erwähnung. Denn es stellt die Göttin Venus vor und zeigt diese in der Gestalt eines völlig entkleideten jungen Weibes, das auf einem Ruhelager ausgestreckt, sein vom Beschauer abgewendetes Gesicht — die ganze Figur ist vom Rücken gesehen — in einem Spiegel betrachtet. Wenn auch Gemälde mit nackten Frauengestalten, von der Hand italienischer und niederländischer Meister ausgeführt, in reichlicher Zahl in den Madrider Palast gelangt waren, so hatte bisher doch kein spanischer Maler sich auf diesem Gebiet versucht. Vielleicht waren dazu auch die Modelle in Spanien schwieriger zu haben, als in irgend einem anderen Kulturland Europas. Velazquez war der erste und auf anderthalb Jahrhunderte hinaus auch der einzige Maler Spaniens, der das Wagstück unternahm. — Das Gemälde im Prado-Museum stellt die Ermordung des Argos, des Wächters der durch die Eifersucht der Götterkönigin in eine Kuh verwandelten Io, durch Hermes dar. Es ist ein ganz dekorativ gehaltenes, aber in seiner wahrhaft unheimlichen Stimmung großartig wirkendes Bild. Durch die bewunderungswürdige Anpassung der Komposition an das sehr niedrige, breitgestreckte Format hat der Meister dieses gedrückte Format selbst mit heranzuziehen gewußt, um die eigentümliche, man möchte sagen beängstigende Wirkung zu erhöhen. Argos ist ein armer Kerl, in dürftiges schwarzes und graues Zeug gekleidet, der seine wenigen Bedürfnisse für die lange Wacht in einem grauen Bündelchen mit sich führt. Er hat zweifellos die redlichste Absicht, getreulich seine Pflicht zu thun. Er hat sich auch nicht in bequemer Lage der Gefahr des Einschlafens ausgesetzt; sondern wie er da im Schatten eines braunen Felsens saß, mit dem linken Arm auf einen Stein gestützt, hat ihn in der bleiernen Gewitterschwüle des Tages der Schlaf unerwartet überwältigt; die Hirtenflöte, die nicht ausgereicht hat, um ihn munter zu erhalten, ist seiner Hand entfallen, und sein Kopf nickt auf die Brust. Da kommt — furchtbar dämonisch, leise wie eine Katze und unentrinnbar wie das Verhängnis — Hermes auf allen Vieren herangekrochen, die scharfe Klinge in der Faust. Dieser Vollstrecker der geheimen Befehle des Götterkönigs ist ein göttlicher Schurke, bei dem nichts weiter als die Halbnacktheit — etwas karminrotes und etwas dunkelgelbes Zeug schlingt sich um seinen braunen Körper — die ursprüngliche Idealität seines Wesens andeutet; der Flügelhut ist auf seinem Banditenkopf zum abgetragenen schwarzen Filz geworden, der mit zerzausten Rabenfedern aufgeputzt ist. Hinter ihm steht am abfallenden Hang des Berges Jo als rote Kuh, halb abgewendet von dem Wächter und dem Mörder, aber mit zurückgerolltem Auge nach ihnen hinschielend. Dieses Auge ist etwas ganz Wunderbares, es ist ein richtiges Kuhauge, aber es lebt darin die gebannte Angst einer Menschenseele, die den Augenblick gekommen sieht, der über ihr Schicksal entscheiden soll. Der Kopf der langhörnigen Kuh, der Flügelhut und die Schulter des Hermes bilden zusammen eine wilde, scharfzackige Umrißlinie, die grell hervorgehoben wird durch den lichten Dunst der Ferne und schwere, weiße Wetterwolken, die sich über dem Horizont zusammenballen, während weiter oben die Luft schon ganz schwarz überzogen ist.

Eines seiner letzten Bilder malte Velazquez für Buen Retiro. Der ausgedehnte Park dieser Besitzung enthielt neben Plätzen für jede Art von Lustbarkeiten auch Orte stiller Zurückgezogenheit für Bußübungen und Gebet. An dem einen Ende der Anlagen befand sich eine sogenannte Einsiedelei mit einem auf den Namen des heiligen Eremiten Antonius geweihten Bethaus. Hier wurde gegen Ende des Jahres 1659 das Gemälde des Velazquez aufgestellt, welches den Besuch des heiligen Antonius bei dem heiligen Einsiedler Paulus zum Gegenstand hat (Abb. 20). Der Inhalt der Legende, welche den Vorwurf abgegeben hat, ist folgender: Paulus lebte als der erste christliche Eremit in der thebaischen Wüste; ein Rabe brachte ihm täglich ein halbes Brot, von dem er lebte. Als er nach neunzig Jahren des Aufenthalts in vollständiger Einsamkeit sein hundertunddreizehntes Lebensjahr erreicht hatte, kam, infolge einer göttlichen Eingebung, der neunzigjährige Antonius, der in einer andern Gegend der Wüste wohnte, zu ihm, um ihm in der Sterbestunde als Priester zur Seite zu stehen. Während dessen Anwesenheit brachte der Rabe ein ganzes Brot. Als Paulus verschied, kamen Löwen herbei, um ein Grab zu scharren, in welches Antonius dann den Leichnam bettete. — In dem Gemälde des Velazquez ist der Landschaft ein großer Raum zugemessen; die Figuren haben nur wenig mehr als halbe Lebensgröße. Wir werden in die großartige Wildnis einer spanischen Gebirgseinöde versetzt. Vorn schroffe, graue Felsen mit bräunlichen Tönen in ihren Vertiefungen; in der Ferne kahle Höhenzüge, in denen sich die blauen und weißen Töne der bewölkten Luft wiederholen. Unter einer Silberpappel, deren Stamm mit Epheu bewachsen, und deren Fuß von Brombeerranken umsponnen ist, sitzen die beiden ehrwürdigen Greise. Paulus, in schmutzig weiße Wolle gekleidet, faltet seine dürren Hände zum Gebet, während er den ergreifend schönen Kopf mit leuchtenden, glaubensfrohen Augen nach dem Raben emporhebt. Antonius, den die Legende zum Begründer des Mönchtums macht, und der daher in einer mönchischen Kleidung, in brauner Kutte und schwarzem Mantel erscheint, ist ganz von Staunen erfüllt über

Abb. [illegible]. Die heiligen Einsiedler Antonius und Paulus.
Nach dem Gemälde im Prado-Museum zu Madrid.
(Nach einer Aufnahme von Ad. Braun & Co., Braun, Clément & Cie. Nachf., in Dornach i. Els. und Paris.)

das Wunder der übernatürlichen Speisung. Im Hintergrund sind, in Aufnahme jener alten Weise bildlicher Erzählung, die in der Spätzeit des Mittelalters allgemein, vielfach aber – so namentlich in Deutschland — bis in das XVII. Jahrhundert hinein gebräuchlich war, Begebenheiten des Vorher und Nachher zur Anschauung gebracht: wie Antonius auf der Wanderung durch die Einöde einem Faun begegnet; wie er an dem Holzgitter, das die Felsenwohnung des Paulus verschließt, anklopft; wie er bei der Leiche betet, während die Löwen das Grab auswerfen.

Im Frühjahr 1660 brach Philipp IV mit einem großen Gefolge auf, um in den Pyrenäen mit dem König von Frankreich zusammenzutreffen und seine Tochter demselben zu übergeben. Velazquez als Schloßmarschall hatte die Aufgabe, dem König vorauszureisen und in Städten und Burgen dessen Wohnung vorzubereiten. In dieser Thätigkeit wurde er von drei Quartiermeistern, unter denen sich sein Schwiegersohn Mazo befand, unterstützt. Mitte April verließ der königliche Zug Madrid; unterwegs reihte sich Fest an Fest, bei jedem Einzug von der Bevölkerung der betreffenden Gegend veranstaltet; Anfang Juni langte man in Fuenterrabia an, wo Velazquez den von Kaiser Karl V umgebauten alten Palast der Könige von Navarra zur Aufnahme Philipps in Stand gesetzt hatte. Die Begegnung der beiden Königsfamilien fand auf einer kleinen neutralen Insel in dem Grenzfluß Bidassao statt, wo zu diesem Zweck ein Gebäude errichtet worden war, zu dessen Ausschmückung man Gobelins aus den Beständen des Madrider Königspalastes herbeigeschafft hatte. Den Schluß der Königszusammenkunft bildete die Übergabe der Braut an Ludwig XIV am 7. Juni. Philipp IV weinte beim Abschied. — Velazquez nahm an allen Feierlichkeiten dieser Tage teil. Seine Persönlichkeit erregte Aufsehen, nicht nur durch die Vornehmheit und Anmut seines Auftretens, sondern auch durch den auserlesenen Geschmack, den er in seiner Kleidung an den Tag legte. Gleich am 8. Juni begann seine anstrengende Thätigkeit als Schloßmarschall des reisenden Hofes von neuem. Die Rückreise wurde auf einem anderen Wege genommen, wie die Hinreise. Wurde irgend wo ein längerer Halt gemacht, so füllten Feste die Zeit aus. So ging es ohne Rast und Ruh, bis man am 26. Juni wieder in Madrid eintraf.

Es unterliegt wohl keinem Zweifel, daß Velazquez durch das Übermaß von Thätigkeit, welches diese Reise ihm auferlegte, überanstrengt wurde, und daß sich hier der Keim zu der Krankheit bildete, die bald darauf seinem Leben ein Ende machte.

Nachdem Velazquez am 31. Juli den Vormittag über beim König Dienst gethan hatte, fühlte er sich unwohl und mußte nach Hause eilen. Ein Wechselfieber stellte sich ein, mit Ohnmachtsanfällen verbunden. Der König gesellte dem behandelnden Hofarzt seine beiden persönlichen Leibärzte zu; aber dieselben konnten nur feststellen, daß die Heftigkeit der Krankheit wenig Hoffnung übrig lasse. Darauf sandte der König einen Erzbischof als geistlichen Beistand an das Krankenlager. Am 6. August 1660 verschied Velazquez. Philipp IV war tief erschüttert durch den Verlust. Die Leiche wurde in der Ordenstracht der Santiago-Ritter aufgebahrt. Die Leichenfeierlichkeiten fanden mit großer Prunkentfaltung in der St. Johannespfarrkirche statt. Ein Leibadjutant des Königs und andere Ritter vom Hofe trugen den Sarg in die Gruft.

Die Spanier nennen Velazquez den König der naturalistischen Malerei. Das ist nicht zu viel gesagt. Seine Vornehmheit und sein feiner Geschmack im Naturalismus sind von keinem andern auch nur entfernt annähernd wieder erreicht worden.

# Aus den Berliner Theatern.

Von

**Paul von Szczepański.**

II.

Porträts nach Aufnahmen von E. Bieber, A. Meyer, J. C. Schaarwächter, sämtlich in Berlin, und L. Zwickl in Wien.

(Abdruck verboten.)

Vor vielen Jahren erzählte man mir von Strousberg eine Geschichte, die sehr unglaubwürdig klang. Aber als ich ihn persönlich kennen gelernt hatte — in der letzten Periode seines Lebens — ist sie mir nicht mehr so ganz unwahrscheinlich erschienen. Er lebte damals wohl nur noch von Hoffnungen, wohnte, wie mir gesagt wurde, in einem bescheidenen Hotel-garni, verfügte aber über eigne, mit zwei sehr schönen Trakehner Rappen bespannte Equipage. Bei seiner sonstigen bescheidenen Lebensweise mußte dieser Luxus doppelt auffallen. Eines der Gespräche, die ich mit dem merkwürdigen Manne hatte, bewies mir haarklein, daß er diese eigne Equipage nur aus Ersparnisrücksichten hielt. Nach seiner Berechnung, gegen die sich gar nichts einwenden ließ, bestritt er seinen Unterhalt von dem, was er dadurch verdiente, daß er seine Geschäftswege im eignen Wagen und nicht in einer Droschke zurücklegte. Dieser Beweis, daß auch das Rechnen eine ganz individuelle Kunst sein kann, ließ mir die Geschichte, die mir von Strousberg erzählt wurde, nicht mehr so ganz unwahrscheinlich klingen. Wie erinnerlich, hatte er unter anderem auch in Böhmen große Güterkomplexe gekauft, die er durch Fabrikanlagen rentabel zu machen beabsichtigte. Kommt eines Tages der Architekt zu ihm und legt Strousberg den Bauplan zu einer solchen Anlage vor, die — nach Strousbergs Berechnung — nach ihrer Vollendung und Inbetriebnahme einen jährlichen Reingewinn von, sagen wir, fünfzigtausend Gulden abwerfen mußte. Als Strousberg den Plan flüchtig besichtigt hat, schießt ihm ein Gedanke durch den Kopf. „Sagen Sie mal, lieber Baumeister, wenn man neben dieser Fabrik nach demselben Plane dieselbe Fabrik noch einmal baut, dann muß man doch in den beiden Fabriken doppelt so viel produzieren können wie in der einen, nicht wahr?“ — „Natürlich, Herr Strousberg.“ — „Gut, dann bauen Sie mir die zwei Fabriken nebeneinander, — verdiene ich statt fünfzigtausend Gulden hunderttausend jährlich.“ Und nach dem Machtwort des Gewaltigen sollen die Zwillingsfabriken wirklich in Angriff genommen worden sein. Ich weiß nicht, ob die Geschichte wahr ist; unmöglich ist sie nicht. Gibt es doch mehr kluge Leute, die auf ganz dieselbe Weise rechnen und — sich verrechnen. Niemand wird dem Theaterdirektor Blumenthal, dem Eigentümer und Leiter des Lessingtheaters, bestreiten, daß er ein kluger Mann ist. Und danach rechnete er ganz wie Strousberg. „Mit dem Lessingtheater hast du jährlich soundsoviel verdient,“ sagte er sich, „Kollege Barnay mit dem Berliner Theater soundsoviel. Nun ist Barnay satt und zieht sich ins Privatleben zurück, — nimm's Berliner Theater zum Lessingtheater, dann verdienst du soundsoviel plus soundsoviel.“ Vielleicht hat er sich sogar noch eine Kleinigkeit mehr herausgerechnet, da er an den Künstlergagen erheblich sparen konnte. — Die erste Saison ist kaum zur Hälfte vorüber, und der Theaterdirektor Blumenthal ist froh, daß er das Berliner Theater weiter vergeben kann. Allerdings wird der Mann, der zu Ehren Lessings seit Jahren immer miserabler Komödie spielen läßt, sich hüten einzugestehen, daß er sich verrechnet hat, und daß lediglich ein finanzielles Mißergebnis ihn veranlaßt hat, das Berliner Theater vom 1. Oktober dieses Jahres ab an den Intendanten der Mannheimer Bühne Prasch abzugeben. Niemand zwingt ihn ja auch zu solchem Eingeständnis, da es dem Publikum ganz gleichgültig ist, ob Herr Blumenthal Millionär wird oder sein Erspartes wieder zusetzt. Andererseits aber darf das Publikum es sich auch nicht gefallen lassen, daß Herr Blumenthal über seine verfehlte Spekulation den Mantel des Idealisten deckt, denn selbst so kluge Leute wie Herr Blumenthal haben nicht das Recht, die andere Menschheit als absolut dumm zu behandeln. Herr Blumenthal behauptet nämlich in einer an alle Zeitungen versandten und von diesen merkwürdigerweise kommentarlos abgedruckten Erklärung, er gebe das Berliner Theater nur ab, um wieder mehr Muße zu litterarischer Beschäftigung zu haben. Er will in Zukunft wieder mehr Dichter und weniger Theaterdirektor sein. Das kann er natürlich halten wie er will; was aber geht die Öffentlichkeit das an? Die ist doch von Blumenthalschen Dichtungen noch niemals stärker in Anspruch genommen worden als zu einem flüchtigen Lachen oder zu einem energischen Zischen. Etwas Besonderes erwartet hat man von der Blumenthalschen Muse noch niemals, und ob sie behaglich ruht oder im Schweiße ihres Angesichts nach Witzen sucht, das interessiert doch höchstens die Fabrikanten von dramatischer Spielware, denen es nicht ganz gleichgültig sein kann, ob das Angebot von neuen Stücken für die nächste Spielzeit stark oder schwach sein wird. Die gleiche überflüssige Selbstgefälligkeit zeigt Herr Blumenthal, indem er in dieser selben Erklärung seinem Nachfolger am Berliner Theater das Zeugnis eines tüchtigen Theaterleiters ausstellt; darüber nimmt man dem Publikum das Urteil nicht vorweg, am allerwenigsten, wenn man eben selbst als Theaterdirektor eine so starke Schlappe er-

Georg Freiherr von Ompteda.

sitten hat, wie sie Herr Blumenthal mit ein paar dürftigen Phrasen zu verkleistern sucht. „Sand in die Augen.“ — das ist das Motto, mit dem sich Herr Blumenthal vom Berliner Theater zurückzieht, wie es der Wahlspruch für die Leitung des Lessingtheaters ist. Wenn Herr Blumenthal sich darauf beschränkte, nach diesem Wahlspruch Sardous historische Verstaubdramen und seine eigenen Schwänke auf seiner Bühne als große Kunst zu verzapfen, könnte man's noch hingehen lassen, so jammervoll auch das Resultat ist, wenn man einen Vergleich zieht zwischen dem, was der Kritiker Oskar Blumenthal von der Bühne gefordert und was der Bühnenleiter Blumenthal geleistet und angestrebt hat. Wenn dieser Sand, den Herr Blumenthal dem Publikum in die Augen streut, aber ein gutes deutsches Stück unter sich begräbt, dann darf man sich energischer entrüsten. Einzelne jüngere Autoren sind ja immer noch naiv genug, in dem Lessingtheater das „Theater der Lebenden,“ in Herrn Blumenthal den Mann mit dem feinen litterarischen Verständnis zu sehen, — das er gewiß einmal hatte, vielleicht auch noch hat, von dem er aber, wie das jüngste Beispiel lehrt, nur einen höchst beschränkten und sehr verwerflichen Gebrauch macht. Zum eigenen Schaden und hoffentlich zur Belehrung für andere hat das einer der jüngeren Autoren an sich erfahren. Georg Freiherr von Ompteda hat sich in einer Reihe von Romanen und Novellen als ein so starkes und eigenartiges Talent gezeigt, daß ihn der Leiter des „Theaters der Lebenden“ nicht gut ignorieren konnte. Herr von Ompteda aber war unerfahren genug, um als er ein Schauspiel aufführen zu lassen beabsichtigte, nicht das „Theater der Lebenden“ zu ignorieren. Er reichte also sein Schauspiel „Nach dem Manöver“ Herrn Blumenthal ein und Herr Blumenthal führte es auf. Ehrlicher und feinfühliger wäre Herr Blumenthal gewesen, wenn er Herrn von Ompteda erwidert hätte: „Ihr Stück gefällt mir, aber annehmen kann ich es nicht, denn ich habe keine Künstler, um es angemessen zu besetzen, und ich habe nicht das Publikum, das Ihrem Stück das rechte Verständnis entgegenbringen kann. Wenden Sie sich an das Schauspielhaus oder an das Deutsche Theater.“ Aber wenn man nun einmal ein Theater der „Lebenden“ begründet hat, dann ist man klug, wenn man wider Ehrlichkeit und Feinfühligkeit auch mal einen lebenden Dichter und nicht nur Komödienschreiber auf die Bretter stellt. Daß das Omptedasche Schauspiel nun am Lessingtheater so schlecht dargestellt wurde, daß es beinahe ganz um seine Wirkung gebracht worden wäre, ist keineswegs der Vorwurf, den ich dem Leiter des Lessingtheaters mache. Ich rechne niemals mit dem Unmöglichen, und eine gute Vorstellung dieses Stückes an dieser Bühne mit den vorhandenen Kräften wäre etwas Unmögliches gewesen. Das Stück ist auf drei Rollen gestellt, von denen nur eine angemessen besetzt war oder angemessen besetzt werden konnte. Herr Sommerstorff war vortrefflich als Oberst Graf von Hersbüll, der das Unglück hat, daß während seiner Abwesenheit in den Manövern sich ein Liebesverhältnis zwischen seiner jungen Gattin und seinem Stiefbruder, dem Leutnant von Klinsberg, anspinnt. Die Gräfin Hersbüll aber wußte Herr Blumenthal nur Frau Geßner anzuvertrauen, einer bedauernswerten Künstlerin, die in Gefahr ist, durch ihr Engagement am Lessingtheater um allen künstlerischen Kredit gebracht zu werden. Denn diese Bühne hat ihr nur Aufgaben zu stellen, die außerhalb ihres Könnens liegen und die sie — entschuldbarerweise — deshalb mit einer am Ziel vorbeischießenden Gewaltsamkeit zu bewältigen sucht. Den Leutnant von Klinsberg aber mußte Herr Wehrlin spielen, — ein Künstler, dem man ebenfalls Unrecht thun würde, wollte man ihn nach dieser Rolle beurteilen. Denn Herr Wehrlin fühlt sich nicht sicher in der Uniform und ist außerdem kein Konversationsschauspieler. Beides aber ist eine absolut notwendige Vorbedingung für eine Rolle, die höchste menschliche Leidenschaft, aber ständig gedämpft durch Erziehung, Standesbewußtsein, in Fleisch und Blut übergegangene Begriffe von persönlicher und von Standesehre und durch angeborene Vornehmheit des Charakters zum Ausdruck bringt. Das nämlich ist das Besondere des Omptedaschen Schauspiels — es behandelt, meines Wissens zum erstenmale, das Ehebruchsthema in der modernen Gesellschaft unter vornehmen, innerlich vornehmen Menschen. Graf Hersbüll ist ein Mann, an dessen Seite sich tausend Frauen glücklich schätzen würden. Die eine, die er liebt, ist an seiner Seite nicht glücklich geworden. Ehrgeizig und pflichtbewußt hat er vielleicht zu wenig Zeit für die junge Frau zu erübrigen vermocht, und sein Ernst hat ihr immer den Mut genommen, ihm von dem zu sprechen, was ihr an seiner Seite fehlt. Sie ist nicht gefallsüchtig, aber sie ist jung, und jung wie sie ist der Stiefbruder ihres Mannes, ein von dem Obersten mit beinahe väterlicher Zärtlichkeit geliebter Stiefbruder. Über diese drei Menschen bricht das Schicksal herein, — Schwager und Schwägerin entbrennen in Liebe zu einander. Nun hat die Art, wie Ompteda diese Menschen handeln läßt, einiges Kopfschütteln erregt. Nach dem Ausspruch eines Berliner Kritikers war die Lösung der Frage nur auf einem Wege möglich: da der Graf und die Gräfin Horsbüll Vermögen haben, so mußte Leutnant von Flinsberg die Kasse und die Frau seines Bruders nehmen und mit beiden durchgehen. „Das sei ganz einfach," meinte dieser weise Richter, und Ompteda habe wenig Menschenkenntnis bewiesen, indem er die Frage anders löste. Der Fall liegt doch wohl anders: Ompteda hat Menschen gezeichnet, die jenem Kritiker allerdings noch nicht begegnet sein mögen oder die er noch nicht beobachtet haben mag, — aber das wäre denn nur ein Beweis dafür, daß er sich entweder ausschließlich in schlechter Gesellschaft bewegt oder daß er für vornehm denkende Menschen kein Beobachtungsorgan mehr hat. Vielleicht ist es ihm gegangen wie den Lurchen in den Höhlen des Karst, — da sie in ewiger Finsternis leben, haben sie keine Augen mehr. Nicht ganz so traurig urteilte ein anderer Berliner Kritiker: der zweifelte zwar nicht daran, daß es so vornehm denkende Menschen giebt, wie Ompteda sie zeichnet, aber er fand doch, das Milieu, in das Ompteda sie gestellt, sei verzeichnet. Das war kein trauriges, sondern

Joseph Jarno.

nur ein lächerliches Urteil. Denn Ompteda muß dieses Milieu, das Offiziercorps eines Kavallerieregimentes, einigermaßen kennen, da er viele Jahre einem solchen Offiziercorps angehört hat. Und daß er überhaupt zu charakterisieren versteht, brauchte Ompteda ja nicht erst zu beweisen. Aber der Kritiker kennt das Milieu besser, — er hat ja immer nur von Kaffeehauskellnern gehört, daß Leutnants ihre Schulden nicht bezahlen, von weiblicher Bedienung, daß sie die Frauen ihrer Kameraden verführen, und von anderer Seite, daß sie überhaupt nichts taugen. Ompteda aber stellt einen Leutnant auf die Bühne, der die Frau seines Kameraden — zugleich seine Schwägerin — nicht verführt, trotzdem er sie liebt und von ihr wiedergeliebt wird, einen Mann, der sich und der Geliebten sagt: „Gegen das Schicksal, das über uns gekommen ist, waren wir machtlos, aber wir wollen nicht schuldig werden." Das ist nur auf der Bühne, im Leben ganz gewiß nicht. Und daß dieser Mann zu seinem Bruder geht, ihm die Wahrheit sagt und sein und der Geliebten Schicksal in dessen Hände legt, das ist — wie Ompteda seine Figuren gezeichnet hat — nur die Konsequenz. Allerdings nicht, wie Frau Geßner und Herr Wehrlin diese Figuren spielten; beide waren weich wie Butter von der ersten bis zur letzten Szene, von einer Rührseligkeit, die mit dem ersten Wort gar keinen Zweifel an der Hoffnungslosigkeit der ganzen Geschichte aufkommen ließ, während es doch nur die Glückshoffnung sein kann, die das Liebespaar zu dem Entschluß treibt, dem Obersten alles zu sagen. Wenn sie — gewohnt, von dem älteren Manne geführt zu werden — von vornherein daran verzweifeln, daß er einen Ausweg haben werde, würde Leutnant von Flinsberg doch gleich thun, was er am Schluß des Stückes thut, nachdem ihm der Bruder gesagt hat, daß

Marie Reisenhofer als „Ghismonda."

Joseph Kainz.

er nicht verzichten will und nicht verzichten kann — er würde sich eine Kugel vor den Kopf schießen. Manche unter den Zuschauern schienen über das Schicksal der Gräfin Horstädt am Schluß des Stückes nicht genau orientiert zu sein. Sie bricht ohnmächtig zusammen, als sie den Tod des Geliebten erfährt. — Frau Gebner macht das, als ob sie vom Spielen plötzlich etwas angegriffen sei, aber nicht, als ob sie einen Stoß ins Herz empfangen habe. Darüber fällt der Vorhang. Aber da sie vorher ihrem Manne erklärt hat, daß sie zu ihrer Mutter zurückkehren werde, auch wenn er nicht in eine Scheidung willige, so bleibt doch gar kein Zweifel darüber, daß sie diesen Entschluß jetzt erst recht ausführen werde. Unter den kleineren Rollen wurden einige recht tüchtig wiedergegeben, aber das nutzte dem Stück bei der verfehlten Besetzung von zwei Hauptrollen wenig. Trotzdem fühlte sich das Publikum, wenn auch nicht hingerissen, aber doch gefesselt und durch die neue Behandlung und Beleuchtung eines alten Stoffes zum Nachdenken angeregt. Das dauerte freilich nicht lange, denn es geschah etwas Unglaubliches. Der geistvolle und feinfühlige Direktor des Lessing-Theaters ließ auf das dreiaktige deutsche Schauspiel ein dreiaktiges französisches Lustspiel von Labiche und Delacour folgen, das so grenzenlos öde und langweilig albern war, daß es die Zuschauer in Scharen aus dem Theater trieb! Hätte Direktor Blumenthal die Absicht gehabt, das Omptedasche Stück mit Gewalt totzumachen, er hätte kein sichereres Mittel wählen können, als die eben zum Nachdenken angeregten Theaterbesucher auf diese Weise gähnen zu machen. Hätte er den Beweis liefern wollen, daß niemand weniger als er selbst berechtigt ist, einem anderen Theaterdirektor ein öffentliches Zeugnis über seine Qualifikationen auszustellen, er hätte auch kein besseres Mittel wählen können. Da aber Blumenthal ein solches Zeugnis öffentlich ausgestellt hat, kann man nicht annehmen, daß er sich die Berechtigung dazu absichtlich habe nehmen wollen. Wohl aber gibt's eine Erklärung dafür, wenn Herr Blumenthal nicht allzu unglücklich gewesen sein sollte, als er — dank dieser Zusammenstellung — das Omptedasche Schauspiel nach drei Anstandsvorstellungen wieder absetzen konnte. „Ich habe einen „Lebenden" auf der Bühne gehabt, aber er hat mich nicht lange aufgehalten," konnte er sich mit Beruhigung sagen, da er sicher weiß, daß auch die Kassenerfolge seiner Bühne gefährdet sind, wenn er sich und sie gänzlich um den litterarischen Kredit gebracht hat. Denn die Sardouschen historischen Schauspiele wie „Madame Sans Gêne" und „Ghismonda" sind doch nur Hazardspiele, die Herr Blumenthal ebenso gut verlieren wie gewinnen kann, mit denen er sein Publikum ebenso leicht zum Tempel hinausjagt wie hineinlockt. Schon die „Ghismonda" zieht nur halb so stark, wie „Madame Sans Gêne" gezogen hat, trotzdem sich beide Schauspiele ganz gleichwertig sind — Erzeugnisse der Routine mit Effekten, die der Trägerin der Titelrolle auf den Leib geschrieben sind. Die „Ghismonda" spielt Fräulein Reisenhofer, zweifellos die schönste der Berliner Bühnenkünstlerinnen. Sie setzt ihre Rolle wenigstens in großen Umrissen immer richtig und würde wahrscheinlich sogar hinreißend wirken, wenn der sehr unedle Stimmklang und ihre an den ehemaligen Gardeleutnantston gemahnende Aussprache nicht leicht die Illusionen störten.

Auch im Berliner Theater versuchte es Direktor Blumenthal mit einem historischen Schauspiel. Ernst Wichert dramatisierte seinen

Amanda Lindner als „Brunhild."

dreibändigen Roman „Tilman vom Berge", der den letzten unrühmlichen Kampf und Untergang des Deutschen Ordens in Preußen schildert, unter dem Titel „Marienburg." Dieser unrühmliche Kampf bietet zwar ein starkes kulturhistorisches Interesse, das der Roman im ausgedehntesten Maße befriedigt, aber sehr wenig wirklich dramatische Momente, die Wichert daher der Romanfabel zu entnehmen genötigt war. Diesen historisch unbeglaubigten Helden und Heldinnen des Schauspiels und ihren auch im Schauspiel romanhaft verbliebenen Schicksalen stehen nun die historischen Persönlichkeiten gegenüber, die allerdings keine Helden sind, die aber doch trotz ihrer traurigen Rollen ein gut Stück Interesse absorbieren, da mit ihnen das Schicksal der Marienburg und des Deutschen Ordens verknüpft ist, — es kommt zu keinem einheitlichen und tieferen Interesse. Um so weniger, da Leute, die ein vaterländisches historisches Schauspiel besuchen, sich ungern eine Episode vorspielen lassen, die eigentlich nur Unrühmliches zu verzeichnen hat. Ernst Wichert hat sich von dem Wunsche, seine Romangestalten auf der Bühne verkörpert zu sehen, zu einem Experiment verleiten lassen, das mißglücken mußte und dessen Ausgang ihn als erfahrenen Bühnendichter wahrscheinlich selbst nicht übermäßig überrascht hat.

Adalbert Matkowsky.

Einem bisher unbekannten Autor hat dagegen das Deutsche Theater zu einem bemerkenswerten und wohlverdienten Erfolge verholfen. „Der Mann im Schatten" nannte Carlot Reuling sein Stück, und er bezeichnete es als Schwank. Titel und Bezeichnung sind nicht gerade sehr schlagend gewählt. Denn der Dr. phil. Fritz Bergmann, der Held des Stückes, der nicht recht vorwärts kommen kann — wie er meint, weil er im Schatten steht, weil er ständiges Pech hat — der ist doch viel selbst daran schuld, daß ihm das Glück ausbleibt. Er ist einer von den Menschen, die sich weite Wege vornehmen und unterwegs müde werden, die dann sofort Rast machen und sich damit trösten, daß es dort, wo sie sich lagern, ja auch ganz schön ist — es fehlt ihm an Energie. Von selber kommt das Glück nicht oder wenigstens nur im Märchen und im Lustspiel — die gebratenen Tauben fliegen niemandem in den Mund. Darauf aber hat Fritz Bergmann Lust, thatenlos zu warten. Das giebt ihm etwas sehr Liebenswürdiges, etwas von einem großen Kinde, dessen Lebensweisheit man sich zwar nicht anvertrauen möchte, dem man aber gut sein muß. Und diese Liebenswürdigkeit, die dem Dr. Bergmann anhaftet, strömt das ganze Stück aus, das der Autor viel zu bescheidenerweise einen Schwank genannt hat. Er hätte es mit gutem Gewissen ein Lustspiel nennen dürfen, denn es geht ganz natürlich und ganz lebenswahr in seinem Stück zu, und die Figuren sind alle — mit Ausnahme des einzigen jungen Mädchens, das darin auftritt und das wenig Farbe hat — außerordentlich fein charakterisiert. Die liebenswürdige, feine Lustspielstimmung, die lebenswahre Zeichnung und Charakteristik waren es, die das Publikum gefangen nahmen. Carlot Reuling mag sich doch einmal ansehen, was seine Dichterkollegen einen Schwank zu nennen pflegen — das ist nichts anderes wie eine Sammlung von Scherzen und Anekdoten und ein Auftürmen sogenannter „komischer," wenn auch gänzlich unmöglicher Situationen. Aus dem Innern ist darin nichts geschöpft — in dem „Mann im Schatten" aber steckt ein Stück Menschenleben, ich möchte behaupten, ein Selbsterlebtes, in dem Sinne, wie Dichter Selbsterlebtes gestalten. Ist doch auch Carlot Reuling mit dieser gänzlich überflüssigen

Rosa Poppe als „Kriemhild."

Ottilie Collin.

und angebrachten Bescheidenheit, sein Stück unter der Flagge eines Schwankes segeln zu lassen, seinem Helden Fritz Bergmann nicht unähnlich. Gespielt wurde das Stück von Frau Wilbrandt-Baudius, den Herren Hermann Müller, Jarno und Pittschau — ich nenne nur die Vertreter der Hauptrollen — ganz ausgezeichnet, und die Inszenierung trug das Ihrige zu der ganz einheitlichen Wirkung bei.

Überhaupt scheinen die besten Zeiten des Deutschen Theaters erfreulicherweise wiedergekehrt zu sein. Das zeigte auch die Wiederaufnahme von Grillparzers „Weh dem, der lügt." In den Hauptrollen mit denselben Darstellern besetzt, die sie schon vor Jahren am Deutschen Theater spielten — mit Agnes Sorma, Kainz und Pittschau — mag es manchem nicht verwunderlich erscheinen, daß die Darstellung heute mindestens den gleichen Eindruck macht wie vor Jahren. Mir erscheint das nicht so selbstverständlich. Kainz hat inzwischen vielfach herumexperimentiert, und es wäre nur natürlich, wenn sein Küchenjunge Leon von seiner Frische eingebüßt hätte, und Frau Sorma hat auch Zeiten gehabt, in denen sie dem Barnay-Stil des Berliner Theaters mehr Konzessionen zu machen genötigt war, als erwünscht sein konnte. Der einzelne Darsteller macht überhaupt nicht eine ausgeglichene Vorstellung, — die macht die unsichtbare Hand, die den Ton für die Gesamtheit stimmt, die Hand des Regisseurs, die man eigentlich gar nicht in der Vorstellung sehen soll. Und in den Vorstellungen des Deutschen Theaters sieht man sie in der That nicht. Aber man darf sie auch nicht vermissen.

Und in der Aufführung der Hebbelschen „Nibelungen" am Königlichen Schauspielhaus ist beides der Fall, — man sieht zu viel von ihr, und man vermißt sie. Man sieht sie zu viel im äußeren Arrangement und man vermißt sie dort, wo sie das innere Leben auf der Bühne pulsieren lassen müßte. Das Königliche Schauspielhaus ist in der glücklichen Lage, wie vielleicht keine andere Bühne eine Vorbedingung für diese Aufführung erfüllen zu können, — es verfügt über zwei Künstlerinnen, die für die Brunhild und die Kriemhild wie geschaffen sind. Fräulein Lindner ist eine mächtige Brunhild, walkürenhaft in der Erscheinung, das Organ von einem wundervollen dunklen Timbre, und — was man früher nicht von allen Darbietungen der Künstlerin sagen konnte — so in den Geist der Rolle hineingewachsen, daß sie nicht ein einziges Mal in hohle Deklamation verfällt. Und Fräulein Poppe hat für die gewaltige Aufgabe, die die Chriemhild einer Künstlerin stellt, alles — sie hat vor allem die Wandlungsfähigkeit, die Kraft, sich aus der beinahe zarten Jungfrau zu dem dämonischen Weibe zu entwickeln. Sie verfügt über alle Töne von rührendster Zartheit bis zur wildesten Raserei, sie ist anmutig und majestätisch, von zartester Empfindung, leidenschaftlicher Glut und eisiger Kälte — eine Künstlerin im großen Stil. Und auch in Herrn Molenar hat das Schauspielhaus einen Darsteller des Hagen Tronje, dem es gelingt, einen Übermenschen auf die Szene zu stellen, der von dem Geist der Dichtung über die engen Schranken fortgerissen wird, mit denen die Aufführung der Nibelungen am Schauspielhaus eingeengt ist. Das übrige ist süß, sauber, meist korrekt, aber auch langweilig. Alle Darsteller haben sich wunderschön gemacht — ich spreche vom Gesamteindruck — alle sind wunderschön angezogen, alle sind ein bißchen süß, wie mit Zucker bestreut. Wäre König Gunthers Hof ein Liebeshof der Provence, es könnte nicht geschniegelter daran zugehen, wären König Gunther und seine Brüder Troubadoure, sie könnten nicht zierlicher posieren. Besonders Herr Arndt leistet als Gunther das Menschenmöglichste in Pose bis auf Handbewegungen nach allen Regeln der Ballettkunst. Ja das sind doch alles Helden, ein Held und Heldenblut selbst der Knabe Gernot, wenn sie auch schwächer sind als Brunhild, die Königin von Isenland, da ist doch am Hofe Gunthers nicht ein einziger Schwachlappen und nicht eine einzige Pomadenbüchse! Und in diese zierliche Gesellschaft kommt Herr Matkowsky als Siegfried hereingestürmt, ganz als Lichtgestalt kostümiert, ein schönes Bild für junge Mädchen, und tänzelt auch, als ob er Kammerherrendienste am Hofe Ludwigs XIV gethan, aber nicht Lindwürmer getötet hätte. Das sind nicht die Nibelungen, und daß sie es nicht sind, ist nicht Schuld der Künstler allein. Denn in der Darstellung ist alles auf das lebende Bild gestimmt, alles auf die Pose. Wenn Frau Stollberg als Frigga sich auf den Thronstufen Brunhilds niederläßt und mit dem Rücken der Königin, mit dem Gesicht dem Publikum zugewandt Brunhild ihr Schicksal enthüllt, — ein lebendes Bild, gestellt für die Wirkung auf das Auge, ohne Rücksicht auf die Situation. Wenn Siegfrieds Katafalk sich ganz im Hintergrund der Bühne erhebt und der ganze Vordergrund von Gunther und seinen Mannen gefüllt wird — wieder nur ein lebendes Bild ohne innere Berechtigung. Denn die Szene spielt am Sarge Siegfrieds zwischen Chriemhild und Hagen Tronje, und die berechtigten, überzeugten Zuschauer dieser Szene sitzen im Parkett und wollen sich nicht den Eindruck stören lassen durch eine ungebührliche Entfernung und Gunther und seinen Hofstaat, die den Zwischenraum füllen. In dem erregtesten Wortgefecht der Königinnen vor dem Dom, während des Schlachtfestes am Hofe König Etzels stellen Volk und Heer ein lebendes Bild als Hintergrund — ein schön gestelltes, mit Rücksicht auf Farbenwirkung komponiertes, aber lebloses und teilnahmloses lebendes Bild. Und dann beginnt dort eine malerische Kindergruppe mit ihren Paradehandtüchern Willkommen zu wedeln und hört wie auf Kommando mit dem Wedeln wieder auf, und hier rührt sich eine Kriegergruppe halb verschlafen und regt den Zuschauer durch diese Bewegung erst zu dem Gedanken an, daß er mal mit einem Donnerwetter dazwischenfahren möchte, wenn er dürfte. Das geht nun ja wohl nicht, aber der, der's darf, Herr Oberregisseur Grube, sollte von seinem Recht ausgiebigen Gebrauch machen — denn für jemanden, der die Nibelungen aufführen will, dürfen die Meininger nicht ganz umsonst auf der Welt gewesen sein. Sicher würden sich an einem solchen frischeren Luftzuge auch einzelne der mitwirkenden Künstler stärken, andere, die dessen nicht bedürfen, würden mehr zur Geltung kommen, noch andere, wie Frau Stollberg, vielleicht Maß halten lernen.

Signora Elia.

Von den „Nibelungen" bis zum „Probekuß" ist ein weiter Schritt, aber eine auf Vollständigkeit keinen Anspruch machende Übersicht nötigt zu solchen Sprüngen. Vielleicht wäre Millöcker trotz seiner Anleihen bei sich selbst mit seiner Operette über einen Achtungserfolg doch noch herausgekommen, wenn das Textbuch nicht stumpfsinnig langweilig und statt mit Witzen mit Pikanterien von zotigem Beigeschmack durchsetzt wäre. In Fräulein Collin und Herrn Klein verfügt Herr Direktor Fritzsche immer noch über zwei Kräfte, die die Anmut und Liebenswürdigkeit des älteren Operettenstils verkörpern, und Fräulein Schmidt und Herr Wellhof erinnern ebenso, wenn auch in derberem Genre, an vergangene bessere Zeiten. Die Anziehungskraft des Lindentheaters, das für Bedürfnisse erbaut ist, die Berlin noch nicht hat, trotzdem es sich schon lange als Weltstadt fühlt, zu erhöhen, wird nach der Operette noch ein Ballet aufgeführt. Die Primadonna Signora Elia ist eine Tänzerin ersten Ranges bester italienischer Schule, schlank, geschmeidig, anmutig und kraftvoll — aber die meisten Verehrer der Tanzkunst in Berlin bevorzugen die Art der fünf Sisters Barrison, der Nini patte en l'air oder der Miß Batchelor, die alle nicht der italienischen Schule entstammen. Über Geschmack, über Verdienst und über die Belohnung von Verdienst läßt sich nicht streiten — wie bekannt, ist der Direktor Adolf Ernst für sein Verdienst, Miß Batchelor und eine englische Posse nach Deutschland importiert zu haben, von Sr. Königlichen Hoheit dem Herzog von Sachsen-Koburg-Gotha durch die Verleihung der Großen Goldenen Medaille für Kunst und Wissenschaft ausgezeichnet worden. Es ist schön, daß Kunst und Wissenschaft in Sachsen-Koburg-Gotha noch wie vor der Auszeichnung für würdig erachtet werden.

Von

Alice Freiin von Gaudy.



Sie sitzt am flackernden Feuer und spinnt.
Ihr Auge starrt, und die Seele sinnt
Und wandert zurück in entschwundene Zeit
Und kostet noch einmal Glück und Leid.

Ein Scheit in die Flammen. Es lodert die Glut
Und rinnt und rieselt wie rotes Blut:
Die Greisin sieht — ihr zittert die Hand —
Den Gatten, gestürzt von der Felsenwand,
Der wackerste Führer im Glocknergebiet . . .
Das Rädchen schnurrt sein eintönig Lied.

Ein andres Scheit. — O, trauriges Los:
Sie zog die drei Buben in Mühsal groß.
Der Franz, der erste, ein schmucker Gesell,
Die Augen so leuchtend und falkenhell,
So fröhlich sein Herz, sein Körper so schlank,
So leicht sein Schritt und so stolz sein Gang!
Er mußte zum Kriege nach Welschland hinein:
Bei Solferino — — —
Das Rad hält ein.

Und wieder ein Scheit in die zuckende Glut.
Wie war der Nazi, der zweite, so gut!
Wie eifrig ging er dem Pfarrer zur Hand
Mit Rauchfaß und Glöcklein als Ministrant,
Und schaffte für sie, der schweigsame Sohn,
Im Walde um kärglichen Tagelohn.
Doch als die tückische Seuche genaht —
Die tückische Seuche — — —
Es säumt das Rad.

Das letzte Scheit. Die Flamme zischt auf,
Wild schwingt sich die Haspel in zornigem Lauf,
Und der feine, glänzende Faden reißt . . .
Der Wenzel, das war ein Feuergeist,
Der oft ihr mahnendes Wort verlacht,
Der sie in Jammer und Schande gebracht.
Bei Nacht und Nebel mußt' er entfliehn —
— — Wo mag er jetzt durch die Lande ziehn?
Vielleicht in Elend und Seelennot?
Es drückt ihr das Herz ab. — O, wäre er tot!
Viel besser ein Grab in der Erde Schoß,
Als des Kain qualvolles Wanderlos!
Wo mag er sein?
Wo Gott es will.
Das Feuer verglimmt. — Das Rad steht still.

Die Mutter. Nach dem Gemälde von Alice D. Kellogg.

# Schuldner.

Roman

von

R. von Klinckowstroem.

(Nachdruck verboten.)

(Fortsetzung.)

---

Ach du, sieh mich doch nicht so an!" rief das Kind, sich unwirsch von der weißen Hand befreiend. „Schilt doch lieber, wenn du ärgerlich bist. Sag' mal, kannst du gar nicht schelten?"

„Ich möchte es nicht, und ich bin auch nicht ärgerlich, nur ein bißchen traurig."

„Ja, das ist eben das Schlimmste. Sie haben sonst alle immer gescholten, bei jeder Gelegenheit, immer auf mich, immer auf mich, was auch im Hause geschah; aber ich hab's ihnen hinterher eingetränkt, das habe ich. Und der Papa kann auch so furchtbar böse werden; das weißt du noch gar nicht, wie das ist."

„Aber du hast ja eben gesehen, daß er ganz ruhig und freundlich blieb, obgleich es gewiß nicht ganz recht von uns war, daß wir aus Bequemlichkeit hier im Zimmer blieben und zum Teil mit anhörten, was bei ihm gesprochen wurde."

„Das ist wahr! Ich begreife nicht, was in ihn gefahren ist."

„Was habt ihr denn miteinander?" fragte Fuldo, jetzt erst das flüsternde Zwiegespräch beachtend.

„Sag's ihm nicht!" hauchte die Kleine, die Hand der Stiefmutter nervös in der ihren pressend.

„Nun, wir haben schon so unsere kleinen Geheimnisse, die du uns lassen mußt," lächelte die junge Frau, dem Kinde beruhigend über das Haar streichend. „Später weihen wir dich vielleicht einmal darin ein."

Er lachte. Es war ihm eine große Genugthuung, seine Frau mit dem Stieftöchterchen auf so vertraulichem Fuße zu sehen.

„Nun, da bin ich doch neugierig. Ja übrigens, was ich sagen wollte, Käte: Ich habe für Sonntag zu Mittag um 6 Uhr ein paar Menschen zu Tisch eingeladen. Zehn Personen. Drei von den Familien, bei denen ich mit dir Besuch gemacht habe, und ein paar Herren."

„Aber —," die junge Frau stockte und errötete. „Aber sie haben mir, das heißt uns, ja noch keinen Gegenbesuch gemacht."

„Das ist ja ganz gleichgiltig. Ich verkehre seit Jahren mit ihnen."

„Wenn sie nun aber nicht mit mir verkehren möchten! Wäre es nicht besser gewesen, wir hätten abgewartet —."

„Unsinn! warum sollten sie nicht mit dir verkehren wollen? Du bist meine Frau und gehörst also in ihren Kreis."

Sie rang die Finger in peinlicher Verlegenheit ineinander. „Es wäre doch vielleicht möglich, daß sie nichts von mir wissen wollten."

„Na, nun schweig gefälligst davon! Wenn ein Mann in meiner Stellung bei den Kollegen seine Frau einführt, so wissen die auch, daß nichts an ihr auszusetzen ist. Jetzt möchte ich noch über das Menu mit dir sprechen. Du hast natürlich von diesen Dingen noch keine Ahnung, aber künftighin mußt du das Arrangement allein übernehmen, ich will mich nun nicht mehr mit Haushaltungssorgen plagen. Also laß mich einmal nachdenken. Was könnten wir ihnen denn vorsetzen?"

„Vielleicht nach der Suppe ein Krebsgericht mit Kalbsmilch," schlug sie zaghaft vor.

„Vortrefflich!" lobte er. „Das ist einfach, zeitgemäß und gut. Ich bin ein entschiedener Gegner von kostbaren, unzeitgemäßen Delikatessen bei kollegialischen Zusammenkünften. Es verpflichtet die Kollegen dann zu den gleichen Extravaganzen bei ähnlichen freundschaftlichen Mittagessen und erschwert ihnen die Geselligkeit."

„Dann ein Hammelrücken, garniert," fuhr sie ermutigt fort. „Pastete in Aspik mit Kumberlandsauce, junge Gänse mit Salat, Spargel, Erdbeereis."

„Alle Achtung!“ rief er angenehm überrascht. „Wo hast du denn deine Kenntnisse her? Dergleichen wird's doch bei Euch zu Hause nicht alle Tage gegeben haben!“

Abermals huschte das fliegende Rot über ihr Gesicht. Sie mochte nicht sagen, daß sie alte Ausgabebücher und Menus aus früheren Zeiten heimlich durchstudiert hatte, um sich über die hergebrachten Gewohnheiten und Gebräuche des Hauses, dessen Herrin sie geworden war, zu orientieren, ohne bei jeder Gelegenheit fragen zu müssen.

„Es ist mir wirklich sehr lieb, mich künftighin in dieser Beziehung ein wenig auf dich verlassen zu können,“ fuhr er fort. „Es war mir nachgerade recht langweilig geworden, mich auch noch um den Küchenzettel zu kümmern.“

Käte rang offenbar mit einem Entschluß. Endlich hob sie die Augen bittend zu ihm.

„Könnten wir nicht auch einmal meine Eltern —“ begann sie zögernd. Aber er unterbrach sie scharf:

„Ja doch, ja! Wenn wir allein sind. Aber du mußt dir doch selbst sagen, daß das bei dieser Gelegenheit nicht paßt. Überhaupt —, na ich will dich nicht kränken, aber ich wünsche nicht, daß du deine früheren Beziehungen allzu sehr aufrecht erhältst.“

„Ich kann doch nicht den Verkehr mit meinen Eltern abbrechen.“

„Das verlange ich ja auch nicht von dir. Besuche sie doch ab und zu. Du hast außerdem freie Hand, ihnen zu geben und zu schicken, was du willst. Meinetwegen lade sie dir in der nächsten Woche ein, wenn ich in der Sitzung der medizinischen Gesellschaft bin, aber ein für allemal: wenn wir Gäste haben, passen sie nicht hierher. Jetzt merke auf: Professor Ehrenberg und Frau haben mir bereits zugesagt, ebenso Doktor Stein nebst Gemahlin und Tochter, von dem Jakobsonschen Ehepaar habe ich noch keine Antwort, aber ich zweifle nicht, daß sie gleichfalls kommen werden. Außerdem habe ich noch drei unverheiratete Herren gebeten, den Architekten Simmering, Herrn von Scharfenberg, Doktor der Philosophie, und Herrn von Khesiany, den zu klassifizieren mir schwer fällt; die einzige Bezeichnung, die etwa auf ihn passen könnte, wäre Weltenbummler. So, das wären wohl alle.“

Käte erwiderte nichts. Sie saß regungslos da, die Augen starr in eine Ecke geheftet, als sähe sie dort etwas Entsetzliches auftauchen. Ein unkontrollierbares Beben ihrer Lippen allein verriet, daß etwas in ihr vorging.

„Du bist ja mit einem Mal so schrecklich blaß geworden, Mama!“ sagte Ännchen, deren beobachtenden Augen nichts entging.

Käte hörte nicht. Sie starrte noch immer wie entgeistert in die Ecke.

„Aber, Mama! Mama, was ist denn?“ rief das Kind halb ängstlich, halb neugierig, und zupfte sie. Fulda sah jetzt auch nach seiner Frau hin und bemerkte, daß selbst ihre Lippen aschfarben geworden waren. Sie versuchte aufzustehen, um hinauszugehen, aber ihre Hand griff krampfhaft nach dem ersten Stützpunkt, der sich ihr bot; offenbar war sie von einem Schwindel befallen.

Der Doktor sprang schnell hinzu, legte den Arm um ihre Gestalt und führte sie zu ihrem Sessel zurück, holte dann englisches Salz und rieb ihr die eiskalt gewordenen Hände.

„Wie kannst du dir das mit den Eltern so zu Herzen nehmen!“ schalt er ärgerlich, als sie wieder ganz zu sich gekommen schien. „Das ist ja kindisch! Begreife doch, daß meine Stellung Rücksichten erfordert.“

Sie sah scheu zu ihm auf und schob seine Hände mit einer gewissen Hast zurück.

„Na, nun ist's gut,“ meinte er, von ihrer abwehrenden Bewegung stirnrunzelnd Notiz nehmend. „Laß uns den Punkt nicht mehr berühren. Wenn ich etwas gesagt habe, so bleibt es dabei. So, jetzt werde ich dir noch eine Tasse Thee bestellen, das wird dir gut thun. Nein, keine Widerrede!“

Er drückte auf den Knopf der Glocke. Als nach einer Weile noch niemand daraufhin erschienen war, schellte er ungeduldig und anhaltend zum zweitenmal, so daß der schrille Klang laut durch das Haus gellte.

„Ich werde gehen!“ sagte Käte hastig und erhob sich.

„Du bleibst!“ rief er. „Die Leute sollen von selbst auf ihrem Posten sein. Wo kann denn der Schlingel, der Friedrich stecken?“

Jetzt erschien das Hausmädchen mit ängstlichem Gesicht an der Thür.

„Der Diener soll kommen!“ herrschte der Doktor sie an.

„Herr Doktor verzeihen, aber der Friedrich ist gerade auf einen Sprung fortgegangen. Er dachte, weil die Herrschaften nun doch vor halb zehn nicht mehr nach ihm klingeln würden —"

„Wohin ist er gegangen?"

Das Mädchen zögerte mit der Antwort und lächelte etwas albern.

„Heraus damit! Wie kommt er dazu, ohne Erlaubnis das Haus zu verlassen?"

„Gott, Herr Doktor, er hat sich ja eine Braut angeschafft; Herr Doktor werden das ja wissen. Das Mädchen wohnt bei ihren Eltern hier ganz in der Nähe, und nun hörte er heute, daß sie so schlecht krank sei, und da wollte er eben nur ein bißchen nach sie sehen."

„Möchtest du nicht noch einmal Geduld mit ihm haben, lieber Albrecht?" meinte sie sanft. „Er ist doch sonst ein so ordentlicher Mensch. Wir sind ja alle nicht fehlerlos und müßten daher auch etwas Nachsicht haben, wenn die Untergebenen sich ein Versehen zu schulden kommen lassen."

„Bei der ewigen Nachsicht und sogenannten Humanität kommt nichts heraus. Wer seine Pflicht nicht thut, der soll sich zum Teufel scheren."

„Der arme Mensch hat sicher nur unüberlegt gehandelt und wird in Zukunft gewissenhafter sein. Er hat eine alte Mutter, die er unterstützt. Bedenke das doch, ehe

Alter Berberlöwe. Studie von Carl Rungius.

du ihn aus der guten Brotstelle entläßt. Es würde ihm schwer werden, jetzt außer der Zeit gleich einen anderen Dienst zu finden, besonders wenn es heißt, daß du ihn Knall und Fall fortgejagt hast."

„Er hat seinen Dienst zu versehen, alles andere geht mich nichts an. Dies ist nun schon das zweite Mal, daß er nicht auf dem Posten ist, wenn er gebraucht wird. Ich kann in meinem Hause keine Leute verwenden, die unzuverlässig sind. Er mag sich morgen nach einer anderen Stelle umsehen. — Gehen Sie! was stehen Sie noch da? Sie wurden nicht gerufen!"

Das Mädchen zog sich rasch zurück, froh, der gefürchteten Gegenwart des Herrn enthoben zu sein.

„Du kannst dem Menschen sagen, daß er seine Sachen packen kann," wandte er sich an seine Frau. „Ich sorge schon für einen sofortigen Ersatz."

„Du scheinst dich ja recht genau über die Familienverhältnisse unserer Leute unterrichtet zu haben."

„Ich bin der Meinung, daß die Dienstboten, die man im Hause hat, gewissermaßen auch zu den Nächsten gehören, deren Wohl Gott uns anvertraut hat, und daß man sich um sie kümmern muß."

„Und ich möchte dich bitten, dich in Zukunft nicht gar zu sehr mit ihnen auf eine Stufe zu stellen," brach er los, „sondern eine reserviertere Haltung zu bewahren. Gerade du hast mehr als jede andere Ursache dazu! — Ich wäre ja unter anderen Umständen bereit, deinen Wünschen nachzugeben," fügte er etwas milder hinzu, bemerkend, daß seine Worte sie trafen wie ein Schlag ins Gesicht, „aber ich nehme niemals zurück, was ich einmal gesagt habe, und es bleibt also dabei, der Mann geht. Halte die Leute dazu an, daß sie ihre Pflicht thun, dann wird so etwas nicht wieder vorkommen. Ich will überhaupt nicht, daß die Leute in meinem Hause Liebschaften anknüpfen. Wer Liebesgedanken im Kopfe hat, vernachlässigt den Dienst. Bitte, achte auch in dieser Beziehung auf sie."

Ein Blick auf die Kleine, welche aufmerksam zuhörte, ließ ihn abbrechen. Es schlug in diesem Augenblicke neun Uhr, und Käte erhob sich, um das Kind, wie sie allabendlich that, zu Bett zu bringen.

„Nun hast du's auch einmal gehört, wie böse er sein kann," flüsterte dieses draußen auf dem Korridor. „Du wirst es auch schon lernen, Angst vor ihm zu haben."

„Wer nichts Unrechtes begeht, braucht ihn nicht zu fürchten, mein Herzchen, und du und ich, wir wollen uns doch bemühen, immer das Rechte zu thun, nicht wahr?"

„Wird das nicht ein bißchen langweilig werden? Es ist so amüsant, weißt du, etwas zu thun, was nicht erlaubt ist, und sich daran zu freuen, daß man nicht ertappt wird. Aber ich hätte dir das nicht sagen sollen, du wirst nun so schrecklich auf mich aufpassen."

Käte nahm das Kind in ihre Arme und küßte es. Es war ihr, als habe ihr Gott mit diesem kleinen, gemütlich verwahrlosten Geschöpf eine schöne Aufgabe in die Hände gelegt, und sie fragte sich nur scheu, ob sie auch imstande sein werde, diese Aufgabe zu erfüllen. Sie fühlte sich in diesem Augenblick so trostlos fern von Gott, und das Gebet, das sie mit dem Kinde sprach, war nur auf ihren Lippen, nicht in ihrem Herzen.

Sie konnte sich nicht überwinden, jetzt gleich zu ihrem Manne zurückzukehren, sondern ging noch in ihr Ankleidezimmer hinüber, dessen Fenster nach dem englischen Garten hinaussahen und offen standen. Eine beängstigend weiche, laue Frühlingsluft schlug ihr entgegen. Dieser warme, duftgeschwängerte Odem hatte etwas Entnervendes, etwas, das jede Fiber ihres Körpers erschauern ließ und ihr die Kehle zuschnürte. Ein leichter Wind hatte sich aufgemacht, wirbelte trockene feine Staubwolken empor und pfiff zänkisch durch die Kronen der eben belaubten Bäume, als wollte er ihnen den neu erlangten Schmuck wieder streitig machen. In dem Lichte der Gasflammen, welche die Promenade erhellten, hatte das grelle Grün des jungen Laubes beinahe etwas Coulissenhaftes. Dort, wo es die Sonne den Tag über voll und warm bestrahlte, waren die Blätter bereits schön und zu voller Größe entwickelt, während sie an den unteren Zweigen, die dauernd im Schatten blieben, verkümmerten und dürftig erschienen. Käte achtete unwillkürlich darauf, während sie die Hände um das Fensterkreuz faltete und in den Frühlingsabend hinausstarrte. War's nicht im Leben ebenso? Gab es nicht bevorzugte Naturen, die ihr ganzes Dasein hindurch nur den Sonnenschein kennen lernten, während andere prädestiniert waren, im Schatten zu bleiben, immer nur im Schatten? Und wie dieser unangenehme Wind die toten Blätter aufzustöbern versteht, die noch hier und da zu Füßen der Stämme im Grase verborgen liegen, und sie raschelnd emporwirbelt wie verwelkte Erinnerungen an verklungene Zeiten. Ja, wer die Erinnerung für immer bannen könnte!

Käte lehnte die Stirn auf die gefalteten Hände. Die Zähne schlugen ihr wie im Schüttelfrost zusammen. Einen Augenblick kam ihr der Gedanke, dieses Haus jetzt auf der Stelle und für immer zu verlassen. Sie fürchtete sich vor dem Manne, dem sie sich mit Leib und Seele verkauft hatte. Mit welchem Rechte war sie hier? warum hatte sie auch dem Drängen der Eltern nachgegeben? Wenn sich ihr jetzt nur ein Ausweg aus der entsetzlichen Lage gezeigt hätte, in der sie sich befand!

## 6. Kapitel.

ie trafen einander in dem Blumenladen in der Brienner Straße. Herr und Frau von Kampendorf hatten einen Morgenspaziergang gemacht und wollten noch einen Strauß frischer Rosen für das Wohnzimmer der jungen Frau mit heimnehmen, ehe sich das Geschäft mit Beginn des Sonntagsgottesdienstes schloß. Doktor Fulda, der auf dem Wege zur Klinik war, sprach in der Absicht vor, Maiblumen zum Schmuck der sonntäglichen Mittagstafel zu bestellen, und hatte Käte mitgenommen, damit sie seine Geschmacksrichtung kennen lerne und künftighin eine Auswahl zu treffen verstehe. Er kannte Frau von Kampendorf von klein auf, hatte sie während ihrer sämtlichen Kinderkrankheiten behandelt, und es verstand sich daher von selbst, daß sich die beiden Frauen miteinander bekannt machten.

Minka betrachtete die andere mit lebhaftem Interesse. Schon allein das Bewußtsein, daß sie gleich ihr jung verheiratet war und sich in den ersten Phasen des ehelichen Glückes befand, erweckte ihre Sympathie, die durch ein leichtes Gefühl der Überlegenheit nicht vermindert wurde, welches darin gipfelte, daß sie selbst doch schon eine Erfahrung von einigen Monaten voraus hatte und ihren Wink überhaupt so über jeden Vergleich erhaben fand, daß sie alle anderen Frauen nur bemitleiden konnte. Kätens Augen ruhten wie gebannt auf diesem sonnigen jungen Geschöpf, dem das Glück und der offene Frohmut aus dem Gesichte strahlten. Es war das erste Mal, daß sie mit einer Vertreterin der vornehmen Welt in Berührung kam, und sie wußte nicht, was sie mehr bewundern sollte, die unbefangene graziöse Sicherheit des Auftretens oder die liebenswürdige Herzlichkeit, mit der jene ihr, der unbeholfenen Fremden, entgegenkam.

Wie die beiden Ehepaare miteinander den Laden verließen, machte es sich, daß ihr Weg sie noch eine Strecke zusammen weiterführte. Die Damen gingen voran, die Herren, in ein Gespräch über Tagesneuigkeiten vertieft, blieben etwas zurück.

„Erzählen Sie mir doch, wie sich das so mit Ihrer Heirat gemacht hat!“ bat Minka. „Sie kannten Ihren Mann wohl schon lange? Es war gewiß eine alte Liebe?“

„O nein, ich habe Fulda vor einigen Wochen überhaupt zum erstenmal gesehen. Aber er brauchte für sein Töchterchen eine zweite Mutter, und da fiel seine Wahl auf mich.“

Das klang sehr nüchtern und kühl, aber Minka war geneigt, alles vom rosenfarbenen idealistischen Standpunkt ihrer eigenen glücklichen Erfahrungen zu betrachten, und rief vergnügt: „Also war es ganz wie bei uns, ein coup de foudre! Das ist nett! So muß es auch sein! Gleich beim ersten Blick muß man fühlen: den oder keinen; wenn man erst wägt und schwankt, ist es doch nur ein halbes Glück hinterher. Unter diesen Umständen ist es auch gewiß eine sehr schöne und liebe Aufgabe für Sie, die Erziehung des kleinen Mädchens in die Hand nehmen zu dürfen, ein Band, das Sie noch fester mit Ihrem Manne verbindet, bis später noch andere Bindeglieder dazukommen. Das ist denn doch erst das Rechte. Ich will Ihnen nur gestehen, daß ich auch in nicht gar zu langer Zeit hoffe —“

„Dazu wünsche ich Ihnen von Herzen Glück!“ sagte Käte warm, als die junge Frau errötend stockte, mehr und mehr von der anmutigen Unbefangenheit derselben entzückt.

„Ach, ich bin auch unbeschreiblich vergnügt darüber. Solch ein kleines, weiches, hilfloses Geschöpf als unbestrittenes Eigentum im Arm zu halten, das muß zu herzig sein! Ich habe mir auch schon ein ganzes Programm zurecht gelegt, nach dem ich meinen Sohn einmal erziehen werde. Wirklich, ich denke schon täglich darüber nach und streiche manches, was mir zuerst unerläßlich erschien, oder füge noch etwas hinzu. Mein Mann lacht mich immer aus, aber ich meine, man kann es mit der Kindererziehung nicht ernst genug nehmen. Es ist doch eine große Verantwortung, die man trägt.“

Die junge Frau zog sorgenvoll die faltenlose jugendliche Stirn in die Höhe.

„Kann man wohl Kinder zu vortrefflichen guten Menschen erziehen, wenn man selbst kein leichtes freies Gewissen hat?“ fragte Käte unsicher.

„Wer in der Welt hat denn ein ganz reines Gewissen? Kleine Sünden werden wir wohl alle begangen haben.“

„Ja, aber ich meine, wenn man das Bewußtsein einer Schuld immer mit sich herumträgt, wird man nicht immer das Gefühl haben, dem Kinde als Lügnerin gegenüberzustehen?“

„Sie thun gerade so, als seien Sie die größte Sünderin auf Gottes Erdboden,“ lachte Minka fröhlich. „Und doch bin ich überzeugt, daß Sie noch kein Wässerchen getrübt haben. Sie sehen so ganz besonders unschuldig aus. Übrigens kann ich es mir denken, daß man mit Kindern, die doch nicht ganz die eigenen sind, die Verantwortung noch schwerer empfindet."

„Ja, das ist es! das ist es! Ich möchte so gern meine Pflicht thun, aber wie kann ich das!"

„Wissen Sie, liebe Frau Fulda," Minka legte vertraulich ihre Hand auf den Arm der anderen, „Sie nehmen die Aufgabe doch zu schwer. Das, was jede Pflicht so unendlich leicht macht, ist ja in zwei Worten gesagt, ‚lieb haben,' das ist das ganze Geheimnis. Ich glaube auch, daß wir uns selbst veredeln und erheben in dem Maß, in dem wir an den jungen uns anvertrauten Menschenseelen arbeiten, und während wir sie lehren, wie sie leben müssen, um sich wirklich als Mensch fühlen zu dürfen, lernen wir es selbst. Verzeihen Sie, daß ich so ungeschminkt zu Ihnen spreche, aber ich kenne Ihren lieben Mann nun schon so lange, daß mir ist, als dürfe ich das Recht alter Bekanntschaft auch bei Ihnen geltend machen."

„Ach ich bin Ihnen ja so dankbar, gnädige Frau. Sie wissen nicht, wie froh und leicht mir eben das Herz geworden ist."

„Wirklich? das freut mich! An diesem famosen Frühlingstag kann man doch auch nicht anders als froh und freudig empfinden. Ich wollte, ich könnte aller Welt etwas von meiner inneren Freudigkeit abgeben! Hier trennen sich übrigens unsere Wege, denn dies ist unser Haus. Besuchen Sie mich doch 'mal, wenn Sie mögen. Ich denke, wir würden ganz gut zusammen harmonieren. Es ist mir freilich, als sei ich die bei weitem Ältere und müsse meine Hände schützend über Sie breiten, obgleich wir wohl so ziemlich gleichaltrig sein dürften. Aber Sie haben etwas so anmutig Weltfremdes. Ich frage mich vergeblich, wo Sie wohl bisher gelebt haben mögen. Das müssen Sie mir bei der nächsten Gelegenheit erzählen. Also auf baldiges Wiedersehen!"

Die junge Frau trennte sich mit kameradschaftlichem Händedruck von Käte, die dem sonnigen Glückskind, das sich auf der Schwelle noch einmal lächelnd und grüßend zurückwandte, mit ganz verklärtem Ausdruck nachsah.

„Es wäre mir sehr lieb, wenn du dich mit Frau von Kampendorf befreunden möchtest," sagte Fulda, während das Ehepaar seinen Weg nach der Türkenstraße fortsetzte, wo der Doktor seine Privatklinik hatte. „Sie ist eine durchaus vornehme klare Natur, trotz der kleinen Mätzchen, welche die Damen der großen Welt heutzutage für ihre Pflicht halten, der Sportswelt nachzumachen. Kommst du mit mir hinauf, oder willst du allein nach Hause gehen?"

„Was du lieber möchtest."

„Nun, du kannst ebensogut diesmal mit mir kommen, da du einmal hier bist. Ich bleibe heute nicht lange oben."

Käte war noch nie hier gewesen und erstaunt über die peinliche Sauberkeit und Ordnung, welche überall herrschte. Fulda entdeckte und rügte aber auch die geringste Nachlässigkeit. Assistenzärzte und Wärterinnen waren in gleicher Weise vor ihm auf der Flucht, doch sie sahen zugleich zu ihm auf wie zu einem höheren Wesen, vor dessen Einsicht und Können sich alles willig beugte. Ein paarmal ließ er seine Frau draußen auf dem Korridor warten, wenn er in den einzelnen Krankenzimmern kurze Besuche abstattete, hier und da aber nahm er sie zu Damen und Kindern auch wohl mit hinein. Sie fühlte, daß dies nicht ihretwegen geschah, sondern um der Kranken willen, denen er eine kleine Zerstreuung zu bereiten trachtete, indem er ihnen seine junge Gattin vorstellte, was in ihrem einförmigen Leben immerhin ein Ereignis von Wichtigkeit war, denn alle diese Siechen und Elenden verehrten ihn wie den erhofften Erlöser, von dem sie mit dem gläubigsten Vertrauen erwarteten, daß er sie von ihrer Pein befreien werde. Wie viele, die sich für unrettbar verloren hielten, waren schon aus dieser Meisterwerkstatt chirurgischer Kunst geheilt hervorgegangen! Man mußte ihn nur unter seinen Kranken sehen, den Mann der strengen, tyrannischen Unduldsamkeit, wie er, durchdrungen von der Erhabenheit seines Berufs, gleichsam über sich selbst hinausgehoben und geadelt, mit sorgsamer leichter Hand Linderung schaffte, wo die Pein unerträglich schien, allen Wünschen gerecht wurde, in aller Barschheit des Tons sanftes Erbarmen verratend, das die Kranken allein heraushörten, ohne die Barschheit zu beachten.

Holländische Landschaft.

Nach dem Gemälde von W. Frey.

Käte beobachtete ihn mit großen Augen, während er sich über das Bett eines kleinen Mädchens beugte, das nach einer schweren Operation schon seit Wochen unbeweglich auf dem Schmerzenslager lag. Wie freundlich er hier zuzureden wußte, und wie zart er den Verband untersuchte, dabei von diesem und jenem erzählend, um das Kind über die Angst vor dem Schmerz hinwegzutäuschen, den er demselben vielleicht verursachen würde.

„Sieh' mal,“ sagte er, „das ist nun meine Frau. Du hast wohl gar nicht gewußt, daß ich eine habe? Guck sie dir an; gefällt sie dir? Möchtest du, daß sie dich öfters besucht? Ich glaube, sie kann sehr schöne Geschichten erzählen. Und wenn du wieder gesund bist, sollst du sie auch besuchen und mit meinem kleinen Mädchen spielen. Das wird gar nicht lange dauern, wenn du nur noch eine kleine Weile artig bist und still liegst, nur noch ganz kurze Zeit. Vielleicht nehme ich dir schon morgen den häßlichen Verband ab und dann wird das Kindchen bald wieder herumspringen. — Es verläuft alles ganz normal und gut!“ wandte er sich nach beendeter Untersuchung an die Mutter, die mit angstvollem übernachtem Gesicht neben dem Bett stand und in seinen Zügen zu lesen versuchte. „Ich kann Ihnen heute schon mit Sicherheit versprechen, falls nichts Neues dazutritt, daß wir in den nächsten Tagen die ersten Gehversuche machen werden.“

Die arme Frau nahm mit einem Ausdruck grenzenlosen Dankes seine Hände. Die Thränen standen ihr in den Augen.

„Na na!“ rief er, und machte sich hastig frei. „Da ist doch nichts zu weinen! Daß die Damen doch bei den geringsten Anlässen Thränen bei der Hand haben. Empfehle mich, meine gnädige Frau. Auf morgen!“

„Das arme Kind büßt die Sünden der Väter!“ bemerkte er in rauhem Ton, während er neben Käte die Treppe hinabging. „Es war schon bei der Geburt morsch im Kern. Hat Knochentyphus gehabt. Ich habe eine schwere Operation vornehmen müssen, nun wird es zwar hinken, solange es lebt, — aber es lebt doch eben noch, und die Mutter wird es noch eine Weile behalten. Arme Frau! Arme Frau!“

Es war ihr, als sähe sie in diesem Augenblick zum erstenmal ihres Mannes wahres Gesicht. Hier in seinem Beruf trat er ihr in ganz neuen großartigen Zügen entgegen, so rein menschlich, losgelöst von allem Abstoßenden, als ein Helfer und Retter der leidenden Menschheit. Solange sie ihn kannte, es waren ja freilich nur wenige Wochen, hatte sie nichts als Furcht vor ihm empfunden, hatte noch nicht einen Moment aufgehört zu bereuen, daß sie dem Drängen der Eltern nachgegeben, seit sie das entscheidende Wort gesprochen, und diese Furcht steigerte sich in den Augenblicken leidenschaftlicher Annäherung von seiner Seite, die immer etwas von dem Besitzergreifen eines erkauften Rechtes an sich hatten, bis zur Abneigung. Sie war eine von den Naturen, die das Gefühl des Dankenmüssens nicht ertragen können, und die Überzeugung, daß er Dank von ihr erwarten dürfe, verhärtete ihr Herz gegen ihn. Zum erstenmal klang nun in den Grundton ihres Empfindens für ihn etwas Neues hinein, eine beinah ehrfurchtsvolle Bewunderung. Er war ihr ja innerlich noch solch ein Fremder, sie hatte bis dahin nur die Strenge und Brutalität in ihm kennen gelernt und wußte nicht, wessen sie sich von ihm zu versehen haben würde, jetzt dämmerte eine Ahnung in ihr auf, daß hinter dieser eckigen harten Schale vielleicht noch manches verborgen sei, was des Entdeckens wert war.

„Wir fahren in einer Droschke nach Hause,“ entschied er. „Es ist die höchste Zeit, daß du dich um das Arrangement des Tisches kümmerst. Der neue Diener weiß noch nicht Bescheid damit.“

Er winkte einen Wagen herbei, stieg rasch vor ihr und ohne ihr zu helfen ein und zog sofort die Morgenzeitung, die er noch nicht gelesen, aus der Tasche, um seine Zeit nicht zu verlieren. Still neben ihm sitzend, wagte sie nicht, ihn zu stören. Sie hätte ihm so gern ein schüchternes Wort der Bewunderung gesagt, ihn vermocht, über seinen Beruf mit ihr zu sprechen, aber er bemerkte es offenbar gar nicht, daß sie ihn mehrmals verstohlen von der Seite betrachtete. Ihm genügte das Bewußtsein, nicht allein zu sein. Er hatte gern bei seinen Fahrten irgend ein lebendes Wesen neben sich, nahm sogar zuweilen sein Töchterchen mit, nur Unterhaltung mußten sie nicht von ihm verlangen, mußten sich an dem Bewußtsein genügen lassen, zu seinem Wohlgefühl dazusein.

Zerstreut faltete er die Blätter zusammen, als sie bei seinem Hause anlangten, und ging die Treppe empor, es ihr überlassend, die Droschke zu bezahlen und die Thür zu schließen.

„Zieh dich heute gut an,“ sagte er noch, im Begriff, in sein Zimmer zu gehen. „Keine auffallenden Farben. In einer Gesellschaft muß die Hausfrau einfach erscheinen und doch dabei den Gästen die Überzeugung geben, daß ihr Besuch ihr ein Fest ist. Das dunkelbraune Sammetkleid, das ich dir vor ein paar Tagen schenkte, wird das Beste sein.“

Käte war während der letzten Stunden in wirklich gehobener Stimmung gewesen, hatte kaum mehr an die Gesellschaft gedacht, der sie zum erstenmal als Hausfrau präsidieren sollte, jetzt kehrte die Angst davor mit vermehrter Stärke wieder. Nervös ging sie zwischen Speisekammer, Salon und Küche hin und her, obgleich eigentlich gar nichts mehr anzuordnen war, kaum einen Moment Ruhe findend, und als mit dem Glockenschlag sechs der schrille Klang der elektrischen Klingel an der Hausthür ertönte, fuhr sie schreckhaft zusammen, und es war ihr, als solle sie gerichtet werden. Und doch hatte der biedere Professor Ehrenberg mit der goldenen Brille, dem weißen Haarkränzchen um den kahlen Schädel und der behäbigen Frau im schwarzen Seidenkleide so gar nichts an sich, was Schrecken einflößen konnte.

Sie kamen alle rasch hintereinander. Dr. Jakobson und seine elegante Gattin, eine Mondaine mit den liebenswürdigsten Umgangsformen und dem kühlsten Herzen, Dr. Stein mit Frau und Tochter, frischen kecken echten Müncherinnen, von denen die letztere halb und halb mit dem Architekten Simmering verlobt war, der auch unmittelbar hinter ihnen her die Treppe heraufkam. Ganz zuletzt, nachdem Fulda schon mehrmals ungeduldig nach der Uhr geblickt hatte, ging die Thür noch einmal auf, und Kheliany schlenderte mit der größten Gemütsruhe herein, als sei es das Selbstverständlichste von der Welt, daß die Gesellschaft auf ihn warte. Ein verbindliches Lächeln lag auf seinem hübschen nichtsnutzigen Gesicht, während er sich nachlässig und obenhin ganz im allgemeinen verbeugte. Plötzlich erstarb das Lächeln auf seinen Lippen. Er blieb wie angewurzelt stehen und starrte die Hausfrau an, das Blut stieg ihm ins Gesicht, offenbar verlor er momentan vollständig jede Fassung.

Käte saß neben der Professorin Ehrenberg und sprach gerade lebhafter, als es sonst ihre Art war, es schien, als könne sie sich nicht von diesem Gespräch trennen, denn sie sah nicht nach dem Eintretenden hin, blickte erst auf, als er dicht vor ihr stand und Fulda ihr seinen Namen nannte. Jeder Blutstropfen war aus ihrem Gesicht gewichen, aber sie murmelte mechanisch ein paar Worte des Willkommens, die nur etwas tonlos und auswendig gelernt klangen, wogegen sein Versuch, dieselben leicht und ungezwungen zu beantworten, kläglich mißglückte, denn er brachte nichts wie einige unverständlich gestammelte Laute hervor. Dieselben gingen indes in dem allgemeinen Stimmendurcheinander unter, das nun entstand, indem der Hausherr, der nur noch auf das Erscheinen des jungen Mannes gewartet hatte, der ältesten Dame den Arm reichte und damit das Zeichen gab, zu Tisch zu gehen. Käte ging als die letzte am Arm des Professors in das Speisezimmer. Er machte ihr scherzhafte Komplimente über ihr jugendliches Aussehen und ihre Toilette, die sie lächelnd beantwortete, ohne eigentlich recht zu wissen, was sie sprach. In ihren Ohren klang ein Brausen wie Meeresbrandung. Es war ihr, als sei niemand im Zimmer außer ihr und dem schlanken schön gebauten Menschen, der da im tadellos sitzenden Frack, den dunklen Kopf etwas vornübergebeugt vor ihr herging, die Hand in den Arm des jungen Herrn von Scharfenberg geschoben, welcher gleich ihm keine Dame hatte. Wie im Traum hörte sie die animierte Unterhaltung rings um sich her mit an, nahm in beinah fieberhafter Weise daran teil und vernahm doch im Grunde nichts weiter mit ihrem inneren Ohr als die eine knabenhafte Stimme, die mit unstreitig hochgradig nervöser Modulation und erkünstelter Heiterkeit die neuesten Bonmots des Tages zum besten gab. Und bei dem Ton dieser Stimme schien ihre ganze Umgebung um sie her zu versinken und eine Flut von dunkelen Erinnerungen emporzusteigen. Sie sah nicht nach der Seite hin, wo Khelianz neben der eleganten Frau Jakobson saß, sah überhaupt niemand im besonderen an, aber sie fühlte mit einem Mal ihres Mannes Augen forschend und durchdringend auf ihrem Gesicht ruhen, und aus dem nebelhaften Dunkel, das ihr Bewußtsein momentan umfing, tauchten sein streng geschnittener Kopf und seine monumentale Gestalt als einzig wirklich Vorhandenes förmlich drohend auf.

Ihm entging die innere Erregung nicht, in der sie sich befand, denn er beobachtete sie unablässig, fortwährend besorgt, daß sie Verstöße begehen könne; aber er konnte allmälig aufatmen, sie bewegte sich mit instinktivem Takt, klug vermeidend, auf Themata einzugehn, welche sie nicht beherrschte und freundlich bemüht, jedem eine Liebenswürdigkeit zu erweisen. Nur in dem fliegenden Rot, das ihre Haut wie rosig durchleuchteter Alabaster erscheinen ließ, glaubte er zu sehen, daß sie sich unbehaglich und geniert fühlte. Es war übrigens nur eine Stimme darüber, daß Fulda mit seiner zweiten Heirat eine sehr glückliche Wahl getroffen habe. Man fand Käte charmant, fand, daß das Haus durch diesen neuen Mittelpunkt bedeutend an Anziehungskraft gewonnen habe, und die zitternde Nervosität, die bei all ihrer äußeren Ruhe doch hier und da zum Durchbruch kam, war in den Augen der Männer nur ein Reiz mehr. Frau Jakobson, welche die junge Kollegin aufmerksam durch die langgestielte Lorgnette musterte, fand allein an ihrer Haltung und an ihrem Aussehen einiges zu tadeln. „Ich weiß nicht, was die Leute wollen!“ flüsterte sie Khelianz zu, „diese überschlanke Figur kann ich nun beim besten Willen nicht schön finden! und wie matronenhaft ist das Kleid! Sammet jetzt im Frühjahr! Nicht sehr von genre!“

„Nicht von genre?“ murmelte er mechanisch, die Gestalt der jungen Hausfrau Zoll für Zoll mit den Blicken beinah verschlingend. „Ich finde diese Frau einfach unvergleichlich. Sie hat sich wunderbar entwickelt.“

„Wieso?“ fragte die andere aufmerksam werdend. „Haben sie Frau Fulda denn schon früher gekannt?“

Khelianz fuhr sich mit der Hand über Stirn und Augen, aber er wurde der Antwort enthoben, denn Mariechen Stein, die es nicht lassen konnte, über ihren heimlich Verlobten hinweg ein wenig mit diesem eleganten Vertreter einer ihr verhältnismäßig fremden Sphäre zu kokettieren, beugte ihr kurzlockiges bubenhaftes Köpfchen zu ihm und fragte: „Was denken Sie von der Ausstellung der Sezessionisten? Sie waren doch schon dort?“

„Was ich denke?“ fragte er dagegen, wie aus einem Traum erwachend. Offenbar hatte er den Sinn ihrer Worte kaum erfaßt. „Ich denke überhaupt gar nicht, — niemals, meine Gnädigste, und kann Ihnen nur raten, ein Gleiches zu thun. Wer anfängt zu denken, ist schon halb verloren — auf dem Wege zum Selbstmord.“

„Wie absurd!“ lachte die Kleine. „Mein Papa ist doch, wie die Leute behaupten, ein großer Denker, aber Selbstmordgedanken sind ihm noch nie gekommen. Ich weiß ja auch, Sie wollen nur originell sein, weiter ist es nichts!“

Zu anderen Zeiten würde er es kaum der Mühe wert gehalten haben, auf die herausfordernd neckische Art der kleinen Gelehrtentochter einzugehen, jetzt that er es aber doch, und trotz des blasierten Tones, in dem er sprach, merkte man ihm an, daß das, was er sagte, ihm Ernst sei. „Lassen Sie sich von einem erfahrenen Mann sagen, meine Gnädigste, daß es nichts Glücklicheres geben kann, als sich stumpfsinnig und blöde auf der Oberfläche des Lebens treiben zu lassen. Ja, ich möchte Ihnen beinah zum Alkohol raten, wenn Sie's vertragen, das lullt die geistigen Kräfte so angenehm ein, daß man schließlich alles couleur de rose sieht. Wehe Ihnen, wenn Sie einmal zu dem grauen Elend erwachen und anfangen nachzudenken, denn dann wird es Ihnen plötzlich klar, wie kalt die Welt geworden ist und wie arm Sie selbst, — wo Sie doch hätten so reich sein können.“

Die Worte wurden laut genug gesprochen, um von der ganzen Tischrunde gehört zu werden. Es trat eine momentane Pause in den verschiedenen Unterhaltungen ein, alles sah nach ihm hin, nur Käte nicht, die still mit zuckenden Fingern ein Stückchen Brot in Krume zerkrümelte.

„Seit wann sind Sie denn ein solcher Pessimist geworden?“ lächelte der Hausherr.

„Seitdem in einem lichten Moment eine Offenbarung über mich gekommen ist. Aber noch ein paar Gläser Sekt, verehrtester Doktor, und ich stehe Ihnen dafür, daß die Anwandlung vorübergeht. Ich bin nur eben noch unter dem Eindruck der bekannten ausgeschlagenen Minute, die keine Ewigkeit uns je zurückbringt."

Khelianz lachte laut auf und stürzte den Champagner, den der Diener in das rasch geleerte Glas füllte, wiederum auf einen Zug hinunter. In seinen Augen flimmerten seltsame Lichter. Er war totenblaß. „Da sehen Sie die Wirkung Ihres vortrefflichen Weins", sagte er. „Ich fange an zu geistreicheln."

„Hören Sie, Sie sind eigentlich furchtbar interessant!" meinte Mariechen Stein und bog sich noch etwas weiter zu ihm hinüber. „Ich glaube, Sie sind wirklich ein Original. Anfangs dachte ich, das sei nur so ein Gethue."

„Nee, hör' Miezi, du bist aber wieder einmal gar zu unverfroren!" rief ihre Mutter halb bewundernd, halb warnend dazwischen. Der Blick, mit dem die Tochter den eleganten jungen Mann betrachtete, der sich, wie sie genau wußte, keines besonderen Rufs erfreute, gefiel ihr nicht. Sie hatte ihre behäbige Fülle drei Jahre hindurch durch alle Gesellschaften geschleppt, die es in ihrem Kreise nur irgend gab, hatte die Leiden einer Ballmutter bis auf die Neige ausgekostet und war nun zu froh, schon halb und halb in den Hafen der Ruhe eingelaufen zu sein, in der Aussicht, ihre Bürde in Zukunft auf die breiten Schultern des Architekten Simmering abladen zu können, um nicht jede Gefährdung dieser wohlverdienten Ruhe von seiten ihres flatterhaften Töchterchens besorgt schon im Keime zu ersticken.

Elsässerin. Von Benjamin Vautier.

Zum Glück für die besorgte Mütterlichkeit hatte Khelianz offenbar keinen Sinn für die blitzenden dunkelen Augen des hübschen Mädchens, sondern versank, ein Glas nach dem anderen trinkend, in dumpfes Schweigen. Daß man sich um der Gesellschaft willen einen kleinen Zwang der Liebenswürdigkeit auferlegen könne, fiel ihm gar nicht ein. Die Kleine nahm das gewaltig übel und widmete sich nun mit einer gewissen Beflissenheit wieder ihren beiden Tischnachbarn, dem Architekten und dem gut gearteten Herrn von Scharfenberg.

Als man nach aufgehobener Tafel im Wohnzimmer den Kaffee nahm, rief Falda mitten aus einem Gespräch mit Stein heraus seiner Frau zu, sie möge eine Photographie heraussuchen, von der eben die Rede gewesen sei und die in seinem Arbeitszimmer auf dem Tisch unter einem Stoß anderer Bilder liegen müsse. Sie erhob sich gehorsam und ging ins Nebenzimmer.

Plötzlich warf Khelianz seine Cigarre fort, sprang auf und folgte ihr. Es lag etwas ganz Unvermitteltes in seiner Bewegung, trotzdem konnte es ganz wohl den Anschein haben, als triebe ihn die Höflichkeit, ihr suchen zu helfen.

Käte hörte die Schritte hinter sich, aber sie schaute nicht um sich, erst als er ihr gegenüberstand und ungesehn von den anderen nach ihrer Hand griff, die mechanisch und geistesabwesend unter den Photographien umhertastete, hob sie den Kopf und sah ihn mit finster zusammengezogenen Brauen drohend an. Zugleich zog sie ihre Hand so heftig zurück, als thäte ihr seine Berührung weh.

„Ich gebe Ihnen mein Wort, daß ich keine Ahnung hatte — " stammelte er. — „Sonst, glauben Sie mir, sonst hätte ich Ihren Weg nicht wieder gekreuzt."

„Ich weiß, was ich von Ihrem Wort zu halten habe!" stieß sie kurz zwischen den zusammengebissenen Zähnen hervor; — „Lassen Sie mich wenigstens jetzt in Frieden! Sehen Sie nicht, daß Ihr Anblick mir eine Qual ist?" —

„Ja, ich weiß, daß ich unrecht an Ihnen gehandelt habe, Käte, aber ich war solch ein bankerotter Teufel damals — und solch ein leichtsinniger Hund. Es war mir ja auch wirklich Ernst. Ich hätte Sie vom Fleck weg geheiratet, wenn ich nicht mehr Schulden, als Haare auf dem Kopf gehabt hätte und genötigt gewesen wäre, vor meinen Gläubigern das Weite zu suchen. In Ihrer entzückenden Unschuld und Unerfahrenheit hätten Sie ja einen Heiligen um den Verstand bringen können. Später, als ich dann durch diese glückliche unvermutete Erbschaft in eine günstige Lage kam, hatte ich Sie aus den Augen verloren und glaubte auch, Sie würden inzwischen vergessen haben."

„Sie mußten wissen, daß ich das nicht vergessen würde, — nicht vergessen konnte."

„So löschen Sie jetzt die Erinnerung daran aus. Schenken Sie mir Ihre Verzeihung und lassen Sie uns in Zukunft Freunde sein. — Ich schwöre Ihnen, daß über meine Lippen nie ein Wort kommen wird."

„Als ob das möglich wäre! Freunde! Wir! Wissen Sie denn, was Sie mir genommen haben? Meine Jugend, meine Illusionen! Jeden Tag stehe ich vor mir als Lügnerin da! Nein! Niemals, niemals werde ich Ihnen das vergeben, und das einzige, was ich von Ihnen zu erbitten, ja zu fordern habe ist, daß Sie nie wieder die Schwelle dieses Hauses betreten."

„Gerade das würde auffallen! Ich bitte Sie, Käte, — Pardon, gnädige Frau, — seien Sie doch vernünftig. Ihr Mann und ich sind alte Freunde, er rettete mein Leben, ich bin ihm Dank schuldig. Wenn ich sein Haus von nun an vollständig miede, würde er stutzig werden."

„Wenn Sie ihm Dank schuldig sind, so ist das eben die einzige Art, in der Sie ihm denselben beweisen können."

„Und wenn ich Ihnen nun auch mein Wort gäbe, Ihren Weg nie wieder zu kreuzen, so weiß ich doch nicht, ob ich es halten könnte. Ich habe keine Energie und keine Willenskraft mehr, die hat das Leben allmählich verpufft, und seit ich Sie hier als Frau eines anderen wiedergesehen habe, schön zum Tollwerden, ist es um mein letztes bißchen Verstand geschehen. Eine Wut gegen mich selbst hat mich gepackt, eine Wut, sage ich Ihnen —" Er drückte die Hände gegen die Schläfen. — „Ich kann Ihnen nicht dafür stehen, daß ich nicht doch wieder hierher zurückkehre, wenn ich auch jetzt entschlossen bin, Ihnen meinen verfluchten Anblick zu ersparen."

Sie machte mit dem Kopf eine wegwerfende Bewegung.

„Sind Sie glücklich mit diesem Mann, — diesem Doktor?" fragte er in heiserem Flüsterton und stützte sich mit beiden Händen schwer auf den Tisch, der zwischen ihnen stand, die Augen förmlich in die ihren bohrend.

Käte schwieg.

„Aha, Sie sind es nicht. Ich dachte es mir wohl. Eine so gewaltthätige, tyrannische Natur wie die seine ist nicht dazu angethan, eine zarte Frauennatur wie die Ihrige zu beglücken. Das giebt mir wieder einen Schimmer von Hoffnung."

„Worauf?" fragte sie, und sah ihn fest und kalt an. „Ich bin die Frau eines ehrenhaften Mannes geworden, und das Bewußtsein, mich zu seiner Achtung emporarbeiten zu müssen, erhebt mich über mich selbst."

Ein cynisches Lächeln huschte um seine Lippen. Er glaubte weder an die Männer noch an die Frauen, und das Wort ‚Achtung' war für ihn nur ein leerer Schall.

„Ja, was ist denn das eigentlich? kannst du das Bild nicht finden?'" tönte Juldas Stimme von der Thür her in das erregte Zwiegespräch hinein.

Käte fuhr zusammen, als sie ihres Mannes herkulische Gestalt auf der Schwelle sah, und wie schon so oft beschlich sie ein Gefühl der Furcht vor ihm.

„Nein", sagte sie hastig. „Ich habe es nicht gefunden. Verzeih', aber ich weiß unter deinen Sachen noch nicht so genau Bescheid."

„Khelianys Hilfe scheint dir auch nicht viel genützt zu haben. Geh' nur zu den Damen zurück, ich werde schon selbst nachsehen."

Seine Stimme klang gereizt, und der Blick, mit dem er den jungen Mann maß, welcher trotzig stehen blieb und seinen Schnurrbart mißhandelte, war nichts weniger als freundlich.

Der Abend schleppte sich nach Ansicht der jungen Hausfrau langsam zu Ende, obgleich die Unterhaltung um sie her animiert genug war. Kheliany hatte sich schon lange unter dem ersten besten Vorwand empfohlen. Es war ihr, als könne sie nach seiner Entfernung freier atmen. Verstohlen blickte sie zuweilen nach ihrem Manne hin. Einmal stand er dicht neben ihr, im Gespräch mit Frau Jakobson, die nervige feste Hand mit den fein zugespitzten Fingern auf den Tisch stützend, der ihm zur Seite war; da kam das närrische Verlangen über sie, diese Hand plötzlich mit den ihren zu umklammern, sich daran festzuhalten, aber sie that nichts dergleichen, vermied es sogar, ihm ins Gesicht zu blicken. Endlich gingen sie, alle diese Leute, und das Ehepaar blieb allein miteinander; auch das Kind, das nach Tisch im Salon gewesen war, hatte sich zur Ruhe begeben.

Käte ging langsam hin und her, die Lichter löschend und noch ein wenig Ordnung machend. Die Falten ihres braunen Sammetkleides umgaben ihre Gestalt mit schillernden, sanft getönten Lichtern, als sie sich leise und etwas wiegend, wie es ihre Art war, umher bewegte.

Jusdas Augen folgten ihr auf Schritt und Tritt. „Käte!" sagte er endlich kurz. Sie blieb dicht vor ihm stehen.

„Du weißt offenbar noch nicht, was sich schickt. Ich muß dich bitten, in Zukunft nicht so lange vertrauliche Gespräche in abgesonderten Zimmern mit jungen Herren zu führen. Dein Benehmen war im höchsten Grade auffallend und mir besonders peinlich in Gegenwart der Kollegen und ihrer Damen. Dieser Kheliany erfreut sich durchaus keines guten Rufes, und wenn ich auch persönlich ein Gefühl der Freundschaft für ihn hege, ich betrachte ihn nämlich sozusagen als ein gelungenes Experiment, so möchte ich doch, daß du ihm gegenüber nicht gar zu entgegenkommend wärest. Hörst du?"

„Ja."

„Uebrigens ist mir der Gedanke gekommen, daß du ihn heute nicht zum erstenmal gesehen hast. Du hast ihn schon früher gekannt, nicht wahr? Ja oder nein?"

Seine Augen hafteten scharf und gespannt an ihrem Gesicht. Sie fühlte, daß ein Verdacht in seiner Seele aufflackerte und daß sie eiskalt wurde.

„Sieh mich an!" befahl er. „Ja oder nein?"

Käte hob den Kopf.

„Nein."

Er war nun beruhigt und ging nicht weiter auf das Thema ein, denn in dem unruhigen Flimmern ihrer grauen Augen lag etwas, das seine Sinne entzündete und jeden anderen Gedanken in den Hintergrund drängte. Dem augenblicklichen Verlangen nachgebend, umschlang er die schlanke Gestalt, die mit den sanft abfallenden Schultern und herabhängenden Armen in so verführerischer Nähe vor ihm stand, mit brutaler Kraft und zog sie auf seine Kniee nieder, indem er seine heißen Lippen ihrem weißen, von roten Löckchen umwehten Nacken näherte. Sie schauerte nervös zusammen und brachte in unwillkürlicher scheuer Abwehr ihre Hand zwischen ihren Hals und seinen Mund. Aber er hatte kaum die Bewegung gefühlt, als er sie auch schon wieder los ließ und aufstand. Seine Stirn färbte sich dunkel, während er sich mit aller Anstrengung bezwang. Diese scheue Abwehr setzte sie ja jedesmal seinen jäh aufflammenden Anwandlungen von Zärtlichkeit entgegen, und es war ihm dann stets, als richte sie eine Scheidewand zwischen sich und ihm empor, die er wider ihren Willen nicht überschreiten mochte.

„Gute Nacht!" sagte er kurz und wandte sich nach seinem Schreibtisch.

„Du bleibst noch auf?" fragte sie zögernd in einem Ton, der Verzeihung zu erflehen schien.

„Ja. So geh doch nur! Du siehst doch, daß ich allein sein will."

Sie ging, doch nicht, ohne vorher in seinem Arbeitszimmer die Lampen bis auf die auf dem Schreibtisch leise entfernt und ihm Sodawasser und Cigarren zur Hand gestellt zu haben, so wie er es liebte. Er empfand das Behagen, das sie still um ihn zu verbreiten verstand, so wie er es noch nie gehabt hatte; aber das war sie ihm auch schuldig, dazu hatte er sie geheiratet. Dankbarkeit war das mindeste, was er von ihr erwarten konnte.

Die Cigarre entzündend, entnahm er dem Schreibtisch ein offenes Schreiben und blickte mit gerunzelten Brauen darauf hin. Dasselbe war bereits morgens gekommen, während er mit Käte ausgegangen war, und hatte ihm bei der Heimkehr die Laune gründlich verdorben, wenn er auch vor der Hand noch mit niemand darüber gesprochen hatte.

Seit Jahren beschäftigte er sich neben seiner chirurgischen Thätigkeit mit der Erforschung des Wesens kontagiöser Fieber und ihrer Bekämpfung. Es war dies gewissermaßen sein Steckenpferd. Er hatte nach dieser Richtung wesentlich neue Momente entdeckt und zugleich in medizinischen Schriften einer neuen Behandlungsmethode die Wege gewiesen, über welche viel diskutiert wurde, die aber doch noch der praktischen Bethätigung bedurfte, da man sich nach den vereinzelten Fällen, in denen sie mit Glück zur Anwendung gebracht war, noch kein maßgebendes Urteil bilden konnte. Es war daher seit lange des Doktors Lieblingsidee, im Anschluß an seine Klinik eine Versuchsstation, mit vorläufig acht Freibetten für die ärmere Bevölkerung ins Leben zu rufen, und er hatte sich um Bewilligung der dazu nötigen Mittel, die er auf ungefähr 250 000 Mark veranschlagte, an die Regierung gewandt. Einige Zeit hindurch hatte er auf die Antwort warten müssen, und heute endlich war ein abschlägiger Bescheid gekommen. Das dringende Bedürfnis nach einer solchen Station sei nicht erkannt worden, hieß es in dem ministeriellen Schreiben, und die für pathologische Zwecke verfügbaren Mittel bereits ohnehin im letzten Jahr überschritten.

Das verdroß ihn gewaltig. Sein Herz hing an dieser Idee, er hatte es sich in den Kopf gesetzt, sie zur Ausführung zu bringen, da er der festen Überzeugung war, der Menschheit und der Wissenschaft durch das auf solche Weise gesammelte Material einen unschätzbaren Dienst zu leisten, und während er das Schreiben jetzt nochmals durchlas, reifte der Entschluß in ihm, die Kosten zur Errichtung einer derartigen Station unter Zuhilfenahme einer allmählich zu amortisierenden Anleihe aus eigenen Mitteln, und zwar mit einem Teil des Kapitals zu decken, das er seiner Tochter als Mitgift bestimmt hatte.

## 2. Kapitel.

Ein paar Wochen später traf Fulda mit Khelianz im Regensburger Hof zusammen. Er hatte ihn seit dem Mittagessen in seinem Hause nicht gesehen, und das angegriffene Aussehen des jungen Mannes fiel ihm auf.

„Sind Sie krank?“ fragte er voll warmen Interesses, denn das leichte Mißbehagen, das ihn bei Gelegenheit des Mittagessens in seinem Hause jenem gegenüber überkommen hatte, war schon lange wieder geschwunden.

„Krank? Nicht die Spur!“ Khelianzs Augen funkelten ihn beinahe gereizt an. „Ich bin so gesund wie ein Fisch im Wasser.“

„Ja, was ist Ihnen denn? Sie sehen schlecht aus.“

„Nichts! Vielleicht bin ich im Begriff, vor die Hunde zu gehen, aber das ist doch eine Sache, die nur mich allein angeht.“

Der ältere Mann legte dem jüngeren die Hand auf die Schulter.

„Hören Sie, Toni, daß es einmal so mit Ihnen würde, das war ja vorauszusehen. Ich bitte Sie, seien Sie doch vernünftig. Solch ein Leben, wie Sie es führen, muß ja auf die Dauer selbst die gesündeste Natur ruinieren. Es ist ja förmlich, als legten Sie es darauf an.“

„Möglich, daß ich das thue.“

„Aber, was ich dagegen thun kann, das soll auch geschehen; ich als Ihr Freund werde nicht ruhig zusehen, daß Sie sich durch das wüste Leben, so wie Sie es jetzt führen, allmählich zu Grunde richten.“

„Ich möchte wissen, wie Sie es verhindern wollten.“

„Dadurch, daß ich meine Stimme immer wieder erhebe und Ihnen so lange freundschaftlich zurede, bis Sie mir endlich Gehör geben. Sie sollten es machen wie ich und sich auch eine Häuslichkeit gründen, das wäre für Sie die beste Kur.“

Kheliany lachte heiser auf.

„Dieser Vorschlag hat gerade aus Ihrem Munde und mir gegenüber einen absonderlichen Beigeschmack."

„Wieso? Wie meinen Sie das?" fragte Fulda mit der raschen Empfindlichkeit von jemand, dem ein unvorsichtiger Finger eine sorgfältig verborgene Wunde berührt hat und in dem sich der Verdacht regt, daß dies mit Absicht geschehen sei.

Das feine Ohr des anderen hörte die Empfindlichkeit und den Verdacht heraus. Er fuhr sich mit der Hand über die Stirn und sagte müde: „Sie müssen heute nicht mit mir rechten. Ich weiß wirklich manchmal gar nicht mehr, was ich spreche, und bin heute abgespannt zum Sterben. Eine dumpfe gedankenlose Schwere lastet wie ein tötender Druck auf mir. Ich habe früher nie begriffen, wie Menschen ihre gesunden Sinne verlieren können — heute begreife ich es."

„Aber das ist ja ernster, als ich dachte. Nein, jetzt tritt der Arzt an die Stelle des Freundes. Ich habe Sie schon einmal mit Erfolg in Händen gehabt. Ich will Ihnen einen Vorschlag machen. Anfang des nächsten Monats gehe ich mit Frau und Tochter für einige Zeit nach Berchtesgaden. Kommen Sie mit uns. Der Aufenthalt in der reinen, stillen, schönen Natur wird Ihnen gut thun. Um diese Zeit ist Berchtesgaden noch nicht so bevölkert wie später im Sommer, sonst würde ich nicht hingehen."

In Khelianys Augen glomm ein eigentümlicher Ausdruck auf, der den Doktor stutzig machte und ihn das Anerbieten auf der Stelle bereuen ließ. Er mochte das lauernde Lächeln nicht, mit dem jener langsam sagte: „Ich nehme Sie beim Wort, aber Sie müssen die Folgen tragen!" Doch er überwand das leichte Mißbehagen. Seine Freundschaft für den jungen Mann war wirklich loyal und aufrichtig, und mit väterlichem Ton fuhr er fort: „Wenn ich nur wüßte, was in Sie gefahren ist. Früher waren Sie doch stets geneigt, die Welt durch rosenfarbige Gläser zu betrachten. Was hat sich denn für Sie so verändert?"

„Eben diese Welt. — Ah diese Welt! —" Kheliany schrie es beinahe heraus und griff sich mit beiden Händen an die Schläfen. — „Seht ihr es denn nicht, daß sie in den Fesseln unerhörter Anschauungen liegt und sehnsüchtig ausblickt nach einer Religion der Lust und des heiteren Genießens?"

Eine tiefe Stille folgte seinen Worten. Die Anwesenden hatten sämtlich das Gefühl, daß er den Verstand verloren habe. Endlich brach Rodenbergs joviale Stimme das lähmende Schweigen, und seine breite behagliche Gestalt, deren Anblick allein schon jede Schwüle in der Stimmung verscheuchte, über den Tisch lehnend, rief er: „Meine Herren, wenn ihr tiefsinnige Betrachtungen über das Leben anstellen wollt, so müßt ihr nicht in den Regensburger Hof kommen. Wir haben alle den Tag über angestrengt gearbeitet. Abends wollen wir lachen und unseres Lebens froh werden. Hurtig! Der Toni Kheliany hat Sehnsucht nach Ihrem lieben Gesicht. Bringen Sie ihm ein Bier."

Kheliany war mit einem der blitzschnellen Übergänge, die für das Unvermittelte, Sprunghafte seiner Natur charakteristisch waren, sofort wieder in der Stimmung, die an diesem Stammtisch beinahe zum Gesetz geworden schien, und im gemütlichsten Ton meinte er, sich im Kreise umschauend: „Ihr meint wohl, ich sei verrückt geworden? Na, spart euch die Schadenfreude! Für diesmal ist es noch nichts damit. Ich habe euch nur einen kleinen Schreck einjagen wollen."

Hurtig brachte die schäumenden Seidel und blieb dann liebevoll neben dem Österreicher stehen, um ins Gespräch gezogen zu werden, denn er war unglücklich, wenn er einmal nicht geneckt wurde. Er erreichte auch sofort seinen Zweck, denn als er in seiner trottelhaften Weise einen plumpen Scherz machen und dem mit ausgestrecktem Zeigefinger Nachdruck verleihen wollte, haschte Kheliany nach diesem und sagte in fingiert strengem Ton: „Herr Hurtig, wie oft soll ich Ihnen noch sagen, daß ein Mann von Erziehung nicht auf die Leute mit so drastischen Bewegungen deutet! Wenn Sie noch ein einziges mal auf einen von uns mit dem Finger zeigen, so zahlen wir nicht."

„Wir zahlen überhaupt alle nicht!" fiel der Chor ein. „Denn Hurtig verdirbt uns mit seinen Witzen regelmäßig den Appetit, und was man ohne Appetit genießt ist unbekömmlich, ist folglich unter die gesundheitsgefährlichen Nahrungsmittel zu rechnen."

Helena. Nach dem Gemälde von G. Papperitz.
(Photographieverlag der Photographischen Union in München.)

Der Ton harmloser Albernheit war mit einem Schlag wiederhergestellt. Die Seidel klapperten. Scherzworte, denen sonores Lachen folgte, flogen herüber und hinüber. Das Gespräch drehte sich, sobald es ernster wurde, naturgemäß um Kunstinteressen, Ausstellungen, um die Leistungen der Genossen und Zeitungskritiken. Die meisten der hier anwesenden Künstler gingen in dem heißen Ringen mit der Konkurrenz um die Existenz ganz in ihren Sonderinteressen auf, sie hatten weder Zeit, sich um Politik und Welthändel zu kümmern noch ihren Gesichtskreis auf litterarischem Gebiet zu erweitern. Die geistige Abspannung nach angespannter Tagesarbeit machte sie unfähig zu jedem Aufschwung, der nicht mit ihrer Kunst im Zusammenhang stand. Fulda fing daher stets an, sich nach einer Stunde der Heiterkeit ein wenig zu langweilen und erhob sich auch jetzt bereits um halb zehn. Er hatte seinen Zweck erreicht, sich bei gutem Bier und harmloser Fröhlichkeit ein wenig von seiner vielseitigen Berufsthätigkeit erholt und wollte nun heim, wo seiner auf dem Schreibtisch noch eine Masse unerledigter Arbeiten harrten.

Ahestany sprang gleichfalls auf, als er den anderen sich erheben sah. Er, der sonst einer der letzten war, die den Stammtisch verließen, schien von einer seltsamen Unrast befallen.

„Warten Sie! Ich komme mit Ihnen!“ rief er hastig, ein Geldstück auf den Tisch werfend und nicht darauf wartend, daß man ihm kleine Münze herausgab.

„Das ist recht!“ lobte der Arzt, als sie draußen standen. „Sie sind vernünftig und gehen nach Hause.“

„Fällt mir nicht ein. Ich habe noch eine Verabredung. Die Ninette Dubois erwartet mich, wenn Sie's wissen wollen. Sie kennen sie ja auch. Famoses Mädel, nicht wahr? ein ganz desperater kleiner Satan!“

„Sie irren sich. Ich kenne das Mädchen nicht.“

„Das weiß ich nun besser. Sie haben sie sogar in Behandlung gehabt. Wissen Sie denn nicht mehr? Damals, als ihr im Colosseum eine Weinflasche gegen die Schulter flog und ihr einen Knochenbruch verursachte.“

Ja, Fulda entsann sich jetzt des Vorfalls. Die ganze Sache und die Person des Mädchens standen ihm im Moment lebhaft vor Augen. Er meinte, den weißen jugendfrischen Körper, der sich ihm bei der Untersuchung der verletzten Glieder enthüllt hatte, mit beinah greifbarer Deutlichkeit vor sich zu sehen.

„Die Kleine spricht mit großer Begeisterung von Ihnen. Ich glaube, sie hatte halb und halb gehofft, daß Sie sie besuchen würden. Das sollten Sie doch einmal thun, Doktor. Es ist ein spaßhaftes Geschöpfchen, drollig, geschwätzig und gefräßig wie ein munteres Tierchen und vor allen Dingen so unbeschreiblich frisch und jung.“

„Ich habe nicht die Gewohnheit, derartige Besuche zu machen, und wenn Sie nur auf ein freundschaftliches Wort von mir hören wollten, so möchte ich Sie bitten, nun auch endlich diesen Thorheiten den Laufpaß zu geben. Sie verzetteln Ihr bestes Mannesalter mit solchen Geschöpfen, deren Hauptinteresse doch nur Ihrem Portemonnaie gilt. Schließlich muß sich das Vergnügen daran doch auch abstumpfen.“

„Sie sprechen in diesem Augenblick gegen Ihre Überzeugung. Solange man mit wachen Sinnen durch die Welt geht, stumpft sich gerade der Sinn für das Weib als solches niemals ab. Und Sie selbst, mein bester Doktor, sind auch keineswegs dagegen gefeit. Ich wette, daß auch Sie mit Ihrer vielgepriesenen Standhaftigkeit der kleinen Dubois gegenüber den Kopf verlieren würden.“

„Nun, ich glaube doch, für mich einstehen zu können.“

„Übrigens ist die gesunde Frische dieses Mädchens für mich wie klares kühlendes Wasser für einen Fieberkranken. Sie hilft mir noch am leichtesten über die gähnende Öde meiner Tage hinweg. Ich habe es schon oft versucht, ihr fern zu bleiben, bin aber dann doch immer wieder hingegangen. Im Grunde habe ich heute Abend auch keine Lust, zu ihr hinauszugehen.“

„Dann thuen Sie es nicht.“

„Sie erwartet mich. Man soll eine Frau niemals warten lassen, selbst wenn sie auch nur ein Modell ist.“

„Schreiben Sie ihr meinetwegen morgen ein Wort der Entschuldigung.“

„Würde sie nicht annehmen! O, wir sind verwöhnt wie eine Prinzeß."

„Nun, dann setzt sie Ihnen den Stuhl vor die Thür und enthebt Sie der Mühe, einen eignen Entschluß zu fassen."

„Sagen Sie, Doktor, weshalb sind Sie eigentlich so besorgt um mich? Sie wachen ja über meine Tugend, als sei ich ein sechzehnjähriges Mädchen."

„Weil ich Ihnen aufrichtig freundschaftlich zugethan bin."

Khellany blieb stehen und sah dem anderen im Dämmerlicht der hellen Juninacht starr in die Augen. In dieser unsicheren Beleuchtung erschien sein Gesicht geisterhaft bleich, und es lag ein fataler häßlicher Ausdruck darin.

„Ich verdiene es nicht, Doktor," sagte er, die Lippen von den Zähnen zurückziehend, was wohl ein Lächeln bedeuten sollte, aber nicht viel anders aussah wie eine Grimasse. „Wirklich nicht."

„Das ist mir ganz gleichgültig."

„Nun, so geben Sie mir einen kleinen Beweis Ihrer Freundschaft. Worte und gute Ratschläge sind billig, aber Thaten — Thaten —"

„Natürlich gern. Was kann ich für Sie thun? Sagen Sie do !"

„Ich gestehe Ihnen, daß ich der Kleinen versprochen hatte, ihr ein paar hundert Mark zur Einrichtung eines vorstädtischen Putzgeschäfts zu schenken. Das sollte mich zugleich jeder Verpflichtung ihr gegenüber entheben und einen Abschluß zwischen uns bilden. Ein gegebenes Wort muß man doch halten, nicht wahr?"

„Sicher."

Kheliany zog seinen Geldbeutel und wendete ihn vollständig um, so daß der Inhalt, wenn ein solcher überhaupt vorhanden gewesen wäre, auf die Straße hätte fallen müssen.

„Leergebrannt ist die Stätte," deklamierte er. „Gestern noch hatte ich ein paar blaue Lappen, aber nach einem lustigen Diner und einigen Spielen Pikett haben sie den Besitzer gewechselt, und bis meine Zinsen wieder fällig sind, hat's noch vierzehn Tage Zeit."

„Ja, lieber Freund, warum haben Sie das denn nicht gleich gesagt? Sie wissen, meine Kasse steht Ihnen zur Disposition. Wieviel wollen Sie haben?"

„Tragen Sie zufällig eine größere Summe bei sich, die Sie mir leihen könnten?"

Fulda zog nun seinerseits sein Portemonnaie, in welchem sich nur einige Goldstücke befanden, dann suchte er in der Brusttasche, wo er in einem kleinen Portefeuille Banknoten von größerem Wert aufzubewahren pflegte, und zählte den Inhalt. „Würden Ihnen sechshundert Mark genügen?"

„Vollständig. Nun thun Sie mir aber auch den Gefallen und bringen Sie die Sache für mich in Ordnung. Lieber heute als morgen. Ich bin nicht in der Stimmung, jetzt zu ihr hinauf zu gehen, traue mir aber noch weniger zu, eine größere Summe unangetastet bei mir zu tragen. Es ist noch nicht spät, wie wär's, wenn Sie jetzt gleich —"

„Das ist aber doch etwas viel verlangt, mein Bester. Zu dieser Stunde."

„Ah, ich wußte es wohl, daß Sie gleich zurückziehen würden, sobald ich ernstlich mal einen kleinen Freundschaftsdienst von Ihnen erbitte. Man sollte fast meinen, Sie fürchteten sich davor, sich in Gefahr zu begeben."

„Unsinn! Deswegen ist es natürlich nicht."

Und während der Doktor gegen diesen ausgesprochenen Verdacht protestierte, erinnerte er sich plötzlich genau der schwülen Empfindung, die ihn damals beschlichen hatte, als er die Verletzte, halb ohnmächtig in seinen Armen Lehnende die Treppe hinab zur Droschke geleitet hatte, und seine Weigerung erschien ihm in diesem Augenblick beinah wie Feigheit vor sich selbst.

„Sie brauchen keinen großen Umweg deshalb zu machen," fuhr Khelianys überredende Stimme fort, und seine Augen brannten auf dem Gesicht seines Begleiters und schienen auf dem Grunde von dessen Seele zu lesen. „Die Dubois wohnt hier ganz in der Nähe, in dem zurückgebauten Hause dort, im dritten Stock; aber wenn Sie mir diesen kleinen Gefallen nicht erweisen wollen, so will ich Ihnen nicht weiter zureden. Gute Nacht!"

„Nein, warten Sie!" sagte Fulda hastig, überlegend, daß er am folgenden Tage kaum über eine freie Stunde würde disponieren können. „Ich werde hinaufgehen, und die Sache für Sie regeln. Das hält mich nicht lange auf. Sie versprechen mir dagegen, daß Sie ruhig nach Hause gehen und sich hinlegen. Einmal ordentlich ausschlafen, das ist für Ihre überreizten Nerven die beste Medizin."

„Ich wollte, ich könnte schlafen! Aber ich verspreche Ihnen wenigstens, daß ich heimgehe."

Die beiden Männer trennten sich. Kheslang blieb noch einen Moment stehen und sah dem sich Entfernenden mit einem häßlichen Lächeln nach, dann wandte er sich kurz und ging die Straße mit gesenktem Haupt hinab.

Während der Doktor in das ihm bezeichnete Haus trat, kam ihm, er wußte selbst nicht weshalb, der Gedanke an seine Frau und begleitete ihn auch die Treppe empor. Er blieb nur wenige Minuten oben und entledigte sich seines Auftrages in seiner barschesten Weise, die Augen dabei beharrlich auf den Teppich heftend, warf dann die kleine Brieftasche mit ihrem gesamten Inhalt auf den Tisch, denn es kam ihm ein Widerwille an, die Scheine einzeln aufzuzählen.

Das Mädchen sah ihm mit keckem, zuversichtlichem Lächeln ins Gesicht, dann als er ging, ohne weiter Notiz von ihm zu nehmen, streckte es in kindischer Albernheit die Zunge hinter ihm aus und nannte ihn innerlich einen alten hochmütigen Narren. Er sah auch das nicht, aber wie er unten die Thür ins Schloß warf und wieder auf der Straße stand, atmete er tief auf, und seine Stirn war gerötet.

Als er in sein Haus zurückkehrte, herrschte hier bereits nächtliche Stille. Auf dem Korridor brannte nur noch eine Gasflamme, im Arbeitszimmer auf dem Schreibtisch die Studierlampe allein. Er ging in sein Ankleidekabinett hinüber, um den Rock zu wechseln. Die Thür, die von hier aus in das Schlafzimmer führte, stand offen. Käte schlief schon, er hörte ihre leisen, regelmäßigen Atemzüge. Auf den Zehenspitzen, um sie nicht zu wecken, schlich er hinein bis an das Fußende ihres Bettes und betrachtete sie beim matten Schein der sanft beschirmten Ampel, die vom Plafond herabhing. Das weiße Gesicht lag etwas zur Seite geneigt still in den reichgestickten Kissen, umgeben von einer Aureole rotgoldigen Gelocks. Ihre Gestalt, deren Umrisse das feine, weiche Nachtgewand deutlich erkennen ließ, erschien in dieser ruhenden Lage unendlich mädchenhaft, keusch und vornehm.

Er hielt den Atem an. Es war ihm, als müsse er neben ihr niederknieen und ihr danken, daß sie unsichtbar wie ein Schutzengel zwischen ihm und einer Versuchung gestanden habe, der sein unkontrollierbar heißes Blut ihn entgegengetrieben hatte. Unwillkürlich mußte er dann über sich selbst lächeln. Wie kam ihm nur der Ausdruck „Schutzengel" in die Gedanken, ihm, der dem kindlich rührenden Glauben daran so fern stand! Aber während er sie betrachtete, verdüsterte sich sein Gefühl, und er fing an mit ihr zu rechten.

Warum blieb sie denn immer kühl und zurückhaltend ihm gegenüber? Lag es in ihrer Natur? Konnte sie überhaupt nicht warm empfinden? oder war es nur ihm versagt, die Leidenschaft in ihr zu entfachen, nach der es ihn heimlich verlangte? Freilich, er hatte sich auch noch nie um ihre Liebe bemüht, das war auch durchaus nicht seine Pflicht, er hatte wirklich nicht die Zeit dazu. Was ihm nicht freiwillig entgegengebracht wurde, darauf mußte er verzichten.

Mit diesem Schlußgedanken schlich er auf den Fußspitzen, um sie nicht zu wecken, hinaus und begab sich in sein Arbeitszimmer an den Schreibtisch. Auf seiner Mappe lag ein Brief, den ein Privatbote gebracht haben mußte, denn die Poststunden waren schon vorüber gewesen, als er abends das Haus verlassen hatte. Er war nicht gerade angenehm berührt, die Handschrift des Herrn Preynitz auf dem Umschlag zu erkennen. Der Mann war ihm zuwider, was konnte er ihm zu schreiben haben? Ein widriges Vorgefühl wie von etwas Unangenehmem, das ihm bevorstand, überkam ihn, so daß er zögerte, den Brief zu öffnen. Endlich riß er den Umschlag mit einer ungeduldigen Bewegung auf.

Die Anrede lautete äußerst verbindlich. Dann hieß es weiter: „Da ich zufällig in Erfahrung gebracht habe, daß das Bankhaus Hirschel & Sonnenfeld Ihr Vermögen verwaltet, halte ich es, bei dem freundschaftlichen Interesse, welches ich für Sie hege, für meine Pflicht, Ihnen auf der Stelle eine Nachricht mitzuteilen, die ich eben unter der Hand von zuverlässiger

Seite empfing. Morgen früh stellt die Firma ihre Zahlungen ein. Hirschel hat vor einer Stunde einen Selbstmordversuch gemacht und ist, zwar noch lebend, aber schwer verletzt, in das Krankenhaus gebracht worden. Sonnenfeld ist flüchtig. Man spricht davon, daß Depots im Wert von mehreren Millionen fehlen sollen. Nun halte ich Sie zwar für einen zu vorsichtigen Mann, als daß Sie nicht längst geahnt haben sollten, wie die Sachen standen, daher werden Sie auch wohl Ihr Depot, wenn Sie ein solches wirklich der genannten Firma anvertrauten, beizeiten zurückgezogen haben, aber immerhin möchte ich Sie für alle Fälle von dem Obigen benachrichtigt haben, damit Sie in aller Frühe, ehe die Sache publik wird, Ihre ersten Schritte thun können. Sie werden mich vielleicht übermäßig dienstfeifrig nennen, aber ich glaube hiermit einer Freundespflicht zu genügen und unterzeichne mich mit besonderer Hochachtung als Ihr ganz ergebenster Harry Brewitz."

Fulda las den Brief mehrmals durch, als wolle der Sinn desselben sich nicht seinem Fassungsvermögen anpassen. Er war dieser unerwarteten Nachricht gegenüber wie erstarrt. Es war unmöglich! Er wollte und konnte es nicht glauben. Hirschel & Sonnenfeld hatten ja stets für das solideste auf ungeheuere Mittel sich stützende Bankgeschäft gegolten. Die Inhaber hatten freilich einen selbst für unsere Zeit unerhörten Aufwand getrieben, aber immer mit der sorglosen Großartigkeit, die nur sicherer Besitz verleiht. Beide besaßen ja von ihren Vätern her ein bedeutendes Vermögen und an allen Handelsplätzen der Welt unbeschränkten Kredit. Wie war es denn nun möglich, daß dieser solide Boden so ganz in der Stille, ohne daß ein Mensch es gemerkt haben sollte, unterminiert sein und mit einem Mal ohne vorherige Warnung zusammenbrechen konnte?

Er sprang auf und trat ans Telephon. Man verband ihn mit dem Krankenhaus. Auf seine Frage an den wachthabenden Arzt daselbst kam die Antwort, daß der Bankier Hirschel in der That vor zwei Stunden aufgenommen, aber so schwer verletzt sei, daß er die Nacht nicht überleben werde. Fulda fragte weiter an, ob man den Sterbenden sprechen dürfe. „Unmöglich!" klang es zurück. „Er ist ohne Besinnung. Schuß durch den Kopf. Wird Sprache und Bewußtsein nicht mehr zurückerlangen."

Jetzt zum erstenmal überkam den Doktor ein kalter Schrecken. Er hatte bisher immer noch halb und halb den Gedanken gehabt, daß es sich um ein falsches Gerücht, um eine Übertreibung handle. Dies schien aber wirklich Ernst. Ein Lebemann, wie der Bankier Hirschel, erschoß sich nicht, wenn sich ihm noch irgend ein Ausweg bot. Ihm trat der kalte Schweiß auf die Stirn. Fast sein ganzes Vermögen, mehr als dreihunderttausend Mark waren bei der Firma deponiert, die gelegentlich in seinem Auftrage kleine goldsichere Geschäfte damit gemacht hatte. Mit zitternden Händen riß er die Schreibtischschublade auf, welche die Depositalscheine über dieses Vermögen enthielt. Die großen Ziffern auf denselben starrten ihm förmlich höhnisch ins Gesicht, als wollten sie's ihm recht zu Gemüte führen: „Wir sind nun völlig wertlos geworden, trotz unseres gewichtigen Aussehens. Deine langjährige Arbeit war umsonst. Wenn du heute stirbst, sind deine Frau und deine Tochter gezwungen, sich einzuschränken, um mit dem kleinen Rest, der ihnen bleibt, auszukommen. Deine Tochter, für die du gespart und gesammelt hast, wird einmal keine gute Partie sein, wie du es in liebender Sorgfalt gewünscht hast.'

Er verdiente zwar große Summen im Jahr, aber sein Haushalt war auch auf großem Fuß eingerichtet, und er hatte sich jetzt so an dieses Leben gewöhnt, daß es ihm bitter schwer gefallen wäre, sich gerade in der Häuslichkeit einzuschränken; doch wenn er Frau und Kind einigermaßen gesichert zurücklassen wollte, so mußte er von nun an jährlich beinah die Hälfte seines Einkommens zurücklegen, denn die Zeitung brachte ihren Besitzern nicht viel, brauchte eher noch bei der vornehmen Art ihrer Geschäftsführung hie und da einen Zuschuß. Und dann ging ihm der Gedanke durch den Kopf, daß er, wenn sich das Schlimmste wirklich bewahrheitete, die Idee einer Versuchsstation für seine neuen Aufstellungen, zu deren Verwirklichung er doch unter der Hand schon die ersten Schritte gethan hatte, aufgeben müsse.

Fulda war in einem förmlichen Fieber, daß er nicht auf der Stelle hinfahren und

Studie von Robert Haug.

sich klaren Wein einschenken lassen konnte, daß er bis zum nächsten Morgen warten mußte, mit der langen, langen Nacht dazwischen. Vielleicht war doch noch nicht alles verloren. Hirschel & Sonnenfeld mochten mit ihrem eignen Vermögen fertig geworden sein, aber sie galten ja allgemein für anständige Menschen, die sich nicht an fremdem Eigentum vergreifen würden.

Es war ihm unmöglich, sich jetzt zur Ruhe zu begeben. Stundenlang ging er, die Hände auf dem Rücken verschränkt, im Zimmer auf und nieder, bis die Lampe erlosch und der erste Schimmer des neu hereinbrechenden Tages durch die herabgelassenen Vorhänge fiel. Schwere Selbstvorwürfe bestürmten ihn. Man hatte ihn ja gewarnt, ihm geraten, sein Vermögen lieber staatlichen Bankinstituten zu übergeben und sich mit einem niedrigeren Zinsfuß zu begnügen, aber er hatte immer gemeint, alles besser beurteilen zu können als andere, und sich nicht an die wohlmeinenden Ratschläge gekehrt, weil er es sich nun einmal in den Kopf gesetzt hatte, seinem Kinde, wenn es sich verheiratete, eine halbe Million mitzugeben.

Allmählich wurde es im Hause lebendig. Er schob die Vorhänge vom Fenster zurück, so daß das Tageslicht jetzt grell und blendend das Zimmer durchflutete. Ein graugelber Dunst lag über den Häusern, und in demselben schien die strahlenlose Junisonne wie losgelöst vom Himmel gleich einer glühendroten Scheibe zu schwimmen, während feine Rauchsäulen, die schon hie und da aus den Schornsteinen aufstiegen, zuweilen mit flüchtigem Schatten darüber hinglitten. Der Doktor starrte hinaus, ohne indes von alldem irgend etwas zu sehen, denn auf den roten Lichtwellen glitt die Sorge zu ihm herein und ging langsam, als wolle sie sich zu dauerndem Aufenthalt einrichten, über die kostbare Einrichtung des Zimmers hinweg. Und wie das grelle Morgenlicht mit der stillen Gefährtin darüber hinging, erschien alles unerfreulich und grämlich.

Hinter ihm öffnete sich die Thür, und Käte trat geräuschlos ein. Die Sorge um ihn, dessen Lager unberührt geblieben war, wie sie beim Erwachen bemerkte, hatte sie so früh hinausgetrieben. Bei ihrem Eintritt wandte er sich um und sah dabei flüchtig im Spiegel sein eignes Gesicht, das übernacht und erschreckend bleich aussah. Es that ihm wohl, daß sie da war, daß er seine Sorgenlast jemand mitteilen konnte, und der unverhohlene Ausdruck der Angst in ihren Augen brachte sie ihm innerlich näher, als alle die Wochen ihrer Ehe es gethan hatten, während deren sie wie in stummem Kampf nebeneinander hergegangen waren.

Zum erstenmale ging sie ganz ohne Scheu auf ihn zu und faßte seine Hand. Er war es, der jetzt unsicher ihren Blick vermied.

„Ein großer Verlust hat uns betroffen," erwiderte er auf ihre Frage. „Wenigstens fürchte ich, daß sich die Unglücksbotschaft, die ich gestern abend erhielt, bewahrheiten wird!" Und er reichte ihr den Brief hin.

Sie nahm die Sache viel ruhiger, als er gedacht hatte, denn nach ihrer Ansicht waren sie ja noch immer reich genug im Besitz des schönen Hauses und bei seiner ungeheuren Praxis, die ihm eine so große Einnahme sicherte. Natürlich, sie würden sich nur ein klein wenig mehr einschränken. Während der letzten Zeit habe er ihr so viel schöne kostbare Sachen geschenkt, das müsse selbstverständlich in Zukunft aufhören, und mit ein klein wenig Sparsamkeit würden sie in ein paar Jahren den Verlust ersetzt haben. Außerdem sei ja noch gar nicht ausgemacht, daß es sich auch wirklich alles so verhalte, wie Preynitz schreibe. Bei näherer Untersuchung würden sich die Sachen vielleicht viel tröstlicher anlassen. Jetzt heiße es vor allem, den Kopf oben behalten.

Er hörte ihr schweigend zu, und während seine Hand sich immer schwerer auf ihre Schultern stützte, merkte er erst, daß er todmüde war, so daß es ihm schwer fiel, sich fest auf den Füßen zu halten. Ihre tiefe warme Stimme übte einen merkwürdig beruhigenden Einfluß auf ihn aus nach der stummen einsamen Angst der letzten Stunden. Willig wie ein krankes Kind ließ er sich von ihr auf die Chaiselongue geleiten und sah ihr zu, wie sie die Spirituslampe und Kaffeemaschine ins Zimmer trug und sich still daran machte, ihm eine Tasse heißen starken Kaffee zu kochen, ohne die Dienstboten zu wecken. Wie das angenehm war, dieses Gefühl, daß jemand freundlich und sorglich um ihn bemüht war. Das hatte er eigentlich sein ganzes Leben hindurch nicht kennen gelernt. Sie wollte ihn auch überreden, noch ein wenig zu schlafen, aber davon wollte er nichts hören. Mit Beginn der Geschäftsstunden mußte er im Comptoir des Bankhauses sein und sich dann schlimmstenfalls sofort zu seinem Rechtsbeistand begeben. Die Sprechstunde mußte abgesagt, der Besuch in der Klinik hinausgeschoben werden.

Erst spät am Nachmittag kehrte er heim. Sein müder schleppender Gang sagte der wartenden Frau, daß die schlimmsten Befürchtungen sich bewahrheitet hatten. Man hatte Sonnenfeld in Hamburg bereits festgenommen. Hirschel war schon am Morgen seiner Verletzung erlegen. Bei Durchsicht der Bücher ergab es sich, daß die Unterschlagungen der Beiden sich auf mehrere Millionen beliefen, daß sie schon seit Jahren mit einem Minus arbeiteten und ihren kolossalen Aufwand allein aus den Depots vertrauensseliger Gläubiger bestritten. Fulda hatte eine große Anzahl von Leidensgenossen, denn die Firma erfreute sich bis dahin eines soliden Rufes, so daß Hunderte von vorsichtigen Kapitalisten ihr Geld dort im Gefühl völliger Sicherheit niedergelegt hatten. Im feuerfesten Kassenschrank fanden sich jetzt kaum ein paar hundert Mark vor. Die zahlreich versammelten Gläubiger konnten sich getrost sagen, daß sie nie einen Pfennig von ihrem Eigentum wiedersehen würden. Fulda war direkt vom Comptoir zu seinem Rechtsanwalt gefahren und dann in die Klinik, denn selbst in diesem Augenblick größter Aufregung hätte er um keinen Preis seine Kranken vernachlässigt. Jetzt war er so übermüdet, daß er nicht einmal einen Bissen von den Stärkungen genießen konnte, welche Käte für ihn in Bereitschaft hielt, sondern sich nur auf das Bett warf und mehrere Stunden wie ein Toter schlief.

Als er erwachte, saß Käte still neben ihm, als hätte sie seinen Schlaf bewacht.

Er konnte sich im Augenblick nicht auf das besinnen, was vorher geschehen war, fragte sich nur heimlich mit sonderbarem Staunen, ob sie wohl die ganze Zeit hindurch bei ihm gesessen haben könne, und die Augen wieder schließend, dachte er mit müdem Behagen darüber nach. Er ärgerte sich beinahe über die Störung, als die Thür geöffnet wurde, was ihn veranlaßte, aufzublicken; aber es war nur das Kind, das mit leise trippelnden Schritten wie ein scheues Vögelchen hereinflatterte. Auch das war ihm etwas Neues, daß sein Töchterchen freiwillig, ohne gerufen zu werden, zu ihm kam. Offenbar war es die Anwesenheit der jungen Stiefmutter, welche der Kleinen den Mut gab.

„Komm nur!“ sagte Käte, das Kind liebevoll umfassend, welches sich halb atemlos über die eigne Kühnheit, die es sich dem gefürchteten Vater gegenüber erlaubte, in ihre Arme warf, „der Papa schläft nicht. Du mußt recht lieb und gut zu ihm sein, denn er hat große Sorgen und Unannehmlichkeiten.“

Das Ännchen blickte mit großen erstaunten Augen auf den Papa, der gar nicht so streng aussah wie sonst, dann schob es, vielleicht nur der Stiefmutter zuliebe, mit einer schmeichelnden zutunlichen Bewegung den kleinen dunklen Kopf in des Vaters Hände, als wolle es ihn trösten, und Juldа empfand zum erstenmale jetzt, wo die Sorge ihm nahe getreten war, daß er eine Familie habe. Es war ein ganz sonderbares Gefühl, sich mit diesen beiden, die sonst in scheuer Furcht neben ihm hergingen, eins zu wissen, ihm selbst so überraschend und köstlich neu, daß der Gedanke an den großen Verlust, den er erlitten, beinahe darüber in den Hintergrund trat.

## 11. Kapitel.

Der Hofbräuhauskeller draußen jenseits der Isar gehört immer zu den besuchtesten Lokalen, aber an Sonntagen, vorzüglich bei schönem Wetter, wird der Kampf um einen Sitzplatz dort oft geradezu lebensgefährlich. Nur mit Hintenansetzung jeglicher Rücksicht und Höflichkeit vermag man sich durch die dichtgedrängten Gruppen von behäbigen Bürgern, Studenten, Künstlern und Handwerkern Bahn zu brechen, die bunt durcheinander, ohne Vorurteil gegen jedwelche Nachbarschaft sich auf ihre Weise vergnügen, und auf der Gartenterrasse, unten im Flur und oben in den riesigen, niedrigen Gastzimmern ist es so voll, daß kein Apfel zur Erde fallen kann.

An einigen Tischen wird Skat „gedroschen“, an anderen Sechsundsechzig gespielt, und ab und zu übertönen einzelne Ausrufe das Gebrause von Menschenstimmen. „Coeur Solo!“ — „Nee is nich! Null!“ — „Ich sage Schneider an!“ — Und von anderer Seite: „Vierzig!“ — „Donnerwetter! das ist nun schon das dritte Mal!“ — „Na jetzt aber raus mit den Wenzeln!“ — „Was? schwarz ist er geworden?“ — Lautes Gelächter! — „Ja, der Leopold hat aber auch gemauert!“ — „Jesas Maria! wo ist denn das Loisel hin? Loisel, wo bischt?“ — „Mali, du könntest auch a bissel auf das Kind passen!“ — „Sachte, junger Herr! Hier geht's nit durch!“ — Und dazwischen erheben sich wieder Stentorstimmen: „Poldl! hörst's nit? Mir a Haxen mit Kraut!“ — „Mir noch ein Bier!“ „Joa wird's bald noachher? I woart schon a halbe Stund auf mei Leberknödel!“ — Und dann wieder mit unverkennbarem Berliner Tonfall: „Heda Kellnerin!“

Einige lachen. „Ja, der meint wohl, weil er von Berlin kommt, daß die Madeln alle auf ihn allein passen werden.“

„Liesl! Wenn i alleweil verdurschten thu', haben's mi auf'm G'wissen!“

Die handfesten robusten Kellnerinnen mit dem Brotbeutel am Gürtel sind das gewohnt und walten ruhig, wennschon mit hochgeröteten Gesichtern, ihres Amtes. Alle an sie ergehenden Anrufe haben auch nicht das mindeste Resultat, denn auch nicht ein einziger wird deshalb früher bedient, als bis er an der Reihe ist. Schließlich werden die reckenhaften „Ganymädchen“ doch allen gerecht, und zwar immer noch schnell genug in Anbetracht der an sie gestellten Anforderungen, und der Fremdling sieht mit Staunen, welche ungeheure Anzahl von Bierkrügen sie imstande sind, auf einmal durch die Menge zu balancieren.

Alles in allem geht es jedoch hier trotz des ungeheuren Menschendranges anständig zu, so daß selbst Damen der besten Kreise es nicht verschmähen, sich in Begleitung ihrer Herren das bunte Getreibe anzusehen, denn welche Münchnerin bliebe gern Sonntags daheim!

Rodenberg ging an solchen Tagen, wo die Menge sich Kopf an Kopf drängte, gern hierher. Er war fast immer sicher, Bekannte zu treffen, und fand meist Gelegenheit, Studien und flüchtige Skizzen zu machen, denn unter den Bürgermädchen waren oft bildhübsche Gesichter, und es fehlte nie an originellen Erscheinungen. Er war in München zurückgeblieben, während ein großer Teil der befreundeten Kollegen jetzt in den Sommerwochen das Weite gesucht hatte, weil er seiner Kasse keine Extraausgabe zumuten wollte und auch im Grunde zu bequem war, um den gewohnten Platz am abendlichen Stammtisch für die unbekannten und vielleicht zweifelhaften Genüsse des Reiselebens aufzugeben. Aber wenn er, wie eben jetzt, nach beendeter Arbeit allein durch die sommerlich heißen Straßen und hinaus ins Freie schlenderte, empfand er doch ein leises Gefühl des Verdrusses und der Vereinsamung. Er hätte gern einen oder den anderen von den lustigen Bierbrüdern des Regensburger Hofes bei sich gehabt, den kleinen Willi Bünau oder Heinrich Bogner, die seinem Hang zu gutmütiger Neckerei immer neue Gesichtspunkte darboten. Es war ihm daher mehr als lieb, in der Nähe der Regentenstraße, bei der im Volksmunde „der Harmlos" genannten gänzlich unbekleideten Sandsteinfigur, welche das Publikum mit einer gefälligen Handbewegung einzuladen scheint, an seiner mangelnden Toilette keinen Anstoß zu nehmen und den englischen Garten zu betreten, während die Inschrift auf dem Sockel, die seiner Geste Ausdruck verleihen soll, mit dem Anruf beginnt: ‚Harmlos wandelt hier!' - - bei dieser Figur also auf Kheliany zu stoßen, der tiefsinnig vor sich hinstarrend ihn nicht bemerkte.

„Hören Sie, Toni!" sagte er vor jenem stehen bleibend. „Wenn Sie ebenso harmlos und gelangweilt hier wandeln wie ich, dann wollen wir lieber zu zweien nach dem Hofbräuhauskeller wallen."

Der andere steckte sofort sein lustigstes Gesicht auf, wie er denn überhaupt immer während der letzten Zeit, sobald er unter Menschen war, eine besondere Lustigkeit zur Schau trug, und erklärte sich freudig dazu bereit. Sie plauderten lebhaft, während sie die Isar überschritten, aber es schien Rodenberg, als sei Kheliany doch nie so recht bei der Sache und würfe das Brillantfeuerwerk seiner Witze nur so aufs Geratewohl in die Luft.

„Ihnen scheint der Münchener Sommerstaub auch auf die Nerven zu fallen!" bemerkte er endlich trocken, als eine seiner besten Geschichten spurlos an dem anderen vorüberging. „Warum sind Sie eigentlich hier geblieben?"

„Weil ich ein Narr bin!" gestand Kheliany mit freundlicher Bereitwilligkeit zu.

„Scheint so! Nichts für ungut, Toni. Es muß eben auch Narren in der Welt geben."

„Und weil ich den Entwurf zu einem Bilde im Kopf habe."

„A la bonne heure! Das ist recht. Was ist's denn? darf man's schon wissen?"

„Herodias mit dem Haupte des Johannes."

„Das ist nun gerade keine neue Idee, mein Lieber. Es haben sich schon viele vor Ihnen daran versucht!"

„Ja, aber meine Herodias, — meine, das ist eine andere als die bisher zur Darstellung gebrachten. — Nichts von grausamem Triumph und blutdürstiger Wollust! Frei, beinahe wie erlöst steht sie da und blickt mit sanfter träumerischer Zärtlichkeit in das Gesicht des Mannes, den sie enthaupten ließ, weil sie ihn liebte. Ja, was sehen Sie mich so erstaunt an? Wissen Sie nicht, daß sie ihn darum allein tötete? Denn sie haßte ihn, weil er sie gezwungen hatte, ihn zu lieben. Die Bibel berichtet nichts darüber, aber Heine. Der wußte es genau, denn ihm hatte sie sich in nächtlicher Spukgestalt offenbart. — Ein schlankes feingliedriges Weib mit schneeweißem Gesicht und rotgoldigem Haar, und Augen, sage ich Ihnen, — Augen, die nicht ihresgleichen haben. Grau sind sie, mit bräunlichem Schimmer und goldigen Wimpern; und rätselhafte, müde, träumerische Augen sind es. Und in ihnen da liegt etwas, — Weltvergessendes, — Glückersehnendes, — Sichverzehrendes — —."

„Sie schildern da auf ein Haar die Frau Fulda," unterbrach ihn Rodenberg. „Hüten Sie sich, Toni, daß Ihre Phantasie nicht mit Ihnen durchgeht."

Die feindlichen Brüder. Nach dem Gemälde von Th. Schiller.

Aber Kheliany fuhr fort, wie in einer Vision:

„In den Händen trägt sie immer
Jene Schüssel mit dem Haupte
Des Johannes, und sie küßt es;
Ja, sie küßt das Haupt mit Inbrunst.

Denn sie liebte einst Johannem.
In der Bibel steht es nicht,
Doch im Volke lebt die Sage
Von Herodias' blut'ger Liebe. — “

„Außerdem“, warnte der praktische Rodenberg weiter, „sind derartige Bilder nur Sensationsstücke, die kein Mensch kauft, denn wer möchte wohl solche unbehagliche Dinge in seinen Salon hängen!“

„Ach zum Henker!“ fuhr der andere auf. „Wer denkt denn immer gleich an das elende kaufende Publikum. Für mich selbst will ich's malen, für mich allein. Die Idee hat mich nun einmal gepackt und läßt mich nicht wieder los.“

„Schön! Wenn es sich nur darum handelt, eine fixe Idee los zu werden, so malen Sie es in Gottes Namen, da Sie ja in der Lage zu sein scheinen, auch ohne das ‚elende kaufende Publikum‘ durchzukommen. Es beschäftigt Sie wenigstens. Aber hier sind wir. Nun seien Sie gemütlich. Sehen Sie doch diese Menschheit! Wie ein Bienenschwarm summt das durcheinander.“

„Das soll eine Hetz' werden!“ rief Kheliany, wieder in seinen ausgelassenen Ton verfallend, und war mit einem Sprung mitten im dichtesten Gewühl, wildfremden, überraschten älteren Herren verbindlich die Hände schüttelnd, anderen, die nicht wußten, wie ihnen geschah, wohlwollend den Kopf tätschelnd und kichernde hübsche Mädchen, die er nie zuvor gesehen, freundschaftlich begrüßend, bis er zu der lachenden Kellnerin durchgedrungen war, die ihm langjähriger Bekanntschaft, mehr aber noch dem Geldstück zuliebe, das er ihr in die Hand drückte, nach vieler Mühe zwei Küchenstühle ins Freie schaffte und beide Herren mit Bier versorgte, denn Rodenberg war ihm inzwischen langsamer gefolgt.

Sie saßen so, daß sie in das Lokal hineinblicken und den Menschenstrom beobachten konnten, der die innere Treppe auf- und niederwogte. Unweit von ihnen hatte um einen Tisch eine Gruppe von Frauen anscheinend aus dem Mittelstande, die sich aber in der Kleidung durch nichts von wirklichen Damen unterschieden, Platz genommen. Einige von ihnen machten Handarbeiten, Bier und Würstel standen vor ihnen.

„Sehen Sie doch!“ flüsterte Rodenberg, den Freund mit dem Ellenbogen anstoßend. „Da ist ja die Nanette inmitten dieser biederen Gesellschaft. Ist angezogen wie die Ehrbarkeit selbst und sieht doch aus wie ein Racker.“

„So?“ machte Kheliany, sich gleichmäßig umschauend. Seine Ausgelassenheit war bereits wieder vollständig verflogen. Er war wirklich kein belustigender Gesellschafter. „Ja, es scheint, sie ist auf der sozialen Bahn emporgestiegen. Übrigens hat sie die Güte, sich unserer zu erinnern.“

Die, von der sie sprachen, lächelte in der That zu ihnen hinüber und rückte ein wenig ihren Stuhl, wie um die jungen Männer aufzufordern, sich mit an ihren Tisch zu setzen, was von Kheliany mit einer Grimasse beantwortet wurde. Die beiden älteren Frauen nebst Töchtern, in deren Gesellschaft sie sich befand, sahen ihm gar zu bieder und ehrenfest aus. Nun winkte er ihr, sie möchte doch zu ihnen kommen, aber sie setzte nur schmollend den Mund auf und warf den Kopf zurück.

„Teufel noch einmal!“ lachte er. „Sie ist sogar höher emporgestiegen, als ich dachte, und sieht jetzt von der Höhe ihrer Biederkeit verächtlich auf uns herab. Na, lassen wir ihr das Vergnügen. — Sehen Sie! sehen Sie! Rodenberg! Ist das nicht die dicke Professorin Ehrenberg, die sich da eben Bahn bricht? Sie scheint jemand zu suchen, sieht sich überall ängstlich um. Wahrscheinlich hat ihr Mann, der alte Sünder, ihr eingeredet, daß er hier sei. Thun sie nur so, als wenn Sie sie nicht bemerkten; sie wäre imstande, hier bei uns Trost und Schutz zu suchen, und wir hätten das Vergnügen, sie für den Rest des Abends unter unsere Flügel zu nehmen. — Gottlob, sie setzt ihre Nachforschungen jetzt im Innern des Lokals fort.“

Die in Rede stehende korpulente Dame, trotz der Wärme stattlich in schwarze Seide gekleidet, bahnte sich mit großer Energie ihren Weg, aber ihrem hochgeröteten, halb ärgerlichen, halb ängstlichen Gesicht sah man es an, daß ihr mehr als unbehaglich zu Mute war. Die beiden Freunde sahen sie die Treppe hinaufeilen. Einige Zeit blieb sie oben. Rodenberg war schon der

Meinung, daß sie den Professor dort gefunden habe, als sie abermals mit demselben ratlosen Gesicht oben an der Treppe erschien, und im Begriff, herunterzukommen, noch einen letzten suchenden Blick umherschweifen ließ. Darüber verfehlte sie aber unglücklicherweise die erste Stufe und kam nun rittlings, viel schneller, als sie beabsichtigt hatte, hinab. Vielleicht ging ihr im Moment des Ausgleitens blitzschnell der Gedanke durch den Kopf, daß sie schwer verletzt und ohnmächtig unten ankommen könne, und man sie nicht rekognoszieren werde, deshalb rief sie laut und schnell, dabei auf jeder Stufe einmal aufsetzend und wie ein riesiger Gummiball weitergleitend: „Frau Professor Ehrenberg, Gabelsbergerstraße 27 F!" Und da war sie auch schon unten, und zwar zu ihrem Erstaunen ganz unversehrt.

Kheliany geriet förmlich in Entzücken über ihre Geistesgegenwart. Er flog zu ihr hin, sich rücksichtslos über die Schultern der ihm im Wege Sitzenden hinwegschwingend, lüftete den Hut und sagte ernsthaft im Ton eines, der eine Vorstellung erwidert: „Anton von Kheliany, Brienner Straße 135 C." Dann half er ihr höflich auf und fügte hinzu: „Meine Gnädigste, ich habe übrigens schon einmal die Ehre gehabt."

Sie starrte ihn verwundert an und sagte mechanisch: „Ach ja, natürlich, ich erinnere mich!" hatte aber keine Ahnung, und griff sich nach dem Kopf, der von dem Hut verlassen worden war. Auch die schwarze Ledertasche mit den Regensburger Würsteln und der Häkelarbeit lag noch irgendwo auf dem Schauplatz ihres Falls, der ihren Körper doch etwas erschüttert hatte, denn sie war noch ganz verwirrt.

„Haben Sie denn nicht meinen Professor gesehen? Wir hatten verabredet, uns um halb acht hier zu treffen, er wollte schon auf mich warten."

„Offenbar hat er einen anderen Keller gemeint, wenn er diesen genannt hat; das kommt bei den gelehrten Herren schon vor."

„Ja, mein Mann ist immer so zerstreut."

„Vielleicht versuchen Sie es einmal im Löwenbräukeller und dann im Franziskanerkeller."

„Nein, jetzt habe ich von der Kellerei genug. Die Leute starren einen ja an wie ein Wundertier. — Ich danke, mein liebes Fräulein. Ich danke herzlichst."

Dies letztere galt der jungen grau gekleideten Dame, welche die schwarze Ledertasche und den Hut aufgehoben hatte, und sich jetzt freundlich um die Professorin bemühte.

„Erlauben Sie, gnädige Frau, der Hut ist ein wenig verbogen, einen Moment! ich bringe ihn sofort wieder in die richtige Form."

Die flinken Finger bogen geschickt an dem kleinen federgekrönten Monstrum herum, setzten dieses dann der willenlos still haltenden Dame auf das stattliche Haupt zurück, die Bänder unter dem Doppelkinn zu einer koketten Schleife knotend, dann klopften sie noch den Staub von dem Kragenmäntelchen, das bei dem Fall mit den Treppenstufen in Berührung gekommen war, und reichten endlich die Tasche bedienstlich der Eigentümerin.

„Wie geschickt Sie sind, liebes Fräulein!"

„O das ist ja mein Metier."

„Jetzt möchte ich aber auch wissen, bei wem ich mich eigentlich zu bedanken habe."

Die junge Dame zog ein rotes Täschchen hervor, das mehr einer Banknotentasche als einem Visitenkartenetui ähnlich sah, aber von ihr als solches benutzt wurde, denn sie entnahm demselben eine goldgeränderte Karte, auf welcher man den Namen ‚Antoinette Dubois' lesen konnte und darunter: ‚Putzmacherin, Amalienstraße No. —'

„Ich hoffe, die gnädige Frau werden mir auch einmal die Ehre erweisen."

„Ganz gewiß, mein liebes Kind. Von Herzen gern, und nochmals: schönsten Dank!"

„Das muß ich sagen, Nanette, Sie verstehen sich auf den Kundenfang!" rief Kheliany, in lautes Lachen ausbrechend, nachdem die Professorin den Kellergarten verlassen hatte.

„Ich bitt' schön, Herr von Kheliany!" sie hob ihr Stumpfnäschen in die Luft. „Ich heiße Fräulein Dubois, wenn Sie's vielleicht nicht wissen sollten. Hier ist meine Karte. Ich bin in sehr respektierlicher Gesellschaft hier. Die Damen sind meine Nachbarinnen, ebenfalls Inhaberinnen solider Geschäfte, also möcht' ich schon, daß Sie mich nicht in Mißkredit brächten.

Er lachte noch toller. „Sie sind famos! Und was haben Sie denn da für eine brillante Visitenkartentasche? Die gehört ja eigentlich Fulda. Ich habe sie oft genug bei ihm gesehen.“

„Ganz recht. Er ließ sie einen Abend bei mir liegen, und da ich gerade keine hatte, nahm ich sie in Gebrauch. Ich glaube, es stecken auch noch irgendwo Karten von ihm drin, aber das ist mir egal.“

Er bog sich ganz nah zu ihr und blinzelte sie an. „Hören Sie, Fräulein Dubois, was ist denn das mit dem Doktor? Besucht er Sie? He?“

Sie mochte nicht eingestehen, daß Fulda sie nur mit ein paar kurz angebundenen Worten abgefertigt hatte. Ihre Eitelkeit sträubte sich gegen dieses beschämende Bekenntnis, und sie fand es diplomatischer, mit vielsagendem Lächeln die Achseln zu zucken.

„Na, dann weiß ich schon Bescheid!“ rief er. Seine Hände begannen nervös den Schnurrbart zu mißhandeln, und die Augen starrten mit finsterem Ausdruck ins Weite, als eröffne sich ihm eine neue Perspektive.

„Unsinn!“ entgegnete sie mit leichtem Auflachen, das er nehmen konnte, wie er wollte. „Gar nichts wissen Sie!“

„Und es geht Ihnen also gut?“ fragte er nach kurzer Pause, wie aus einem Traum erwachend.

„Ja, das Geschäft macht sich. Ich habe gute Kundschaft.“

„Die paar hundert Mark, die Ihnen der Doktor in meinem Namen gab, waren doch wohl nicht hinreichend, um ein gut assortiertes Geschäft zu übernehmen. Sie haben doch gewiß noch andere Zuschüsse gehabt.“

„Das schon.“

„Von Fulda?“

Sie merkte jetzt, daß er sie auf diesen einen Punkt ausholen wollte, und es machte ihr nun gerade Spaß, die Geheimniskrämerin zu spielen.

„Oho! Namen werden nicht genannt. Ich habe ja viele Freunde und Gönner. Lange genug habe ich doch auch den Herren Malern Modell gestanden.“

„Gott sei's geklagt, daß Sie das Metier verlassen haben. Keine vernünftig gewachsene Person mehr zu finden.“

Sie reckte sich mit naiver Eitelkeit. „Das will ich glauben. Aber nun habe ich auch gerade lange genug allein mit Ihnen gesprochen. Meine Freundinnen äugen schon etwas scharf nach mir hin. Es ist doch ein bißchen langweilig, immer unter Kontrolle zu sein. Wollen Sie sich nicht zu uns setzen?“

„Nicht um die Welt! Hoffart muß Zwang leiden!“

Sie seufzte ein wenig. „Es war doch früher eine lustigere Zeit.“

„Trösten Sie sich, die neue Phase Ihres Daseins wird nicht von langer Dauer sein. Wie lange haben Sie denn schon das Geschäft?“

„Volle drei Wochen!“ erzählte sie trübselig. „Zuweilen kribbelt es mir schon in allen Nerven, einmal wieder eine Dummheit zu begehen oder irgend ein kleines Unheil zu stiften.“

„Nun, das wird Ihnen wohl nicht schwer werden,“ meinte er, allmählich das Interesse an ihr verlierend.

„Ist's wahr, daß Dr. Fulda sein ganzes Vermögen bei Hirschel und Sonnenfeld eingebüßt hat?“ fragte sie noch, im Begriff, sich von ihm zu trennen.

„Es wird wohl schon so sein.“

„Geschieht ihm schon recht, dem großen Herren, der immer auf dem hohen Pferde sitzt. Dem gönn' ich's.“

Der kindische Groll der in ihrer Eitelkeit verletzten ungebildeten kleinen Person kam nun doch zum Durchbruch.

Er sah sie scharf von der Seite an. Die war nicht gut auf Fulda zu sprechen, so viel stand fest. Dann gingen sie auseinander.

„Nehmen Sie's mir nicht übel, Moritz,“ sagte er wenige Augenblicke später zu Rodenberg. „Ich finde es ungeheuer fad hier. Lassen Sie mich nur meines Weges ziehen. Ich bin heute doch ein unbrauchbarer Gesellschafter. Die Herodias steckt mir im Kopf.“

Der andere war derartige Unberechenbarkeiten schon gewohnt und nickte nur gleichmütig, während Khellany gesenkten Hauptes und eilig, als habe er in der Stadt eine Verabredung, der Isarbrücke zuschritt. Aber in der Königinstraße angelangt, ging er langsamer und langsamer, bis er endlich im Schatten der Bäume still stand und zu dem erleuchteten offenen Fenster einer Villa emporstarrte.

Er stand jetzt oft hier unter dem Schutz der Dunkelheit, und wenn oben hinter den herabgelassenen Stores die Schatten menschlicher Gestalten sich vorüberbewegten, malte seine Phantasie ihm Scenen häuslichen Behagens und Familienglückes aus, die ihm das Herz zusammenkrampften.

Zuweilen öffnete sich auch noch spät abends die Hausthür, und Fulda trat heraus, seine Frau am Arm, um nach des Tages Last und Hitze einen friedlichen Abendspaziergang zu machen. Das hatten sie sonst nicht gethan, und der einsame Beobachter drückte sich tiefer in die Dunkelheit des englischen Gartens hinein und biß sich die Lippen blutig, dann lief er in das erste beste vorstädtische Tanzlokal und tanzte die Nacht hindurch wie ein Rasender.

## 9. Kapitel.

Die Wellen der Aufregung über den Fall Hirschel & Sommerfeld ebneten sich gar bald wieder in weiten Kreisen. Andere Ereignisse traten in den Vordergrund und lenkten das allgemeine Interesse von dem Bankrott des bekannten Bankhauses ab. Nur den am Verlust Beteiligten blieb die Erinnerung daran mit voller Bitterkeit wach.

Fulda, der sonst in Geldausgaben stets einen großartigen Zug beobachtet hatte, ertappte sich jetzt bei jeder Gelegenheit auf dem Gedanken, daß er dieses oder jenes sich versagen müsse. Schon das Gefühl, sich einschränken oder überhaupt an den Wert des Geldes denken zu müssen, irritierte ihn über die Maßen, obgleich sein Haushalt unverändert auf demselben Fuß wie vordem weitergeführt wurde. Zu einer Einschränkung nach dieser Richtung hin wollte er sich unter keiner Bedingung verstehen, dazu war er doch zu sehr Lebemann. Die Sache war übrigens vollständig hoffnungslos, und nicht die leiseste Aussicht vorhanden, daß jemals auch nur ein Pfennig an die Gläubiger zurückgezahlt werden könne. Fulda hatte früher immer gemeint, über die gemeinen Geldinteressen erhaben zu sein, aber merkte jetzt, daß er genau so an seinem Besitz gehangen hatte, wie es die Mehrheit der Menschen thut, und den Verlust ebenso bitter empfand wie diese. Ab und zu befiel ihn die Angst, daß er ganz plötzlich sterben und die Seinen unversorgt zurücklassen könne, mit solcher Gewalt, daß er ordentlich Herzklopfen bekam und anfing, sich selbst und jedes etwaige Krankheitssymptom besorgt zu beobachten. Alles dies war sehr unerquicklich und beunruhigte ihn in höchstem Maße. Auch der Groll, daß er sein Lieblingsprojekt hatte aufgeben müssen, und die fieberhafte Angst verzehrten ihn, daß ein anderer ihm nun zuvorkommen und seine in medizinischen Schriften veröffentlichten Beobachtungen und Entdeckungen ergänzen und vervollkommnen könne, während ihm die Hände gebunden blieben, weil er das notwendige Material nicht beschaffen konnte, um darauf weiter zu bauen.

Er blieb jetzt viel öfter als sonst daheim. Käte verstand es, ihn mit freundlichem Behagen zu umgeben und ihm im eignen Hause alles fern zu halten, was ihn verstimmen konnte. Diese stille Sorgfalt und Rücksicht auf seine Wünsche thaten ihm wohl. Im übrigen aber schien gerade sie unter diesen Verhältnissen, die für ihn ein unerträglicher Druck waren, aufzuleben. Ihr Gesicht war jetzt oft von einem sanften Rot überhaucht, und wenn sie im Hause herum hantierte, schwebte zuweilen ein stilles Lächeln um ihre Lippen.

Es freute sie, daß Fulda jetzt oft über Berufsverhältnisse mit ihr sprach, von diesem und jenem Patienten erzählte, und sie hatte ihre Scheu so weit überwunden, daß sie sich sogar zuweilen zu Fragen verstieg, die er freundlich beantwortete. Wenn sie gerade während seiner Sprechstunden auf dem Korridor in ihren Schränken kramte, sah sie wohl hier und da von weitem einzelne Patienten zu ihm gehen und fing allmählich an, sich für dieselben zu interessieren, sich zu freuen, wenn sie ihnen auf der Straße begegnete. Ohne von ihnen gekannt oder gegrüßt zu werden, hatte sie doch jedesmal das Gefühl, daß ein gewisser Zusammenhang zwischen ihr und ihnen bestand, der seinen Knotenpunkt in ihrem Manne fand. Für manche faßte sie gleich beim ersten Blick eine Vorliebe, über die Fulda jedesmal lachte, und als sie eines Tages eine zarte blonde Frau in Brennitzens Begleitung das Sprechzimmer betreten sah, gab sie ihrem Entzücken hinterher in lauten Worten Ausdruck. Ob es Preynitzens Frau gewesen, wollte sie von Fulda wissen.

„Nein!“ entgegnete er kurz und barsch. „Er ist unverheiratet!“ Und fügte dann hinzu: „Verschone mich mit unberufenen Fragen. Ich mag überhaupt nicht, daß du auf dem Korridor umherstehst und spionierst, wenn Leute zu mir kommen.“

Sie sah betroffen zu ihm auf. So rauh und unfreundlich hatte er lange nicht zu ihr gesprochen. Und da fiel es ihr auf, daß sein Gesicht einen verstörten, erregten Ausdruck trug. Etwas Gequältes lag darin, etwas, das vordem nicht dagewesen war, und wie er ihre Augen auf sich ruhen fühlte, wandte er sich kurz ab, als sei es ihm unangenehm, ihrem Blick zu begegnen.

In solchen Momenten, wenn er sie so hart und unfreundlich anließ, überkam sie jedesmal noch wie ein gescholtenes Kind die Sehnsucht nach ihrer Mutter. Sie war zwar nur eine einfache ungebildete Frau, aber sie hatte doch früher immer weiche freundliche Worte für die einzige Tochter gehabt.

Während der allerersten Zeit ihrer Ehe war Käte häufig in den Abendstunden oder, sobald sie abkommen konnte, zu den Eltern geschlüpft, um sich hier in der altgewohnten, engen, schäbigen Häuslichkeit von dem Zwang zu erholen, den sie sich im eignen großen Hause auferlegen mußte. Hier atmete sie dann für eine kurze Weile wie befreit auf. Allmählich aber waren diese Besuche seltener geworden. Nicht, daß die Liebe zu den beiden Alten sich vermindert hätte! sie hing mit lebhafter Zärtlichkeit an der Mutter und besaß sogar Zuneigung für den alten Lumpen, ihren Vater.

Aber Fulda sah diese Besuche nicht gern. Er fürchtete einen schlechten Einfluß von jener Seite auf sie und auf sein Kind, und die Existenz dieser armseligen Schwiegereltern verletzte seine Eitelkeit. Er wollte so wenig als möglich an sie erinnert werden und hatte dies Käte mehr als einmal ziemlich unverblümt zu verstehen gegeben, obgleich er das Ehepaar Weltlinger freigebig unterstützte und seiner Frau auch wiederholt erlaubt hatte, ihnen aus seinem Haushalt zukommen zu lassen, was sie nur irgend wolle. Es war ihr schwer geworden, sich von den Ihrigen mehr und mehr loszulösen, aber sie brachte seiner Eitelkeit auch dieses Opfer, wie sie ihm ja fast alle eignen Wünsche zum Opfer brachte.

Jetzt im Hochsommer, nach langer Trennung wurde die Sehnsucht nach ihnen doch zu groß in ihr, und sie fragte ihren Mann, ob sie nicht einmal zu ihnen gehen dürfe.

Er sah sie groß an.

„Du bist doch gewiß öfters ohne mein Wissen dort gewesen.“

„Nein! Du wolltest es ja nicht.“

Ihm schlug das Gewissen, denn er wußte, wie sehr ihr Herz an den Ihren hing.

„Geh doch!“ sagte er unwirsch, denn er ärgerte sich über sich selbst. „Du kannst ja hingehen, wann du willst. Thu doch nicht so, als ob ich dich gehindert hätte!“ — Aber er wußte genau, daß er sie doch gehindert hatte, wenn auch nicht durch ein direktes Verbot, so doch durch wiederholt angedeutete Wünsche. — „Nur das Kind laß zu Hause!“

Sie wurde ganz rot.

„Das Kind hat mich niemals zu meinen Eltern begleitet.“

Ja, er wußte es, sie hatte sein Töchterchen behütet wie ihren Augapfel. Kein ungesunder Hauch hatte es berührt, seitdem sie es in ihre Obhut genommen. Der kleine Stich, den er ihr eben versetzte, war durchaus überflüssig und grausam. Er hätte gern noch ein begütigendes Wort hinzugefügt, aber es lag eine gewisse Schwerfälligkeit in seinem Wesen, und ehe er sich zu einem Entschluß durchgerungen, hatte Käte das Zimmer verlassen, diesmal wirklich in tiefster Seele verletzt und erregt.

Sie wunderte sich über sich selbst. Sonst hatte sie die Äußerungen seines herrschsüchtigen Willens gleichmütig duldend hingenommen wie etwas Unvermeidliches, das zu ertragen sie verpflichtet war. In letzter Zeit aber hatten seine Worte die Fähigkeit angenommen, sie zu kränken und in tiefster Seele zu erregen. Sie grübelte dann noch lange darüber in Groll und Trotz nach, und auch jetzt lag es noch wie ein Nachklang von Insichgekehrtsein und Geistesabwesenheit auf ihrem Gesicht, als sie nach längerer Wanderung bei den Eltern eintrat.

Weltlinger war noch daheim. Er pflegte immer erst später in die Kneipe zu gehen.

„Sieht man die gnädige Frau auch einmal wieder!“ empfing er die Kommende erbittert. „Ich dachte schon, man hätte die Alten ganz vergessen. In der Thal sehr gütig von der gnädigen Frau, den Weg zu uns gefunden zu haben.“

„Ich war sehr in Anspruch genommen während der letzten Zeit, und mein Mann sieht es nicht gern, wenn ich oft ausgehe,“ sagte sie sanft, ihre Hand beschwichtigend auf die seine legend.

„Natürlich! wir sind ihm ja zu schlecht zum Verkehr, und die gnädige Frau sind jetzt wohl derselben Ansicht. Früher teilten sie uns ab und zu etwas von ihrem Überfluß mit, aber das hat nun auch nachgelassen. Es fällt für die alten Eltern nichts mehr ab.“

„Habt ihr die Zulage nicht regelmäßig erhalten?“

„Das schon. Lumpige zweitausend Mark fürs ganze Jahr!“

„Mein Mann hat große Verluste erlitten. Ich darf im Hause nicht so viel daraufgehen lassen wie sonst.“

„Ei seht doch! dann sitzt er wohl nicht mehr auf ganz so hohem Pferde. Geschieht ihm schon recht. Weiß sich ja vor Aufgeblasenheit und Hochmut nicht zu lassen. Solch eingebildeter Narr!“

„Du sprichst von meinem Mann! Mäßige deine Worte!“

Käte erhob die Stimme nur ein klein wenig, aber der große Blick, der ihren Vater traf, ließ diesen verstummen.

Frau Weilsinger hatte ihrer Tochter den leichten Sommerumhang abgenommen und mit tastenden Fingern das seidene Futter desselben geprüft. Sie hatte nie etwas Ähnliches besessen, und es lag eine gewisse kleinliche Unzufriedenheit, beinahe ein Vorwurf in dem Ton, in dem sie nach dem Preise fragte.

Käte wußte ihn nicht. Sie trug nur, was Fulda ihr schenkte, aber sie fühlte den Vorwurf heraus, und das irritierte sie.

„Er ist also gut zu dir?“ forschte die Mutter weiter. „Wie ist es denn? Hast du dich an ihn gewöhnt? Du bist wohl gar ein bißchen verliebt in ihn? Na ja, ich dachte es mir, daß es so kommen würde. Es wäre ja auch ganz unnatürlich, wenn du einen Mann, der dir so schöne Sachen schenkt, und bei dem du ein so gutes Leben hast, nicht lieb haben solltest.“

Die junge Frau schwieg. Was sollte sie hierauf auch erwidern? Sie fühlte zum erstenmal die geistige Kluft, die zwischen ihr und den Eltern bestand, und daß sie sich einer völligen Verständnislosigkeit für alle subtileren seelischen Regungen gegenüber befand. Hatten jene sich so verändert? oder war mit ihr selbst eine Wandlung vorgegangen? Der alte herzliche Ton wollte sich nicht mehr einstellen. Sie hatte sie ja von Herzen lieb, umarmte und herzte die Mutter mit derselben Zärtlichkeit wie sonst, aber es wäre ihr nicht um die Welt möglich gewesen, von dem, was in ihr vorging, mit ihr zu sprechen. Ihr Blick umfaßte mit einer Art Staunen das kleine Zimmer, blieb an dem Tisch am Fenster haften, an dem sie jahrelang täglich in den Morgen- und Abendstunden angestrengt gearbeitet hatte. Also das war so lange ihre Welt gewesen! Sie erinnerte sich des Widerwillens, mit dem sie das Haus ihres Mannes betreten hatte, des täglichen Kampfes mit ihren Pflichten und Abneigungen, und jetzt waren diese Unebenheiten so allmählich ausgeglichen und hinweggetaut wie Märzschnee in der Frühlingsluft, und jenes Haus, das sie mit solchem Widerstreben betreten, jener Pflichtenkreis, das war nun ihre Welt geworden, in der sie sich heimisch fühlte.

Die Eltern begannen schon ein wenig stutzig über ihre Wortkargheit zu werden. Da riß sie sich gewaltsam von diesen Betrachtungen los und fing an nach diesem und jenem zu fragen und Auskunft über sich und ihren Haushalt zu geben. Es waren ja rein äußerliche Dinge, welche die Alten wissen wollten. Das gute materielle Leben, das die Tochter führte, das war ihnen die Hauptsache. Sie hatten auch immer etwas zu nörgeln und zu klagen, und ihre Gesichter hellten sich auf, als Käte ihnen beim Abschied einiges Geld hinterließ.

Ihr war ganz traurig und elend zu Mute, als sie von ihnen ging. Sie fühlte sich ihnen so entfremdet und doch so unlöslich durch Bande des Blutes und Herzens verbunden. Es dunkelte bereits, wie sie den Heimweg antrat, und ihr Weg führte sie durch die stillen Parkgänge des englischen Gartens, der zu dieser Jahreszeit, in der München von Fremden und Einheimischen ziemlich entleert war, verhältnismäßig vereinsamt schien. Die stille Wanderung durch die schattige Kühle that ihr wohl. Man hatte die Rasenflächen eben gemäht, und der süße Duft des welkenden Grases erfüllte die Luft mit einem Hauch betäubender Sinnlichkeit. Käte blieb stehen und atmete tief auf. Mit geöffneten Lippen sog sie diesen Duft ein und berauschte sich an ihm. Sie war nicht mehr das überschlanke blutarme Mädchen. Ihre Gestalt hatte eine schlanke Rundung gewonnen, und in der Art, wie sich ihre Brust jetzt hob und senkte, lag die zitternde verhaltene Glut eines gesunden lebenstrotzenden Weibes. Eine Weile blieb sie regungslos stehen, mit geschlossenen Augen in schwüles Sinnen verloren. Nahende Schritte erst ließen sie daran denken, daß es nicht ratsam sei, zu dieser Stunde im englischen Garten längere Zeit stehen zu bleiben. Ihr wurde unheimlich zu Mute. Es war doch gar zu einsam hier, und schnell weitergehend schlug sie die Richtung nach der Königinstraße ein. Aber die Schritte hinter ihr beschleunigten sich gleichfalls. Sie kamen näher und näher. Käte wagte nicht, um sich zu blicken, sie ging so rasch, daß ihr beinahe der Atem versagte, und dann hörte sie plötzlich ihren Namen rufen und knickte vor Schreck in die Kniee, so daß sie sich an dem nächsten Baumstamm halten mußte.

„Das ist ein unerwartetes Glück!“ sagte Khelianys Stimme jetzt dicht neben ihr. „Das Schicksal meint es doch einmal gut mit mir.“

Sie sah ihn nicht an, setzte an ihm vorübergehend mit zitternden Gliedern ihren Weg fort. Aber er blieb an ihrer Seite.

„Ich habe Ihren Wunsch respektiert, habe mich dieses ganze Vierteljahr hindurch fern von Ihnen gehalten,“ fuhr er hastig und eindringlich fort, „aber jetzt, wo der Zufall mich einmal ohne Zeugen in Ihren Weg führt, müssen Sie mich hören — Sie müssen.“

„Nein — ich will nicht — nie wieder — nie wieder.“

„Dann schwöre ich Ihnen, daß ich mir hier vor Ihren Augen eine Kugel vor den Kopf schieße.“

Sie kannte diesen desperaten Ton seiner Stimme und wußte, daß er wohl imstande war, seine Worte wahr zu machen, und die Angst hiervor ließ sie ihren Schritt mäßigen.

„Wir haben uns nichts mehr zu sagen, und wenn Sie auch nur die leiseste Rücksicht für die Empfindungen anderer kennten, so würden Sie mich nicht weiter verfolgen. Die Welt ist ja so groß! Müssen Sie denn gerade in München bleiben? Können Sie mir nicht den Frieden und das Glück gönnen, zu dem ich mich durchgerungen habe?“

„Solange Sie hier sind, kann ich München nicht verlassen. Es hält mich mit tausend Banden hier fest. Sie gaben den Sommeraufenthalt in Berchtesgaden auf, weil Ihr Mann vorgab, kein Geld für unnütze Ausgaben zu haben. Da blieb ich auch. Um Gotteswillen, Käte, sehen Sie mich einmal an. Sehen Sie denn nicht, daß ich im Begriff bin, zu Grunde zu gehen, daß ich heruntergekommen bin wie ein kranker Hund? Ich habe vergebens versucht zu vergessen, habe gelebt wie ein Verrückter diese ganzen Monate hindurch, aber ich kann nicht vergessen. Und auch Sie, Käte, können nicht alles vergessen haben.“

„Wollte Gott, daß ich es könnte!“

„Aha, Sie denken also doch auch noch daran, — ab und zu — gestehen Sie es nur. Der Mann, dem Sie in der Übereilung, vielleicht nur aus Trotz Ihr Jawort gaben, hat also doch nicht vermocht, die Erinnerungen an mich ganz aus Ihrem Herzen zu reißen. Sie lieben ihn nicht — ich weiß es, ich sah es — damals, als ich bei Ihnen war. Ihre Ehe ist ja nichts weiter, als eine große Farce. So machen Sie doch derselben ein Ende. Das Band, das Sie an ihn bindet, kann Ihnen unmöglich heilig sein. Nicht einmal ein Priester hat es geheiligt, und wenn Sie es heute lösen, um vor Gott und den Menschen mein rechtmäßiges Weib zu werden, so schwöre ich Ihnen —“

„Niemals!“ Käte schrie es beinahe heraus. „Mein Gott! soll ich denn immer und immer wieder durch Sie an die eine Verirrung erinnert werden dürfen, die ich in meiner Jugend und Unerfahrenheit und Dummheit beging? Ich trage ja schwer genug daran, daß ich die Lüge in meines Mannes Haus brachte, aber ich habe ihn nicht in der Übereilung geheiratet, auch nicht aus Trotz, sondern um meiner Eltern willen, und weil sich mir eine Lebensaufgabe zu bieten schien, welche die Leere in meinem Innern auszufüllen versprach. Keine Macht der Welt würde mich bewegen, meinen Mann und sein Kind wieder zu verlassen."

„Aber wenn ich ihm erzählen würde, daß ich diese Lippen schon vor ihm geküßt, diese unvergleichliche Gestalt schon vor ihm in meinen Armen gehalten habe —"

Sie biß die Zähne zusammen und richtete sich zu ihrer vollen Höhe auf, und der Blick, den sie ihm zuwarf, traf ihn wie ein Schlag.

„Nein, nein!" rief er, sich rücksichtslos vor ihr niederwerfend, unbekümmert darum, ob jemand des Weges kommen könne. „Sie wissen, daß ich das nicht thun würde. Zu einer solchen Gemeinheit bin ich denn doch noch nicht herabgesunken. Aber ich bin einer von den Fertigen, welche den Becher des Lebens bis auf die Neige geleert haben und nur das leere Gefäß noch in den Händen halten, in jeder Stunde bereit, auch dieses gleichgiltig, hoffnungslos an der Wand zu zerschlagen, die uns von der letzten Erkenntnis trennt. Sie allein sind imstande, ihm noch einen neuen Inhalt zu geben. Sagen Sie mir nur ein einziges Wort, nur daß Sie mich noch lieben, und ich will ein neuer Mensch werden, der das Leben von vorn beginnt."

„Dann würde ich lügen. Das, was ich einmal vor Jahren für Sie empfand, das ist lange tot und begraben. Unsere Wege trennten sich damals für immer, als Sie mir jene paar nichtssagenden Abschiedsworte schrieben. In meinem neuen Leben ist kein Raum für Sie. Ich bitte Sie also: lassen Sie mich gehen. Behelligen Sie mich nicht weiter."

Er sprang auf und faßte ihren Arm.

„Wollen Sie etwa sagen, daß in diesem neuen Leben Ihr Mann Raum in Ihrem Herzen gewonnen hat?"

„Ich bitte Sie, ihn ganz aus dem Spiel zu lassen. Zwischen uns soll sein Name nicht genannt werden. Ich achte und ehre ihn. Das sei Ihnen genug!"

„Sie achten ihn! — Wahrhaftig? Sie achten ihn? Sie halten ihn wohl gar für einen ganz untadelhaften Ehrenmann?"

„Unzweifelhaft."

„Nun, Sie überschätzen ihn doch wohl etwas. Ich könnte Ihnen Thatsachen nennen, die vielleicht nicht ganz so günstige Schlüsse auf seinen Charakter ziehen lassen."

„Ich glaube Ihnen nicht."

„Auch wenn ich Ihnen die Beweise liefere?"

„Das können Sie nicht. Mein Mann steht unantastbar da."

„Ich möchte Ihnen doch raten, nicht gar zu fest darauf zu bauen. Glauben Sie zum Beispiel, daß Sie die einzige Frau sind, die in seinem Leben eine Rolle spielt?"

Er sah, wie sie erblaßte, und eine eifersüchtige Wut bemächtigte sich seiner und stachelte ihn zu weiteren Grausamkeiten auf.

„Fragen Sie ihn doch einmal, ob er die Nanette Dubois kennt, das kleine französische Modell, und dann beobachten Sie ihn genau dabei. Seine Miene wird Ihnen verraten, daß ich ihm nicht ganz unrecht that."

„Was hat er Ihnen gethan, daß Sie ihm so feindlich gesinnt sind? Soviel ich weiß, sind Sie ihm nur Dank schuldig."

„Er ist Ihr Mann geworden. Er hat sich zwischen mich und das Glück gestellt. Das hat er mir gethan. Ich wäre ihm jetzt dankbar, wenn er mich damals hätte krepieren lassen."

„Und ich werde niemals einer Anschuldigung Glauben schenken, die nur der Ausfluß einer feindseligen Stimmung ist."

„So werde ich Ihnen den Beweis geben, daß ich die Wahrheit sage. Ich werde Sie zwingen, mir zu glauben. Wenn dann Ihr Zutrauen zu der Unantastbarkeit von Fuldas Privatleben einmal einen Stoß erlitten hat, steigen meine Aktien vielleicht wieder. Ich sehe es Ihnen ja an, daß Sie mir wider Willen schon jetzt glauben. Es ist etwas in Ihrem Gesicht, das vordem nicht da war. Sie sind eifersüchtig! — Eifersüchtig! Ha ha! Die Frauen sind einander doch alle gleich. Man könnte beinah mit Sicherheit auf dem seelischen Apparat eines jeden weiblichen Wesens das nämliche Stück spielen. · · Auf Wiedersehen! meine gnädige Frau. Sie werden von mir hören. Ich halte mein Wort."

Er raffte den Hut auf, den er vorhin achtlos auf den Boden geworfen hatte, und ging in der Richtung davon, aus der er vorhin gekommen war. Käte aber lief wie gehetzt der Königinstraße zu und hielt in

Studienkopf von August Holmberg.

ihrem Lauf erst inne, als die erleuchtete Veranda der Kampendorfschen Villa ihr das Gefühl gab, in der Nähe befreundeter Menschen und in Sicherheit zu sein.

Es war ein Zufall, daß Kampendorfs jetzt gerade in München waren, denn sie hielten sich während der Sommermonate in ihrer Villa am Tegernsee auf und waren auch jetzt nur zur Stadt gekommen, um Fulda wegen des leidenden Zustandes der jungen Frau zu Rate zu ziehen.

Käte und Minka hatten im Frühjahr ein paar Besuche miteinander gewechselt und großes Gefallen aneinander gefunden, und wenn der Verkehr zwischen ihnen schließlich doch kein reger wurde, so lag das an der allzu großen Zurückhaltung der ersteren, die immer des weitgehendsten Entgegenkommens von anderer Seite bedurfte.

Die sanft erhellte grünumrankte Veranda, auf der sie Minka Kampendorf auf der Chaiselongue liegen sah, tauchte in diesem Augenblick wie ein Hafen des Friedens vor der jungen Frau empor. Ihr zitterten die Kniee, und vom schnellen Lauf stand ihr der Schweiß auf der Stirn. Sie war in der That unfähig, weiterzugehen, und beschloß daher, von der oft wiederholten Aufforderung Gebrauch zu machen und sich bei Kampendorfs eine kurze Rast zu gönnen.

Das junge Ehepaar begrüßte sie mit offenbarem Vergnügen.

„Entschuldigen Sie, daß ich Ihnen nicht entgegenkomme!“ rief Minka lebhaft. „Aber ich bin leider nicht sehr beweglich. Pink! einen bequemen Stuhl für Frau Fulda! Das ist nett, daß Sie sich auch einmal zu uns herausmachen! Aber Himmel! Wie sehen Sie denn aus? Sie sind ja leichenblaß!“

„Ich ging quer durch den englischen Garten, und ein — ein Unberufener verfolgte mich.“

„Ja wie können Sie denn auch zu dieser späten Stunde allein durch den englischen Garten gehen! So jung und schön wie Sie sind, dürfen Sie sich nicht wundern, wenn die Männer hinter Ihnen herlaufen.“

Käte setzte sich und sah dann langsam, wie von einem erst im Entstehen begriffenen Gedanken erfaßt auf.

„Bin ich denn eigentlich schön?“ fragte sie mit naiver Ruhe.

Minka wollte sich ausschütten vor Lachen.

„Wie sie das fragt! Köstlich! Natürlich sind Sie schön! in einer ganz ungewöhnlichen Art! Machen Sie doch einmal die verträumten Augen auf und gucken Sie in den Spiegel, Sie närrische kleine Frau! Aber nun schnell vor allen Dingen ein Glas Wein! Pink! tummle dich! Sag' einem der Diener Bescheid!“

Er that gehorsam und eifrig, was sie verlangte, und bediente Käte eigenhändig. Gleich darauf hieß es wieder: „Pink! Ich liege unbequem. Diese Chaiselongue ist die reine Marterbank. Du könntest mir wohl das Lederkissen aus deinem Zimmer bringen!“ und „Pink! im Salon stehen die herrlichen Rosen, die du mir heute brachtest; davon solltest du einige für Frau Fulda holen.“ Er wurde ordentlich in Atem gehalten. Käte konnte nicht umhin, darüber zu lächeln. Sie würde nie gewagt haben, auch nur eines von all den zahllosen kleinen Anliegen an ihren Mann zu richten, mit denen Frau von Kampendorf den ihrigen überschüttete.

Minka sah ganz erstaunt aus, als jene eine dahinzielende Bemerkung nicht unterdrücken konnte, und lachte dann glückstrahlend und sorglos.

„Ich lasse in meinem Mann gar nicht den Gedanken aufkommen, daß es für ihn etwas anderes als ein Vergnügen sein könne, für mich zu springen und zu laufen. Für mich ist es gewiß kein Vergnügen, hier still zu liegen, das führe ich ihm so oft zu Gemüte, daß er es nun endlich glaubt.“

„Jeder würde es auch nicht thun.“

„O gewiß! Es kommt nur darauf an, wie man ihnen die Sache hinstellt. Ich bitte Sie, ist es nicht der lebhafteste Wunsch eines jeden Mannes, Kinder zu haben? Nun ja; sie haben also alle Ursache, uns dankbar zu sein, wenn wir ihnen Kinder schenken, von denen wir Frauen doch allein die Not und Plage haben. Sagen Sie, liebste Frau Fulda, wünschen Sie sich nicht auch ein Kind?“

„Nein!“

Minka sah ganz betroffen auf. „Warum denn nicht?“

Käte rang sichtlich mit der Antwort, dann traten ihr die Thränen wider Willen in die Augen, und sie sagte leise und beschämt: „Wir sind nicht kirchlich getraut, wissen Sie. Wenn wir Kinder hätten — ich würde immer meinen, es haftе ihnen ein Makel an.“

„Warum haben Sie den Doktor nicht zu einer kirchlichen Trauung bewogen?“

„Er wollte es nicht. Seine erste Ehe ging sehr schlecht, obgleich sie in der Kirche eingesegnet worden war. Und ich glaubte, — ich glaubte, ich hätte kein Recht, es zu verlangen. So vor Gottes Angesicht — ich weiß nicht, ob ich dann hätte ‚Ja‘ sagen dürfen.“

„Aber Sie könnten das doch noch jetzt nachholen, wenn Ihr Herz daran hängt, wie es mir beinah scheint.“

„Er würde es nicht wollen, würde es ein kindisches Vorurteil nennen.“

„Soll ich einmal mit ihm sprechen?“

„Nein! nein!“ Käte griff in hellem Schrecken nach den Händen der anderen. „Wenn er es abschlüge, ich würde vor Scham in die Erde sinken!“

„Was für ein sonderbares Ehepaar Sie sind!“ meinte Frau von Kampendorf nachdenklich. „Mein Mann und ich, wir besprechen doch immer alles miteinander.

Da kommt er mit den Rosen, der gute Junge. Sehen Sie, er ist ganz glücklich, wenn ich ihn fortwährend im Trab erhalte, und gesteht mir die Berechtigung dazu mit Freuden zu!"

Der Blick, mit dem das junge Ehepaar sich dabei in die Augen sah, war so strahlend und so voll Liebe, daß es Käte mit einem leisen Schauer überlief und sie hastig aufstehend erklärte, daß es für sie die höchste Zeit sei, heimzukehren.

Kampendorf begleitete sie die Stufen der Veranda hinab bis zur Gitterthür, die das Vorgärtchen nach der Straße hin abschloß. In diesem Augenblick gingen draußen auf dem Bürgersteig ein Herr und eine Dame, offenbar langsam von einem Spaziergang heimkehrend, an dem Gitter vorüber und grüßten. Kampendorf nickte und grüßte freundschaftlich zurück, und wie das Licht der Lampe von der Veranda über die vorübergehende Dame hinglitt, erkannte Käte in ihr die junge Frau, welche vor kurzem in Preynitzens Begleitung ihren Mann während seiner Sprechstunde aufgesucht hatte.

„Wem nicktest du da eben zu, Pink?" rief Minka von ihrer Causeuse herab.

„Dem Franz Tiepolstein und seiner Frau!" gab er zurück und fügte zu Käte gewandt hinzu, indem er ihr die Hand zum Abschied reichte: „Die jungen Tiepolsteins sind Ihrem Herrn Gemahl zu großem Dank verpflichtet."

„Weshalb?"

„Der Graf war im Begriff, die Anwartschaft auf ein großes Majorat zu verlieren, weil es allgemein hieß, er habe ein unheilbares erbliches Leiden, aber Ihr Herr Gemahl hat nach längerer Behandlung und Untersuchung sein Gutachten dahin abgegeben, daß von einem erblichen Leiden keine Rede sein könne und es sich nur um neuralgische Nervenschmerzen handle. Das hat dann zu seinen Gunsten den Ausschlag gegeben."

Käte sann einen Augenblick nach.

„Das kann ich mir gar nicht denken," begann sie, unterbrach sich aber gleich wieder, weil ihr einfiel, daß sie nicht aus der Schule plaudern dürfe.

„Ganz gewiß!" versicherte Kampendorf. „Tiepolstein hat es mir gestern erzählt. Er war wie von einer schweren Last befreit. Es stand aber auch für den armen Kerl viel auf dem Spiel. Mich freut's für die kleine Frau und die Mädelchen, deren Zukunft doch jetzt auf ganz anständige Weise gesichert ist."

Käte wußte hierauf nichts zu sagen, aber während sie heimging, fiel ihr das Gespräch zwischen ihrem Mann und Preynitz ein, welches sie damals wider Willen aus dem Nebenzimmer mit angehört hatte, und sie erinnerte sich der ganz entschiedenen Ablehnung, welche der erstere dem letzteren gerade in dieser Angelegenheit zu teil werden ließ. Es schien ihr ganz erstaunlich, daß ihr Mann seine Ansicht so völlig geändert haben solle, und sie nahm sich vor, ihn darüber zu befragen. Im übrigen drängten sich andere Dinge gleich darauf in den Vordergrund ihrer Gedanken.

Die Fragen, die Kheliany an sie gerichtet und die sie ihm gegenüber mit großartiger Entrüstung von der Hand gewiesen hatte, kamen ihr jetzt wieder in den Sinn. Es war ihr, als flutete ein glühender, sinnverwirrender Strom durch ihr armes Gehirn. War es möglich, daß Kheliany recht hatte, daß sie in der That nicht die einzige Frau sei, die in dem Leben ihres Mannes eine Rolle spielte? Nein nein! es konnte ja nicht sein. Es war sicher nichts als eine elende grundlose Verleumdung, die nur der augenblickliche Zorn dem anderen auf die Lippen gedrängt hatte. Aber er hatte versprochen, ihr den Beweis zu liefern. — —. Wenn er das konnte . . .! Käte fühlte sich wie von einer eisernen Faust geschüttelt, ihr schlugen die Zähne zusammen, und dabei stürzten ihr die Thränen aus den Augen. Sie griff sich mit beiden Händen nach dem Kopf. Was für ein Chaos dort drinnen war! Und dazwischen hörte sie mit einem Mal Minka Kampendorfs Stimme, die fröhlich sagte: „Natürlich sind Sie schön! In einer ganz ungewöhnlichen Art! Machen Sie doch einmal die verträumten Augen auf und gucken Sie in den Spiegel."

Sie flog jetzt beinah die Straße entlang bis zu ihrer Behausung und die Treppe hinauf in ihr Schlafzimmer. Die Thür mit zitternden Händen schließend, nahm sie die Lampe auf, die auf dem Toilettentisch brannte, und trat damit vor den Spiegel, ihr Gesicht Zug für Zug einer Prüfung unterwerfend. Das Resultat dieser Betrachtung mußte befriedigend ausfallen, denn als sie die Lampe niedersetzte und zurücktrat, lag ein erhöhtes Rot auf ihren Wangen. Ja, in der That, es war erstaunlich, aber sie konnte den Vergleich mit anderen jetzt ganz gut aufnehmen, wenn es sein mußte — den Kampf.

## 10. Kapitel.

ulda ging unruhig im Zimmer auf und nieder, als sie bei ihm eintrat.

„Da bist du ja endlich! Wie kannst du denn so spät allein draußen bleiben! Wo warst du?" So empfing er sie in einem Ton, der zwischen Erleichterung und Ungeduld die Mitte hielt.

Sie sagte ihm, daß sie, nachdem sie die Eltern verlassen, noch bei Kampendorfs vorgesprochen habe, aber er fiel ihr ins Wort: „Da hast du einen großen Umweg gemacht. Warum das? Du bist beinah vier Stunden fortgeblieben. Ich war schon im Begriff, jemand nach dir zu schicken."

Sie beobachtete ihn von der Seite und fragte sich heimlich, ob er sie wohl vermißt und Verlangen nach ihr gehabt haben könne, oder ob seine unverkennbare Erregung ihren Grund nur in der Befürchtung habe, daß sie etwas thun könne, was sich nicht mit seiner eifersüchtig bewachten Stellung vertrug. Es fiel ihr auf, daß er elend und abgespannt aussah. Die Fältchen in seinem Gesicht traten schärfer als sonst hervor.

„Verzeih!" sagte sie von raschem Mitleid bewegt. „Hätte ich geahnt, daß du mich brauchtest, so würde ich mich mehr beeilt haben."

„Brauchen? Ach was! Unsinn! Ich brauchte dich gar nicht, aber ich mag nicht, daß man meine Frau so spät allein auf der Straße sieht. Kampendorfs hätten dir den Diener mitgeben sollen!"

Käte dachte daran, wie oft sie als unbeschütztes junges Mädchen allein noch spät abends durch die Straßen getrabt war, um eine bestellte Arbeit abzuliefern oder einen Auftrag in Empfang zu nehmen. Aber er hatte wohl recht, jetzt war sie seinem Namen Rücksicht schuldig.

Er nahm seine Wanderung durch das Zimmer wieder auf und seine Augen hafteten dabei starr am Boden. Es lag ein gramvoller beunruhigter Ausdruck in ihnen, der Kätens heimlich forschendem Blick nicht entging. Sie wäre gern zu ihm hingegangen, ihn zu bitten, sie an seiner Sorge teilnehmen zu lassen, denn sie wußte es ja, es war immer dieselbe Sache, die ihn beschäftigte, immer der quälende Gedanke an den Verlust des Geldes und an seinen möglichen plötzlichen Tod, der beinah zur fixen Idee geworden war. Ihr kam es nicht in den Sinn, auf Geld und Besitz irgend einen Wert zu legen, aber sie sorgte sich um ihn, und nachdem sie ihm eine Weile schweigend zugesehen, wie er rastlos, von innerer Unruhe getrieben hin und her ging, sagte sie, um ihn ein wenig abzulenken:

„Kampendorf erzählte mir vorhin, daß die jungen Tievoltsteins dir zu großem Dank verpflichtet seien, weil dein Gutachten ihnen die Anwartschaft auf ein Majorat erhalten habe."

„Was kümmert dich denn das?"

„Ich erwähne es nur, weil Kampendorf recht erfreut darüber schien. Ich selbst war ganz erstaunt, dies zu hören, denn ich weiß doch, daß dein Gutachten über den Gesundheitszustand des jungen Grafen anfänglich nichts weniger als günstig ausfiel."

Eine dunkle Röte bedeckte im Augenblick sein Gesicht.

„So? Und du willst nun wohl andeuten, daß ich meine Sache nicht verstehe, und blindlings hin und her tappe."

Sein Ton klang heftig gereizt, obgleich doch nicht die geringste Veranlassung dazu vorlag.

„Aber nein! Beruhige dich doch. Wie kannst du nur so etwas von mir denken!"

„Gestehe es doch lieber gleich ein, daß Kampendorf dir gegenüber etwas Ähnliches geäußert hat."

„Ganz gewiß nicht, lieber Albrecht. Nur kannst du es mir nicht verdenken, wenn ich zuerst erstaunt war, denn wenn du einmal einen entscheidenden Ausspruch gethan hast, so pflegt es gewöhnlich damit sein Bewenden zu haben."

„Nun, ist es nicht einmal mehr erlaubt, seine Ansicht zu ändern? Soll man bei jedem Wort, das man spricht, gleich festgenagelt werden? Übrigens begreife ich

Handzeichnung von Giovanni Francesco Barbieri, genannt Guercino, in der Galerie der Uffizien zu Florenz. (Nach einer Aufnahme von Ad. Braun & Co., Braun, Clément & Cie. Nachf., in Dornach i. Els. und Paris.)

nicht, was dich die ganze Sache angeht und weshalb du dich darüber aufregst."

„Das thue ich ja auch gar nicht, lieber Albrecht. Ich konstatiere nur eine einfache Thatsache."

„Und ich bitte dich, jetzt endlich von der Angelegenheit zu schweigen!"

Da er dies im ungeduldigsten Ton sagte, so folgte sie betroffen der Weisung.

Fulda war auch während der nächsten Tage ungewöhnlich verstimmt und leicht gereizt. Es bedrückte ihn offenbar etwas Neues, aber obgleich er in letzter Zeit die Gewohnheit angenommen hatte, mit seiner Frau alles zu besprechen, was sie gemeinschaftlich angehen konnte, schwieg er doch hartnäckig über den Grund dieser neuen Verstimmung. Sie konnte nicht umhin, sich Gedanken darüber zu machen, denn er schlief schlecht, warf sich oft die halbe Nacht hindurch wachend und ruhelos hin und her, und sah elend und verfallen aus. Ihr ging der Verdacht durch den Sinn, daß es sich vielleicht um irgend eine Frau handeln könne, und einmal gekommen, ließ er sich nicht wieder bannen. Er drängte sich zwischen jedes Wort, das sie mit ihm wechselte, in den Blick, mit dem sie ihn heimlich beobachtete. Thelianys Andeutungen hatten trotz ihres besten Willens zum Gegenteil eine Saat des Mißtrauens aufgehen lassen. Wenn Fulda seine Postsachen erhielt, behielt sie ihn scharf und gespannt im Auge, um in seinen Zügen irgend ein verräterisches Zeichen zu erspähen, daß ein Brief darunter sei, der ihm ein lebhafteres Interesse errege als die anderen; wenn er zu ungewohnter Stunde ausging, zog sich ihr Herz jedesmal schreckhaft in dem Gefühl einer unbestimmten Angst zusammen.

und sie suchte dann ihn hinterher mit allerlei kleinen Listen über seinen Verbleib auszuhorchen. Brachte man ihr einen Brief, was freilich selten genug geschah, so wechselte sie die Farbe und wagte kaum, den Blick darauf zu werfen, denn sie meinte immer, er müsse von Aheliany sein und irgend etwas enthalten, das mit dem versprochenen Beweis in Zusammenhang stand, vor dem sie zitterte und dem sie doch mit fieberhafter Spannung entgegensah.

Es war ein unerquicklicher krankhafter Zustand, gegen den sie machtlos war, denn die häßlichen Gedanken stellten sich ungerufen wider ihren Willen immer wieder ein. Ein paarmal dachte sie daran, in ihres Mannes Abwesenheit die Papiere auf seinem Schreibtisch heimlich zu durchsuchen, aber dann gab es ihr jedesmal einen Ruck und sie wurde ganz rot über ihre eigne Schlechtigkeit.

So schien es, als ob eine neue Scheidewand sich zwischen den Gatten emporrichtete, um die eben beginnende Annäherung erfolgreich zu verhindern. Fulda suchte jetzt mehr als sonst außer dem Hause Zerstreuung. Die Arbeit wollte ihm nicht wie früher von der Hand gehen. Auf seinem Schreibtisch häuften sich unerledigte Schriftstücke. Ein Vortrag, den er in der medizinischen Gesellschaft hatte halten wollen, wurde abgesagt, weil er einfach weder Zeit noch Gedanken gefunden, sich mit demselben zu beschäftigen. Mit dem Beginn der ersten Herbsttage, als Freunde und Bekannte von ihren Sommerreisen zurückkehrten, trat auch die Geselligkeit wieder in ihr Recht, zunächst mit kleinen Diners und Herrenabenden, und Fulda, der sich sonst diesen geselligen Vereinigungen aus wirklichem Mangel an Zeit so viel als möglich entzogen hatte, nahm jetzt fast jede Einladung an, die an ihn erging.

Es war in Herrenkreisen viel von dem plötzlichen Ableben des alten Grafen Tiepoltstein die Rede, der, hoch in den Siebzigen, von einem Herzschlag getroffen worden war. Man hatte den alten Herrn in München wenig gekannt, da er während der letzten Jahre seine an der Isar gelegene stille Villa fast nie mehr verlassen hatte, aber Graf Franz, der Erbe der preußischen Standesherrschaft, war oft und gern in München gewesen und in der Gesellschaft bekannt. Aus Höflichkeit für ihn fuhren denn auch viele zu der Trauerfeier nach der Villa hinaus, die sonst nicht daran gedacht hätten, und wußten hinterher viel davon zu berichten.

Der neue Standesherr hatte selbst wie ein Sterbender ausgesehen und sich offenbar nur mühsam während der Ausübung der auf ihm lastenden Pflichten aufrecht erhalten. Es war doch einiges davon an die Öffentlichkeit durchgesickert, wie die Erbfolge für ihn nur an einem Haar gehangen habe, und wenn man nicht so unbedingtes Zutrauen zu Fuldas Diagnose gehabt hätte, so wäre man fast geneigt gewesen zu meinen, daß der junge Graf unter unberechtigten Bedingungen in den Besitz hineingeschlichen sei, den die Liebe des Verstorbenen ihm so gern zugewandt hatte. Einerlei! Man gönnte ihm denselben, denn er war beliebt, gönnte es auch der jungen hübschen Frau und den kleinen Mädchen, daß ihre Zukunft nun gesichert war.

Kampendorf, der gleichfalls mit draußen war, erzählte seiner Frau nachher, daß auch Egon, der nächstberechtigte Agnat, bei der Trauerfeier anwesend gewesen sei und sich sehr verdrossen und unwirsch gezeigt habe. Offenbar habe er mit großer Bestimmtheit darauf gerechnet, daß das Majorat direkt an ihn, mit Übergehung des Kranken, fallen werde. Aber niemand kannte ihn eigentlich, und auf alle Fälle erweckte er keine Sympathie.

Wenige Wochen später reiste Franz Tiepoltstein mit seiner Familie nach dem Süden, um dort für sein Nervenleiden Linderung zu suchen, und Preynitz, welcher der Generalbevollmächtigte seines Onkels gewesen, übernahm nun auch für ihn den Verkauf der Villa und des Inventars, da die jungen Leute voraussichtlich nicht wieder hierher zurückkehren würden.

Der geschickte Geschäftsmann, der sich überall einzudrängen und festen Fuß zu fassen wußte, wo ihm ein auch nur handbreiter Spalt zum Durchschlüpfen geboten wurde, zeigte sich neuerdings gern in Fuldas Gesellschaft und verfehlte nie, ihn zu seinen berühmt guten Herrendiners einzuladen, und Fulda, der sich sonst oft genug über ihn lustig gemacht hatte, nahm zum Erstaunen seiner Frau diese Einladungen fast immer an.

Käte fühlte eine ausgesprochene Abneigung gegen Prewitz. Die süßlichen Aufmerksamkeiten, mit denen er sie überhäufte, waren ihr ebenso zuwider wie seine englischen Allanzerrien. Sie begriff ihren Mann gar nicht. Früher war ihm der Mensch doch unleidlich gewesen. Sie versuchte es einmal, mit ihm darüber zu reden, aber er hatte sie kurz mit dem Bedeuten abgefertigt, sie möge sich nicht in Dinge mischen, die sie nichts angingen.

Nichts angingen! Ja, mein Gott, wofür war sie denn seine Frau! Ihr wurde das Herz recht schwer. War sie nicht schon einmal auf dem Wege gewesen, beinahe glücklich zu sein? Zum wenigsten hatte sie das Glück doch schon in erreichbarer Nähe vor sich zu sehen gewähnt und nun schien es wieder in unbestimmter nebelhafter Ferne zu entschwinden. Wenn sie nur wenigstens bestimmt gewußt hätte, was sich eigentlich zwischen sie und Fulda gedrängt hatte, was ihn ihr aufs neue entfremdete, aber sie stand vor etwas Unfaßbarem, das sich in nichts auflöste, sobald sie es festhalten wollte und sich doch gleich wieder drohend zusammenballte, wenn sie meinte, es verscheucht zu haben.

So kam der Spätherbst heran mit dunklen naßkalten Tagen und winterlichen Anklängen, die sich in München früher als sonst irgendwo einstellen. Sie dachte daran, wie sie sich sonst um diese Zeit frierend die erstarrten Hände gerieben, um sie für die Arbeit geschmeidig zu halten, weil man es sich nicht gestatten konnte, vor dem November zu heizen. Jetzt saß sie in Wärme und äußerem Behagen, und sah mitleidig vom Fenster aus auf die dürftigen frierenden Gestalten, die in unzulänglicher Kleidung die Straße kehrten oder im Verein mit mageren struppigen Hunden Lasten zogen und begehrlich zu den Fenstern der Reichen emporblickten. Sie kannte ja die Armut so gut, verstand all die sehnsüchtigen Blicke, und es war ihr eine Wonne, wenn sie ein altes Weiblein oder ein rotnasiges elendes Kind in ihrer warmen hellen Küche speisen sah. Beinah drängte sich zu viel des elenden Volks an sie heran, das Ännchen machte oft große Augen, und die Köchin murrte, aber Käte wußte jetzt ihre Autorität geltend zu machen, und wenn die Armen dann Gottes Segen auf sie herabflehten, ehe sie davongingen, verfehlte sie nie, ihnen einzuschärfen, daß nicht sie, sondern ihr Mann es sei, der ihnen die Wohltat erwies, und daß der Segenswunsch daher nur ihm gelten könne.

Es war dies eine Art rührenden kindlichen Kompromisses, das sie mit dem Himmel zu schließen versuchte, indem sie ihrem Gatten gewissermaßen auf Schleichwegen die Fürbitte der Armen sicherte, obgleich sie selbst nach ihrer Ansicht derselben noch bedürftiger war, denn seit ihrer Verheiratung hatte sie nicht gewagt, zur Beichte zu gehen, da sie wußte, daß man ihr die Absolution verweigern werde, so lange ihre Ehe nicht kirchlich eingesegnet und sanktioniert sei. Sie litt unendlich darunter und schlich sich Sonntags wie eine arme Sünderin zur Kirchthür hinein. Zumeist ging sie ja, ihres Stieftöchterchens wegen, das Protestantin war wie seine Mutter es gewesen, in die lutherische Kirche, aber dann packte es sie zuweilen doch mit einer gewaltigen Sehnsucht, sich vor ihrem Gott im Staube auf die Kniee zu werfen, ohne daß ihre steif in Reih und Glied sitzenden Nachbarn sich erstaunt nach ihr umwandten, und es zog sie unwiderstehlich nach dem mächtigen alten Dom, wo man in dämmerigen Seitenkapellchen sich ganz ungestört nach Herzenslust mit Gott und den lieben Heiligen bereden konnte.

Am Sonntag nach St. Michael hatte sie das Ännchen mit seiner Lehrerin allein nach der protestantischen Kirche gesandt. Wie sie selbst sich anschickte, den Weg zum Dom anzutreten, ging ihr Mann mit ihr zugleich die Treppe hinab, um sich zur Klinik zu begeben. Sie wußte, es war noch zu früh für ihn, er pflegte sich Sonntags immer erst später dorthin zu begeben, aber die innere Unruhe trieb ihn schon vor der Zeit hinaus.

„Würdest du nicht einmal mit mir zur Kirche kommen?“ fragte sie zaghaft, ihre Hand auf seinen Arm legend.

Er hatte eine schroffe, ablehnende Antwort auf den Lippen, denn er war kein Heuchler und machte aus seinem negierenden kirchlichen Standpunkt kein Hehl, aber wie er in ihre flehenden Augen sah, die ihres Herzens Wunsch deutlich verrieten, brachte er es doch nicht über sich, die Worte auszusprechen. Er sah etwas absichtlich zur Seite und fragte dagegen: „Möchtest du es gern?"

„Du könntest mir keine größere Freude bereiten," sagte sie schnell. „Ich habe es mir schon so lange gewünscht, — so lange, nur ein einziges Mal mit dir zur Kirche gehen zu können, zu deiner und meiner Kirche."

„Mein Kind, ich gehöre gar keiner bestimmten Kirche an."

„Aber du bist katholisch getauft, und wenn du auch nicht an die Dogmen glaubst, so glaubst du doch gewiß an den lieben Gott, den Schöpfer aller Kreaturen, und wenn du nur einmal in der Kirche neben mir bist, wenn ich für dich bete, so ist es mir, als autorisiertest du mich dazu."

Er ging still neben ihr her in der Richtung des Doms. „Du betest also für mich?" fragte er nach einer Weile.

„Ja. Du bist doch mein Mann, und gehörst also zu meinen Nächsten."

Es durchzuckte ihn etwas wie Ärger und Ungeduld. Er hatte eigentlich eine andere Antwort erwartet und war nicht sonderlich erbaut von dem Gedanken, in eine Rubrik mit so und so viel anderen zu kommen, die sie alle ihre Nächsten nannte.

„Und ich meine immer, wenn wir hier unten zuweilen unser Gebet vereinen, werden wir auch dort oben einst nicht getrennt werden," fuhr sie unbefangen fort, ihren kindlichen Standpunkt zu vertreten.

Julda fühlte eine große Rührung wie eine warme linde Welle über sein Herz dahingleiten. Er hätte um keinen Preis ihren Glauben und ihre Illusionen erschüttern mögen, und zugleich mischte sich in diese Rührung noch ein anderes sonderbares beglückendes Gefühl.

„Es wäre dir also nicht lieb, wenn wir getrennt würden?" meinte er in affektiert leichtem Ton und wagte kaum, sie dabei anzusehen, und dann konnte er es doch nicht vermeiden, denn er fühlte, daß sie zu ihm aufblickte, groß und voll mit einem Blick, der den seinen zwang, ihm zu begegnen. Ihm wurde siedendheiß trotz der naßkalten Novemberluft. Er strich sich nervös den Bart. Hier mitten im Gewühl von Menschen, die alle der Kirche zustrebten, konnte er sie unmöglich fragen, ob er diesen Blick recht verstanden habe. Unwillkürlich griff er nach ihrer Hand, und wie sein Fuß dabei an der Schwelle der Kirchenthür stockte, zog sie ihn mit sanfter Gewalt hinüber, hinter sich her.

(Fortsetzung folgt.)

## Ungleich Paar.



Ungleich Paar saß rastend am Stein;
Klingend vorbei zog ein bunter Reihn.
Jünglings Augen, sie leuchteten hell:
„Sahst du es winken, mein Fahrtgesell?
Hörst du es singen das Thal entlang?
Nie vernahm ich so seligen Klang!"
Hat der zweite kaum aufgeschaut. —
Trüb war sein Blick und die Locken ergraut;
Tonlos und müd' klang die Antwort zurück:
„Laß es doch fahren! Es ist nur das Glück."

Ernst Lenbach.

Die Vorleserin. Nach einer Zeichnung von Jean-Honoré Fragonard im Louvre zu Paris.
(Nach einer Aufnahme von Ad. Braun & Co., Braun, Clément & Cie. Nachf., in Dornach i. Els. und Paris.)

Fünf japanische Pioniere schlagen über hundert Chinesen in Tschui-lien bei Kiau in die Flucht.
Maler: Toshikata.

# ⊹ Japan in China. ⊹

Eine strategische Betrachtung.

Von

**Hanns von Spielberg.**

Mit sieben Reproduktionen japanischer Kriegsbilder.



Wenn dereinst die Geschichte unseres Jahrhunderts geschrieben wird, so wird sie voraussichtlich den Ereignissen, welche sich augenblicklich in Ostasien abspielen, eine ganz andere Bedeutung beilegen, als man ihnen gegenwärtig zumißt. Nicht um des Kampfes an sich willen, der zwischen Japan und China entbrannt ist, wohl aber weil mit ihm das vielunterschätzte Japan zum erstenmale gezeigt hat, in welchem Grade es sich — seine kriegerischen Leistungen und die seiner Diplomatie als Maßstab betrachtet — westeuropäische Kultur zu eigen gemacht hat, weil jener Kampf, mag er nun schließlich für den einen oder den anderen Teil siegreich ausfallen, für die Gestaltung der politischen Verhältnisse in Ostasien und für die Fortentwickelung beider Reiche, Japans und Chinas, auf lange Zeit hinaus bestimmend werden muß. Die politische Lage und die wirtschaftlichen Verhältnisse Ostasiens aber üben heute, das ist unzweifelhaft, auch auf die europäischen Staaten und Völker einen nicht zu unterschätzenden Einfluß aus: wenn politisch auch zunächst nur Großbritannien und Rußland unmittelbar beteiligt erscheinen, so wird doch kein bedeutenderes Kulturland der Welt ganz unberührt bleiben.

Das Schauspiel, das uns die Entwickelung Japans bietet, hat vielleicht nur noch ein Analogon in der neueren Geschichte: die Eroberung Rußlands durch die abendländische Kultur, wie sie sich unter Peter dem Großen vollzog. Hier wie dort ein fast überschnelles, rücksichtsloses Brechen mit jeder Tradition, ein plötzliches Aufpfropfen fremder Anschauungen auf das nationale Reis. Wohl scheint es uns, als ob in Japan die Übergänge vom Alten zum Neuen weniger gewaltsam vorgegangen sind, als unter dem gewaltigen Zaren in Rußland; daß sie aber nicht ohne tiefe Erschütterungen erfolgten, beweisen doch die wiederholten Aufstände, denen das Land in den letzten Jahrzehnten ausgesetzt war. Auch mag es scheinen, als ob der Einfluß unserer Kultur in Japan heute schon tiefer eingedrungen ist, als etwa in einer gleichen Zeitspanne die westeuropäische Kultur in Rußland einzudringen vermochte — immerhin warnen gute Kenner vor zu übertriebenen Anschauungen gerade über die Tiefe und Innerlichkeit der Umwälzungen, von denen kein Gebiet des öffentlichen Lebens in Japan verschont geblieben ist. Es mag gewiß auch so mancher oberflächlichere Firnis mit unterlaufen, das aber darf man nicht vergessen, daß in Japan eine uralte, wenn auch ganz anders geartete Kultur bestand — eine weit höhere, denn Rußland unter den Vorgängern Peters des Großen besaß —, als die Reformen nach europäischem Muster begannen, und daß diese alte Kultur jenen denn doch wesentlichen Vorschub leistete.

Auf der anderen Seite das ungeheure China, der demokratisch-bureaukratische Musterstaat par excellence, in dem das Talent nichts, der Streber alles gilt. Auch hier eine uralte Kultur, während diese aber jenseits des Gelben Meeres zu einer Vorstufe für die überlegene unsrige wurde, blieb sie diesseits des trennenden Wassers ein Hemmnis jeder Reform. Nicht daß es an Anläufen gefehlt hätte, zu bessern, sich einer neuen Zeit anzupassen. Die Überzeugung von der Vortrefflichkeit aller eignen Einrichtungen aber schob sich hemmend zwischen Wollen und Vollbringen; wie so oft im Leben der Völker mußte erst ein gewaltiger Krieg kommen, um der Selbsttäuschung und Selbstüberhebung von Herrschern und Beherrschten ein Ende zu bereiten.

Wenn man den bisherigen Verlauf des Feldzuges — jedenfalls eines des interessantesten und in mancher Beziehung lehrreichsten dieses Jahrhunderts — nur oberflächlich nach den meist recht kurzen Berichten unserer Tagesblätter verfolgt hat, drängt sich unwillkürlich die Überzeugung auf, daß nur auf japanischer Seite Tüchtigkeit und Energie, Intelligenz, strategischer Blick und geschickte taktische Durchführung zur Geltung, daß dagegen auf chinesischer Seite nichts anderes als der Marasmus in jeder Form zum Ausdruck gekommen sind. Beschäftigt man sich näher mit den Operationen — allerdings eine bei der Spärlichkeit der zuverlässigen Quellen nicht leichte Aufgabe — so erscheint das Urteil in dieser Verallgemeinerung doch nicht ganz richtig. Man findet dann, daß es auch auf japanischer Seite nicht an Fehlern und nicht an Mißerfolgen gefehlt, daß umgekehrt auch die chinesische Kriegführung nicht so ganz arm an achtungswerten Leistungen war. Das erstere bedeutet für das japanische Heer keinen Vorwurf, denn die Kriegsgeschichte kennt kaum einen Feldzug, der ganz glatt, ohne Rückschläge verlaufen wäre; das letztere aber muß konstatiert werden, nicht nur um der Gerechtigkeit willen, sondern auch, weil es einen Ausblick auf den weiteren Gang des Krieges, oder, wenn dieser bald zum Abschluß gelangen sollte, auf die zukünftige Wertschätzung der inneren kriegerischen Kraft des Reiches der Mitte zu thun gestattet.

Es kann nicht die Aufgabe dieser Zeilen

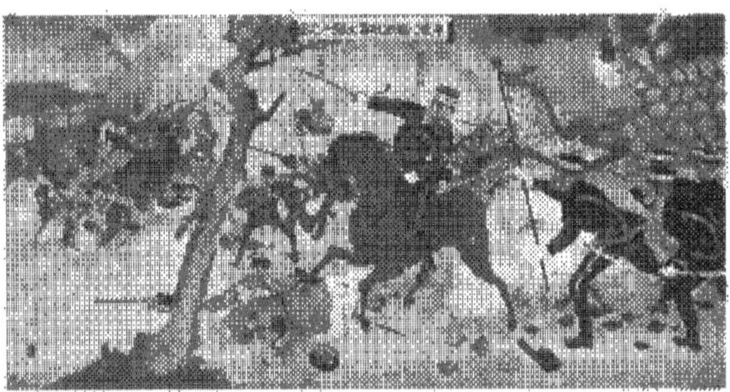

Heftige Schlacht und glorreicher Sieg Japans bei Phjöng-yang.
Maler: Ginko; Holzschnitt: T. Sugiyama.
Erklärung links anfangend: Yo, Oberbefehlshaber der Chinesen; Ma, chinesischer General. Japanische Generale: [illegible] Oshima; General Tatsumi; Generalmajor [illegible].

Benutzung des elektrischen Scheinwerfers beim Angriff auf Phjöng-hang. Maler: B. Inouye.

sein, einen Abriß der Kriegshandlungen zu geben. Ich möchte vielmehr nur versuchen, einige wesentliche Momente von allgemeinerem Interesse herauszuheben. Der Mehrzahl der Leser werden ja die Haupterfolge der Japaner aus den Zeitungsnachrichten bekannt sein; gerade aber die jene verbindenden Glieder, die eigentlichen Operationen, welche zu den entscheidenden Schlägen führten, sind von den Tageszeitungen gar nicht oder nur sehr flüchtig behandelt worden, und ihre Kenntnis bedingt doch zuletzt das höhere Interesse.

Man kann, der besseren Übersicht wegen, den bisherigen Feldzug in drei zeitlich und zum Teil auch räumlich verschiedene Epochen teilen: die Einleitungskämpfe in und um Korea, die Kämpfe in der Mandschurei, genauer gesagt der Provinz Schöngking, und die Kämpfe um die beiden großen Kriegshäfen, welche die Einfahrt in den Golf von Tschili*) zu schützen bestimmt waren, um Port Arthur und Wei-hai-wei.

Verhältnismäßig schnell spielte sich der erste Teil ab. Am 27. Juli — drei Tage übrigens vor der offiziellen Kriegserklärung — begannen die Feindseligkeiten zu Lande mit einem zunächst mißglückten Angriff der Brigade Oshima gegen Asan, nachdem schon vorher, am 24., der chinesische, unter englischer Flagge segelnde Transportdampfer Kow-shing von einem japanischen Torpedo in den Grund gebohrt worden war. Am 25. Oktober, nach einem äußerst erfolgreichen Gefecht bei Phjöng-hang am 15. desselben Monats, erzwang sich Marschall Jamagata den Übergang über den Jalufluß. Wenn auch nach diesem Schlage den Japanern noch durch einen in Korea ausgebrochenen Guerillakrieg manche Schwierigkeiten erwuchsen, muß man sie doch von diesem Zeitpunkt an als die Herren des ganzen Landes betrachten, zumal durch den für die Japaner glücklichen Ausgang der Seeschlacht an der Jalumündung — am 17. September — auch die chinesische Flotte, oder doch wenigstens deren, für den Kampf in offener See in Betracht kommende Teile, zunächst vollkommen lahm gelegt worden waren. So lahm, daß die Japaner eine Störung des für sie so wichtigen Transportdienstes seitens der feindlichen Flotte kaum noch zu fürchten hatten.

Ich bezeichnete die japanischen Operationen bis zur völligen Besitzergreifung von Korea als „verhältnismäßig schnell." Sie sind dies freilich nur im Vergleich zu den weitereren Bewegungen der japanischen Landarmee. Man kann sich berechnen, daß die für den koreanischen Feldzug bestimmten japanischen Streitkräfte spätestens Mitte August um Söul, bezüglich an der Ostküste, bei Wön-san, versammelt waren. Von Söul bis zum Jalufluß beträgt die Entfernung etwa 330 Kilometer, welche die angeblich stets siegreiche Armee in rund 45 Tagen durchmaß; das sind, Gefechtstage und Marsch-

*) Schreibweise der Namen nach Andrees Handatlas.

tage zusammengerechnet, auf den Tag sieben bis acht Kilometer, eine Leistung, die, selbst die schlechtesten Wege vorausgesetzt, keine besonders hervorragende genannt werden kann, die mit anderen Worten darauf hinweist, daß die Widerstandskraft, welche die Chinesen diesem Vormarsch entgegensetzten, denn doch nicht ganz so gering gewesen sein kann, als es bei einer oberflächlichen Betrachtung den Anschein hat.

Es drängt sich aber die weitere, meines Wissens noch nicht erörterte Frage auf, warum die so einsichtsvolle japanische Führung die nach Korea entsandten Kräfte von Anfang an nicht stärker bemaß. Die mit der deutschen Organisation fast genau übereinstimmende Heeresgliederung der Japaner erlaubt — was bei der wirren chinesischen Formation ganz unmöglich ist — die Stärken leidlich genau zu berechnen. Japan verfügt im ganzen in seinem aktiven Heere über sieben Felddivisionen, denen sich bei der Mobilmachung weitere sechs Reservedivisionen anreihen sollen. Die gesamte, unter dem Befehl des Marschalls Jamagata vereinigte Macht aber betrug nur ein und eine halbe, später zwei Divisionen. Es gibt gewiß zahlreiche Erklärungsgründe für diese Beschränkung: die Schwierigkeit des Transportdienstes, die weitere Schwierigkeit, größere Truppenmassen in dem ziemlich wegelosen Lande zu bewegen und zu unterhalten, die Notwendigkeit, die Hauptkräfte für ein anderes Operationsgebiet zu reservieren — vielleicht auch das Bedürfnis, stärkere Kräfte im eignen Lande für den Fall innerer Unruhen zurückzuhalten. Immerhin muß sich dem kritischen Beurteiler die Frage aufdrängen, ob nicht auch eine Unterschätzung des Gegners mitbestimmend gewesen ist. Japan hatte alle Ursache, dem chinesischen Reich gegenüber, dessen Kräfte sich voraussichtlich erst allmählich, aber in immer wachsendem Umfange entwickeln mußten, schnelle Erfolge zu erstreben, zumal der Winter vor der Thür stand. Daß sich diese schnellen Erfolge durch das Ansetzen einer stärkeren Macht auf dem ersten Kriegsschauplatz hätten erringen lassen, kann kaum zweifelhaft erscheinen.

Wenn die japanische Führung von Anfang an die genügenden Kräfte in Korea bereitgestellt hätte, so wäre es, um nur eins zu erwähnen, kaum möglich gewesen, daß der chinesische General Yeh, der nach dem Gefecht bei Asan südwärts zurückgegangen war, durch einen ebenso kühnen, wie glücklichen Marsch von fast 400 Kilometern die Reste seiner Heeresabteilung an den japanischen Truppen vorbei, nach Norden führen und, nach Durchbrechung der japanischen Linie, seine Vereinigung mit dem inzwischen bei Phjöng-yang versammelten Hauptcorps bewirken konnte. Dieser Zug muß unter allen Umständen als eine äußerst anerkennenswerte Leistung gewürdigt werden.

Episode aus der Seeschlacht am Jaluflusse. Maler [illegible].

Die „Saikio-Maru," ein Transportdampfer, früher der „Nippon-Yusen-Kaisha" Dampfergesellschaft gehörend, schlägt sich unter Leitung des Generalstabsmajors Kabayama mutig zwischen zwei chinesischen Kriegsschiffen durch.

Großer Sieg der japanischen Flotte an der Mündung des Jaluflusses.
Maler: [illegible]. Drucker: [illegible].

Während nach dem Übergang über den Jalufluß, auf vielen Karten als Ammockgang bezeichnet, Marschall Jamagata seinen Vormarsch auf Mukden, die alte Hauptstadt der Mandschurei, fortsetzte, worauf noch zurückzukommen sein wird, richtete die obere Heeresleitung der Japaner ihr Augenmerk auf die Gewinnung mindestens einer der beiden feindlichen Seefesten, welche den Golf von Tschili schützten; die Absicht, hier noch vor Eintritt des strengen Winters eine feste Basis zu gewinnen, lag wohl von Anfang an vor, sie konnte aber erst verwirklicht werden, nachdem die chinesische Flotte an der Jalumündung lahm gelegt worden war.

Port Arthur, die schwächere nördliche der beiden Hafenfestungen, war das Ziel, und die Maßnahmen, welche japanischerseits für die Fortnahme getroffen wurden, das Zusammenwirken der Flotte und der Landarmee, verdienen rückhaltslose Anerkennung, wennschon die Ausführung in einem wesentlichen Punkte versagte.

Zur Wegnahme von Port Arthur war eine zweite japanische Armee bestimmt, die, wiederum nur ein und eine halbe Division stark, unter dem Befehl des Generals Ojama in den ersten Tagen des November etwa 150 Kilometer nördlich von Port Arthur landete. Sie ging, ohne auf wesentlichen Widerstand zu treffen, in südlicher Richtung vor und eroberte wirklich am 21., wacker unterstützt von der Flotte, mit stürmender Hand eines der Werke der Festung nach dem anderen. Nur eins gelang nicht: anscheinend durch einen taktischen Fehler des Führers der linken japanischen Seitenkolonne blieb ein Küstenstreifen unbeobachtet und frei, und auf diesem entkam der größte Teil der chinesischen Besatzung. Ich spreche von einem Fehler, muß aber dahingestellt lassen, ob es nicht ein Fehler nur nach unseren europäischen Anschauungen war; ich habe mich bisweilen der Empfindung nicht recht erwehren können, als ob die japanischen Führer recht wenig Wert darauf legen, einige hundert oder tausend Gefangene mehr oder weniger zu haben, die ihnen nur Last verursachen, bei dem ungeheueren Menschenmaterial des Gegners aber für diesen kaum einen nennenswerten Verlust bedeuten.

So jammervoll sich die chinesischen Offiziere und die chinesischen Truppen in Port Arthur benahmen — es giebt keinen anderen Ausdruck als jammervoll —, so wurde doch wenigstens von seiten eines anderen chinesischen Führers sofort ein wackerer Versuch gemacht, die wichtige Festung den Japanern wieder zu entreißen. Der General Sung, der in der südlichen Mandschurei kommandierte, wandte sich auf die Kunde von der Bedrohung von Port Arthur sogleich mit einem Teil seiner Truppen südwärts. Diese Bewegung, die freilich zu spät kam, die Festung zu entsetzen, hatte zur Folge, daß Ojama unter Zurücklassung einer kleinen

Garnison in Port Arthur sich dem Feinde entgegenwarf und so vorläufig nördlich Port Arthur festgehalten wurde. Ende des Jahres standen die japanischen Vortruppen der II. Armee südlich Kaiping an der Westküste der Halbinsel Liau-Tung, und es gelang erst später, die Verbindung mit der I. Armee aufzunehmen.

War der Erfolg von Port Arthur glänzend, so verlief der Vormarsch der I. japanischen Armee auf Mukden resultatlos. Es darf billig bezweifelt werden, ob die Wahl dieses Operationsziels überhaupt eine glückliche war. Bestimmend für sie ist wahrscheinlich die politische Erwägung gewesen, daß Mukden der Stammsitz der Mandschudynastie ist, daß sich hier die Gräber der Kaiser befinden; man erhoffte durch die Wegnahme von Mukden einen ungeheueren moralischen Einfluß auszuüben. Mir will es scheinen, als ob Peking unbedingt das vornehmste Operationsziel hätte sein müssen, sei es nun, daß Marschall Jamagata vom Jalufluß an gleich eine südlichere Marschrichtung einschlug, sei es — bei den ungeheueren Entfernungen wohl richtiger — daß man sich japanischerseits auf die Behauptung der Jalulinie beschränkte, also hier defensiv wurde, alle verfügbaren Kräfte aber zu den weiteren Operationen am Golf von Tschili zusammenfaßte.

Jedenfalls scheiterte die Operation auf Mukden vollkommen. Ich zweifele nicht, daß daran in erster Linie die ungemein schwierigen örtlichen Verhältnisse, die Wegelosigkeit des gebirgigen Landes, die Ungunst der Witterung, die Schuld tragen; das waren jedoch Faktoren, welche die Intelligenz der japanischen Leitung gewiß im voraus in Rechnung gestellt hat. Es scheint aber auch, als ob der Vormarsch auf einen recht energischen aktiven Widerstand von seiten der Chinesen gestoßen ist, als ob besonders die mandschurische Reiterei sich empfindlich fühlbar gemacht hat.

Jedenfalls trat die unmittelbar auf Mukden dirigierte Division — die zweite Division der I. Armee hatte eine südlichere Richtung eingeschlagen — Anfang Dezember den Rückmarsch an, gefolgt von den Chinesen. Wie hier eingeschaltet sein mag, erklärt sich aus diesen vorübergehenden Mißerfolgen der japanischen Leitung wohl am einfachsten die wechselnde Stellungnahme Chinas zu den Friedensverhandlungen. Anfang Januar war die ganze I. japanische Armee, deren Befehl inzwischen an Stelle des erkrankten Marschalls Jamagata General Nodzu übernommen hatte, östlich des Liau-ho, um Hai-tschöng konzentriert, hatte Fühlung mit der II. Armee erlangt, war aber mit dieser vorläufig ganz in die Defensive gedrängt. Ob daran mehr die Unbill des kalten Winters und die Schwierigkeit der Verpflegung schuld ist — ob mehr die Rücksicht auf den wahrscheinlich an Zahl sehr überlegenen Feind, der wiederholt offensiv vorging, aber stets mit blutigen

Die Beteiligung der Taucher an der Seeschlacht an der Mündung des Jaluflusses.
Maler: Toshimitsu.

Das Japan-Reich lebe ewig!) Vormarsch nach Peking über den Yalufluß. Maler: Baisai.
Erklärung der Personen (rechts anfangend): Japan. General Oshima; zu Pferde kämpfend japan. Quartiermeister Pumaji mit dem chines. General Wei; zu Hilfe des letzteren eilen herbei zu Pferd General Tschio und Ai-hung-tschang.

Köpfen zurückgeschlagen wurde, entspricht, ist nicht zu entscheiden. Die obere Heeresleitung wird von dieser Armee zunächst kaum einen ausschlaggebenden Schlag zu erwarten haben, mindestens nicht vor Eintritt der besseren Jahreszeit; ihre späteren Operationen, die sich voraussichtlich auf Schan-hai-kwan, den stark befestigten Endpunkt der großen Mauer am Golf von Tschili, richten werden, dürften erst an dem Liau-ho, dann aber auch an dem genannten Punkte an Widerstand stoßen. Vorläufig erfüllt sie allerdings auch in der Defensive eine Aufgabe von unverkennbarer Wichtigkeit: sie hält einen beträchtlichen Teil chinesischer Kerntruppen fest, die vielleicht bei der Verteidigung von Peking selbst noch bitter entbehrt werden.

Denn es kann kaum einem Zweifel unterliegen, daß der letzte bedeutende und erfolgreichste Schlag der Japaner, die Wegnahme von Wei-hai-wei, der Auftakt zu ihrem unmittelbaren Vorgehen gegen die chinesische Hauptstadt ist. Nicht nur dürfte allein die Eroberung von Peking den chinesischen Hochmut genügend zu demütigen imstande sein, die Volksstimmung in Japan verlangt auch gebieterisch nach diesem Abschluß des Feldzugs, in dem sie, kaum mit Unrecht, die einzige Garantie eines dauernden Friedens sieht.

Die Wegnahme von Wei-hai-wei, sagte ich, war bisher der erfolgreichste Schlag der japanischen Heeresleitung; ich muß hinzufügen, auch die glänzendste Waffentat der Armee und Marine. Man kann zwar mit Recht die Frage aufwerfen, warum die Heeresleitung zwischen den Angriffen auf Port Arthur und Wei-hai-wei eine Zeit von zwei Monaten verstreichen ließ, wie denn die langen Intervallen zwischen den einzelnen Kriegshandlungen überhaupt ein charakteristischer Zug der japanischen Strategie sind. Scheint es doch fast, als packe sie den ungeheueren Koloß des Gegners bald hier, bald dort, um dann jedesmal den moralischen Erfolg eines neuen Sieges abzuwarten. Jedenfalls aber war die Durchführung der Kämpfe um Wei-hai-wei mustergültig. Hier räumte der Feind nicht, wie in Port Arthur, fast ohne nennenswerten Widerstand das Feld; er hielt verhältnismäßig wacker stand. Hier galt es nicht allein, wie bei der Nordfeste, die Eroberung einiger Forts, es war auch mit den ansehnlichen Resten der chinesischen Flotte, die im Hafen von Wei-hai-wei lag, zu rechnen. Die III. japanische Armee, die am 18. Januar vor Weih-hai-wei erschien und sich in der zweiten Woche des Februar der sturmfreien, nach europäischem System angelegten Landforts bemächtigte, die Flotte, die den Hafen sperrte und gemeinsam mit der schweren Artillerie des Landheeres endlich auch die Forts auf der Insel Liu-kung-tao bezwang, das eingeschlossene feindliche Geschwader zur Ergebung nötigend —, sie beide dürfen stolz auf ihre Erfolge sein, die jeder europäischen Kriegsmacht zur höchsten Ehre gereicht hätten.

Herr der beiden Hafenfestungen, welche als starke Flankenstellungen den Eingang des Golfes von Tschili schirmen sollten, im Besitz fast aller kampftüchtigen chinesischen Panzerschiffe und des größten Teils der feindlichen Torpedoboote, frei verfügend über noch mehr als die Hälfte der heimischen Armee (denn man wird die I. und II. Armee auf nicht viel über 50000, die III. Armee auf nicht viel über 25000 Mann veranschlagen können, während Japan ca. 250000 Mann einschließlich Reserve- und Ersatztruppen aufstellen kann), müßte es wunderbar zugehen, wenn die japanische Heeresleitung nicht, sobald die Eisverhältnisse im Golfe von Tschili es gestatten, Tientsin und demnächst Peking zum Ziel ihrer Operationen machte und alle Kraft einsetzte, möglichst bald hier den Frieden zu diktieren. Allerdings darf man die Hindernisse, die sich ihr noch auf dem Wege nach Peking entgegenstellen werden, keineswegs unterschätzen. Noch sind die Takuforts an der Pai-ho-Mündung, die Tientsin schirmen, intakt, und hier, sowie zum unmittelbaren Schutz der Hauptstadt ist inzwischen ein, mindestens an Zahl bedeutendes Heer gesammelt worden. Die Angaben über die Stärke desselben schwanken zwar sehr, aber auch die Mindestschätzung spricht von über 150000 Mann. Und es ist inzwischen die Zeit nicht ganz ohne ernstere Bestrebungen verstrichen, die Ausbildung und den Geist dieser Truppen zu heben. Mit welchem Erfolge, muß ja freilich dahingestellt bleiben. Daß aber unter guten Führern auch der Chinese ein sehr brauchbarer Soldat sein kann, wird von allen Seiten bestätigt, und Züge, wie der des General Yeh in Korea, sowie das Verhalten der chinesischen Truppen in der Mandschurei haben diese Erfahrung, die schon Gordon bei der Niederwerfung des Taipingaufstandes aussprach, nur aufs neue bekräftigt.

Wenn die strategischen Maßnahmen der Japaner, soweit sie sich jetzt von Europa aus beurteilen lassen, nicht immer einen planmäßig durchdachten, vielmehr einen etwas sprunghaften, unstäten Eindruck machen, so erweckt dagegen das taktische Vorgehen durchweg die größte Bewunderung. Sowohl die Landarmee, wie die Flotte haben das Höchste geleistet, was man von ihnen erwarten durfte, die Veranlagung und Durchführung der Einzelkämpfe erscheinen vielfach mustergültig und auch für den europäischen Soldaten ungemein lehrreich; ganz besonders dürfte dies von der Verwendung der Artillerie gegenüber den Werken von Wei-hai-wei und der in diesem Hafen eingeschlossenen Flotte, sowie von den mehrfachen nächtlichen Angriffen der japanischen Truppen gelten.

Unsere von japanischen Künstlern ausgeführten Originalzeichnungen geben bei allem Grotesken, was in ihnen liegt, ja zum Teil gerade durch diesen grotesken Zug, ein fesselndes Bild davon, wie lebhaft die glänzenden Erfolge der Land- und Seemacht in Japan auf die Phantasie des eignen Volkes zurückwirkten. Man muß Respekt vor diesem Volke und seinen geistigen Leitern haben.

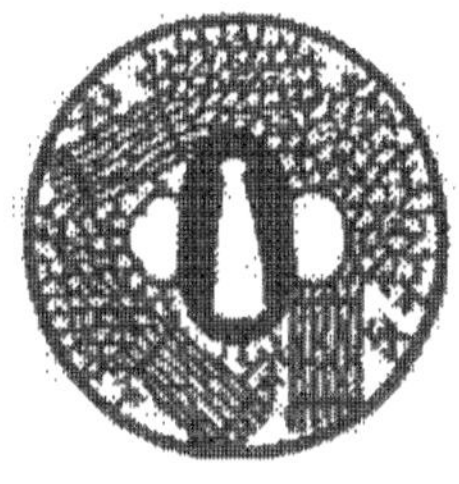

Eseltreiber in Madrid. Nach einer Handzeichnung von W. M. Chase.

(Abdruck verboten.)

Kunst und Liebe gehören zu einander, aber die Politik verträgt sich schlecht mit beiden. Das mag eine der Ursachen sein, die den Roman „Im Sturmesbrausen" von Otto Felsing (Berlin, Verlag von Freund & Jeckel) als ein verfehltes Experiment erscheinen lassen. Der Verfasser verspricht uns einen Künstler-, Liebes- und Streik-Roman vom Nordostseekanal, der bekanntlich im Juni seiner Bestimmung übergeben werden soll. Er hat also ins volle Menschenleben hineingegriffen und es da gepackt, wo es am aktuellsten ist: interessant aber ist sein Roman deshalb nicht geworden. Und die Schuld daran liegt nicht nur in dem unverträglichen Verhältnis, in dem die Politik, die moderne Sozialpolitik wenigstens, — diese nüchternste aller Fragen — zu Kunst und Liebe steht. Die Schuld liegt vor allem darin, daß der Verfasser auf zweien der von ihm behandelten Gebiete — auf dem der Kunst und auf dem der Politik — sich höchst unsicher bewegt. Solange aber jemand sich selbst nicht zur Klarheit seiner Anschauungen durchgerungen hat, wird es ihm auch nicht gelingen, auf Grund seiner Anschauungen ein klares, fesselndes und interessantes Bild zu gestalten. Die Liebesgeschichte will ich nach Möglichkeit beiseite lassen, da die Leser schon einige derartige Liebesgeschichten gelesen haben werden. Im ersten Kapitel lernen sie sich kennen, im letzten sind sie verheiratet; das ist alles, was man von ihnen sagen kann. Etwas Besonderes ist es auch nicht, daß sie zuerst ihm und dann er ihrem Vater und ihr das Leben rettet. Denn diese Lebensrettungen sind mit einem so bescheidenen Aufwand von Phantasie inszeniert, daß der Leser sich nur darüber wundert, wie die Romanfiguren, die dem nüchternsten Leser an Nüchternheit nicht nachstehen, sich als Lebensrettungen bewerten und sich von gegenseitigen Verpflichtungen so arg beschwert fühlen können, daß ihnen nur die nicht markierende Liebe bleibt, das Konto auszugleichen. Zumal, wie sie ihm das Leben rettet, ist mit so wenig eigner Mühe, Anstrengung und Gefahr verknüpft, daß die Geschichte füglich in der Geschichte der Lebensrettungen nicht aufgenommen zu werden verdient hätte. Er, ein junger Maler Norbert von Eckstedt, fährt nämlich auf einer Sekundärbahn durch die holsteinische Tiefebene. Da gibt's keine Tunnel, keine Kurierzugsgeschwindigkeit, keine Brückeneinstürze, keine Teleskopierungen — ein schönes Wort, das der Amerikaner für die Fälle erfunden hat, in denen die Maschine in voller Fahrt auf ein plötzliches Hindernis stößt und die nachfolgenden Wagen sich ineinanderschieben wie die einzelnen Glieder eines Teleskops — keine Entgleisungen und keine Karambolagen: auf solchen Sekundärbahnen gibt es mit einem Worte kaum etwas, das einen nicht übermäßig vorsichtigen Reisenden veranlassen könnte, eine Lebensversicherung zu nehmen, denn die etwa doch vorkommenden Unglücksfälle pflegen bei der Langsamkeit der Fahrt ebenso unblutig zu verlaufen wie die französischen Duelle. Aber Norbert von Eckstedt, mit seinem Hunde allein in seinem Coupé, befindet sich während dieser Fahrt in großer seelischer Erregung, die ihn auch körperlich stark angreift. Unter anderen Zufällen überfällt ihn auch ein plötzlicher Schwindel, dem er sich mit gewaltiger Willensanstrengung entreißt, um aufzuspringen und den Oberkörper weit aus dem Coupéfenster zu beugen, damit ihm die Zugluft über die erhitzte Stirn streichen kann. „Herrgott! Sie werden hinausfallen!" schrie da plötzlich eine helle Mädchenstimme in höchster Angst rechts neben ihm. Norbert wandte sich blitzschnell um und wollte sehen, wer ihn gewarnt; er entdeckte aber niemanden, der zum Fenster des Nebencoupés hinausblickte; dagegen spürte er, daß er fast mit halbem Leibe über den Fensterrahmen der Coupéthür hinausragte und sicher bei der gerade jetzt vom Zuge mit einem starken Ruck der Wagen passierten scharfen Kurve kopfüber aus dem Waggon und dann sicher die vielleicht fünfzehn Fuß hohe Böschung des Bahndammes hinabgestürzt wäre, wenn er sich nicht, von dem Zurufe erschreckt, instinktiv bei der Wendung nach rechts ein wenig aufgerichtet hätte und so aus seiner gefährlichen Stellung gerettet wäre. Er setzte sich schwer atmend auf die von der Sonne heißbeschienenen Polstersitze und wischte sich den Schweiß von der Stirn. ‚Sie hatte ihm das Leben gerettet!' — Ja!" Trotz dieses „Ja" kann ich nicht umhin, zu behaupten, daß Norbert von Eckstedt die Gefahr bedeutend überschätzt, in der er geschwebt hat. Wenn man nicht ein Kind ist, das auf den Sitz klettert und sich von dort aus dem Coupéfenster hinausbeugt, fällt man nicht so leicht aus dem Fenster eines Eisenbahnwagens, wie sich das Herr von Eckstedt und seine unsichtbare Reisegefährtin im Nebencoupé vorstellen; selbst wenn er gänzlich ohnmächtig wird, ist diese Chance für einen Erwachsenen sehr gering und dagegen die Wahrscheinlichkeit sehr groß, daß er in das Coupé zurücksinken wird, — das hängt mit der Schwerkraft zusammen, die sich auch in Romanen nicht aufheben läßt, ohne dem Leser ein ungläubiges Lächeln zu entlocken. Die Gefährlichkeit der Situation aber selbst zugegeben, so ist die Art der Rettung doch nicht geeignet, den Geretteten nun mit einem Male aus Gedanken zu reißen, die ihn bis zu Schwindelanfällen bewegten, und ihn sich nur noch mit der Frage beschäftigen zu lassen, wie die Retterin im Nebencoupé wohl aussehen möge. „Ob sie wohl hineinpaßte in diese Welt" — in die sonnige, schöne Welt, für die dem Häßlichkeitsmaler Norbert nämlich während dieser Fahrt plötzlich die Augen aufgegangen sind —, „sie, die ihn bewahrt vor der Nacht und vor den Grauen des Todes?" Ob sie wohl zu ihm harmonierte? — Hm! Wie mochte sie wohl aussehen? Ein helles, frisches Gesicht, das übereinstimmte mit ihrer hellen, klangvollen, ihm so wunderbar sympathischen Stimme? O, ganz gewiß! Die Stimme konnte nur aus einem roten, süßen kleinen Munde kommen, über dem ein Paar schöne, helle Sterne leuchteten! Daran war gar kein Zweifel! — Blondes Haar? Nein, das konnte er sich nicht recht vorstellen; wahrscheinlich braunes, etwas heller als das seinige, und dazu ein Paar kleine rosige Ohren . . ." Hat der Leser die lebensgefährliche Situation schon vorher nicht recht ernsthaft nehmen können, so wird er durch solche daran geknüpfte Betrachtungen nicht gläubiger. Denn einem aus Todesnot Geretteten, der von einer Lebensfrage innerlich ganz in Anspruch genommen wird, ist es ganz gleichgültig, ob die Töne, die ihn retteten, aus einem mehr oder weniger großen Munde und unter mehr oder weniger braunem Haar hervorkamen. Das könnte ihn wohl ernsthafter beschäftigen, wenn nicht der Zuruf an sich ihn gerettet hätte, wie es hier der Fall ist, sondern eine bestimmte Klangfarbe auf ihn wirkte und diese das notwendige Ingrediens war, um ihn dem Zuruf Folge geben zu lassen. Otto Felsing bleibt in seiner Seelenmalerei ganz am Äußerlichen haften, trotzdem er seine Menschen bei den unbedeutendsten Anlässen in allen möglichen Zuständen vorführt. Und dieses Kleben am Äußerlichen zeichnet auch seine Kunstbetrachtungen aus, die naturgemäß ziemlich breit sind, da der Maler Norbert von Eckstedt im Verlauf des Romanes nicht nur aus einem Junggesellen ein Ehemann, sondern auch aus einem Maler des Häßlichen ein Maler des Schönen wird. Das Schöne freilich läßt ihn Felsing da sehen, wo die anderen Menschen es nicht sehen, — der Bekehrte malt einen „Ausbruch des Streiks am Nordostseekanale" und eine „Eisenbahnkatastrophe auf nächtlicher Heide." Das können gewiß zwei gewaltige Bilder sein, die den Maler vollauf als Künstler legitimieren. Aber sie werden einen Vater, der an dem Talent seines Sohnes bisher zweifelte, weil dieser mit Vorliebe alte häßliche Weiber malte, sicher nicht anderer Meinung machen. Denn dieser Vater ist einer von den Kunstbanausen, die auch die Hexe von Endor entweder gar nicht oder „schön" gemalt sehen möchten, und diesem Geschmack kann ein Maler unmöglich entsprechen, der den Ausbruch eines Streiks oder eine Eisenbahnkatastrophe malt. Denn wenn beides „schön" ist, ist beides schlecht gemalt, weil ihm dann die Wahrheit fehlt, die innere Wahrheit, die Wahrheit des Gesamteindruckes, der ein sehr verschiedener sein kann — ein gewaltiger zum Beispiel und ebensogut und ebensowohl ein kläglicher — aber niemals ein schöner. Wunderlich überhaupt, was Otto Felsing zum Schluß als die Aufgaben der wahren Kunst präzisiert, — sie soll nach ihm ihre Stoffe zwar aus dem Leben des Tages schöpfen, aber sie adeln durch die Art der Wiedergabe. Das heißt einmal, dem Maler die Phantasie als etwas Unkünstlerisches unterbinden. Glücklicherweise wird ein solches Machtwort immer versagen, weil unter tausend Malern doch ab und zu sich ein Künstler findet. Der führt dann wie Boecklin mit einem einzigen Pinselstrich die ganze Doktrin ad absurdum. Zweitens aber führt diese Auffassung der Kunst die Künstler gerade auf den Weg, den sie nach Felsing nicht gehen sollen, — sie führt sie dem Häßlichen in die Arme. Diejenigen Künstler wenigstens, die Geist haben und nicht von Natur oder aus Geschäftsrücksichten Süßholzraspler sind. Denn der Salon in Berlin W., in dem im rotverschleierten Licht rosige junge Mädchen noch rosiger aussehen, und selbst Matronen noch etwas jugendlich Verführerisches haben, spiegelt das Leben des Tages wieder, und der Krüppel ohne Beine, der in grimmiger Kälte und im Straßenschmutz im Zwielicht der Gaslaterne auf der Potsdamer Brücke hinter seiner wimmernden Drehorgel hockt und auf mitleidige Seelen wartet, spiegelt auch das Leben des Tages wieder. Beide Bilder also sind den Idealmalern Otto Felsing's zu malen gestattet, — geadelt durch die Art der Wiedergabe. Unter dieser Adelung kann ich mir nun nur vorstellen, daß das Salonbild das Herz des Beschauers mit allen Wonnen erfüllt, die ein naives Gemüt empfinden würde, wenn es mitten unter diesen rosigen Gestalten sein könnte und das Bewußtsein hätte, gerade so rosig zu sein wie sie. Oder daß das Bild von der Potsdamer Brücke Mitleid weckte in den Seelen derer, die in Wirklichkeit hundertmal an ihm vorübergegangen sind, ohne eine Spur von Mitleid zu empfinden, — ein großes nachwirkendes Mitleid, nicht mit dem einen Unglücklichen auf der Potsdamer Brücke, den ich viel zu wenig kenne, um mich für ihn zu engagieren, sondern mit allem Elend, mit allem Unglück, mit aller Not. Welches Bild, glaubt man, wäre schwerer zu malen, das rosenrote oder das trübe, welche Wirkung wäre schwerer zu erzielen, die behagliche oder die erschütternde, welches Malers Werk trüge edlere Frucht, das Werk des Salonmalers oder das des Straßenmalers? Zweifellos das des letzteren, und also natürlich, daß diese Aufgabe Künstlern interessanter erschiene als die erstere. Und doch ist das eine schön, das andere häßlich, — zwei Begriffe, die in der malerischen Kunst allerdings meiner Meinung nach gar keine Rolle spielen. Felsing verwechselt häufig Schönheit und Wahrheit, die ganz und gar nicht dasselbe sind. Wenn mir ein Maler ein schönes junges Mädchen mit grünen Leichenflecken malt und von mir verlangt, daß ich dieses Bild als ein Kunstwerk respektiere, weil er die Farben so gesehen zu haben behauptet, kann ich ihm nur erwidern, daß ihn ein offenbarer Fehler seiner Sehwerkzeuge zum Malen gänzlich untauglich macht. Malt er aber eine alte Bettel mit allen Lumpen der Armut, allem Schmutz der Verkommenheit, allen Spuren des Lasters, so könnte ich ihm höchstens sagen, daß solche Bilder meinem persönlichen Geschmack nicht zusagen. Zu behaupten, daß ein solches Bild niemals ein Kunstwerk ersten Ranges sein könne, würde ich niemals wagen; schon deshalb nicht, weil ich eine ganze Menge von derartigen Bildern kenne, die ich für Kunstwerke allerersten Ranges halte. Diese Unklarheit der Anschauungen, die sich in Felsings Kunstauffassung bemerkbar macht, findet sich auch in seinen gelegentlichen Winken über die Technik. Da behauptet er z. B., daß der Maler Norbert an jenem sonnigen Märztag die Beobachtung gemacht habe, seine gemalten Schatten seien bisher immer viel zu braun gewesen. Das ist mit großer Wichtigkeit vorgetragen und sagt doch so gut wie gar nichts. Denn eine Farbe giebt weder Schatten noch Licht wieder, sondern das Verhältnis der Töne zu einander. Solche flüchtige Beobachtungen stellen sich später sehr leicht als Selbsttäuschungen heraus, auf denen auch Felsings eigene Beobachtungen zum Teil beruhen. Da spielt z. B. ein Hund in dem Roman eine Rolle, der die für einen Hund ganz merkwürdige Angewohnheit hat, sich als Zeichen heftiger Erregung „die Flanken mit dem Schwanz zu peitschen". Das thun die Katzenarten, aber Hunde thun das nicht. Und wenn es dennoch ein Hund thäte, so müßte der Beobachter das unbedingt als eine Abnormität bezeichnen, sonst glaubt man ihm nicht. Ich wenigstens bin in diesem Punkt, trotzdem ihn Felsing mehrmals erwähnt und offenbar nicht mit dem Schwanzwedeln verwechselt, ebenso mißtrauisch geblieben, wie dem weißen Schwanz eines Rehes gegenüber, der in einem Novellenbande von Dietrich Theden, auf den ich später kommen werde, im Dickicht verschwindet. Das Reh hat keinen Schwanz, sondern einen Spiegel, und nicht etwa nur auf Grund einer Laune der Weidmannssprache, die ein deutscher Schriftsteller ignorieren kann, wenn er Lust dazu hat. Mit demselben Rechte könnte ein Maler ein Reh mit einem weißen Schafsschwanz malen oder einen Irish-Setter, der sich wie ein Tiger die Flanken peitscht. Der Einwendung, die ich gegen die politische Seite von Otto Felsings Roman zu machen habe, wird vielleicht mancher Leser nicht zustimmen. Felsing verlegt die Handlung seines Romans in den Mittelpunkt der Arbeiten am Nordostseekanal, und er schildert einen großen mit Unruhen verknüpften Streik unter den dort beschäftigten Arbeitern, während bekanntlich diese Arbeiten ganz programmmäßig verlaufen sind. Das halte ich nicht für statthaft. Es ist — auf größere Verhältnisse ausgedehnt — dasselbe, als wollte ein Autor in eine Schilderung des deutsch-französischen Krieges eine entscheidende, von den Deutschen verloren gegangene Schlacht hinein fabulieren. Aber auch mit der Art, wie Felsing gegen die Sozialdemokratie Stellung nimmt, bin ich nicht einverstanden. Politische Gegner soll man mit den schärfsten Waffen bekämpfen, aber man darf nicht glauben, es sei eine erlaubte Waffe im politischen Kampfe, dem Gegner fälschlich nachzusagen, er habe silberne Löffel gestohlen. An diese Methode aber erinnert der Berg von moralischer Verkommenheit, unter dem Felsing seinen sozialdemokratischen Rechtsanwalt und Abgeordneten begräbt. Das Unglück, einen schlechten Charakter einmal zeitweilig bei sich eine Rolle spielen zu sehen, kann jeder politischen Partei passieren, — müßte man aber ein schlechter Charakter sein, um in dieser Partei eine Rolle zu spielen, dann könnte man die Partei ruhig sich selbst und ihrer Wurmstichigkeit überlassen und brauchte sie nicht erst zu bekämpfen. Felsing behaftet seinen sozialdemokratischen Führer mit so viel Scheußlichkeit, daß ihm die Sache offenbar schließlich selbst bedenklich wird und er ihn verrückt werden läßt. Damit aber setzt der Autor den Leser nur wieder von neuem in Verlegenheit. Über die Grenze zwischen Verbrechen und Geisteskrankheit mögen die Gelehrten miteinander streiten, aber der Dichter ist genötigt, diese Grenze haarscharf zu ziehen. Denn das Verbrechen fordert Abscheu, die Geisteskrankheit fordert Mitleid heraus, und der Leser will wissen, auf welche Forderung er reagieren soll. Verwischt ihm das der Autor, dann wird er unwillig und reagiert überhaupt nicht. Diese Teilnahmlosigkeit aber ist dem Dichter noch gefährlicher, als wenn der Leser die der beabsichtigten Wirkung entgegengesetzte empfindet. Auch dieser Fall kann manchmal eintreten.

So hat mich eine Novelle von Ernst von Wolzogen „Fahnenflucht" (Berlin, F. Fontane & Co.) stark gegensätzlich berührt. Der Autor wünscht darin ein lebhaftes Mitleid für einen Soldaten zu erwecken, welcher desertiert und auf seiner Flucht sich in einem Steinbruch das Genick abstürzt. Nun mag mein militärisches Gefühl immer noch ziemlich stark entwickelt sein, aber so stark ist es niemals gewesen, daß ich geglaubt hätte, einem Deserteur unter allen Umständen menschliche Teilnahme versagen zu müssen. Ich habe vor zwanzig Jahren in einer rheinischen Garnison gestanden, in einem oberschlesischen Regiment, das zum großen Teil einen Ersatz von polnischen Leuten hatte, die kein Wort deutsch verstanden, wenn sie zum Regiment kamen. Vor zwanzig Jahren ging man mit dem Rekruten noch weniger zart um als heute; der polnische Unteroffizier, der sein Deutsch auch erst beim Regiment gelernt hatte, zeigte sich am allerwenigsten rücksichtsvoll gegen seine polnischen Landsleute. Im Gegenteil war er sehr geneigt, dem Rekruten als einen Grad von besonderer Dummheit und Störrigkeit anzurechnen, daß er nicht mitbrachte, was der Unteroffizier doch selbst mühsam erst hätte lernen müssen, die Kenntnis der Sprache. Die Lebensgewohnheiten der Civilbevölkerung waren dem oberschlesischen Polen gänzlich fremd, Beziehungen zu ihr — jene zarten Beziehungen, die den Soldaten über das Einerlei der Kaserne trösten — knüpften sich niemals an. Die armen Kerle waren in Wahrheit schlimm daran. Und wenn einer von ihnen das Heimweh gepackt hätte — eine Krankheit, über die nur Menschen mitsprechen dürfen, die sie selbst durchgemacht haben — und er wäre davongelaufen, weil ihm das Leben in der Fremde schlimmer als der Tod erschien, — sicher hätten seine Richter vielleicht nicht seine Strafe gemildert, aber auch wenige würden ihm menschliche Teilnahme versagt haben. Übrigens erinnere ich mich keines solchen Falles aus meiner Dienstzeit, — ich konstruiere rein theoretisch. Derartige Motive, die mir auch einen Deserteur menschlich nahe bringen könnten, giebt es gewiß eine ganze Anzahl. Aber Wolzogen spitzt seinen Fall zu als eine Anklage gegen die Forderungen des militärischen Dienstes im allgemeinen, und er will, wir sollen seinen Deserteur gerade deshalb für einen besseren Menschen halten, weil er ein sehr schlechter Soldat ist. Der einzige Vorwurf, den ihm, wie Wolzogen meint, seine Vorgesetzten mit Recht machen können, ist der, daß es ihm unmöglich ist, seine Kniee durchzudrücken. Und für diesen Schönheitsfehler hat Wolzogen doch eine so ehrenwerte Entstehungsursache: „Warte Luder, ich will dich lehren, deine Knoche 'rausschmeißen, daß du se nachher auf'm Kasernenbuche nachlesen kannst —!“ So hatten sie seine dicken großen Ohren umschmeichelt, die Herren Unteroffiziere, vom ersten Tage seiner Rekrutenschaft an bis heute. Und die Beine waren doch nicht gerade geworden. Sein Vater und sein Großvater und wer weiß wie viele Vorfahren noch waren mit ebensolchen krummen Knieen hinter dem Pflug und neben dem Erntewagen hergegangen und waren dabei brave Leute gewesen, die in Frieden ihr sauer verdientes Brot aßen. Auf diesen Beinen war er fest und sicher gestanden bis in sein zwanzigstes Jahr, und sie hatten ihm noch nie den Dienst versagt, auch nicht, wenn er sich bei Regenwetter stundenlang durch aufgeweichten Acker schleppen mußte, bergauf, bergab, und zehn Pfund schwere Fladen ihm an den Stiefeln klebten. Die Beine gehörten zu seinem ehrlichen Erbe, ebensogut wie die mächtigen harten Fäuste und die sehnigen Arme, mit denen er Kraftkunststücke verrichten konnte, die ihm nicht viele nachmachten. Er hatte sich ihrer nicht zu schämen brauchen bisher — und jetzt wurden auf einmal alle Höllenhunde dagegen losgelassen, wie wenn durch sie der ganze Soldatenstand verschimpfiert, das Vaterland geschändet würde. Was konnte er dafür, daß diese dicken kurzen Sehnen sich nun einmal nicht mehr strecken ließen? Jahrhunderte hatten daran gearbeitet, sie allmählich so zu gestalten, wie sie jetzt waren, und nun sollte der Drill eines Jahres den Starrsinn des Naturgesetzes überwinden! Der Unteroffizier wollte das Entwicklungsgesetz vergewaltigen!“ Ich glaube, jeder, der einmal in seinem Leben deutsche Soldaten gesehen hat, schüttelt über diese Tirade erstaunt den Kopf. Der beste Teil unseres militärischen Ersatzes entstammt jenen Ständen, die durch Generationen hinter dem Pfluge gegangen sind und mit krummen Knieen den gepflügten Acker getreten haben. Unsere ganze Garde fast müßte mit krummen Knieen marschieren, wenn sich bei der Landbevölkerung ein „Starrsinn des Naturgesetzes“ und ein „Entwicklungsgesetz“ in dieser Weise bemerkbar machte. Das kann nur jemand behaupten, der Darwin oder noch wahrscheinlicher nur über Darwin gelesen, aber niemals offene Augen über einen preußischen Exerzierplatz hat schweifen lassen. Wenn der Held Quaritsch seine Beine nicht strecken lernen kann, so ist das eine vielleicht irreparable individuelle Eigenschaft — das kommt vor — vielleicht auch ein Familienfehler, den er geerbt hat, — aber seine eigne und die Beschäftigung seiner Vorfahren mit der Landwirtschaft haben ganz gewiß nichts damit zu thun. Die Sache an sich ist ja auch ziemlich gleichgültig, ich erwähne sie nur ausführlich, weil sie mir als Beobachtung in das Kapitel der die Flanken peitschenden Hunde und der Rehe mit den weißen Schwänzen zu gehören scheint. Wichtiger als die Entstehungsursache sind für den Helden Quaritsch die Folgen seiner krummen Beine. Recht unangenehme Folgen, — er wird ihretwegen der Sündenbock der Kompanie, auf den nicht nur die Vorgesetzten allen ihren Unmut abladen, sondern den auch die Kameraden malträtieren. Beides ist leicht möglich, das letztere nicht sehr wahrscheinlich. Denn ein Kerl mit solchen Armen und Fäusten, wie Quaritsch sie hat, wehrt sich schon gegen Handgreiflichkeiten und hält sich auch die Hänseler vom Leibe, wenn er sonst ordentlich ein tüchtiger Kerl ist, was man ja zweifellos auch mit irreparabel naturkrummen Beinen sein kann. Aber der Held Quaritsch ist nichts weniger als das, — er ist schlapp, schmuddlig, liederlich, gleichgültig, kurz in allem nicht nur das Gegenteil von einem guten Soldaten, sondern auch eines tüchtigen jungen Mannes. Und wenn der Verfasser glauben machen will, er sei dies alles erst infolge der beim Militär ausgestandenen Quälereien und Hänseleien geworden, während er daheim der ehrenfeste, kräftige und fleißige Bauernsohn gewesen sei, so überzeugt er doch sicher nur Leute, die von vornherein überzeugt sind, daß der ganze militärische Drill etwas Fürchterliches, Unmenschliches und die Seelen Niederdrückendes sei. Militärische Tugenden und bürgerliche Tugenden decken sich gewiß nicht immer, — man kann ein sehr guter und braver Schreibergeselle und ein gänzlich unbrauchbarer Soldat sein. Aber militärische und menschliche Tugenden decken sich immer, nur werden von dem Soldaten noch einige mehr oder in konzentrierterer Form wenigstens gefordert, als sie dem nicht uniformierten Menschen im allgemeinen zugemutet werden. Nicht die krummen Kniee sind es, die dem Soldaten Quaritsch das Leben sauer machen, sondern seine unsympathische Persönlichkeit, sein schlaffer Charakter, seine Verlumptheit. Wenn dieser Kerl — kaum aus dem Lazarett entlassen und sich noch als Revierkranker herumdrückend — ohne Urlaub über Land geht, sich auf dem

Landsboden herumtreibt, mit einem scheußlichen Frauenzimmer anbändelt, seine Waffe vergißt und im Morgengrauen an das Kasernenthor gelangt, dann aber mit dem Trost: „Nun ist ja doch schon alles ‚Wurscht‘“ umkehrt, sich in den Gedanken hineinredet, es werde beim Militär zu viel von ihm verlangt, seine „Braut“ wieder herausklopft und ihr zumutet, einen Civilanzug für ihn zu stehlen, in dem er fliehen kann, wenn er dann in der Ausführung seines Planes sich aufführt wie ein geängstigter Hase und zusammenbricht vor der Anstrengung, eine Nacht unter freiem Himmel geschlafen zu haben, — dann soll diese Jammergestalt noch Mitleid oder Sympathie erwecken? Man sagt sich sehr folgerichtig, daß dieser Mensch sich selber zuzuschreiben hat, was ihm etwa auf seiner Fahnenflucht zustößt, und da Wolzogen gleich das Gräßlichste über ihn heraufbeschwört, ihn in einen Steinbruch fallen und sich das Genick abstürzen läßt, — mag's drum sein! Nicht der Leser ist verpflichtet, des Autors Stimmungen nachzufühlen, sondern Sache des Autors ist es, den Leser in die von ihm gewünschte Stimmung hineinzuzwingen. Mißlingt ihm das, so mögen seine Geschöpfe ihn darum verklagen, wenn sie umsonst gelebt haben und bei ihrem Tode kein Auge feucht wird, — der Leser braucht sich deshalb nicht gefühllos zu schelten.

Karl Baron Torresani behandelt in seiner Novellensammlung „Ibi Ubi“ (Dresden, E. Piersons Verlag) einen ganz ähnlichen Stoff, freilich viel unbefangener und mit viel weniger Prätension, aber auch mit sehr viel größerer Wirkung. Sonderbare Titel scheint Baron Torresani zu lieben; auch diese Novelle nennt sich etwas gesucht: „Die Geschichte einer Leber, einer Lunge und eines Herzens.“ Leberleidend ist der Hauptmann Linde; infolgedessen kein sehr angenehmer Vorgesetzter. Es gibt auch deren — nicht nur in der österreichischen Armee, in der Baron Torresanis ernste und heitere Soldatengeschichten spielen — und nicht nur im Soldatenstande, sondern in jedem Beruf, die kein körperliches Leiden als Milderungsgrund für ihre Unausstehlichkeit anführen können. An einer kranken Lunge stirbt ein walachischer Rekrut, der das Unglück hat, bei der Kompanie des Hauptmanns Linde zu stehen. Und Fräulein Hanka Bartal von Brückenfeld, die Tochter des Obersten und Braut des Hauptmanns, entwickelt sehr schöne Herzenseigenschaften, indem sie sich des armen Rekruten in seinen letzten Tagen annimmt. So mag sich der Titel erklären. Eigentlich aber ist's nur die Geschichte eines gebrochenen Herzens, die Baron Torresani erzählt, und die Geschichte ist sehr rührend, aber keineswegs sentimental: der arme Rekrut, der Walache, der einzige seiner Nationalität bei der Kompanie, stirbt zwar an der Lungenschwindsucht, aber den Keim zu dieser Krankheit legt das Heimweh. Und Hauptmann Linde beschleunigt die Entwickelung und das Ende, weil er den Mann nicht richtig zu nehmen weiß und ihm grausam das Letzte entzieht, an dem sein Herz gehangen hat — ein kleines heimatliches Musikinstrument, auf dem der Walache zu klimpern pflegte. Das ist rein vom menschlichen Standpunkte aus aufgefaßt und erzählt, und ich glaube, daß die kleine Geschichte jeden Leser ergreifen wird, — während Wolzogens tendenziöse Zuspitzung sehr viele Leser, wie ich vermute, gänzlich unempfänglich finden wird. Auch die anderen Novellen des Bandes lassen Baron Torresani als einen liebenswürdigen, flotten, Ernst und Scherz zu gleicher Wirkung bringenden Erzähler erscheinen. Am wenigsten hat mir die letzte des Bandes „Der historische Rausch von Bischof & Co.“ gefallen. Nicht alles, was menschlich entschuldbar auch bei gebildeten Menschen ist, wenn sie sehr stark gefrühstückt oder diniert haben und in Gesellschaft unter sich zu sein glauben, ist verwendbarer Stoff für den Erzähler. Aber zugeben muß ich, daß Baron Torresani die Situation drastisch geschildert und ihr an Humor abgewonnen hat, was ihr abzugewinnen war.

Dietrich Thedens Novellen „Im Banne der Leidenschaft“ (Berlin, Deutsches Verlagshaus Bong & Co.) sind fast alle geschickt auf starke und überraschende Pointen zugespitzt, aber recht überzeugend wirken sie nicht, so sehr sich auch der Verfasser Mühe gibt, mit anscheinend realistischer Kleinmalerei seinen Figuren Leben einzuhauchen. Für diese Art der Darstellung muß man ein subtilerer Beobachter sein, als Theden ist, und der Gesamteindruck all dieser kleinen Striche muß doch ein mehr plastischer sein. Man wird sich nicht einmal recht darüber klar, wo denn eigentlich diese Novellen spielen, trotzdem der Verfasser vielfach Dialekt anwendet, — so viel Widersprüche finden sich in der Zeichnung der einzelnen Figuren und in der Schilderung der sozialen Verhältnisse.

Sehr viele liebenswürdige und sympathische Gesichter treten dem Leser aus den Novellen „Wunderliche Leute“ von Ernst Lenbach (Verlag von Carl Reißner, Leipzig) entgegen. Die meisten haben die stillen Züge von Menschen, denen der Sonnenschein von innen kommt, und denen er daher auch nicht gleich ausgeht, wenn der Himmel sich mal bewölkt. Keine Lektüre für Leser, die Bücher flüchtig durchjagen und Sensation erwarten. Wer aber Zeit und Lust hat, sich behaglich in einen Band zu vertiefen und den Geschöpfen des Dichters nachzugehen, der wird hier seine Rechnung finden.

[Nachdruck verboten.]

Fürst Bismarcks achtzigster Geburtstag! Ganz Deutschland feiert am 1. April den greisen Recken, der es neu geeint hat, — in allen Ländern der Erde wird man an diesem Tage seiner gedenken. Nach dem stillen Schloß im Sachsenwalde eilen aller Gedanken, dem fürstlichen Schloßherrn gelten aller Segenswünsche. Millionen und aber Millionen von Deutschen vereinigen sich an diesem Tage, um dem Fürsten Bismarck das Werk seines Lebens zu danken. Da wird unseren Lesern die Bismarckbüste von Harro Magnussen doppelt willkommen sein, dieses lebensvolle sprechend ähnliche Werk, in dem sich der Künstler als ein Meister der Charakteristik zeigt. Die Büste erregte auf der vorjährigen Berliner Kunstausstellung allgemeines Aufsehen. Sie ist vom Künstler, der die Liebenswürdigkeit hatte, unsere Wiedergabe seines Werkes in Farben zu setzen, in Marmor und in getöntem Gips ausgeführt. — R. Pötzelberger, der Maler des Bildes „Ein lauschiger Winkel", versteht es, mit jedem seiner Bilder die Sympathie des Beschauers zu erwecken. Aber dieses Gefallen entspringt edleren Motiven, als denen, die gewöhnlich Modebilder zu machen pflegen. Weder glatte Technik, noch Süßlichkeit, noch banale Motive sind es, die den Bildern Pötzelbergers die Aufmerksamkeit der großen Menge zuwenden. Der Künstler malt sympathische Menschen, gesunde junge Leute mit einem ernsten stämmigen Zuge in den frischen Gesichtern, denen man nicht nur im Leben, sondern auch auf Bildern gern begegnet. Auch das junge Paar, das sich im lauschigen Winkel zusammengefunden hat, um ernste Dinge zu besprechen, ist unserer Teilnahme sicher. Gewiß richtet der junge Offizier an das junge Mädchen die Frage, ob sie die Seine für das Leben werden will, und der Beschauer zweifelt nicht daran, daß ihm ein „Ja" zur Antwort wird, denn er hat das Gefühl, daß die beiden jungen Menschen zusammengehören. — Die beiden feindlichen Brüder auf dem Gemälde von Ad. Echtler entstammen demselben Neste, aber offenbar haben sie ganz vergessen, daß dieselbe Mutter ihre Flügel über sie gebreitet und derselbe Vater ihnen leckere Würmer gebracht hat. Der demoralisierende Einfluß der Civilisation, an dem so viele Naturvölker zu Grunde gegangen sind, macht sich auch bei ihnen bemerkbar. Die schwarzen Herren sind ungezähmt und zutraulich gegen diejenigen geworden, die sie ihrer Freiheit beraubten — entweder ist es ihnen nicht gelehrt worden, oder sie haben es nicht begriffen, daß die Freiheit das höchste Gut ist — aber untereinander leben sie auf beständigem Kriegsfuß und der kleinste Anlaß führt zu kräftigem Zank. Vielleicht aber sind sie besser als sie scheinen und wollen nur auf ihre Weise für Unterhaltung im Kinderzimmer sorgen, in dem sie geliebte Spielkameraden und Hausgenossen geworden sind. — Jene glücklichste Zeit des Menschenlebens, die der junge Erdenbürger zwischen Trinken und Schlafen teilt und höchstens noch ein wenig Schreien dazwischen einfügt, wenn er das erstere möchte und das andere nicht kann, weil er unbequem gebettet ist oder von einem Störenfried geplagt wird, illustriert Alice D. Kellogg in ihrem Bilde „die Mutter." Der Kleine ist eben satt gemacht und ihn stört nichts, — kein Wunder also, daß er nicht erst zu schreien beginnt, sondern gleich in Schlaf versinkt, in den gesunden, ruhigen, traumlosen Schlaf der ersten Lebenstage mit seinen langen und tiefen Atemzügen, denen junge Mütter so gerne lauschen. — Eine andere Szene intimen häuslichen Lebens stellt die Zeichnung von Jean Honoré Fragonard „Die Vorleserin" dar. Richtiger würde sie „Die Zuhörerin" heißen, denn die jüngere Dame im Watteaukostüm ist für den Künstler die Hauptfigur gewesen, während er die Vorleserin nur flüchtig behandelt und sie nur so weit skizziert hat, wie zum Verständnis der Szene notwendig ist. — C. Capporetti malte uns den Kopf einer italienischen Schönheit, die für ein Ballfest gerüstet ist und unter den vielen schönen Frauen und Mädchen eines römischen Ballsaals immer noch sicher ist, gesehen zu werden. — Was unsere Maler immer wieder nach Holland lockt, sie dort ihre Studien machen läßt und ihnen Motive aufnötigt, sind nicht die alten holländischen Meister, die sie zur Not auch in unseren Galerien kennen lernen könnten, auch nicht der Reichtum der Szenerie oder die Fülle malerischer Motive, — es ist das Licht, welches Wechsel und Stimmung auf Hollands Fluren zaubert. Die gleiche Landschaft zeigt unter dem Einfluß der Beleuchtung ganz verschiedene Gesichter, und dieser Wechsel im Ausdruck reizt den Künstler mehr als schöne Konturen, wie ein interessantes Menschenantlitz uns gewöhnlich fesselnder erscheint als ein schöner, aber ausdrucksloser Kopf. W. Freys „Holländische Landschaft“ gibt trefflich, was den Inhalt der meisten holländischen Landschaften ausmacht, die satte, von einem Wasserarm träge durchzogene Marsch, im Vordergrunde ruhendes Vieh, im Hintergrunde die charakteristische Mühle und das von Bäumen umrahmte Gehöft. Den eigentlichen Reiz gibt dem Bilde die Stimmung der Luft; ein schwüler, windstiller Sommertag, die Luft strahlt glühend auf das Weideland, — aber in der Ferne zieht bereits das Gewitter heran, das Erfrischung bringen wird. — Will man einen Gesamteindruck der Leistungsfähigkeit der lebenden Wiener Künstlergeneration haben, so muß man einen Blick in das neue Hofburgtheater werfen. Architekten, Bildhauer und Maler haben sich da vereinigt, um Räume von vollendeter Schönheit und Harmonie, von sinnbetörender Pracht und verschwenderischem Reichtum zu schaffen. In den gewölbten Feldern der beiden Treppenhäuser haben drei Wiener Maler, die Brüder Gustav und Ernst Klimt und Franz Matsch, in einer Reihe von Deckengemälden die Entwickelung des Dramas vom Altertum bis auf die moderne Zeit dargestellt, von denen zwei Schilderungen der antiken Theaterwelt am wirkungsvollsten sind. Die eine davon, von Franz Matsch, führen wir unseren Lesern vor, lebhaft bedauernd, daß wir den Reiz der Farbe, den jenes Gemälde atmet, nicht wiedergeben können. — Unter dem Skizzenschmuck dieses Heftes finden die Leser eine Studie von Benjamin Vautier, eine Elsässerin in der kleidsamen Landestracht, den anmutigen Kopf von der breiten Elsaßschleife gekrönt, die zeitweise auch von der Mode als kleidsames Toilettenstück adoptiert worden ist; einen Studienkopf von August Holmberg, einem jüngeren Münchener Künstler, der mit seiner kräftigen Charakteristik an Meister Lenbach erinnert; Robert Haugs Studie stellt einen Soldaten aus den napoleonischen Kriegen aus dem Anfang des Jahrhunderts dar, dem man die Erschöpfung ansieht; der Berberlöwe von Carl Rungius ist einer der gefürchteten alten Herren, die auf Raub ausgehen, auch wenn sie nicht der Hunger treibt, und deren Kühnheit sprichwörtlich geworden ist. Giovanni Francesco Barbieri, nach einem schielenden Auge Guercino genannt, ein Maler der ersten Hälfte des siebzehnten Jahrhunderts, hat neben einer Anzahl von Gemälden auch eine große Zahl von Zeichnungen hinterlassen. In seinem „Knaben mit dem Totenkopf“ ist die Vergänglichkeit alles Irdischen sehr schön charakterisiert, ein memento mori in schlichtester und überzeugendster Gestalt.

O. B.

Schwertlilien. Nach dem Aquarell von H. Hegas-Parmentier.

Velhagen & Klasings

# Monatshefte.

Herausgegeben
von
Theodor Hermann Pantenius und Paul von Szczepański.

Frühlingsheft.

IX. Jahrgang 1894/95. Heft 9, Mai 1895.

## Luise Begas-Parmentier.

Von

Paul von Szczepański.



Luise Begas-Parmentier ist mir eine verehrte Freundin. Wenn ich das vorausschicke, trotzdem es den Lesern ziemlich gleichgültig sein wird, so habe ich dafür einige Gründe. Erstens drängt mich meine Eitelkeit dazu, — ich möchte nicht verbergen, worauf ich stolz zu sein alle Ursache habe. Zweitens die Gerechtigkeit: die Künstlerin und der Mensch lassen sich in Luise Begas-Parmentier nicht trennen, da sie ein Bild vollkommener Harmonie abgeben. So mag es dem Kunstkritiker von Fach, der ich nicht bin, überlassen bleiben, ihre Werke zu kritisieren, — ein Bild der Künstlerin zu entwerfen, ihre Persönlichkeit dem Leser nahe zu bringen, wird vielleicht demjenigen eher gelingen, der das Glück hat, der Künstlerin persönlich näher zu stehen. Und drittens gebietet mir die Vorsicht, die erwähnte Thatsache festzustellen. Denn da ich nicht Kunstkritiker von Fach bin, so möchte es Leute geben, die der Meinung sind, ich hätte auch nicht das Recht, über Kunst zu schreiben. Und andere, die meine Verehrung für Luise Begas-Parmentier kennen, würden diese Meinung dann vielleicht dahin kommentieren, es sei die Freundschaft, die mir den Mut zu meiner Anmaßung gegeben habe. Die letzteren thun mir kein Unrecht, aber es ist mir lieber, daß ich selbst vorausschicke, was eine Spitze enthalten würde, wenn ich anderen die Gelegenheit ließe, es mir nachzureden.

Der Freundeskreis von Luise Begas-Parmentier ist groß, leider sehr groß, wie ich nicht selten zu seufzen pflege. Er ist auch aus sehr verschiedenen Elementen zusammengesetzt, aus Elementen, die vielfach ihren gesellschaftlichen Berührungspunkt nur im Salon der Künstlerin haben. Es giebt in dem großen Berlin nicht viele Salons wie diesen, in dem die Hausfrau einen Mittelpunkt für Leute der verschiedensten Stellung, der verschiedensten Berufskreise und der verschiedensten Interessen bildet. Wenn ich von dem Salon der Künstlerin spreche, so meine ich immer das Atelier. Denn dieser Salon in der kleinen, in einem abgeschlossenen Square der Genthinerstraße versteckten Villa, so behaglich er an sich ist, ist doch eigentlich nur die Durchgangsstation für das Atelier der Künstlerin. Das ist ein großer, im Mittelpunkt der Wohnung, zwischen Salon und Speisezimmer liegender Raum, ein Raum, wie er notwendig ist für die Pflege einer großen Geselligkeit, ein Raum, in dem die Gäste sich frei bewegen können und nicht stundenlang an denselben Platz und an denselben Nachbarn gefesselt sind. Gobelins und Bilder an den Wänden, Bilder auf den Staffeleien, Sitzgelegenheiten aller Art und ein

Luise Begas Parmentier.

Stutzflügel, — in den Gesellschaften der Künstlerin wird viel musiziert, vor allem viel gesungen. Aber nur von Künstlern musiziert und gesungen, wie ich zur Beruhigung hinzufüge. Noch notwendiger für die Pflege großer Geselligkeit als ein solcher großer, zugleich behaglicher und anregender Raum wie dieses Atelier ist es, daß der Frau des Hauses die Geselligkeit nicht nur ein Zwang, sondern ein Bedürfnis ist. Für Frau Begas-Parmentier, seit fast acht Jahren verwitwet, tagsüber eine fleißig, aber allein schaffende Künstlerin, ist die Geselligkeit nicht nur ein Bedürfnis, sondern eine Notwendigkeit. Vielseitig genug, um ihre Interessen nicht in der Ausübung ihrer Kunst zu erschöpfen, findet sie in der Geselligkeit neue Anregung. Was sie empfängt, gibt sie doppelt zurück, — das ist die eine Erklärung für die Anziehungskraft, die ihr Salon in Berlin ausübt. Der andere liegt in der sonnigen Heiterkeit und in dem wundervollen Gleichmaß ihres Wesens. Beides schließt natürlich die ernste Stimmung nicht aus. Aber Luise Begas-Parmentier ist die einzige Frau, die ich niemals verstimmt gesehen habe. Das „Nervenheilmittel" nennen sie diejenigen ihrer Freunde, die egoistisch genug sind, zu ihr zu flüchten, wenn sie mit sich und der Welt unzufrieden sind, und sie behaupten, daß das Nervenheilmittel niemals versagt habe. Ich bin kein Egoist und kann aus Erfahrung nicht mitsprechen, aber ich bin überzeugt, daß das nicht übertrieben ist. Noch etwas, das ich zu erwähnen nicht vergessen darf, wenn ich von der dominierenden Stellung dieses Salons innerhalb des Berliner Gesellschaftslebens spreche: die Herrin dieses Salons ist Wienerin von Geburt, und trotzdem sie außerordentlich gut in Berlin akklimatisiert ist, verleugnet sie doch ihr Wienertum nicht. Sie verleugnet es nicht in der natürlicheren und ungezwungeneren Art, sich selbst zu geben, die dem österreichischen Temperament entspricht. Und sie verleugnet es nicht in der Art, wie sie ihre Geselligkeit pflegt, — nämlich ohne Seitenblick auf das, was andere thun. Ihr Salon und ihre Gesellschaften haben kleine Eigentümlichkeiten, die man nirgend sonst in Berlin, hier aber immer wieder findet, wie die strohumflochtenen Chiantiflaschen, in denen der Rotwein serviert wird, — kleine Eigentümlichkeiten, die dem Gast auffallen, wenn er zum erstenmal erscheint, und die dazu beitragen, ihn sich heimisch fühlen zu lassen, wenn er sie beim zweiten Kommen wiederfindet.

Eine fertige, zu voller Harmonie, zu abgeklärter Ruhe und einer schönen Einheit des Wesens gelangte Frau ist es, die den Magnet dieses gesellschaftlichen Cirkels bildet. Kein Blenden und Enttäuschen, kein despotisches Beherrschen, dessen Zwang stille Seufzer entlockt, keine schillernden und keine grellen Lichter und ebenso tiefe Schatten. Und was Luise Begas-Parmentier als Frau ist, — eine fertige Natur, deren ruhige Sicherheit dem Nervenschwachen als ein Wundermittel erscheint, das ist sie auch als Künstlerin. Sie blickt nicht rechts und nicht links, sie experimentiert nicht, sie weiß was sie will und was sie kann, und keines ihrer Bilder ist ihr oder anderen eine Enttäuschung.

Die künstlerische Entwicklungsgeschichte von Luise Begas-Parmentier eingehender zu schildern, müßte ich die Künstlerin länger kennen, als ich sie kenne, oder sie müßte mehr und liebevoller von sich selber sprechen, als es ihre Art ist. Das Talent war ihr wie ihren beiden Schwestern Marie und Karoline angeboren; ich habe noch im vorigen Jahr Leute in Wien von den gemeinschaftlichen Ausstellungen der drei Schwestern mit Wärme sprechen hören, trotzdem diese ersten Schritte in die Öffentlichkeit wohl zwei Jahrzehnte zurückdatieren mögen. Marie von Parmentier ist früh gestorben, nachdem sich ihr Talent in guter Pariser Schule zu voller Reife entwickelt hatte; Karoline von Parmentier ist durch die Pflege eines kranken Gatten zeitweilig der Kunst entzogen worden. Die Thatsache, daß die drei Töchter des Ministerialrats von Parmentier dasselbe Talent als Mitgift für das Leben in der Wiege fanden, legt den Schluß nahe, daß es sich um ein Vater- oder Muttererbe handelte. Dieser Schluß wäre unrichtig. Weder der Vater noch die Mutter der drei kunstbegabten Töchter standen irgend einer Kunst ausübend nahe. Man müßte denn die Pflege der Hausmusik, an der der Ministerialrat sich Geige spielend beteiligte, unter Kunst rubrizieren. Wohl aber waren beide Eltern Leute, die Geschmack an der Kunst fanden und Interesse für die Kunst hatten; wohlgeeignet also, das

Im Atelier von Luise Begas-Parmentier.

Talent ihrer Töchter, nachdem es sich ihnen offenbart hatte, mit allen Mitteln elterlicher Einsicht zu fördern.

Unter solchen förderlichen Verhältnissen konnte der künstlerische Entwickelungsgang von Luise Begas-Parmentier kein komplizierter sein. Es gab für sie keine von den äußeren Schwierigkeiten zu überwinden, an denen manches Talent, das einen künstlerischen Beruf als Lebensaufgabe ergreifen will, seine erste Energie erproben muß. Ihr Lehrer in der Malkunst wurde der durch feinempfundene Landschaften bekannt gewordene Wiener Maler Emil Jakob Schindler; der 1872 nach Wien übersiedelte Kupferstecher William Unger unterwies sie später in der Kunst des Radierens. Das sind die beiden offiziellen Lehrer, denen die Ausbildung ihres Talentes anvertraut wurde. Daß Luise Begas-Parmentier von ihnen gelernt hat, erkennt die Künstlerin noch heute an. Sie haben ihrem Talent die feste Grundlage des Könnens gegeben, sie zur Beherrscherin der Technik gemacht. Das ist so viel, wie Lehrer im allgemeinen geben können und zu geben verpflichtet sind. Für den Künstler aber bedeutet das unter Umständen wenig. Und ich glaube, Luise Begas-Parmentier verdankt zwei anderen nicht offiziellen Lehrern mehr als diesen beiden offiziellen. Der eine, zu dem sie noch heut in die Schule geht und dem sie, wie ich die Künstlerin kenne, sich auch niemals entwachsen fühlen wird, ist die Natur. Nach der Natur malen, das Bild an der Natur kontrollieren, sich an der Natur messen und — das Höchste — die

Datura. Aquarellskizze.

Rückseite der Villa Aldobrandini bei Frascati. Ölgemälde.

Natur zu erreichen suchen, das ist die Aufgabe, die sich die Künstlerin immer wieder von dieser ihrer Lehrerin stellen läßt und die sie immer wieder zu lösen sucht. Mit dem ersten Frühling findet im Salon und im Atelier der Künstlerin ein großes, alljährlich wiederkehrendes Einmotten statt, der Schlüssel wird abgezogen, und Luise Begas-Parmentier flüchtet in die Natur, — zumeist in die südlicher gelegene, von dem blauen italienischen Himmel überwölbte Natur. Das ist schon früh ihre Gewohnheit gewesen, ihre künstlerische Notwendigkeit. Und eine dieser Reisen führte sie mit dem anderen nichtoffiziellen Lehrer zusammen, von dem ich oben gesprochen habe. Während eines Aufenthaltes in Rom im Jahre 1877 lernte Luise von Parmentier den Maler Adalbert Begas kennen, einen der Söhne des Professors Carl Begas, den jüngeren Bruder des Professors Reinhold Begas. Er lehrte sie nicht malen, denn das konnte sie bereits, aber er lehrte sie sich größere Aufgaben stellen, und in der zehnjährigen glücklichen Ehe, die das Künstlerpaar in engster Gemeinschaft miteinander verband, in einer idealen Künstlerehe, hat sich Luise Begas-Parmentier vertieft und zu jener vollkommenen Harmonie entfaltet, deren Zauber heute jeder empfindet, der der seltenen Frau gegenübersteht. Ein großes Glück hat nachwirkende Kraft; für starke Naturen sicher, die sich von Schicksalsschlägen nicht zerschmettern lassen. Als Adalbert Begas im Jahre 1888 nach längerem Leiden, während dessen ihm seine Gattin eine treue und sich selbst vergessende Pflegerin gewesen ist, starb, blieben seiner Witwe diese nachwirkende Kraft eines großen Glücks und ihre Kunst, um sie über den lähmenden Schmerz hinwegzutragen. Und auch das mag dazu beigetragen haben, ihr das Leben wieder lebenswert erscheinen zu lassen, daß die Freunde ihres verstorbenen Gatten, dieser feinen und poetisch empfindenden Künstlernatur, die ihren wurden, daß ihre eigne Liebenswürdigkeit ihr zahllose neue Freunde zuführte. Die Heirat der Künstlerin verpflanzte sie von Wien nach Berlin; es ist sicher ein Beweis für die Elasticität und die Kraft ihres Wesens, daß sie — ohne ihre Eigenart aufzugeben — so feste Wurzeln in dem neuen Boden geschlagen hat.

Gartenmauer des Palazzo [illegible] in Venedig.
Ölgemälde.

Als das Fräulein von Parmentier zu malen begann, ist ihr Ehrgeiz vielleicht nicht weitergegangen, als dahin, Blumen möglichst naturgetreu auf die Leinwand zu

Cypressen im Park der Villa Falconieri. Ölgemälde.

zaubern. Luise Begas-Parmentier malt noch heute jährlich ein paar Blumenstücke großen Stils, von ausgesuchtem Geschmack im Arrangement, in wundervoller Farbenpracht, Blumen, die den Duft der natürlichen auszuströmen scheinen. Von diesen großen Prunkstücken der Blumenmalerei eines wiederzugeben, haben wir uns leider versagen müssen. Denn Blumen brauchen Farbe, zu wirken, und die reproduktive Farbentechnik ist nicht so weit entwickelt, um eine dem Original auch nur einigermaßen gerecht werdende Wiedergabe zu ermöglichen. Die „Schwertlilien" sind der Faksimiledruck einer Aquarellskizze nach der Natur, eines Skizzenblattes, wie sie die Künstlerin von ihren sommerlichen Künstlerfahrten zahlreich heimbringt, um sie für die Arbeit des Winters als Anregung und Vorlage zu benutzen. Und doch erscheint mir das Blatt für die Künstlerin, die allem „Unfertigen" abhold ist, charakteristisch; es gibt, trotzdem es nur eine Skizze ist, volle Bildwirkung, und sogar das Gefäß, in das die Blumen gestellt sind, macht den Eindruck, als sei es sorgsam ausgewählt, um nach Form und Farbe den Blumen, die es enthält, dem Schmuck eines ländlichen Gärtchens, zu entsprechen. In einer anderen Skizze hat Luise Begas-Parmentier nur die Form einer Blüte festgehalten, die majestätisch ansetzende und in kapriziösen Blattspitzen auslaufende Kelchform der Datura, einer mexikanischen Blume, die erst seit kurzem in unsern Gärten eingebürgert ist und die man mit Recht eine Wunderblume nennen kann. Denn die Farbe der wohl einen halben Fuß langen Blüte, am Grunde des Kelches von einem zarten Grün, ist ein geradezu märchenhaftes Weiß, und eine einzige Blüte genügt, um ein ganzes Zimmer mit wunderbarem Duft zu erfüllen. Auch Fächer malt Luise Begas-Parmentier noch heute wie im Beginn ihrer künstlerischen Laufbahn. Von den beiden, die wir reproduzieren konnten, ist der eine, mit Motiven aus den Gärten römischer Paläste geschmückt, im Besitz der Frau Erbprinzessin von Meiningen, der andere zeigt die weinumrankte Pergola eines Landhauses auf Capri und eine Fülle blühender Rosen. Aber Wollen und Können der Künstlerin ist über die vielleicht ersten Ziele ihres künstlerischen Ehrgeizes weit hinausgewachsen. Mag sie unter den Blumenmalerinnen Deutschlands heute die erste sein oder zu den ersten zählen — da ich meine Verehrung für die Frau betont habe, will ich in meinem

Marine. Radierung nach dem Ölgemälde von Vlieger.

Urteil über die Künstlerin um so zurückhaltender sein —, ihren Platz darf sie heute mit Recht unter den großen Meistern der Landschaft und der Architektur beanspruchen.

Luise Begas-Parmentier entnimmt, wie ich schon sagte, die Motive zu ihren großen Architektur- und Landschaftsbildern mit Vorliebe südlicheren Gegenden. Mir ist von anderen Sujets, die die Künstlerin malte, nur ein Danziger Wasserstraßenbild bekannt geworden, eine Abendstimmung am Genfer See und ein Berliner Motiv, — ein Blick auf den Landwehrkanal, das nächtliche Dunkel vom Schimmer zahlreicher Gaslaternen erhellt. Das erste Bild ist vollkommen ausgeführt, die beiden anderen sind Skizze geblieben. Das erscheint mir charakteristisch für die vollkommene Harmonie, in der in Luise Begas-Parmentier Mensch und Künstler leben. Wie der Frau die unklaren, ver-

Das Urteil des Paris.
Nach einer Liebhaberphotographie.

Im Park der Villa Falconieri. Ölgemälde.

schwommenen Stimmungen und Verstimmungen etwas ganz Fremdes sind, wie ihre immer gleichmäßige heitere Ruhe eine in sich gefestigte Natur charakterisiert, so liebt auch die Künstlerin volles Licht, feste Konturen und ausgesprochene Farben. Die findet sie unter südlicherem Himmel, und die sind es, glaube ich, noch mehr als der pittoreske Reiz der Landschaft, die üppigere Vegetation und der Zauber romantischer Ruinen, die sie nach Süden ziehen. Fünf Stationen sind es auf diesen Kunst- und Studienreisen in südlichere Länder, die der Künstlerin besonders reiche Ausbeute geliefert haben. Zuerst Venedig, wo Luise Begas-Parmentier so häufig zu Gast war, daß die Gondolieri sie wiedererkennen, wenn sie von neuem erscheint. Die Leser finden drei venetianische Motive unter den Bildern, die die Künstlerin in liebenswürdigster Weise den Monatsheften zur Verfügung gestellt hat. Da ist die Muttergottesstatue auf der Garten-

Vor den Mauern von Konstantinopel. Ölgemälde.

Steineichen im Parke der Villa Falconieri. [illegible]

dem Gemälde von Luise Begas-Parmentier in Berlin.

mauer des Palazzo Risonico; auf dem Kanal, der die Mauer bespült, eine mit Rosen befrachtete Gondel, im Schatten des die Mauer überragenden Baues ein Taubenpaar, — ein Bild von entzückender Anmut, in dem sich ganz unbefangen die Freude der Künstlerin an dem malerischen Reiz eines stillen, poetisch heimlichen Winkels verrät. Dieser Frauen eigene Sinn für das Anmutige, den Luise Begas-Parmentier zu verbergen gar keine Ursache hat, da sie nicht mit falscher Genialität posiert, verrät sich, wie ich vorgreifend bemerken möchte, noch einmal in der Art, wie das Bassin auf der Terrasse der Villa Falconieri als ein Zierstück aus seiner Umgebung herausgenommen und mit Blüten und Laubwerk fast kokett aufgeputzt ist. Es fällt mir nicht ein, unter Malern und Malerinnen zu unterscheiden, wenn ich vor ihren Bildern stehe, wie ich unter Schriftstellern und Schriftstellerinnen nicht unterscheide, wenn ich ihr Manuskript lese. Ich brauche daher kaum zu betonen, daß ich es der Künstlerin keineswegs zum Vorwurf mache, wenn sich in der Wahl ihrer Motive zuweilen die Frau verrät. Mir erscheint das nur natürlich und selbstverständlich. Um in der Kunst erfolgreich mit den Männern zu rivalisieren, hat die Frau sicher nicht nötig, ihr Empfinden zu verleugnen. Vielmehr ist sie ihres Erfolges um so sicherer, je unbefangener sie ihm Ausdruck gibt. Daß in der Wahl dieser beiden Motive die Künstlerin sich verrät, verleiht daher in meinen Augen diesen beiden Bildern einen ganz besonderen individuellen Reiz, und die Leser würden meinem Geschmack wahrscheinlich widerspruchslos zustimmen, wenn die Reproduktion nicht darauf verzichten müßte, die Farbe wiederzugeben. Es ist ja überhaupt ein schlimmes Ding, über Bilder zu sprechen, die man nicht im Original vor Augen hat. Denn auch von den beiden anderen venetianischen Motiven, der Rio Barnaba und der Porta del Paradiso — von welch letzterer übrigens, während die Künstlerin sie malte, ein alter Venetianer beharrlich behauptet hat, daß sie eigentlich „porta del inferno“ heißen

Rio Barnaba in Venedig. Ölgemälde.

müßte — gibt die Reproduktion doch nicht viel mehr wieder als die Sicherheit der Zeichnung und die gelungene Perspektive. Wiederholt nahm die Künstlerin längeren Aufenthalt in Sizilien, wo das ruinenreiche, an zerklüfteter Küste gelegene Taormina ihr Stoff in Fülle bot. Aber nicht nur die malerischen Straßen der kleinen Stadt und ihre nächste, mit den zerfallenen Resten alter Pracht und Herrlichkeit erfüllte Umgebung reizte die Künstlerin, — auch der Totalanblick des schneegekrönten Ätna wurde hier von ihr, die sonst nicht gerade die Veduten liebt, in einem überaus wirkungsvollen Bilde festgehalten. In Gemeinschaft mit ihrem Gatten Adalbert Begas nahm Luise Begas-Parmentier ferner wiederholt längeren Aufenthalt auf Capri, wo an der Wand des Speisesaales des Albergo Pagano die Silhouetten des Künstlerpaares und ein von der Künstlerin gemalter Rosenstrauß die Erinnerung an ihren Aufenthalt dauernd festhalten. Die sonnendurchglühte Pergola auf Capri giebt eines der zahlreichen Bilder wieder, zu denen Luise Begas-Parmentier während ihrer Besuche des Eilandes die Skizzen gesammelt hat. Reiche künstlerische Ausbeute brachte der Künstlerin ferner ein Winter, den sie als Gast im Hause des Reorganisators der türkischen Armee von der Goltz-Pascha zubrachte. Venedig, Taormina, Capri, Konstantinopel — überall bietet sich ein Nebeneinander von alter Architektur und Wasser, für dessen Wiedergabe die Künstlerin, wie es scheint, lange Zeit eine ganz besondere Vorliebe gehabt hat. Erst die letzten Jahre und ein mehrmals wiederholter Frühlingsaufenthalt in Frascati, wo Luise Begas-Parmentier in jedem Jahr in Gemeinschaft mit dem Dichter Richard Voß und seiner Gattin die Villa Falconieri für einige Monate zu bewohnen pflegt, haben hierin eine Änderung gebracht. Wie Richard Voß der Dichter der Villa Falconieri geworden ist — das Lob, das er ihr in seinen „Bildern aus Italien“ singt, ist eine der schönsten Prosadichtungen, die ich kenne — so ist Luise Begas-Parmentier die Malerin dieses alten italienischen Schlosses und vor allem des dazu gehörigen Parkes geworden. Für die Großartigkeit und die Lieblichkeit seiner verschiedenen Partieen hat sie das gleiche helle genußfähige und die Schönheit jeder Art in sich aufnehmende Auge. Vergleicht man zum Beispiel ihre grandiose Gruppe von Steineichen, jenes Bild, das der Leser in einem ausgezeichneten Holzschnitt diesem Heft als Kunstbeilage beigegeben findet, mit dem Bilde, das das zierliche, kokette Wasserbassin auf der Terrasse der Villa Falconieri darstellt, so möchte man fast daran zweifeln, daß dasselbe Künstlerauge die beiden so ganz verschiedenartigen Motive in sich aufgenommen, dieselbe Künstlerhand sie in gleich virtuoser Weise und in dem Gegenstande gleich entsprechender Auffassung wiedergegeben hat. In dieser Vielseitigkeit ist Luise Begas-Parmentier eine ganze und echte Künstlerseele, die das Schöne in jeder

Nymphäum der Villa Falconieri. Ölgemälde.

Porta del Paradiso in Perugia. [illegible]

Gestalt entzückt. Ihr künstlerisches Bedürfnis nach Schönheit jeder Art zu befriedigen, ist die Villa Falconieri in Frascati der rechte Ort. Die Heiterkeit der Rosenblüte und der majestätische Ernst düsterer Cypressen dicht nebeneinander, die in ihrem Verfall doppelt malerische Pracht des alten Palastes der Falconieri mit seinen Riesensälen und seiner todtstillen Einsamkeit, und daneben die weinumrankte Osteria mit Tarantella tanzendem italienischem Landvolk! Richard Voß sagt von der Villa Falconieri: „Es ist ein wahrer Königsbau. Ueber Frascati, der Stadt der Paläste und Gärten, erhebt er sich in greiser Majestät.

Bassin auf der Terrasse der Villa Falconieri. Aquarell.

Rings um die mächtigen Terrassen schlägt die silberhelle Flut der Ölbaumwälder zusammen, und die höchsten Steineichen des Landes tragen ihre immergrünen Wipfel bis zum Dach empor. Über dem Unterholz (Laurustinus und Lorbeer) des weiten Parkes steigen düstere Cypressen auf, und Pinien, die Phantasten unter den Bäumen. Der Weg führt von Frascati am sogenannten Grabe Lukulls vorüber durch eine Mauerschlucht zum Portal Vignolas. Diese Portale der römischen Paläste! Fast durchweg sind sie monumental gedacht: ein Monument der Macht und Herrlichkeit der Familie. Sie sollen dasselbe ausdrücken —

Zwei Fächer: (Capri und römische Ruinen.) Auf Pergament und Seide.

repräsentieren —, was der Brillantschmuck auf der Brust der Dame, das Ordensband im Knopfloch des Würdenträgers, die Krone über dem Wappen, die Visitenkarte, auf welcher unter dem Namen alle Titel und Chargen verzeichnet sind. Man steht vor dem Eingang und erhält angekündigt, vor wen man treten wird. Die Paläste selbst veröden, verfallen, die stolzen Namen werden leerer Schall; aber die Portale stehen da, mächtig und prächtig, einsame Wächter, an denen die Jahrhunderte nicht rütteln. Die Falconieri haben für ihren ländlichen Palast nicht weniger als vier Portale aufbauen lassen; vier Monumente ihres Namens, der in tiefgegrabenen Buchstaben auf antiken Marmorplatten hoch über den verschiedenen Eingängen zu lesen steht. Tretet ein, ich führe euch. Geradeaus durch den leuchtenden Ölwald, dann zwischen rosendurchschlungenen Lorbeerhecken dahin. Jetzt taucht der Palast auf. Auf seinen Substruktionen könnte ein kleiner Marktflecken Platz finden. Dahinter erhebt sich die schimmernde Sabina. — — Dort ist das zweite, hier das dritte Thor; stark barock, aber voller Wirkung. Es ist ein wahrer Triumphbogen mit zahlreichen symbolischen und allegorischen Figuren. Dafür ist der Baumeister auch Borromini. — Der Schloßhof, oder vielmehr die Schloßterrasse, ist die rechte Einführung in die römische Palaststimmung. Unter diesen Eichenwipfeln könnte man aus der Iphigenie citieren. Wie weit und schön die Halle des Mittelbaues sich öffnet! Das sind antike Säulen, aufgerichtet, wo sie gefunden worden. Die Kaiserbüsten, die in der Halle aufgestellt sind, ebenso wie jene schönen, korinthischen Kapitäle, mit Marmorplatten überlegt, zu Bänken dienend, brauchten nicht erst aus Rom herbeigeschafft zu werden. Es ist ein prächtiger Bau, so voll Empfindung der Renaissance, daß der Architekt Bramante heißen könnte. Dieser weit vorgerückte, vornehme Mittelbau mit seiner weiten Loggia, diese schlanken Seitenflügel im Untergeschoß mit den ionischen Pilasterstellungen und Bogenreihen dazwischen, im oberen mit den reizenden Kompositamotiven der Pfeilerkapitäle, das schön angebrachte Mezzanin, überall die anmutigsten Einzelheiten in den Stuccaturen; der Gesamteindruck repräsentierend und heiter zugleich, fürstlich und ländlich." Man vergleiche mit der Schilderung des Dichters die Bilder der Künstlerin, — die erste Totalansicht der Villa Falconieri von der Rückseite, mit den Pinien, den „Phantasten unter den Bäumen," im Vordergrunde, die Cypressen und den Doppelausgang im Park, die Reste des

Pergola auf Capri. Ölgemälde.

antiken Nymphäums — die Villa Falconieri ist auf dem historischen Boden der Villa des Cicero oder des Lukull erbaut — und das Nebenportal, — sie alle atmen jene gehobene, fast feierliche Stimmung, in die auch der Dichter versetzt wird, wenn er den Boden der Villa Falconieri betritt. Auch in diesem Frühling ist Luise Begas-Parmentier wieder nach Frascati in den Palast der Falconieri hinausgezogen, um neue Motive einzusammeln, deren künstlerische Durchführung die Arbeit des Winters ist.

Die Kunst des Radierens übt Luise Begas-Parmentier seit langem nicht mehr. Trotzdem habe ich mir nicht versagen können, sie auch um eine ihrer Radierungen — die Marine nach dem Ölgemälde von Flieger — zu bitten und die Reproduktion derselben diesem Versuch, ein Gesamtbild der Künstlerin zu geben, einzufügen. Die Kunst des Radierens wird von Frauen selten geübt — vielleicht hat die Kunstbegeisterung der meisten dort ein Ende, wo ihre weißen Hände der Berührung mit ätzenden Flüssigkeiten ausgesetzt sind. Diese Marine aber ist nicht nur ein Beweis, daß Luise Begas-Parmentier es auch mit dieser Kunst ernst genommen hat, sondern auch für die Sicherheit ihres Könnens. Denn der Radierer kann weder übermalen, noch fortwischen, er darf nicht experimentieren, sondern muß der Wirkung jedes Striches sicher sein. Damit die Leser sehen, daß die Künstlerin auch das neueste Hilfsmittel des Malens, den photographischen Apparat, zu handhaben weiß, habe ich auch aus ihrer Sammlung von Momentphotographieen eine ausgewählt, die für die Künstlerin charakteristisch ist. Der photographische Apparat dient ihr nämlich nicht als technisches Hilfsmittel, sondern nur als eine Beschäftigung für müßige Stunden. Sie ist, trotzdem sie Malerin ist, wirklich nur Photograph aus Liebhaberei, — wenn auch ein erstaunlich virtuoser, der, wie früher die Menschen ein Tagebuch führten, sich ein Erinnerungsalbum photographiert. Von den Erfolgen der Künstlerin, von Medaillen und ehrenvollen Anerkennungen zu sprechen, kann ich mir glücklicherweise ersparen. Denn Luise Begas-Parmentier gehört zu denjenigen Künstlerinnen, die keine goldene Medaille nötig haben, um ihren Bildern die Aufnahme in eine Kunstausstellung und die Aufmerksamkeit des Publikums zu sichern.

Nebenportal der Villa Falconieri. Aquarell.

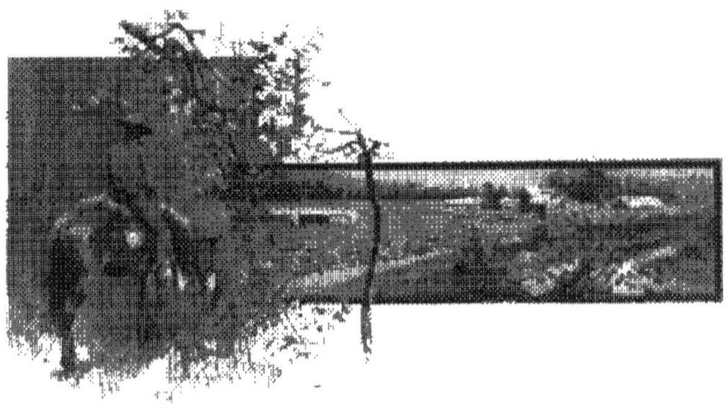

# Gesühnte Schuld.

Von

**Reinhold Fuchs.**

Kopf- und Schlußvignette von Albert Richter.



Wisconsins Wälder dehnen endlos weit
Sich schweigend in der Sommerschwüle Bann,
Und einsam trabt ein ernster Reitersmann
Auf schmalem Pfad durch ihre Einsamkeit. —
Starr, unbewegt, wie Riesenpfeiler, steigen
Zum Himmelsblau die Balsamfichten auf;
Es regt kein Blatt sich an des Ahorns Zweigen,
Und halb vertrocknet ist des Bächleins Lauf,
Drin rauschend sonst geschäumt die klaren Wogen,
Denn längst ist jede Quelle fast versiegt,
Vom Glutenhauch der Dürre aufgesogen,
Die mondelang schon auf dem Lande liegt,
Die Felder sengend und die Wiesenmatten,
Kaum mehr gehemmt vom tiefsten Waldesschatten.
Wie braun das Moos! — Es knistert unterm Huf.
Der ernste Reiter aber achtet's nicht,
Noch hört er auf des Buntspechts Klageruf,
Der schrill des Waldes Schweigen unterbricht.
Versunken scheint der Mann in freudlos Sinnen;
Die grauen Augen schauen starr ins Leere,
Als ob ihr gramumflorter Blick sich kehre
Zurück in ferne Zeit und tief nach innen.
Gar viele Furchen, Zeugen, die nicht trügen,
Sind eingeprägt des Mannes finstern Zügen,
Drin wild die Leidenschaften wohl gehaust,
Als heiß das Blut die Adern noch durchbraust.
Nun hält an einer weiten Lichtung Saum
Von selbst das Roß; da fährt der Reiter auf,
Und vor ihm liegt, schön wie ein holder Traum,

Ein Wiesenthal, durch das in raschem Lauf
Zum Strom hinab der Waldbach blitzend rollt,
Umwogt von reifer Weizenähren Gold.
Und drüben, rings umhegt von dichten Fenzen,*)
Sieht er die Fenster einer Farm erglänzen
Aus dunkelgrünem, üppigem Walnußhain,
Als lüden sie den Fremdling freundlich ein,
Zu rasten hier vom mühevollen Ritte
Durch menschenleerer, düstrer Forsten Mitte.
Der Reiter aber hält am Waldesrand
Und schaut und schaut hinüber unverwandt,
Als hemmt' ihn noch ein ungewohntes Zagen,
Den Pfad hinab zum Thale einzuschlagen.
Nun steigt er ab von seinem müden Pferde
Und streckt ins dürre Gras sich auf die Erde,
Wo sein Gezweig der Zuckerahorn spannt
Am Hügelhang im flirrenden Sonnenbrand.
Den breiten Filz, verwaschen und verstaubt,
Zieht lässig seine braune Hand vom Haupt.
Das wirr und dicht umrahmen dunkle Locken,
Schon hier und da bestreut mit Silberflocken,
Die seltsam zu dem jugendstraffen Bau
Athletischer, mühgewohnter Glieder stimmen.
Das wetterharte Antlitz, streng und rauh,
Mag wohl von jähem Zorne rasch entglimmen.
Doch in der grauen Augen tiefstem Grunde
Schläft dunkle Sehnsucht, als ob Ruh' und Frieden
Den ernsten Wandrer lange schon gemieden;
Als trüg' er schwer an herber Seelenwunde.
— — — — — — — — — —

Was vor ihm liegt, es ist sein Heimatsthal: —
Wie rauscht erinnerungsvoll hier jeder Baum! —
In dunklen Bildern zeigt ein wacher Traum
Ihm totes Glück und nie verwundne Qual:
Aufs neue sieht er sich als wilden Knaben
Auf flinkem Roß am Creek**) dort unten traben,
Und neben ihm — wie Gold erglänzt ihr Haar,
Die Augen leuchten wie ein Bergsee klar, —
Sprengt sie, der seine Jugendliebe gilt,
Mit silberhellem Lachen durchs Gefild,
Maud Douglas von der Farm im Cederthal,
So lieblich, wie ein Frühlingsmorgenstrahl.
— — — — — — — — — —

Und dort am Thor der Fenz der Fliederstrauch,
Wie mahnt er ihn an jene Juninacht
Voll Maienzauber und Syringenhauch,
Die Brust an Brust sie selig einst durchwacht;
Wie tönt das: „Ewig dein!" im Geist ihm nach,
Das bebend nach dem ersten Kuß sie sprach! —
— — — — — — — — — —

Doch finstrer wird des Wandrers Angesicht,
Und wilder wogt der Traumgebilde Flucht: —

*) Zäune aus Holz, resp. Draht. **) Bach oder kleiner Fluß.

Wer ist der andre dort, der glatte Wicht,
Der ihm ins Herz gesät die Eifersucht,
Das gift'ge Schlingkraut, das mit dornigen Ranken
Das Hirn umkrallt, erdrosselnd die Gedanken,
Bis, wie ein Schlangenhaupt aus trüber Lache,
Sich aus dem Wuste ringt die Gier nach Rache!?

— — — — — — — — — — —

Doch war's ein Wunder, daß der fremde Mann,
Der weitgereiste, mit den stolzen Mienen,
Der ihm zum Fluch im Cederthal erschienen,
Um Maud gewoben seinen Zauberbann? —
Was hatte er, John Frank, der schlichte Sproß
Des Hinterwalds, das er sein eigen nannte? —
Den sehnigen Arm, sein schnelles, braunes Roß,
Sein Blockhaus und sein oft erprobt Geschoß,
Sein ehrlich Herz, drin treue Liebe brannte. —
Sonst nichts. — Und jener? — Hatt' er wenig gleich
Von frühern Schätzen nur hierher gerettet,
Dem armen John erschien er fürstlich reich.
Doch dies nicht war's, was Maud an ihn gekettet.
Wie wußte klug er mit gewandten Worten
Im Flug zu öffnen sich der Herzen Pforten;
Wie schritt er schmuck dahin im Jagdgewand,
Als wär ein Prinz er aus dem Märchenland;
Wie warm empor in seinen Augen stieg
Oft ein Gefühl, das noch der Mund verschwieg! —
Doch John, der niemals Haß noch Neid gekannt,
Des schlicht Gemüt dem klaren Waldsee glich,
Ward bleich vor Grimm, bot jener ihm die Hand,
Und wie ein Giftwurm in die Seele schlich
Der Wunsch sich ihm, für seines Messers Schneide
Des Feindes Herz zu wählen sich als Scheide.
Denn daß sein Todfeind Robert Norton war,
Ein schlimmerer Feind als Wolf und Klapperschlange,
Das ward ihm seit dem ersten Gruße klar,
Den sie getauscht, und wenn in dunklem Drange
Er, Unheil ahnend, erst voll Scheu ihn mied,
So folgt' er spähend seinen Schritten jetzt
Und denen Mauds, von Eifersucht gehetzt
Gleich einem Wild, das vor der Meute flieht.

— — — — — — — — — — —

Und eines Abends, — überm Walde steht
Blutrot der Mond, und in den Wipfeln geht
Des Herbstwinds Klage durch das falbe Laub,
Das bald vielleicht des ersten Frostes Raub, —
Da schreitet John in finsteren Gedanken
Den Weidenpfad am Creek entlang durchs Düster,
Drin ungewiß der Zweige Schatten schwanken.
Da horch! — Drang's an sein Ohr nicht wie Geflüster,
Wie Liebesstammeln und wie Küssetausch? —
Jäh packt sein Hirn des Rachedurstes Rausch.
Wie Wirbelsturm die Waldesriesen faßt,
Und den Revolver reißt in wilder Hast
Er aus dem Gürtel. — Dann ein Schreckensschrei; —

Zu wohl nur kennen darf ihm jene zwei,
Die eben biegen um des Pfades Wende; —
Wie lösen schnell sie die verschlungnen Hände! —
„Schuft, wehr' dich! — Schieß!“ knirscht Frank mit heiserm Ton,
Da blitzt es von des Gegners Seite schon:
Johns Schläfe streift es heiß wie glüh'nder Stahl,
Dann zuckt aus s e i n e r Faust der Feuerstrahl,
Und, — Gott im Himmel! — bei des Schusses Blinken
Sieht M a u d entsetzt er auf den Boden sinken. –

— — — — — — — —

Was dann geschehn, noch heute weiß er's kaum.
Brechende Zweige, sprühender Wasser Schaum;
Rollende Steine unter des Renners Huf;
„Mörder!“ so gellt ihm im Ohre der gräßliche Ruf;
Danach ein Sturz und schwarze, stumme Nacht. —
Doch endlich, wie in abgrundtiefen Schacht
Ein Lämpchen wirft von fern den matten Schein,
Dringt fahles Dämmerlicht durch seine Lider,
Und traurig blickt auf ihn sein Pferd hernieder,
Der blutend liegt auf Dornen und Gestein
Im tiefsten Wald, verloren und allein.

— — — — —

Darauf die langen, trostlos öden Jahre,
Viel hundert Meilen von der Heimat fern,
Da Reu' und Kummer ihm gebleicht die Haare,
Schlaflose Nächte, drin kein Trostesstern
Ihm strahlte, mocht' er am erloschnen Feuer
Des Minenlagers ruhn in waldiger Schlucht,
Mocht' er als Fährmann einsam stehn am Steuer
Und strudelnd unter sich in wilder Flucht
Die gelben Wasser ziehen sehn zum Meer; —
O Gott! wie war die Buße hart und schwer!

— — — — — — — — —

Und dann der Abend am Missouristrand,
Da ihm aus eines Jugendfreundes Munde
Am Hafenkai zu Ohren drang die Kunde,
Daß rein von Blutschuld seine rasche Hand
O Wonne, Wonne, frei zum erstenmal
Atmen zu dürfen nach so langer Qual! —
Doch ach, wie bald ward neu in herbes Leid
Verwandelt seine kurze Seligkeit,
Als jener also seine Botschaft endet:
„Nicht ward g e t ö t e t sie, nein, nur geblendet
Durch deinen Schuß, und längst, obgleich sie blind,
Ward Maud die Gattin Robert Nortons schon,
Und Trost gewährt ihr nun ein blühend Kind.“ –
Was zucktest du so schmerzlich auf, o John,
Als diese Kunde deine Seele traf?
Was scheuchte von den Wimpern dir den Schlaf
In jener Nacht und ließ den Reuezähren
Zum erstenmal dich freien Lauf gewähren? –
Blind, blind! – Erloschen jener Sterne Licht,
Die deiner Jugend Pfade traut erhellt!
Unsel'ger du, hast du gemordet nicht

Von Freud' und Schönheit eine ganze Welt?
Und ob sie auch zerstört dein eignes Leben
Mit ihrem trügerischen Zauberschein,
Für kurzes Glück dir spendend lange Pein, —
Du hattest längst von Herzen ja vergeben!

— — — — — — — — — — —

Und nun, John Frank, nun bist du heimgekehrt.
Dort liegt dir deines Feindes Farm zu Füßen;
Du bist bereit, die alte Schuld zu büßen;
Was ist dir noch dein ödes Dasein wert?
Und ruhig hebt John Frank sich von der Erde
Und steigt entschlossnen Angesichts zu Pferde.
Dann läßt er, — 's ist vielleicht zum letztenmal! —
Die Augen nochmals schweifen übers Thal
Bis zu den fernsten, waldgekrönten Hügeln.
Da sieh, was richtet steil er in den Bügeln
Sich plötzlich auf; was späht er starr nach Nord?
Ist es vielleicht die schwarze Wolke dort,
Darin es oft wie Wetterleuchten glimmt,
Was jählings seinen Blick gefangen nimmt?
Ist es am Himmel dort der Krähenzug,
Der krächzend südwärts eilt in hastigem Flug? —
Nun hebt das Roß die schlanken Nüstern auch,
Unruhig witternd nach dem brandigen Hauch,
Der leis, wie schwelender Meiler herber Duft,
Herüberschwimmt in schwüler Sommerluft.
John täuscht sich nicht; ach, zu genau nur kennt
Des Unheils Boten er: Der Urwald brennt!
Und durchs Gezweig am Hügelhange geht
Ein Flüstern nun, ein Schwirren und ein Brausen.
Gerechter Gott! der Wind hat sich gedreht;
Weh allen nun, die dort im Thale hausen!
Ein schlimmrer Feind ist euch noch nie genaht,
Ihr grünen Fluren und ihr stillen Dächer,
Selbst damals, als den blutigen Kriegespfad
Noch der Hurone wutentflammt betrat,
Erlittner Schmach erbarmungsloser Rächer.
Der Feind, ihr Siedler, der euch heute droht,
Er schwingt ein Riesenbanner, glutenrot;
Sein Flammenatem leckt die Bäche auf,
Und über Schluchten geht sein Siegeslauf;
Vor ihm verstummt der Katarakte Stimme;
Nicht Wall noch Mauer schützt vor seinem Grimme;
Vernichtung folgt ihm; nackt und aschenfahl
Liegt, wo er schritt, nach Jahren Berg und Thal.
O flieht, o flieht! Laßt Haus und Hof und Scheuer,
Das Gold im Schrein, die Herden auf der Weide;
Blickt nicht zurück, bis Strom und See euch scheide
Von dem Verfolger, der euch hetzt, vom Feuer!

— — — — — — — — — —

Gar kostbar sind die Augenblicke jetzt;
Du weißt es, John: ein Ruf; dein Renner setzt
In mächtigen Sprüngen schon den Steilpfad nieder,
Daß aus den Kieseln stiebt ein Funkenschwarm.

Dann jagt er durch den Bach und in die Farm; —
So sieht dein Herr die Jugendheimat wieder!

— — — — — — — — — — —

Wie leer die Hofstatt! — Unterm Strohdach nur
Zwitschern die Schwalben, gurrt der Trommeltauber,
Sonst waltet rings ein stiller Märchenzauber.
Da horch, mit tiefem Laut im dunklen Flur
Schlägt an ein Hund, und drohend ob der Schwelle
Taucht aus dem Schatten eine riesige Dogge.
Doch „ruhig, Bob!“ tönt klar wie eine Glocke
Ein Ruf aus Kindermund, und in das Helle
Tritt leicht und schlank, in schlichtem Linnenkleid
Ein Mägdlein nun und sieht den fremden Mann
Aus großen, blauen Augen fragend an,
So lieblich, wie die Fee der Einsamkeit.
John Frank, vergessend einen Augenblick
Vergangne Schuld und herbes Mißgeschick,
Ja selbst die grause, drohende Gefahr,
Blickt stillbewegt von seinem Rosse nieder
In dieses junge Antlitz rein und klar
Und sieht erstaunt ein Bild aus schönern Tagen,
Das jahrelang im Herzen er getragen,
Verjüngt in diesem holden Kinde wieder.
Jawohl, das ist Mauds goldgewelltes Haar;
Das sind dieselben, feingebauten Glieder,
Nur in der Knospe noch; die stolzen Brauen
Und seidnen Wimpern; — alles kennt er wieder
Und nimmer wird er müde hinzuschauen.

— — — — — — — — — — —

Erstaunt, doch furchtlos, zu dem fremden Mann
Blickt auf das Kind, und freundlich fragt es dann,
Was sein Begehr, und John, der sich besinnt,
Schrickt jählings auf aus schmerzlich-süßen Träumen:
„Zu deinen Eltern führ mich schnell, mein Kind!
Euch droht Gefahr; nicht länger gilt's zu säumen!
Die Wälder brennen; — flieht und zögert nicht!“ —
„Ich bin allein,“ darauf die Kleine spricht;
„Der Vater ritt heut früh nach Johnsons Mühle
Am Ottercreek, und vor der Abendkühle
Kehrt schwerlich er an solchem Tag nach Haus.
Die Knechte zogen auf das Feld hinaus,
Und auf die Weide ward das Vieh getrieben,
Nur Bob und ich sind in der Farm geblieben,
Denn böse Menschen kommen nicht hierher.“ —
Wie wird es John ums Herz so ahnungsschwer! —
„Und deine Mutter?“ fragt er leis, beklommen.
„Mein Mütterchen hat mir der Tod genommen;
„Da drüben schläft sie, im Cypressenhain,
„Und schon zwei Jahre ließ sie uns allein.“
Sie spricht es, und es überhaucht ein Flor
Den hellen Kinderblick der holden Kleinen.
Auch in des Fremden Augen drängt's empor
Sich heiß und feucht wie kaum verhaltnes Weinen.
„Habt Ihr vielleicht mein Mütterchen gekannt?“

Fragt leis das Kind. — Da steigt, wie eine Wand,
Es plötzlich auf am nahen Hügelrand,
Und fahler Rauch, darin wie Lavaschein
Es zuckt und glüht, wälzt sich ins Thal herein.
Entsetzt schwirrt auf der Taubenschwarm vom Dach,
Und Stimmen werden in den Lüften wach,
Wie Mann und Kind sie niemals noch gehört.
Wild schnaubt das Roß; es schmiegt der Hund, verstört,
Sich winselnd an die junge Herrin an,
Die wortlos nun, in jähen Schreckens Bann,
Die Arme flehend auf zum Reiter hebt. —
Ein Griff, ein Ruck, und vor dem Fremden schwebt
Im Sattel hoch ihr leicht Figürchen schon.
Fest mit der Linken drückt der starke John
Sie an die Brust; die Rechte faßt den Zügel,
Und südwärts jagen sie zur Farm hinaus,
Als ob die Angst dem Braunen liehe Flügel.
Und hinter ihnen heult der Hölle Graus,
Und fauchend, knirschend stürzt sich nun das Feuer
In wildem Sprung, ein rasend Ungeheuer,
Vom Waldeshang aufs kaum verlassne Haus.
Schon lodern hell empor am Scheunendach
Die Schindeln jetzt, und drüben überm Bach
Im reifen Weizen zuckt es wie von Blitzen
An hundert Stellen ob den Ährenspitzen,
Dann flackert auf das Feld mit einemmal,
Und einem Flammenofen gleicht das Thal.

— — — — — — — — — —

Schnell ist der Renner, und vom harten Grund
Schallt hell herauf der Hufe flüchtiger Tritt;
Mit lechzender Zunge kaum vermag der Hund
Zu folgen mehr dem wahnsinnstollen Ritt,
Doch leicht gelingt's dem wilden, fessellosen
Glutstrom, der schäumend hinter ihnen rast,
Der durch die Wipfel fegt mit Sturmestosen
Und Felsen mit dem Feuerhauch verglast.
Schon hüllt mißfarbiger Qualm das Tageslicht
In dunkle Schleier, und ums Angesicht
Des Reiters, um des Kindes goldne Locken
Wie Schneegestöber wehn die Aschenflocken.
Im Dickicht hastet scheu das Wild vorbei,
Und aus den Lüften gellt der Klageschrei
Des Vogelheeres, das, vom Schreck verwirrt,
Im Taumelfluge in die Flammen schwirrt. —
In heißen Stößen geht des Windes Hauch,
Und knisternd bräunt sich schon das Laub am Strauch;
Da lenkt der Reiter mit Gedankenschnelle
Sein Roß hinunter in des Bächleins Welle,
Dann aus dem Mantelsacke schneidet er
Den wollnen Poncho, dichtgewebt und schwer,
Der unterm weiten Himmel der Prärien
In mancher Herbstnacht einst ihm Schutz geliehn;
Rasch taucht er in die seichte Flut ihn nieder
Und hüllt ihn sorgsam um des Mägdleins Glieder,

Das zitternd, aber ohne Klagelaut,
Vertrauend ihm ins bärtige Antlitz schaut
John sinnt und seufzt: „Zu ferne liegt der Fluß;
Matt wird das Pferd; was sollen wir beginnen?“ —
Dann zuckt wie ein verzweifelter Entschluß
Es auf in seinen Zügen, und von hinnen
Aufs neue stürmt den Creek entlang die Flucht.
Zu rechter Zeit entsann sich John der Schlucht,
Die eng und feucht, geflohn vom Sonnenstrahl,
Unfern einmündet in das Cederthal.
Ein Quell durchrinnt sie, der noch nie versiegt,
Und eine tiefe, dunkle Höhle liegt
In ihrem Grund, wo sich der Wasser Schäumen
Einst oft verwob mit seinen Knabenträumen
Gibt es noch Rettung, winkt sie dort vielleicht;
Wer aber sagt, ob er das Ziel erreicht? —
— — — — — — — — — — —
Erstickend weht, wie eines Ofens Brodem,
Um Mann und Roß des Feuerdrachen Odem,
Und vor den Flüchtigen in den Zweigen schon
Sieht da und dort man Flammenzungen lohn; —
Flugfeuer hat im Unterholz gezündet!
Nicht graue Aschenflocken wirbeln mehr
Nun durch die Lüfte, nein, ein Funkenheer,
Das knisternd des Verderbens Nahen kündet.
Wie Hämmer in Johns Schläfen pocht das Blut;
Es schwelt sein Haar; es glimmt Gewand und Hut;
Die rauchgebeizten, glutversengten Augen,
Sie mögen kaum ihm noch zum Sehen taugen.
Doch keuchend mit der letzten Kraft nun setzt
In die ersehnte Schlucht der Renner nieder,
Dann bricht zusammen er, zu Tod gehetzt,
Der treue streckt verendend seine Glieder.
John aber rafft sich auf in irrer Hast
Und tastend, schwankend, halb von Sinnen fast,
Oft strauchelnd auf dem schlüpfrigen Gestein,
Trägt stöhnend er durch Qualm und Flammenschein,
Indes ihm Angstschweiß von der Stirne rinnt,
Zum Port der Rettung seines Feindes Kind.
Nun taucht hinab er in der Höhle Schlund
Und läßt die Bürde aus den Armen gleiten;
Noch hört er freudig winseln Bob, den Hund;
Noch tönt's ins Ohr ihm wie aus fernen Weiten:
„Mary! mein Kind!“ aus kräftiger Manneskehle,
Dann, wie ein dunkler Mantel, hüllt die Seele
Und des verbrannten Leibes wilde Pein
Vergessenheit und Ohnmacht mild ihm ein.
— — — — — — — — — — —
Bald aber im betäubten Hirn erwacht
Aufs neu des Denkens Qual und das Gefühl; —
Wo mag er sein? — Ringsum ist tiefe Nacht,
Doch auf den brennenden Augen liegt es kühl
Wie quellfrisch Wasser und wie weiches Linnen,
Und lindernd fühlt er's übers Antlitz rinnen,

Das ihm versengt des Waldbrands grimme Wut,
Und übers Haupt, das weich und wohlig ruht. –
„Wo bist du?“ seufzt er, „lebst du, liebes Kind?“ —
Da weht's ans Ohr ihm, sanft wie Maienwind:
„Hier bin ich, hier! du hast mich ja gerettet;
In meinem Schoße liegst du nun gebettet!
Um Mary Nortons willen bist du krank;
Du guter Mann, hab' tausend, tausend Dank!“ —
Doch nun, John Frank, was macht dich plötzlich beben,
Als eine tiefe Männerstimme spricht:
„Mehr dank' ich Euch, o Fremder, als mein Leben,
Und mehr habt Ihr gethan als Menschenpflicht!
Wißt Ihr, wie's einem Vater ist zu Mut,
Der seines Herzens letztes, einziges Gut,
Sein Kind, in grimmen Todesnöten weiß;
Der gern sein eignes Dasein gäbe preis,
Könnt' er erkaufen einen Hoffnungsstrahl,
Und der zusammenbricht in stummer Qual,
Um thatenlos zu schauen das Verderben
Und hundertfach mit seinem Kind zu sterben? —
So war es mir, als heut nach meiner Farm
Ich bei des Feuers Ausbruch heimwärts jagte,
Bis meinem müden Roß die Kraft versagte,
Und ich aus Qualm und stiebendem Funkenschwarm,
Erstickt, betäubt von raucherfüllter Luft,
Verzweifelnd floh in diese Felsenkluft,
Die von der Jagd seit Jahren mir bekannt.
Doch der Gedanke, daß mein Kind verbrannt
Zu Aschenflocken, die im Sturm zerstieben,
Daß nichts auf Erden, nichts mir mehr geblieben,
Umfing mich mit des Wahnsinns finstrer Nacht
Und hätte mich in blutigen Tod getrieben,
Wenn Ihr mein Liebstes nicht zurückgebracht,
Mein alles, meiner Seele Sonnenschein!
Gleich einem Pilger vor dem Gnadenschrein
Auf meinen Knieen sag ich Dank Euch, Dank!“ —
— — — — — — — — — — —
Da stöhnt der Kranke schmerzlich: „Haltet ein! —
Der Retter Eurer Tochter heißt — John Frank!“
Jäh zuckt der Farmer auf bei diesem Wort,
Das ihm die Natternbrut vergess'ner Schmerzen
Und eigener Schuld Erinnrung weckt im Herzen,
Doch ruhig fährt der andre also fort:
„Ihr wißt's, Rob Norton, hab' Euch einst gehaßt,
Und wohl mit Recht, doch lernt' ich längst verzeihn;
Könnt Ihr es nicht, wohlan, ich trag's gefaßt;
Fahrt wohl, und laßt mich sterben hier allein!“ —
Umsonst auf Antwort harrt des Kranken Ohr,
Doch nun wie schmerzlich Schluchzen steigt's empor
Dicht neben seinem Haupt, und tiefbewegt
Fühlt er, wie sich in seine Rechte legt
Die Hand des Feindes scheu, mit leisem Beben; —
Da weiß er's, daß auch jener ihm vergeben.
Und niederbeugt sich Mary nun erschrocken,

Daß auf die Stirn die seidenweichen Locken
Des knienden Kindes ihm herniederwehn,
Und schmeichelnd hört er leis ihr Stimmlein flehn:
„Schweigt, guter Mann! — Nicht sterben sollt Ihr hier.
Nein, leben mit dem Vater und mit mir!
Als zweiten Vater lieb' ich Euch fortan,
Und hat die Augen Euch versengt der Brand,
Gern will ich führen Euch an meiner Hand,
Wie oft ich's einst mit Mütterchen gethan!" —
— — — — — — — — — — —
Wie geht zu Herzen tief dem rauhen John
Der Kindeseinfalt süßer Unschuldston!
Um seine Lippen spielt, trotz aller Qual,
Ein selig Lächeln wie ein Sonnenstrahl,
Denn Einkehr hält in seiner Brust der Frieden,
Der ihn seit langen Jahren scheu gemieden. —
Verlodert sind im ungeheuren Brand
Der Fliederstrauch, die Weiden und Cypressen,
Zerrissen zwischen einst und jetzt das Band,
Gesühnt die Schuld, vergeben und vergessen.
Zu leben und zu sterben gleich bereit,
Aus tiefstem Seelengrunde stammelt Frank:
„O Mary, Robert! sagt dem Himmel Dank,
Daß er mich heimgeführt zu rechter Zeit!" —
Und während draußen gähnt ein Höllenrachen
Und Riesenfichten prasselnd niederkrachen
Und Flammenzungen, glüh'nder Rauch und Funken
Der Menschenwerke spotten siegestrunken,
Aufzischend wie voll teuflischer Verhöhnung,
Zieht wunderbar beim trüben Dämmerschein
Der wilden Felskluft in zwei Herzen ein
Der holde Friedensengel der Versöhnung.

Die Naive vom Vorstadttheater.

# Berliner Blumenkorso.

Von

Prof. Ludwig Pietsch.

Illustrationen von Georg Koch.



Wie der Name ist auch die Sitte des „Korsofahrens“ südlichen, romanischen Ursprungs und bei uns nur importiert. In Italien und Spanien ist beider Heimat. Während der späteren Nachmittagstunden bis zum Sinken der Sonne fährt man im offenen möglichst eleganten Wagen von einem möglichst edlen und schönen, tadellos aufgeschirrten Gespann gezogen, auf der dafür von der Gesellschaft bevorzugten Straße ruhig dahin. Man begrüßt einander gegenseitig und mustert sich mit kritischen Blicken.

Auffahrt am Brandenburger Thor.

Von Zeit zu Zeit läßt man anhalten, um mit den Bekannten von Wagen zu Wagen hinüber oder mit den abgestiegenen und herantretenden Kavalieren ein paar Minuten lang zu plaudern. Von dem Thron der Sitzpolster herab blickt man „vornehm auf den großen Haufen derer, die zu Fuße laufen“ und die teils bewundernd, teils voll Neid die Glücklichen vorüberrollen sehen. Das gehört für die sich zur Gesellschaft zählenden Bewohner jeder größeren Stadt Italiens und Spaniens, Rumäniens und der romanischen Staaten Südamerikas zu den unentbehrlichsten Genüssen, zu den unverrückbar feststehenden Nummern im Programm jedes einigermaßen schönen Tages. In Österreich-Ungarn, Frankreich und England hat die gleiche Sitte längst schon Eingang und Nachahmung gefunden. Die Alleen des Pariser Bois de Boulogne und des Wiener Prater, die Rotton Row des Londoner Hydepark waren bereits seit bald einem Jahrhundert während der Saison die Scenen sehr ähnlicher glänzender Schauspiele, die hier noch dadurch an Reiz gewannen, daß viel häufiger als auf italienischen Korsostraßen vornehme Reiter und Amazonen ihre Rosse zwischen den Reihen der Wagen tummeln und an deren Seite graziös tanzen und courbettieren lassen.

Sehr viel weniger als in allen diesen Hauptstädten war und ist noch heute der Besitz und der Geschmack an eleganten Wagen und tadellosen Gespannen, wie die Lust, sich in jenen und von diesen gezogen zu zu zeigen, in Berlin verbreitet. Der preußischen Hauptstadt haftete wenigstens bis vor ungefähr fünfzehn Jahren der Ruf an, das schlechteste Straßenpflaster, und bis diesen Tag noch der, die schlechtesten Wagen und Pferde zu besitzen. Neuerdings hat sich zwar auch auf diesem Gebiet manches zum Besseren gewendet. Aber das ist nur unter stärker gewordenen fremden Einflüssen geschehen, nicht eigentlich aus dem inneren Triebe und Bedürfnis der „Berliner Volksseele“ heraus. Diese hat noch immer für den Pferde- und Wagenluxus mehr Hohn und Spott, als Wohlgefallen und Bewunderung übrig.

Der erste Versuch, das Korsofahren in Berlin einzuführen, fand im Frühling 1845 auf Wunsch und Anregung des Königs Friedrich Wilhelm IV. statt. Damals bilbete der Floraplatz im Tiergarten die Hauptscene dafür. Die Wagen fahren zum Klange der Musik von Militärkapellen im Kreise aneinander vorüber. Die Insassen bewarfen sich gegenseitig mit bereit gehaltenen Blumensträußen. Eine dichte Menge von Zuschauern umstand den Ring und bildete den teils kritischen, teils Beifall spendenden, teils witzelnden und bespöttelnden Chorus. Immer wieder aber schlief der Berliner Frühlingskorso für mehrere Jahre ein. In den letzten sechziger Jahren unter Kaiser Wilhelm vor dem französischen Kriege, als sich Berlin im ersten stolzen Vollgefühl der preußischen Siege und der neu errungenen Machtstellung des Vaterlandes sonnte, lebte der Korso wieder auf und entfaltete sich in neuem Glanz. Damals wurde die Hofjägerallee zu seinem Schauplatz bestimmt, und die Bilder, die sich dort zwischen den frühlingsfrischen goldig grünen Laubwänden des Tiergartens, im wehenden Schatten der jungen Blätterschirme der alten Eichen entfalteten, waren außerordentlich reizvoll und fesselnd. Das kaiserliche und kronprinzliche Paar, alle Prinzen und Prinzessinnen, der ganze Hof, die ganze Gesellschaft Berlins beteiligten sich daran. Aber trotz dieser Teilnahme und trotz des allgemeinen Beifalls, den diese heiteren glänzenden Schauspiele in allen Kreisen fanden, gelang es auch damals nicht, den Korso zu einer dauernden gesellschaftlichen Institution in Berlin zu erheben. Wieder vergingen viele Jahre, ohne daß er in deren Frühlingstagen von neuem aufgenommen wurde.

In anderer, einfacherer, unvorbereiteterer Form geschah das in der ersten Zeit nach der Errichtung der Bahn für Hindernisrennen bei Westend hinter Charlottenburg. Die nach dem Schluß eines Renntages von dort zurückkehrenden Wagen der Teilnehmer und sportfreundlichen Zuschauer lenkten, am „Großen Stern“ auf der Berlin-Charlottenburger Allee angelangt, in die Hofjägerallee ein und fuhren dort regelrecht, während einer halben Stunde „Korso“. —

Der Gedanke eines Blumenkorsos, wie wir ihn zuerst im Mai 1892 ins Leben treten sahen, ist, soviel ich weiß, dem Haupt des Herzogs Ernst Günther von Schleswig-Holstein entsprungen, des Bruders unserer Kaiserin, eines ganz besonders sportfreudigen Prinzen, der sich einer langen Reihe glänzender Siege auf dem Turf in den Wettkämpfen der Pferderennen, wie der Wagen rühmen darf.

Ein Verein für Trab (Wagen)-Rennen

Auf dem Festplatz in Westend.

Ein bekanntes Paar.
Direktor v. Strand mit Frau.

hatte sich unter des Herzogs Protektion gebildet. Eine vortrefflich dafür geeignete Bahn war am Saume des Grunewaldes im Süden von Westend eingerichtet. Diese, freilich weit von Berlin entlegene, Trabrennbahn wurde zum Schauplatz der Blumenkorsos bestimmt. Ein Wagen- und Pferderennen sollte ihm jedesmal vorangehen. Der Plan ist in sehr gefälliger Weise zur Ausführung gelangt. Alle die als Mitwirkende wie als Zuschauer an diesen Vorgängen teilnehmenden Tausende haben so viel Vergnügen daran gefunden, daß der Blumenkorso sich seit jenem ersten in jedem folgendem Mai dort auf der Traberbahn in der gleichen Form und mit noch gesteigertem Glanz wiederholt hat. Man darf freilich nicht den Maßstab jener Blumenkorsos und „Blumenschlachten“, wie sie den phantastisch-reizvollsten Akt des Karnevals zu Nizza bilden, bei der Beurteilung des berlinischen anlegen. Aber an sich betrachtet, ist auch ein solcher Berliner Blumenkorso immerhin ein ungemein anziehendes und ergötzliches Schauspiel. —

Um die Mittagsstunde schon sieht man in den Straßen der vornehmsten westlichen Quartiere immer häufiger die in Blumenschmuck prangenden Wagen der verschiedensten

Art, von entsprechend dekorierten Gespannen gezogen, erscheinen und vor den Hausthoren ihrer Besitzer warten. Längs der den Tiergarten durchschneidenden großen Charlottenburger Chaussee beginnt sich allmählich ein anfangs noch ziemlich lichtes Spalier von Schaulustigen zu bilden, welche die am Blumenkorso teilnehmenden Wagen vorüberpassieren zu sehen gekommen sind. Von Charlottenburg an und weiter gegen das Spandauer Joch hin wird diese lebendige Hecke von Zuschauern immer dichter und dichter. Von Viertelstunde zu Viertelstunde auch wächst die Menge der geschmückten Wagen, welche zwischen diesen Reihen hindurch, im raschesten Tempo hinaus gen Westen rollen und bald mit bewundernden, bald mit spöttischen Zurufen begrüßt und längs ihres Weges begleitet werden. Große Mailcoachs, deren Deckplätze mit brillanten Offizieren unserer Garderegimenter und ihren Damen in luftigen Sommertoiletten besetzt sind, mit hohen cylindrischen Körben vorn an der Seite zur Aufnahme der Säbel und Pallasche der Herren; an den Außenwänden und Rädern ganz umflochten mit Blumen und Bändern in den Farben des Regimentes und von feurigen Viergespannen, deren Geschirre, Köpfe, Mähnen, Schweife mit Blumen und Bändern derselben Farben durchflochten sind, gezogen, rollen daher. Vom Bock und den Deckplätzen schallt der durchdringende Ton der langen Tuben, welche von einzelnen Offizieren mit dem Aufgebot aller Lungenkraft geblasen werden. Kleine offene Jagdwagen, Dog-Carts, Char-à-bancs, Daumonts, Halbwagen, russische Droschken; Vier-, Drei-, Zwei- und Einspänner, mit bekannten Sportsmännern, Prinzen, Offizieren, Kavalieren der aristokratischen Hofgesellschaft und des diplomatischen Corps, wie mit sporttreibenden Börsianern, mit Damen der vornehmen, großen Welt, wie mit reichen Bankiersfrauen und Töchtern, bezw. mit schönen

Der jüngste Rosselenker.

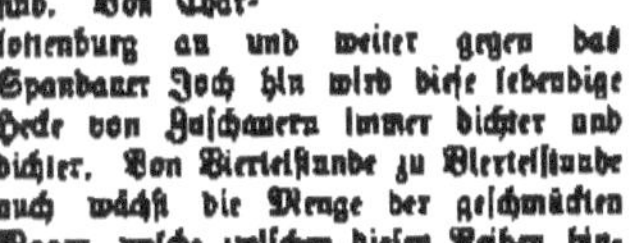

Herr Ritter, ist Euere Liebe so heiß?

vielgekannten Damen der Halbwelt und der Berliner Bühnen in möglichst extravaganten Toiletten und Hüten besetzt, deren üppiger Blumenschmuck dem der Gespanne, der Wagenwände, -schläge, -laternen und -räder entspricht. — Alles das zieht im bunten Durcheinander, im Fluge, von aufgewirbelten Staubwolken halbverschleiert, an den Zuschauerreihen vorüber dem einen Ziel entgegen. Dazwischen rasseln und rumpeln gemietete Equipagen zweiter Güte, Droschken, Kremser, Gärtner-, Schlächterwagen, dicht gefüllt mit Männern, Frauen und Kindern, die sich das Schauspiel draußen auf der Traberbahn nicht entgehen lassen wollen. Glatt und ohne Lärmen gleiten die, im Innern, auf den Verdecksitzen, dem Vor- und Hinterperron mit Passagieren überladenen Pferdebahnwagen auf ihren Geleisen nach Charlottenburg und Westend zu. Die am Fuß des Joches mündende Stadtbahn trägt mit jedem Zuge wieder Hunderte und Hunderte hinaus. Nach der Ankunft eines jeden im dortigen Bahnhof ergießt sich aus dem Thor des oberen Stockwerkes des Gebäudes ein Menschenstrom auf die Chaussee und verstärkt das Gewirre.

Im Innern der den Rennplatz abschließenden hohen Bretterzäune prangt alles im lustigsten Blumen- und Bannerschmuck. Die kaiserliche Tribüne gleicht einem Blumentempel. Längs der Rennbahn vor der großen ersten Tribüne sind lange Reihen hoher Bannermasten aufgerichtet, die in der Mitte von Körben voller Blumen und herabhängender Schlinggewächse umgeben werden. Die Pfeiler der Kiosks der Vorstandsmitglieder jenseits der Bahn sind mit Blumengewinden verkleidet. Einige kleinere, ähnlich geschmückte Pavillons und Lauben sind zu beiden Seiten der Bahn errichtet. Einige der anmutigsten und beliebtesten Bühnenkünstlerinnen Berlins haben, gütig wie immer, das Amt übernommen, als „Barmaids“, Gärtnerinnen und Blumenverkäuferinnen zu fungieren, schäumenden Sekt zu kredenzen, kleine Sträußchen und prächtige Bouquets den Kavalieren, welche diese Lauben umdrängen, für möglichst hohe Preise, die der wohltätige Zweck rechtfertigen muß, darzubieten, begleitet mit Blicken und „Worten süßen Hauches, die köstlicher die Gabe machen."

Die auf den Rennplatz einfahrenden Blumenwagen rangieren sich zu beiden Seiten des Vorstandskiosks jenseits der Bahn in langen Reihen. Die Damen und Herren, welche in ihnen herausgekommen sind, füllen, falls sie nicht auf ihren Sitzen verbleiben, mit vielfarbigem Gewimmel die hochansteigende, lange Tribüne gegenüber, wandeln und gruppieren sich auf dem grünen Plan zwischen ihr und der umgrenzten Rennbahn. Von den Kiosken, in welchen die Militärkapellen aufgestellt sind, erklingen die belebenden, elektrisierenden Weisen von Märschen, Quadrillen, Polkas und Walzern. In einem offenen, vierspännigen Daumont, mit Spitzreitern davor, Wagen und Gespann mit einer verschwenderischen Fülle von Gewinden aus gelben Marschall Nielrosen geschmückt, fährt Ihre Majestät die Kaiserin, mit den drei ältesten Prinzen, die in eine Art hübscher Matrosentracht gekleidet sind, auf den Rennplatz ein. Am kaiserlichen Kiosk wird sie von ihrem erlauchten Bruder und den Herren des Vorstandes begrüßt und nimmt, dem Wagen entstiegen, mit den kleinen Söhnen und den Herren und Damen des Gefolges neben den früher angekommenen anderen Prinzessinnen in dem offenen Innern Platz. Bald auch folgt der Gemahlin der Kaiser, im blumengeschmückten Jagdwagen, einen Flügeladjutanten zur Seite, mit lauten, tausendstimmigen Zurufen von den Versammelten und mit der Weise der Nationalhymne von der Kapelle begrüßt. Inzwischen haben die Rennen ihren Anfang genommen. Trabfahren mit leichten einspännigen, zweirädrigen Karren; Herren fahren mit Viererzügen; Schnitzeljagdreiten, Jagdreiten mit der Meute, Trabfahren mit Zweigespannen ꝛc. Die Sieger, zu denen noch jedesmal auch Herzog Günther gehörte, haben ihre Preise zugesprochen erhalten und in Empfang genommen. Das Programm der eigentlichen Rennen ist erledigt. Dann nach ihrem Schluß beginnt der Blumenkorso, für den alles Bisherige nur Vorspiel war. Die dekorierten Wagen haben ihre Insassen wieder aufgenommen und sind in die breite Rennbahn eingefahren. Die

Am Kaiser-Pavillon.

Wagen des Kaisers und der Kaiserin nehmen die Spitze und fahren im Schritt auf der einen Seite der Bahn längs der sich dort aufstellenden Zuschauerreihe die weite Strecke hinauf, und dort umbiegend auf der Mitte der Bahn wieder zurück in der Richtung, aus der sie gekommen waren. Ihnen schließen sich die anderen Wagen mit ihren Gespannen an. Die Rosse scheinen zum Takt der Musik graziös dahinzutanzen. Bald haben sich so beständig aneinander vorüberfahrend drei, ja vier Wagenreihen gebildet. Aus den, auf dem Boden, den Vordersitzen, in der Höhlung des zurückgeschlagenen Verdecks aufgehäuften Blumenmunitionsvorräten beginnt das lustige Bombardement, das gegenseitige Bewerfen mit Sträußen von Wagen zu Wagen hinüber und herüber. Nun im langsamen Dahinfahren kommen die verschiedenen Blumenarrangements der Wagen und Gespanne erst vollständig zur Anschauung. Über einzelnen Ponies oder Jagdwägelchen, in denen eine oder die andere, in weithin leuchtende Farben gekleidete, schöne Künstlerin oder berühmte Frau, oder Paare, bezw. Kleeblätter solcher Damen, thronen, wölben sich ganze Lauben aus Flieder, Maiglöckchen, Veilchen, Aurikeln, roten, gelben oder weißen Rosen. Die Speichen und Naben der Räder verschwinden unter den dichten Blumengeflechten. Hier schwingen sich Gewinde aus Kornblumen, aus roten Mohnrosen, aus Maiglöckchen, aus gelben Sonnenblumen, Tazetten, Narzissen, Goldlack und Veilchen rings um den ganzen Wagenkörper, wie um die Siele und Kummete der Gespanne, oder hängen und wallen vom Rücken der Pferde herab. Dort wird die ganze Seiten- und Rückenfläche des Wagens mit Geflechten und Blumen von einer Farbe dicht überspannen. Diese ganze, im warmen Sonnenschein des späten Frühlingsnachmittags schimmernde vielfarbige kaleidoskopisch wechselnde Masse von so dekorierten, auf und ab und aneinander vorüberfahrenden Wagen, von Pferden und bewegten, Blumensträuße schleudernden und auffangenden Menschengestalten macht einen wohl augenverwirrenden, aber ganz eigenartig reizenden Eindruck. Der ganze Korso und Blumengeschützkampf währt etwa dreiviertel Stunden. Schon vor seinem Schluß verlassen die Wagen des Kaiserpaares das Bahnterrain. Bald lösen sich die Reihen, und die ganze Wagenflut, untermengt mit den Reitern und den Tausenden von Fußgängern, wälzt sich auf Westend zu und auf dessen Alleen weiter nach Berlin.

Goldregen.

Weibliches Bildnis  Nach dem Gemälde von Walther Witting

# Der Grünspecht.

Von

**J. Trojan.**

(Abdruck verboten.)

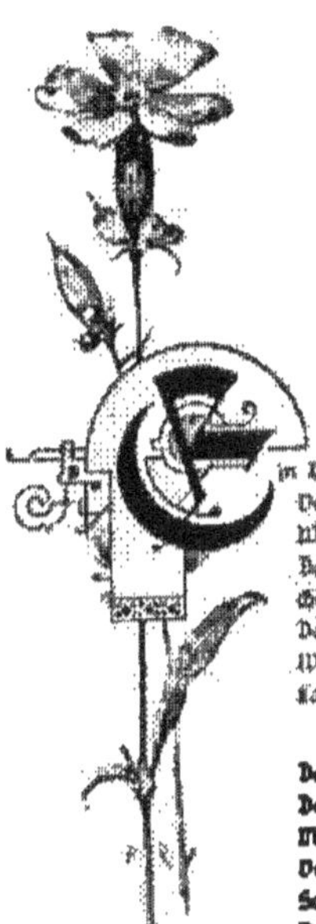

Ein Vogel sitzt im Tannenwald,
Vor dem nimm dich in acht.
Wenn seine Stimme dir erschallt,
Dann hörst du, wie er lacht.
Gewöhnlich folgt dann ein Malheur,
Darauf geht es hinaus.
Weil das der Vogel weiß vorher,
Lacht er vorher dich aus.

Das ist so oft begegnet mir,
Daß ich's nicht sagen mag;
Mir hat das schadenfrohe Tier
Verdorben manchen Tag.
So oft das Lachen ich vernahm,
Dann immer hinterdrein
Ein Unfall auf der Wandrung kam,
Und war er auch nur klein.

Einst als ich wieder trat hinein
Wohl in den grünen Wald,
Hört' ich des argen Vogels Schrei'n,
Das wie Gelächter schallt.
Kaum hatt' das Lachen ich gehört,
Das hell ans Ohr mir schlug,
Da bin alsbald ich umgekehrt
Und dachte: das war klug.

Doch als ich dann zu Hause war,
Da fiel mir wieder ein:
Es ist doch nicht vollkommen klar,
Wer klüger von uns zwei'n.
Der Vogel hat dich doch bethört,
Er lacht' und wußt', warum:
Denn daß du wirklich umgekehrt,
Gesteh' es, das war dumm.

Wie schön doch wär' gewesen heut
Durch grünen Wald der Gang!
Wie hätten Blumen dich erfreut
Und kleiner Vöglein Sang!
Nun sitzest statt am klaren Bach,
Zu Hause du am Pult
Und grübelst eitlen Dingen nach:
Das ist des Vogels Schuld.

Ein Vogel sitzt im Tannenwald,
Vor dem nimm dich in acht.
Wenn seine Stimme dir erschallt,
Dann hörst du, wie er lacht.
Das hat mir viel Verdruß gemacht
Und dünkt mich wahrhaft schlecht;
Denn immer, wenn der Grünspecht lacht,
Behält der Grünspecht Recht.

# Schuldner.

Roman

von

**R. von Klinckowstroem.**

(Fortsetzung und Schluß.)

(Nachdruck verboten.)

um erstenmal seit langen Jahren stand Fulda wieder einmal in dem gewaltigen Gotteshause, das einem Kultus geweiht war, über den er sich lächelnd erhaben dünkte, und der doch weltbewegende Macht besaß. In dem ungeheuren dreischiffigen Raum herrschte trübes, geheimnisvolles Dämmerlicht, trotzdem auf dem Hochaltar unzählige Kerzen brannten, deren Licht jedoch von dem matten Tagesschein verschlungen wurde, der gebrochen in vielfarbigen Reflexen durch die bunte Glasmalerei der alten Fenster drang, und während die zitternde Greisenstimme des Priesters dort vom Altar mit schwach verhallendem Laut die Worte, die dem Meßopfer vorangehen, monoton zum Allmächtigen emporsandte, wogten langsam und düster, den Glanz der Lichte noch mehr verdunkelnd, Weihrauchwolken in phantastischen Gebilden durch den Dom. In dieser halben Beleuchtung, verschleiert von leise bewegten Rauchwolken, schienen die geschnitzten Marienbilder und Darstellungen aus der Leidensgeschichte Christi, welche die Kapellen der Seitenschiffe fast überreich erfüllten, zum Leben erwacht und fromm zu nicken oder blutige Thränen zu vergießen.

Fulda sah wie seine Frau im Schatten eines Pfeilers niederkniete und in Andacht versunken das Gesicht in die gefalteten Hände drückte. Er konnte nichts von ihr erkennen als die weißen Profilumrisse der Wange und des rundlichen Kinnes, und ihr wundervolles Haar, das in glänzendem Knoten unter dem Hütchen hervorquoll. Wie eine Büßerin hatte sie sich vor dem Höchsten nieder in den Staub gekniet, und an dem leisen Zucken ihrer Schultern sah er, daß sie weinte. Er wußte jetzt, warum sie weinte. Damals, als sie den Wunsch nach einer kirchlichen Trauung ausgesprochen, war er zuerst leicht darüber hinweggegangen, und hatte dann bestimmt und kurz seinen Willen diesem Wunsch entgegengesetzt, und da sie nie wieder darauf zurückgekommen war, hatte er gar nicht weiter daran gedacht, daß ihr Herz daran hängen könne. Sie betete, — für ihn, sie hatte es ja vorhin gesagt, damit sie dort oben einst mit ihm vereint bleiben könne. Ein Gefühl der Rührung und Feierlichkeit zugleich überkam ihn mit solcher Gewalt, daß er langsam näher und näher zu ihr trat, bis er dicht neben ihr stand, und ehe er sich seines Thuns klar bewußt wurde, kniete er, einem unwiderstehlichen Impuls folgend, an ihrer Seite. Ob sie es bemerkt hatte? sie rührte sich nicht. Er kam sich unbeholfen und linkisch vor, meinte, alle Welt müsse auf ihn hinsehen und es lächerlich finden, daß er, der Doktor Fulda, hier in der Kirche neben seiner Frau kniee, während doch in Wahrheit niemand nach ihm hinsah. Er wußte auch nichts mit sich anzufangen. Unmöglich konnte er doch Gebete hersagen, wie dies seine ganze Umgebung that. Was hätte er auch beten sollen! Er wäre sich wirklich ganz kindisch vorgekommen; aber seine Gedanken wandten sich naturgemäß der jungen Frau an seiner Seite zu. Im Schatten des Pfeilers tastete er nach ihrer Hand. Jetzt hob sie den Kopf und sah ihn, die Hand in der seinen lassend, ernsthaft und fragend an. Noch standen ihr die Thränen in den Augen, aber der Schimmer eines glücklichen Lächelns irrte dabei um ihre Lippen. Er hätte in alle Ewigkeit so neben ihr knieen können, denn es war ihm, als halte er den guten Genius seines Lebens an seiner Seite fest, aber das Hochamt erreichte sein Ende, die Leute, die rings um sie her gekniet hatten, erhoben sich und strömten an ihnen vorbei den Ausgängen zu.

Fulda sprang auf und half auch seiner Frau mit einer Sorgsamkeit, die an ihm etwas Neues war, und das Ehepaar schloß sich langsam der großen Menschenwoge an, die hinausstrebte. An der Kirchthür staute sie sich, das Gedränge war zu groß. Käte zog ihren Mann ein wenig seitwärts zurück, sie mochte nicht in einer Menschenmenge eingekeilt sein, und einen Schritt hinter ihm stehend, ließ sie die Leute an sich vorübergehen. Viele waren noch ganz in Andacht versunken, andere tauschten lachend flüsternde Bemerkungen sehr weltlicher Art aus. Unter den letzten, die hinausgingen, war ein junges Mädchen, ganz in Schwarz gekleidet, aber dabei so auffallend im koketten Schnitt ihres Kleides und in der Art, wie sie den breitrandigen Federhut keck auf dem dunklen Kopf trug, daß sie den Blick festhielt. Das chiffonierte Gesichtchen war nicht hübsch, aber sie hatte prachtvolle lebenslustige Augen und eine unvergleichliche Gestalt. Als sie an dem Ehepaar vorüber ging, wandte sie den Kopf dem Doktor zu, ohne die hinter ihm stehende ihr unbekannte junge Frau zu beachten und nickte ihm lachend und etwas erstaunt zu.

Er erwiderte den Gruß nicht und runzelte nur die Stirn, und Käte sah mit einem halben Blick, daß er nicht ganz unbefangen geblieben war. Blitzartig durchzuckte sie die Erkenntnis, daß dies die Gegnerin sei, auf die Khelianys Andeutungen hingezielt hatten. Der dreiste Blick, der ihren Gatten gestreift, das vertrauliche Kopfnicken, mit dem sie ihn begrüßte, ihn, dem alle sonst mit einer gewissen achtungsvollen Scheu begegneten, ließen ihr kaum noch einen Zweifel. Der warme beglückende Strom, der vorhin so zuversichtlich ihr Inneres durchflutete, erstarrte wieder zu Eis. Es war alles vergebens! Gott hatte ihr Gebet nicht gehört.

„Wollen wir nicht gehen?" fragte Fulda, da seine Frau noch immer wie erstarrt dastand, als schon das Menschengewühl sich lichtete, und er beugte sich zu ihr und machte Miene ihr den Arm zu reichen. Aber er wartete vergebens auf den Blick, den sie vorhin für ihn gehabt hatte, sie nickte nur stumm mit dem Kopf und ging schweigend neben ihm her, ohne von dem angebotenen Arm Notiz zu nehmen.

Halb und halb erwartete er, sie werde ihn fragen, wer die Person gewesen, die ihn vorhin gegrüßt, denn er wußte, daß sie es gesehen hatte. Als aber nichts dergleichen erfolgte, sie vielmehr still mit gesenktem Haupt neben ihm herging, wurde er förmlich befangen, und fing schließlich an, sich zu ärgern, über sich, über jenes alberne Geschöpf, das ihn angelächelt hatte und über sie. Wollte sie etwa mit ihm schmollen? das hätte ihm noch gefehlt! Eine schmollende Frau war entsetzlich. Und weshalb eigentlich? Was hatte er denn gethan?

„Warum sprichst du nicht, Käte?"

„Ich wußte nicht, ob es dir lieb sei."

Die Antwort kam ganz sanft und freundlich. Nein, sie schmollte nicht. Was sie auch empfinden mochte, sie schluckte es tapfer hinunter.

„Es ist mir immer lieb, wenn du sprichst. Der Ton deiner Stimme hat etwas sehr Nervenberuhigendes."

Dies klang auch von seiner Seite versöhnlich und freundlich. Und sie fing an zu sprechen, mit zitternder Stimme, aber sonst völlig beherrscht, von dem Kinde, von seinen kleinen Plänen und Wünschen, von denen sie wußte, daß sie ihn interessierten. Er verlangte es, und sie kam seinem Wunsch ohne Zaudern und ohne Groll pflichtschuldig mit Überwindung ihrer selbst nach. Nur die Hand gab sie ihm nicht zum Abschied, wie er es eigentlich erwartet hatte, als sie sich an der nächsten Straßenecke trennten und er den Weg zur Klinik antrat, während sie heimging.

Die warme Stimmung, die sie an diesem Sonntag in der Kirche zu einander getrieben hatte, war verflogen. Still gingen sie wieder umeinander herum, ein jedes von ihnen scheute sich, dem anderen seine Gedanken zu offenbaren oder eine offene Frage zu thun.

Eines Tages fand Käte auf ihrem Schreibtisch einen Briefumschlag von unbekannter Hand an sie adressiert, mit einer ziemlich umfangreichen Einlage. Eine unbestimmte Ahnung krampfte ihr das Herz zusammen, wie immer, wenn etwas Neues, Unerwartetes ihr entgegentrat. Sie wagte nicht, das weiße Päckchen zu öffnen und wog es unentschlossen in der Hand hin und her. Was für kritzliche unausgeschriebene Züge das waren! Dann entschloß sie sich schnell und riß den Umschlag auf. Eine kleine Brieftasche von braunem Leder fiel ihr daraus entgegen und auf die Erde. Käte bückte sich danach. Die Tasche kam ihr bekannt vor, und plötzlich erinnerte sie sich derselben genau. Ihr Mann hatte sich in der ersten Zeit ihrer Ehe stets einer solchen bedient, wenn er Banknoten bei sich trug. In dem äußeren Täschchen pflegten Visitenkarten von ihm zu stecken; und da waren ja auch welche. Sie zog eine derselben heraus. Eigentlich hatte sie es nicht anders erwartet, als den Namen ihres Mannes darauf zu finden, aber wie er ihr nun in der That schwarz auf weiß entgegenstarrte, stutzte sie doch wie vor etwas Unbegreiflichem. Wenn er die Tasche verloren hatte, warum schickte man sie ihr und nicht ihm? Sie nahm den Umschlag noch einmal auf; da hatte sie ja das Blättchen übersehen, das der Tasche beigefügt gewesen und im Umschlag stecken geblieben war. Dasselbe rührte von der nämlichen kritzlichen Handschrift her, welche die Adresse geschrieben hatte, und enthielt nur ein paar höfliche Worte:

„Gnädige Frau. Erlauben Sie mir, Ihnen beifolgend das Eigentum Ihres Herrn Gemahls zuzustellen, das sich bei mir vorgefunden hat. Wollen Sie die Güte haben, es in die rechten Hände zurückzugeben. In aller Hochachtung und Ergebenheit Nanette Dubois."

Einen Augenblick stockte ihr der Herzschlag. Trotz der Höflichkeit der Form war der Zweck des Briefes doch ersichtlich. Der Hieb wurde mit voller Absicht gegen sie gerichtet, und sie wußte auch, wer die Hand dazu geführt hatte. Kheliany hielt sein Wort. Das war der Beweis, den er ihr versprochen hatte. Da hatte sie nun die Gewißheit, nach der sie immer verlangte.

Käte blieb ganz still sitzen, die Hände, die noch immer das unglückselige Blättchen hielten, im Schoß gefaltet, und die Thränen stürzten ihr aus den Augen. Es that doch sehr weh. Sie dachte dann darüber nach, was wohl andere Frauen in ihrer Lage thun würden. Sie besaß in diesen Dingen sehr wenig Erfahrung, aber man hatte ihr hier und da von Frauen erzählt, die sich auf Grund einer erwiesenen Untreue ihrer Männer hatten scheiden lassen. Und da schrie es in ihr auf: „Niemals! Um keinen Preis! Soll denn die Ehe nicht ein fortwährendes Ertragen und Verzeihen sein? ein gegenseitiges Stützen und Helfen? und ist das erste Abweichen vom geraden Wege ein Grund, den anderen herzlos und lieblos von sich zu stoßen?"

Ja, das war's. „Lieblos!" Wenn sie von Anfang an ein Herz voll Liebe für ihn gehabt hätte, so wäre das alles wohl nicht so gekommen. Sie allein war die Schuldige. An ihr war es gewesen, ihn zu stützen und ihm zu helfen, da sie ja sehr bald dahintergekommen war, welch ein leicht entzündliches leidenschaftliches Temperament er besaß, und sie hatte nichts von alledem gethan. Das heiße Verlangen kam über sie, zu ihm zu eilen und sich ihm in die Arme zu werfen, mit einem guten offenen Wort, das alle Schatten zwischen ihnen beseitigen mußte.

Käte sprang auf, trocknete ihre Thränen und ging, die kleine Tasche in der Hand, in Fuldas Zimmer hinüber, nicht ohne vorher das begleitende Blättchen in ihrem Schreibtisch verschlossen zu haben, um es vor der Neugier der Dienstboten zu sichern. Aber Fulda war nicht daheim. Man hatte ihn an ein Krankenbett gerufen, wo seine Hülfe dringend notwendig war. Sie legte das Täschchen auf seinen Schreibtisch, wo es ihm sofort in die Augen springen mußte, setzte sich in den Lehnstuhl, in dem er beim Arbeiten zu sitzen pflegte, und legte den Kopf mit geschlossenen Augen zurück in die Kissen. Der eigentümliche Duft, der seiner Person stets anhaftete, ein Gemisch von guten Cigarren, feiner Seife mit einer kleinen Dosis Carbol, hatte sich dem Leder dieser Kissen mitgeteilt. Wenn sie die Augen schloß, konnte sie sich einbilden, daß er da dicht neben ihr sei. Die erste große Aufregung legte sich allmählich, und sie fing an nachzudenken, ganz ohne Bitternis, ruhig und klar, und dabei streichelte sie mit der Hand liebkosend und sanft die Lederpolster, auf denen seine Hände sonst zu ruhen pflegten. Die modernen Ehrbegriffe lagen ihr gänzlich fern, sie dachte menschlich wahr und natürlich, und daß sie ihm jetzt etwas zu verzeihen hatte, das brachte ihn ihr näher und machte ihn ihr lieber. Wie durfte sie sich auch vermessen, ihn zu richten, sie, die selbst seiner Verzeihung bedurfte!

Stunde auf Stunde verrann, ohne daß Fulda heimkehrte. Sie wartete mit unermüdlicher Geduld, denn sie wußte ja mit ihm sprechen. Endlich gegen Mitternacht kam er, und ein einziger Blick in sein Gesicht belehrte sie, daß dies nicht der Moment sei, eine Aussprache herbeizuführen. Er sah furchtbar ernst und abgespannt aus.

„Ich komme von einem Sterbebett!“ sagte er einfach. „Sie hatten mich zu spät gerufen, die Operation konnte nicht mehr Hülfe, nur noch momentane Erleichterung bringen. — Das einzige Kind! — Die Armen! Ich blieb bei ihnen bis zuletzt — Es war schrecklich! Rühre mich nicht an, es war Diphteritis; ich habe die Ansteckung noch in den Kleidern!“

Käte war im Augenblick von Sorge um ihn erfüllt und von Scham gegen sich selbst. Er kam abgespannt und noch ganz hingenommen von dem edelsten Beruf heim, hatte in heißem Bemühen versucht, dem Tode ein junges Leben abzuringen, unbekümmert um die Gefahr, der er sich selbst dabei aussetzte, und sie konnte daran denken, ihm eine eheliche Scene zu machen! Sie eilte nun, ihm Kognak und Sodawasser zu bringen, ein Getränk, das er mit Vorliebe zu sich nahm, wenn er abgespannt war, und während sie sich an einem Seitentisch damit beschäftigte, trat er an den Schreibtisch und sah dabei auch die kleine braune Ledertasche. Er erinnerte sich, daß er sie im Sommer einmal absichtlich mit ihrem Inhalt bei dem kleinen französischen Modell hatte liegen lassen; dann war er nicht wieder dort gewesen, hatte die Tasche vollständig vergessen und sich seither einer andern bedient. Es fiel ihm nicht ein, darüber nachzudenken, wie sie wohl jetzt auf einmal hierherkommen könne, er warf das kleine Ding bei Seite und ließ sich schwer und ermüdet in den Lehnstuhl vor dem Schreibtisch sinken.

„Laß das Glas nur dort stehen!“ rief er. „Ich hole es mir schon selbst. Du sollst nicht in meine Nähe kommen, ehe ich mich umgezogen habe.“

Sie nahm von der Weisung keine Notiz, sondern brachte ihm das Getränk und blieb bei ihm stehen, während er in tiefen Zügen trank.

„Du fürchtest dich doch auch nicht vor der Ansteckung,“ meinte sie einfach, ihm die Hand auf die Schulter legend.

Er hielt ihre Hand fest und sagte nichts weiter als: „Liebste!“

**Nein! nicht um die Welt hätte sie jetzt noch ein Wort von dem über ihre Lippen bringen können, was sie eigentlich hergeführt hatte.**

## 11. Kapitel.

it Beginn des Frühlings trat in der Fulda'schen Klinik nun doch die neue Versuchsstation für kontagiöse Fieber ins Leben, und die ersten Betten wurden belegt. Es hatte nur weniger baulicher Veränderungen in dem dazu gekauften kleinen Gartengebäude bedurft, um es für die Zwecke des Doktors geeignet zu machen. Die Hauptsache war die innere Einrichtung, die Herstellung all der Leitungen, Apparate und Vorrichtungen, die heutzutage in einem modernen Krankenhause unerläßlich sind, und das hatte den größten Teil des Winters in Anspruch genommen. Man war übrigens allgemein überrascht, daß es dazu gekommen war, da der Staat die dazu nötigen Mittel nicht bewilligt hatte und Fulda gar nicht mehr in der Lage war, aus eigenen Mitteln die Kosten eines derartigen Unternehmens zu bestreiten. In ärztlichen und Laienkreisen wurde dasselbe mit regem Interesse verfolgt; man versprach sich viel davon und sah den weiteren Veröffentlichungen über Fuldas neue Behandlungsweise in medizinischen Fachschriften gespannt entgegen.

Der Doktor stürzte sich mit leidenschaftlichem Eifer in die Sache. Es war dies ja stets sein Lieblingsprojekt gewesen, eine Idee, mit der er sich lange getragen und die er innerlich gründlich bis zur vollständigen Reife durchgearbeitet hatte, ehe er damit an die Öffentlichkeit trat. Er war der festen Überzeugung, daß seine Methode sich bewähren und der leidenden Menschheit von ungeheuerem Nutzen sein werde, aber den Prüfstein für dieselbe mußte doch immer erst eine Reihe von einheitlichen, unter denselben Bedingungen vorgenommenen Versuchen bilden, der abschlägige Bescheid der Regierung im verflossenen Sommer hatte ihn daher auf das tiefste erregt und verstimmt und den Entschluß in ihm wach gerufen, die Station aus eigenen Mitteln ins Leben treten zu lassen. Dann war ihm dies nach dem Zusammenbruch der Firma Hirschel & Sonnenfeld und der dadurch an ihn herangetretenen Kalamität unmöglich geworden, und es blieb somit nur die Alternative, entweder das Geld durch private Sammlungen und die Aufnahme einer größeren Hypothek auf seine Villa zusammenzubringen oder die Idee für Jahre hinaus aufzugeben. Er hatte bisher immer durchgesetzt, was er sich vorgenommen hatte, mit verbissener Zähigkeit hielt er daher auch an diesem Projekt fest. Es zehrte förmlich an ihm, daß er nun nicht imstande sein sollte, das nötige Material zu beschaffen, das er durchaus spezialisiert brauchte, um die Resultate seiner Forschungen schriftlich der Öffentlichkeit zu übergeben. Verschiedene Versuche, die er machte, einige seiner reichen Bekannten zu veranlassen, die Mittel privatim zu zeichnen, schlugen fehl oder wurden doch nur mit lächelndem Achselzucken und zweifelhaften halben Versprechungen beantwortet. Einer verpflichtete sich für fünftausend Mark, ein anderer gar nur für dreitausend, das war alles und doch schließlich nur ein Tropfen auf einen heißen Stein; mit einer so minimalen Summe ließ sich nichts anfangen. Er sprach endlich gar nicht mehr davon und schien die Idee fürs erste begraben zu haben.

Und nun hörte man doch gegen Schluß des alten Jahres, daß er das seiner Klinik benachbarte Gartenhaus, ein etwas abseits gelegenes, von kleinen Familien bewohntes Gebäude, angekauft habe und einzurichten beginne. Auf die Fragen seiner Bekannten, wer denn eigentlich die Mittel dazu gegeben habe, antwortete er barsch, das ginge ja niemand etwas an, sie seien eben da und damit Punktum.

Auch Käte erhielt dieselbe unwirsche Antwort, als sie voll Freude und Teilnahme Auskunft darüber erbat. Sie hatte gehofft, die neue Thätigkeit und Erfüllung seines Lieblingswunsches werde ihn ein wenig aus seiner trüben verbitterten Stimmung aufrütteln, und das war ja auch der Fall, solange er mitten in der Thätigkeit steckte, anordnete, rechnete, schrieb; aber daheim in der Familie versank er doch immer wieder in düsteres Grübeln, so daß die junge Frau anfing, sich recht um ihn zu sorgen. Er hatte kaum noch für irgend etwas Interesse, was nicht mit seinem Beruf zusammenhing, und wenn er von einem der Herrendiners heimkehrte, die er jetzt so oft mitmachte, um sich zu zerstreuen, wie er sagte, wußte er nie etwas anderes darüber zu berichten, als daß es heiß und stupid gewesen sei. Die geringste Kleinigkeit, die ihm gegen den Strich ging, brachte ihn in Aufregung. Käte vermied daher jede Mitteilung, die ihm etwa peinlich sein konnte, und als Kampendorf ihr eines Tags bei zufälliger Begegnung erzählte, daß aus Nervi die Nachricht eingetroffen sei, Franz Tiepoltstein habe einen Blutsturz gehabt und liege hoffnungslos danieder, verschwieg sie ihrem Manne dies, weil sie wußte, er habe ihn behandelt und die Nachricht werde ihm nahe gehen.

Kampendorf hatte ihr indes diese Mitteilung nicht ohne Absicht gemacht. Er wußte in der That nicht, was er denken sollte. Franz Tiepoltstein stand ihm persönlich nahe, und auf die erste Depesche aus Nervi hin, die er von der jungen Gräfin erhielt, setzte er sich brieflich mit einer dortigen bekannten ärztlichen Autorität in Verbindung, um Näheres über den Zustand des Freundes zu erfahren. Da erhielt er denn von jenem einen Bericht, der allerdings keinen Zweifel mehr darüber zuließ, daß der Graf bereits als rettungslos Schwindsüchtiger dort eingetroffen sei, und es sich eben nur noch darum gehandelt habe, ihm die letzte Lebenszeit durch den Aufenthalt im südlichen Klima zu erleichtern.

Diese Nachricht machte Kampendorf stutzig. Er erinnerte sich des bestimmten Gutachtens, welches Fulda im vergangenen Herbst abgegeben hatte, demgemäß Tiepoltstein für nervenleidend erklärt wurde, ein Leiden, das, wie man annahm, in absehbarer Zeit zu heben sein werde. Es fiel ihm ein, daß dieses Gutachten sich schon damals im Gegensatz zu dem Ausspruch eines anderen Arztes befand, welcher den jungen Grafen vorher behandelt hatte. Aber niemand hatte bei der bekannten Autorität Fuldas in ärztlichen Dingen seine Diagnose angezweifelt. Der andere war eben derjenige, der sich geirrt haben mußte, und jeder freute sich dessen.

Jetzt schien es beinah undenkbar, daß ein ungewöhnlich gescheiter und erfahrener Arzt sich in den Symptomen einer so weit vorgeschrittenen Krankheit getäuscht haben konnte, und die Erwägung drängte sich Kampendorf auf, daß hier aus irgend einem

Grunde ein falsches Gutachten vorgelegen haben müsse. Er sprach unter der Hand mit einigen Bekannten darüber, die gleichfalls schon von anderer Seite davon gehört hatten. Sie waren ja alle einig darin, daß Tiepoltstein und die Seinen den Nutzen davon gehabt hatten, und im Interesse der Frau und der kleinen Mädchen war es ihnen lieb, daß es so gekommen war, aber nichtsdestoweniger lag doch jedenfalls eine bewußte Täuschung von seiten Fuldas vor, die den Ruf seiner Zuverlässigkeit als Arzt ins Schwanken zu bringen drohte. Mit der Handlung selbst waren sie als Freunde des Nutznießers in dessen Interesse vollständig einverstanden, aber auf den Handelnden warfen sie doch den Stein. Wie konnte denn ein Arzt gegen seine Überzeugung ein Gutachten abgeben! Und warum in aller Welt hatte er es gethan? Tiepoltstein stand ihm nicht so nahe, daß er aus Freundschaft für ihn seinen Ruf sollte aufs Spiel gesetzt haben.

Alles, was aus dem Bereich des Wissens eines einzelnen in einen Kreis von mehreren übergeht, sickert unabwendbar trotz vielleicht anfänglich beabsichtigter Diskretion in immer weitere Kreise durch, und so kam es, daß man sich in München mit dieser Sache zu beschäftigen anfing, ehe Fulda selbst noch eine Ahnung davon hatte. Die Kollegen, bei denen er nicht übermäßig beliebt war, wurden stutzig. Einer erzählte es dem anderen, erst leise unter vier Augen, dann ganz öffentlich.

Käte mußte in dieser Zeit so manches hören, was sie mit Entrüstung erfüllte. Nicht daß man ihr gerade heraus gesagt hätte, was man eigentlich dachte, aber aus versteckten Andeutungen und halb verhüllten Fragen, in denen sich besonders Frau Stein und die Doktorin Jakobsen hervorthaten, hörte sie doch ganz genau heraus, wessen man ihren Gatten beschuldigte. Sie glaubte es einfach nicht, sah mit blindem Vertrauen zu ihm empor, aber daß man überhaupt so etwas von ihm denken konnte, empörte sie. Allerdings wußte sie ja, daß er gerade in diesem speziellen Fall sein Gutachten entgegen seiner anfänglich ausgesprochenen Ansicht gegeben hatte, aber da er es gethan hatte, so war sie auch überzeugt, daß er später in der That anderer Ansicht geworden war, und sie hätte sich eher die Zunge abgebissen, ehe sie ihm ein Wort von dem gehässigen Gerücht wiederholt hätte.

Eines Tages konnte sie aber nicht umhin, ihm eine Neuigkeit zu berichten, die sie gelegentlich eines Ausgangs erfahren hatte, und es lag sogar eine gewisse Genugthuung im Ton ihrer Stimme, als sie dies that.

„Weißt du schon? Breynitz hat sich heimlich davongemacht und wird wegen Wechselfälschung steckbrieflich verfolgt.“

Nein, er wußte noch nichts davon, hatte während der letzten Zeit gerade tief in seiner medizinischen Arbeit gesteckt und auch in der Klinik ein paar schwere Fälle gehabt, die ihn interessierten, so daß er sich wenig um das gekümmert hatte, was in der Außenwelt vorging.

Käte war trotz aller sonstigen Vorzüge doch nicht ganz frei von der den meisten Frauen anhaftenden Schwäche, mit einem gewissen Triumph hervorzuheben, daß sie sich nicht getäuscht, sondern von Anfang an gewußt habe, daß es so und nicht anders kommen müsse, und sie betonte auch jetzt, daß sie Breynitz stets das Schlechteste zugetraut und immer vorausgesehen hatte, daß es noch einmal mit ihm solch ein Ende nehmen werde.

Eigentlich erwartete sie, ihren Mann für jenen Partei ergreifen zu hören, aber Fulda stützte nur den Kopf in die Hand, und es war beinah, als helle sich seine Stirn ein wenig auf, während er langsam vor sich hin sagte: „So so! Also Breynitz hat sich auf Nimmerwiedersehen davongemacht!“

„Ja,“ fuhr Käte fort. „Seine Verhältnisse sollen ziemlich schlecht gewesen sein, und nun hat er versucht, sich mit einem Schlage durch eine gewagte Spekulation aus allen Verlegenheiten zu helfen. Die Spekulation ist mißglückt und er infolgedessen nicht imstande, die fälligen Wechsel einzulösen.“

„Für einen ganz sicheren Kunden hat ihn wohl niemand gehalten.“

„Aber Ihr habt doch alle mit ihm wie mit Euresgleichen verkehrt.“

„Ja, liebes Kind, absolut unantastbare Ehrenmänner gibt es in der großen Welt verzweifelt wenig.“

„O doch! Kempendorf gehört z. B. ohne Zweifel dazu, und vor allen Dingen du.“

Er bückte sich über seine Arbeit und antwortete nicht.

Einige Tage hindurch kam zwischen dem Ehepaar dieser Vorfall nicht mehr zur Rede. Fulda hatte viel zu thun, und Käte war allerdings froh, daß Prehnitz aus ihrem Kreise schied, interessierte sich aber sonst nicht sonderlich für ihn. Ihre kleine Genugthuung hatte sie ja nun gehabt.

Dann wurde eines Abends für Fulda ein Brief abgegeben, als er gerade mit seiner Familie bei Tisch saß. Es hieß, ein Bote von Professor Ehrenberg habe ihn gebracht. Er glaubte, es handle sich um eine Einladung oder irgend eine kollegiale Angelegenheit und riß den Umschlag in Gegenwart der Seinen auf, den Inhalt mit den Augen überfliegend. Käte sah, wie er sich plötzlich verfärbte. Er las den Brief mehrmals durch, stand dann auf und fing an, unruhig im Zimmer auf und nieder zu gehen. Es mußte irgend etwas ganz Außergewöhnliches vorgefallen sein, denn in seinem Gesicht sprach sich eine tiefe Erregung aus.

Sie wagte nicht, ihn in Gegenwart des Kindes zu fragen, was geschehen sei, kürzte aber die Mahlzeit ab und ging mit ihm in sein Zimmer hinüber, wo der Kaffee regelmäßig eingenommen wurde. Diese Stunde war sonst für alle die behaglichste des ganzen Tages, in der sich Fulda seinem Töchterchen zuliebe meist heiter und gesprächig zeigte, aber heute sprach er kaum ein Wort, ließ sich schwer und ungesellig auf den Stuhl vor dem Schreibtisch fallen, wo er sich nicht in unmittelbarer Gemeinschaft mit den Seinen befand, und stützte den Kopf in die Hand.

Träge schlichen die Minuten hin, bis es für das Kind an der Zeit war, sich zur Ruhe zu begeben. Käte ging wie immer mit der Kleinen hinaus, kam aber früher als sonst zurück, setzte sich still und sah ihn erwartungsvoll an.

Er fühlte ihren fragenden, besorgten Blick, obgleich er nicht nach ihr hinsah, stand langsam auf und sagte automatenhaft: „Du wirst in Zukunft nicht mehr das Ehrenbergsche Haus betreten."

„Mein Gott! warum nicht, Albrecht?"

„Weil ich es nicht will."

Sie neigte sanft und fügsam den Kopf, sich ihm wie immer unterordnend. Aber bei dem Anblick ihrer unterwürfigen Nachgiebigkeit flammte ein dunkles Rot in seinem Gesicht auf. Er trat dicht an sie heran, legte die Hand auf ihre Schulter und schluckte ein paarmal, als würge ihn etwas im Halse.

„Du hast wohl das Recht, eine Erklärung von mir zu verlangen," sagte er dann, brach jedoch gleich wieder ab. „Nein! ich kann nicht! — ich kann nicht!"

„Giebt es etwas, was du mir nicht sagen könntest?" fragte sie leise, seine Hand in die ihren nehmend.

„Lies den Brief!" rief er und reichte ihr das Schreiben hin, das er vorhin bei Tisch von Ehrenberg erhalten hatte.

Sie entfaltete das Papier und blickte hinein, zuerst verständnislos, dann allmählich begreifend.

„Mein lieber Fulda!" hieß es darin. „Verzeihen Sie mir, wenn ich eine Angelegenheit berühre, die so peinlicher Natur ist, daß sie besser schriftlich als mündlich erledigt wird. Bei der langjährigen Freundschaft, welche uns miteinander verbindet, glaube ich, daß Offenheit und Geradheit die einzigen Wege sind, auf denen wir zu einer Verständigung gelangen können. Ich für meine Person bin ja vollständig überzeugt, daß die Aufklärung, die ich nur in Ihrem eigenen Interesse den Kollegen gegenüber erbitten möchte, mit einem Schlage alle nachteiligen Gerüchte niederschlagen wird, die sich, ich weiß selbst nicht wie, an Ihren so hochgeachteten Namen geheftet haben.

Ich darf Ihnen nicht verhehlen, daß es sich um das Gutachten handelt, welches Sie im verflossenen Jahr über den Gesundheitszustand des Grafen Franz Tiepoltstein abgaben. Dasselbe befand sich im Widerspruch mit dem der Ärzte, welche den Grafen vor Ihnen behandelt und ihn für tuberkulös erklärt hatten. Ihre gegenteilige Entscheidung war indes für alle Beteiligten maßgebend, und auf Grund derselben trat der Graf eine Erbschaft von bedeutendem Umfang an, die ihm nicht zugefallen wäre, hätte der Erblasser die Gewißheit gehabt, daß sein Nachfolger ein erblich belasteter Todeskandidat sei. Unmittelbar nach Antritt dieser Hinterlassenschaft ging der Graf nach dem Süden, und medizinische Autoritäten in Nervi konstatierten abermals, daß Lungen-

Katharina II. in russischem Kostüm. Nach einem zeitgenössischen Gemälde.

und Rückenmarkschwindsucht bei ihm in hohem Grade vorgeschritten sei.

Wir Ärzte irren uns ja häufig. Vielleicht haben Sie auch bei Ihrer großen Überbürdung mit Arbeit damals die Untersuchung des Kranken und folglich auch Ihr Gutachten, wie man zu sagen pflegt, übers Knie gebrochen. Wenn Sie das zugestehen, so sind wir alle befriedigt, obgleich diese kleine Flüchtigkeit Ihrerseits dann für die anderen Erben des gräflichen Besitzes fatale Konsequenzen gehabt hat. Mir und den Kollegen wäre es sogar eine gewisse Genugthuung, eine so anerkannte Autorität auch einmal auf einer kleinen Nachlässigkeit zu ertappen. Es bliebe nun noch die Eventualität in Betracht zu ziehen, daß Sie auch jetzt noch an Ihrem Ausspruch festhalten und auf das bestimmteste versichern, daß Sie nur ein Nervenleiden bei dem Grafen konstatieren konnten, daß also alles andere etwas akut später Hinzugetretenes ist. Dann erwiesen sich eben die Ärzte, welche ihn vorher behandelten als Ignoranten, und wir beugen uns vor Ihrer überlegenen Erkenntnis.

Nun ist aber noch ein zweiter Punkt vorhanden, über welchen ich mit Ihnen sprechen möchte. Ihnen wird es nicht unbekannt sein, daß Herr Preunitz das Weite gesucht hat und wegen Wechselfälschung steckbrieflich verfolgt wird. Kollege Jakobsen und ich standen mit dem Mann gleich vielen anderen in geschäftlicher Verbindung, d. h. er vermittelte für uns verschiedene Hypothekendarlehen, und da einige von diesen Geschäften noch nicht reguliert waren, machten wir den Versuch, uns über den Stand unserer Angelegenheiten zu orientieren, und nahmen mit Bewilligung des Konkursverwalters Einblick in die Bücher des Flüchtigen. Es erwies sich, daß er als pünktlicher Geschäftsmann, der er ohne Frage war, seine Bücher auf das genaueste geführt hat, und wir ersahen zufällig daraus, daß Prevnitz im August des verflossenen Jahres von Behrend Söhne, den Bankiers des Grafen Franz Tiepoltstein, in dessen Auftrage 100 000 Mark erhoben habe. Eine mit Ihrer Handschrift und Unterschrift ausgefertigte Bestätigung war den Belägen beigeheftet und bewies, daß diese Summe von Prevnitz, ebenfalls im Auftrage des Grafen, vierundzwanzig Stunden später an Sie gezahlt worden war. Eine weitere Eintragung war ferner die, daß Prevnitz für seine Person ziemlich zu derselben Zeit von dem Grafen 10 000 Mark erhalten habe, die unter der Rubrik ‚Vermittelungsgebühren' aufgeführt waren.

Sie werden mir mit Recht einwenden, daß mich etwaige an Sie gezahlte Honorare trotz der auffallenden Höhe derselben durchaus nichts angingen und daß die Zahlung überhaupt unabhängig von irgend welchen ärztlichen Gegenleistungen sei. Ich brauche Ihnen wohl nicht zu versichern, mein lieber Fulda, daß ich persönlich mich nie in Ihre Angelegenheiten einmischen und kein Wort darüber verlieren würde, aber Kollege Jakobsen hat unglücklicher- und indiskreterweise über das, was zufällig zu unserer Kenntnis gelangte, in weiteren Kreisen gesprochen, und die Folge davon ist, daß man an ein vielleicht ganz harmloses Zusammentreffen von Umständen die unliebsamsten Kombinationen knüpft, was ich Ihnen mitzuteilen für Freundespflicht halte. Man weiß, daß Sie im vergangenen Jahr große pekuniäre Verluste erlitten haben, und glaubt daraus Schlüsse ziehen zu können, die ich, wie gesagt, natürlich ganz von der Hand weise.

Ich bitte Sie aber doch, mich zu ermächtigen, durch eine Erklärung nach beiden Seiten hin diesen Gerüchten energisch entgegenzutreten, und erwarte von Ihnen ein freundschaftliches Wort der Erwiderung. Ich weiß, Sie werden Verständnis für meine ehrliche Frage besitzen und dieselbe nicht mißdeuten. In aufrichtiger Wertschätzung

Ihr ergebenster Ehrenberg."

So weit war Käte gekommen. Ihr Gesicht glühte vor Empörung. Jetzt sah sie auf und fragte lebhaft:

„Wirst du ihm antworten?"

„Was sollte ich ihm sagen?"

„Nun ja, es ist freilich richtiger, eine so abgeschmackte Beschuldigung, wie sie hier aus jeder Zeile spricht, mit verächtlichem Stillschweigen zu beantworten, aber wärest du es dir nicht schuldig, den Leuten energisch entgegenzutreten? Sie tasten ja deinen guten Namen an!"

„Das kann ich nicht."

Sie bemerkte jetzt, was sie im Eifer bisher übersehen hatte, daß er totenblaß war, und stammelte von plötzlicher schlimmer Ahnung gefaßt: „Warum nicht? — Mein Gott! warum denn nicht?"

Er schwieg, aber in seinen Zügen sprach es sich deutlich aus, welches Martyrium sie ihn durchmachen ließ.

„Albrecht!" stieß sie mit einem Mal halb atemlos hervor, und die Hand, die den Brief hielt, sank schlaff an ihrer Seite nieder. „Um des Himmels willen! sage doch etwas!"

„Was kann ich denn noch sagen."

„Du willst doch nicht, — du kannst doch nicht andeuten —"

„Daß, was da in dem Brief steht, Wahrheit ist? — Ja, — ja doch! — ja doch!" Fulda schrie die Worte beinahe aus innerer Pein heraus. „Was quälst du mich noch! Es ist wahr! — Ich habe das Geld genommen! Ich habe meine Überzeugung verkauft! Ich gehöre jetzt zu den unehrenhaften Leuten, auf die man mit Fingern weisen wird."

„Du hast das Geld genommen?" wiederholte sie tonlos und trat einen Schritt von ihm zurück. Sie war bis in die Lippen hinein erblaßt.

Und wie sie vor ihm zurückwich, zuckte er zusammen.

„Ja!" sagte er, die Augen vor den ihren senkend. „Ich ließ mich von meinen Passionen fortreißen. Du weißt, daß ich mein Herz daran gesetzt hatte, die Versuchsstation für meine neue Methode zur Behandlung kontagiöser Fieber ins Leben zu rufen, und welchen segenbringenden Gewinn für das Allgemeinwohl ich mir davon versprach. Man schlug mir von Staats wegen die nötigen Mittel dazu ab, weil, wie es hieß, das Bedürfnis danach kein dringendes sei und die Anforderungen an die Staatskasse für pathologische Zwecke bereits die dafür in Anschlag gebrachten Ziffern überstiegen. Der ungefähre Kostenanschlag, den ich gemacht hatte, belief sich auf circa 250 000 Mark. Du weißt, daß ich entschlossen war, in der Angst, daß ein anderer mir anderwärts zuvorkommen könne, die Hälfte der Summe von dem Vermögen zu nehmen, welches Ännchens Mitgift bilden sollte, die andere Hälfte durch eine Anleihe und freiwillige Sammlungen zu decken und die Station auf eigene Hand zu gründen. Da kam der Zusammenbruch der Bank, und ich verlor mein Kapital. — Es war ja nicht allein die Sorge für euch, die mich zu jener Zeit halb unzurechnungsfähig machte, denn in zehn Jahren guter Finanzwirtschaft hätte ich den Verlust wieder eingebracht, es war der Gedanke, daß ich mein Lieblingsprojekt nun aufgeben müsse, der mich toll machte. — Und diesen Augenblick benutzte Preynitz, mir abermals ein Ansinnen zu stellen, welches ich früher so, wie es sich gebührte, zurückgewiesen hatte. Er brachte die junge Gräfin zu mir, hielt mir vor, daß ich die Zukunft der zarten Frau und ihrer unversorgten kleinen Mädchen durch ein paar Federstriche sichern könne, und daß die Dankbarkeit des Grafen mir die Mittel zur Disposition stellen werde, mein Projekt zur Ausführung zu bringen. — Die kleine Frau verstand von dem allen nichts, saß ängstlich, die großen Augen flehend auf mein Gesicht geheftet, in einer Ecke meines Zimmers, während wir leise in der anderen verhandelten, aber sie erzählte mir dann einfach und kindlich allerlei über ihre Lage und von ihrer Sorge um ihren Mann und ihre Kleinen. Sie glaubte unbedingt daran, daß nur die heftigen Nervenschmerzen den ersteren so sehr in seinen Bewegungen behinderten und daß er davon sowie von der bösen Erkältung, die ihn nicht verlassen wolle, durch den Aufenthalt im Süden befreit werden könne. Ich hatte nicht das Herz, ihr die grausame Wahrheit zu sagen. Sie weinte auch dabei, in der Art, wie ratlose Kinder weinen, und du weißt, ich kann das nicht sehen. — So kam es! — Ich dachte in dem Augenblick nicht daran, daß ich meinen guten Namen aufs Spiel setzte und eine Fälschung beging, die mich auf das Niveau eines Preynitz herabzog, oder wenn ich daran dachte, so fiel doch noch schwerer ins Gewicht, daß dadurch die Zukunft einer ganzen Familie gesichert und einer Idee die Möglichkeit der Ausführung wurde, welche sich für Tausende in Segen verwandeln sollte. — Und so that ich es. — Es kam mir damals nicht in den Sinn, daß die Sache vor das Forum der Öffentlichkeit gezerrt werden würde. Meiner Ansicht nach konnte der Graf bei großer Schonung noch gut ein paar Jahre leben. Daß es nun doch schneller mit ihm zu Ende geht, muß er eigener Unvorsichtigkeit zuschreiben. Ich glaubte, ich würde mich nur mit meinem Gewissen abzufinden haben, und nahm es zuerst leicht. — Aber Käte, das war gerade das Schwerste! Tag und Nacht hat es mir keine Ruhe gelassen. Jede frohe Stunde hat es mir verbittert. Ich war oft nahe daran, mein Elend in alle Welt hinauszuschreien, nur um der Qual ein Ende zu machen, in den Augen aller als der Ehrenmann zu gelten, mit dem Bewußtsein, es doch nicht mehr zu sein."

Er schlug die Hände vor das Gesicht.

Käte betrachtete ihn mit einer Mischung von Mitleid und Schrecken. Sie hatte geglaubt, ihn nun allgemach zu kennen, und stand dann doch immer wieder vor neuen Wendungen seines Charakters, die sie überraschten. Welche Mischung von Edelmut und Egoismus in ihm!

„Ich that es ja nicht für mich!" sagte er leise, ihr Schweigen für ein Verdammungsurteil hinnehmend, und augenblicklich verflüchtigten sich die härteren Regungen in ihr, und ihr Herz flog ihm verzeihend und entschuldigend entgegen.

„Die Welt wird das auch als einen Milderungsgrund gelten lassen. Die Motive sind ja schließlich in der Beurteilung jeder Handlung das Maßgebende."

„Nicht für die Gesellschaft. Die hält sich immer nur an die Thatsachen. Wie sie mich begeifern werden, alle die Neidischen und Kleinlichen, die mich schon immer mit scheelen Augen ansahen, weil sie mir nichts anhaben konnten!"

„Nimm es nicht zu schwer! Der Wert und Unwert aller Dinge liegt am Ende in dem, was wir selbst hineinlegen."

Aber ich lebe doch nun einmal in der großen Welt; alle meine Beziehungen, meine ganze Thätigkeit wurzeln in ihr. Du wirst es sehen, dieser eine unglückselige Schritt vom Wege, zu dem ich mich verleiten ließ, wird auf meinen Beruf nicht ohne Rückwirkung bleiben. Du wirst es sehen!"

Eine heiße Angst sprach sich in seinem Ton aus. Sie wußte ja, welch ein maßloses Selbstgefühl, das stellenweise sogar in Überhebung ausartete, ihm innewohnte, sie konnte also auch ermessen, wie er die Qual jeder Demütigung doppelt bitter, mehr als irgend ein anderer empfinden mußte. Vergebens suchte sie nach einem Wort des Trostes, nach einem starken, guten Wort, das ihn aufrichten sollte, und fand doch nichts in ihrem lichtlosen Innern als ein von allen guten Geistern völliges Verlassensein.

Er wußte wohl nicht, was er ihr gethan hatte, daß unter diesem einen brutalen Stoß das ganze Gebäude ihrer frohen Zuversicht, ihres gläubigen Vertrauens zu seiner Unfehlbarkeit zusammengestürzt war und sie noch betäubt, zitternd vor dem Unfaßbaren stand, wie jemand, der in die volle Sonne gesehen hat und dann plötzlich nur noch schwarze Flecken vor den Augen hat. Er dachte nur an sich, an seinen jetzt mit einem Makel gezeichneten Namen, aber mit keinem Gedanken daran, daß auch sie, daß auch seine Tochter denselben trugen.

---

## 12. Kapitel.

Die Genossen am abendlichen Stammtisch sahen in dieser Zeit wenig von Rhellany. Er schloß sich oft tagelang in sein Atelier ein und öffnete den Freunden nicht, wenn sie Einlaß begehrten, kam auch nicht zum Essen, sondern ließ sich von dem Laufburschen seiner Hauswirtin die Mahlzeiten aus dem nächstgelegenen Restaurant holen.

„Was thut er eigentlich?" hieß es befremdet.

„Er malt."

„Das wird auch was Rechtes sein!"

„O wenn er nur will, kann er schon was. Das Talent geht ihm nicht ab, nur die Stetigkeit. Es gibt Quartalsmaler, wie es Quartalstrinker gibt."

„Er wird die Sache wohl bald wieder satt haben. Was malt er denn?"

Niemand wußte es außer Rodenberg, und der schwieg, weil er sich nicht berufen fühlte, über eine Angelegenheit zu sprechen, die nicht die seine war. Sie vermißten alle die lustigen Einfälle des Österreichers; sein übersprudelndes Temperament war ihnen allezeit eine fröhliche Anregung, und ohne ihn drohte die Unterhaltung auf das Niveau philiströser Kannegießerei herabzusinken. Zum so und so vielten Mal einigten sie sich dahin, ihm einen Boten zu schicken, der die Aufgabe hatte, ihn mit List oder Überredung aus seinem Bau zu locken. Aber der Abgesandte kam wie immer unverrichteter Sache zurück; Rhellany sei wohl im Atelier gewesen, habe aber nicht geöffnet, sich auch auf keine Unterhandlungen eingelassen, sondern nur durch die geschlossene Thür hinaus gerufen, man solle ihn in drei Teufels Namen nur endlich in Frieden lassen.

Und während sich die Freunde in Vermutungen über sein geheimnisvolles Treiben erschöpften, stand er vor seiner Staffelei und arbeitete mit fieberhaftem verbissenem Eifer an dem Bilde, zu dem ihn seine Phantasie unwiderstehlich drängte. Unzählige Skizzen hatte er dazu gemacht und wieder verworfen. Keine wollte dem Entwurf entsprechen, der ihm deutlich greifbar vorschwebte, sobald er vor sich hin träumte, und zu entschwinden schien, wenn er zur Kohle griff, um ihn auf die Leinwand zu bannen.

Er hatte seine alten Mappen hervorgeholt und in ihnen gekramt. Da fand er denn mancherlei, was ihm jetzt unschätzbar erschien, verschiedene Farbenstudien, alle nach demselben rothaarigen blassen Mädchen gemacht, das mit träumerischen unschuldigen Augen beinah ängstlich ins Leben zu blicken schien, auch einige Bleistiftskizzen nach dem nämlichen Original. Aber es war doch alles nicht so, wie er es brauchen konnte. Dieses überschlanke, in seiner Blutarmut mehr als zarte Mädchen war keine Herodias, wie sie ihm vorschwebte. Auch so unschuldige Augen konnte sie naturgemäß nicht haben. In dem Weibe, wie er es zur Darstellung bringen wollte, pulsierte unter der schneeweißen Haut reiches unheimliches Leben, und der herrliche Nacken trug stolz ein königliches Haupt mit seltsamen Augen, die wohl den Baum der Erkenntnis geschaut haben mochten und nichts mehr von Frohsinn und Unschuld wußten, nur die Sehnsucht danach behalten hatten.

Und seine Phantasie erhitzte sich mehr und mehr bei diesem Bilde, das er in Gedanken vor sich sah und das ihm doch nicht gelingen wollte. Es war wie eine fixe Idee, die ihn beherrschte. Hier in seinem Atelier, für sich allein, wider ihren Willen wollte er sie vor sich hinzaubern, die ihm gesagt hatte, daß sie nichts mehr für ihn empfand, und die er doch liebte wie ein Rasender. Er glaubte es nicht, daß er ihr gleichgültig geworden sein könne. Fulda war nach seiner Ansicht kein Mann, über dem eine Frau wie Käte ihre erste Liebe vergessen konnte; sie fürchtete ihn wohl nur, und die Furcht ließ sie an der Pflicht festhalten, das war das Ganze. Sie war ja immer so pedantisch pflichttreu gewesen. Welche Mühe und welche Überredung hatte es ihn damals vor Jahren gekostet, sie zu verleiten, vor ihrer Mutter Heimlichkeiten zu haben! Aber sie hatte ihm auch gesagt, daß sie ihren Mann hochachte, und das, fühlte er, war die Wahrheit. Ein leidenschaftliches häßliches Verlangen trieb ihn nun fortwährend dazu an, ihre Achtung vor Fulda zu untergraben, allmählich mehr und mehr davon abzubröckeln. Er wußte ganz genau, daß das dem Freunde gegenüber eine Niederträchtigkeit sei, aber in der Liebe schien ihm jedes Mittel erlaubt. Die Freundschaft hörte nach seiner Meinung auf, wo das Weib ins Spiel kam, und er hatte doch schließlich noch ältere Rechte als der andere.

Der Wunsch, nun auch etwas zu leisten, was ihr Achtung vor seinem Können als Künstler einflößen mußte, ihr zu zeigen, daß er doch nicht ganz der Lump sei, für den sie ihn hielt, stachelte ihn an, jetzt seine beste Kraft einzusetzen. Er war wie im Fieber. Immer wieder mußte er seine Zuflucht zu der Kognakflasche nehmen, die er sich schon deshalb bequem zur Hand gestellt hatte, um seine Thatkraft wach zu halten, und im halben Delirium entwarf er endlich das Bild, so wie es seiner Idee entsprach.

Es freute ihn jetzt, zu sehen, daß er doch noch Schöpfungsvermögen besaß. Die Sache fing an, ihn um der Arbeit selbst willen zu interessieren. Der Künstler in ihm, der über dem liederlichen Leben, das er führte, im Begriff stand unterzugehen, erwachte aufs neue, und wie die Gestalt in ihren Einzelheiten mehr und mehr auf der Leinwand hervortrat und Leben gewann, verliebte er sich förmlich in sein Werk. Stundenlang konnte er vor der Staffelei sitzen und den rotgelockten Kopf betrachten, aus dessen weißem Gesicht rätselhafte Augen halb gesenkt, mit sterbenstrauriger Zärtlichkeit auf etwas blickten, was vorläufig noch nicht da war, wenigstens nur in flüchtigen Umrissen angedeutet. Er fühlte, daß er hier das Beste leistete, dessen er überhaupt fähig war, und daß das Bild ihm in der Künstlerwelt einen Namen machen müsse.

Daß er gar nicht befugt war, ein Gemälde, das die Qualifikation eines Porträts besaß, ohne Einwilligung und Wissen des Originals öffentlich auszustellen, machte ihm keine Sorge. Natürlich wußte er, daß Fulda niemals seine Zustimmung dazu geben würde, aber er rechnete bereits nicht mehr mit diesem. Seine Phantasie ging mit ihm durch und war schon weit voraus in einer Zeit, in welcher die Frau, die er anbetete, jenen verlassen haben werde. Er zweifelte gar nicht daran, daß diese Zeit kommen müsse. Aber wenn Fulda ihm bei zufälligem Zusammentreffen in ehrlicher Freundschaft herzlich die Hand hinhielt, regte sich doch brennende Scham in ihm, und in solchen Augenblicken hätte er alles in der Welt darum gegeben, wenn er diese Hand ebenso rückhaltlos ehrlich hätte schütteln können. Die große Ehrenhaftigkeit, die jenen auszeichnete, war ihm ein immer wacher Vorwurf.

Und dann drängte sich eines Tages das Gerücht zu ihm heran, das den ersten Schatten auf den Namen des älteren Freundes warf. Er wollte es zuerst nicht glauben. Fulda sollte gegen seine Überzeugung sein Gutachten verkauft haben? Unmöglich! Aber die Stimmen, die dies behaupteten, mehrten sich. Wieder und wieder wurde ihm dieselbe Anschuldigung von verschiedenen Seiten zugetragen. Er erinnerte sich, daß der Doktor sein ganzes Vermögen im verflossenen Sommer verloren hatte; das gab der Sache einen Schatten von Wahrscheinlichkeit; und statt in seinem Innern nach Entschuldigungsgründen für den Freund zu suchen, wie dieser es im umgekehrten Fall ohne Frage gethan haben würde, überkam ihn ein Gefühl dämonischer Freude. Der Unantastbare stand nun nicht mehr fleckenlos da. Er überredete sich dazu, daß er jetzt das Recht habe, der Frau die Binde von den Augen zu reißen, und der Achtung, mit der sie zu jenem emporsah, den letzten Stoß zu geben. Nur Geduld! seine Zeit würde jetzt schon kommen!

Und mit verbissenem Eifer arbeitete er weiter, denn er wollte nur mit etwas wirklich Fertigem, mit einer wahrhaft großen Leistung vor sie hintreten. In sein Atelier sollte sie kommen und sehen, was er imstande sei zu schaffen, und dann würde seine große heiße Liebe sie wie ein unwiderstehlicher Strom mit fortreißen in das selige Land der Glücklichen, das sie doch schon einmal bereit war, mit ihm zu betreten. Was dann weiter wurde, welche Stellung er und Fulda dann zu einander einnehmen würden, daran wollte er jetzt nicht denken. Das zu erwägen, dazu blieb ja noch immer Zeit, wenn die letzte entscheidende Frage zwischen ihm und Käte gefallen war.

Bei alledem mußte er mehr und mehr zum Kognak seine Zuflucht nehmen. Er trank auch andere Spirituosen, trank alles, was ihm zur Hand kam, denn nur im Rausch verlor er das immer wache Bewußtsein, daß er im Begriff stand, eine Niederträchtigkeit an Fulda zu begehen. Eine ungesunde Atmosphäre, ein Gemisch von Alkohol und dem betäubenden Dampf starker, opiumgeschwängerter Cigaretten erfüllte das Atelier. Rheliany hatte seit Monaten nicht mehr ordentlich geschlafen und war schließlich mit seinen Nerven total zu Ende, als er eines Tages den Pinsel beiseite warf und sich sagte, daß an dem Bilde nichts mehr zu machen, daß es fertig sei bis auf das letzte Tüpfelchen, bis auf den bräunlich getönten Hintergrund, von dem sich der rote Kopf und die orientalische Gewandung der morgenländischen Fürstin prachtvoll abhoben.

Er besaß genug künstlerische Objektivität, um sein Werk nochmals bis in die kleinsten Einzelheiten auf etwaige Unschönheiten hin zu prüfen, und ein heißes Entzücken flammte in ihm auf, als er sich sagte, daß es das erste, wirklich bedeutende Kunstwerk sei, das er geschaffen habe. Wie die Genossen staunen würden, die ihm nie etwas Rechtes zugetraut hatten! Wie die Kunsthändler sich darum reißen, die Zeitungen davon Lärm schlagen würden! Aber niemand sollte es haben. Es sollte sein Atelier nicht verlassen, ihm nur zu Glück und Ruhm verhelfen. — Und wenn es das nicht that? — Bah! Er wollte nicht daran denken. Das Glück mußte sich ja von ihm zwingen lassen! Er hatte immer erreicht, was er haben wollte. Die Welt, die Weiber waren ihm immer entgegengekommen, hatten ihn verwöhnt und verzärtelt und ihm die Thatkraft eingeschläfert. Warum sollte er gerade jetzt Schiffbruch leiden, wo diese Thatkraft neu in ihm erwacht war? Und ein Gefühl des Dankes gegen sie, der zuliebe er sein Bestes geleistet hatte, mischte sich in das Entzücken, das der Entdeckung seines Könnens galt.

Jetzt oder nie war der Moment gekommen, um sie zu werben, jetzt, wo er die Kraft in sich fühlte, die leidenschaftliche Begeisterung, die ihn über jedes Bedenken hinweghob, auch ihr mitzuteilen, sie mit sich fortzureißen, wenn sie noch einen Funken von dem in sich trug, was sie einst für ihn empfunden. Und bebend vor Erregung, getragen von dem Glauben an sich selbst, griff er zur Feder und schrieb an sie.

Es war ein wahnsinniger Brief, wie ihn eben nur jemand schreiben kann, dessen Nerven sich im Zustande furchtbarster Überreizung befinden, ein Brief, der die ganze krankhafte Glut der Leidenschaft atmete, welche in ihm tobte. Er sagte ihr, daß er nicht länger leben könne ohne sie, daß er sich jetzt ein Anrecht an ihre Achtung gewonnen und als Künstler etwas geleistet habe, was ihn den Besten gleichstellen werde.

„Komm in mein Atelier, Geliebteste!“ fuhr er fort. „Überzeuge Dich selbst, daß ich ein echter, rechter Künstler bin, in dessen Hände Du vertrauensvoll Dein Geschick legen kannst. Und wenn ich nun mir selbst und der Welt gezeigt habe, was ich kann, Dir danke ich's allein, denn nur mit dem

Gedanken an Dich habe ich geschaffen und werde ich auch in Zukunft nur schaffen können. Ohne Dich würde ich zur physischen und moralischen Unfähigkeit zurücksinken, die meinem Leben bisher den Stempel aufgedrückt hat. Komm! Laß uns Hand in Hand das Paradies betreten, das meine Liebe Dir bereiten wird. Ich gab Dir einst mein Wort, Dich glücklich zu machen, und so wahr ich lebe, ich will jetzt einlösen, was ich Dir damals schuldig blieb. Dein Mann darf kein Hindernis zwischen uns sein. Du liebtest mich, ehe Du ihn kennen lerntest, ich habe ältere Rechte an Dich, denn Du hast mir damals Treue gelobt, und ich halte Dich jetzt beim Wort. Es ist unmöglich, daß Du Liebe für ihn empfindest, und selbst wenn Du Dich überredet hast, daß ein derartiges Gefühl für ihn in Dir erwacht ist, so muß dieses Empfinden ein Ende haben angesichts der Thatsache, daß er Deiner Achtung nicht mehr wert ist. Ich hielt es schon einmal für meine Pflicht, Dir die Augen über ihn zu öffnen, und jetzt, – ich glaube nicht, daß ich dies noch nötig habe. Sein Name ist in aller Leute Mund, der Name, den Du trägst. Kannst Du ihm dies verzeihen, so bist Du duldsamer, als ich glaubte. Aber ich weiß, Du kannst es nicht. Du leidest jetzt darunter, an ihn gekettet zu sein. Zerreiße die Kette! Flüchte Dich in die Arme, die sich Dir sehnsüchtig entgegenstrecken. Du mußt kommen! Du mußt! Ich warte auf Dich wie der Verurteilte die Botschaft seiner Begnadigung erwartet, und verlasse, bis Deine Antwort eintrifft, nicht das Atelier."

Nachdem er den Brief zur Post gegeben hatte, ließ die Spannung seiner Nerven nach. Er war sterbensmüde, wagte aber nicht, sich niederzulegen, aus Furcht, vor schwerer Erschöpfung Tag und Nacht durchzuschlafen und nicht auf dem Posten zu sein, wenn ihre Antwort eintraf oder wenn sie selbst kam.

Er wartete vierundzwanzig Stunden. Früher konnte auch wirklich keine Antwort von ihr da sein. Aber dann wurde die Pein der Ungewißheit von Stunde zu Stunde intensiver. Wie ein Raubtier im Käfig durchmaß er seine Räume, kaum einen Bissen genießend. Zuweilen schlief er vor Abspannung auf einem Stuhl sitzend für Viertelstunden ein, um jedoch bei dem leisesten Geräusch im Hause wieder aufzufahren. Auf diese Weise verging auch der zweite Tag. Er hielt sich kaum noch aufrecht. Wenn es klopfte, stürzte er wie toll nach der Thür, riß diese auf, aber immer waren es nur ganz gleichgültige Menschen, Agenten, Handelsleute, oberflächliche Bekannte, die dann keine sehr freundliche Abweisung durch ihn erfuhren. Er versuchte zu arbeiten, zu lesen, Geschäftsbriefe zu schreiben, aber er war unfähig zu allem. Endlich, am dritten Tage, als seine Aufregung den äußersten Punkt erreicht hatte, stand der Postbote vor der Thür, die er wieder einmal bei dem Geräusch der nahenden Schritte wie toll aufgerissen hatte.

Der Mann lächelte über die Art, wie ihm jener den kleinen viereckigen Brief, der augenscheinlich von einer Dame herrührte, aus der Hand riß. Dann ging er, und Khelianz stand in der Mitte des Ateliers und hatte nicht den Mut, das kleine Ding zu öffnen, das über sein Schicksal entscheiden sollte.

## 13. Kapitel.

ie ließen nicht auf sich warten, die gehässigen Stimmen, die sich gegen Fulda erhoben, die Nadelstiche, die ihn von allen Seiten, oft unter dem Deckmantel der Freundschaft trafen. Die Beschuldigung, welche, wenn auch nur unter der Hand, gegen ihn erhoben wurde, machte ungeheures Aufsehen, um so mehr, als eigentlich in den Augen der großen Menge kein stichhaltiger Grund, außer dem der Habgier, für ihn vorzuliegen schien, da er große Summen verdiente und anscheinend in den besten Verhältnissen lebte. Fulda war ja vor dem Gesetz nicht straffällig, da man ihm nicht nachzuweisen vermochte, daß er zu der Zeit, als er sein ärztliches Gutachten abgegeben, nicht von der Richtigkeit desselben überzeugt gewesen sei, aber bei allen, die ihn kannten, stand die moralische Überzeugung fest, daß ein solcher Irrtum bei seiner Befähigung ausgeschlossen sei. Sie sagten sich auch ganz richtig: ‚Weshalb denn ein so ungeheueres Honorar für ärztliche Bemühungen, die nur wenige Wochen in Anspruch genommen hatten, wenn es nicht

eine besondere Bewandtnis damit gehabt hätte?

Fulda hatte den Brief des Professor Ehrenberg unbeantwortet gelassen, obgleich er wußte, daß dies so gut wie ein Zugeständnis war. Er wußte, daß sein Name jetzt in aller Leute Mund war, und die Fahrten zur Klinik und im Verfolg seiner ärztlichen Praxis wurden zu Marterwegen für ihn, denn er sah jeden Bekannten, dem er begegnete, daraufhin an, ob er seinen Gruß auch erwidere wie sonst, oder wartete mit peinlicher Spannung, ob jener ihn zuerst grüßen werde.

Es war nicht nur Einbildung, daß die, mit denen er sonst freundschaftlich verkehrte, ihm gegenüber eine reservierte Haltung einnahmen. Die Leute zogen sich wirklich von ihm zurück, wurden verlegen, wenn er sie auf der Straße ansprach, und machten sich unter irgend einem Vorwande bald wieder von ihm los. Es kam sogar vor, daß Bekannte auf der Straße einen kleinen Umweg machten, um ihm nicht zu begegnen, noch rechtzeitig in eine Seitengasse einbogen, wo sie eigentlich nichts zu suchen hatten.

Nichts von alledem entging ihm. Er wurde förmlich zu eigner Pein in dieser Beziehung hellsehend, und es war ihm dann, als schaue ihn jeder Mensch auf der Straße daraufhin an, und als müsse er zwischen all diesen schadenfrohen Blicken Spießruten laufen.

Kampendorf, der niemals ein Hehl aus seiner Meinung machte, hatte ganz offen erklärt, daß man es sich doch überlegen müsse, ob man mit Fulda weiter wie bisher verkehren könne, und geschäftige freundliche Zuträger hatten nicht ermangelt, den Doktor davon in Kenntnis zu setzen. Auch in seiner Praxis machte sich die zurückstauende Strömung der öffentlichen Meinung bemerkbar. Sonst fand sich täglich auf seinem Schreibtisch eine Flut von Briefen ein, Konsultationen, Bitten, Zuschriften aller Art, deren Beantwortung meist seine Kräfte und Geduld überstieg. Während der letzten Zeit aber war eine förmliche Ebbe darin eingetreten. Wer nicht gerade seiner Hilfe und seiner unfehlbar sicheren Hand als Operateur dringend bedurfte, vermied es, sich an ihn zu wenden. Er scheute sich auch, abends auszugehen, um im geselligem Kreise ein Glas Bier zu trinken, denn ohne daß man ihn direkt vor den Kopf stieß, machte sich doch um ihn her eine gewisse Kühle bemerkbar, und setzte er sich an einen Tisch, an dem schon einige bekannte Herren Platz genommen hatten, so entging es ihm nicht, daß ihr Gespräch plötzlich verstummte und daß nach kurzer Zeit einer nach dem anderen unter dem ersten besten Vorwand aufstand und sich empfahl, so daß er allein geblieben wäre, wenn er es nicht vorgezogen hätte, aufzuspringen und heimzukehren, noch ehe der Letzte ging. Es war, als hätte sich eine eisige Scheidewand zwischen ihm und allen jenen Menschen aufgerichtet, die sich in pharisäischer Selbstgerechtigkeit mit ihrer Ehrenhaftigkeit brüsteten.

Käte hütete sich wohl, ihm zu sagen, daß sie die nämliche Erfahrung unter den Damen ihres Verkehrskreises gemacht habe, denen es eine förmliche Genugthuung war, sich dieser Frau gegenüber, die Fulda aus untergeordneten Sphären heraufgeholt und ihnen aufgedrängt hatte, während er doch die Wahl unter den Töchtern der Kollegen gehabt hätte, sich aufs hohe Pferd zu setzen und es sie fühlen zu lassen, daß man sie nur um ihres Mannes willen freundlich aufgenommen habe und jetzt, wo er in der Gesellschaft in Mißkredit gekommen war, gleichfalls fallen lasse. Sie nahm das hin, ohne mit einer Wimper zu zucken. Besonders erfinderisch in kleinen Grausamkeiten war die elegante Doktorin Jakobsen, die es Käte nie verziehen hatte, daß sie Fulda geheiratet, der in früheren Zeiten zuweilen ein wenig, wenn ihn die Laune anwandelte, an ihrem eignen Triumphwagen gezogen hatte. Unumwunden ehrlicher noch war die Professorin Ehrenberg, die sich von ihrem breiten, bequemen Standpunkt der landläufigen Moral aus mit ihrem Mann dahin verständigte, daß man mit Fuldas eigentlich nicht mehr verkehren könne und es daher auch bei gelegentlichen Begegnungen vermied, Käte zu grüßen. D. h. sie blieb an dem ersten besten Schaufenster stehen, den Rücken der Straße zuwendend, oder machte sich angelegentlich etwas mit Handschuh und Schirm zu schaffen, wenn ein solches nicht in der Nähe war, sobald sie jene kommen sah.

Bei ihrem in sich gekehrten Wesen und

Elfenfreude. Nach der

emälde von W. Simmler.

der geringen Wertschätzung, die sie für alle diese Dinge besaß, empfand Käte die beabsichtigte Demütigung nicht als solche, aber Ännchen empfand sie in der Seele der Stiefmutter, und unbekannt mit den Vorgängen, die alledem zu Grunde lagen, erzählte sie in unbefangener Empörung dem Vater, daß die Professorin Ehrenberg die Mama nicht mehr grüße.

Er wurde dunkelrot und sah scheu nach seiner Frau hin, aber sie lächelte nur und sagte, ihm ruhig über die Hand streichend: „Es thut nichts. Nimm's nicht schwer."

Aber er nahm es doch schwer. Der Gedanke war ihm noch gar nicht gekommen, daß auch sie und sein Kind unter dem Makel leiden könnten, der auf seinen makellosen Namen gefallen war. Diese neue Erfahrung schnürte ihm förmlich die Kehle zusammen, als ob jemand ihn würge. Aber freilich, wie hatte er auch nicht daran denken können! Was ihn traf, mußte sie ja ohne alles eigne Verschulden in gleichem Maße treffen, nur daß sie nicht so schwer daran trug. Wo in aller Welt nahm diese Frau nur ihren beneidenswerten Gleichmut her? Es gab ihm jetzt jedesmal einen kleinen Stich ins Herz, wenn er ihr zusah, wie sie so gleichmäßig freundlich und ruhig im Hause herumhantierte, ohne je eine Verstimmung merken zu lassen. Das war eine unangenehme Empfindung mehr und hatte ihm noch zu allem anderen gefehlt, und wenn ihn derartige Erwägungen überkamen, wäre er am liebsten aus dem Haus gelaufen, nur um sie, die ihn wie ein immer wacher Vorwurf mit freundlicher Fürsorge umgab, nicht mehr zu sehen. Aber wohin sollte er gehen? Ein paarmal erfaßte ihn das Verlangen nach der harmlosen Heiterkeit des Künstlerstammtisches im Regensburger Hof, aber der Gedanke, daß man auch dort die kühle Schranke zwischen sich und ihm aufrichten könne, wie sonst allerorten, hielt ihn immer wieder zurück, und er schloß sich grollend und seelisch leidend in sein Arbeitszimmer ein, um nur nichts mehr zu sehen und zu hören, was ihn peinlich berühren konnte.

Studie von Ed. von Gebhardt.

Er hätte übrigens ruhig den Regensburger Hof betreten können, denn hier im leichtlebigen Künstlerkreis war man billigen Erwägungen zugänglich. Einzelne Krakeeler hatte es freilich gegeben, welche die Frage aufwarfen, wie man sich Fulda gegenüber zu verhalten habe, wenn er, was sonst ja häufiger geschah, sich als Abendgast einstellen sollte, ob man nicht verpflichtet sei — der eignen Ehre halber. Aber Rodenberg, mit dem behaglichen liebenswürdigen Priestergesicht und dem freundlichen Herzen, der hier die ausschlaggebende Stimme besaß, machte derartigen Erörterungen bestimmt mit den Worten ein Ende: „Ach, was, Kinder, wir sind allesamt keine Tugendhelden, und nach welcher Richtung hin man sündigt, ist am Ende gleichgültig. Wer nicht die Verhältnisse kennt, unter deren Zwang der Mann vielleicht gehandelt hat, darf sich überhaupt gar kein Urteil erlauben, denn die allein sind bestimmend. Wer unter uns sich keiner einzigen gemeinen Regung bewußt ist, der werfe den ersten Stein auf ihn. Der Mann ist in seinem Beruf ein Genie, und gerade wir sollten dem Genie mehr durch die Finger sehen als korrekte Philister." Damit war die Sache geregelt, und allen war es im Grunde lieb, sich nicht die Unannehmlichkeit eines Zwanges, der die Gemütlichkeit gestört hätte, aufzuerlegen.

Kheliany, der, während Rodenberg noch sprach, eintrat und den man von dem Gesprächsthema in Kenntnis setzte, warf sich stumm auf die Bank neben den Erwähnten und schüttelte ihm heftig die Hand.

„Ja," sagte dieser, gemütlich lachend. „Sie haben auch etwas für den Doktor übrig. Schulden ihm ja Ihr Leben."

„Schulden?" fragte der andere mit eigentümlicher Betonung. „Es wäre doch der Mühe wert festzustellen, wer von uns zweien eigentlich des anderen Schuldner ist. Aber immerhin, ich danke Ihnen für die guten Worte. An mir wäre es gewesen, sie zu sprechen, denn Fulda ist mir immer ein zuverlässiger Freund gewesen, das möchte ich ausdrücklich noch einmal feststellen. Sagen Sie ihm, daß ich die vollste Anerkennung für seine großen Eigenschaften gehabt habe."

„Warum sagen Sie ihm das nicht selbst?"

„Weil ich ihn jetzt nicht mehr sehen werde. Ich räume ein Feld, auf dem ich mich nicht zu behaupten vermochte."

Da Khelianys Stimmungen unberechenbar waren und seine Art und Weise immer etwas Sonderbares hatte, so nahm man an, daß er am Vorabend einer Reise stehe, wie das ja oft vorzukommen pflegte, und gab nicht weiter darauf acht. Nur Rodenberg war von dem eigentümlichen Ton betroffen, in dem jener sprach. Er machte ihm den Eindruck wie jemand, dessen inneres Leben mit seiner Umgebung nichts zu schaffen hat, und der Ausdruck dieses blutlosen Gesichts, in dem gar kein Seelenanteil lag, nur ein völliges Insichversunkensein, befremdete ihn. „Khelianу!" rief er gutmütig und schüttelte ihn an der Schulter. „Sind Sie krank?"

„Ich war es."

„Kein Mensch hat ja eine Ahnung davon gehabt."

„Ich bin auch schon auf dem Wege zu völliger Genesung."

„Na, dann Prosit, lieber Junge."

Der Österreicher schüttelte sich, als wolle er sich von einem Bann befreien, der ihn umfangen hatte, es kehrte Leben und Farbe in sein Gesicht zurück. Er schrie mit Stentorstimme nach Bier und überbot sich selbst in lustigen Einfällen, als wolle er den Eindruck, den sein sonderbares Benehmen eben gemacht, unter allen Umständen verwischen. Man hatte ihn lange nicht so aufgeräumt gesehen, er gab sich wie in den ersten Zeiten seines Aufenthalts an der Münchener Malerakademie, als er, ein halber Junge noch, direkt von Wien hierher gekommen, und dieser Anflug von liebenswürdiger Jungenhaftigkeit machte ihn unwiderstehlich. Kurz vor Mitternacht stand er auf und sagte tief atmend und seine herrliche Gestalt dehnend: „Da sind wir wieder einmal recht vergnügt gewesen!"

„Aber bleiben Sie doch noch, Toni, wo gehen Sie denn hin?"

„Schlafen!" war die lakonische Antwort. „Gute Nacht, meine Herren! Und wenn Sie noch Lärm hören, so erschrecken Sie nicht. Ich bin eben in der Laune, noch Unfug zu verüben und den ersten besten nutzlosen Gegenstand, der mir zur Hand kommt, zu vernichten."

Er nickte noch einmal launig und freundlich zurück und schlenderte dann, die Zigarette zwischen den Lippen, die Hände in den Taschen seines karierten Anzuges, langsam hinaus.

Man blieb noch eine Weile rauchend und trinkend sitzen und sprach über den Davongehenden, seine reichen Anlagen und guten Eigenschaften und auch über sein gänzlich verpfuschtes und verbummeltes Leben und den Mangel an energischer Initiative, der dem zu Grunde lag. „Das ererbte Geld war sein Unglück!" meinte Rodenberg, nachdenklich vor sich hin paffend. „Hätte er angestrengt um das tägliche Brot arbeiten müssen, wie wir alle, so wäre seine moralische Muskelkraft auch erstarkt, aber da ihm alles mühelos in den Schoß fiel und er einfach davonlief, als ihm die gebratenen Tauben nicht mehr in den Mund flogen, bis sich ihm ohne eignes Zuthun eine neue Geldquelle öffnete, so ist allmählich alle Willenskraft und jeder Trieb zu Höherem in ihm erschlafft."

In diesem Augenblick schob sich Hurtig, schief und langsam, wie gewöhnlich, zur Thür hinein, aber die Witzworte, mit denen man ihn eben überfallen wollte, erstarben auf den ernst werdenden Lippen vor dem verstörten Ausdruck seines Gesichts. Er deutete nur stumm mit der Hand nach der Thür, die in das hofähnliche Gärtchen hinausführte, und als man ihn mit Fragen bedrängte, rang es sich schwerfällig über seine Lippen: „Der Herr von Khelianý!"

„Was ist mit ihm?" rief Rodenberg aufspringend und von einer schlimmen Ahnung gepackt.

„Draußen im Garten — auf der Veranda. — Er rührt sich gar nicht mehr. — Ich habe ihn angerufen. — Keine Antwort."

Eine halbe Minute hindurch stand alles regungslos, vom Schrecken des gemeinsamen Gedankens wie gelähmt, dann stürzten sie hinaus, soviel ihrer noch in der Wirtsstube saßen, hinaus in den engen dürftigen Garten, welcher der empfindlichen Abendkühle halber schon vor einer Stunde von allen Gästen verlassen und verdunkelt worden war. Nur am Ausgang zur Straße flackerte eine Gasflamme und warf ihren unruhigen zitternden Schein über den halb dunkeln, von leeren Tischen und Bänken erfüllten Platz und über die Veranda im Hintergrunde desselben. Erst bei genauem Hinsehen bemerkte man hier eine dunkle Gestalt, die in einer Ecke saß und mit Gesicht und Oberkörper auf dem Tisch lehnend, hier eingeschlafen schien. Diensteifrige Hände brachten aus dem Hause Licht herbei. Man richtete die Gestalt auf, deren Kopf, sobald man sie bewegte, hintenüber sank, und blickte in Khelianýs stilles Gesicht, dessen starre verglaste Augen und halb geöffnete Lippen eine Welt anklagen zu wollen schienen, die sich ihm zu entgegenkommend gezeigt und ihn dann im Stich gelassen hatte. An der rechten Schläfe war ein kleines kreisrundes Loch, aus welchem schwärzliche Tropfen langsam und träge herabsickerten. Einer der Anwesenden stolperte über etwas, das am Boden lag, es war der zierliche Revolver, dessen sich Khelianý bedient hatte und der seiner Hand entglitten war.

Die Szene entbehrte in diesem Augenblick jeglicher Feierlichkeit, die doch sonst unwillkürlich bei jedem Todesfall sich in erster Linie der Gemüter bemächtigt. Es war ein wildes Durcheinanderhasten von Lichtern und dunklen aufgeregten Gestalten. Einige schrieen nach einem Arzt, andere wieder riefen, es sei doch nichts mehr zu machen, man solle nur einen Wagen herbeischaffen, um die Leiche fortzubringen, und noch wieder andere machten fruchtlose Wiederbelebungsversuche, mit dem deutlichen Bewußtsein, daß sie vergebens seien, glaubten aber doch damit einer Pflicht zu genügen, rieben die Hände des Toten und flößten ihm Kognak ein. Und zu all dieser Aufregung bildete Khelianýs stiller regungsloser Körper mit dem zum Himmel aufwärts gekehrten Gesicht, das jetzt wie in leiser Ironie zu lächeln schien, einen unheimlichen Kontrast.

Auf dem Tisch, auf dem er halb mit dem Oberkörper gelegen, lag ein kleines weißes Blatt, welches Rodenberg unbemerkt an sich nahm. Die Hand des Verstorbenen hatte beim unsicheren Schein der einzigen noch brennenden Gasflamme mit Bleistift ein paar Worte darauf gekritzelt, die Rodenberg vorläufig noch nicht zu entziffern vermochte. Hurtig erzählte inzwischen in seiner unzusammenhängenden Art, was er von der Sache wußte, dabei immer bei Nebensächlichem verweilend. Er sei gerade mit einigen Bierseideln, es könnten vier Seidel gewesen sein, nein doch, es waren sechs, also mit sechs Seideln nach der geschlossenen Kegelbahn durch den Garten gegangen, als Herr von Khelianý sich entfernt habe und zwar ebenfalls den Gartenweg benutzend statt der vorderen Hausthür. Der Herr von Khelianý habe ihm auf die Schulter geklopft und gesagt: Hurtig, nein, ‚Herr Hurtig' habe er gesagt, nein, doch nur ‚Hurtig', „wenn Sie aus der Kegelbahn zurückkommen, werden Sie mal Augen machen, dann werden Sie etwas erleben, was Sie noch nie erlebt haben."

Er, Hurtig, habe natürlich gedacht, es handle sich wieder um irgend einen guten

Witz. Drinnen in der Kegelbahn sei es sehr laut hergegangen, es sei ihm zwar so gewesen, als habe er einen leisen Knall gehört, aber bei dem Rollen der Kugeln und Klappern der Kegel sei er seiner Sache nicht sicher gewesen. Wie er nun den Rückweg angetreten, habe er sich zuerst vorsichtig umgeschaut, in der Überzeugung, auf irgend eine Weise erschreckt zu werden, dabei sei er noch mit dem Fuß in eine Pfütze getreten und habe sich die Stiefel naß gemacht. Mit einemmal habe er eine Gestalt in der Veranda gesehen und habe sich zuerst gar nicht getraut hinzugehen, denn er sei sehr schreckhafter Natur von klein auf, aber dann bei genauem Hinschauen habe er doch Herrn von Khelianzs Figur erkannt und sei darauf losgegangen, um zu fragen, was denn nun eigentlich los wäre, aber der Herr habe sich nicht mehr gerührt, und da sei ihm angst und bange geworden, und er habe rasch die anderen Herren gerufen.

Der inzwischen herbeigeholte nächstwohnende Arzt konnte nichts weiter thun, als den sofort eingetretenen Tod zu konstatieren und in Gemeinschaft mit Rodenberg die Leiche nach Khelianzs bisheriger Wohnung zu transportieren, bis zu ihrer am nächsten Tage in Aussicht genommenen Überführung in die Leichenhalle. Er übernahm es dann, gleich früh morgens die nötigen polizeilichen Meldungen zu machen, und ließ Rodenberg als einsame Wache bei dem toten Freunde zurück.

Der Maler entzündete die drei Lampen, die sich in der Wohnung vorfanden, so daß eine freundliche Helle den Diwan bestrahlte, auf den man den Toten niedergelegt hatte, nahm dann Börse und Uhr nebst den Schlüsseln aus den Taschen von dessen Kleidung, schloß beide Gegenstände in den Schreibtisch, untersuchte auch die Brieftasche des Verstorbenen darauf hin, ob sich etwa Wertsachen darin befänden, und steckte sie, da sich nichts derartiges darin fand, zu sich, damit nicht profane neugierige Augen die intimsten Angelegenheiten des Freundes durchwühlen konnten. Endlich setzte er sich zu Häupten des Diwans und blickte, die Hände schwer auf die Kniee gestützt, schweigend und kummervoll in das stille Gesicht, das sonst so voll lebendiger Mimik gewesen. Khelianz machte so sehr den Eindruck eines Schlafenden, jetzt, wo sich die starren anklagenden Augen für immer geschlossen hatten, daß es Rodenberg schwer fiel, den Gedanken zu fassen, daß er nie wieder die knabenhaft weiche nervöse Stimme vernehmen werde, die so lustige Schnurren zu erzählen pflegte und eine so hinreißende Überredung besaß. Der wunderbar schöne Körper in dem losen karrierten Anzug, den er täglich abends in der Kneipe getragen, lag in scheinbar ungezwungener, ausruhender Stellung da, als habe er sich in wohliger körperlicher Erschöpfung auf den Diwan geworfen.

Dem einsam Wachenden fiel es plötzlich ein, daß in seiner Tasche ja noch ungelesen der Zettel steckte, den er draußen im Garten des Regensburger Hofes neben dem Toten auf dem Tisch gefunden hatte. Jetzt zog er ihn hervor. Die flüchtigen Bleistiftstriche waren schon halb verlöscht, aber doch noch deutlich lesbar; es waren auch nur ein paar abgerissene Worte, die aber wohl der Schlüssel zu den allerletzten Gründen sein mußten, welche Khelianz in den Tod getrieben hatten.

„Man kann alles, aber nicht der Schuldner einer Frau bleiben.“

Das also war's. Rodenberg dachte nach. Es wäre ihm nie in den Sinn gekommen, daß Khelianz irgend eine Frau ernst genug nehmen könne, um sich ihretwegen eine Kugel vor den Kopf zu schießen. Er kannte ja auch so ziemlich alle seine Beziehungen, da waren die kleine Nanette, ein paar hübsche, lebenslustige Frauen der Gesellschaft, eine junge Schauspielerin. Unmöglich, daß es von diesen eine sein konnte, denn im Grunde waren sie ihm ja alle gleichgültig. Er hatte nie von einer anderen gesprochen, aber trotzdem, diese wenigen lakonischen Worte bewiesen, daß in seinem Leben ein Roman gespielt haben mußte, der ernst genug gewesen war, ihn zu einem letzten verzweifelten Entschluß zu treiben, ihn, den ewig Entschlußlosen.

Rodenberg sah sich im Zimmer um. Bei dem sorglosen Leichtsinn, mit dem Khelianz in allen Dingen verfuhr, war es wohl vorauszusetzen, daß unter seinen zerstreut umherliegenden Skizzen und Briefen oder sonstigen Papieren sich irgend eine Spur würde auffinden lassen, welche Aufschluß darüber gegeben hätte. Vielleicht enthielt sogar die Brieftasche, welche Rodenberg jetzt bei sich trug, die gesuchte Spur, aber ein Gefühl pietätvoller Anständigkeit, eine gewisse Zartheit des Herzens machte es ihm unmöglich, jetzt, angesichts des Toten, dessen Eigentum mit tastender Neugier zu berühren.

In der Ecke, nahe dem breiten Fenster, stand auf der Staffelei ein großes verhülltes Bild, und unordentlich mit Paletten und Pinseln durcheinander liegende Farbentuben bekundeten, daß Kheliany in letzter Zeit gearbeitet hatte. Ein unwiderstehlicher Drang trieb den einsam Wachenden jetzt dazu, den Vorhang von dem Bilde zu lüften. Dann prallte er zurück, denn eine wunderbar schöne Gestalt schien ihm aus dem Blendrahmen lebendig entgegenzutreten. Den schmalen Kopf seitwärts leicht zurückgebogen, zärtliches Mitleid und verzehrende Sehnsucht in dem weißen, todestraurigen Gesicht, blickte sie auf den Kopf hernieder, den sie auf bronzener antiker Schüssel trug und der mit weitgeöffneten Augen zu ihr emporschaute.

Rodenberg fühlte, wie kalte Schauer ihm den Körper durchrieselten, denn diese Herodias war ein sprechend ähnliches, vielleicht ein wenig idealisiertes Porträt von Käte Fulda, und das Haupt auf der Schüssel trug Khelianys eigne Züge. Unten in der rechten Ecke hatte des Freundes Hand mit dem Pinsel undeutlich einige Zeilen hingeworfen, die der andere mühsam entzifferte:

„In den Händen hält sie immer
Jene Schüssel mit dem Haupte
Des Johannes, und sie küßt es,
Ja, sie küßt das Haupt mit Inbrunst.
Denn sie liebte einst Johannem. —“

Oben, zu Häupten des Bildes, war ein Zettel befestigt, der die Worte trug: „Gleich nach meinem Tode zu vernichten.“

Kheliany hatte doch einer Regung stolzer Eitelkeit nicht widerstehen können, seinem Werk einmal wenigstens bei den Freunden, die ihm, wie er annahm, den letzten Liebesdienst erweisen würden, die Anerkennung und Bewunderung zu sichern, die es verdiente. Und in der That stand Rodenberg wie gebannt davor, in Staunen versunken vor der Fähigkeit großer Meisterschaft, die sich ihm hier offenbarte und die er niemals dem Toten zugetraut hatte. Der Künstler zollte in diesem Augenblick dem Künstler die rückhaltloseste Anerkennung. Dann löste er mit zitternden Händen das Bild aus dem Blendrahmen und rollte es vorsichtig zusammen, um es mit dem Morgengrauen in die Verborgenheit seines eignen Ateliers hinüberzuretten. Er fühlte die Unmöglichkeit, dem Wunsch des Verstorbenen gerecht zu werden und ein Werk zu vernichten, welches, wenn auch die Ausgeburt einer krankhaft überreizten Phantasie, doch in der Ausführung auf der Höhe des Besten stand, was von modernen Meistern je geschaffen worden war. Es wäre ihm wie ein Mord vorgekommen; doch kein unberufenes Auge sollte das Geheimnis des Freundes, das sich ihm hier so unerwartet enthüllte, profanieren. Er erinnerte sich nun, wie verändert der Freund während des ganzen letzten Jahres gewesen war, wie wechselnd in seinen Stimmungen, aufgeregt, zu Zeiten elend ohne scheinbaren Grund. Und aus reiner selbstischer Indolenz hatte ihn niemand gefragt: „Was fehlt dir? Sprich dich aus. Bist du unglücklich? Kann man dir helfen?“ Sie hatten es alle ruhig mit angesehen, wie er in absichtlich wüstem Leben allmählich zu Grunde gegangen war. Es war Rodenberg jetzt zu Mute, als trüge er mit einen Teil der Schuld an diesem Tode. Hatte nicht Khelianys ganzes Leben diesem Ziel zugesteuert? und seine Hand hatte sich ausgestreckt, ihn zu halten, ihn mit festem Griff aus der Zerfahrenheit und Unschlüssigkeit zu reißen, die in seinem Charakter lagen, und ihn mit Gewalt auf die Bahn zu drängen, zu der ihn seine reichen Fähigkeiten prädestinierten. Waren nicht Unterlassungssünden ebenso gut Verbrechen wie Begehungssünden? und würde nicht am jüngsten Tage Rechenschaft gefordert werden von den Starken für alle die Schwachen, denen man aus Bequemlichkeit nicht die rettende Hand gereicht hatte?

Er fuhr sich wiederholt mit dem Taschentuch über die feuchte Stirn. Das Alleinsein mit dem Toten regte seine Nerven mehr auf, als er sich's eingestehen mochte. Dann kamen ihm allmählich andere Erwägungen. Kheliany besaß keine nahen Angehörigen. Seine Eltern waren schon seit einer Reihe von Jahren tot. Rodenberg wußte nur von ein paar entfernten Vettern, die der Verstorbene gehabt und die wohl die Erbschaft antreten würden. Die Regulierung dieser Erbschaft würde voraussichtlich durch die Gesandtschaft vor sich gehen, aber es war doch wohl Pflicht, diesen Familiengliedern den Tod telegraphisch anzuzeigen, um ihnen die Möglichkeit zu geben, dem Begräbnis beizuwohnen. Er beschloß gleich am folgenden Morgen diesen Fall mit Fulda zu besprechen, von dem er wußte, daß er dem Verstorbenen wirklich nahe gestanden hatte, und ihm auch die telegraphische Benachrichtigung der Angehörigen zu überlassen, deren Adresse er nicht einmal kannte.

Es war ihm eine wirkliche Erlösung, als die Morgendämmerung hereinbrach und er die Lampen löschen konnte, deren gelbes Licht dem Toten immer noch einen Schein des Lebens verlieh. Jetzt mit dem hereinbrechenden Tag sah das stille Gesicht erschreckend eingefallen und wachsbleich aus. Bald darauf kam auch der Totenbeschauer und dann all die Leute, deren Beruf sie mechanisch all die zahllosen Obliegenheiten erfüllen ließ, welche Gesetz und Polizeiordnung in solchen Fällen vorschreiben. Rodenberg überlieferte ihnen die Schlüssel und begab sich dann, trotz der frühen Stunde, zu Fulda, den er aus dem Schlaf wecken ließ, um ihm das Vorgefallene mitzuteilen.

Fulda war tief erschüttert. Er war kein Mann der schnellen Freundschaften, aber wo sich sein Herz einmal festhakte, da blieb es auch, und er hatte wirklich mit beinah väterlicher Vorliebe an dem jüngeren Mann gehangen, trotz aller offenkundigen Nichtsnutzigkeiten desselben, die ihm nur in dem Licht intellektueller, also körperlicher Mängel erschienen. Er machte sich jetzt gleichfalls Vorwürfe, ihn nicht mehr in sein Haus gezogen, sich nicht eingehender um ihn gekümmert zu haben, aber da Khelianz seit beinah einem Jahr sein Haus offenbar absichtlich gemieden hatte, so hatte er sich ihm nicht aufdrängen wollen.

Rodenberg erzählte ihm die dürftigen näheren Umstände der That und übergab dem Doktor auch den Zettel, den er neben dem Toten gefunden, und die Brieftasche desselben, mit dem Bemerk, daß er sich nicht berechtigt fühle, Einblick in die Privatangelegenheiten des Verstorbenen zu thun.

Zufällig war Fulda einer der Vettern Khelianzs von gelegentlichen früheren Begegnungen her bekannt, es war ein wohlhabender Gutsbesitzer aus der Linzer Umgegend, und er setzte sofort eine Depesche an ihn auf, mit der hinzugefügten Bitte, sich sofort zur Beerdigung und zur Wahrung seiner Interessen herzubemühen. Als er später mit Käte beim Frühstück zusammentraf und beide noch auf die Kleine warteten, sagte er anscheinend leichthin, um seine innere Trauer und Erregung zu verbergen: „Denke dir, Khelianz hat sich diese Nacht erschossen."

Sie stand gerade am Büffet und bestrich die Rostbrötchen zum Thee mit Butter. Das Messer entfiel klirrend ihrer Hand. Eine Weile blieb sie regungslos stehen, den Rücken ihm zuwendend, bückte sich dann und hob das Messer auf, immer noch ohne ein Wort zu sagen.

„Du bist merkwürdig teilnahmlos!" rief er. „Kannst du dir nicht denken, daß mir diese Nachricht unendlich nahe geht? Er war mir wirklich beinah so lieb, wie nur ein eigner Sohn es hätte sein können, und mag man gegen ihn sagen, was man will, mir gegenüber ist er in seiner Freundschaft immer echt und wahr gewesen."

Seine verhaltene Bewegung brach sich jetzt dennoch Bahn. Ihm standen die Thränen in den Augen. Käte konnte nicht umhin, sich nun nach ihm umzuwenden. Ihr Gesicht war kreideweiß, und um ihre Lippen zuckte es heftig, während sie leise sagte: „Du weinst? Weinst um ihn?"

„Ja, ich schäme mich nicht. Ihn auf solche Weise zu verlieren! Schrecklich! Und zu denken, daß man ihm vielleicht mit einem Wort zur rechten Zeit hätte helfen können!"

„Du weißt, weshalb er sich das Leben genommen hat?"

„Die näheren Umstände entziehen sich vorläufig noch meiner Beurteilung, aber es steht wohl fest, daß es um einer Frau willen geschah. Ein von ihm hinterlassener Zettel läßt kaum noch einen Zweifel darüber. Ich war in seine Beziehungen nicht eingeweiht, kann mir also auch noch keinen Vers daraus machen. Armer Junge! Armer Junge! Du kannst mir das natürlich nicht so nachempfinden, aber ich werde lange Zeit brauchen, um darüber hinwegzukommen. Ah, jetzt sehe ich endlich auch Thränen in deinen Augen; du bist doch nicht so ganz gefühllos! Nicht wahr? es thut dir auch leid um den schönen begabten Kerl?"

Der Eintritt der Kleinen schnitt alle weiteren Erörterungen ab. Man setzte sich zum Frühstück, aber Fulda sowohl als Käte thaten dies mehr aus Gewohnheit und um des Kindes willen als aus irgend einem Appetitsbedürfnis, denn beide ließen die kleine Mahlzeit beinah unberührt. Der Doktor sprang nach einigen Minuten wieder auf und griff nach seinem Hut. Es drängte ihn, nach Khelianys Wohnung zu eilen, ihn noch einmal zu sehen, dem Toten ein letztes Lebewohl zu sagen.

Käte ging ihren Obliegenheiten nach, sprach mit der Kleinen, ordnete Verschiedenes im Hause an, aber sie that dies alles wie im Traum. Die Füße waren ihr schwer wie Blei. Vor ihren Ohren brauste es. Sie hatte Mühe, sich aufrecht zu halten, denn es war ihr, als sei sie eine todeswürdige Verbrecherin und als werde sie nie wieder in ihrem Leben eine frohe Stunde haben können. Und dabei brach eine Flut von heißen Erinnerungen über sie herein, an eine Zeit, in der das Leben zum erstenmal in berauschender verführerischer Gestalt an sie, die Unerfahrene, in grauer Eintönigkeit Dahindämmernde herangetreten war, an wilde betäubende Liebesworte und Schwüre, an glühende Küsse, und dies alles so kurz wie ein Frühlingsmorgen, so daß, als sie aus dem Rausch erwachte, den sie irrtümlich für Liebe gehalten hatte, schon nichts mehr davon vorhanden war als ein Gefühl grenzenloser Scham.

Als Fulda heimkehrte, ging er still und gedrückt umher. Trotzdem es ihm etwas Gewohntes war, an Totenbetten zu stehen, hatte ihn der Anblick dieses Verstorbenen, den er als den lebenslustigsten der Lebenslustigen gekannt, doch tief ergriffen. Ab und zu sprach er im Laufe des Tages von ihm, wie er ihn gefunden, wie er ausgesehen, schilderte die Wunde und den Weg, den die Kugel genommen, und fing, wenn er eine Weile geschwiegen, immer wieder davon an. Man sah, seine Gedanken konnten sich nicht von ihm losmachen, und er war so von dem Gegenstand hingenommen, daß er es gar nicht bemerkte, wie Käte während seiner anschaulichen ergreifenden Schilderungen ab und zu mit einer Ohnmacht rang.

Gegen Abend kam die telegraphische Antwort jenes Verwandten auf die am Morgen an ihn ergangene Benachrichtigung von dem Tode Khelianys. Sie enthielt Bedauern, der Beerdigung wegen dringender Abhaltung nicht beiwohnen zu können, und dann die Bitte, den Nachlaß zu ordnen, mit dem Hinzufügen, daß an die Gesandtschaft bereits in diesem Sinn geschrieben sei und er, Fulda, als Freund des Verstorbenen zum Vertrauensmann der Familie mit allen Vollmachten ernannt sei. Alles Nähere werde ihm durch die Gesandtschaft zugehen.

Obgleich er unter anderen Verhältnissen eine solche Belästigung, wie es das Ordnen eines Nachlasses unstreitig ist, von seiten beinah Fremder kurz von der Hand gewiesen haben würde, war er jetzt doch sofort mit sich einig, daß es der letzte Dienst sei, den er dem Verstorbenen leisten könne, und demnach seine Pflicht, den Auftrag pietätvoll auszuführen, trotz der vielen Plackereien, die damit verbunden waren. Unter diesen Umständen erachtete er sich auch für berechtigt, den Inhalt der Brieftasche, die ihm Rodenberg übergeben hatte, einer Durchsicht zu unterziehen. Er hatte bisher noch nicht daran gerührt, aber jetzt, während der stillen Abendstunden, schloß er sich in sein Zimmer ein, um mit dem Andenken des abgeschiedenen Freundes ungestört allein zu bleiben.

## 14. Kapitel.

n der grünen, durch längeren Gebrauch schon abgenutzten Saffiantasche fand sich ein buntes Durcheinander von Papieren vor. Kheliany hatte ohne Wahl alles hineingesteckt, was ihm gerade in die Hand kam und Platz darin fand, Waschzettel, Wechselformulare, Billets von zarter Hand und Geschäftsbriefe. Fulda unterzog die letzteren einer genauen Durchsicht, zerriß, was keiner Erledigung mehr bedurfte, und legte beiseite, was des Aufhebens wert war. Bei den kleinen Billets, die zum Teil auf duftendem Papier Chiffern und Kronen trugen, sah er nur Aufschrift und Anrede an; er war nicht neugierig, und sein Beruf hatte ihn Diskretion gelehrt. Dann warf er die Brieschen, ohne die Unterschrift zu lesen, in den Kamin, eins nach dem anderen, um

sie zum Schluß alle miteinander zu verbrennen. Er konnte nicht umhin, trotz der Stimmung, in der er sich befand, ein wenig vor sich hin zu lächeln. Wie dieser Mensch die Frauen alle für sich einzunehmen gewußt hatte! es war unglaublich!

Plötzlich erstarb das Lächeln auf seinen Lippen, er hielt einen Briefumschlag zwischen den Fingern und starrte ungläubig, als traue er seinen Augen nicht, darauf hin. Das war ja die Handschrift seiner eignen Frau! Sicher irgend eine Einladung, die sie an Kheliany hatte ergehen lassen, oder eine Bestellung harmloser Art. Was hätten sie sich auch sonst zu sagen gehabt, seine Frau und sein Freund, die ja nie miteinander harmoniert hatten! Trotzdem riß er das Blatt, welches der Umschlag enthielt, mit einiger Heftigkeit heraus. Nein, er hatte sich nicht durch eine Ähnlichkeit der Handschrift täuschen lassen, das war das glatte englische Papier, das er ihr geschenkt hatte, und da stand auch ihr Name als Unterschrift. Merkwürdig! Der Brief war erst vom vorhergehenden Tage datiert und begann ganz ohne Anrede irgend welcher Art. Es interessierte ihn nun doch, den Inhalt zu wissen, der höchst wahrscheinlich die letzte schriftliche Kundgebung gewesen war, welche der Verstorbene erhalten hatte.

„Ihre Zuschrift hat mich erreicht,“ so fing das Schreiben an. „Und ich bitte Sie, in Zukunft ähnliche Briefe zu unterlassen. Wir haben keinerlei Gemeinschaft mehr miteinander. Das, was vor meiner Verheiratung zwischen uns vorfiel, habe ich damals mit tausend Thränen und jetzt endgültig für immer begraben. Geblendet von dem ersten Strahl einer mir fremden Welt, die in mein freudenloses, arbeitsmüdes Dasein fiel, schenkte ich Ihnen nur zu willig Gehör, um dann von Ihnen, als Sie des Spiels müde waren, leichthin abgeschüttelt zu werden. Sie hielten es nicht der Mühe wert, Ihr Wort mir gegenüber einzulösen, gingen fort, ohne auch nur noch einmal nach mir zu fragen, ohne je wieder etwas von sich hören zu lassen, während ich mich in der Pein vergeblichen Wartens und endlich in Scham über mich selbst und meine thörichte Glaubensseligkeit verzehrte. Ich war sehr jung und unerfahren, und Sie hatten es leicht, die Sehnsucht nach ein wenig Glück und Lebensfreude in mir wachzurufen. Aber was Sie versprachen, haben Sie nicht gehalten. Sie haben mir die Harmlosigkeit und Unbefangenheit der Jugend genommen und mir nichts dagegen gegeben. Und nun ich verheiratet bin und mich in meiner Ehe glücklich und zufrieden fühle, drängen Sie sich abermals an mich heran mit einem Ansinnen, das mir und meinem Mann ein Schlag ins Gesicht ist. Es ist vergebens, daß Sie versuchen, mein Vertrauen zu meinem Mann zu erschüttern. Sie legen seine Vergehen unter das Vergrößerungsglas und heißen mich dann genau hinschauen und ihn verurteilen, aber Sie wissen es so gut wie ich, daß, wenn er sich zu einem Unrecht hinreißen ließ, dies in seinem Temperament einen Milderungsgrund findet. Wenden Sie nicht vor sich selbst ein, daß man dies bei einem jeden Menschen gelten lassen müßte. Leidenschaftliche, stark empfindende Naturen dürfen mit einem anderen Maßstab gemessen werden als kühlblütigere und leichtfertigere. Alles in mir empört sich gegen die Anschuldigungen, die Sie mir tropfenweise gegen ihn, der Sie für seinen Freund hält, ins Ohr träufeln. Das ist feige und erbärmlich. Sagen Sie ihm doch selbst gerade heraus, wessen Sie ihn beschuldigen, und er wird Ihnen antworten, daß in einer Zeit, in der er ruhiger Überlegung nicht zugänglich war, Mitleid mit dem Schicksal hilfloser Frauen und das brennende Verlangen, eine für das Allgemeinwohl segensreiche Institution ins Leben zu rufen, ihn fortrissen. Wollen Sie, der an erster Stelle berufen wäre, ihn zu entschuldigen, ihn deswegen verdammen?

Sie fordern mich abermals auf, ein Band zu lösen, das mich, Ihrer Ansicht nach, nicht beglücken könne? Sie wollen Ihr Wort mir gegenüber jetzt einlösen? Ich sage Ihnen: Nein! nein! und in alle Ewigkeit nein! Ich entbinde Sie von dem Gefühl der Schuld mir gegenüber. Ich will nicht einmal, daß ein solches Band zwischen uns bestehe; und darum zum letztenmal: Leben Sie wohl, und ersparen Sie sich selbst die Beschämung, mir und meinem Manne noch fernerhin zu begegnen,

Käte Fulda.“

Der Doktor las den Brief langsam von Anfang bis zu Ende durch und dann noch einmal, als habe er den Sinn noch nicht erfaßt. Es war ihm, als wanke der

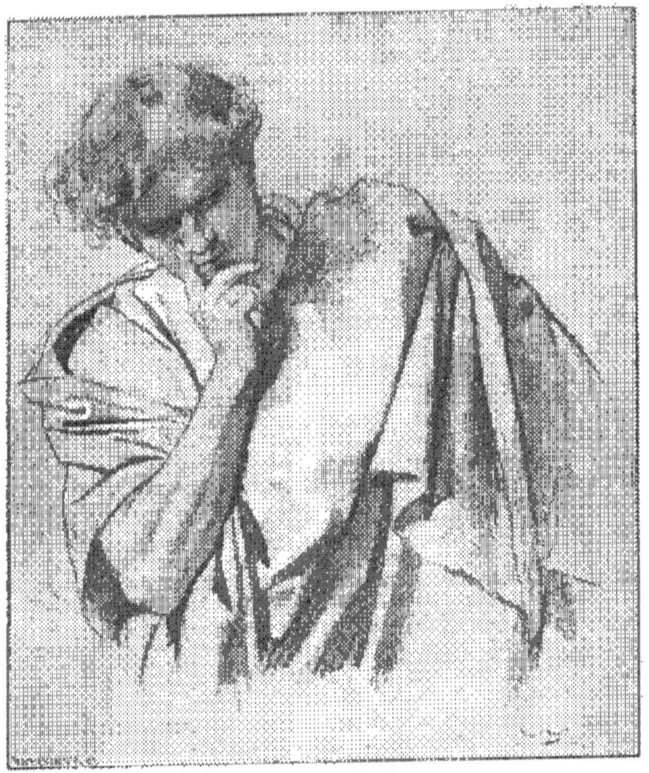

Studie von Otto [illegible].

Boden unter seinen Füßen. Er fuhr sich mehrmals mit der Hand über die Augen, um die sonderbare Unklarheit zu beseitigen, die sich darüberlegte und die wohl nur eine Folge des wild und hitzig zu Kopf steigenden Blutes war. Wie ein glühender Strom rann es ihm durch die Adern. Was war alles, das er während der letzten Zeit seelisch durchgemacht hatte, gegen dieses schneidende Weh, das ihm wie mit tausend Schwertern das Herz durchbohrte! Jetzt erst hatte er den Freund endgültig für alle Zeit verloren, denn ihm blieb nun nicht einmal die Erinnerung, nichts als das Bild einer schönen Maske, hinter der sich das häßliche Gesicht der vollendeten Hohlheit und nichtswürdigsten Falschheit verbarg. Und an diesen verratteten, versumpften Menschen hatte er sein bestes Gefühl verschwendet, auf dessen Freundschaft und Dankbarkeit hatte er Häuser gebaut! Und dann glättete er den Brief, indem er mit der Hand daraufschlug, und las ihn zum drittenmal. Er hatte doch noch nicht recht verstanden, sein Fassungsvermögen war nach diesem unerwarteten Schlag nicht ganz auf der Höhe. Aber jetzt glaubte er mit einemmal zu verstehen und sprang mit einem dumpfen Schrei wie ein angeschossenes Tier in die Höhe.

Käte! seine Frau! War's nicht genug, daß er den Freund, das Vertrauen zu der Menschheit überhaupt verloren hatte! Sollte er auch noch in dieser Stunde die Frau verlieren, zu der er bisher ein blindes Zutrauen gehabt? Es unterlag ja nach diesem Brief gar keinem Zweifel mehr, daß sie ihn betrogen, mit kaltem Blut die Lüge in sein Haus getragen hatte. Und er, der sich auf seine Menschenkenntnis so viel zu gute that, er hatte sich von dem Anschein einer Unberührtheit und seelischen Reinheit täuschen lassen, die wohl nichts weiter gewesen war als das Resultat abgefeimtester Schauspielerei. Wie konnte es aber auch anders sein! Wie hatte er sich nur nicht gleich sagen können, daß die Tochter des alten Lumpen Weltlinger schon mit allen Hunden gehetzt, in allen weltlichen Dingen mehr als erfahren sein müsse und ihn mit ihrem Gethue von mädchenhafter Zurückhaltung und Zartheit nur schlau habe einfangen wollen. Wär's nicht so entsetzlich gewesen, so hätte er über sich lachen müssen, daß er solch ein Gimpel gewesen, auf diesen Leim zu gehen, er, der seinen Namen auf ein weißes Blatt zu schreiben gewähnt hatte und nun mit einemmal die Entdeckung machte, daß ein anderer ihm zuvorgekommen. Und wer konnte wissen, dieses Blatt war vielleicht schon die kreuz und die quer bekritzelt mit schlüpfrigen Gedanken und unlauteren Bildern! Khelianys Geliebte! Das barg fast schon die Garantie der Korruption in sich. Sein Kind hatte er in diese Hände gegeben und gemeint, nun sicher zu sein, daß kein unreiner Hauch es berühren werde; in diesen Händen! großer Gott!

Fulda wollte zu seiner Frau hin, ihr die Wahrheit ins Gesicht schleudern, von ihren Lippen die Bestätigung von dem hören, was eigentlich gar keiner Bestätigung mehr bedurfte. Er wußte, sie saß nebenan im Wohnzimmer mit der Arbeit und wartete auf ihn, aber seine Füße versagten ihm buchstäblich den Dienst. Er tappte sich vorwärts, denn das Blut war ihm derartig zu Kopf gestiegen, daß er im Augenblick wie blind schien. Eine furchtbare Angst schnürte ihm die Kehle zu. Er kannte sich und seine maßlose Heftigkeit. Noch war er Herr über sich, aber er wußte im voraus, daß er die Herrschaft über sich verlieren werde, sobald er ihr gegenüberstand und sobald sie Miene machen würde, sich zu verteidigen oder nach Ausflüchten zu suchen. Daß sein gekränktes Ehrgefühl ein ferneres Zusammenleben mit ihr unmöglich machte, das stand ja fest, aber er wollte in dieser Unterredung doch die äußeren Grenzen des Anstandes wahren und die Auseinandersetzung in Ruhe vornehmen. Das war er sich selbst schuldig und auch ihr, die sich, solange sie seinen Namen trug, gut gehalten hatte, dieses Zugeständnis mußte er ihr machen.

Jetzt war er an der Thür, der Drücker gab nach, er stand auf der Schwelle. Wie schön und wie unglaublich unschuldig sie aussah! Bei seinem Eintritt hob sie den Kopf und blickte erwartungsvoll nach ihm hin. Irrte er sich, oder lag wirklich etwas Spähendes, Unruhiges in ihrem Blick? Einen Augenblick kam ihm der Gedanke, mit ihr zu spielen wie die Katze mit der Maus, sie mit verfänglichen Fragen in die Enge zu treiben, in ein Lügennetz zu verstricken und dieses dann mit einem einzigen brutalen Wort zu zerreißen, aber dann riß ihn sein Temperament doch fort, und eine wilde eifersüchtige Wut packte ihn bei dem Gedanken, daß ein anderer diese süßen Lippen geküßt, diese herrliche Gestalt in seinen Armen gehalten und Liebesworte in diese kleinen zierlichen Ohren geflüstert habe, die von der hinter ihr stehenden Lampe rosig durchglüht wurden. Er war nicht der Mann der Verstellung, und rasch auf sie zutretend, schleuderte er den Brief auf den Tisch vor sie hin.

Sie erkannte ihn auf der Stelle. Vielleicht war sie auch nicht ganz unvorbereitet, da sie wußte, daß er sich in sein Zimmer eingeschlossen hatte, um mit den hinterlassenen Briefen und den Erinnerungen an den toten Freund allein zu sein. Still, mit im Schoß gefalteten Händen blieb sie sitzen, ohne mit einer Wimper zu zucken. Sie wußte, was er eben durchgemacht haben mußte, auch wenn sie sein verändertes verstörtes Gesicht nicht gesehen hätte, und trotz der furchtbaren Angst, die ihr das Herz bis in die Lippen hinein klopfen ließ, empfand sie Mitgefühl für ihn.

„Du hast den Brief da geschrieben?“ herrschte er sie an.

Käte neigte langsam das Haupt. Das Unglück brach nun unabwendbar herein. Sie mußte jetzt da durch, und es fiel ihr nicht ein, irgend etwas ableugnen oder beschönigen zu wollen. Beinah war es ihr eine Erleichterung, daß nun endlich die Last des ferneren Verheimlichens von ihr genommen wurde. Damit würde ja der letzte Schatten zwischen ihnen beseitigt werden. Sie zweifelte nicht daran, daß er ihr verzeihen müsse, wenn er sie gehört haben würde. Hatte sie ihm doch auch Verirrungen der verschiedensten Art verziehen, immer wieder verziehen aus vollem liebereichen Herzen, das im Verzeihen und Entschuldigen sich niemals Genüge thun konnte.

Noch hielt er an sich.

„Also hast du mich belogen, damals, als ich dich fragte, ob du Kheliany schon vor unserer Verheiratung gekannt habest. — Antworte!“

„Ja, damals belog ich dich, denn ich hatte zu der Zeit noch so schreckliche Angst vor dir. Verzeih mir, Albrecht.“

Sie stand auf und streckte ihm schüchtern die Hand hin, die er heftig von sich schleuderte.

„Bist du dir eigentlich dessen bewußt, was du gethan hast? Du, die kein Recht hatte, einem anständig denkenden Mann in sein Haus zu folgen, hast mich die ganze Zeit über, in der es noch möglich gewesen wäre für mich, zurückzutreten, in einer falschen Vorstellung belassen. Keine Macht der Welt hätte mich vermocht, dich zu heiraten, wenn ich damals gewußt hätte, was ich jetzt weiß.“

Und dann packte ihn das wahnsinnige Verlangen, alles zu wissen, sein Elend und seine Schmach bis auf die Neige auszukosten, und die Hände krampfhaft ballend, sagte er zwischen den zusammengebissenen Zähnen hindurch: „Erzähle! Nun es einmal zwischen uns so weit gekommen ist, will ich auch vollständig klar sehen. Wie lange hast du Kheliany gekannt? Wie lange hat das Verhältnis zwischen euch bestanden?“

„Verhältnis?“ fragte sie unschuldig und sah erstaunt zu ihm auf. „Wie meinst du das?“

„Verstelle dich nicht!“ schrie er sie an. „Das wirkt jetzt nicht mehr.“

Da fing sie an zu erzählen, unterwürfig und leise, ohne etwas zu unterschlagen oder zu verheimlichen, weil sie meinte, ihn so am ersten zu entwaffnen, von den ersten Tagen ihrer Bekanntschaft mit Kheliany an. Er war ihr eines Abends zu Hilfe gekommen, als sie auf dem Heimwege vom Atelier von zwei betrunkenen Studenten belästigt wurde, und hatte die Erschrockene dann nach Hause begleitet. Von da an war er ihr öfters zu derselben Stunde auf demselben Wege begegnet und hatte sich ihr jedesmal angeschlossen. Er war der erste junge Mann, dessen Bekanntschaft sie je gemacht hatte, denn bei ihrem abgeschlossenen Leben, das ihr nichts als das eintönige graue Einerlei der Arbeit und der engen elterlichen Häuslichkeit bot, wurde ihr, seit sie die Schule verlassen, niemals die Gelegenheit, mit jungen Leuten zu verkehren. Seine Unterhaltung, seine ganze sinnberückende schöne Persönlichkeit wirkten auf sie, wie perlender Champagner auf denjenigen wirkt, der nur gewohnt ist, Wasser zu trinken. Am Tage bei der Arbeit dachte sie an ihn, nachts verfolgten sie die Träume von all den geheimnisvollen, halb hingeworfenen Andeutungen, deren Sinn sie nicht einmal verstand. Es war ihr, als sei zum erstenmal ein schillernder Lichtstrahl, ein warmer Frühlingshauch in die graue, kalte Eintönigkeit ihres Daseins gefallen, und eine instinktive Scheu hielt sie davon zurück, ihrer Mutter von diesem neuen Glück eine Mitteilung zu machen. Sie würde sie dann vielleicht begleitet und dem Zusammensein mit Kheliany ein Ende gemacht haben, und Käte fühlte doch ein so großes Verlangen nach ein wenig jugendlicher Heiterkeit und nach der täglichen kleinen Aufregung der Erwartung, ob er da sein, ob er sie ansprechen werde. Er wußte so belustigend zu erzählen, so hübsche halb versteckte Dinge zu sagen, die wie sanfte Liebkosungen an ihrem Ohr vorüberglitten, und eines Tages hatte er sie in dem Thorweg, der zu der Wohnung ihrer Eltern führte, umfaßt und geküßt. Während der nächsten acht Tage, die nun folgten, ging sie wie in einem Traum umher. Sie trafen einander täglich, immer draußen, bald im Englischen Garten, bald unter den Arkaden des Stadtparks. Sie ging jetzt immer früher aus dem Atelier fort, um länger mit ihm zusammen sein zu können. Sie hatte keinen eignen Willen mehr. Er befahl und sie gehorchte, betäubt von der Glut einer Zärtlichkeit, von der sie bisher keine Ahnung gehabt hatte, sich mit der Nachgiebigkeit müder, blutarmer Naturen seinem leidenschaftlichen Willen fügend. Er sagte ihr, daß er sie heiraten wolle, später, wenn alle Schwierigkeiten geebnet sein würden, die gerade jetzt in sein Leben getreten seien. Sie wußte nicht einmal, ob sie glücklich darüber war, wußte nicht einmal, ob sie ihn wirklich liebe, so wie man den Mann lieben muß, mit dem man ein ganzes Leben hindurch Glück und Unglück teilen soll. Ihr war, als wandle sie in dem Zauberland, von dem sie als Kind immer geträumt hatte. Es war alles so wunderbar und merkwürdig, und die Zukunft sollte ihr noch weit Schöneres bringen, so hatte Rhellang gesprochen. Er hatte geschworen, sich nie mehr von ihr zu trennen, nur lieb und gut sollte sie sein und ihm nicht mit ihren ewigen Bedenken die Stimmung verderben.

Die Mutter durfte von alldem nichts erfahren, er wollte es nicht. Sie wußte oft gar nicht, womit sie der alten Frau gegenüber ihre häufige Abwesenheit erklären sollte, aber er war erfinderisch in kleinen Unwahrheiten und Ausflüchten und verwickelte sie, die ihm blindlings folgte, in ein förmliches Lügengewebe. Bald war es eine dringende Arbeit im Atelier, welche sie von Hause fern hielt, bald die Einladung einer fingierten neuerworbenen Freundin und Mitarbeiterin. Er führte sie in allerlei Vergnügungslokale, deren Namen sie überhaupt noch nie gehört hatte, einmal auch in ein Tanzlokal, aber da war ihr angst und bange geworden und sie war ihm fortgelaufen. Er hatte Mühe gehabt sie hinterher zu beruhigen und zu versöhnen. Etwas so Häßliches wollte sie nie wieder sehen. Er lachte sie freilich aus, aber seiner unwiderstehlichen Liebenswürdigkeit gelang es doch bald, sie zu begütigen.

Und dann war eine Zeit gekommen, in der er aufgeregt und zerstreut gewesen war, und in welcher ihr gegenüber leidenschaftliche Zärtlichkeit und absoluteste Vernachlässigung abgewechselt hatten, bis sie dann eines Tages einige flüchtige Zeilen von ihm erhielt, die ihr Lebewohl sagten, weil er gezwungen sei München zu verlassen.

Sie wußte gar nicht, wie ihr geschah. Es war ihr als hätte sie einen Schlag vor den Kopf erhalten und als sei alle Lebensfreude mit einemmal für immer erloschen. Aber er mußte ja bald etwas von sich hören lassen. Sie dachte ganz bestimmt, daß er ihr schreiben werde, wohin er gegangen sei, wann er zurückkehren würde, sie hatte ja sein Wort, daß er nur sie allein auf dieser Welt liebe und ihr treu bleiben werde, und daran glaubte sie und wartete und wartete, bis ihr allmählich eine kalte Verzweiflung ans Herz griff und sie sich klar zu machen versuchte, daß alles zu Ende sei, daß er nie wiederkehren werde. Er war ihrer wohl müde gewesen. Sie hatte seinen Erwartungen nicht entsprochen, denn sie war ja so dumm und gar nicht ein bißchen lustig und unterhaltend. Aber es war sehr bitter, sich das sagen zu müssen, doppelt bitter, weil sie ihren Gram vor der Mutter verbergen mußte, wenn sie nicht zugleich ein offenes Geständnis ablegen wollte; und sie schämte sich doch so entsetzlich. Sie wollte auch gar nicht mehr an ihn denken, und mußte es doch immer und immer wieder thun; ihr Herz hielt noch lange an ihm fest, gegen ihren Willen, gegen ihre bessere Überzeugung.

Bis hierher hatte Käte mit ihrer leisen unterwürfigen Stimme berichtet, und während sie sprach, färbten sich ihr Gesicht und Hals purpurrot. „Weiter! weiter!“ drängte er, als sie innehielt. Seine Phantasie malte sich allerlei Scenen aus, die sich während dieser häufigen Zusammenkünfte abgespielt haben mochten. Er wollte seinem Elend jetzt bis auf den Grund gehen, sie zwingen, ihm alles zu bekennen.

„Das ist alles. Was soll ich denn noch weiter sagen?“

„Um den Kernpunkt der Sache hast du dich vorsichtig herumgedrückt. Bei dem Charmieren und den Küssen und den Spaziergängen wird es wohl nicht sein Bewenden gehabt haben. Daß du kein Recht mehr hattest, einem anständigen Mann die Hand zu reichen, das hast du vergessen zu erzählen.“

„Aber ich habe dir doch alles erzählt. Ich habe nichts vergessen. Gewiß, ich hätte dir das vor unserer Verheiratung sagen sollen. Kannst du mir diese Unterlassungssünde nicht verzeihen?"

Mit bittenden, erwartungsvollen Augen sah sie zu ihm empor. Er aber brach in ein höhnisches Lachen aus, vor dem sie zusammenschreckte, und sie an der Schulter packend schüttelte er sie, daß ihr die Zähne zusammenschlugen, nannte sie Lügnerin, Dirne. Er kannte sich selbst nicht mehr und schleuderte ihr die wildesten Beschuldigungen ins Gesicht.

Sie blieb ganz starr vor diesem Ausbruch maßloser Wut, begriff ihn zuerst gar nicht, endlich dämmerte ihr das Verständnis auf, und vor ihm zurückweichend rief sie angstvoll: „Jesus Maria! Albrecht! du glaubst mir nicht?"

„Nein! ich glaube dir nicht! Du lügst jetzt, wie du damals logst, als ich dich fragte, ob du Khelianz schon vor deiner Verheiratung gekannt habest, weil du dich jetzt vor mir fürchtest wie damals."

„Aber wenn ich dir schwöre —"

„Schweig! Dein elendes feiges Leugnen macht die Sache nur noch schlimmer. Hier!" — Er riß den Brief vom Tisch und schlug mit der Hand darauf. — „In deinen eignen Worten liegt ja das Eingeständnis deiner Schuld. Weshalb denn die Scham, wenn du dich nicht schuldig fühltest?"

„Man hat mich gelehrt, daß nicht nur die zur Ausführung gebrachte sündige That, sondern auch das in Gedanken begangene Unrecht für die göttliche Gerechtigkeit und Wiedervergeltung maßgebend seien."

„Verschone mich mit deiner Priesterweisheit!" höhnte er. „Wir leben nicht in einem Nonnenkloster, sondern in einer Welt, in der sich niemand schuldig fühlt, der kein Unrecht begangen hat, niemand die Selbstachtung verliert, der nicht wirklich Ursache dazu hätte."

„Meine Mutter hatte mich nie ein zweideutiges unpassendes Wort hören lassen," fuhr sie unbeirrt mit ihrer sanften Stimme fort, die großen wahrhaften Augen zu ihm aufschlagend. „Und von der Zeit meines Verkehrs mit Khelianz an waren meine Gedanken wie vergiftet. Ich konnte nichts anderes denken als Sünde und immer wieder Sünde. Begreifst du nun, daß ich in dieser Seelenverfassung und mit dem noch nicht ganz ausgelöschten Bilde eines anderen im Herzen Bedenken trug, deine Frau zu werden, daß es mich im Anfang unserer Ehe beinahe zu Boden gedrückt hat, zu wissen, daß du meintest, mein Gemüt sei ein weißes unberührtes Blatt und dein Name das erste Wort darauf? Siehst du, ich bin ordentlich froh, daß es endlich zu dieser Aussprache zwischen uns gekommen ist."

„Ja, weiß Gott, das bin ich auch. Ich bin auch der Meinung, daß diese erste Aussprache zwischen uns die letzte sein wird."

Sie verstand ihn nicht. „Wie meinst du das?"

„Weil ich Khelianzs Geliebte niemals geheiratet, sie nie zur Hüterin meines Kindes gemacht haben würde. Ein Mädchen, das in jenen Händen gewesen ist, geht nicht mehr rein daraus hervor, und wenn es dies auch mit tausend Eiden beteuert."

Er besaß nicht das leiseste Verständnis für ihre etwas altmodische pedantische Gewissenhaftigkeit, die in der abgeschlossenen Erziehung begründet lag, welche sie von einer gewissenhaften, streng denkenden Mutter erhalten hatte, hielt ihre ganze Haltung und ihre Art, die Dinge anzusehen, für abgefeimte Schauspielerei. Der Gedanke, daß sie Khelianzs Geliebte gewesen sei, machte ihn halb toll. Er hätte sie zu Boden schlagen und erwürgen mögen, um sich dem Einfluß eines Liebreizes zu entziehen, der ihn zu der Thorheit verleitet hatte, ihr seinen Namen zu geben, und der auch jetzt wider Willen auf ihn wirkte. Ein paarmal ging er mit verschränkten Armen im Zimmer auf und nieder, um sich zu fassen, und sagte dann vor ihr stehen bleibend:

„An ein ferneres Zusammenleben ist unter diesen Umständen zwischen uns nicht zu denken. Ich kann nicht neben einer Frau her leben, die mich einmal betrogen hat und in deren Händen meine Ehre nicht sicher ist. Du wirst zu deinen Eltern zurückkehren."

Ihr sanken die Arme schlaff herab. Sie vermochte im Augenblick kein Wort hervorzubringen.

„Natürlich will ich keinen Skandal!" fuhr er in demselben kalten harten Tone fort. „Vor der Welt wird unsere Ehe fortbestehen. Es wird zunächst heißen, du seiest bei deinen Eltern, weil sie deiner bedürfen. Später wird ein anderer triftiger Grund gefunden werden."

„Albrecht!“ schrie sie auf. „Alles, nur das nicht! nur das nicht!“

„Wohin wolltest du sonst gehen? Dein Geliebter ist ja tot und kann dir sein Haus und seine Arme nicht mehr öffnen, wie er es dir so freundlich anbot.“

„Aber warum denn? Warum soll ich denn fort? Ich habe dir doch nun ein offenes Bekenntnis abgelegt. Warum willst du mir nicht verzeihen, was doch geschah, lange ehe ich dich kennen lernte?“

„Weil ich meine heranwachsende Tochter nicht in den Händen einer Person lassen kann, die nicht weiß, was sich für ein junges Mädchen aus anständiger Familie schickt. Wer einmal in sittlicher Beziehung fehlt, der macht sich auch kein Gewissen mehr daraus, dies öfters zu thun. Ich habe nicht die Zeit, dich fortwährend zu behüten. Zu der Frau, welche die Erziehung meines Kindes leitet, muß ich ein blindes Zutrauen haben, und das ist dir gegenüber nicht mehr vorhanden.“

Käte hatte an eine solche Lösung der Frage nicht im entferntesten gedacht. Sie war wie vom Donner gerührt, und als sie in seinem Gesicht zu lesen glaubte, daß er selbst litt und innerlich kämpfte, glitt sie an ihm nieder und umfaßte ihn mit ihren weichen jugendlichen Armen.

„Albrecht! Laß uns noch einmal von vorn beginnen. Wir haben ein ganzes Jahr der Ehe gebraucht, um uns kennen zu lernen, denn du warst mir ja auch ganz unbekannt, als ich dich heiratete. Wollen wir nicht auf Grund dieser Kenntnis unserer Charaktere eine andere bessere Ehe führen als bisher? Was hindert uns denn, glücklich miteinander zu sein? Soll der Schatten einer Schwäche, die ich vor Jahren mir zu schulden kommen ließ, für alle Zeit zwischen uns stehen dürfen? Kein Mensch ist unfehlbar und unantastbar, du auch nicht, und ich liebe dich doch so sehr, daß es nichts gibt, was ich dir nicht vergeben würde.“

Zu seiner bitteren Beschämung fühlte er sich schwach werden in der Umschlingung dieser Arme. Er mußte sich um jeden Preis losmachen von dem Einfluß ihrer Persönlichkeit, oder es war um seine Manneswürde geschehen. Es erbitterte ihn, ihre Macht über sich zu fühlen, und es war auch ein unglücklicher Gedanke von ihr gewesen, ihn an die Antastbarkeit seines eigenen Lebens zu erinnern. Sie hatte damit die immer offene heimlich schmerzende Wunde berührt, deren Vorhandensein ihn außer sich brachte, und sich gewaltsam von ihren Armen befreiend, schleuderte er sie von sich, daß sie beinahe zu Boden gefallen wäre und rief: „Deine Liebesbeteuerungen haben einen etwas abgenutzten Klang. , Du hast sie vermutlich dem anderen, meinem Vorgänger, auch des öfteren zum besten gegeben.“

Käte erhob sich. Wie er sie stieß, war sie mit dem Gesicht gegen eine Tischecke getaumelt und hatte sich oberhalb der Schläfe die Haut abgeschürft. Ein winziger Blutstropfen trat hervor, der sich rasch vergrößerte und dann langsam über ihr weißes Gesicht rollte. Sie sprach kein Wort, sah ihn nur immerfort mit den großen anklagenden Augen an und wischte sich das Blut ab. Angesichts seiner Brutalität erstarb ihr jedes weitere Wort der Bitte auf den Lippen.

Er war im Augenblick von Verzweiflung und Reue gepackt. Am liebsten wäre er ihr jetzt zu Füßen gestürzt und hätte ihre Verzeihung erfleht. Der Anblick des Blutes brachte ihn außer sich, aber er war nicht der Mann, der zuerst gute Worte gab, ganz besonders hier nicht, wo er sich in dem Recht des in seiner Ehre verletzten Ehemannes fühlte, und ihr den Rücken wendend verbarg er seine Scham und seine Verlegenheit hinter dem Anschein des brutalen Kehrmichnichtdran.

„Wann soll ich fort?“ fragte sie gleichfalls anscheinend ruhig, denn Trotz und Stolz regten sich jetzt in ihr. „Du hast recht, es scheint mir nach diesem Augenblick auch, als sei ein ferneres gedeihliches Zusammenleben zwischen uns unmöglich. Verlangst du, daß ich auf der Stelle gehe?“

Fulda hatte im stillen erwartet und gehofft, sie werde sich noch einmal zu einer Bitte herbeilassen und ihm damit Gelegenheit geben, den Großmütigen zu spielen und den Abschied wenigstens in eine mildere chevalereskere Form zu kleiden; wie sie nun aber mit trotziger Ruhe ihm gegenüberstand, stieg der Groll aufs neue in ihm empor, und er sagte barsch: „Wann du willst. Du brauchst nichts zu übereilen. Ich werde mich während der nächsten Tage von Hause entfernt halten, um dir Zeit zu lassen. Es versteht sich von selbst, daß ich für deinen materiellen Unterhalt in anständiger Weise Sorge tragen werde. Die Bestimmungen hierüber werden dir zugehen, sobald du bei deinen Eltern bist.“

Er brachte die Nacht in seinem Ankleidezimmer auf dem Sofa zu, aber ohne ein Auge zu schließen. Wie reich war er noch am Morgen gewesen, und jetzt hatte er alles verloren, den Freund, die Frau, den Frieden des Hauses! Sein Herz war von tausend Qualen zerrissen. Es schrie nach ihr. Immer hatte er sie vor Augen, wie er sie zuletzt vor sich gesehen hatte, leichenblaß, mit dem roten Blutstropfen an der Stirn und dem trotzigen entschlossenen Ausdruck. Er machte sich leidenschaftliche Vorwürfe über seine Brutalität gegen eine Frau, suchte nach einem Ausweg. Es schien ihm undenkbar, sich für immer von ihr zu trennen, aber auf der anderen Seite forderte seine beleidigte Mannesehre diese Trennung gebieterisch. Als er am frühen Morgen, ohne mit den Seinen zu frühstücken, das Haus verließ, war ihm noch immer kein Ausweg aus diesem Zwiespalt gekommen.

Gegen die Stunde des zweiten Frühstücks kehrte er aus der Klinik heim und ging in das Kinderzimmer hinauf. Er fand hier eine ältliche Person, von der er wußte, daß sie Ännchen zuweilen Nachhilfestunden gegeben hatte, und die ab und zu, wenn Käte ihren Mann in Gesellschaft begleitete, geholt worden war, um Ännchen zu beaufsichtigen. Auf sein Befragen erklärte sie, daß die Frau Doktor sie habe kommen lassen, um auf unbestimmte Zeit, während der Abwesenheit der Frau Doktor, bei der Kleinen zu bleiben.

Ihn überlief es wie ein Frösteln. Er eilte in sein Arbeitszimmer, überzeugt, hier von Käte eine schriftliche Mitteilung zu finden. Aber es war nichts da, nur ihre Schlüssel lagen auf seinem Schreibtisch und dann trat der Diener ein, den er unter irgend einem Vorwand herbeirief und meldete, die gnädige Frau sei vor einer Stunde zu ihren Eltern gefahren. Sie habe wohl schlechte Nachrichten bekommen, denn bei der Abfahrt habe sie einige ihrer Sachen, ein Kleid und etwas Wäsche mitgenommen, und gemeint, es könne möglich sein, daß sie längere Zeit fortbliebe, der Herr wisse ja Bescheid.

Sie war fort. Fulda hatte nicht geglaubt, daß sie ihn so schnell beim Wort nehmen werde. Er wagte keine weiteren Fragen zu thun, ihre Diskretion hatte ja den Dienstboten gegenüber den Schein gewahrt, dafür war er ihr dankbar und wollte nun auch seinerseits nichts dazu thun, die Zungen seiner Leute in Bewegung zu setzen. Er winkte nur mit der Hand, es sei gut, er habe nur im Augenblick nicht daran gedacht. Dann schlich er nebenan in das Wohnzimmer und schloß die Thür. Alle die Gegenstände, die sie täglich zu benutzen pflegte, standen auf ihrem Platz. Auf dem Schreibtisch, zwischen der reich emaillierten Einrichtung, die er ihr geschenkt hatte, fand er einige Lederetuis. Es waren ihre Schmucksachen, ebenfalls Geschenke von ihm. So hatte sie also nichts mitnehmen wollen, was aus seinen Händen kam. Vielleicht war sie heimlich froh, daß es zu einem Bruch gekommen war und sie wieder allein sein konnte mit ihren Erinnerungen an den Toten. Und Fulda warf sich in den Sessel vor dem Schreibtisch und verbarg das Gesicht in den Händen. Ein schluchzender Laut entrang sich in eifersüchtiger Qual seiner Brust. Er war bis zum Wahnsinn in seine Frau verliebt und hatte sie verloren, denn sein Stolz würde ihm nie gestatten, die Hand zur Versöhnung zu bieten, und an diesem wortlosen Abschied fühlte er, daß auch sie unversöhnlich davongegangen sei.

## 15. Kapitel.

Käte war zu ihren Eltern gefahren. Sie hatte die Droschke unten warten lassen und ließ auch das kleine Köfferchen, das die wenigen Sachen enthielt, welche sie in Eile zusammengepackt, daraufstehen. Sie wußte nicht, was sie ihnen sagen sollte, hatte nichts überlegt. Ihr Kopf schmerzte, und in ihren Gedanken war ein Chaos, in das sie vergebens Ordnung zu bringen suchte.

Die Alten hatten sie nicht erwartet und empfingen sie mit Erstaunen, in das sich bei dem Vater eine gewisse gespannte Hoffnung mischte, daß sie etwas mitbringe, und seine erste Frage sprach sich auch in diesem Sinne aus. Er war entschieden enttäuscht und unzufrieden, daß sie mit leeren Händen kam.

„Würdet ihr es gerne sehen, wenn ich eine Zeit bei euch bliebe?“ fragte sie endlich gepreßt, nach dem ersten flüchtigen Austausch von Begrüßungen.

Über das Gesicht der Mutter ging es wie ein Sonnenstrahl, der Alte aber witterte Unrat und hob mißtrauisch den Kopf. „Die gnädige Frau würden schwerlich mit unserm ärmlichen Quartier zufrieden sein, und dein Mann würde es ja außerdem auch gar nicht erlauben. — Oder solltest du ohne seine Erlaubnis hier sein?“

„Nein. Ich bin mit seiner Bewilligung hier. Aber“ — sie rang einen Augenblick mit sich selbst, wie sollte sie es ihnen nur beibringen! — „Es hat eine kleine Differenz zwischen uns gegeben.“

„Das heißt mit klaren dürren Worten, ihr habt euch gezankt, und du bist davongelaufen, oder er hat dich in seiner höflichen Art hinausgeworfen!“

„Um Gotteswillen! erzähle doch!“ drängte die Mutter. „Was hat es denn gegeben?“

„Erlaßt es mir. Ich bitte euch. Denkt nur daran, daß ich euer Kind bin, das euch um ein Obdach bittet.“

„Es fällt uns nicht ein, uns zwischen dich und deinen Grobian von Doktor zu stellen!“ schrie Weltlinger. „Da könnten wir in eine schöne Patsche kommen! Eine verheiratete Frau gehört zu ihrem Mann und damit basta! Kehre du nur ruhig zu ihm zurück.“

„Vater hat recht!“ fiel Frau Weltlinger ein. „Gott behüte uns davor, daß wir eine Frau im Widerstand gegen ihren Mann bestärken, der doch ihr natürlicher Vormund ist. Bedenke doch! eine Trennung! Das ist in unsern Kreisen noch nie dagewesen! Ich würde ja in die Erde sinken vor Scham, wenn meine Tochter gerade Veranlassung zu solch einem Skandal gäbe!“

„Eine so verwöhnte Prinzeß, wie du es geworden bist, können wir auch gar nicht hier brauchen.“

„Kleine Streitigkeiten kommen in jeder Ehe vor, mein Kind. Das brauchst du dir nicht gleich so zu Herzen zu nehmen. Auflehnung gegen seinen Mann thut niemals gut.“

Käte fühlte deutlich, daß sie hier bei denen, die ihr Schutz und Stütze hätten sein sollen, niemals Verständnis finden würde. Den eigentlichen Grund der Trennung konnte sie nicht über ihre Lippen bringen, und wie sollte sie ihnen sonst erklären, daß sie nicht mehr zu Fulda zurückkehren könne? Sie standen fest auf ihrem Standpunkt der beinah göttlichen Autorität des Ehemannes und verschlossen sich jeder anderen Auffassung. Die Droschke wartete noch unten. Es war gut, daß sie ihr Köfferchen noch nicht mit heraufgebracht hatte. Wider den Willen der Eltern mochte sie sich ihnen nicht aufdrängen. Sie blieb noch einen Augenblick und ging dann wieder mechanisch hinaus, begleitet von den guten Ratschlägen und Ermahnungen der Alten, von denen diese überflossen, nun sie sahen, daß die Tochter den Gedanken, bei ihnen zu bleiben, offenbar aufgab. Und während Käte die Treppe hinabging, freuten sich die Eltern, daß sie ihr so erfolgreich ins Gewissen geredet hatten.

Die junge Frau stand unten ratlos vor ihrer Droschke. Der Kutscher sah sie erwartungsvoll an, und sie wußte nicht, welche Adresse sie ihm geben sollte. Plötzlich fiel ihr Frau von Kampendorf ein. Die hatte ihr stets eine ehrliche Freundschaft gezeigt und würde ihr auf jeden Fall mit Rat zur Seite stehen. Sie nannte dem Kutscher hastig und erleichtert die Nummer der Kampendorfschen Villa in der Königinstraße.

Minka war daheim und empfing die Ankommende so freudig, daß es dieser ganz warm ums Herz wurde. Der Diener trug den kleinen Koffer herein, ohne daß sie über das ‚Warum‘ ein Wort zu verlieren brauchte, und Minka zog sie in die Kinderstube, um ihr strahlend den kleinen Jungen zu zeigen, der nach ihrer Ansicht ein Wunder von Klugheit und Schönheit war. Dann aber fiel ihr doch die Schweigsamkeit ihres Gastes auf und mit einem Blick in Kätens Gesicht rief sie: „Wie egoistisch ich bin! Da zwinge ich Sie, sich für mein Glück zu interessieren und Sie haben doch gewiß etwas auf dem Herzen, was Sie bedrückt! Habe ich recht?“

Käte mußte zugeben, daß dem wirklich so sei, und die beiden Frauen gingen nun miteinander in das behagliche Nest der Herrin des Hauses. „So mein Kind!“ sagte Minka, die, obwohl die Jüngere, sich doch in ihrer Mutterwürde bei weitem älter

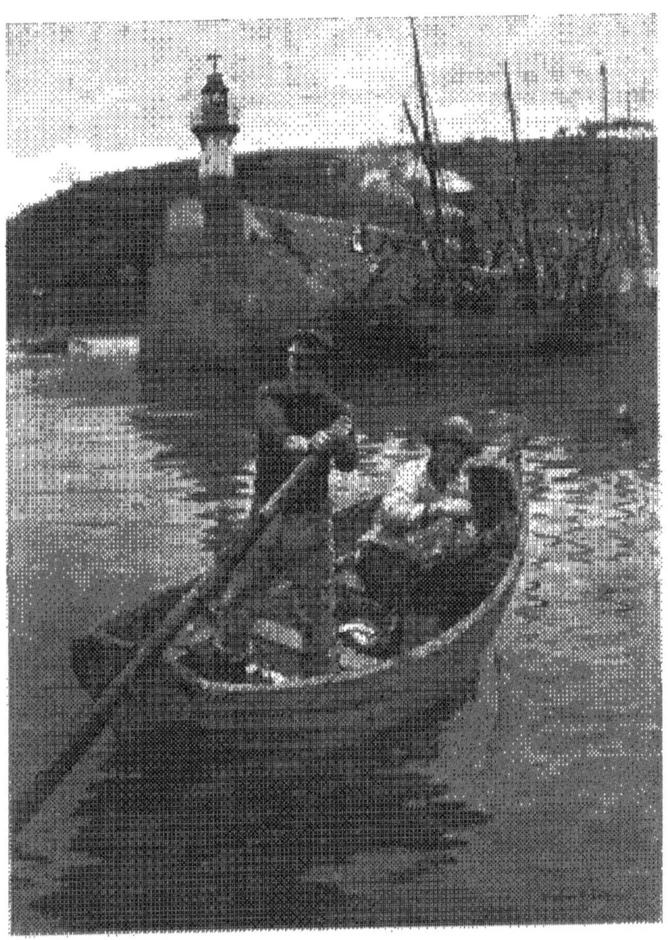

Der Leuchtturm. Nach dem Gemälde von Stanhope A. Forbes.

und erfahrener vorkam. „Nun schießen Sie los. Nur kein Blatt vor den Mund! Was hat es gegeben?“

Die andere begann stockend ihre Beichte. Es war ihr unmöglich, Wort für Wort wiederzugeben, was zwischen ihr und ihrem Mann vorgefallen war, und sie ging so diskret darüber hinweg wie möglich, ließ aber doch den Grund, der zu einem Bruch geführt hatte, durchblicken. Für eine Frau, die wie Minka Lampendorf in der großen Welt gelebt hatte, genügte eine halbe Andeutung. Keiner anderen würde sie die Versicherung, daß sie unschuldig an dem Bruch sei, geglaubt haben, aber sie hatte Käte als die Personifikation der Wahrhaftigkeit und als eine Ausnahmenatur kennen gelernt, und als diese nun von ihrem Besuch bei den Eltern sprach und von dem vergeblichen Versuch, bei ihnen Verständnis und Aufnahme zu finden, rief Minka, dem ersten Impuls folgend: „Natürlich bleiben Sie zunächst bei mir. Ihr Mann wird sich besinnen und den ersten Schritt zur Aussöhnung thun. Er weiß doch, was er an Ihnen hat.“

„Nein, ich kenne ihn. Dazu wird er sich nie überwinden, denn er glaubt ja im Recht zu sein, und ich — zuerst — niemals!“

„Oho, lieber Schatz! werfen Sie nur nicht mit so gewichtigen Worten um sich. Man weiß nie, was die nächste Zukunft bringt. Immerhin bleiben Sie zunächst als unser lieber Gast hier. Ich werde gleich anordnen, daß das Fremdenzimmer für Sie in Ordnung gebracht wird. Machen Sie sich nur ja keine Sorgen. Späterhin werden wir weiter sehen. Ihr Mann stellt ja auch, wie Sie mir sagen, Ihre pekuniäre Lage sicher.“

„Aber ich möchte am liebsten nichts von ihm annehmen.“

Doch davon wollte die praktische Minka nichts wissen. „Nur ja nicht den Männern irgend eine Verpflichtung erlassen. Sie sind schon ohnehin geneigt, sich derselben bei jeder Gelegenheit zu entziehen.“

Und als Lampendorf zu Tisch nach Hause kam, nahm sie ihn beiseite und sagte: „Höre Pink, du weißt, daß ich mich dir in

Waldeinsamkeit. Nach einer Zeichnung von Hans Frau.

jeder Beziehung unterordne und dich bei jeder Gelegenheit um Rat frage, aber ich habe diesmal während deiner Abwesenheit etwas eigenmächtig gehandelt. Zwischen dem Fuldaschen Ehepaar ist ein ernstliches Zerwürfnis ausgebrochen, das sich hoffentlich applanieren lassen wird, inzwischen aber zu einer temporären Trennung geführt hat. Du kannst dir denken, daß ein anderer Mann dahinter steckt, aber ich würde für Frau Fuldas Unschuld die Hand ins Feuer legen. Die Ärmste hat bei ihren Eltern Schutz und Aufnahme suchen wollen, doch die alten egoistischen engherzigen Kreaturen haben ihr die Aufnahme verweigert. In ihrer Ratlosigkeit kam sie zu mir, und ich habe ihr unser Haus als Schutz und einstweiligen Aufenthalt angeboten. Ich sage dir das nur, damit du nicht gar zu erstaunt bist, sie bei Tisch zu sehen und dich aller indiskreten Fragen enthältst."

Er sah sehr bedenklich aus.

„Lieber Schatz, ich fürchte, du hast etwas unbedacht gehandelt. Es macht ja deinem guten Herzen alle Ehre, aber ich gestehe dir offen, daß ich in die ehelichen Zerwürfnisse anderer Leute nicht gern hineingezogen werden möchte. Man gerät da immer in eine schiefe Lage und spielt eine alberne Rolle. Ganz besonders unangenehm ist es mir, daß es sich gerade um Fulda handelt, mit dem ich seit der unangenehmen Geschichte den Verkehr abgebrochen habe. Und was werden die Leute sagen!"

„Ach laß sie doch reden, was sie wollen! Ich konnte diese liebe weltfremde Person, die Frau Fulda, doch unmöglich auf der Straße lassen."

„Das ist für dich sehr leicht gesagt: ‚laß sie doch reden.' Aber man könnte doch unter Umständen in sehr peinliche Konflikte geraten. Es ist immer eine mißliche Sache um eine Frau, die sich von ihrem Mann trennt, und wenn man anscheinend ihre Partei nimmt, wird man so leicht falsch beurteilt. Wenn ich dir raten soll, so gib der kleinen Frau zu verstehen, daß sie besser thäte, sich so bald als möglich nach einem anderen Unterkommen umzusehen. Ich will ihr herzlich gern dabei behilflich sein. Da sind z. B. diese sogenannten Familienpensionate —"

„Sprich mir nicht davon. Es wäre ebensogut, als wenn wir sie auf die Straße setzten. Eine Frau, die so wenig in den Dingen dieser Welt Bescheid weiß! Nein, mein guter Fink; wer es so gut und leicht im Leben hat wie wir, der hat auch als Mensch und Christ die Pflicht, anderen eine Stütze und Hilfe zu sein. Gar zu sehr dürfen wir uns das Leben auch nicht zum Kinderspiel machen. Wen das Glück egoistisch macht, der verdient's eben nicht."

„Ich bitte dich, meine gute Mink, predige mir nicht Moral. Du hast sehr ideale Ansichten, ich achte und ehre sie, aber in der Praxis sind sie unausführbar. Man hat doch auch auf seinen Namen und Stand Rücksicht zu nehmen und darf nicht aus reinem guten Herzen in alles hineintappen. Noblesse oblige!"

„Ach was! Wenn die Noblesse mich verpflichtet, eine hilflose Frau im Stich zu lassen, so danke ich dafür. In erster Linie hat man Mensch zu sein, und das eigne Gewissen ist der beste Ratgeber. Nach diesem Prinzip wenigstens will ich meinen Sohn erziehen, und du redest mir da nicht drein. Wer steht dir dafür, daß diese ungewöhnlich reizende Frau, wenn man sie sich selbst überläßt, nicht in schlechte Gesellschaft gerät, und wenn sie jetzt auch noch nicht, wovon ich fest überzeugt bin, schuldig ist, es doch wird aus einem Mangel an Schutz und Halt? Kannst du dafür die Verantwortung übernehmen und dich dann mit dem Gefühl deiner Noblesse trösten, wenn das Unglück geschehen ist? Es schändet niemand, dem selbst Schuldigen die Hand zu reichen, und nach meiner Idee besteht die wahre Vornehmheit nicht in dem Innehalten konventionellen Herkommens, sondern in dem lebendigen unabhängigen Geist edler Menschlichkeit. Du kannst ja natürlich thun, was du willst, und ich bin ja ganz bereit, deinen Willen zu respektieren, aber Frau Fulda bleibt fürs erste in meinem Hause und damit gut!"

Kampendorf lachte und schloß ihr den Mund mit einem Kuß.

„Oh du mein guter kleiner Ratgeber, wenn ich dich nicht hätte!"

„Ja ich weiß auch nicht, was dann aus dir werden würde!"

„Aber ich gestehe dir, daß es mir schwer fällt, Frau Fulda mein Haus zu öffnen."

„Nun dann betrachte es als eine Art

Polykratesopfer, das du dem Schicksal darbringst, um es mit unserem Glück zu versöhnen. Sieh' mal Pink, gerade weil wir so glücklich sind, wollen wir uns doch ein offenes Herz bewahren."

„Gewiß, mein Herz! und gerade deine Auffassung der Dinge ist es, die ich so sehr an dir liebe."

Das Ehepaar sah sich lächelnd in die Augen, und dann war die Sache abgemacht und Käte als vorläufige Hausgenossin freundlich aufgenommen.

Fulda hörte auf Umwegen davon. Käte hatte jede schriftliche Annäherung vermeiden wollen und es daher nicht für nötig befunden, ihm ihren Aufenthaltsort mitzuteilen, in der peinlichen Besorgnis, daß er dies als eine Aufforderung ansehen könne, ihr eine materielle Unterstützung zukommen zu lassen. Sie gedachte, ihre frühere Thätigkeit in den Ateliers der Glasmalerei wieder aufzunehmen und hatte bereits die ersten Schritte dazu gethan. Fuldas Pflichtgefühl hatte ihn indessen getrieben, sie so schnell als möglich aller Geldsorgen zu entheben, und in der Annahme, daß sie bei ihren Eltern sei, wendete er sich brieflich an seine Schwiegermutter mit der Aufforderung, Käte davon in Kenntnis zu setzen, daß er ihr, neben den zweitausend Mark, die er bisher den Alten jährlich gegeben, eine genügend hohe Summe zu ihrem Lebensunterhalt aussetzen und durch seinen Rechtsanwalt überweisen lassen werde. Die anständige Höhe dieser Summe ließ die Alten lebhaft bedauern, der Tochter das Haus verschlossen zu haben, und da sie zufällig in Erfahrung brachten, daß Käte in dem Kampendorfschen Hause Aufnahme gefunden hatte, teilten sie dies ebenfalls brieflich dem Doktor mit, hinzufügend, daß sie die Tochter veranlassen würden, zu ihnen zurückzukehren. Sie unternahmen auch die nötigen Schritte, aber Minka, die ihr Haus für einen weit passenderen Aufenthalt und ihren Namen für einen besseren Schild hielt als die Welsingersche Häuslichkeit und den Schutz des alten verkommenen Lumpen, trat Käten, die bereits nachgiebig und versöhnlich der elterlichen Aufforderung Folge leisten wollte, mit aller Entschiedenheit entgegen.

Es war für Fulda ein neuer Stich ins Herz, daß seine Frau von denen aufgenommen worden war, die ihn selbst verurteilten. Der Gedanke, daß sie nun gemeinsame Sache mit seinen Gegnern machen werde, ließ einen schmerzenden Stachel in seiner Seele zurück. Gerade daß es Kampendorf sein mußte, berührte ihn empfindlich. Es war ja im Grunde lächerlich! Was konnte es ihm, dem berühmten Arzt und gelehrten Forscher, ausmachen, ob ein kleiner Durchschnittsmensch wie Kampendorf ihn abfällig beurteilte, ob er ihn grüßte oder nicht. Und trotzdem! Kampendorf gehörte zu jener kleinen Schar korrekt denkender und impulsiv anständig handelnder Menschen, die sich nie den Schatten einer zweifelhaften Handlung zu schulden kommen lassen werden, und zu denen sich Fulda sonst selbst mit Selbstgefühl zu rechnen pflegte. Er hatte früher immer geglaubt, über dem blöden Urteil der Menge zu stehen, und mußte jetzt die Erfahrung machen, daß niemand innerlich ganz unabhängig von der Meinung der ihn umgebenden Menschen ist.

Er dachte mit Bitterkeit und Groll an Käte. Warum konnte sie nicht bei ihren Eltern bleiben? warum mußte sie gerade diese Kampendorfs in seine häuslichen Verhältnisse einweihen? Ein paarmal ging ihm der Gedanke an eine gerichtliche Scheidung durch den Sinn, aber er wies ihn jedesmal mit innerem Abscheu von sich. Unmöglich konnte er sein eheliches Verhältnis vor die Öffentlichkeit zerren und gleichgültigen neugierigen Gerichtsmenschen Einblicke dahinein gestatten. Wenn sie ihre vollständige Freiheit zurückhaben wollte, so mochte der Antrag zur Scheidung von ihr ausgehen. Und bei der Vorstellung, daß sie diesen Schritt thun könne, wurde ihm heiß und kalt. Nein, nein! das konnte, das würde sie nicht thun. Dieses letzte Band zwischen ihnen, das mußte bestehen bleiben. Trennung, ja, die war geboten, aber Scheidung, die einem anderen vielleicht die Möglichkeit gab, sie zu heiraten! niemals! Darauf konnte er nicht eingehen! Wer weiß, wen sie in dem geselligen Kampendorfschen Hause kennen lernen, wer sich ihr dort alles nähern mochte. Und die Eifersucht marterte ihn bis zur Unerträglichkeit.

Trotz der sommerlichen Jahreszeit empfand er eine fröstelnde Kühle um sich her, eine seelische Kühle und Vereinsamung, wie er sie damals empfunden, ehe er zu seiner zweiten Verheiratung geschritten war, aber intensiver und schmerzlicher als zu jener Zeit, denn damals hatte er Wärme und häusliches Glück noch nicht kennen gelernt, seine Wohnung war ihm nichts weiter gewesen, als eine Behausung, in der er ein bequemes Unterkommen und gutes Arbeitslokal gefunden hatte, während jetzt an allen Ecken und Enden tausend kleine freundliche Erinnerungen hervorlugten, ihn nicht losließen und fortwährend zu ihm sprachen. Und wenn er sie barsch zum Schweigen bringen wollte, so erhoben sie ihre Stimmen doch wieder gleich von neuem und sagten ihm, daß er während dieses einen Jahres seiner Ehe glücklich gewesen sei wie nie zuvor in seinem Leben. Zu allen Stunden des Tages entbehrte er die gewohnte Behaglichkeit, die freundliche stille Vorsorge, die jeden Wunsch schon erraten und erfüllt hatte, noch ehe er sich die Mühe genommen, ihn auszusprechen. Wie in früheren Tagen, mußte er die Dienstboten zu jeder Leistung erst selbst beordern, wie sonst die Abende, die er daheim verbrachte, mit seinem Töchterchen allein verleben, und aus dem Geplauder des Kindes trat ihm die Abwesende unablässig entgegen. In jeder Bemerkung der Kleinen fühlte er ihren Geist und Einfluß heraus. Unermüdlich, fast jeden Abend fragte das Kind: „Wann kommt die Mama zurück? Warum bleibt sie so lange fort? Sie weiß doch, daß wir Sehnsucht nach ihr haben! Hast du ihr denn noch nicht geschrieben, daß sie kommen soll?" Und immer mußte er den klugen dunkeln Augen standhalten und mit Lügen und Ausflüchten antworten: „Ich weiß nicht, mein Kind. Es kann sein, daß sie noch länger ausbleibt." Niemals wagte er zu sagen: „Es kann sein, daß sie niemals wiederkommt."

Und dann klagte das Kind: „Es ist so langweilig, Papa, seit die Mama fort ist. Niemand kümmert sich um mich. Die hier im Hause, die thun nur gerade das, wofür sie bezahlt werden, und jeder ist immer froh, wenn er mich dem anderen überliefern kann. Fräulein ist ja ganz gutmütig, aber so dumm."

„Aber du hast mich doch, Ännchen. Ich bin ja auch so allein. Wir müssen eben zusammenhalten."

Da war ihm das kleine Mädchen tröstend um den Hals gefallen und hatte ihr Gesicht an das seine gelegt, und er fühlte, daß dem Einfluß der jungen Frau gelungen war, was er alle die Jahre hindurch vergeblich erstrebt hatte, ihm das Herz und das Vertrauen seines Kindes zuzuwenden. Das Ännchen versuchte es, freilich mit nicht sehr großem Erfolg, ihm die Dinge so zu machen, wie die Mama es gethan hatte, und wenn sie auch dabei zuweilen eine Lampe umwarf oder es mit dem Kognak, den sie in das Sodawasser goß, ein wenig gar zu gut meinte, so sah er doch mit heimlicher Rührung das Bestreben, ihn nichts vermissen zu lassen, und immer mischte sich dahinein ein unwillkürliches Gefühl des Dankes gegen sie, an die er nur mit Haß und Groll zu denken wähnte. Allerdings konnte die Kleine ihre Natur nicht ganz verleugnen, und der Hang zur Intrigue und Lüge kam zuweilen doch noch zum Durchbruch, aber sie hatte dabei das deutliche Gefühl des Unrechts und wurde rot und verlegen, wenn man sie in solchen Momenten nur ruhig anblickte. Jedenfalls hatte sie die Scheu vor dem Vater verloren und plauderte unbefangen, oft nur in der Absicht, ihn zu zerstreuen, und als sie merkte, daß etwas zwischen den Eltern nicht ganz in Ordnung sein mußte und ihre Fragen nach der Mutter den Vater peinlich berührten, fragte sie auch nicht mehr, aber der gemeinsame Gedanke, der beide heimlich beherrschte und den sie instinktiv ineinander errieten, trieb sie zusammen und festigte das Band der Liebe zwischen ihnen.

Zuweilen sprang Fulda von der Arbeit auf und ging in das Wohnzimmer hinüber, in dem alles so stand und lag, wie Käte es verlassen hatte. Hier und da nahm er einen Gegenstand in die Hand, von dem er wußte, daß er ihr lieb gewesen war, oder er setzte sich an ihren Schreibtisch, um seine Briefe dort zu schreiben, mit der dunkeln Empfindung, daß der gute Geist, der von ihm gewichen zu sein schien, ihn dort umschweben müsse. Er hatte es bis dahin immer vermieden, das Innere ihres Schreibtisches einer Durchsicht zu unterziehen, aus einer Art von Feigheit, denn er fürchtete sich, unliebsame Entdeckungen zu machen, Briefe oder Erinnerungszeichen von Khelianys Hand zu finden. Freilich sagte er sich auch, daß sie wohl klug genug gewesen sein werde, alles, was sie davon besessen haben mochte, zu vernichten oder mit sich zu nehmen. Eines Tages jedoch faßte er einen raschen Entschluß und schloß die Schieblade auf. Wenn er indessen erwartet hatte, das interessante Durcheinander darin zu finden, das sonst die Schreibtische jung verheirateter Frauen auszeichnet, die allerlei Erinnerungen aus ihrer Mädchenzeit mit in die Ehe hinübernehmen, so täuschte er sich. Da war nichts außer einigen Ausgabebüchern, die mit musterhafter Ordnung geführt worden waren, wie er sich überzeugte, verschiedenen Malvorlagen und mehreren Zetteln von seiner eigenen Hand, die er hier und da einmal aus der Klinik nach Hause geschickt, um die Seinigen zu benachrichtigen, wenn er länger als gewöhnlich dort festgehalten wurde. Kein einziger Brief. Natürlich! die, an denen ihr Herz hing, die hatte sie wohl mitgenommen, nur was von seiner Hand war, das hatte sie zurückgelassen.

Halt! da war noch ein zusammengefaltetes Blatt, das jedenfalls nicht seine Handschrift trug. Er fuhr darauf zu wie ein Stoßvogel, aber wie er den Inhalt mit den Augen überflog und die Unterschrift las, legte er es enttäuscht wieder hin. Die Nanette Dubois! Er hatte wahrhaftig schon die Existenz dieses Mädchens vergessen! Dann fiel ihm plötzlich ein, daß er eines Tages das Banknotentäschchen, welches er bei ihr mitsamt seinem Inhalt an jenem Abend im verflossenen Sommer in Khelianys Namen auf den Tisch geworfen, ganz überraschend auf seinem Schreibtisch wiedergefunden hatte, ohne sich recht erklären zu können, wie es dorthin gekommen war. Dieses Billet gab ihm nun die Erklärung. Käte, seine Frau, hatte das Täschchen damals auf seinen Schreibtisch gelegt, und daß sie den dasselbe begleitenden Zettel vor ihm verheimlicht und ihn hier sorgsam verborgen hatte, bewies ihm, daß irgend jemand schon vorher das Gift des Mißtrauens in ihre arglose Seele geträufelt haben mußte. Er glaubte jetzt auch genau zu wissen, wer dies gethan hatte.

Auch war die Sendung wohl nicht ohne besondere Absicht von dem kleinen Modell gerade an Käte gerichtet. Sie hätte die Tasche, wenn ihr wirklich daran lag, sie ihm zurückzugeben, was nicht sehr wahrscheinlich war, ja besser direkt an ihn geschickt. Daß sie sich damit an seine Frau wandte, sagte ihm, daß ein anderer ohne Zweifel hinter ihr gestanden und ihre Handlungsweise dirigiert haben müsse, und daß er in derselben, trotz der häßlichen Form einen kleinen Akt gemeiner Rache eben dieses anderen sehen müsse.

Er erinnerte sich ihres gemeinschaftlichen Kirchganges und der Begegnung an der Ausgangsthür des Domes mit jenem Mädchen und Kätens sonderbaren Benehmens hinterher. Schon damals war sie nicht unbefangen gewesen, irgend ein Zufall oder eine Böswilligkeit mußten bereits den Zweifel an ihm in ihr wachgerufen haben, den das vorliegende Briefchen geradezu bestätigen mußte. Und sie hatte geschwiegen! hatte zartfühlend jede Andeutung vermieden, daß sie etwas zu wissen glaube, um ihm die Beschämung eines Zugeständnisses zu ersparen, das ihm nach ihrer Ansicht nur peinlich sein konnte.

Fulda warf das Blatt in den Schreibtisch zurück und schloß hastig die Schieblade. Er kehrte in sein Zimmer zurück und versuchte zu arbeiten, aber der Gedanke an das kleine Erlebnis ging ihm nach und ließ ihn nicht wieder los. Immer wieder mußte er während der nächsten Tage daran denken. Kätens Charakter erschien ihm in einem neuen Licht. Die verzeihende Liebe, die sich nicht erbittern läßt, leuchtete ihm aus ihrer Handlungsweise mit so plötzlicher blendender Helle entgegen, daß er momentan die Augen schloß, um ungestörter darüber nachgrübeln zu können. Und mit diesem Schatz von Liebe war sie still neben ihm hergegangen, ohne daß er es gewußt hatte; er hatte immer nur gemeint, sie habe sich an ihn gewöhnt und thue ihre Pflicht eben nur aus Pflichtgefühl. Dann wieder kamen Momente, in denen häßliche Stimmen ihm zuflüsterten, sie habe geschwiegen, um keinen Bruch herbeizuführen, weil sie das angenehme Leben an der Seite eines gutsituierten Mannes nicht aufgeben wollte; aber er wußte gleich darauf immer ganz genau, daß sie einer derartigen Berechnung nicht fähig sei. Und alle diese Erwägungen erweckten in ihm eine ganze Gedankenkette, die ihm ernstlich zu schaffen machte, und über die er nicht so leicht hinwegkam.

Weshalb wurde denn nach dem Urteil der Welt der Frau für ein todeswürdiges

Verbrechen angerechnet, was dem Manne nachsichtig verziehen wird? Lautete nicht das Gelöbnis der Treue, das die meisten doch vor dem Altar im Angesicht ihres Gottes ablegen, für beide Teile gleich? War es gerecht, daß der Mann nicht gehalten zu sein brauchte, den geleisteten Schwur zu halten, während er dies von dem Weibe verlangt und von seiner beleidigten Ehre spricht, wenn die Frau in einem Augenblick der Schwäche fehlt, wo doch der Bruch eines Gelübdes von seiner Seite seine Ehre in demselben Maße beleidigen sollte? Welches Recht hatte denn er, über seine Frau den Stab zu brechen? Sie war ein unbeschütztes Mädchen gewesen, das in einem Augenblick übermächtiger Versuchung, die in ihr graues freudenarmes Dasein trat und deren Gewalt nur die Unversuchten leugnen können, dem Drang der Umstände gefolgt war, und sie war damals frei gewesen, mit dem Recht, mit ihrer Person nach Belieben zu schalten und zu walten. War's nicht zu viel verlangt, daß sie diesen einen Moment der Schwäche mit einem ganzen Leben der Entsagung und Einsamkeit büßen sollte? Es war eigentlich merkwürdig, daß man von dem schwachen Geschlecht eine Charakterfestigkeit verlangte, die das sogenannte starke Geschlecht fern war zu besitzen. Und vielleicht hatte Käte sie doch besessen. Sie beteuerte es. Warum sollte er ihr nicht glauben! Warum sollte er sich um eines Zweifels, einer Einbildung willen der besten und geliebtesten Lebensgefährtin berauben? Konnte er ihr nicht verzeihen, sie mochte nun gefehlt haben oder nicht, wie sie ihm verzieh, obgleich der Schein gleichfalls bös gegen ihn gesprochen hatte?

Auch über Khelianz dachte er viel in dieser Zeit nach und versuchte es, sich jenseits der landesüblichen Grenzen von Gut und Böse zu stellen und den Freund vom rein menschlichen philosophischen Standpunkt aus zu beurteilen. Es war sonderbar, wie in dem Lichte derartiger Betrachtungen gewogen, gewisse weitläufige Werte auf Null herabsanken. Die Liebe zum Weibe war jedenfalls ein Naturtrieb, der, wenn er mit der Freundschaft, dem Produkt der Kultur, kollidierte, den Sieg davontragen mußte. Folglich durfte er Khelianz nicht gar zu streng verurteilen. Jedenfalls hatte der junge Mann während des letzten Jahres schwer gekämpft und gelitten. Fulda erinnerte sich, daß er ihm und seiner Frau aus dem Wege gegangen war, wo er nur irgend konnte. Einen Menschen ohne Charakter durfte man eben nicht mit dem Maßstab charaktervoller Menschen messen, und wenn er, wovon Fulda überzeugt war, das deutliche Bewußtsein gehabt hatte, daß es eine Gemeinheit sei, den besten Freund zu hintergehen, so mußte er bei dem gleichzeitigen Gefühl der Unfähigkeit, dieser Gemeinheit zu widerstehen, ein Empfinden der Selbstverachtung gehabt haben, das ihn zu einem Gegenstand des Mitleids machen mußte.

Der Doktor hatte viel Zeit zu diesen Betrachtungen, denn er ging fast nie mehr des Abends aus und mied besonders den Regensburger Hof, seitdem Khelianz sich dort erschossen hatte, und wenn er über irgend eine Arbeit gebeugt an seinem Schreibtisch saß, so stockte die Feder plötzlich mitten im Satz, und die Gedanken, die ihn in ihrem ewigen Kreislauf um dieselben Dinge festhielten, kamen ungerufen und blieben dann wie liebe, aber mit ihren Ermahnungen lästig fallende Freunde.

Es kam selten vor, daß diese Stunden der Einkehr durch irgend einen ärztlichen Ruf unterbrochen wurden. Seine Familienpraxis hatte überhaupt nachgelassen, seitdem sein Name in so unliebsamer Weise an die Öffentlichkeit gezerrt worden war. Die Leute scheuten sich, einen Arzt zu nehmen, der, wenn er auch einen berühmten Namen trug, im Punkt der Rechtlichkeit nicht ganz unantastbar dastand. Fulda war daher einigermaßen erstaunt, als sein Diener eines Abends zu später Stunde mit der Meldung eintrat, draußen sei ein Mann, der den Herrn Doktor flehentlich bitte, doch ohne Zögern mit ihm zu kommen, seine Frau und sein ältestes Kind seien schwer erkrankt. Im ersten Augenblick dachte er daran, den Mann auf den nächsten Tag zu vertrösten, machte auch den Versuch, ihn an den Distriktsarzt zu weisen; doch da jener schon dort gewesen war, ohne den Distriktsarzt zu Hause zu finden, entschloß er sich rasch, mit ihm zu gehen.

Die Leute waren Handwerker und lebten offenbar in sehr dürftigen Verhältnissen in einem Hintergebäude der Herrenstraße, wo zahllose kleine Haushaltungen eng aufeinander gepackt sich Licht und Luft streitig machten und ihre engen Räumlichkeiten noch mit Einmietern und Schlafburschen teilten. Auf dem Wege dorthin erzählte der Mann Fulda auf dessen Befragen, daß seine Frau schon seit fünf Tagen mit stetig steigendem Fieber daniederliege und seit drei Tagen phantasiere, gestern habe sich nun auch das Kind unter denselben Symptomen gelegt. Nebenan liege auch jemand schwer krank, ein Speicherarbeiter, der erst vor acht Tagen aus der Enhuberstraße zugezogen sei und sich dann gleich gelegt habe. Der werde wohl die Krankheit von dort ins Haus geschleppt haben, und bei dem müsse sich seine Frau die Ansteckung geholt haben, denn sie sei mehrmals zu dem Arbeiter hineingegangen, um der Tochter desselben, die noch ganz jung sei und nicht aus noch ein gewußt habe, ein wenig zu helfen. Sie hätten immer gedacht, ohne Arzt davonzukommen, denn sie könnten eigentlich keinen bezahlen, aber nun die Frau immer schlechter geworden sei, habe seine Schwiegermutter gesagt, er solle nur zu Doktor Fulda gehen, der sei gut zu den Armen, sie habe den ganzen Winter hindurch von ihm in seiner Küche Essen bekommen und außer ihr noch viele andere.

Fulda fand in der That alles bestätigt und konstatierte nach sorgfältiger Prüfung bei der Frau Typhus mit eigentümlichen Symptomen, die ihn beunruhigten. Auch das Kind war offenbar von derselben Krankheit ergriffen. Die Luft in dem Krankenzimmer war abscheulich verbraucht und stickig. Er stieß die Fenster auf, schickte den Mann nach Karbol, desinfizierte die Räumlichkeiten der engen Wohnung eigenhändig und gab genaue strenge Anordnungen, den Leuten Geld hinterlassend, um sie auch in den Stand zu setzen, seinen Anordnungen zu folgen. Dann verlangte er, auch den zuerst erkrankten Arbeiter in der Nebenwohnung zu sehen, und fragte, welcher Arzt den Mann behandle. Die Tochter desselben hatte sich bisher immer noch gescheut, den Kassenarzt zu holen; der sei immer so grob und unfreundlich zu den Armen, entschuldigte sie sich, und sie hätte gemeint, die Tränkchen, welche eine Frau aus der Nachbarschaft ihr gegeben habe, würden schon helfen.

Für Fulda genügte ein Blick und eine oberflächliche Untersuchung des Kranken, um seinen Verdacht, daß der Mann Flecktyphus ins Haus geschleppt habe, bestätigt zu finden. Er verbot den Angehörigen der beiden Familien sofort jeden Verkehr mit den anderen Hausbewohnern, ordnete die Überführung des Kranken in seine Fieberstation an und wollte dann den Heimweg antreten, um die Vorkehrungen zur Aufnahme des Mannes persönlich zu überwachen. Aber die Mutter der kranken Frau lauerte ihm noch auf der Treppe auf, und mit thränenden Augen stammelte sie ihren Dank für all die Guthaten, die ihr in seinem Hause zu teil geworden, und sprach ihm von allen Gebeten, die für ihn von den Lippen der Armen gen Himmel gesandt seien.

Er war im ersten Augenblick ganz erstaunt, wußte nicht, worauf sie hinzielte, denn er erinnerte sich nicht, die Frau je gesehen zu haben, und war sich, soweit es nicht seinen Beruf betraf, auch nicht besonderer Menschenfreundlichkeit bewußt, aber als sie weiter sprach, merkte er, daß Käte hinter seinem Rücken wohl eine offene Hand für die Armen und Bedürftigen gehabt und den Dank auf ihn abgelenkt haben müsse. Etwas barsch schob er die Frau beiseite, und murmelte etwas, das wie „Unsinn!“ und „Albernheit“ klang. Aber die Frau ließ sich dadurch nicht beirren. In ihren Augen blieb er der edle Menschenfreund und Wohlthäter der Armen.

## 16. Kapitel.

m nächsten Morgen ließ Fulda es sich angelegen sein, dem eigentlichen Herd der Krankheit nachzuforschen. In dem Hause in der Enhuberstraße, welches der nach der Herrenstraße verzogene Arbeiter bewohnt hatte, fand er zwei Typhuskranke, ebenso in der benachbarten Steinheilstraße. In allen drei Fällen war die Ansteckung genau nachzuweisen, denn die davon Befallenen hatten sämtlich in einer der Militärkasernen gehandwerkert, und gerade aus dieser Kaserne waren während der letzten zehn Tage wiederholt Fälle von Flecktyphus gemeldet worden. Man hatte von seiten der Militärbehörde sofort die umfassendsten Schutzmaßregeln ergriffen, aber doch nicht hindern können, daß der Ansteckungsstoff, der hinausgetragen worden, ehe man die eigentliche Natur der Krankheit erkannt hatte, hier und dort unheilvolle Wurzeln schlug. Die Nachlässigkeit der Familien, in deren Mitte Erkrankungen vorkamen, die merkwürdige Scheu armer Leute, sich an einen Arzt zu wenden, und die Passion, lieber selbst mit Hausmitteln und weisen Frauen herumzuquacksalbern, that dann das Ihre, den Typhus zu verschleppen und durch Verheimlichung auszubreiten. Hier und da, aus den verschiedensten Stadtteilen, zumeist nur aus Gegenden, die von den ärmeren Klassen bewohnt wurden, tauchte die Nachricht von dem Auftreten der Krankheit auf; willkürlich zuweilen einzelne Straßen ganz überspringend, und ihnen zu strömten aus allen Teilen der Stadt die unheimlichen verdeckten Körbe und Wagen mit dem roten Kreuz. Und in der Nacht zogen andere Züge aus dieser traurigen Zeltstadt hinaus, den Leichenhallen der Kirchhöfe zu.

In den vornehmen Stadtvierteln freilich mit ihren breiten durch Gärten ventilierten Straßen hatte die Epidemie bisher noch kein Opfer gefordert, aber wer konnte wissen, ob sie bei weiterem Vordringen nicht auch unerwartet dort wie ein Dieb in der Nacht ihre Beute holen würde. Eine angstvolle, dumpfe, erwartungsvolle Stille lastete über der heiteren Stadt. Wer irgend konnte, ging hinaus aufs Land oder

Innendekoration der französischen Botschaft zu Berlin. Nach dem Gemälde von Gabriel Ferrier.

erschien sie plötzlich ganz ohne wahrnehmbare Veranlassung in Gegenden, die bisher völlig intakt geblieben waren. Man konnte sich keinen Illusionen mehr hingeben. Offenbar hatte man es hier mit einer Epidemie zu thun, die in recht bösartiger Form auftrat. Die Menschen wurden aus ihrer sorglosen Vergnüglichkeit aufgeschreckt. Eine Panik bemächtigte sich der Gemüter. Zahllose Fremde verließen die Stadt, und die Hotels erlitten eine beträchtliche Einbuße. Von seiten der Regierung und der Stadt geschah alles was notwendig war. Auf der Theresienwiese, dem Ort der Volksfeste und öffentlichen Schaustellungen, erhoben sich mit wunderbarer Schnelligkeit weiße Zeltbaracken auf Reisen. Auch Kampendorfs, die sonst um diese Zeit schon am Tegernsee weilten und jetzt durch ein Unwohlsein des Kleinen noch in der Stadt zurückgehalten worden waren, sahen mit Ungeduld dem Zeitpunkt ihrer Abreise entgegen. Es machte Kampendorf förmlich nervös, des Morgens die Zeitung aufzuschlagen und die stetig zunehmende Zahl der Erkrankungen und Todesfälle konstatiert zu finden. Er pflegte die Notizen darüber seiner Frau und Käte während des ersten Frühstücks vorzulesen. Einmal stockte er dabei und sah zu Käte hin, als wolle ihm etwas nicht recht über die Lippen; dann reichte er ihr das Blatt über den Tisch hin, mit dem Finger eine Stelle bezeichnend.

Sie überflog dieselbe mit den Augen und wechselte dabei die Farbe.

Eine Anzahl von Ärzten hatte sich freiwillig zum Dienst in den Baracken gemeldet, darunter auch Fulda, der seine Klinik dem ersten Assistenten übergeben hatte, um sich vollständig den Typhuskranken widmen zu können und seine während der letzten Monate befestigten und erweiterten Erfahrungen zum erstenmal in größerem Maßstabe zur Anwendung zu bringen.

‚Es erweist sich, daß die ihrer Zeit vielbesprochene Station zur Behandlung kontagiöser Fieber, welche Herr Dr. Fulda in diesem Frühjahr auf eigne Hand ins Leben treten ließ, ein Segen geworden ist, der in diesem Augenblick Hunderten zu statten kommt,‘ fügte der Berichterstatter der betreffenden Zeitung hinzu, um dann weiter unten zu melden, daß einer der jüngeren Ärzte, welche den freiwilligen Samariterdienst übernommen, bereits der Ansteckung anheimgefallen und als Patient in die Baracken aufgenommen sei.

„Mein Gott! das Kind!“ sagte Käte unwillkürlich und dachte mit Angst an die Gefahr der Ansteckungsübertragung. „Und mein Mann!“ fügte sie innerlich von tödlicher Besorgnis erfaßt hinzu. Aber das wagte sie nicht auszusprechen.

Es war etwas Ungewöhnliches, daß ein Mann in Fuldas Alter und Stellung sich zum Barackendienst meldete, etwas, das allgemeines Aufsehen erregte. Man rechnete ihm die Opferwilligkeit hoch an, mit der er sich in den Dienst des Allgemeinwohls gestellt hatte, und konnte die Idee der von ihm gegründeten Versuchsstation, welche das unschätzbare Material zu einer Behandlungsweise geliefert hatte, die so überraschend günstige Erfolge aufwies, nicht genug in den Himmel erheben. Und als sich dann mit einem Mal die Nachricht verbreitete, daß Tiepoltsteinsches Geld zum größten Teil die Kosten derselben gedeckt hatte, fingen die Leute an, allmählich aus einem anderen Ton über etwas zu sprechen, was sie vorher verdammt hatten. Ja, nun sie selbst die Nutznießer davon waren, stellte sich die Sache in ganz anderem Lichte dar. Es war nicht mehr von einem Honorar die Rede, dessen übermäßige Höhe den Stempel der Bestechlichkeit zu tragen schien, sondern von einer freiwillig von dem Grafen zu wohlthätigem Zweck gespendeten Liebesgabe, und Fulda hatte recht gethan, sie anzunehmen und für das Wohl seiner Mitmenschen zu verwenden.

Aus dem Berliner Tiergarten.
Studie von B. Salanne.

Kampendorf war einer der ersten, der, gestützt auf die von Käte erlangte Kenntnis der eigentlichen Sachlage, in seiner ausgleichenden Weise jener versöhnlichen Ansicht Worte lieh, und es bedurfte nur dieses Anstoßes, dem andere willig folgten, um die Meinung der großen Menge, die immer bereit ist, blindlings das nachzubeten und breit zu treten, was ihr von einigen tonangebenden Persönlichkeiten diktiert wird, beinah in extremster Weise zu Gunsten Fuldas umschlagen zu lassen. Die Presse, die sich vorher in allerlei halb verhüllten gehässigen Angriffen gegen ihn ergangen hatte, brachte diese Schwenkung jetzt gleichfalls zum Ausdruck und konnte nicht genug Aufhebens von seinen Verdiensten machen.

Er las indessen nicht, was in den Blättern über ihn stand, war überhaupt kein großer Zeitungsleser, und nichts hatte ihm ferner gelegen, als mit diesem Schritt die öffentliche Meinung wieder erobern zu wollen. Hätte ihm jemand eine dahin zielende Andeutung gemacht, so wäre er wahrscheinlich in herber Ablehnung davon zurückgetreten, um nicht einmal den Schein auf sich zu laden, als buhle er um günstigere Beurteilung durch die Menge. Ihn hatte einfach das Interesse an der Sache selbst getrieben, die Passion für den Beruf, der ihm jedesmal ein Gefühl der Erhebung gab, wenn es ihm gelang, im Kampf mit dem Tode um ein Menschenleben als Sieger hervorzugehen, vielleicht auch ein wenig innere Gleichgültigkeit gegen das eigne Leben, das ihm leer und wertlos und freudenarm geworden war.

Er sah seine Tochter jetzt fast gar nicht, denn er blieb oft tagelang hintereinander in den Baracken, und wenn er einmal heimkam, ging er nie zu ihr hinauf, ohne sich vollständig umgekleidet und desinfiziert zu haben; aber meist war er so vollständig erschöpft, daß er gleich nach der Heimkehr unten in seinem Sprechzimmer auf das Sofa sank und wie ein Toter schlief. Er ließ sich nur täglich über den Gesundheitszustand der Kleinen Bericht erstatten und hielt sie übrigens in den großen luftigen Räumen seines Hauses mit dem weiten Englischen Garten vor der Thür für völlig gesichert.

Diese Art Leben sagte ihm bei seinem augenblicklichen Gemütszustande zu. Unermüdlich von einem Krankenbett zum anderen gehend, messend, seine Beobachtungen notierend, hier und da selbst mit Hand anlegend, wo die Wärter mit einem Kranken nicht fertig wurden, die Nächte hindurch an dem Lager der Sterbenden und Phantasierenden wachend, hatte er keine Zeit, den eignen unerfreulichen Gedanken nachzuhängen. Für seine Kollegen war er mit seinen Riesenkräften, die nie erlahmten, ein Gegenstand der Bewunderung, sie erzählten davon, wenn sie hinauskamen, um sich von ihrer angestrengten Thätigkeit zu erholen, wie von etwas, das ganz phänomenal sei. Er war im Augenblick das Tagesgespräch der ganzen Stadt, wo immer auf die Epidemie die Rede kam, und das war so ziemlich in jedem Hause der Fall. Man diskutierte über die neue geniale Methode, die Fulda bei der Behandlung des Fleckentyphus mit Erfolg anwendete, in ärztlichen Kreisen lebhaft hin und her. Seine Gegner, die alten Zopfpraktiker und Universitätstheoretiker, sträubten sich, bildlich gesprochen, mit Händen und Füßen gegen die Annahme derselben; die jungen Ärzte und alle, die in den Baracken Gelegenheit gehabt, die ausgezeichnete Wirkung zu beobachten, zogen mit Begeisterung dafür ins Feld und erhoben Fulda in den Himmel.

Und während sein Name abermals in aller Leute Mund war, ging er mit dem weltabgewandten, in sich gekehrten Wesen, das ihm jetzt zur zweiten Natur geworden zu sein schien, still seinen Weg, versunken in das Interesse des Forschers, der eine neue Fährte zur Lösung eines wichtigen Problems gefunden zu haben glaubte. Zuweilen kam ihm der Gedanke, daß robuste vollsäftige Naturen, wie die seine, gerade bei solchen Anstrengungen, wie die, denen er sich aussetzte, der günstigste Herd für diese bösartige Krankheit seien, aber er focht ihn nicht an. Das Leben hatte ihm, dem Mann der schnellen und großen Erfolge, in letzter Zeit so viel Bitternis gebracht, daß er nicht gar zu unglücklich gewesen wäre, allen diesen Widerwärtigkeiten vielleicht mit einem Schlage enthoben zu werden. Er hatte als Arzt ja die Mittel an der Hand, einem schweren Leiden und allmählichen Sterben eventuell ein rasches Ende zu machen. Er verschmähte es sogar, Schutzmaßregeln zu treffen, wie die anderen es alle thaten, und wenn die Kollegen ihm Vorstellungen darüber machten, reckte er seinen riesigen Körper wie zur trotzigen Herausforderung gegen das Schicksal straff empor.

Nun wenn es ihn auch ereilte! Niemand war zu beklagen, als nur das Kind, das dann ganz allein zurückblieb. Niemand würde ihn betrauern. Er war seines schroffen Wesens halber selbst in seiner besten Zeit nicht einmal bei den Kollegen beliebt gewesen. Und Käte — ja für die wäre es ja die beste Lösung gewesen. Er liebte es, sich mit diesen Gedanken an seinen Tod zu beschäftigen, spielte gleichsam damit, ohne es jedoch im Ernst für möglich zu halten, daß irgend etwas wie Krankheit und Vernichtung an seine Hünengestalt heranreichen könne. Im Grunde seines Herzens hielt er sich für gefeit. Es gab ihm daher einen unangenehmen Ruck durch den ganzen Körper, als er eines Abends eine gewisse Benommenheit im Kopf und eine Schwere in den Gliedern fühlte, die ihm verdächtig vorkamen. Doch das konnten ebensogut nur die Folgen der Überanstrengung sein. Trotzdem begann sein Herz zu klopfen. Krank werden! Sterben! Auflösung! was für häßliche Vorstellungen! Seine Riesennatur setzte sich mit aller Macht dagegen zur Wehr. Er schüttelte die Vorstellungen willenskräftig ab, begab sich nach Hause, nahm ein Bad, kleidete sich um und schlief ein paar Stunden fest und tief, nachdem er zuvor gleich nach dem eiskalten Bade eine Dosis Chinin genommen und sich selbst eine Injektion nach der von ihm erfundenen Methode gemacht hatte.

In der That fühlte er sich nach dem Erwachen bedeutend freier und leichter und schrieb seinen vorhergegangenen Zustand neben der Überanstrengung zum Teil auch der Depression zu, welche eine fortgesetzt traurige Umgebung auf das seelische Gleichgewicht haben mußte. Er empfand seit Wochen, beinahe Monaten zum erstenmal wieder das Bedürfnis nach Abwechselung, nach anderen Gesichtern und entschloß sich rasch, da er sich im Augenblick frei von jeder Ansteckung wußte, ins Café Luitpold zu gehen und dort eine Flasche starken Wein zu trinken.

Seit den Tagen, in denen man anfing ihm aus dem Wege zu gehen und seine Nähe zu meiden, hatte er nicht wieder ein öffentliches Lokal betreten, und jetzt flog sein Blick unwillkürlich suchend und mißtrauisch umher, während er sich in eine abgelegene Ecke des großen eleganten Lokals setzte und seinen Wein bestellte. Er kannte verschiedene der Anwesenden, sah aber nach jenem ersten Blick nicht mehr nach ihnen hin, um sich keiner neuen Demütigung auszusetzen und ihnen nicht die Möglichkeit zu geben, absichtlich an ihm vorbei zu schauen. Er stürzte rasch einige Gläser alten Burgunders herab und empfand wohlig, daß ihm das Blut feuriger und lebhafter in den Adern zu kreisen begann. Nein, es that doch gut, zu leben! Es wäre hart gewesen, gerade jetzt krank zu werden und vielleicht zu sterben, ohne seine wissenschaftlichen Arbeiten abgeschlossen zu haben. Der starke Wille zum Leben mit all seinen heißen Trieben durchflutete ihn im Augenblick übermächtig aufs neue.

Plötzlich hob er den Kopf. Es war als triebe ihn eine unsichtbare Gewalt dazu, dem eben eintretenden Mann entgegenzublicken. Kampendorf, denn dieser war es, bemerkte den schweigend und abseits Dasitzenden zuerst nicht gleich und sah sich mit seinem frohen gutmütigen Lächeln um, dann mit einem Mal wurde er Fuldas ansichtig und das Lächeln erstarb auf seinem Gesicht, er geriet offenbar in Verlegenheit und wußte im Moment nicht, was er thun sollte.

Es war Fulda sehr wohlbekannt, daß Kampendorf erklärt hatte, er sähe sich genötigt, den Verkehr mit ihm abzubrechen, geschäftige Freunde hatten es ihm hinterbracht, aber die beiden Männer waren einander bis dahin nicht begegnet, sei es durch Zufall, sei es, daß sie es beide absichtlich vermieden hatten, eine Begegnung herbeizuführen. Fulda erwartete jetzt, daß das, was er schon so oft bei anderen Bekannten hatte erleben müssen, sich wiederholen, daß Kampendorf über ihn hinweg in die Luft starren und dann ohne Gruß an ihm vorübergehen werde, aber er wendete die Augen nicht von ihm, schien vielmehr düster gefaßt den Schlag zu erwarten, mit der kalten Entschlossenheit, sich diesmal zur Wehr zu setzen.

Bei dem Anblick dieses herben Gesichtes, dieser in dem großen von Heiterkeit und Helle erfüllten Raum einsam dasitzenden Gestalt gab es Kampendorf einen förmlichen Ruck; er war sich im Moment darüber klar, was er zu thun habe und gerade auf ihn zugehend, streckte er ihm die Hand entgegen und sagte: „Die ganze Stadt spricht von Ihnen mit Bewunderung. Es ist mir ein ordentliches Herzensbedürfnis, Ihnen die Hand zu schütteln, verehrtester Doktor."

Fulda wußte im Augenblick kaum, worauf jener hinaus wollte. Was er jetzt als Arzt geleistet hatte, war so wenig aus Berechnung geschehen, so rein aus Passion für die Sache, daß ihm unter anderen Umständen ein Lächeln angekommen wäre darüber, daß ein Laie ihm über etwas Anerkennung aussprach, was sich seiner Beurteilung vollständig entzog; aber er dachte nur daran, daß Käte, seine Frau, in dem Hause dieses Mannes sei und er jetzt endlich einmal etwas von ihr hören werde; nach der Nervenanspannung, die er eben durchgemacht, während er Kampendorf entgegensah, überkam ihn die Erleichterung der angenehmen Enttäuschung so unwiderstehlich, daß er unwillkürlich unter dem plötzlichen Rückschlag seiner Empfindungen in ein leises Lachen ausbrach, und die Hand, die sich ihm entgegenstreckte, ohne Groll nahm.

„Sie haben uns rechte Sorge gemacht!“ fuhr Kampendorf fort, nun das Eis einmal gebrochen war, neben ihm Platz nehmend. „Wenigstens einem Gliede unseres Haushaltes, und da wir untereinander an den beiderseitigen Freuden und Leiden teilnehmen, so wurden wir, meine Frau und ich, bei der Sorge um Sie auch in Mitleidenschaft gezogen.“

Fulda brannte eine Frage auf den Lippen, aber er gewann es nicht über sich, sie auszusprechen; er sah den anderen nur erwartungsvoll an, hoffend, daß jener weitererzählen werde. Es war dies indes für Kampendorf eine heikle Sache, da der Doktor sich für das angeschlagene Thema äußerlich so wenig zugänglich zeigte, denn er wußte ja nicht, daß Fulda jedem weiteren Wort mit einer Art Heißhunger entgegensah. Trotzdem fuhr er mit der ihm eignen unbefangenen Bonhommie, die überall eines liebenswürdigen Widerhalls gewiß war, fort, halb scherzend, halb vorsichtig sondierend zu sprechen.

„Wir haben uns so sehr an unsere liebe Hausgenossin gewöhnt, daß es uns ordentlich schwer werden würde, sie wieder herzugeben, und doch wird es wohl über kurz oder lang der Fall sein müssen, denn wenn ein Zugvogel immer vom eigenen Nest zwitschert und von seiner Sehnsucht, so pflegt er auch meist bald zur alten Heimat zurückzufliegen. Er wartet gewöhnlich nur noch auf den Ruf, der an ihn ergehen muß. Ganz allein kehrt ja ein Zugvogel nie zum alten Nest heim.“

Fulda mochte den anderen nicht erraten lassen, daß er ihn am liebsten umarmt hätte zum Dank für die eben erhaltenen Andeutungen, aber er war fest entschlossen, trotzdem nicht den ersten Schritt zu einer Versöhnung zu thun, die ihm nur ein schimpfliches Zugeständnis an die Schwäche seines eignen Herzens schien, und die er mit seiner Manneswürde nicht in Einklang bringen zu können glaubte.

„Ein Vogel, der den Weg ins Nest zurückfinden will, findet ihn auch ohne einen an ihn ergangenen Ruf,“ sagte er kurz, an dem Bilde festhaltend, das Kampendorf gebraucht hatte.

Dieser rückte ihm noch ein wenig näher und legte die Hand vertraulich auf die seine.

„Im Ernst, würden Sie nicht den ersten Schritt zur Versöhnung thun?“

„Nein.“

„Ach, das sollten Sie doch aber thun. Ich habe ja keine Ahnung, was zwischen Ihnen vorgefallen ist, und Sie müssen mir schon meine unberufene Einmischung verzeihen, aber sehen Sie, ich bin prinzipiell ein Verteidiger des ehelichen Friedens. Wie Sie wissen, bin ich selbst sehr glücklich verheiratet, aber kleine Differenzen kommen doch auch vor. Da muß man sich schon ineinander schicken und gegenseitig Geduld miteinander haben. Na Doktor, wie ist es? Ich denke, Sie besinnen sich noch.“

Bei jedem anderen würde Fulda die Einmischung schroff zurückgewiesen haben, aber Kampendorfs liebenswürdiger Jovialität gegenüber ließ es sich schwer grob werden. Bei der knabenhaft leichten Weise, mit der dieser die wichtigsten und diskretesten Dinge unbefangen behandelte, glitt sogar momentan ein Lächeln über des Doktors Züge, und weil er fühlte, daß der andere an Terrain gewann, stand er rasch auf, um sich nicht zu irgend einem Zugeständnis hinreißen zu lassen, das er nachher bereut haben würde.

„Mein bester Kampendorf, das, was zwischen mir und meiner Frau vorgegangen ist, entzieht sich besser der Besprechung. Genug — ich kann in dieser Angelegenheit keine weiteren Schritte thun.“

„Aber Sie geben mir einen Auftrag mit, nicht wahr? irgend ein freundliches Wort? Bedenken Sie doch! Wenn ich nun der kleinen Frau sage, daß ich Sie gesprochen habe, dann wird sie mich doch mit Fragen bestürmen. Wie sehen Sie denn eigentlich aus? Ich muß Sie nur genau betrachten, um nachher darüber berichten zu können. — Hm! fürchterlich elend!“

„Das wird meiner Frau verdammt gleichgültig sein!“ Damit griff Fulda nach seinem Hut.

„Da täuschen Sie sich doch aber sehr. Meine Braut ist so erpicht darauf, Nachrichten von ihrem Bräutigam zu hören, wie Ihre Frau es mit Bezug auf Sie ist."

„Das glaube ich nicht. Wenn ihr an mir liegt, so mag sie es beweisen."

„Das kann sie nicht, ehe sie nicht weiß, daß sie auch einiges Entgegenkommen finden würde."

„Sie meinen es gut, Herr von Kampendorf, aber die thatsächlichen Verhältnisse entziehen sich ebenfalls Ihrer Beurteilung. Von einem Entgegenkommen meinerseits kann niemals die Rede sein."

Fulda trank seinen Wein aus, bezahlte und ging nach Hause, nicht ohne von den Anwesenden, die erst während Kampendorfs Begrüßung seiner ansichtig geworden waren und unter denen sich mehrere Studenten befanden, respektvoll gegrüßt zu werden. Seine Stimmung war jetzt mit einem Mal eine andere; er ging leicht und frei dahin. Es war ihm, als sei ein Bannfluch von ihm genommen worden. Er war auch sehr mit mit sich zufrieden, daß er einen Sieg über sich selbst erfochten und Kampendorfs Zumutungen widerstanden hatte, obgleich sich im Grunde seines Herzens das leise Gefühl regte, daß es ein Pyrrhussieg gewesen sei, den er auf Kosten seines Glückes errungen habe. Auf jeden Fall aber empfand er, daß jene Anwandlung von Schwäche und Benommenheit des Kopfes, die ihn am Nachmittag beunruhigt hatte, nichts weiter gewesen war, als eine Folge der körperlichen Überanstrengung. Seine Riesennatur hatte schließlich doch die Oberhand gewonnen und die sichere Erwartung der Erkrankung nichts weiter zurückgelassen als den Willen und Trieb zum Leben.

Ehe er sich in die Baracken zurückbegab, wollte er noch einmal daheim nach dem Rechten sehen, die Kleider wechseln und einiges anordnen; doch schon an der Schwelle seines Hauses kam ihm das ältliche Fräulein, welches jetzt über Käthchen die Oberaufsicht führte, schreckensbleich entgegen und meldete, daß das Kind erkrankt sei.

Er war furchtbar erschrocken und ging auf der Stelle in das Kinderzimmer hinauf. Das kleine Mädchen lag im Schüttelfrost da, mit trockenen Lippen und eingesunkenen Augen, nachdem es vorher, wie das Fräulein berichtete, rot und erhitzt gewesen sei. Als es den Vater sah, streckte es hilfesuchend die schlanken Ärmchen aus und rief kläglich: „Papa, hilf mir doch! was ist mir denn? Ich werde doch nicht das Fieber bekommen und sterben? Die Auguste sagt es; aber es ist doch nicht wahr?"

Auguste war das Hausmädchen, welches eben jetzt draußen in der Küche erklärte, keine Macht der Welt würde sie bewegen, zu dem kleinen Fräulein hineinzugehen. Für die paar Mark Lohn könne sie sich nicht der Ansteckung aussetzen.

Fulda beruhigte sein Töchterchen, sprach in dem scherzenden freundlichen Ton, der Kindern rasch jedes Gefühl der Angst nimmt, obgleich es ihm schwer wurde, diesen festzuhalten, denn er nahm die Sache sehr ernst und traf sofort die nötigen Maßregeln, sich dabei fortwährend Gedanken darüber machend, wie dieses sorgfältig behütete Kind zu der Krankheit gekommen sein könne. Hatte er selbst trotz aller Vorsicht die Ansteckung ins Haus getragen, oder war es, entgegen seinem Verbot, irgendwo gewesen, wo es mit Kranken in Berührung gekommen sein konnte? Ach, er wußte, daß er die Wahrheit nicht erfahren würde. Die Aufsicht war jetzt, seitdem Käte fort war, sobald er den Rücken wandte, erbärmlich. Mit raschen leichten Händen machte er der Kleinen einen hydropathischen Umschlag, füllte den Eisbeutel und rief das Hausmädchen, um die Lehrerin zu unterstützen, während er schnell nach den Baracken hinausfahren wollte, um dort die nötigen Anordnungen zu treffen, einen Stellvertreter zu bestellen und dann zurückzukehren und die Nacht an dem Krankenbett seines Kindes zu durchwachen. Aber das Mädchen weigerte sich, es habe sich nicht als Krankenwärterin vermietet, der Herr könne sich eine professionelle Pflegerin nehmen; sie wolle sich keiner Ansteckung aussetzen.

Der Doktor bezwang sich, obgleich ihn zuerst die Lust anwandelte, das Mädchen auf der Stelle hinauszuwerfen. Er rief die Köchin, aber diese kam dem Ruf, wenn auch schweigend, doch so widerwillig nach, daß er sah, es sei kein Verlaß auf diese rohen gemieteten Leute, und er müsse schon eine der berufsmäßigen Pflegerinnen aus seiner Klinik ins Haus nehmen. Indessen gab er sich vorerst noch der Hoffnung hin, daß es bei dem Kinde nicht zum Typhus kommen, sondern sich auf einen

Anfall von gastrischem Fieber beschränken werde.

Nach einigen Tagen angstvoller Beobachtung jedoch konnte er sich nicht der Überzeugung verschließen, daß eine Wendung zum Schlimmeren eingetreten sei und die Krankheit in dem zarten kleinen Körper rapide Fortschritte mache. Er wich nicht von dem Bett des Kindes, in der Besorgnis, daß irgend ein Versehen in der Pflege begangen werden könne. Seine Seele war von heißer Angst um dieses kleine Leben erfüllt.

Das Kind war schwer zu behandeln. In lichten Momenten kam sein eigensinniger schwieriger Charakter zum Durchbruch, es sträubte sich gegen die angewendeten Maßregeln und rief fortwährend in jammernden Klagetönen nach der Mama. Dem Vater stand zuweilen der Schweiß auf der Stirn, oft war er der Unmöglichkeit gegenüber, mit seinem eigenen Kinde fertig zu werden, ratlos. Wenn er nachts an dem Bett der Kleinen saß, die sich unruhig und phantasierend hin und her warf oder in dumpfer Betäubung mit aufwärts gekehrten, halb gebrochenen Augen dalag, erfaßte ihn der verzweifelte Wunsch, daß Käte da sein möchte, um seine Angst zu teilen. Er meinte, daß sie durch ihre bloße Anwesenheit wohltuend auf die Kranke wirken müsse, und daneben regte sich halb unbewußt die abergläubische Vorstellung, ihr Gebet müsse heilbringende Kraft haben. Da, eines Abends, als er ihrer eben so lebhaft gedacht hatte, daß er meinte, sein Gedanke müsse die Kraft haben, sie zu erreichen und herbeizuziehen, stand sie ihm gegenüber zu Häupten des Krankenbettes.

Jusda wagte nicht, sich zu rühren, denn er meinte, die Gestalt sei nur eine Erscheinung seiner eigenen Gedankenwelt und müsse in Nichts zerfließen, sobald er sich ihr näherte. Aber sie blieb, bewegte sich ruhig durch das Zimmer, hier und da etwas ordnend, sich über die Medikamente orientierend, die auf einem Tischchen beisammen standen und schließlich neben dem Bett auf dem Stuhl Platz nehmend, welchen sonst die Wärterin innehatte.

Sie blieb auch während der folgenden Tage, in denen recht eigentlich der Kampf um Tod und Leben begann, unermüdlich aller Anstrengungen spottend, die Hand der Kleinen in der ihren haltend und mit sanfter ruhiger Stimme, welche allein die Bewußtlosigkeit des Fiebers durchdringen zu können schien, beschwichtigend und zur Willfährigkeit überredend.

Das Ehepaar sprach während dieser Tage kaum ein Wort zusammen, das sich nicht auf die Pflege bezog. Beide gingen vollständig in dem Bemühen auf, das junge Leben, das entfliehen zu wollen schien, mit allen Kräften der Liebe zurückzuhalten. Sie nahmen kaum etwas Nahrung zu sich, und niemals gleichzeitig, nur hier und da im Vorübergehen einen Bissen. Er fragte auch nicht, was sie bewogen habe, zu kommen, wer sie von dem Stand der Dinge in seinem Hause unterrichtet habe. Sie war da! und er zitterte nur davor, daß ein Wort von ihm sie wieder vertreiben könne. Keines von ihnen dachte in dieser Zeit der Angst an eine Aussprache oder an ihr künftiges Verhältnis zu einander. Jedes Wort, das sich darauf und nicht auf den Kampf bezog, den sie gemeinschaftlich gegen den Tod kämpften, wäre ihnen im Augenblick frivol und unmöglich erschienen.

Aber der Tod war doch in diesem Kampfe der Stärkere und ging als Sieger daraus hervor. Als sie sich am wenigsten dessen versahen und schon glaubten, sich einem Gefühl der Sicherheit überlassen zu können, entfloh er mit einem Mal ganz unerwartet mit der jungen Seele und ließ die kleine blasse regungslose Hülle still in Kätens Armen zurück. Und so sanft und unbemerkt schlich er sich mit seinem köstlichen Raube davon, daß sie, deren Arme die Kissen hielten, in denen das kleine Mädchen, wie sie glaubte, friedlich einschlief, im ersten Augenblick dessen gar nicht gewahr wurde, bis es ihr plötzlich auffiel, daß der leise Atem, dem sie eben noch gelauscht hatte, nicht mehr zu hören war, und ihr ängstlicher Ruf den Vater herbeieilen ließ.

Er war fassungslos und in seinem Schmerz leidenschaftlich wie in allem. Sein Herz hatte an diesem Kinde, für das er nie eigentliches Verständnis besessen hatte, mit blindem väterlichen Instinkt gehangen. Es war für ihn nicht die Erinnerung an eine kurze unglückliche Ehe, sondern sein Fleisch und Blut, ein Stück seines eigenen

Lebens. In furchtbarer Bitterkeit haderte er mit dem Schicksal. Wie oft war es ihm gelungen, fremden Leuten die Kinder, die schon dem Tode verfallen zu sein schienen, zu erhalten, und hier, wo es sich um das einzige handelte, das er selbst besaß, erwies sich seine Kunst als machtlos.

Sie sargten es miteinander ein, er und Käte standen Seite an Seite an der Bahre, auf der die kleine Leiche unter Blumen lag. Zusammen machten sie alle die Formalitäten durch, die nun einmal bei einem Begräbnis unerläßlich sind, empfingen Kondolenzbesuche und alle die pflichtschuldigst Teilnehmenden, die sich zur Trauerfeier im Hause einstellten, und noch war zwischen ihnen kein Wort gefallen davon, wie es künftig mit ihnen sein sollte. Er hatte sich still darein gefunden, daß Käte einen Geistlichen gebeten hatte, die Rede am Sarge zu halten und den Trauerzug zum Kirchhof hinaus zu begleiten. Jetzt kehrten sie vom Friedhof zurück, allein, denn Freunde und Bekannte hatten sich schon draußen von ihnen verabschiedet, und zum erstenmal umfing sie die Stille des eigenen Hauses, ohne daß jene eine herzbewegende, alle Gedanken in Anspruch nehmende Pflicht zwischen ihnen stand.

Die Dienstboten hatten das schwarz verhangene Podium, auf dem der Sarg gestanden, und die silbernen Armleuchter mit den halb herabgebrannten Wachskerzen schon aus dem Saal entfernt, aber die Möbel waren noch zur Seite gerückt, welke Blumen und abgefallene Blätter lagen auf der Erde und verbreiteten jenen kränklichen, süßlichen Geruch, der so leicht an Verwesung erinnert und bedrückte Gemüter elend machen kann. Fulda war außer stande, ihn zu ertragen, er war mit seinen Nerven vollständig zu Ende und ging in sein Zimmer hinüber, hier auf den nächsten Stuhl sinkend und in ein trockenes, krampfhaftes Schluchzen ausbrechend.

Der Gedanke, daß er nun künftighin ganz allein sein werde, überwältigte ihn. Nun das Kind tot war, fiel ja für Käte jede fernere Veranlassung fort, im Hause zu bleiben. Morgen schon würde sie ihn verlassen haben, und er würde das Wort nicht finden können, sie zurückzuhalten. Er schauderte bei der Vorstellung an die kalte Einsamkeit, die ihn von jetzt an umgeben mußte. Das Tageslicht that ihm weh, alles schmerzte ihn, er war innerlich wund zum Sterben. Erst der hereinbrechende Abend brachte mit der sanft um sich greifenden Dämmerung seinen gequälten Nerven etwas Linderung. Er stand auf und ging sacht in das Kinderzimmer hinüber. Es war ihm, als sei das Kind ihm hier, wo jeder Gegenstand an dasselbe erinnerte, wieder näher gerückt.

Das Bettchen, in dem es gestorben, war hinausgetragen, ebenso sämtliche Medikamente und alles, was an die Krankheit erinnern konnte, aber all die kleinen hübschen Einrichtungsgegenstände und Spielsachen, mit denen es die Freigebigkeit des Vaters überschüttet hatte, waren an ihrem gewöhnlichen Platz.

Fulda ließ sich in einer dunkeln Ecke vor dem Schreibtischchen nieder. Die Fenster standen offen und der Mond, der langsam über den Bäumen des Englischen Gartens emportauchte, sah herein und glitt allmählich flimmernd durch das lichtlose Gemach.

Plötzlich that sich die Thür ihm gegenüber geräuschlos auf, und Kätens schlanke, in Trauerkleider gehüllte Gestalt trat leise ein. Sie wußte nicht, daß er dort im Schatten saß. Vielleicht trieb sie der nämliche Impuls her, der ihn geleitet hatte. Am Fenster blieb sie stehen und sah in das Lichtgefunkel hinaus, das sich über den nächtlichen Garten ergoß. Ihr Gesicht war noch beschattet, nur die Hände, diese Hände, die seinem Kinde die letzten Liebesdienste geleistet hatten, hoben sich hell beleuchtet in geisterhafter Weiße von dem düsteren Schwarz des Kleides ab. Er sah, daß die Finger sich wie in stummer Pein ineinander rangen, aber ihren festgeschlossenen Lippen entschlüpfte kein Laut. Sie wollte wohl nicht, daß man wisse, daß sie hier in diesem Zimmer sei. Und das Mondlicht glitt unmerklich höher und höher an ihr hinauf; jetzt küßte es die süßen, herb zusammengepreßten Lippen und blieb dann flimmernd an der jungen, schmerzlich gefalteten Stirn und an den großen weitgeöffneten Augen haften, als könne es sich nicht davon trennen und müsse durchaus dem einsamen Zuschauer dort in der Ecke zeigen, daß dieses Gesicht in Thränen gebadet sei.

Er wurde wie von einer unsichtbaren Macht empor- und zu ihr hingetrieben, und in dem weißen Mondglanz sahen der Mann und das Weib einander stumm in die Augen.

Sie erschrak nicht, als sie ihn so plötzlich vor sich sah. Vielleicht hatte sie so lebhaft seiner gedacht, daß es ihr ganz natürlich vorkam, daß er da sei. Sie blieb nur unbeweglich stehen wie gebannt von der düsteren leidenschaftlichen Glut, die ihr aus seinem Blick entgegenflammte, und dann streckte sie langsam die Arme nach ihm aus, mit einer Bewegung unendlicher Sehnsucht.

Da stürzte er mit einem unartikulierten Laut vor ihr nieder, ihre Kniee umfassend und sein Gesicht dagegenpressend, und als sie sich zu ihm niederbeugte und ihre Wange sanft auf sein Haar drückte, wußte er, daß er die einzige Trösterin und Helferin, die es auf der Welt für ihn geben konnte, in seinen Armen hielt.

## → Frühlingssehnen. ←

Von

Georg Frhr. von Ompteda.

(Abdruck verboten.)

Da lang mein Herz geschwiegen,
Gedämmert und geträumt,
Brach nun mit einemmal
Der erste Sonnenstrahl
Ins Land mit Frühlingsläuten!
Nun, da es ringsum grünte
Und keimte, wuchs und sproß:
Ein Funken all des Lichtes auch
In meine Seele schoß!

Und da sich alles sehnend
Stumm zueinander fand,
Der Vögel Werbelied
Die Frühlingsluft durchzieht,
Die Welt ist auferstanden:
Da alles rings sich liebte,
Eng aneinander schloß,
Ein Funken all der Liebe auch
In meine Seele schoß!

Nun irr' ich wie im Traume
In aller Welt umher.
Die milde Frühlingsluft,
Der heiße Blumenduft
Bringt wundersames Sehnen!
O heilige Natur,
Die neu sich mir erschloß,
Von dir ein Lebensfunken auch
In meine Seele schoß!

# Kunstvolle Nestbauten.

Von

Brüder **Adolf** und **Carl Müller.**

Illustriert von **Adolf Müller** und **Paul Neumann.**



Nächst dem Gesange ist die Gabe des Nestbaues der Vögel wohl das Anziehendste für den Naturfreund. Diese Naturanlage erhebt sich gerade bei den gefiederten Wesen zu einer merkwürdigen Kunstfertigkeit, sie tritt unter dieser Tierklasse vor allen anderen erst als Regel auf: denn — um unsere a. O. schon ausgesprochenen Worte zu gebrauchen — „Vogel und Nest gehören sprichwörtlich zu einander, sie ergänzen sich gerade so wie Biene und Zelle, Spinne und Netz, Mensch und Haus.“ Und in der That, wir erblicken in den Gebilden dieses allgemein in der Vogelwelt herrschenden Kunsttriebes einen gewissen Schönheitssinn, eine lebhafte Begabung für Bereitung zierlicher Formen, Eigenschaften, die bei vielen Vertretern in hohem Grade vorhanden sind, unser Auge entzücken und Bewunderung erwecken angesichts der außerordentlichen Leistungsfähigkeit und des Verständnisses dieser Naturkinder. Dem Forscher erscheint diese Bethätigung um so merkwürdiger, als er niemals in derselben ein Produkt der Lehre des jungen Vogels von den Eltern durch Beobachtung zu bestätigen vermag: denn thatsächlich ist noch keine solche Unterweisung in der Naturforschung wahrgenommen worden. Eine solche diesem Kunsttriebe zu Grunde zu legen, beruht also auf bloßer Annahme.

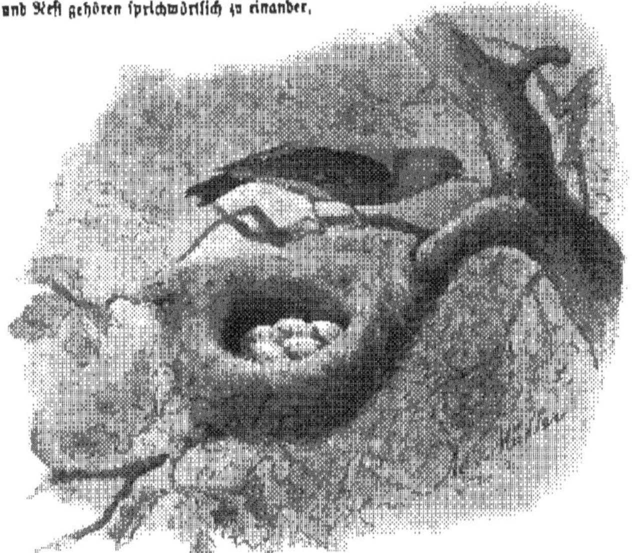

Pirolmännchen (Oriolus galbula) am Nest. Gezeichnet von Ad. Müller.

Nester des Goldwebers (Ploceus galbula).

Die Baukunst der Vögel kann demnach nicht angesehen werden als eine Fertigkeit, die aus dem durch die Sinne Erworbenen mittels Nachahmung hervorgegangen sei. Der Vogel selbst, namentlich der junge von nur einmal im Jahre nistenden Arten, beweist dies uns am sprechendsten, wenn er bei seiner Jährigkeit an die Herrichtung seines Nestes mit solcher Sicherheit und Pünktlichkeit geht, als sei er schon längst damit vertraut. Gewiß sind wir hier berechtigt zu dem Schlusse, daß dieser Kunsttrieb eine individuelle Anlage, eine freie Mitgift der Natur sei, ohne damit einer unbedingten Ausschließung des sog. Instinkts von der Thätigkeit des Verstandes das Wort reden zu wollen. Denn Erfahrung hilft ausbilden, und alte Vögel bauen künstlichere Nester als junge und wissen bei Anlage derselben sich den Umständen anzupassen, erfinderisch zu verfahren. Aber wir können kraft unausgesetzter Beobachtungen behaupten, daß in der Baukunst der Vögel sich ein in ihrer Eigentümlichkeit begründeter, eingeborener Kunsttrieb offenbart, wie wir ihn beim Naturmenschen von vornherein in diesem Grade nicht gewahren. Dessen Hüttenbauten liefern den Beweis. Noch heute können wir angesichts dieser Thatsachen keine andere Erklärung finden, als diejenige, welche wir vor Jahrzehnten vertreten haben: „daß die geistige Stufe, welche die betreffende Tierklasse einnimmt, dem sich offenbarenden Kunsttriebe nicht ebenmäßig, ja gerade entgegengesetzt zu sein scheint."

Unsere Bewunderung des Nestbaues der Vögel aber steigert sich noch mehr im Hinblick auf die Mittel und Werkzeuge, die den Naturkindern zu Gebote stehen. Es sind in Wirklichkeit nur ihre Körperglieder, aber diese freilich erweisen sich bei eingehender Betrachtung ihrer Bethätigung als außerordentlich geschickt für diesen Kunsttrieb. Hier bewährt sich treffend der überall in der Natur wahrzunehmende Grundsatz, daß da, wo ein Trieb in einem lebenden Wesen herrscht, oder eine Notwendigkeit im Lebensgange desselben gebietet, auch nebst der Fähigkeit die Mittel und Werkzeuge vorhanden sind, diesen Trieb zweckentsprechend auszuführen. In dem vielgestaltigen Schnabel, den der Vogel hauptsächlich bei dem Baugeschäft gebraucht, nebst den Füßen lassen sich Werkzeuge erkennen, die dem Pfriemen, der Nadel, der Pincette, dem Stifte, Meißel, der Zange und Schere, dem Spitzhammer, der Kelle und dem Falzbein, sogar in Gemeinschaft mit den Füßen dem Kamme und der Hechel entsprechen. Alle diese Werkzeuge der menschlichen Gewerbe setzt der Vogel bei seinem Kunsttriebe in Thätigkeit, ja er bringt mit den Gliedmaßen Gebilde zustande, wie sie der menschliche Kunstfleiß mit den einfachen Stoffen nicht herzustellen vermag.

Wir müssen uns der Raumgrenzen halber enthalten, das oft merkwürdige, mit Ueberlegung und dem Verfolgen eines gewissen Planes verbundene Verfahren beim Aufbau des Vogelnestes näher zu schildern; wir können nur ganz allgemein die Grundzüge erörtern, nach welchen der nestbauende Vogel verfährt. Er dreht sich um sich selbst im Kreise, dabei mit Schnabel, Füßen, Flügeln und Steuer die Baustoffe ordnend und befestigend. Regelmäßig dient ihm irgend ein Teil, gewöhnlich die Füße, als Stütz- oder Mittelpunkt, andere, wie Schnabel und Brust, als Schenkel, um einen Kreisbogen zu beschreiben. In manchen Fällen bildet jedoch auch der Kopf mit dem Schnabel den Stütz- oder Mittelpunkt, um den sich der übrige Teil des Körpers dreht. Der eigene Körper aber dient hier wie dort stets als Maß und Richtschnur im Baugeschäft.

Nach diesen allgemeinen Erörterungen führen wir die nachfolgenden, durch die Illustration veranschaulichten Baukünstler auf, uns hauptsächlich auf die Beschreibung ihrer Gebilde beschränkend.

### Webende Nestbauer.

Nach den Produkten menschlicher Gewerbe gab man einer besonderen Gruppe Vögel die Benennung Weber, obgleich diese Benennung eigentlich der überwiegenden Mehrzahl der nestbauenden Vögel mehr oder weniger zukommen könnte. Hauptsächlich sind es Bewohner der alten Welt, die in dieser Richtung in Betracht kommen. Man trifft, wie in den beigegebenen Illustrationen zu sehen, die Webernester oder -siedelungen meist über Gewässern am Geäste und Gezweige von Palmblättern, Schilfrohr und Schmarotzerranken, wahrscheinlich um die Brut vor

Nester des Haubenkassiken (Cassicus cristatus).

Nester des indischen Baya (Ploceus [illegible].)

Nachstellungen kletternder Räuber, besonders der Affen und Schlangen, zu wahren. Der Charakter solcher Ansiedelungen in Form von Hängenestern läßt einen Plan, die angedeutete Vorsicht Nachstellungen gegenüber erkennen.

Wenn die ausländischen Webervögel unsere Bewunderung verdienen durch ihre ausgezeichneten Leistungen in der Nestbaukunst, so dürfen wir an unserer Goldamsel, auch Pirol genannt, Oriolus galbula, nicht vorübergehen, zumal da wir imstande sind, ein getreues Bild der Thätigkeit des Paares bei der Nestbereitung von Anfang bis Ende vor Augen zu führen.

Es sind verschiedene Bäume, auf denen das Nest an einer Zweiggabel angebracht wird: Eichen, Buchen, Eschen, Espen, Birken, Apfelbäume zumeist, und zwar bald in bedeutender Höhe, bald $1\frac{1}{2}$ Meter hoch. Der tiefere Stand des Nestes ist von uns auf Apfelbäumen gefunden worden.

Die Aussuchung der Niststelle nimmt mehrere Tage in Anspruch, wobei das Weibchen musternd die Zweige der bevorzugten Baumarten im weiteren Umkreise durchsucht. Hat es seine Wahl getroffen, dann verständigt es davon sein Männchen, das sich alsbald mit hingebendem Eifer seinem Berufe als Gehilfe widmet. Wir wollen die Bethätigung des Paares auf einem Eichbaum schildern, die wir mit dem Fernrohr aus gutem Versteck beobachtet haben. Das Männchen erschien mit einem Bündel Schafswolle auf der Gabel, und das Weibchen nahm ihm gegenüber Stellung. Mit Hilfe des einen Fußes, dessen Zehen die Wolle festhalten, zerzaust das Männchen die Wolle, zieht sie in die Länge und wickelt sie so um den einen Zweig der Gabel. Dann zaust der geschäftige Schnabel von dem Stoff einen Teil nochmals in die Länge und reicht ihn dem Weibchen, welches ihn auf dem gegenüberliegenden Zweig, auf dem es fußt, be-

Nest des Prachtwebers (Textor melanotis).

festigt. Je nach der Menge der Wolle werden wiederholt die Schnüre hinüber- und herübergereicht. Am ersten Tage benutzte das Paar nur wenige Frühstunden zu dieser Arbeit, so daß etwa vier Bündel verbraucht wurden. Am zweiten Morgen setzen die Vögel die begonnene Arbeit noch eine Zeitlang fort, um sodann mit dem Baustoff zu wechseln, indem sie Hobelspäne die sie vom Waldboden, auf den sie sich sonst sehr selten und ungern begeben, nicht minder häufig aber auch in der Nähe von Gehöften aufnehmen, verwenden. Zugleich lösen sie an dürren Eichen und Espen Bastschnüre los und verweben dieselben geschickt mit den Wollsträngen. Entfällt dem einen oder anderen Vogel das Ende einer Schnur, so wird dasselbe unter Hinabbeugung des Körpers oder vom anderen Zweig aus wieder heraufgeholt. Am dritten Morgen setzt sich das Weibchen auf die flachbogig verbundenen Stränge und drückt diese mit Leib, Flügeln und Beinen unter unverkennbarer Anstrengung herunter, so daß sich die Unterlage nach und nach muldenförmig gestaltet. Jetzt wird fast der ganze Morgen zu diesem Geschäft unter Ab- und Zuflug verwendet. Anderen Morgens entsteht ein Gewebe von Wolle- und Bastschnüren unterhalb der bereits niedergedrückten Stoffe, die kreuz und quer von ihnen durchzogen erscheinen. Abwechselnd läßt sich bei dieser Ausführung Männchen und Weibchen halb schwebend an der Zweiggabel herab und reicht dem Gehilfen die zerwirkten Schnüre, die, in weitem Bogen geführt, nun an die Gabel gewebt werden. Die so entstehenden größeren Kreuzbogen dienen dazu, die immer tiefer gedrückte Nestmulde zu halten und zu verstärken. Durch das Herunterspannen der Nestmulde gestaltet sich diese in einigen Stunden zu einem tiefen Napf, dessen Rand da, wo die Gabel am weitesten geöffnet ist, noch flachbogig erscheint, während der Winkel der Gabel eine offene Stelle zeigt. Von da an wird auch während des Nachmittags die Bauthätigkeit fortgesetzt. Mit außerordentlicher Geschicklichkeit weben die Vögel am fünften Tage Spinnengewebe um die Schnüre. Dem

Nest des Madagaskarwebers.

flachen Nestrande nun die Sorgfalt zuwendend, verweben und verdichten sie den wagrechten Strang mit Hanf, Wolle und Spinnwebe, worauf das Weibchen diesen so verstärkten Teil des Nestes durch Andrängen von Bauch und Flügelarmen bauschiger nach außen und abwärts formt. Vom sechsten Tage an überläßt das Männchen dem Weibchen die Vollendung des Nestes allein. Letzteres gibt dem Neste eine fast kreisrunde Form, durch Andrücken und Umdrehen des Körpers. Das Innere legt es mit Grasstengeln und Halmen aus, deren Enden in das äußere Gewebe mittelst des Schnabels gesteckt werden. Der Schnabel ist häufig thätig, zu ordnen, zu glätten und den Speichel zu verbreiten, um namentlich den Nestrand zu vollenden. Am siebenten Tage ist das bewundernswerte Nest in Form einer Ampel fertig. Es ist 25,5 cm tief und hat einen Durchmesser von 8 cm.

Nest des Kolibris (Trochilus colubris).

Der schöngefärbte Goldweber (Ploceus galbula) Afrikas legt sein Nest wie sein Vetter, der goldstirnige, im Rohr an den äußersten Stengeln an. Die Kunstbauten erscheinen häufig in Gruppen neben- und übereinander hängend dicht über der Wasserfläche. Nach Heuglin und A. Brehm entsteht ein Gerippe von langen Grashalmen, das im wesentlichen schon die Form des Nestes trägt, dessen Webwerk aber noch durchsichtig erscheint. Alsdann beginnt, wie Heuglin angibt, meist von seiten des männlichen Vogels, die Verdichtung der Wände, wodurch alle Halme in der Richtung von oben nach unten zur Herstellung eines wasserdichten Daches verwoben werden, und zur Seite gegen Süden ein kreisrundes Loch gelassen wird. Äußerlich ähnelt das Nest nunmehr einem abgestumpften Kegel, welcher auf einer Halbkugel sitzt. Darauf wird am unteren Ende der röhrenförmige Eingang gebildet, und an denselben das Schlupfloch der ganzen Wandung entlang angelegt. Die Polsterung des Innern erfolgt als Schlußarbeit durch feine, zarte Grashalme, doch wird auch hier, wie bei vielen Webervögeln, noch während des Eierlegens am Neste ausgebaut. Die Ansiedelungen erwecken bisweilen die Raublust eierlüsterner Affen, aber ihre Anlage am schwanken Rohre hart über dem Wasser versetzt oft die gewandten natürlichen Turner in eine empfindliche Taufe, wie die Vögel denn auch vor Nachstellungen anderer Feinde geschützt sind.

Nest der Beutelmeise (Aegithalus pendulinus).

Langgestreckte Hängenester fertigen auch die Schwarzvögel (Cassici) Amerikas. Alle Kassikennester sind sehr ähnlich konstruiert.

Die auffallendsten und größten der Gattung baut der Haubenkassike oder Japu (Cassicus cristatus), wegen seines rotbraunen Unterrückens und Steißes auch der rotrückige Kassike genannt. Sein Nest hängt an hohen glatten oder scharfbedornten Riesenbäumen gewöhnlich in dem äußersten Gezweig, weshalb es schwer zu erlangen ist. Nach Wood erreichen sie oft die Länge einer Yard (1 Yard = 3′ 36″). Der Eingang oder das Flugloch befindet sich im ersten oberen Viertel in Form einer Tasche. Viel gröbere, aber auch haltbarere Stoffe werden zu der Wohnung verwendet, als zu den mit feinem Material gefertigten Nestern der meisten anderen Webervögel.

Des im Verhältnis zu dem nur 20 bis 22 Centimeter langen Vogel ungeheuer umfangreichen Nestbaues wegen verdient der zu der größten Weberfamilie Büffelweber (Textor) gehörige Büffelvogel oder Viehweber (T. erythrorhynchus) Erwähnung. Er lebt, wie seine Verwandten, vorzugsweise auf Viehtriften, häufig in Gesellschaft von Madenhackern, mit welchen er die Eigenschaft teilt, auf dem Rücken der Büffel die Schmarotzer zu vertilgen, weshalb er auch hin und wieder den Beinamen „Madenhacker-Weber“ erhalten haben mag. Diese zwischen Drosseln und Finken stehenden Vögel sind hinsichtlich ihres Nestbaues Weber, ihre Baugebilde entbehren jedoch der Zierlichkeit und werden von A. Brehm mit den Nestern unserer Elster verglichen. Der Genannte traf auf einzelnen Bäumen von den nur zu kleinen Flügen sich gesellenden Vögeln 3, 6—13 und 18 Nester von einem Durchmesser bis zu 3 und 4 Fuß.

Heuglin gibt deren in der Größe von 3—5 Fuß Länge und 3—5 Fuß Breite und Höhe an. Das Äußere besteht aus groben Reisern und Zweigen der Garate und Mimose, welche trotz ihrer Dornen verwendet werden. Diese legt und flicht der Vogel zu Astgabeln wirr und gehäuft zusammen, so daß das Nest von außen „kratzborstig“ aussieht. Das anfänglich faustgroße Eingangsloch verengert sich nach innen zu einem den Vogel gerade durchlassenden Gang ins Innere, das mit feinen Wurzeln und Gras ausgelegt wird. Heuglin gibt an, daß in der erwähnten großen Anhäufung von groben Baustoffen drei bis acht Nester angefertigt würden.

Eßbare Nester der Salangane (Collocalia nidifica).

Über die Nester des berühmtesten der Webervögel, den indischen Baya (Nelicurvius Baya s. Ploceus [illegible]) bestehen manche verschiedene sich widersprechende Angaben, so daß hier der alte Spruch sich bewährt: „Wenn zwei dasselbe thun (berichten, sehen), so ist es nicht dasselbe.“ Bernstein, Hartlaub und Jerdon schildern abweichend. Des letzteren Schilderungen scheinen uns die zuverlässigsten, weil ausführlichsten und auf eingehenden Beobachtungen beruhenden, zu sein. Die abändernde Gestaltung der Nester zeigt uns schon die Illustration. Nach Jerdon sind die Nistorte des Vogels auffallend verschiedene. Bald zieht sich das Tier in die Wälder zurück, bald bevorzugt es menschliche Wohnungen zur Errichtung seiner Kunstbauten. Hier gesellt es sich zu der schwarzköpfigen

Nest der [illegible] (Lecythoplastes [illegible]).

Ammer oder gar dem Haussperling, mit ersterer im Röhricht, oder es hängen die Nester häufig an Palmen, zuweilen auch an ganz vereinzelt stehenden Bäumen in weiten Reisfeldern. Die 35 bis 45 Centimeter langen, am unteren Ende 17—18 Centimeter, am oberen hingegen nur 5 Centimeter Durchmesser haltenden Hängenester sind stielförmig am äußersten Ende von Bambuszweigen oder an Palmblätterspitzen befestigt. Der Bau ist gewöhnlich aus verschiedenen grünen Grashalmen zusammengewoben, zuweilen aber auch aus Streifen von Blättern der Palme. Die mit letzterem Stoffe gefertigten Nester sind weniger bauchig und kleiner als die Halmennester. An der Stelle, woselbst der Raum für das Gelege errichtet werden soll, wird eine Querwand ein wenig zur Seite eingesetzt. Der Bau hat jetzt die Gestalt eines Korbes mit Henkel. Die Querwand bildet die Schwelle zwischen dem wirklichen Nest und dem röhrenförmigen Eingang; sie ist besonders massiv, da sie als Ruheplatz für die Eltern und halbflüggen Jungen dient. Bis zu diesem Punkte verrichtet das Paar das Baugeschäft gemeinschaftlich. Alsdann beginnt das Weibchen allein mit der Ausstattung des Inneren, indem es vom Männchen herbeigetragene Halme daselbst verwebt, während letzteres die Außenwand nach und nach befestigt und verdichtet. Der Platz für das Gelege wird, wie bemerkt, an einer Seite des Eingangs angelegt und die Zugangsröhre auf der anderen. Auf diesen Teil des Nestes verwenden die Vögel viel Fleiß und Zeit. Alsdann tritt eine Rast für die Baumeister ein, nach welcher eine eigentümliche Vorrichtung von Lehm in Klumpen an verschiedenen Stellen des Nestes unternommen wird. Jerdon erklärt dieselbe als ein Mittel, das Gleichgewicht des schwanken Hängenestes vor den Wirkungen des Windes zu erhalten. Nach Hartlaubs Beschreibung beginnt der Nestbau gewöhnlich oben, so daß mit der Bildung der unteren Öffnung das Ganze beendet ist. Doch will der Angeführte auch einmal das

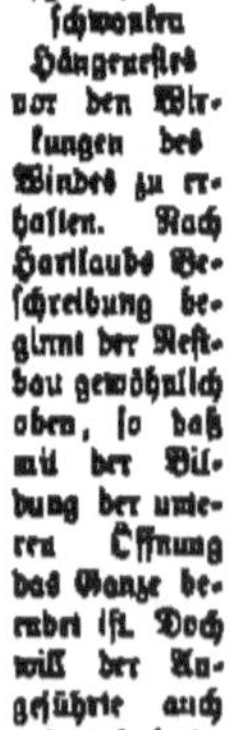

Nest des Töpfervogels (Furnarius fuliginosus).

Baugeschäft von unten anfangend beobachtet haben — eine Procedur, der doch wenigstens eine Anheftung des Hängebaues oben an einer Haftstelle vorangegangen sein muß.

Die Gruppe der Prachtweber gehört dem Westen der Gleicherländer Afrikas an, von wo sie sich durch die Mitte dieses Erdteils bis zum Osten hin verbreiten.

Mit Recht tragen diese Vögel den Namen Prachtweber. Das samtschwarze glänzende Gefieder unterbricht ein breites Feld der Kehle und des Kropfes, das sich bis zu den Halsseiten zieht und brennend karminrot erscheint.

Der zuverlässigste Forscher, welcher über den von ihm Feigenfresser genannten Prachtweber (T. melanotis), Auskunft gibt, Heuglin, sagt, daß dieser Vogel Standvogel sei, in Frühlingsmonaten in kleinen Familien, in den Herbstmonaten vereinzelt, stets nur auf den hohen Bäumen des Urwaldes sich aufhalte und vorsichtig sich verberge, nur dann und wann zur Tränke auf den Erdboden komme. Das beutelförmige Nest gleicht dem der übrigen Webervögel, nur daß es am äußersten, fast unerreichbaren Wipfel der höchsten Bäume hängt. Entgegengesetzt berichtet Vieillot, indem er angibt, der Vogel lebe auf niederen Bäumen und bringe hier ein kugeliges Nest mit seitlichem Eingang, aus feinen Gräsern und Baumwolle gewoben, an, erstere zur Bildung der Wände, letztere zur Auskleidung des Innern verwendend.

### Filzende Nestbauer.

Das Nest der Kolibris (Trochilus colubris) wird uns von Wilson in folgenden Worten beschrieben: „Die äußere Bekleidung besteht aus kleinen Stückchen einer bläulich-grauen Flechtenart, welche an alten Baumstämmen und Pfählen vegetiert und mit dem Speichel des Vogels, wodurch das Ganze Festigkeit und Haltbarkeit erlangt und die Feuchtigkeit abgehalten wird, dicht aufgeleimt ist. Innerhalb dieser äußeren Hülle sind dick zusammengefilzte Schichten aus den feinen Flügeln gewisser fliegender Samen dicht aneinander gelegt. Das Ganze endlich ist mit der flaumartigen Substanz der großen Königskerze und den Stengeln des gemeinen Farnkrautes ausgekleidet.“

Burmeister sagt bezüglich der Anbringung der Kolibrinester, daß dieselbe verschiedenartig sei. Die meisten Arten klemmen das Nest zwischen senkrecht stehende Halme oder feine Zweige ein. Er spricht von solchen in seinem Besitz gewesenen, die zwischen steife Rohrstengel der wilden Gräser eingelassen waren, und daß die Stengel beim Bauen zu Stützpunkten des Nestes von den Vögeln benutzt wurden.

Die Beutelmeise (Aegithalus pendulinus) ist in Asien und im Osten Europas weit verbreitet. Unerläßliche Bedingungen ihres Vorkommens sind sumpfige, mit Rohr und Weiden bestandene Gegenden. Ihr Nest ist ein bewundernswürdiges Gebilde von Birn- oder Flaschenform, das aus baumwollartigem Flaum der Pappel und Weide besteht und mit Bastfäden, Wolle und Haaren gefilzt ist. Das Paar baut nach Baldamus gemeinschaftlich und verwendet viel Speichel. Gewöhnlich hängt das Nest am äußersten Ende eines Zweiges und zwar mit dem breiteren Ende nach unten.

Während Wood das Nest zuweilen unter dem Schilf fand, das mit seinen dicken Stengeln es sorgfältig verbarg, hat Baldamus kein einziges Nest entdeckt, welches so im Rohr- oder Schilfdickicht verborgen gewesen wäre, daß es nicht leicht hätte entdeckt werden können. Letzterer hat auch ein Nest gesehen, welches nicht nur wie die übrigen mit einer einzigen fingerlangen Röhrenöffnung versehen war, sondern zwei solcher Öffnungen hatte.

### Kittende und mauernde Nestbauer.

Die Salangane (Collocalia nidifica), ein Bewohner Ostindiens, Chinas, Japans, Sumatras, Javas, Borneos und Malakkas, lebt gesellig und bildet große Kolonien in Felsen an der Küste. Die Nester der Kolonien sind meistens schwer zugänglich und ihre Erbeutung oft mit nicht geringer Gefahr verbunden. Es ist bekannt, daß die aus gallertartiger Substanz bestehenden Nester eßbar sind und einen Handelsartikel bilden. Solange die Beobachtung und Forschung von vorgefaßten Meinungen und theoretischen Vermutungen eingeschränkt war, ist keine klare Erkenntnis über Entstehung und Material möglich gewesen. Es mußte einem geübten Forscherauge und gewissenhaften exakten Ergründungssinne vorbehalten bleiben, das Wahre aufzudecken. Dies gelang dem Naturforscher Dr. Bernstein, welcher die Bildung der Nester aus dem Speichel des Vogels nachwies. Er stellte an zur Zeit der Nestbereitung geschossenen Exemplaren fest, daß sie in reichlicher Menge einen dicken, zähen Schleim abscheiden, der sich im vordern Teile des Mundes, in der Nähe der Ausführungsgänge der Drüsen unterhalb der Zunge ansammelt.

Bernstein vergleicht den Schleim mit arabischem Gummi. Die Absonderung ist so groß, daß lange Fäden sich aus den Ausführungsgängen hervorziehen lassen. Nach vorgenommener Trocknung an der Luft entspricht selbst bei mikroskopischer Untersuchung dieser zähe Schleim der Substanz der Nester. Die Form der Nester gleicht dem vierten Teil einer Eierschale. Sie hängen am Felsen, der die hintere Wand des Nestes bildet, und sind oben offen. „Das Nest," sagt Bernstein, „ist äußerst dünn, doch breitet sich sein oberer freier Rand nach hinten, da, wo er sich an den Felsen anlegt, auf beiden Seiten in einen flügelförmigen Anhang von verschiedener Stärke aus, welcher, indem er mit breiter, platter Basis mit dem Gestein verbunden ist, die hauptsächlichste Stütze für das Nest selbst bildet." Die bräunliche oder weißliche leimartige Substanz des Nestes ist durchscheinend, und schon bei oberflächlicher Betrachtung nimmt man deutliche Querstreifen wahr. Sie laufen wellenförmig, mehr oder weniger parallel miteinander und sind durch schichtenweises Auftragen der Substanz entstanden. In und an der Nestsubstanz finden sich hier und da kleine Federn als Beimischung, auch werden Blutströpfchen wahrgenommen, die durch die Speichelabsonderung ausgetreten sind.

Einem ganz eigentümlichen Nestbau begegnen wir in der Wohnung des Klecho. Er ist ein Vertreter der Indien, dessen Archipel, Australien und Afrika bewohnenden Familie der Baumsegler (Dendrochelidon), einer Vogelgruppe, welche zwischen den Schwalben und den Seglern steht. Der Vogel hat seinen Namen von seinem Stimmlaute her. Er bewohnt die Dschungeln und ähnliche Walddickungen in den Ebenen. Bernstein berichtet über die einzig dastehende Art seiner Nistweise. Obgleich das Nest in seiner Gestalt und der Struktur seiner Stoffe an die Nester der Salangane erinnert, so bietet doch der Nistort und das Verhältnis zwischen der Größe des Vogels, des Nestes und Eies viel Auffallendes. Das Nest mißt bei einer Tiefe von nur 10 Millimeter nicht über 30—40 Millimeter im Durchmesser, ist stets an einen wagerechten, gewöhnlich kaum zolldicken Ast gekittet, der zugleich die hintere Nestwand bildet, und stellt so seitwärts des Astes einen flachen, länglich halbrunden Napf dar, nur so groß, um das einzige, fast kugelrunde, nur 19 Millimeter im Quer-, 25 Millimeter im Längendurchmesser haltende Ei aufzunehmen. Die nur pergamentdicken Wände des Nestes sind innen mit Federn, Stückchen Baumflechten und Rindenteilen mittelst Speichel des Tierchens verklebt. Der brütende Vogel sitzt auf dem Äste und bedeckt nur mit dem Bauche Nest und Ei. Wegen des beschränkten Nistraumes fällt denselben der junge Vogel alsbald nach dem Ausschlüpfen aus und hockt dann bis zur Flugbarkeit auf dem Nistaste ebenso wie seine Mutter während des Brütens.

### Der Töpfervogel

(Furnarius fuliginosus) kann in der treffendsten Weise als Maurer bezeichnet werden. Ein Vogel von Lerchengröße, bewohnt er die Ufer der Flüsse Südamerikas und legt sein Nest auf Bäumen und starken hohen Büschen, seltener auf Balken und Zaunpfählen, Dächern und Kirchenkreuzen an. Das Paar baut gemeinschaftlich, indem es Lehmklümpchen zu Kugelform mit dem Schnabel verknetet und aufschichtet. Nach und nach entsteht eine kugelförmige Gestaltung des Nestes, dessen Wände die Dicke eines sehr breiten Mannesdaumens haben. Dem Material sind Stengel, Pflanzenfasern und Grashalme eingefügt. Die glühende Sonnenhitze trocknet den Bau zu großer Festigkeit aus. Seitlich befindet sich ein Eingang, der anfangs kreisförmig ist, weiterhin aber durch Anbauen von der einen Seite her zu einem senkrecht stehenden Halbkreis verlängert wird. Das Ganze vergleicht Burmeister einem Backofen. Eine innere Scheidewand teilt das Nest in zwei Kammern. In der hinteren brütet das Weibchen, in der vorderen ruht und schläft das Männchen.

# Der Reisekamerad.

Novellette
von
**Hans Hoffmann.**

(Abdruck verboten.)

Ich hatte Vahrn, meine stille Sommerfrische in Südtirol, schon seit mehreren Wochen bezogen, hatte den Rasen unter den herrlichen Edelkastanien fast im ganzen Umfang der weiten Hügelfläche schon platt gedrückt und sah nach Vollendung dieses meines sommerlichen Hauptwerkes schon mit einiger Sehnsucht der Ankunft meines Freundes Erwin Liborius entgegen, der mich alljährlich dort für einige Zeit zu besuchen pflegte. Diese Besuche waren von grundlegender Bedeutung für mein geistiges Fortleben im Laufe des folgenden Jahres; denn Erwin hatte die Aufgabe und begriff sie mit sicherem Gefühl, wenn auch vielleicht nicht mit Bewußtsein, die klaffenden Bildungslücken, die der vergangene Winter in meine Seele gerissen, durch ausgiebigen Nachschub gemischten Wissensstoffes wieder auszufüllen, wenigstens so zur Not.

Er konnte das, denn er war ordentlicher Professor der Universität Breslau, Historiker und Philologe auf germanistischem Gebiete, und zwar nicht einer von denen, die sich in irgend einem abgelegenen Waldwinkel ihrer Wissenschaft einen Dachsbau graben, aus dem sie nie wieder herauskriechen, sondern ein Mann, für den die Geschichte ein weites Gebiet von sehr mannigfachen Fruchtfeldern ist, das er von einem hohen Berge gelassen überschaut und in hurtigen Ausflügen nach allen Seiten durchstreift und seinem Forscherblicke unterwirft. Seinen Vortrag habe ich im Hörsale niemals vernommen; doch da er mich, wie ich argwöhne, als frommes Versuchsobjekt für die Wintervorlesungen allsommerlich benutzt, so kann ich doch darüber mitreden und ihn aufrichtig empfehlen.

So kam er denn endlich auch in diesem Jahre; doch kam er diesmal nicht allein. Er brachte einen jungen Menschen mit sich, mit dem er zu Innsbruck in der „Krone" zufällig ins Gespräch gekommen war und der ihn seitdem schon vierzehn Tage lang auf seinen Bergfahrten im Inngebiet begleitet hatte.

Er stellte den Fremden in etwas geheimnisvoller Weise vor als Herrn Merlin; „und ich heiße Chidher", fügte er eilig und mit Betonung hinzu. „Du mußt nämlich wissen: wir haben einen stillen Pakt miteinander geschlossen, unseren Namen und sonstige Personalien gänzlich zu unterdrücken: wir wollen während der glücklichen Reisezeit einmal einen Verkehr rein von Mensch zu Mensch genießen."

Und nachher gab er mir allein noch die besondere Erklärung:

„Es ist für mich als Historiker eine äußerst anziehende Aufgabe, den Mann aus den tausend Einzelheiten des täglichen Gespräches mir langsam nach seiner äußeren Stellung und seinem inneren Wesen zurecht zu konstruieren. Im Grunde nichts anderes, als wenn ich aus den vereinzelten Angaben verschiedener Quellen mir ein rundes Bild einer historischen Persönlichkeit mit Sicherheit aufbaue. Du weißt, auch da sind mir die zufälligen Streiflichter, die kleinen anekdotenhaften Züge von besonderer Wichtigkeit. Du wirst sehen, daß meine Methode sich auch im Leben bewährt. Ich bin schon sehr weit mit ihm gekommen; eigentlich fehlt mir nur noch der Name."

„Nun, und für was hältst du ihn?" fragte ich in leichter Spannung.

„Still! Bis heut abend!" entgegnete

er, „daß er ein junger Gelehrter von Geist, Tiefe und reichem Wissensumfang ist, wird dir nicht lange entgehen. Im übrigen beobachte du selbst noch ein bißchen. Aber verschnappe dich nicht und platze nicht mit meinem Namen und Titel heraus."

„Du meinst also, daß er noch nichts von deiner Lebensgeschichte ergründet hat?"

„Ganz bestimmt nicht das geringste. Er ist eben kein Historiker. Ein kleiner Triumph meiner Eitelkeit. Sei nicht so boshaft, mir den zu zerstören."

Ich verhieß stramme Selbstbeherrschung und begrüßte den Gast mit aller gebührenden Freundlichkeit. Begreiflich, daß ich selbst solcherart in den Forschungseifer sogleich mit hineingezogen wurde und den Mann schärfer beobachtete, als ich sonst Fremden gegenüber zu thun pflege. Doch suchte ich mich vor Unbescheidenheit zu hüten.

Ich konnte gleich nur sagen, er gefiel mir recht gut. Er war ein hübscher Mensch mit einem etwas blassen Gesichte, das auf geistige Nachtarbeit deuten mochte, und einem stillen, ungemein höflichen, doch ziemlich zurückhaltenden, offenbar schüchternen Wesen; seine Verbeugungen waren für meinen Geschmack sogar etwas allzu tief und beflissen. Tadellos elegant sonst all seine Kleidung; nur gegen seine Halsbinde hatte ich eine Kleinigkeit einzuwenden, sie hatte irgendwie und irgendwodurch etwas zu Dreistes, Grelles, Windiges an sich, das mir dem Ernst der Wissenschaft nicht völlig zu entsprechen schien; seine Wäsche war für einen Fußreisenden fast auffallend blank und reinlich. Er stach in diesem Betracht sehr merkwürdig ab von meinem guten Erwin, dessen Reiseanzug eine eigenartige Mitte hielt zwischen dem eines Wiener Salontirolers und dem eines kalabrischen Briganten, der einige Monate lang von den Carabinieri durch den Buschwald gehetzt worden. Erwins Bartgewirre glich selbst so einem Buschwalde, während seinem Begleiter neben zwei sauber gestutzten Backenkoteletten nur ein zarter Schnurrbart die Oberlippe zierte, dessen diesjähriges Alter sich auf kaum mehr als zwei Wochen beziffern konnte.

In solcher Erscheinung bot er nicht gerade das typische Bild eines deutschen Gelehrten; doch kann ja nicht geleugnet werden, daß in neuerer Zeit manche sonderlichere Kultur zuletzt sogar in die Gelehrtenwelt einzusickern beginnt; der Herr Merlin mochte als einer ihrer Pioniere zu betrachten sein.

Bis in diese Tiefe war meine Beobachtung gedrungen, als wir uns an die Wirtstafel setzten. Sehr viel weiter kam ich auch während der Mahlzeit nicht; denn Freund Merlin bewies eine Schweigsamkeit, die jede Forschung ins Geistige hinein vollständig ausschloß. Aber ja! Natürlich! sagte ich mir. Schwieg ich denn nicht ebenso? Wer denkt denn in Erwins Umgegend überhaupt ans Reden? Wer wird denn als ein rieselndes Wiesenwässerlein gegen einen Bergstrom ankämpfen wollen?

Dafür aber hing sein Auge mit einer Lebhaftigkeit und Freude des Aufmerkens an Erwins Lippen, die wohl manche gesprochene Zustimmung oder Beifallsäußerung aufwiegen mochte. Die einzige Antwort, die er wirklich hören ließ — und zwar merkwürdigerweise mit auffallend lauter, ja schriller Stimme — trug einen formelhaften und in ihrer Bedeutung nicht völlig klaren Charakter. Liborius sprach über die Ausgrabungen am Limes und drückte die Erwartung aus, man werde dabei höchst wertvolle Aufschlüsse über die germanische Vorgeschichte zu Tage fördern. „Bei der Unzulänglichkeit der Mittel muß man freilich Geduld haben; aber mit der Zeit werden wir schon Rosen pflücken," setzte er hinzu.

„Gleich, Herr, gleich!" schrie Merlin hier mit einer eigentümlichen Wendung des Kopfes nach dem unteren Ende der Tafel hin, wo jemand gerade in etwas aufdringlicher Weise mit dem Messer gegen ein Glas klappte; unser Freund mußte ziemlich nervös sein, daß er dies als eine Störung seiner Aufmerksamkeit zu empfinden schien. Liborius beeilte sich, seine allzu sanguinischen Hoffnungen auf eine schnelle Förderung des Werkes auf das rechte Maß herabzudrücken, indem er die entgegenstehenden Schwierigkeiten ausführlicher hervorhob.

Genau derselben Worte bediente Merlin sich nachher noch einmal mit derselben nervösen Bewegung, jedoch von einer Stelle, wo eine innere Beziehung auf einen Ausspruch Erwins durchaus nicht zu entdecken war; sie klangen da fast wie eine orakelhafte Formel. Sein Geist mochte nach zerstreuter Gelehrtenart trotz der scheinbaren Teilnahme in eigne Gedanken versenkt sein und irgendwie sich selbst solche Antwort geben. Auch unserem Professor war dies aufgefallen, und er gab mir einen Wink mit den Augen, daß dies wieder eine Handhabe seiner Quellenforschung sei.

So verlief die Mahlzeit gleich nahrhaft für Geist und Leib. Eine mäßige Serie von Wissenschaften war bereits durchgesprochen: beim Kaffee förderten wir unsere Verdauung durch Streiflichter auf die landschaftlichen Hintergründe des Benozzo Gozzoli im Vergleich mit denen der Brüder van Eyck. Merlin schwieg und schlürfte, ich schlürfte und schwieg, Liborius-Chidher goß seine Tasse hinunter und erledigte in langhin rauschendem Vortrage sein Thema. Als wir aufstanden, würde ich mich in sämtlichen Öl- und Freskolandschaften des Quattrocento bequem im Dunkeln zurechtgefunden haben, in Merlins Natur und Wesen aber war mir noch kein neuer Lichtstrahl gefallen.

Wir machten nun einen ausgedehnten Spaziergang das köstliche Waldthal hinauf, das hier schnell in das Herz des Hochgebirges führt. Unter dem Wandern stattete Chidher Bericht ab über seine letztjährigen Streifzüge in die Höhengebiete der Moralphilosophie, wo er sich indessen nicht lange aufhielt, sondern sich begnügte, einige bizarr aufragende Felshäupter wie Stirner und Nietzsche dem Erdboden gleichzumachen; dazwischen gab er umfangreiche Exkurse über die völkerpsychologische Bedeutung des Waldes und der Entwaldung mit besonderem Hinblick auf das untere Etschland und die deutsch-welsche Sprachgrenze.

Merlin und ich schritten zu seinen beiden Seiten still achtsam dahin; wir hörten und sahen fast nichts voneinander, und doch schlang sich allmählich ein Band sanfter Sympathie, wie aus fliegenden Sommerfäden gewoben, zwischen uns herüber und hinüber. Gemeinsame Freude und gemeinsames Leid knüpft immer die Seelen schnell und freundlich aneinander. Worte zwischen ihm und mir wurden gar keine gewechselt; die wir durch Chidhers Vermittelung einer aus dem Munde des anderen vernahmen, hießen ja, ja—nein, nein; was darüber war, hätte uns nicht gerade vom Übel geschienen, aber es wurde uns bei jedem Ansatz wie durch rastlos beschwichtigende Geister vom Munde gleichsam hinweggepflückt und in das Tosen des Schalderer Gießbaches hineingeschlungen, der neben unserem Wege unablässig rauschte.

Als wir in unser Standquartier heimkehrten, war mein Haupt müde wie von schwerem Wein, und ich hatte physisch ein Gefühl wie sonst körperlich manchmal nach einer überreichlichen Speisung, als müßte es nun unverzüglich an ein Platzen gehen. Auch Merlin schien an leisen Beschwerden zu leiden; doch ließ auch er sich nichts weiter merken, sondern schien gleich mir seinen geistigen Schmachtriemen noch ein Loch weiter zu schnallen.

Ich schlug vor, trotz der vollen Hitze des sich nur langsam neigenden Tages ein warmes Bad zu nehmen; ich hoffte heimlich auf eine Isolierzelle; doch die List mißglückte; wir waren nur durch dünne Tapetenwände voneinander getrennt, und Chidhers Vortrag über Giordano Brunos Verhältnis zu Dante und zur Scholastik im allgemeinen fand keinerlei Hemmnis. Erschöpfter noch als zuvor erschienen wir zur Abendtafel.

Ich hatte Krebse bestellt, in der scharfsinnigen Erwägung, daß nicht nur die Finger und der spähende Geist, sondern auch Lippen und Zähne mit dem Bewältigen dieser Panzertiere für eine beträchtliche Zeit vollauf beschäftigt zu werden pflegen. Dieser Schachzug schlug noch viel gründlicher fehl. Mein guter Erwin half sich in zerstreutem Eifer damit, daß er dem gutmütig hilflosen Merlin die von diesem mit vollendeter Kunst herausgearbeiteten Schwänze und Scheren vom Teller wegnahm und händevoll verschlang, so daß wir um die neueste Theorie der Sonnenflecken keineswegs herumkamen.

Nach dem Essen setzten wir uns in den Garten, der eine wundervolle Aussicht über das üppige Thal hinweg auf eine der machtvollen Dolomitgruppen bot, und ließen uns etliche Literchen vom besten Bozener kommen. Ich operierte — in stillem Einverständnis mit Merlin, hoffte ich — so, daß wir unserem Professor den schönsten Platz mit dem vollen Blick auf die beginnende Sonnenuntergangsherrlichkeit freigaben, während wir uns ihm gegenüber aneinander gedrängt nach diesem Genusse fast die Hälse abdrehen mußten.

Auch dies Kunstmittel verfing nicht; das Abendrot störte ihn so wenig wie ein Krebsschwanz; er belehrte uns schonungslos über das Verhältnis des modernen Idioms der Far-Öer zum Altnordischen der älteren Edda.

Wir ergaben uns schweigend dem stillen Trunke; ich reichte Merlin zuweilen unter dem Tische die Hand zu einem Drucke, den er herzlich erwiederte. Unsere junge Freundschaft begann immer inniger zu erwarmen. Ich hatte das ernste Gefühl, als hätte ich mit diesem eben noch fremden Manne schon große Schicksale gemeinsam durchlebt.

In einer Sekunde der Selbstvergessenheit summte ich leise:

„Ich hatt' einen Kameraden,
Einen bessern findst du nit;
Die Trommel schlug zum Streite,
Er 'aß an meiner Seite —"

Aber die Trommel uns gegenüber schlug weiter und übertäubte mein zartes Wispern. Der historische Quellenwert des Ammianus Marcellinus stand zur Untersuchung, ohne daß darüber die Klärung der Irrtümer des modernen Naturalismus lange vernachlässigt worden wäre; Zola und Tolstoi mit den Scharen ihrer Nachtreter verschwanden in einem Massengrabe.

Nach einigen Stunden, als der volle Mond schon hoch über unsere Häupter hinaufgezogen war und sanftschillernde Lichter auf dem Plätscherstrahl des Springbrunnens neben uns spielen ließ, fühlte ich mich so bis ins Mark von Bildung durchsättigt, daß mich ein jäher Anfall von Geisteshochmut wie ein Schwindel ergriff und ich gleichfalls anhub, rücksichtslos in Zungen zu reden und einen wütenden Angriff auf die unbeschützte Festung der mittelhochdeutschen Metrik unternahm. Zwar schlug mich Liborius mit leichter Mühe vollständig zurück und wies mich für heute dauernd in meine Schranken; aber doch hatte meine Unbesonnenheit eine anscheinend traurige Folge.

Hatte ich bisher nicht ohne leise Beschämung die lauschend andächtige, fast kirchlich gesammelte Miene bewundert, mit der mein neuer Herzbruder sich von den geistigen Wirbelstürmen seines Chidher von Welten zu Welten dahintragen ließ, so vergesse ich nie den Ausdruck dumpfer Tragik in seinen hübschen Zügen, als auch ich so anfing!

Mein Freund, der Tragödiendichter, soll irgendwo gesagt haben:

Das schweigende Entsetzen
Sitzt auf den Trümmern und gebiert das Nichts.

Ich weiß nicht, ob es wahr ist, und kann's mir eigentlich nicht denken; wenn aber doch, so ist es mir nur dadurch erklärbar, daß er jenen Auftritt aus einem stillen Winkel hinterrücks belauscht hat. Denn genau so sah es in dem Gesichte des armen Merlin aus. Man könnte auch das alte anschauliche Wort Schafsmelancholei hier zur Verwertung bringen.

Doch nur ganz kurze Zeit saß er so in sich gedrückt; dann ergriff er einen schicklichen, meinetwegen auch unschicklichen Vorwand, sich vor uns für eine Weile in Sicherheit zu bringen.

Liborius brachte nur die Wissenschaft, die er gerade vorhatte, mit Einschluß der notwendigsten Hilfsdisziplinen noch zu einigem Abschluß, dann fragte er mit einem schlauen Lächeln:

„Nun, wofür hältst du ihn?"

Beschämt mußte ich bekennen, daß ich eigentlich gerade so viel von ihm wußte, wie fünf Minuten nach der ersten Vorstellung, suchte diesen Mangel an positiven Kenntnissen aber durch warme Lobsprüche auf Merlins Charakter zu ersetzen.

„Damit kommen wir nicht weiter," sagte Erwin überlegen abweisend, „aber ich will dir auf den Weg helfen. Suche dir jetzt mal einen Blick zu verschaffen in die Küche oder sonstige Räumlichkeiten, wo das bedienende Personal sich aufhält; wir sind die letzten Gäste; die Leute haben keine Arbeit mehr, da werden also ihrer genug bei einander sein."

„Was soll ich denn daran sehen?" fragte ich verwundert, „ich habe noch keine von den Kellnerinnen hübsch finden können, weder die Moidl noch die Zenzi noch die Burgi noch die Mena."

„Sieh dir Merlin an."

„Was, der ist da unten?"

„Jeden Abend, den Gott werden läßt. Er versäumt das nie. Er ist sehr pflichteifrig."

„Na nu!“ rief ich aufs höchste erstaunt, „pflichteifrig? Er ist doch kein Kellner!“

Liborius schmunzelte. „Geh hin und sieh; nachher wollen wir reden.“

Von allen Mächten der Neugier gejagt, eilte ich jenen Räumen zu, die den ehrbaren Gast sonst gar nichts angehen. Doch mit angeborener Findigkeit entdeckte ich sie bald. In Küche und Umgegend war alles schon dunkel. Dagegen aus der Schwemme drang Musik und fröhlicher Stimmenlärm. Ich begab mich dahin; die Thür stand weit offen, und ich konnte vom Flur aus alles übersehen.

Richtig, da waren Führer und Kutscher, Köche und junge Bauern mit den Kellnerinnen und Hausmädchen beisammen und machten sich einen vergnügten Abend, tanzten, sangen und zechten. Der Bären-Loisl, der angesehene Führer auf die Dolomiten, spielte mit wilder Kunst die Zither.

Doch das war mir alles nichts sonderlich Neues; was mich aber doch herzhaft verblüffte, das war der Anblick Merlins, wie er mitten in der lustigen Schar schier als der Lustigste sich herumtrieb, jetzt mit der Zenzi einmal recht gewaltsam um den Saal stampfte, jetzt mit der Moidl derbe genug schäkerte und jetzt gar mit dem Loisl im Wechsel Schnadahüpfl zu singen anhub.

Donnerwetter, dachte ich, ist das ein Schwerenöter! Wer hätte dem das zugetraut! Mit welcher unbefangenen Sicherheit er sich unter diesen Leuten bewegte, als gehörte er ganz zu ihnen! Nichts von beabsichtigter Leutseligkeit, von künstlicher Herablassung!

Ich kann nur sagen, ich beneidete ihn um diese Kunst, mit dem Volke zu verkehren; zugleich kam er noch um einen Schritt meinem Herzen näher. Denn auch ich setze mich für mein Leben gern so in die Schwemme und schaue behaglich den Leuten zu, wie sie's treiben und wie sie lustig sind. Aber Schnadahüpfl mitsingen, das thue ich doch nicht, und aufs Tanzen und Karessieren lasse ich mich auch meist nicht ein. Immerhin aber doch wieder ein verwandter Zug unserer Seelen mehr! Aber daß der gute Erwin darin etwas Pflichteifriges sah — nein, wahrhaftig, mit Pflichteifer habe ich mich noch niemals gebrüstet, wenn ich so mein Vergnügen hatte.

Am liebsten hätte ich mich nun auch selbst an Merlins Arm gehängt und mich von ihm so tief wie möglich in den Wirbel hineinziehen lassen: aber da meldete sich doch ein Pflichteifer, allerdings der Neugier sehr enge verschwistert, und nach einigem Zögern kehrte ich still zu Liborius-Chidher zurück, von seiner Weisheit die Erklärung zu genießen.

Ich teilte ihm das Gesehene mit. Er nickte lächelnd. „Und du merkst noch nichts?“ fragte er milde.

„Ich merke allerlei, aber doch nicht, was du meinst,“ entgegnete ich verschüchtert. „Er ist ein echter, fröhlicher Süddeutscher, so viel sehe ich, vermutlich aus München —“

„Was du nur vermutest,“ unterbrach er mich schnell, „das ist vielmehr Thatsache; er lebt in München. Was du als Thatsache hinstellst, daß er geborener Süddeutscher sei, bleibt lose Vermutung.“

„Aber!“ rief ich verwundert, „aus seiner Aussprache des Ja und Nein höre ich doch zweifellos den Süddeutschen nicht nur, sondern den Bajuvaren; nur ob er gerade Nieder- oder Oberbayer ist oder Salzburger oder Tiroler, kann ich noch nicht entscheiden; hätte ich schon ein r von ihm gehört, so wüßte ich wenigstens, ob er Südtiroler ist oder nicht; aber Ja und Nein enthalten beide kein r. Wie du die süddeutsche Herkunft ihm absprechen willst, ist mir unerfindlich.“

„Ich spreche sie ihm nicht **ab**,“ sagte Erwin mit einem feinen Lächeln, „ich behandle sie nur noch nicht als Thatsache. Bei jedem anderen würde ich ganz sicher sein, nur gerade bei seinem Fache —“

„Nun?“ fragte ich sehr gespannt.

„Also du hast auch aus deiner letzten Beobachtung keine Schlüsse gezogen?“ fragte er dagegen.

„Aber nein!“ rief ich ungeduldig, „ich bin auf historische Quellenforschung ja doch nicht eingepaukt.“

„Nun,“ meinte er freundlich, „zum wenigsten wirst du doch aus den unzähligen kleinen Zügen mit Sicherheit festgestellt haben, daß er eben ein Gelehrter ist.“

„Nun ja,“ antwortete ich, „erstens hast du mir's ja gesagt, und zweitens bemerkte ich, daß er zuweilen Unsinn redete — natürlich aus Zerstreutheit.“

„Ganz recht,“ sagte Chidher eifrig, „und

die entflammt ersichtlich nervöser Überreizung durch geistige Arbeit. Er fährt oft sonderbar auf, wenn er jemand rufen oder nur ein Seidel klappen hört. Daneben aber ist er auch ein gut Stück Pedant, wie jeder Gelehrte das mit Notwendigkeit wird, der gezwungen ist, auf die scheinbar unbedeutendsten Kleinigkeiten mit peinlicher Sorgfalt zu achten."

„Die Spuren dieser Eigenschaft sind mir entgangen," gestand ich etwas kleinlaut.

„Und doch hättest du sie gerade heute sehr deutlich erkennen können," beschied er mich mit Nachdruck, „hast du nicht gesehen, mit wie kritischen Blicken er die Anordnung der Gedecke und Tischgeräte musterte, wie er jedes kleine Ungeschick oder Unachtsamkeit der aufwartenden Kellnerinnen mit Mißbilligung aufnahm?"

„Gesehen habe ich das wohl," mußte ich zugeben, „doch ich wußte den richtigen Schluß nicht daraus zu ziehen."

„Das ist's!" betonte Erwin.

„Übrigens muß ich bekennen," fügte ich etwas trotzig hinzu, „daß gerade die gelehrte Pedanterie sich auf andere Gegenstände zu richten pflegt."

„Bei Tisch sind andere Gegenstände eben nicht vorhanden," erklärte er achselzuckend.

„Ich habe aber einen anderen Zug an ihm beobachtet," wandte ich ein, „der wahrlich nicht nach Pedanterie aussieht, sondern recht nach deren Gegenteil, nach offenbarer Liederlichkeit. Er trägt sein Geld nämlich ganz lose in der Hosentasche, greift beim Bezahlen hinein und holt eine ganze Hand voll verschiedener Münzen und Guldenzettel heraus, aus denen er dann heraussucht, was er gerade gebraucht. Auch gibt er auffallend anständige Trinkgelder."

„Nun, siehst du?" rief Chidher triumphierend, „wenn irgend etwas den Gelehrten charakterisiert, so ist es die Geringschätzung des baren Besitzes und das unpraktische Verfahren in allen Geldsachen."

Das leuchtete mir ein; doch machte ich eine Nebenbemerkung, die ohne wissenschaftlichen Forscherzweck nur in der angeborenen Bosheit meines Gemütes ihren Ursprung hatte.

„Daß die Geringschätzung des Geldes sich bis zu dem groben Unfug anständiger Trinkgelder verstiegen hätte, habe ich bei dir wenigstens bisher noch nicht festgestellt."

„Ich bin eben schon bedeutend weltmännischer geschult als die große Mehrzahl meiner Kollegen," entgegnete er mit einer Kaltblütigkeit, die bei der beispiellosen Kühnheit dieser Behauptung mich wahrhaft verwirrte und für längere Zeit mundtot machte.

„Nun also," sagte Erwin, „laß uns zur Hauptsache zurückkommen, zu der Frage nach dem Spezialfache unseres Gelehrten. — Oder bist du vielleicht nach dieser Einführung in meine Methode inzwischen schon selbst zu einem Ergebnis gekommen?"

Ich schüttelte trübe den Kopf.

„Es ist so einfach," beschied er mich endlich mit ruhiger Freundlichkeit, „er ist Dialektforscher und Liedersammler."

„Ah!" rief ich überrascht, überzeugt, bewundernd, und schlug mir siebenmal mit der Hand wider die Stirn.

„Sein Spezialgebiet sind die bajuvarischen Idiome," fuhr er gelassen fort, „in ihrer ganzen Ausdehnung innerhalb der Grenzen gegen das Alemannische, das Fränkische, das Slavische und Magyarische, das Italische mit seinen Nebenformen des Ladinischen und Rhäto-Romanischen. Am allermeisten interessiert ihn das Wippthal und die südlichen Grenzgebiete; er fahndet mit besonderem Eifer auf hängen gebliebene Dialektreste des Gotischen und des Langobardischen. Natürlich ist er auch ein Kenner der Sprachinseln, der tredici communi und der sette communi."

„Ei sieh doch," sagte ich, immer noch im stillen überrascht, „so redselig also kann der schweigsame Freund zu Zeiten sein, daß er dir das alles verraten hat?"

„Schweigsam?" fragte Erwin verwundert, „ist er denn schweigsam? Das habe ich nie bemerkt."

„Dann muß er heut starke Kopfschmerzen gehabt haben," bemerkte ich.

„War er denn heut schweigsam?" wiederholte Erwin, „vorsichtig in seinen Aussagen, das ist ja natürlich. Das ist eben unsere hübsche wissenschaftliche Neckerei. Er sucht sich mir zu verhüllen. Ich mache es ja ebenso, nur mit besserem Erfolge. Er ist eben kein Historiker. Du mußt auch nicht denken, daß er mir die Notizen über seine Studien so plump auf dem Präsentierteller dargereicht hat; im Gegenteil, er hat

Gefährliche Begegnung. Nach dem Gemälde von A. F. Telfer.
(Mit Genehmigung der Photographischen Gesellschaft in Berlin.)

sich wohl wacker gewehrt; da war er wirklich ganz schweigsam. Aber du weißt ja, aus den kleinsten Zügen baue ich mir ein Ganzes auf: ein hingeworfenes Wort, ein lebhafteres Aufblitzen der Augen, ja eine flüchtige Handbewegung muß mir genügen: dazu eine blitzschnelle Kombination in meinem Geiste, und die Thatsache steht vor mir."

„Alle Achtung!" sagte ich und fühlte mich sehr klein, „jetzt will ich doch morgen sehen, ob er mir nicht etwas zukommen lassen will von den Perlen der Volksdichtung, die er jetzt eben fischt. Du weißt, ich habe große Freude an diesen Dingen; selber bin ich zu ungeschickt, mich so frei wie er unter dem Volke gehen zu lassen; sie wittern doch gleich den Norddeutschen in mir und halten hinterm Berge. Ihm kommt ja auch die intime Kenntnis des Dialektes zu gute. Trotzdem setzt mich die Frische seines Auftretens doch immer noch in Verwunderung; für einen Professor oder auch nur Dozenten ist das alles mögliche, nimm mir's nicht übel."

„Er ist nicht Dozent," versetzte Erwin schnell, „er ist Privatgelehrter in München."

„So? Auch das hast du herausgebracht, trotz seiner Vorsicht?"

„Ganz einfach. Er pflegt näheren Umgang mit verschiedenen meiner Bekannten unter den jüngeren Dozenten dort; er schilderte sie mir ganz genau nach ihrem Äußern und all ihrem Benehmen, zum Greifen deutlich; dagegen die älteren Herren von der Universität und noch mehr deren Damen sind ihm ganz unbekannt; er hat also gar keinen Verkehr mit diesen; folglich kann er nicht Dozent sein. — Da hast du eine meiner leichteren Kombinationen."

„Sehr einleuchtend," mußte ich zugeben, „er wird also mit den jüngeren Herren anderswo zusammenkommen, vielleicht nur am Biertisch."

„In München ist das selbstverständlich," bemerkte Erwin, „übrigens verrät er eine so tiefgründliche Kenntnis der verschiedenen Bräue, eine so subtile Unterscheidungsfähigkeit für deren Geschmacksmerkmale, auch eine so ausgebreitete Kenntnis aller Münchener Lokale und ihrer Wirte, daß er mich geradezu in Erstaunen setzt. Nach einem echten Kneipbruder sieht er sonst nicht aus."

„Vielleicht betrachtet er das als eine Hilfswissenschaft für die Dialektforschung," meinte ich scherzend.

„Warum auch nicht?" entgegnete Erwin sehr ernst, „gerade in den Bierhäusern großer Städte, wo viel Volk aus allen Landschaften zusammenströmt, ist die beste Gelegenheit für solche Studien."

Ich war wieder überzeugt.

„Jedenfalls eine Art der Quellenforschung, die mir im ganzen noch am besten zusagen würde; die Quellen sind nicht so trocken," bemerkte ich nur nebenher. Und wieder empfand ich warm den stillen Zug der Sympathie mit meinem Herzbruder Merlin.

„Und meinst du wirklich," fragte ich dann, „daß er von deiner Kaingeschichte noch gar nichts herausgebracht hat? Jedenfalls muß er doch wissen, daß du auch ein Gelehrter bist?"

„Davon mag er etwas ahnen," gab Erwin nach einigem Nachdenken zu, „aber nichts von meinem Fachstudium, nichts von meinem Amt und meinem Wohnsitz, noch weniger von meinem Geburtslande. Aus einigen Andeutungen schließe ich, daß er mich für einen Hamburger hält."

Ich stieß einen Ruf des tiefsten Erstaunens aus.

„Daran ist nichts zu verwundern," sagte Erwin ruhig, „das reine Schriftdeutsch, das in meiner Heimat ja ausschließlich gesprochen wird, umgiebt mich in dieser Hinsicht mit einem undurchdringlichen Schleier."

Ich versank in ein bekümmertes Schweigen. Die wissenschaftliche Zukunft meines Herzbruders Merlin machte mir schmerzliche Sorgen. Sein Talent für Dialektforschung mußte geradezu verschwindend gering sein. Denn Erwin Liborius nicht nach den Worten als geborenen Balten zu erkennen, dazu gehörte eine geradezu verstockte Klangfarbenblindheit!

Nach dieser Erschütterung mochte ich nichts mehr reden, auch nicht mehr hören. Ich schützte Müdigkeit vor und begab mich zu Bette.

Mein Schlaf war unruhig. Ich sah im Traum fortwährend den armen Merlin vor mir als schmählich entthronten Dialektforscher, in erbarmenswerter wissenschaftlicher Nacktheit. Was sollte aus ihm werden?

Ja, diese Sorge trieb mich morgens zu ungewohnt früher Stunde schon aus dem Bette.

Ich fand noch niemanden wach. Doch, ja, da kam etwas leise die Treppe herunter. Es war Merlin. Er ward etwas verlegen, als er mich erblickte; ich bemerkte, daß er völlig zur Wanderung gerüstet war, mit Bergstock und Rucksack.

Doch er faßte sich bald.

„Ich will heut einen einsamen Ausflug machen," sagte er mit einem wehmütigen Lächeln, „ich halte es nicht mehr aus, es wird zu viel, ich kann es nicht verdauen, mir schwindelt der Kopf."

Ich verstand ihn und drückte ihm schweigend die Hand. Aber diese Aussprache! An dem urechten Bajuvarentum dieses Mannes konnte Erwin zweifeln! Nein, so etwas sich bloß annehmen kann kein Dialektforscher.

„Machen Sie Herrn Professor Liborius ein recht schönes Kompliment," fuhr er ruhiger fort.

„Was!" unterbrach ich ihn verblüfft, „Sie kennen ihn also doch! — Und woher er stammt, das wissen Sie am Ende auch?"

„Ja, freilich, aus Dorpat in Rußland. Er ist aber jetzt Professor in Breslau. Er hat so studiert, was man Geschichte nennt, von alten deutschen Kaisern und so etwas. Aber noch vieles andere. Er hat drei Schwestern, davon sind zwei verheiratet und eine noch ganz jung; sein Vater war ein Kaufmann in Reval, seine Mutter die Tochter eines Pfarrers in Livland, das ist auch in Rußland —"

„Herrgott, aber woher wissen Sie das alles?" rief ich in immer neuem Erstaunen.

„Er hat mir's ja gesagt," versetzte er gelassen, „nicht immer so hintereinander, es kam so mal heraus zwischen all dem anderen, da hab' ich's mir gemerkt; es behält sich am leichtesten."

Ich lachte laut auf. O treuherziger Erwin! - „Und Sie? Wer und was sind Sie und woher des Landes? Jetzt können Sie es ja verraten, zum wenigsten mir."

Er machte eine rätselhafte Gebärde der Ablehnung, wandte sich um und schritt zur Hausthür hinaus. In neuer Verwunderung starrte ich ihm nach, wie er die Straße hinabschritt.

Vielleicht kein Privatgelehrter, sondern ein verkleideter Prinz? überlegte ich heimlich. Im bayerischen Königshause ist dergleichen nichts Unerhörtes!

Erwin wagte ich nichts von dieser Vermutung zu sagen, verschwieg ihm auch die dialektischen Personalkenntnisse Merlins aus zarter Schonung.

Merlin kam nicht wieder und blieb verschollen.

Ich machte meinem Ärger über das sonderbare Benehmen in mancherlei Kraftworten Luft; und ich merkte bald, daß hinter dem Ärger sich etwas wie ehrliche Betrübnis verbarg, daß eine aufkeimende Freundschaft so im ersten Triebe zerstört wurde, oder auch wohl die verdrießliche Erkenntnis, daß mein warmes Gefühl für Merlin von ihm offenbar nur viel kühler erwidert worden war.

Erwin nahm die Sache viel heiterer auf. „Die rechte Reisefreundschaft," sagte er, „wie gewonnen, so zerronnen. Übrigens hat er diesen polnischen Abschied offenbar nur genommen, weil er merkte, wie ich ihn Stück für Stück gleichsam wissenschaftlich entkleidete und weil er die Beschämung fürchtete, mir gar keine gleichen Ergebnisse des Spürsinns entgegensetzen zu können. Er ist nun einmal kein Historiker. Entgehen soll er mir darum aber doch nicht; es wird mir im Gegenteil nur noch ein Vergnügen mehr machen, ihn in München aus seinem Bau zu graben und in meine Jagdtasche zu stecken. Es wird ja beschämend leicht sein, von den dortigen Kollegen seinen Namen zu erfahren. Aber auf sein Gesicht freue ich mich, wenn er sich so der letzten Hülle beraubt sieht. Ich gebe eigens einen Tag in München dafür zu, um dieses Vergnügens ganz sicher zu sein."

Ich brummte allerlei Unverständliches zur Erwiderung, bat aber dringend, mir Namen und Wohnung des Flüchtlings gleich nach der Erforschung brieflich mitzuteilen. Ich sei entschieden gesonnen, die Bekanntschaft wieder anzuknüpfen und womöglich fortzusetzen.

Erwin sprach seine Freude aus, daß auch ich an seinem Genossen Gefallen gefunden, rühmte mit Nachdruck sein anregendes Wesen, seine lebhafte Anteilnahme auch an Wissenssphären, die seinem Fache ferner lägen, auch seine vornehme Zurückhaltung (mir schoß der Prinz wieder in die Gedanken) kurz, er war mit mir einig, daß es der Mühe lohne, die Bekanntschaft zu erneuern und weiter zu pflegen.

Liborius verweilte nun bei mir noch einige Tage und füllte meinen Geist dermaßen weiter an, daß der gleich nach seiner Abreise ins Überlaufen kam und ich für einige Wochen zu einem sehr gefürchteten Tischnachbarn wurde. Alle Stammgäste rückten immer weiter von mir ab, nur die flüchtig Durchreisenden wagte der Wirt mir noch als Opfer hinzuwerfen.

Bald kam ein Brief aus München, sehr kleinlaut, sehr ratlos. Liborius schrieb, er habe nicht die kleinste Spur vom Dasein unseres Merlin entdecken können, obgleich er seinen Aufenthalt dort ausschließlich behufs seiner Erforschung um vierzehn Tage verlängert habe. Keine Seele wisse etwas von einem dialektforschenden Privatgelehrten, überhaupt von keinem Menschen, auf den die Beschreibung irgendwie passe, am wenigsten die Kollegen, deren Äußeres und Benehmen jener ihm so treffend geschildert habe. Die Sache sei rätselhaft, ja geradezu unheimlich, ihm schwirre der Kopf mit jedem Tage mehr.

Mir schwirrte er ja auch ein bißchen, und ich dachte wieder an meinen Prinzen. Vielleicht aber waren Erwins Kollegen bloß dumme Kerle. Damit tröstete ich mich allmählich.

Ich blieb den Winter hindurch im Eislande und lebe der Überzeugung, daß die Kulturhöhe dieser Regionen sich währenddessen um ein Beträchtliches gehoben hat.

Im Frühling kam ich nach München. Wenn ich dort tagsüber den verschiedenen Theken meinen schuldigen Ehrenbesuch gemacht hatte, huldigte ich abends der Dialektforschung, indem ich Erwins Äußerung in acht nahm, daß in den Bierhäusern großer Städte für solche Studien die beste Gelegenheit geboten sei. Auch gelang es mir, meine Kenntnis der Münchener Mundart um einige sehr bemerkenswerte Formeln von großer sinnlicher Kraft und Anschaulichkeit zu bereichern.

Eines Tages speiste ich gegen meine sonstigen Sitten an der Wirtstafel eines feineren Gasthofes. Da ich der sommerlich eingeflößten Bildung bereits wieder ledig war, so wäre ich wahrscheinlich ein sehr netter Nachbar gewesen, doch saß ich zwischen zwei Engländern, welche einen Bund mit ihren Lippen gemacht hatten, sie nur zum Zwecke des Essens auseinander zu thun. So ließ ich denn in den Erholungspausen zwischen zwei Gängen meine Augen ziellos über die Mitgäste wandern und würdigte gelegentlich selbst das bedienende Personal einer gleichgültigen Betrachtung.

Auf einmal zuckte ich zusammen wie von einer Bremse gestochen: ich sah und wollte nicht sehen und sah dennoch wieder: einer von den Kellnern war mein Merlin.

An Hallucinationen habe ich niemals gelitten, und eine andere Täuschung war ausgeschlossen. Allenfalls ein Zwillingsbruder Merlins; nein, auch das nicht: dieser feine schwermütige Zug zwischen den Brauen konnte in seiner Eigentümlichkeit auch bei einem Zwillingsbruder sich nicht wiederholen. Es blieb keinerlei Zweifel, dieser Kellner war Merlin, Merlin war ein Kellner.

Ein Zahnrad wirr wechselnder Gefühle wälzte sich durch meine Seele. Erbitterung und Zerknirschung waren die vornehmlichsten. Zuletzt kam ich auf den Einfall, den Menschen vom Staatsanwalt wegen Betruges belangen zu lassen. Aber gleich darauf griff ich ernstlich in meinen Busen. Wo war denn ein Betrug gewesen, wo eine Vorspiegelung falscher Thatsachen? Erwin Liborius hatte das Gelüst empfunden, mit ihm rein von Mensch zu Mensch zu verkehren, das war ihm gewährt worden. Was war dabei anfechtbar? Wenn einer Strafe verdiente, war es Liborius; aber wiederum, wenn jeder Gelehrte wegen einer falschen Hypothese strafrechtlich verfolgt werden sollte, in einem Tage würden unsere Universitäten entvölkert und unsere Gefängnisse überfüllt sein. Ich griff noch tiefer in meinen Busen und beschloß, Erwin mit der Kunde von dieser entsetzlichen Aufklärung zu verschonen; denn ich mußte ernstlichen Schaden für seine geistige Gesundheit davon befürchten, wo selbst ich schon so gewaltsam aus dem Häuschen gekommen war.

Kaum eine Minute lang mochte ich mit diesem Gedankenwirbel gerungen haben; dann stand ich auf und verzichtete auf die folgenden Gänge, obgleich mir das sehr sauer wurde, denn ich mußte sie doch bezahlen. Aber der Gedanke war unerträglich, von jenem erkannt und begrüßt zu werden. Mir war ganz schlimm zu Mut.

Ich entkam ihm glücklich und habe die folgenden Jahre hindurch mein schweres Geheimniß mit keuscher Strenge unverbrüchlich gewahrt. Nicht aber kann ich leugnen, daß ich oft genug, wenn mein gelehrter Freund einmal wieder mit feuriger Sicherheit eine wackelnde Hypothese verfocht, im tiefen Herzen mit hämischer Schadenfreude gedacht habe: O Erwine Libori, wenn du wüßtest, was ich weiß!

Erwine Libori, so weit bin ich mit meinen Aufzeichnungen gekommen, und nun soll die Hauptsache folgen — als mir jäh ein Stachel ins Herz fährt.

Wehe mir! Wenn du dieses liesest, o vielkundiger Chidher, wirst du mit herber Mißbilligung dein kritisches Haupt schütteln und verzweiflungsvoll sprechen:

„Er ist unverbesserlich! Er bleibt immer der Alte. Er kann die Unart nicht lassen in allem, was er schreibt. Die Thatsachen erzählt er richtig, aber in welchem Ton! Wie weit entfernt von ernster Objektivität, vom echt epischen Stil! Wohl sind es nur leichte subjektive Striche, die er spottlustig hinzufügt, nur hier und dort ein paar Farbenflecke zu viel: aber doch genügt dies wenige, die Urbilder seiner Geschichten zur Karikatur zu verzerren. Nicht um meinetwillen beklage ich das, der ich solch ein Urbild bin, sondern um seines Stiles willen und darum, daß er sich den Glauben seiner Leser an die Wahrheit seiner Mären mutwillig verscherzt. Exempli gratia: wer wird ihm denn glauben, daß je ein deutscher Professor von so windbeuteliger Art die Tiroler Berge und die königlich preußischen Hörsäle bevölkert habe? Man wird ihn für einen Aufschneider erklären, obgleich er nicht lügt. Es ist schade um ihn, er ist nicht talentlos."

So wirst du sprechen, lieber Chidher, und ich beuge mein Haupt und sage: Du hast recht! Und des zum Erweise will ich in eben diesem Augenblicke endlich anfangen, mich mit Emsigkeit zu bessern. Spät ist es, aber zu spät ist es niemals zur Buße und zum Guten. Zwar was ich geschrieben habe, kann ich nicht mehr ändern, dazu bin ich zu faul: aber was ich jetzt hinzufügen will, das soll ernsthaft tönen und soll ein vollgültig Zeugnis ablegen, daß du ein anderer bist als die scheußliche Fratze, die ich an Stelle deines echten Schattenrisses frech an die Wand geworfen habe. Ach, würde ich selbst doch deine Gespräche und Lehren (obgleich sie ein wenig sprudeln) nicht hingeben wollen um ein kleines Vermögen (um ein großes, dafür kann ich nicht gut sagen), so wert sind sie mir geworden. Was wunder, wenn sie an einem anderen Großes vollbracht haben?

Also höre, wie ich weiter erzähle und wie mir der Ernst zu Gesichte steht; und mit dir höre der treuherzige Leser.

Es ist dir bekannt, daß von jener Begegnung her mir seltsamerweise ein kleines Interesse für deutsche Mundarten, ihre Verästelungen und Wandlungen zurückblieb; und wenn ich es auch vermöge meiner geruhsamen Natur zu selbständigen und wahrhaft gelehrten Forschungen nicht gebracht habe, so verfolge ich doch die Leistungen anderer auf diesem Gebiete mit Eifer und Freude und horche auf meinen Reisen recht fleißig umher, in welchen Zungen allerorten die Leute reden.

Dieses Stückchen Wissenschaft aber, wenn man das so nennen will, sollte mich auf eine sonderbare Weise mit Merlin, dem Kellner, noch einmal zusammenführen.

Ich kam auf meinen Wanderfahrten nach langer Zeit einmal wieder in mein liebes Städtchen Stolpenburg in Hinterpommern, wo ich mich einst als Gymnasiallehrer unnütz gemacht hatte und hinterher durch Erzählungen und Lügen noch viel unnützer. Trotz meines schlechten Gewissens konnte ich es nicht übers Herz bringen, da fast vorüberzufahren; ich verweilte einen Abend.

Ich machte eine lange Wanderung durch alle Gassen, frischte hundert Erinnerungen auf und kehrte mit Einbruch der Dunkelheit in einer wohlbekannten Bierstube ein, um zu Abend zu essen. Ich setzte mich an einen einsamen Tisch und stellte wehmütige Betrachtungen darüber an, daß ich in dieser Stadt doch so gar niemanden mehr hatte, der meinem Herzen nahe stand, und wie schnell all die lieben Freunde von damals in die Welt zerstreut oder auch ganz aus der Welt gegangen waren.

Da traf sich's, daß die jüngere Lehrerschaft des Gymnasiums gerade ihren geselligen Abend hatte; sie saßen mir nahe an einem langen Tische und hielten ehrbare Gespräche, an deren Inhalt ich schnell das Handwerk erkannte. Freilich waren auch diese Herren mir samt und sonders fremd, und doch wehte mich aus ihrer Nachbarschaft ein trauliches Gefühl an, als wären das lauter gute Kameraden, und ich brauchte mich bloß zu ihnen zu setzen, um ihrem Kreise ganz anzugehören. Das hätte ich ja auch wohl thun können ohne Furcht vor einer groben Abweisung, doch unterließ ich es, sei es, weil mein Gewissen wieder leise rumorte, sei es, weil ich mich als bequem hingelehnter Zuhörer am allerbehaglichsten fühlte.

Das Gespräch spielte zunächst überwiegend mit mehr vertrauten als anregenden Gegenständen aus dem qualenreichen Leben des deutschen Schulmeisters, was man Fachsimpeln nennt; nur einige dünne, wissenschaftliche Fäden wurden hier und da angesponnen und schlängelten sich eine Weile, um bald wieder von Heftekorrekturen, Konferenzen und Prüfungsresultaten erdrückt zu werden.

Da auf einmal spitzte ich die Ohren wie ein Pferd, das Hafer wittert: ich hörte etwas von deutschen Mundarten reden. Richtig, mein Ohr trank die Worte: niedersächsisch und friesisch, hessisch-thüringisch, mittelfränkisch und so weiter; scharfe Grenzen, Übergangs- und Mischungsgebiete: Harzgegend; Lechgrenze; immer so weiter; da jetzt, der Tausend, Nord- und Südbajuvarisch — — das war ja an sich nicht gerade so sehr merkwürdig, aber was mich verblüffte, fast aufschrecken ließ: die Stimme, die sich jetzt hören ließ, verriet ganz unzweifelhaft den allergediegensten Münchener Tonfall, wenngleich ein wenig schriftdeutsch gebändigt und abgeschliffen.

Nun ist es schon keineswegs so sehr alltäglich, daß ein bayerischer Pädagoge sich nach Hinterpommern verschlagen läßt; aber doch war es nicht das, was mich in so besonderer Erregung aufhorchen ließ, sondern es kam dazu: ich kannte diese Stimme nicht nur nach ihrer Stammesart, sondern in ihrer ganz persönlichen Ausprägung.

Der Sprecher kehrte mir den Rücken zu; ich sprang auf und that einen Gang durch das Zimmer, des Vorwands, mir eine Zeitung zu holen; so gewann ich seine Vorderansicht: sakra, das war gewiß und wahrhaftig in der Welt kein anderer als mein Freund Merlin! Eine Täuschung war nicht denkbar; mein Gedächtnis für Physiognomien hatte sich auch nach viel längeren Zwischenzeiten stets als untrüglich erwiesen.

Diese Überraschung war fast noch größer als die damals in München; ich muß ganz blaß geworden sein, und mir zitterten die Kniee.

Ich setzte mich zunächst wieder an meinen Platz und überlegte.

Entweder also war dieser Mensch ein Proteus oder Gottseibeiuns — oder Liborius-Chidher hatte damals doch recht gehabt: und ich war der grenzenlos Beschämte, vor mir selber Blamierte!

Aber was hatte denn die Vermummung damals als Kellner zu bedeuten?

Nun, man könnte denken: ihm war das Reisegeld ausgegangen, das kann einem Studenten schon passieren, einem Lehramtskandidaten erst recht.

Doch solches Grübeln war ziemlich sinnlos, wo ich den Mann nur zu fragen brauchte nach des Rätsels Lösung.

Nun, das that ich denn endlich, trat an ihn heran, stellte mich vor und erinnerte ihn an Südtirol und Liborius-Chidher, nannte ihn auch Herr Merlin.

Da ging ein helles Lächeln freudigen Erinnerns über seine Züge, und wenig fehlte, so wäre er mir um den Hals gefallen. Und sehr bald dann erkundigte er sich mit feuriger Teilnahme nach meinem Freunde.

„Ich weiß natürlich, wo er jetzt lebt und lehrt,“ fügte er hinzu, „ich verfolge sein Wirken mit beständiger Aufmerksamkeit; auch von Ihnen, Herr Doktor, weiß ich genug. Gern hätte ich Herrn Professor Liborius schon einmal geschrieben und über mein Schicksal Auskunft gegeben; ich bin ihm ja zu so reichem Danke verpflichtet, wovon er garnichts ahnt; aber — aber — ich war so kindisch, mich doch zu schämen, meiner Vergangenheit nämlich. Aber das soll ein Ende haben, gleich jetzt lege ich Ihnen und allen Kollegen meine Beichte ab. Und morgen schreibe ich dem Herrn Professor.“

In großer Spannung nahm ich Platz an dem Tische und mußte nun zunächst den Kollegen ausführlichen Bericht erstatten, in welch wunderlicher Art unsere Bekanntschaft vor Jahren sich angesponnen. Das Wiedersehen in München verschwieg ich vorläufig. Er aber fing gleich mit dem an, was ich umgangen hatte.

„Ich war damals Kellner,“ sagte er kurzweg. „Aber das war schon die zweite Laufbahn, für die ich bestimmt wurde. Ursprünglich sollte ich Pfarrer werden und hatte zu dem Zwecke die unteren Gymnasialklassen bis Tertia einschließlich schon durchgemacht; als nun aber meine Lehrer mir einstimmig eine nicht gewöhnliche Begabung für Sprachen nachrühmten, fand mein Vater, zum Studieren sei ich doch zu schade, ich werde, mit Sprachkenntnissen ausgerüstet, als Gasthofkellner einen sehr viel besseren Weg machen. Er war selbst ein kleiner Bierwirt und mußte das wissen; und er hatte auch vollkommen recht; wäre ich bei der Stange geblieben, mein Einkommen würde zweifellos längst das Doppelte meines Lehrergehalts betragen. Daß ich doch abtrünnig wurde, fällt Herrn Professor Liborius zur Last. Ich war damals gerade aus Frankreich und England zurückgekommen und befand mich auf dem Wege nach Italien, um mich auch dieser Sprache zu bemächtigen. In Innsbruck in der „Krone,“ einem übrigens bescheidenen Gasthause, machte ich mir das Vergnügen, einmal auch ein bißchen den Herrn zu spielen und mich bedienen zu lassen. Geld genug hatte ich. So geriet ich am Tische mit dem Herrn Professor zusammen, der sehr schöne Reden hielt, denen ich aufmerksam zuhörte. Er wird das gemerkt haben und ist daher wohl auf den Gedanken gekommen, mich für jemanden zu halten, der etwas davon verstände, also auch etwas von einem Gelehrten. Ein bißchen verstand ich ja auch, gerade genug, um meine Aufmerksamkeit zu spannen, aber doch recht wenig. Er jedoch richtete bald seine Worte fast ausschließlich an mich, so daß ich anfangs stark in Verlegenheit geriet, bis ich es heraus hatte, daß er niemals eine Antwort verlangte, sondern mit einem gelegentlichen Ja oder Nein vollkommen zufrieden war. Nun erfüllte mich diese Bevorzugung mit großem Stolz, und mein Behagen ward dadurch nicht geringer, daß mich alle Welt in Hörweite — und die war sehr groß — für einen jungen Gelehrten ansehen mußte.

Ich ging mit Freuden auf den Vorschlag des Herrn Professors ein, am nächsten Tage mit ihm gemeinsam zu wandern, allerdings auch mit einer großen Furcht, daß mein ungelehrter Stand schließlich irgendwie an den Tag kommen müßte; das aber empfand ich jetzt schon als eine harte Beschämung; so schnell gewöhnt sich der Mensch an eine Standeserhöhung. Begreiflicherweise wurde ich daher durch seinen absonderlichen Gedanken, eine Vorstellung auch ferner mit Absicht zu vermeiden, in das höchste Entzücken versetzt.

Wir blieben nun Tag für Tag bei einander, und das wurde die schönste Zeit meines Lebens. Vom Morgen bis zum Abend immerfort andächtig zuhören zu können, immer Neues zu lernen, die ganze Welt mit neuen Augen zu sehen, ja, unbekannte Welten neu zu entdecken; dazu das herrliche Gefühl des eigenen Wachsens, das Bewußtsein: jeden Tag verstehst du mehr von diesen Dingen, es ist dir die Fähigkeit nicht völlig versagt, dich ganz dahinein zu leben: Sie können mir glauben, ich war so glücklich, wie nur je ein frisch erhörter Liebhaber gewesen ist, und meine Verehrung und Dankbarkeit für den Herrn Professor war ohne Grenzen.

Abends allerdings fühlte ich mich regelmäßig vollkommen abgeschlagen und im Kopfe verworren und benommen, und ich wußte mir nicht anders zu helfen, um nur zum Schlafen zu kommen, als daß ich dann noch auf ein Stündchen heimlich meinesgleichen aufsuchte in der Küche oder der Schwemme und mich mit ihnen lustig machte, so toll ich nur konnte. Ich hatte aber doch immer eine schreckliche Angst dabei, daß mich der Herr Professor etwa in solcher Gesellschaft entdecken und derart mich entlarven könnte. Aber zum Glück betrat er diese Räume ja niemals.

Ich wäre nun mit Vergnügen wohl noch monatelang in solcher Herrlichkeit durch die Welt gezogen; doch leider mußte ich sehr viel früher schon zu der Erkenntnis kommen, daß meine Geldmittel ihrem Ende entgegengingen. Gerade für den Tag, wo wir Sie besuchten, Herr Doktor, reichten sie zuletzt noch und dann nur sehr knapp für die Heimreise nach München.

Denn das stand mir nun schon ganz fest: Kellner konnte ich nicht bleiben. Schon allein darum nicht, weil ich mir dann dem

Herrn Professor gegenüber all mein Leben lang wie ein Betrüger vorgekommen wäre. Ich hatte ihn doch, wenn auch zunächst ohne meine Absicht, zu dem Glauben verleitet, daß ich ein Gelehrter sei, und dies konnte ich nur dadurch wieder gut machen, daß ich wirklich nachträglich das wurde, wofür er mich gehalten hatte. Und außerdem war meine Begierde übermächtig erwacht, zu lernen und immer zu lernen. Das Leben wäre mir unerträglich gewesen, hätte ich sie gar nicht befriedigen können.

Also ich lief Ihnen davon und ging zurück nach München; dort diente ich noch ein Jahr lang als Kellner — ein schauerliches Jahr! Aber es gewann mir die Mittel, mein Vorhaben auszuführen. So ganz leicht war das auch nicht. Mit vierundzwanzig Jahren sich noch wieder auf die Schulbank zu setzen in eine Reihe mit Burschen von vierzehn, das will schon etwas sagen. Aber die Lehrer waren gütig, erleichterten mir nach Kräften die Beschwerde und schoben mich schnell vorwärts, so daß ich eher die Universität beziehen konnte, als zu erwarten gewesen. Durch ihre Vermittelung wurde auch mein Vater mit der Sachlage ausgesöhnt und gewährte mir einige Unterstützung.

Immerhin aber bin ich gut dreißig Jahre alt geworden, ehe ich mich mit dem Ehrentitel eines Schulamtskandidaten schmücken konnte. Dafür aber bin ich jetzt mit meinem Schicksal ganz und gar zufrieden und wünsche mir nichts Besseres."

„Das können nicht allzu viele Sterbliche von sich sagen," bemerkte ich, „aber sagen Sie, welcher abenteuerliche Wind hat Sie in dieses weltfernste aller Nester geführt?"

„Das war mir gerade recht," entgegnete er, „so weit wie möglich mich aus jener Welt zu entfernen, in der ich einst den Kellner gespielt hatte. Nicht daß ich dies für eine Schande hielt — dann würde ich jetzt doch wohl geschwiegen haben — aber für die dummen Jungen ist es nicht gut, dergleichen Dinge aus der Vergangenheit ihrer Lehrer zu wissen; sie haben noch kein Verständnis dafür und machen leicht Abzüge an dem bißchen Respekt, das sie uns bewilligen.

Aus diesem Grunde habe ich meine Heimat verlassen und mich in Preußen beim Geheimrat Bonitz persönlich gemeldet. Der hat mich hierhergeschickt, und ich bin ihm dankbar dafür. Denn Hinterpommern ist sehr viel besser als sein Ruf."

„Das ist es!" bestätigte ich mit Nachdruck und Überzeugung, „sowohl das Land wie die Leute. Unser Pommern soll leben!"

Und wir erhoben im Kreise die Gläser und tranken heftig auf das Wohl unseres viel beschrieenen Ländchens.

Unter diesen Gesprächen war die Stunde gekommen, wo der ehrbare Bürger nach Hause wandelt, wenn er am nächsten Morgen in schreckhafter Frühe zum Unterricht eilen muß. Die Versammlung löste sich also auf; Freund Merlin begleitete mich bis zu meinem Gasthofe.

„Und wie sind Sie gerade auf die Dialektstudien verfallen?" fragte ich unterwegs, „Sie müssen nämlich wissen, daß unser weiser Chidher Sie schon damals in dringendem Verdacht hatte, Specialist für dieses Fach zu sein. Wir werden ihm also den Namen eines großen Propheten schwerlich versagen können."

Er stieß einen Ruf der Verwunderung aus und sann ein wenig nach.

„Das ist allerdings sehr merkwürdig," meinte er endlich, „aber es muß doch wohl seinen Grund haben. Es ist richtig, daß seine Gespräche über diese Dinge in ganz besonderem Maße meine Aufmerksamkeit erregten, und das hat er mir wohl angesehen. Es war mir so wunderbar, daß ein gelehrter Herr aus dem fremden Norden etwas mir so Alltägliches als einen Gegenstand ernster Wissenschaft behandelte und dahinter gar seltsame Aufschlüsse über vergangene Zeiten fand; daß unsere gemeinen Schnadahüpfeln ihm Freude machten, schmeichelte mir auch und verwunderte mich zugleich: das mögen so die ersten Ansätze zu meiner späteren Neigung gewesen sein."

„Ich finde, unser Prophet wird dadurch nicht kleiner," bemerkte ich nachdenklich, „er hat schöpferisch gesehen."

Wir nahten meinem Gasthofe. Der dicke Wirt saß wohlbehäbig auf der Bank vor seinem Hause und genoß der Nachtkühle.

„Sehen Sie," sagte ich, „diese goldene Zukunft haben Sie sich nun entgehen lassen. Auf wie hoch wohl schätzen Sie den Mann nach seinen Einkünften?"

„Auf das Doppelte unseres Direktors,"

versetzte er schnell, „ich kann es so ziemlich genau berechnen.“

„Und was empfanden Sie dabei, mehr Neid oder mehr Reue?“ fragte ich lachend.

„Neid empfand ich einst,“ entgegnete er ganz ernst, „gegen jedermann, der keine Trinkgelder zu nehmen brauchte.“

„Nun, der nimmt doch längst keine mehr,“ wandte ich ein.

„Aber er muß vor jedem Lumpen tiefere Bücklinge machen als ich vor dem Minister,“ sagte er ruhig, „das kommt fast auf dasselbe heraus. Übrigens wenn jemand Lust hat: er hat eine einzige Tochter, ein ganz sauberes Ding —.“

„Ei, da sollten Sie zugreifen; so etwas gibt einem armen Lehrer immer einen schönen moralischen Halt,“ rief ich scherzend.

Er brummte etwas vor sich hin und legte dann stehen bleibend die Hand auf meinen Arm:

„Ich will Ihnen etwas erzählen,“ sagte er langsam. „Ich deutete Ihnen schon an, eine rechte Plage in meinem früheren Berufe war mir das Trinkgeldnehmen. Zwar auch das mit Unterschieden. Es gibt Leute, die ein Trinkgeld so zu geben verstehen, daß es einem wie eine ehrliche Bezahlung erscheint; und es gibt andere, die sich so dabei gebärden, das man's ihnen am liebsten gleich an den Kopf würfe: der schrecklichste der Schrecken aber war für mich allezeit, von einer hübschen jungen Dame oder auch nur in Gegenwart einer solchen ein Trinkgeld zu empfangen. Das war mir der Gipfel aller Demütigung und hätte allein schon genügen können, mir meinen Stand zu verleiden.

Sehen Sie, und ebenso empfinde ich es jetzt umgekehrt mit besonderem Behagen als eine der schönsten Folgen meines Berufswechsels und eine, die jeden Geldgewinn in den Schatten stellt, daß ich mit jeder jungen Dame, auch der vornehmsten oder reichsten als ein Gleicher mit einem Gleichen verkehren darf. Ist eine höheren Standes, so ist sie doch nur eine Höhere unter Gleichen. Keine Grafen- noch Excellenzentochter wird es sich herausnehmen, mich in trinkgeldmäßiger Herablassung zu behandeln; denn thäte sie es, so würde sie mir ja unvorsichtig das Geheimnis verraten, daß sie eine ungebildete Pute ist. — Sehen Sie, und ich kann die kleine Eitelkeit nicht leugnen: dieses Gleichheitsgefühl macht mich sehr glücklich.“

Ich ahnte leise noch etwas Weiteres.

„Sie wollten noch etwas erzählen,“ sagte ich mit einem stillen Frageton.

„Nun, in Gottes Namen,“ rief er vergnügt, „ich habe gestern den Treueschwur gewechselt mit einem nicht reichen, aber bildhübschen Mädchen, der Tochter eines pensionierten Obersten; ich hoffe auch dessen Einwilligung zu erlangen, er ist zur Zeit nur verreist.“

„Doch nicht etwa Oberst Brennicke?“ fragte ich freudig überrascht, indem ich ihm die Hand drückte.

„Eben der,“ bestätigte er, „Sie kennen meine Braut?“

„Sie war ein Kind, als ich hier lebte,“ erwiderte ich. „Aber sie hatte eine ältere Schwester, für die ich lichterloh geschwärmt habe. Diese ist längst verheiratet.

„Und nicht mit Ihnen?“ rief er fast vorwurfsvoll, „wie ist das gekommen?“

„Wie so etwas kommt,“ versetzte ich achselzuckend, „zum ersten hat sie meines Erinnerns nicht dem entsprechend für mich geschwärmt, und zum zweiten schwärmte ich nicht für sie allein, sondern zugleich noch für mehrere andere fast ebenso reizende junge Mädchen. Und um die alle zu heiraten, dazu reichte mein Hilfslehrergehalt nicht.“

„Da hätten Sie Kellner werden sollen,“ rief er heiter lachend.

„Vernünftig wär's gewesen,“ antwortete ich mit einem Seufzer, „das hätte geheißen, vom Esel aufs Pferd steigen; ich aber that's umgekehrt, stieg vom Esel auf den Hund und wurde Dichter.“

## Dorffrieden.



Stilles Dorf, im Abendfrieden
Hold mir in den Weg gestellt,
Waldumgrenzt, weltabgeschieden,
Sei gegrüßt, du enge Welt!

Lenzluft breitet warm die Hände;
Senkrecht wallt der blaue Rauch.
Rankend um die Häuserwände
Klammert sich der Gaisblattstrauch.

Kinder grüßen, blonde Dinger,
Die wie Heckenrosen blühn.
Und der Kirchturm hebt den Finger
Friedlich aus dem Lindengrün.

Ferner Feldduft grüßt verstohlen.
Gärtlein wuchern, märchengleich —
Wie ein tiefes Atemholen
Geht es durch das enge Reich.

Wie zu langer Friedenspause
Ruft das Glöcklein. — Abgestellt
Scheint des Erdenlärms Gebrause.
Sei gegrüßt, du enge Welt!

Frida Schanz.

# Neues vom Büchertisch.

Von

**Paul von Szczepański.**

(Nachdruck verboten.)

Einer alten Gewohnheit folgend, habe ich mir auch in diesem Jahr für das Maiheft aufgespart, was sich von gedruckten Versen im Laufe des Jahres auf meinem Büchertisch angesammelt hat. Und nun ich daran gehe, die Leser mit den Neuerscheinungen der Lyrik bekannt zu machen, setzt mich die alte Gewohnheit fast in Verlegenheit. Denn das Maiheft soll, wie sich's für den wenigstens offiziell schönsten Monat des Jahres gebührt, den Leser besonders anmuten; es soll ihn frühlingsmäßig daraus anwehen. Meine Bücherbesprechung aber muß ich mit einem Buche beginnen, das zwar das Leben in vielerlei Gestalt zeigt, aber hinter allem Leben lauernd — den Tod. Ich muß es, weil mir dieses Buch das bedeutendste unter den mir vorliegenden zu sein scheint, und weil mir, und vielleicht auch den Lesern, der Autor bisher unbekannt gewesen ist. Auch weil ich das Buch mit starkem Mißtrauen in die Hand genommen habe und weil ich gern Satisfaktion gebe, wenn ich jemandem, wär's auch, ohne daß er selbst eine Ahnung davon hat, Unrecht gethan habe. Das Buch heißt „Totentanz“, der Autor, ein Schweizer Dichter, Adolf Frey (Verlag von H. R. Sauerländer & Co. in Aarau). Ein wundervoll ausgestattetes Buch, und diese Ausstattung eben machte mich mißtrauisch. Nicht das herkömmliche Goldschnittformat, in dem sonst Verse, mit denen der Verleger ein Geschäft zu machen hofft, eng und zierlich gedruckt auf dem Büchermarkt erscheinen. Großes Format, Büttenpapier, nicht nur splendider, sondern auch vornehmer Druck, — eine Ausstattung für Liebhaber von Büchern. Da ich zu ihnen gehöre, hätte mir das ja nur willkommen sein müssen. Aber ich bin mißtrauisch von Natur und noch mißtrauischer durch die Erfahrungen meiner vierzig Maimonate, die mir fast sämtlich, und die im Anfang vielversprechenden ohne Ausnahme, verregnet sind. Ein nicht sehr bekannter Autor, dessen Buch so ausgestattet erscheint, muß entweder das Dichten nicht nötig oder das Glück gehabt haben, einen Verleger zu finden, der das Geschäft aus Passion betreibt, kalkulierte ich. Und Dichter, die es nicht nötig haben, zu dichten, aber Dichter, die Glück haben, müssen mich immer erst davon überzeugen, daß sie auch Talent haben. Adolf Frey hat ein großes Talent und ein reifes dazu. Die Bilder, die er in seinem „Totentanz“ gibt, sind von einer Klarheit und Schärfe der Zeichnung, von einer Sicherheit und Knappheit der Komposition, von einer Tiefe und Vielseitigkeit der Auffassung und von einer Größe, Anmut und Prägnanz in der Form, die mich mit Bewunderung erfüllt haben. In Adolf Frey steckt ein großer Maler, dessen Handwerkszeug allerdings nicht Pinsel und Palette, Stift oder Radiernadel ist; aber man sieht sein Bild ebenso deutlich vor Augen, trotzdem er nur mit Worten malt, als ob man es auf die Leinwand fixiert vor sich hätte. Alles, was ich dem Leser darüber sagen kann, wird nicht den Eindruck machen, den ich besser und kürzer zu erreichen hoffe, wenn ich ein paar Bilder des Freyschen Totentanzes citiere:

„Abendmahl.

Ein goldner Herbsttag strahlt ob meinem Gärtchen,
Darin die letzten bunten Astern blüh'n
Und wilde Rebe vom Geländer glüht.
Aus reinen Bergeshöh'n herabgestiegen,
Verweilt der Jugendfreund bei mir, gerüstet,
Ins hohe Alpenthal zurückzukehren,
Um endlich einmal völlig zu gesunden.
Er blickt der Zukunft freudig in das Antlitz,
Und seine großen Augen leuchten fiebrig.
Wir brechen Brot und klingen mit den Bechern,
Der Hoffnung unser Wünschen anvertrauend.
Dann Kuß und Händedruck und Lebewohl!
Wie er im Abendrote langsam schreitet,
Gesellt ein Wandrer sich zu ihm, den er
Nicht sieht und ahnt, im weißen Reisekleide,
Mit dunklen Wimpern und gesenkter Stirne.
Der führt ihn seinen stillen, fernen Pfad.“

In anderer Gestalt erscheint der Tod in dem Bilde: „Der Meisterschuß“.

„Im kühlen Schatten unterm Lindenrain
Konzert des Städtchens wack'rer Schützenverein.
Ein jeder rückt behutsam an den Stecher,
Und spannt auf Lorbeerkranz und Ehrenbecher.
Drei Dutzend eh'rne Röhren speien Feuer,
Und hurt'risch läuft das Schützenabenteuer.

Doch endlich wird es Zeit, nach ernstem Thun
Bei einem heitern Nachspiel auszuruh'n
Und sich im Freien an den langen Tischen
Mit einem guten Tropfen zu erfrischen,
Den aus des Stadtbergs sonnigen Rebgeländen
Nach altem Brauche Rat und Schultheiß spenden.

Das letzte Räuchlein wirbelt in die Luft,
Und über's Feld fließt goldner Abendduft.
Verheißend knallt schon hier und dort ein Pfropfen,
Und gurgelnd perlt ins Becherrund der Tropfen.

Der Zeiger kriecht hervor vom Kugelfang
Und schlendert an der Scheibenflucht entlang.
Es lacht und glänzt sein blühendes Gesicht,
Er weiß, auch ihm entgeht ein Tränklein nicht.
Da schrillt durch Duft und Klang ein scharfer Knall:
Ein angelehnter Stutzen kam zu Fall.
Der Zeiger schreit, fährt nach der Stirn und thut
Aufschnellend einen Sprung und schwimmt im Blut.
Aus einer Scheibe kommt der Tod gesprungen,
Ein rotes Zeigerhemd umgeschlungen.
Begierig hört er des Getroff'nen Röcheln,
Ergreift die Kelle mit verdorrten Knöcheln,
Und thut auf eine Scheibe einen Schlag
Und grinst: „Das ist der beste Schuß vom Tag.““

Noch ein drittes Bild: „Der Kelch."

„Zehn Jahre sind um, da ward die ‚fette Auster'
Begründet von erprobten Paladinen
Der Lebenslust, Herzögen edlen Trunkes
Und Hochgefürsteten erles'ner Tafel.
Aus ihrer Jugend wählten sie ein Haupt,
Den, mit der feinsten Zunge, der von jedem
Burgunder Jahr und Geist erkennt und wertet.
Heut feiern sie die Wiederkehr der Stiftung.
Die blütenweißen Servietten über
Untadeligen Fräcken eingesteckt
Genießen sie das Göttermahl: der Koch,
Der es erschuf, verdient Unsterblichkeit!
Und dieser Weine Würzen, die vom Kelchrand
Gleich Wunderblumen Zauberdüfte hauchen!
Die Flaschen mit den blanken Silberhälsen
Erglänzen aus dem Eis: die Feuerseele
Hat sich geläutert in den eis'gen Fesseln!
Die Stöpsel knallen und die feinen Gläser
Sind angefüllt. Das Haupt des Bundes, denn
So heischt's die Satzung, stößt mit jedem an,
Den Tisch umschreitend. Dann hebt er das Glas,
Bereit zum Trinkspruch, den die Würde fordert,
Und stumm erharrt das Wort die Tafelrunde.
Mit eins erklingt sein Spitzkelch zart und schüttert
Und schwankt in seiner Hand. Da sieht er deutlich
Die blanken Schliffe eines leichtgewichtigen
Blattdünnen Glaskelchs an dem seinen blitzen,
Und um den schmalen Kelchfuß sieht er schatt'ge,
Fleischlose Finger und darüber wie
Aus fahlem Nebeldunst erlosch'ne Augen,
Die ihn mit ungewissem Schein belauern.
Und plötzlich fährt die Schattenhand empor
Und schlägt ihm leicht ihr Spitzglas an die Stirn —
Er stürzt — sein Kelch zersplittert — **und er** röchelt."

Für Leute, die nicht an den Tod erinnert sein mögen, ist das natürlich keine Lektüre. Denen rate ich also auch nicht dazu, Frenz' „Totentanz" zu lesen, in den mich zu vertiefen mir ein großer Genuß gewesen ist.

Das durch einige Fabrikanten von historischen Romanen, die die Marotte haben, ihre Romane in schlechte Verse zu setzen, stark kompromittierte Epos bringt Kurt von Rohrscheidt durch seine Dichtung in sechs Gesängen „Satans Erlösung" wieder zu Ehren (Leipzig, Verlag von A. G. Liebeskind). Der Fürst der Hölle rüstet sich, die sündenreife Menschheit ganz zu verderben, und der Dichter läßt uns einen Blick in das Reich Satans thun:

„Ein Dom erhob sich da im finstren Grund
Mit Riesentürmen, Hallen unermessen,
Aus schwarzem Marmor schienen wie die Quadern.
Dran Feuerstreifen sich gleich glüh'nden Schlangen
Hinwanden, ineinander sich verkettend,
Das Ganze gleichend einem grellen Netz,
Das man aus Blitzen wob und Wetterwolken.
Auf rotem Throne saß der Fürst der Hölle,
Nichts war vom Pferdefuß an ihm zu merken,
Des Hahnes Feder fehlte seinem Haupt.
Vielmehr glich er dem stolzen Herrn des Krieges,
Des Gang zermalmt die heitren Erdenfluren
Und dessen Fußes Spur sich füllt mit Blut;
So wild und grimmig war des Auges Blick,
Und doch ein Herrscherblick voll Majestät.
Ein Flammenpanzer gürtete die Brust,
Auf seinem Haupte lag der Sünden Kranz,
Draus empor sich leise züngelnd hob
Die Flamme seiner Schuld, im Arme hielt er
Das Schwert der Nacht, und also blickt' er lächelnd
Hernieder auf die Scharen der Trabanten,
Die einem Heerwall gleich um ihn sich reihten."

Als Satan eben im Begriff ist, an der Spitze seiner höllischen Heerscharen auszuziehen, erscheint der Engel Gottes und verkündet ihm:

„So spricht der Herr, noch einmal hör' die Botschaft,
Die ich verkündet dir im Anbeginnen,
Da du abtrünnig wurdest von dem Vater.
Verbannt sollst du von meinem Throne sein
Und von der Herrlichkeit des reinen Lichts,
Verbannt in Nacht und Sünde, bis dereinst
Ein Menschenkind, das du verführt in Not,
Auf dessen Haupt du Leid auf Leid gehäuft,
Das du unsäglich elend hast gemacht,
Dich dennoch liebt mit reiner Menschenliebe.
Geschieht dies nicht, dann ist dir dies bestimmt:
Verlieren wirst du die Unsterblichkeit,
Die ehmals floß von meinem Sein in deines,
Zum Menschen wirst du und zum Sterblichen.
Kurz ist bemessen dieses Lebens Zeit,
Und wenn du lernst, ein Mensch als Mensch zu fühlen,
Wenn du den Quell der Reinheit, der, versiegt
In Satans Brust, im Menschenherzen wieder
Ersteht zu neuem Leben, läßest strömen
Frei durch dein Selbst, wenn du zum Guten dich
Hinwendest und den bösen Drang besiegst,
Dann darfst du vor das Angesicht des Vaters
Hintreten wieder und der meine sein,
Wie du der meine warst. Doch wehe dir,
Wenn auch der alte Trotz im Menschen mächtig
Dich spotten heißet dieser meiner Gnade,
Und du zum zweitenmal dich von mir wendest!
Dann wirst du wieder in die Nacht verbannt,
Verbannt, zu sein ein Sklave dieser Hölle,
Wo du ein Herr gewesen, dann ist dir
Die Wiederkehr auf ewiglich versagt,
Und leiden sollst du in derselben Qual,
In der die Menschen litten und gebüßt!
In deiner Brust bewahre dieses Wort:
Nur Menschenliebe löst dich von dem Fluch,
Wie Gottesliebe einst die Menschen löste!"

Satan ist hier nicht die Kraft, die nur das Böse will und stets das Gute schafft, sondern er ist das Böse an sich, das nur durch selbstlose Liebe überwunden wird. Diesen Gedanken führt Kurt von Rohrscheidt in anregender Fabel und schöner Form bis zum Schluß, bis zum Tage des Weltgerichts.

Eine große Anzahl sehr schöner, frischer und liebenswürdiger lyrischer Gedichte findet der Leser in den unter dem Titel „Nemt, Frouwe, disen Kranz" erschienenen ausgewählten Gedichten von Otto Julius Bierbaum (Berlin, Verlag von Gustav Schuhr). Auch an dem Übermut einzelner werden nur griesgrämige Leser Anstoß nehmen, wie ich hoffe. Ich würde sonst nicht wagen, gerade die dem Andenken der Studentenliebe Jennelts gewidmeten Verse zu citieren.

„Was ist mein Schatz? Eine Plättmamsell.
Wo wohnt sie? Unten am Gries,
  Wo die Isar rauscht, wo die Brücke steht,
  Wo die Wäsche von flatternden Hemden weht:
Da liegt mein Paradies.

Im allerkleinsten Hause drin,
Mit den Fensterläden grün,
  Da steht mein Schatz am Bügelbrett,
  Heiho, wie sie hurtig den Bügelstahl dreht,
Gott, wie die Backen glühn!

Im weißen Röckchen steht sie da,
Ihre Bluse ist blumig bunt:
  Kein Mieder schnürt, was d'runter sich regt,
  Sich wellenwohlig weich bewegt,
Der Brüste knospendes Rund.

Vorüber geh ich allmorgens früh,
Schau' tief ihr ins Auge hinein.
  Da liegt meine Lust, meine Liebe, mein Glück,
  Die lachende Kunde: Komm abends zurück,
Das Wäschermadl ist dein!

Manches erscheint mir, wie der Titel und die Ausstattung des Buches, zu schwülstig oder zu gesucht, als daß ich großen Geschmack daran finden könnte. Man macht da die Erfahrung, daß man doch eigentlich viel moderner, d. h. viel mehr ein Mensch seiner Zeit ist, als die, die sich in der Litteratur die „Modernen" nennen. Verse z. B. wie die „Sehnsüchtige Melodie" betitelten:

„Roseninsel, schwanenschwommen,
Roseninsel im grünen Meere,
Roseninsel, düfteschwere,
Sonnenheiße,
Felsenweiße,
Heckenheimliche Roseninsel . . .

Rote Rosen, rankenwilde,
Rote Rosen, herzenheiße,
Rote Rosen auf Säulenweiße,
Stengelhohe,
Schönheitsfrohe,
Blütenschaumumwinde rote Rosen rc. rc."

sind mir, wie ich offen bekenne, gar keine Melodie, sondern nur Worte, und der Worte viel zu viele. Wieder andere Lieder sind zwar an sich sehr schön, aber doch so stark nachempfunden, daß der Leser ein starkes Unbehagen nicht los werden kann, wie bei O. J. Bierbaums „Abendlied":

„Die Nacht ist niedergegangen,
Die schwarzen Schleier hangen
  Nun über Busch und Haus.
Leis rauscht es in den Buchen,
Die letzten Winde suchen
  Die vollsten Wipfel sich zum Neste aus.

Noch einmal leis ein Wehen,
Dann bleibt der Atem stehen
  Der müden, müden Welt.
Nur noch ein zages Beben
Fühl durch die Nacht ich schweben,
  Auf die der Friede seine Hände hält."

Da ist mir das Original:

„Nun ist der Tag vergangen,
Die goldnen Sterne prangen
  Am dunklen Himmelszelt rc."

sehr viel lieber, nicht nur weil es Original ist, oder weil Bierbaum ein geradezu entstellendes Bild braucht, indem er der Welt den Atem stehen läßt, während sie schläft, sondern weil das Original die Abendstimmung auch einfacher, ungekünstelter und tiefer zum Ausdruck bringt.

Verdienstvoller als diese Art der Nachempfindung und Nachformung erscheint mir die Nachdichtung der Lieder und Sprüche des Assim-Agha Gül-hanendé, in der Bernhardine Schulze-Smidt uns mit den Blüten neutürkischer Lyrik bekannt macht. Das im Verlag von Schmidt & Günther, Leipzig, unter dem Titel „Rosenblätter" erschienene Buch ist leider auch neutürkisch, d. h. sehr bunt ausgestattet, ohne daß uns die Harmonie der Farben bezauberte, die uns an alten türkischen Geweben — übrigens auch an den neuen besserer Qualität — entzückt. Aber die Übertragungen sind nicht nur außerordentlich formgewandt, sondern scheinen auch den Geist der Dichtung bewundernswert wiederzugeben. Wenn man die Türken aus eigner Anschauung nur in dem türkischen Bazar der Weltausstellung von Chicago kennen gelernt hat, wo sie zumeist türkische Juden oder, dem neueren Sprachgebrauch folgend, Türken jüdischer Konfession waren und nicht Verse recitierten, sondern mit schlechten Stickereien und Gerstenzucker handelten, dann kann man ein sachmännisches Urteil darüber nicht gut abgeben. Wäre ich boshaft, wie mir immer noch nachgesagt wird, so würde ich mich darüber wundern, daß der türkische Dichter, der die Frauen nur unter dem Schleier und hinter dem Fenstergitter kennt, nicht nur ihre Schönheit, sondern auch ihre sonstigen guten Eigenschaften mit weit stärkerer Glut preist, als sie selbst den verliebtesten deutschen Dichtern eigen ist. Die Schlußfolgerung, daß das Fehlen von Schleier und Fenstergitter abkühlend auf die Sänger wirke, weise ich entschieden von der Hand; ich sehe vielmehr den Grund für die merkwürdige Erscheinung nur in der bilderreicheren und weniger nüchternen türkischen Sprache. In einem sind die türkischen Dichter den unseren gleich; darin daß sie zu sterben drohen, wenn sie nicht erhört werden:

„Weinen muß ich, süße Seele, wie der Abendregen,
Sterben werd' ich, süße Seele, meiner Liebe wegen!
Wenn ich schlafe, süße Seele, unter den Cypressen,
Wirst du, süße Seele, mich und meine Lieb' vergessen!"

Von Frida Schanz erschien ein Band „Neue Gedichte" (Leipzig, Verlag von J. J. Weber), von denen einige den Lesern bereits durch Veröffentlichung in den „Monatsheften" bekannt geworden sind, wie die beiden Novellen „Frau Blanchefleur" und „Sieghafte Kunst." Den vielen Verehrern der Dichterin wird diese Anzeige, der ich nur noch hinzufügen will, daß der Band mit einem ausgezeichnet ähnlichen Porträt von Frida Schanz geschmückt ist, genügen; aber ich möchte mir nicht versagen, zwei den Leser endlich wohlig anmutende Gedichte hier folgen zu lassen. Der sorglosen Reisestimmung gibt „Das Wäglein vor der Thür" Ausdruck:

„Geschwätz am langen Frühstückstisch
Von Weg und Fahrgebühr;
Blutjung der Tag, die Seele frisch;
Das Wäglein vor der Thür!

Das Herz voll froher Ungeduld;
Die Luft voll Schwalbenschrei;
Für Wanderglück und Musenhuld
Der ganze Tag noch frei.

Fern alles Leid. — Und Sonnenschein
Und Morgenduft dafür.
Die Berge blau! Das Leben mein!
Das Wäglein vor der Thür!"

Glücklichste Frühlingsstimmung finden wir in dem zweiten „Maienzeit":

„Aufatmend ruh' ich vom Waldesgange.
Es blüht! Es mait!
Ich liege tändelnd am Veilchenhange:
Meiner Seele Meister, das stumme Leid,
Hat Ferienzeit.
Entronnen bin ich dem stummen Zwange
Und flechte froh in der Einsamkeit
Feldblumen zum Kranze, Silben zum Sange,
Erlöst, befreit,
Glückselig wie in der Kinderzeit.

Aufschauernd lausch' ich den Frühlingswinden,
Umhegt vom Wall
Goldblühender Birken, knospender Linden,
Umklingt, umklungen vom Liederschall
Der Nachtigall.
Sucht ihr mich, Sorgen, ich bin nicht zu finden!
Mein Herz ging auf in der Düfte Schwall.
Wie Klänge verwehen, wie Farben schwinden
Im weiten All! — —
Im Traum nur hör' ich die Nachtigall.

Erinn'rung stöbert in allen Ecken
Nach meiner Spur.
O lustiges Spiel, o süßes Verstecken,
O heit'res Ruh'n auf der Frühlingsflur
In dir, Natur!
Wie Schneestaub weht's von den Blütenhecken,
Es perlt der Thau von der Ranken Schnur.
Ich liege tändelnd auf Veilchendecken. — —
Ein Stündlein nur,
Du seliger Lenztag, halt' an die Uhr!"

Otto Gildemeister ist der ihm testamentarisch übertragenen Pflicht, Karl Werders Gedichte (Berlin, F. Fontane & Co.) herauszugeben, mit anerkennenswerter Gewissenhaftigkeit nachgekommen. Daß ihm die Pflicht ein besonders lebhaftes Vergnügen gewesen sei, scheint mir aus des Herausgebers Vorrede nicht gerade erkennbar zu sein. Diese Vorrede spricht sich über den Menschen Werder mit großer Wärme, über den Dichter aber doch sehr zurückhaltend aus. Und diese Zurückhaltung begreift man recht wohl, wenn man in dem stattlichen Bande blättert. Karl Werder ist zumeist so unklar im Ausdruck seiner Empfindungen, daß man ihn sehr schwer versteht, so altväterisch in der Form, daß man an seinen Versen wenig Geschmack findet, und bei aller Überschwänglichkeit des Ausdrucks doch so prosaisch-philisterhaft, daß man wünschen möchte, der alte und von seinen Bekannten sehr verehrte Herr, der ein sehr langes Leben hindurch dem Ehrgeiz widerstanden hat, seine Verse drucken zu lassen, hätte auch nach seinem Tode für die Öffentlichkeit geschwiegen. Die Ehrlichkeit der Empfindung macht auch dann noch nicht den Dichter, wenn sie von Begeisterung, Verehrung, Dankbarkeit oder anderen edlen Regungen des Herzens getragen wird. Man höre den Beginn eines der Kaiserin Augusta im Jahre 1881 gewidmeten gereimten Glückwunsches zur Genesung:

„An deinen Platz, entzückte Seele!
Daß deines Jubels heller Laut
Nicht an dem Freudentage fehle,
Nach dem sie gläubig ausgeschaut.

Im Hoffen zagend, zagend ohne
Zu wanken in der Zuversicht:
Des schweren Siechtums Dornenkrone,
Dies Leben schirmt sie, raubt es nicht!

Preis ihr! Jetzt was in ihrem Schoße
Sie trug, im Schauer der Gefahr,
Jetzt wissen wir, daß es die Rose,
Die holde, der Genesung war.

Du lebst! Du bist uns neugeboren!
Blieb doch der Fassung hohes Gut
Im ärgsten Weh dir unverloren, —
Heilung gedeiht in solcher Hut." rc.

Oder die „Ode an die Freiheit":

Tausend Jahr lang haben dich die Riesen
Der Gewalt,
Ach und der Gewalt Pygmäen,
Weil du kamst in Knechtsgestalt,
Tochter Gottes, Freiheit! dich verwiesen
Nach dem eitlen Schattenland,
Dem Sibirien der Ideen,
Das der Spott Utopien genannt.

Und nun heut, da du erscheinst im Grimme
Deiner Macht,
In dem Götter-Schreckensglanze,
Dich verkündend über Nacht,
Der entsetzten Welt mit Donnerstimme,
Nun, urplötzlich, siehe da,
In dem weiten Länderkranze
Liegt überall Utopia.

Überall hindurch durch die gemeine
Wirklichkeit
Bricht die Saat, die die geschmähten
Träumer gläubig ausgestreut
In den Äther, die gedankenreine;
Und im Frühlingsfeuerlauf
Rauscht der Garten der Propheten
Um das schauernde Europa auf!

Heil dem Geiste — aber weh uns allen,
Die ihn schau'n!
Denn er kommt ein Geist der Rache!
Vor ihm der Medusa Grau'n,
Hinter ihm des Chaos finstres Wallen.
Gottlos hat man ihn verdammt,
Und nun liegt ein Feuerdrache
Wild vor unserem Eden aufgeflammt."

Und so weiter, — noch elf solcher Verse. Es erfordert eine starke Kopfarbeit, um dem Gedankengange des Dichters zu folgen, und da man sie bewältigt, so sieht man, daß die Mühe sich eigentlich nicht gelohnt hat. Mit Karl Werders kleinen lyrischen Stimmungsgedichten geht es einem nicht anders:

„Wenn Genießen nicht auch Thun ist,
Hab' ich wenig nur gethan,
Wo für andre nichts als Ruh' ist,
Fängt mein Wirken erst recht an.

Wenn ich deiner Stimme lausche,
Holde Lehrerin Natur,
Find' ich in dem Wellenrausche
Eine Paradiesesspur.

Aus viel hundert kleinen Freuden,
Die er in sich saugt, mein Blick,
Bau' ich auf der Flut der Leiden
Mir ein sichres Lebensglück.

Trag', ach trag' mich immer weiter,
Du mein leichtes Rettungsboot,
Immer friedlich, immer heiter
Durch den Jammer, durch die Not. —

Immer weiter, weiter, weiter,
In den Hafen, in den Tod."

Es thut mir leid, aber ich kann mir bei diesen Versen gar nichts denken. Vielleicht gelänge es mir, wenn ich Litteraturprofessor wäre.

Ein wunderlicher Herr ist der „Bauer" Christian Wagner in Warmbronn, der unter dem Titel „Neuer Glaube" ein Frage- und Antwortspiel mit eingestreuten Versen veröffentlichte, das die Deutsche Verlags-Anstalt in Stuttgart als ersten Band eines Litterarischen Schatzkästleins erscheinen ließ. Der Bauer Wagner ist nicht anspruchslos. Er sagt in seinem Vorwort: „So habe ich gethan, was ich nicht lassen konnte, und Freiheit gepredigt den Armen und Verachteten und der ganzen Natur. Ich habe das Evangelium gepredigt von der möglichsten Schonung für alles Lebendige, und den Krieg angesagt jeder herzlosen Ichlehre. Und nun ich mich meiner Aufgabe entledigt, ist mir, als habe ich mich selbst frei gemacht. Ich fühle auch, daß ich nur gethan, was ich thun mußte: Stärkung herabgeholt von der Höhe, Freudigkeit genommen aus meinem Eignen und Götterbrot entwendet aus den Himmeln der Seligen. Wie ich aber dazu gekommen bin, als einfacher Landmann solches zu schreiben? Ich weiß es selbst nicht, oder richtiger gesagt, ich that es, weil ich mußte." Christian Wagner mag darin recht haben, daß das Buch eine That ist; aber sicher ist es nicht mehr als eine That der Selbstbefreiung, die bereits vor der Drucklegung vollendet war. Viele Anhänger wird der Neue Glaube kaum finden, trotzdem sein Verkünder manchen guten alten Gedanken mit der Freudigkeit, die er aus seinem Eignen nimmt, nachdenkt oder vielleicht auch neu denkt. Dazu ist sein Bekenntnis zu verworren und lediglich auf subjektiver Empfindung basierend. Auch an Banalitäten dürften sich manche Leute stoßen. So giebt Christian Wagner auf die Frage 1– des Katechismus seines Neuen Glaubens: „Da das menschliche Leben ein so rasch vorübereilendes, oft kümmerliches ist, so darf ihm wohl kein besonderer Wert beigelegt werden?" die ganz klare Antwort: „Einerseits schon, doch andererseits auch wieder nicht," und auf die folgende Frage: „Wie urteilt der Neue Glaube über den Freitod?" (so nennt Wagner den Selbstmord) ebenso klar: „Verschieden; je nach den Umständen." Auch das hinzugefügte „Was ist das?" Christian Wagners macht einen nicht gescheuter: „O Trostesblatt, wenn du denken kannst, daß die Thür deines Kerkers nicht verschlossen, sondern nur angelehnt ist und einer etwaigen Flucht nur unbedeutende Hindernisse im Wege stehen. — Und dennoch, bedenke wohl! — Bedenke, wie viele Jahrmillionen sich die Atome deines Leibes, gebunden an Fels und Stein, an Wind und Wellen gesehnt haben, dereinstmals zu solcher Gottähnlichkeit zu gelangen. — Bedenke, wie manche lange Jahrhunderte sich das Geringwertige des Lebens, zerstreut und zerflattert, nach solcher Zusammenfassung und solchem Wertgehalte eines Erlöserleibes gesehnt hat, und siehe wohl zu, ob deinen Atomen zum zweitenmale eine solch glorreiche Wiederkehr gestattet werden wird! — Frage dich, ob du bei einer Wiederkehr nicht auch wieder Mühen haben würdest! — Nur wieder andere Mühen. Aber in dem Gewoge menschlicher Leidenschaften, menschlichen Elends, irdischer und überirdischer Plagegeister greift schließlich der empörte Stolz des besseren Menschen zur [illegible] Entwürdigung, um sich selbst, sein besseres Selbst vor fernerer Entwürdigung zu wahren. — Und doch männlich ist dieser Tod, dieses Sterben nach eigner Wahl, dieser Freitod gleich dem Freitode altskandinavischer Krieger." Christian Wagner macht es den Bekennern seines neuen Glaubens, wie man sieht, nicht leicht, das Richtige zu treffen. Wählen sie den „Freitod," so sind sie zum mindesten sehr unvorsichtig, wählen sie ihn nicht, so dürfen sie sich nicht zu den besseren Menschen rechnen. Christian Wagner hat offenbar nicht nur viel gedacht, sondern auch viel gelesen, und das Gelesene hat sich etwas kunterbunt in seinem Gehirn aufgespeichert. Rätselhaft ist mir, wie er mit seiner noch am klarsten zum Ausdruck gelangenden Tier- und Pflanzenliebe das ewige Morden des bäuerlichen Berufes vereint. Denn er unterscheidet keineswegs zwischen nützlichen und schädlichen Tieren oder Pflanzen, sondern achtet sie alle als gleichwertige Lebewesen, und ob er ein Schwein schlachtet oder eine Maus ersäuft, einen Giftpilz zertritt oder einem Grashalm im besten Wachstum den Lebensfaden durchschneidet, das gilt ihm gleich als Mord. Wenn er bei solchen Anschauungen als Bauer bestehen kann, hat er offenbar ein neues Wirtschaftsprincip entdeckt, das mehr wert ist als sein neuer Glaube und das zweifellos den Antrag Kanitz aus der Welt schaffen müßte.

Gelüstet's den Leser, mal einen der Allerjüngstdeutschen kennen zu lernen, dann empfehle ich ihm Hans Benzmanns Gedichte: „Im Frühlingssturm!" (Großenhain, Baumert & Ronge.) Der ist abwechselnd ein Teufel und ein Engel — natürlich nur sich und nicht dem Leser — ein Gott und ein — na, sagen wir — ein Mensch, und er klaviert das ganze Register unverstandener

Gefühle in freien Rhythmen, daß einem angst und bange bei diesem Schwulst von Worten werden kann:

„Ein Teufel war ich,
Lüstern nach Seelen . . .
Deine flatternde Kinderseele
Fand ich am Wege,
Betend zum staubigen Heiligenbilde der Liebe . . .
Und ich schob die träumende,
Sehnende junge Seele
Auf meine schwarzen Flügel
Und trug sie empor
Zu den kalten Silbersternen
Meiner Gedanken
Durch die schwülen, blutheißen Nächte der Wollust,
Durch die widrigen Nebel der Sünde . . .
Meine Krallen schlug ich in sie
Und schlürfte sie ein
Wie jungen gärenden Baumsaft . . .
Ganz wurde sie mein!
Doch wie sie ruhte
An meiner satanischen Brust,
Die liebliche Menschenblüte,
Da zuckte mein Herz
In seltsamem Weh,
Und ich fühlte Grauen vor mir
Und vor der heißen Hölle in mir,
Vor meinem verdorrten Herzen
Und der klaffenden Leere in ihm . . .“

Ich höre auf, trotzdem das noch eine ganze Weile so fortgeht, weil ich die Leser sagen höre, das sei ja gefährlich. Beinahe gemeingefährlich! Ja, was will man, so sind nun einmal die Dichter und die jungen Genies!

Zwei Bände Gedichte in schwäbischer Mundart „*Schwäbisch Gmüat*“ von *Mathilde Franck* und „*Aus 'em Lerche-Nescht*“ von *Adolf Grimminger* (beide Verlag von Adolf Bonz & Co., Stuttgart) muß ich mich begnügen, anzuzeigen, weil es mir zu schwer wird, den Dialekt zu verstehen. In *dritter* und vermehrter Auflage liegen mir noch die Ausgewählten Dichtungen „*Strandgut*“ von *Reinhold Fuchs* (Gera, Verlag von Karl Rauch) vor, auf die ich bereits vor Jahren hingewiesen habe.

## Zu unsern Bildern.

(Abdruck verboten.)

Das ist für den guten deutschen Hühnerhund, den C. F. *Deiker* die erste Schnepfe apportierend gemalt hat, in der That eine *gefährliche Begegnung*, die verhängnisvoll für ihn werden kann. In dem stolzen Gefühl, seine Pflicht gethan und den erlegten Langschnabel aufgefunden zu haben, trotzdem er von dem vermoderten Laub, in das er gefallen, kaum zu unterscheiden war — ein Kunststück, gewiß ebenso bewundernswert wie die Kunst seines Herrn, der selbst im Zwielicht des abenddämmernden Waldes niemals sein Ziel verfehlt — trabt Hektor mit gehobener Nase dem Standort des Jägers zu, als sich plötzlich vor ihm eine Kreuzotter aufrichtet. Ihr Biß würde unbedingt tödlich für ihn sein. Das macht er sich vielleicht in seinem Hundeverstande nicht ganz klar, aber so viel weiß er doch, daß er besser thut, mit dem Reptil nicht anzubinden. Außerdem ist er von starkem Pflichtbewußtsein, — solange er die Schnepfe nicht seinem Herrn zu Füßen gelegt hat, hat er keine Zeit, gefährliche Allotria zu treiben. Ein augenblickliches Stutzen, dann ein schneller Seitensprung und ein beschleunigtes Tempo, und Hektor ist gerettet. C. F. Deiker liebt es, seinen Tierbildern eine dramatische Pointe zu geben, die denn auch niemals ihre Wirkung auf den Beschauer verfehlt. — Auch des Düsseldorfers W. *Simmler* Bild „*Elternfreude*“ ist neben prächtiger dekorativer Wirkung auf eine dramatische Pointe zugespitzt, eine Pointe freilich sehr lustiger Art, die denn auch das junge Ehepaar vom Geschlecht der Faune nicht nur ganz in Anspruch nimmt, sondern auch herzlich lachen macht. Schade, daß sie die Augen ihres Buben nicht sehen können, der sich so energisch dem Böcklein entgegenstemmt und fest entschlossen ist, nicht zu wanken und zu weichen, — diese trotzigen Kinderaugen, die offenbar aus einem von der Natur beneidenswert hart geschaffenen Schädel stammen. Eine kräftige Lebensfreude spricht aus dem Bilde W. Simmlers, das wohl zum Schmuck eines Speisesaales bestimmt ist. Die Faune sind zwar noch nicht ausgestorben, aber sie sind nicht mehr so harmlos, wie sie Simmler malt, auch wachsen ihnen die Trauben nicht mehr in den Mund, die sie übrigens auch heute gekeltert vorzuziehen pflegen. — Aus dem Ballsaal der französischen Botschaft in Berlin stammt das Wandgemälde von *Gabriel Ferrier*, das eine zum Tanz aufspielende mittelalterliche Musikkapelle darstellt. Hier weist das Motiv des Bildes direkt auf die Bestimmung des Raumes hin, dem das Gemälde zum Schmuck dient. — Der Düsseldorfer *Walther Witting* malte sein Kniestück in der ungezwungenen Haltung einer sich unbeobachtet wissenden und sich ganz einer nachdenklichen Stimmung hingebenden Dame. Auf diese Weise gewinnt das Porträt einen intimeren Reiz, der auch diejenigen fesselt, denen das Original des Porträts unbekannt ist und die auf die Frage, ob sie es ähnlich finden, nichts antworten können. Übrigens spielt die Ähnlichkeit bei der Bemessung des Kunstwertes eines Porträts immer nur für die persönlichen Bekannten des Porträtierten eine Rolle, und ein sehr ähnliches Porträt braucht deshalb noch lange nicht ein gutes Bild zu sein. Das schließt natürlich nicht aus, daß Walther Wittings Kniestück nicht nur ein sehr gutes Bild, sondern auch ein sehr ähnliches Porträt ist. — Während Bennewitz von Loefen der Ältere mit Vorliebe die norddeutsche Flachlandschaft malerisch behandelt, hat sein Sohn, *Bennewitz von Loefen* jr., eine Vorliebe für die Menschen, die in dieser Landschaft groß geworden sind.

Ein ehemaliger Schüler der Düsseldorfer Akademie, ist ihm das heitere Genrebild zur Domäne geworden, das er durch charakteristische Auffassung und starke Betonung der Individualität zu vertiefen bestrebt ist. Seine drei Helgoländerinnen bestricken nicht durch außergewöhnliche Schönheit — wie denn die Helgoländerinnen thatsächlich ganz ohne ihr eigenes Zuthun in den Ruf gekommen sind, daß sie sich durch Schönheit vor anderen Frauen und Mädchen auszeichneten — aber ihre charakteristische Haltung, der naive Eifer ihres Geplauders auf dem Spaziergang am Strande, die vortrefflich gemalte ruhige See im Hintergrunde, von der sich die Gestalten scharf abheben, fesseln durch die Naturwahrheit des Wiedergegebenen. Wovon die drei plaudern mögen? Vielleicht machen sie sich lustig über das extravagante Strandkostüm eines Badegastes, oder sie amüsieren sich über einen neuen Vorwand, den die intelligenten Insulaner ergründet haben, um den Fremden den Aufenthalt noch mehr zu verteuern, oder sie freuen sich auf die schöne Zeit, da die Badegäste wieder verschwunden und die Helgoländer wieder vergnügt unter sich sein werden. Vielleicht kichern sie auch über nichts, wie das nicht nur junger Helgoländerinnen Art ist. — Auch dem Engländer Stanhope A. Forbes ist es auf seinem Bilde „Der Leuchtturm“ mehr um die charakteristische Wiedergabe der Menschen, als um die Landschaft zu thun; die steil aufragende Küste und der Hafeneingang mit der weit verspringenden Mole, an der eben ein Dampfer seine Ladung löscht, und dem auf der Spitze derselben emporragenden Leuchtturm sind ihm nur Hintergrund für den Fischerkahn und die beiden wetterharten, ganz in ihrer Arbeit aufgehenden Seeleute darin. — Das Porträt der Kaiserin Katharina II. in russischem Kostüm ist von besonderem Interesse, weil es ein genaues Bild der Tracht gibt, die bei großen Festen und Empfängen am russischen Hofe noch heute oder vielmehr heute wieder den Damen vorgeschrieben ist. Katharina II. führte den alten Kopfschmuck der Bojarinnen, den juwelenbesetzten Kokoschnik mit dem lang herniederwallenden weißen Schleier wieder am russischen Hofe ein, trotzdem sie in ihren Kleidungen mehr wie ihre Vorgängerinnen, die der französischen Mode huldigten, von westeuropäischer Kultur beeinflußt war. Auch die Kaiserinnen nach Katharina II. trugen das russische Nationalkostüm, das zur officiellen Hoftracht erhoben wurde, die auf das Auge zwar etwas schwerfällig, aber auch sehr pomphaft und würdevoll wirkt. — Der Amerikaner Harry Fenn zeichnete ein Stückchen amerikanischer Waldeinsamkeit, die man nicht anders auch in unseren Wäldern finden dürfte. Trotzdem ist sein Bild nicht nur stimmungsvoll, sondern auch charakteristisch und der Wirklichkeit entsprechender, als die Schilderungen nordamerikanischer Urwälder, die Cooper z. B. in seinen Romanen gibt. Die Natur wirtschaftet auch, manchmal rationeller als der Mensch, und sorgt dafür, daß die Bäume nicht in den Himmel wachsen. Wer ein Stück Tucheler Heide gesehen hat, der kann sich ganz gut einbilden, in den Urwäldern Wisconsins gewesen zu sein. — Wer von dem künstlerischen Ernst und der fast peinlichen Gewissenhaftigkeit Ed. von Gebhardts einen Begriff gewinnen will, der muß sich in die Studien des Meisters zu seinen Bildern vertiefen. Da finden wir fast jede einzelne Figur in subtilster Ausführung — ein wahrer Schatz von Skizzen, den der Meister in seinen Bildern gehoben hat. Einem weniger groß empfindenden und nicht so innerlich an seinen Bildern beteiligten Künstler, wie Ed. von Gebhardt es ist, würde über diesen detaillierten Vorarbeiten leicht die Frische und die Kraft verloren gegangen sein, die an seinen Bildern auch von den dem Stoffe kühl oder negierend Gegenüberstehenden bewundert wird. Unsere Skizze eines mit gespannter Aufmerksamkeit zuhörenden alten Mannes zeigt diese Sorgfalt in der Ausführung in so hohem Maße, daß sie als ein Bild für sich erscheint, trotzdem sie nur eine Vorstudie zu einem großkomponierten Gemälde ist. — Außerordentlich schön in der Zeichnung ist Otto Knilles Studie, und P. Calanus Skizze „Aus dem Berliner Tiergarten“ zeigt uns einen jener frischen und vom Leben verwöhnten großstädtischen Jungen aus dem Berliner Westen, die im Tiergarten ihre Erholungsstunden verspielen.

C. P.

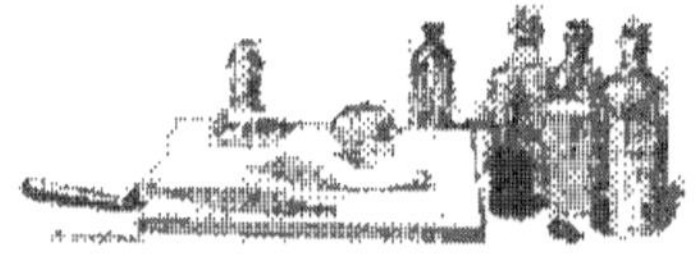



Zuschriften sind zu richten an die Redaktion von Velhagen & Klasings Monatsheften in Berlin W., Steglitzerstr. 53.

Für die Redaktion verantwortlich: Theodor Hermann Pantenius in Berlin.

Verlag von Velhagen & Klasing in Bielefeld und Leipzig. Druck von Fischer & Wittig in Leipzig.

www.ingramcontent.com/pod-product-compliance
Lightning Source LLC
Chambersburg PA
CBHW031412230426
43668CB00007B/289